설봉
어록

설봉
어록

청두종인 스님 편역

담앤북스

『설봉어록』을 펴내며

대학원 과정 중에 지도교수인 성본 스님께서 『벽암록』을 강의하면서 "일본과 우리나라에서 이상하게도 설봉의존 선사에 대한 연구 논문이 아직까지도 없다."고 하시면서 "자네가 한 번 해보면 어떻겠느냐"고 말씀하시기에 "네! 알겠습니다." 하고 말씀드린 것이 나에게는 화두 아닌 화두가 되었습니다.

당나라 때 장강(長江, 양쯔강) 남쪽에서는 설봉 선사가, 북쪽에서는 조주 선사가 선풍(禪風)을 드날려 '남 설봉 북 조주'로 불린 바 있었습니다. 그리고 당대 선종을 5가 7종으로 나누는데 그 법계를 살펴보면 육조혜능 ⇒ 청원행사 ⇒ 석두희천 ⇒ 천황도오 ⇒ 용담숭신 ⇒ 덕산선감 ⇒ 설봉의존 ⇒ 현사사비, 운문문언 ⇒ 나한계침 ⇒ 법안문익으로 이어집니다. 운문문언이 운문종을, 법안문익이 법안종을 탄생시켰으니 설봉의존 선사의 법맥에서 두 개의 종파가 탄생하였는데도 아직까지 제대로 된 논문이나 번역물이 없다는 것은 이상한 일이었습니다. 중화전자불전협회(CBETA)에서 설봉의존 선사와 관련된 자료를 찾아보니 『만속장경(卍續藏經)』 권69에서 『설봉의존선사어록』을 찾을 수 있었습니다. 어록을 찬찬히 읽으면서 설봉 스님의 가르침이 요즘 우리 승가의 좌선 위주 수행풍토에 많은 생각거리를 던져줌을 느낄 수 있었습니다.

설봉 스님과 암두 스님이 하루는 오산진의 관사에 갔다가 쌓인 눈으로 길이 막혔다. 스님은 오로지 좌선만 하고 암두 스님은 오직 잠만 잤다.

스님이 말하길, "사형! 사형! 빨리 일어나시오."

암두가 말하길, "무슨 일인가?"

스님이 말하길, "저는 금생에 틀렸나 봅니다. 흠산문수 녀석과 함께 행각을 할 때에도 가는 곳마다 폐를 끼치더니만 사형은 지금 또 오로지 잠만 자고 있습니다."

암두 스님이 할을 하고 말하길, "잠이나 자둬라! 매일 산골의 토지신과 흡사하구나. 훗날에 사람들을 마귀같이 홀릴 것이다."

스님이 가슴을 치며 말하길, "제가 이 속에 해결하지 못한 것이 있습니다. 감히 스스로를 속이지는 못하겠습니다."

암두 스님이 말하길, "내가 장차 말하길, 그대가 훗날에 높은 산봉우리의 정상에 풀로 서리서리 얽어 지은 암자에서 부처를 꾸짖고 조사를 욕하면서 있을 줄 알았는데 오히려 이와 같은 말을 하고 있는가?"

설봉이 말하길, "제가 답답한 것이 있습니다."

암두가 말하길, "만약 진실로 이와 같다면 그대가 본 경계를 하나하나 말해 보아라. 옳은 것은 그대에게 증명해주고 옳지 못한 것은 깎아 없애 주겠다."

스님이 말하길, "제가 처음에 염관제안 스님을 찾아 갔을 때 색과 공의 뜻을 듣고 깨달음을 체득할 곳을 알았습니다."

암두 스님이 말하길, "이로부터 30년 동안 이와 같은 말을 절대로 거론하지 마라." 스님이 말하길, "또 동산 스님의 물을 건너는 깨달음의 노래를 인연하여 깨달은 바가 있었습니다."

암두 스님이 말하길, "만약에 그러한 것으로는 자기 자신도 구제할 수가 없다."

스님이 말하길, "제가 덕산 스님에게 묻길, '위로부터 전래 내려온 선종의 가르침에 저도 자격이 있습니까?' 덕산 스님께서 방망이 한 대를 때리고 말하시길, '뭐라고 말했는가?' 나는 곧바로 마치 통 밑이 빠지는 것과 같았습니다."

암두 스님이 위의를 떨치며 할을 하고 말하길, "어찌 듣지 못했는가? 문으로 들어오는 것은 집안의 보배가 아니다.'라는 말을."

스님이 말하길, "어떻게 해야 옳겠습니까?"

암두 스님이 말하길, "그대가 훗날에 부처님의 가르침을 크게 펼치려고 한다면 반드시 하나하나 자기 마음속에서 나온 것을 나에게 가져와라. 그러면 하늘을 덮고 땅을 덮을 것이다."

스님께서 말끝에 크게 깨닫고 침상에서 뛰어 내려와 절을 하며 말하길, "사형! 오늘에야 비로소 오산진에서 도를 이루었습니다."

- 『오등회원』 제7권 '복주설봉의존선사(福州雪峰義存禪師)'

불교의 핵심은 늘 언제 어디서나 지혜의 삶을 살아가는 것이고 일상생활 모두

가 수행이 되어야 합니다. 어떤 모양이나 형식에서 벗어나서 자기를 낮추고 남을 배려하는 설봉 스님의 모습이 지금 이 시대가 요청하는 것이라 할 수 있겠습니다.

우리말로 옮기다 보니 설봉 스님의 어록이 기록된 다른 책을 찾아보게 되었습니다. 『조당집』, 『경덕전등록』, 『벽암록』, 『연등회요』, 『종용록』, 『오등회원』등에서도 관련 자료를 찾을 수 있었습니다. 설봉 스님에 대해 공부하거나 연구하는 데 조금이나마 도움이 되기를 바라며, 이 책의 뒷부분에 부록으로 정리하였습니다.

끝으로, 이 책이 나오기까지 항상 정신적 지주가 되어 주신 성본 스님께 머리 숙여 삼배를 올립니다. 그리고 담앤북스와 인연을 맺게 해준 동화사 승가대학 강주 양관 스님께도 감사드립니다. 이 책으로 인연 지은 분들이 지혜를 가꾸는 일에 작게나마 보탬이 되기를 바랍니다.

2019년 1월 15일
청두 종인(青頭宗印) 화남(和南)

목 차

『설봉어록』을 펴내며 · 5

설봉어록을 판각하게 된 유래 · 14
설봉선사어록 서문 · 17
여집생 거사의 편지에 황원공 거사가 답한 글에 붙이는 글 · 20

설봉진각선사어록 권상 · 30

설봉진각대사어록 권하
설봉 스님과 현사 스님이 민왕에게 입내 설법하다 · 118
법문 · 133
탑명을 새기며 말하길 · 186
스님께서 게송으로 말씀하시다 · 189
스님께서 규칙을 제정하다 · 209
스님께서 남기신 훈계 · 213
발문 · 216
설봉진각 대사 연보 · 219
설봉어록의 맨 끝 · 250

부록
복주 설봉산 고 진각대사 어록 서 · 254

설봉진각대사 광록 후서	• 259
발문	• 262
설봉진각 대사 게송과 서문	• 264
설봉숭성선사비기문	• 266
진각 대사가 직접 지은 게송 2수	• 275
설봉선사의 24곳의 경치를 노래한 것을 이어서 모음	• 277
24경치의 시에 운을 따라 지음	• 296
발문	• 318
서문	• 321
발문	• 326

선어록 모음

조당집 권7	• 330
경덕전등록 권16	• 364
불과원오선사벽암록 권1	• 383
불과원오선사벽암록 권3	• 393
불과원오선사벽암록 권6	• 408
연등회요 권21	• 421
만송노인평창천동각화상송고종용암록 권2	• 460
만송노인평창천동각화상송고종용암록 권3	• 467
만송노인평창천동각화상송고종용암록 권4	• 474
오등회원 권7	• 480

일러두기

1. 『설봉의존선사어록(雪峰義存禪師語錄)』은 중화전자불전협회(中華電子佛典協會, CBETA)에서 불법의 홍포를 위해 무주상보시하는 전자불전 자료를 사용하였다. 그 저본은 『만신속장경(卍新續藏經)』 제69책 No.1333 『雪峰義存禪師語錄(眞覺禪師語錄)』이다.
2. 『설봉의존선사어록(雪峰義存禪師語錄)』은 이 자료의 순서를 그대로 따라 우리말로 옮겼다.
3. 부록으로 제공하는 6개 선어록의 한문본도 중화전자불전협회(中華電子佛典協會, CBETA)에서 불법의 홍포를 위해 무주상보시하는 전자불전 자료를 사용하였다.
4. 원문에 소실된 한자는 ■로 그 위치를 표시하였다.
5. 내용의 이해를 위해 여러 자료를 참조하여 설명을 보충하였는데, 『불교대사전』(김길상 지음, 홍법원, 2011), 『한한대사전』(단국대학교 동양학연구소, 2008), 『선어사전』(정유진 편저, 경서원, 2010) 등을 참조하였다.

설봉어록
雪峰語錄

설봉어록을 판각하게 된 유래
刻雪峰語錄緣起

나는 20년 전에 꿈에서 고요하고 쓸쓸한[1] 절에 갔다가 결가부좌를 한 설봉조사를 뵙고 오체투지로 절을 올렸다. 스님께서 나를 보고 미소 지으며 머리를 쓰다듬고 수기하시길,[2] "스승과 어른을 공경하는 것이 부모님을 공경하듯 하라." 하였는데 나는 마음속으로 이상하다고 생각했다.
余於二十年前夢遊一蕭寺. 見雪峰祖師趺坐其上. 遂五體投地. 師見余. 微笑爲摩頂授記曰. 敬重師長如敬重父母. 余心異之.

지난봄에 여집생(余集生) 대거사가 민(閩) 땅에 와서 조사의 절이 쇠락함[3]을 매우 슬퍼하고 힘써 정돈하고자 고항(古航) 선사를 맞이하여 그 일을 도맡아 보게 하였다. 나는 그때 소검진(邵劍津)과 함께 지팡이를 짚고 따라갔는데 그 안에 보배

---

1 소(蕭): (분위기가) 매우 쓸쓸함. 고요하고 조용함.
2 마정수기(摩頂授記): 부처님이 수기(授記)를 위해 제자의 정수리를 어루만지는 것. 수행자가 미래에 최고의 깨달음을 얻을 것이라는 것을 부처님이 예언, 약속하는 것. 부처님이 제자에게 미래에는 부처가 될 수 있으리라는 보증을 주는 것. 정해진 말. 예언. 미래의 약속. 성불의 약속을 주는 것. 수기는 구마라집 이후의 역어로 그 이전에는 별기(別記), 수결(授決) 등으로 한역하였다. 『묘법연화경』 권4 「오백제자수기품 8」(『대정장』 권9, p.29, a1-2) "爾時五百阿羅漢於佛前得受記已. 歡喜踊躍.(그때에 오백 명의 아라한이 부처님 앞에서 수기를 얻고서는 환희하며 펄쩍 뛰었다)." 『금강반야바라밀경』 권1(『대정장』 권8, p.751, a21-24) "須菩提. 若有法如來得阿耨多羅三藐三菩提者. 然燈佛則不與我受記. 汝於來世. 當得作佛. 號釋迦牟尼.(수보리야! 만약 법이 있어 여래가 아뇩다라삼먁삼보리를 얻었다고 한다면 연등불은 나에게 그대는 미래 세상에 석가모니라고 불리는 부처가 될 것이라는 수기를 주지 않았을 것이다)."
3 조락(凋落): 쇠락함.

로운 조각상과 삼해탈문[4]과 전각과 당우를 보니 꿈속에 본 것과 같이 황홀하였다. 그리하여 스승과 제자 서로의 만남은 천고의 시간을 뛰어넘어 통함을 알아 유랑했던 어리석음에 스스로 부끄러워했다. 이에 스승의 부촉을 받았으니 끊임없는[5] 법유를 주신 은혜를 갚기 극히 어려운 것이다.

客春. 余集生大居士入閩. 深悲祖庭凋落. 力爲整頓. 爲延古航禪師總其事. 余時同邵劒津. 策杖相從. 見堂中有寶像與三門殿宇. 恍如夢中所見. 因悉師資相遇. 千古猶通. 自愧流浪愚蒙. 乃承師付囑. 津津法乳. 恩極難酬.

바다가 뽕밭[6]이 되는 환화와 같은 변화 속에 스승의 가르침의 자취가 점점 사라져 가니 늘 탄식하였다. 스님의 남기신 말씀을 찾고자 하였으나 조금 있는 것도 겨우 좀이 먹다가 남은 한두 장에 지나지 않았다. 우연히 영탑[7]을 모시는 초진(超塵) 스님이 나의 초당을 지나다가 한 질의 책을 꺼내 보였다. 너무나 기뻐서 향을 사르고 깨끗하게 한 다음 읽어 보니 차마 손을 뗄 수 없었다. 책장이 뒤바뀐 곳[8]이 너무 많은 것이 안타까워 다시 이 책을 들고 송암에 가서 청림(曹源), 조원(曹源) 두 스님과 함께 옛 본을 찾아서 자세하게 고증하여 바로잡았는데 한 달 만에 비로소 완성되었다. 마침 석우(石雨) 대사가 석장을 짚고 서선사(西禪寺)에 오셨는데 나[9]를 보고 어찌 이 책을 판각하지 않느냐고 물었다. 이에 나는 바로 그

---

4 삼문(三門): 법공(法空) 즉 열반(涅槃)으로 들어가는 세 가지 해탈문(解脫門)으로 공문(空門), 무상문(無相門), 무작문(無作門)을 말한다.
5 진진(津津): 끊임없이 자꾸 솟아오름.
6 창상(滄桑): 상전벽해(桑田碧海)와 같은 말로 뽕나무밭이 변하여 푸른 바다가 된다는 뜻으로, 세상일의 변천이 심함을 비유적으로 이르는 말.
7 지제상인(支提上人): 차이티야(caitya)의 음역. 묘(廟). 영탑(靈塔). 종종 탑(stūpa)과 혼용됨. 불교 이전에는 신령이 머문다고 믿어졌던 커다란 신령스러운 나무를 말한다.
8 착간(錯簡): 책을 잘못 맴.
9 보(甫): 아무개, 남자의 미칭, 사나이.

날 판각10을 맡겼다.

每歎滄桑變幻. 敎迹漸湮. 欲尋師之遺語. 少有存者. 僅僅於蠹蝕之餘. 得其一二. 偶支提上人超塵過艸堂. 出一帙相示. 大生歡喜. 焚盥讀之. 不忍釋手. 第苦錯簡居多. 回. 携入松菴. 與青林曹源二道人搜求舊本. 細爲考訂. 閱月始就. 適石雨大師飛錫入西禪. 甫相對. 卽詢斯錄何以無刻. 乃余政以是日付剞劂.

    기이하구나! 대사의 물음이여! 나도 모르게 서로 바라보면서 웃었다. 이어서 생각하니 스님께서 700년 전에 말씀하신 것을 내가 700년 후에 판각하게 되다니…. 유리 궁전 안에서 손잡고 함께 걸으니 어디든 내 몸 아닌 곳이 없고 말씀 안 하신 때가 없으니 스님께서 마치 계신 것과 같았다. 만약에 돌이 계란같이 다 깎여지고 성류나무 가지11가 거꾸로 날릴 때를 반드시 기다려야 바야흐로 부처님이 다시 온다고 한다면 이러한 무리들은 나와 같이 꿈 이야기를 해 보자.

奇哉大師之問. 不覺相視而笑. 因念師言之於七百年之前. 余刻之於七百年之後. 瑠璃殿裏把手同行. 無處非身. 無時不言. 師猶在也. 若曰必待石卵剝盡. 檵枝倒拂. 方爲再來. 是又同余一齊說夢耳.

숭정 기묘년(1639) 여름 민(閩)에서
득산거사(得山居士) 임홍연(林弘衍)이 분향하고 삼가 글을 쓰다.
崇禎己卯夏日閩中 得山居士林弘衍 焚香敬書

---

10 기궐(剞劂): 인쇄하려고 나무판에 글자를 새김. 인쇄에 붙임.
11 정지(檵枝): 성류나무 가지.

설봉선사어록 서문
雪峯禪師語錄序

 옛 큰스님들이 남긴 말씀[12] 가운데 설봉 스님 같은 말씀은 특히 듣기가 대단히 어렵다. 단지 조주(趙州) 스님이 긍정하지 않은 것은 지금에 이르러 사람들에게 의아하게 하고 속아 넘어가게 한다. 만약 몸을 돌려 일척안(一隻眼, 지혜의 눈)을 갖추지 못한 사람은 좀이 먹다 남은[13] 책을 바라보면서 끊일 줄 모르는 맛을 쉽게 느낄 수 없을 것이다.
古尊宿剩語如雪峯者. 殊難多得. 但其間趙州不肯處. 至今疑賺殺人. 若不是個裏轉身. 具一隻眼. 未易望殘蠹而津津也.

 득산(得山) 임(林) 거사는 도를 체득하는 인연으로 꿈속에서 설봉 스님의 수기[14]를 받았는데 운문[湛然圓澄][15] 선사도 이를 신기하게 여겼다. 습득(拾得), 한산(寒山)[16]만이 동시에 꿈 이야기를 한 줄 알았더니 거사 또한 기이한 꿈속의 몸의 인연으로 차마 설봉 스님의 법맥을 잊지 못하고 문득 여러 남은 책 조각[17]을 찾다가 현

---

12 잉어(剩語): 남은 말. 남긴 말.
13 잔두(殘蠹): 좀이 쓸다 남은 것.
14 기호(紀號): 수기와 같다.
15 운문(雲門)은 담연원징(湛然圓澄, 1561~1626)인데 조동종의 스님으로 지금까지 『열반경』의 주소가 발간된 것들을 모아 참고하여 『회소』 36권을 찬술하였다. 이것이 『열반경』 주소들 중 최고의 참고서라고 한다.
16 습득(拾得), 한산(寒山): 당나라 정관 시대의 승려들. 모두 천태산 국청사의 풍간(豊干) 선사의 제자로 한산은 문수(文殊), 습득은 보현(普賢)의 화신으로 추앙되며, 이 둘은 불선화(佛禪畵)의 제재(題材)로 많이 선택됨.
17 간편(簡編): 책 조각.

사(玄沙) 스님의 원고를 얻어서 나의 스님에게 서문을 부탁했다. 그러나 오히려 아직도 설봉어록(雪峯語錄)을 간행하지 못함을 마음이 아팠다.
得山林居士以入道因緣. 紀號於雪峯夢裡. 雲門先師奇之. 將謂拾得寒山同時說夢. 居士亦以夢身奇緣. 不忍忘却雪峯法脈. 輒尋諸簡編. 獲玄沙稿. 請序於先師. 然猶以未行雪峯語爲恨耳.

마침 운수납자로부터 어록의 전부를 습득하게 되어 다시 없이 기뻐서 편지를 보내 판각을 하게 되니 그때가 바로 이 산승이 서선사(西禪寺)에 도착한 날이다. 마침 설봉어록에 관하여 물어보니 거사가 뛸 듯이 기뻐하며 말하길, "무슨 인연이 이와 같이 신기합니까?" 이에 전날의 이야기와 꿈속에서 본 광경들을 모두 말하며 나에게 서문을 부탁했다.
偶從雲水拾全袠. 欣未曾有. 書付剞劂. 政山野抵西禪日也. 適問及雪峯語錄. 居士躍然曰. 何緣奇若此. 因備述前話倂夢中景. 索予弁言.

가만히 생각해 보니 거사가 꿈에 설봉산에 들어가 뵈었던 설봉 스님은 붉은 가사를 입은 나한이었는데 어찌 거사가 친히 설봉산에 갔을 때 얼굴은 분명 같았으나[18] 옷이 금색으로 변했을까? 만일 주지스님의 말씀이 없었다면 얼굴을 보면서도 의심이 생기는 것을 면하지 못하였을 것이다.
竊謂居士夢入雪峯. 見的是紫衣羅漢. 胡親到時. 面目儼然而衣煥金色. 脫無主僧說破. 未免覿面疑生. 則是錄也.

곧 이 어록이 비록 옛 판을 만들어서 나타낸 것이지만 눈 안에 들어오면 한편

---

18 엄연(儼然): 겉모양이 장엄하고 엄숙한 모양. 아무리 해도 움직일 수 없는 모양. 현상이 뚜렷하여 누구도 감히 부인할 수 없음.

새로운 것이다. 또한 한 번의 이야기를 반드시 별도로 붙여야 바라건대[19] 설봉 스님을 친견했다고 하겠다. 돌이켜 보니 거사가 꿈을 꾼 당시에 나의 스승에게 해몽해 달라고 했는데 지금 꿈이 산승에게서 풀어지게 된 것이 기쁜 일이다.

雖現成古板. 在乎眼底一新者. 亦須另著一番話會. 庶幾與雪峯親相見乎. 顧所喜當年原夢於先師者. 今日夢破於山野矣.

무인년(1638), 부처님 성도일을 널리 전한
조동정종(曹洞正宗) 석우명방(石雨明方)[20]이 짓다.
戊寅佛成道日傳曹洞正宗 石雨明方 撰

---

19 서기(庶幾): 바람. 바라건대. 거의.
20 명방(明方, 1593~1648): 명나라 말기의 조동종(曹洞宗) 스님. 가흥부(嘉興府, 浙江 嘉興) 사람으로, 속성은 진(陳)이고, 자는 석우(石雨)며, 세칭 석우명방(石雨明方) 선사로 불린다. 22세에 쌍탑사(雙塔寺)를 노닐다가 숙연을 깨닫고 항주(杭州) 남고봉(南高峰)의 서축종(西築宗)에게 출가했다. 만력 43년(1615) 전에 가흥(嘉興)의 석불사(石佛寺)로 가 담연원징(湛然圓澄)을 참알(參謁)하고 7년 동안 힘겨운 수행 끝에 인증을 얻었다. 숭정 4년(1631) 처음에는 상전사(象田寺)에 있다가 나중에 소흥(紹興) 천화사(天華寺)와 운문(雲門) 현성사(顯聖寺), 항주 보수산(寶壽山) 광효사(光孝寺), 복주(福州) 이산(怡山) 서선사(西禪寺), 설봉사(雪峰寺), 정주(汀州) 영산사(靈山寺), 건녕부(建寧府, 福建 建甌) 보명사(普明寺), 고정(考亭) 영봉사(靈峰寺), 항주 용문오공사(龍門悟空寺), 가흥부 동탑광복사(東塔廣福寺), 항주 고정산(皐亭山) 불일사(佛日寺), 소흥부 난악산사(蘭嶽山寺) 등에서 주지를 지냈다. 순치 4년(1647) 어느 날 홀연히 대중에게 "세상이 평안할 수 없으니 돌아가는 것만 못하구나[世界勿寧 不如歸去]."라고 말하고 다음 해 입적했다. 세수 56세고, 법랍 35세다. 제자 원문정주(遠門淨柱)가 『석우선사법단(石雨禪師法檀)』 20권을 간행했다.

여집생 거사의 편지에 황원공 거사가 답한 글에 붙이는 글
附余集生居士答黃元公居士書

제가[21] 일찍이 『선등세보(禪燈世譜)』[22]라는 하나의 책을 보았는데, 용담숭신(龍潭崇信)[23]

---

21 유(裕): 여기서는 '나'라는 1인칭으로 쓰였다.
22 『선등세보』는 목진도민(木陳道忞, 1596~1674)이 지금까지의 선종의 법맥을 기록한 책이다. 여기서는 용담숭신을 천황도오의 법제자로 인정하지 않는다고 나와 있다며 문제를 제기하는 내용이다. 목진도민 스님은 광동(廣東) 대포호(大埔湖) 요신촌(寮新村) 임(林) 씨의 아들로 자는 목진(木陳), 목징(木澄)이고, 호는 산옹(山翁)이다. 시호는 굉각(宏覺) 선사이다. 명말청초의 승려이다. 어려서부터 총명하였고 6세에 서당에 들어갔는데 성적이 뛰어나 가족과 스승이 기뻐했다. 그러나 몇 년 후 출가하여 승려가 되었다. 순치 16년(1659)에 조서를 받고 홍각(弘覺) 선사라는 호를 받았다. 저서로 『어록(語錄)』, 『북유집(北遊集)』, 『포수대운교제집(布水台雲嶠諸集)』, 『포수대집(布水台集)』, 『산옹선사문집(山翁禪師文集)』, 『신포록(新蒲錄)』, 『홍각선사북유집(弘覺禪師北遊集)』, 『진대기연(奏對機緣)』, 『백성집(百城集)』, 『종주록(從周錄)』, 『천동밀운선사연보(天童密雲禪師年譜)』, 『산옹선사어록(山翁禪師語錄)』, 『홍각선사어록(弘覺禪師語錄)』, 『선등세보(禪燈世譜)』, 『산옹민선사수연자보(山翁忞禪師隨年自譜)』 등이 있다.
23 용담숭신(龍潭崇信, 782~865): 어렸을 때 그의 부모가 천황사 옆에서 떡 장사를 했는데, 도오(道悟) 화상이 그 절에 오게 되자 그의 집에서 날마다 떡 10개씩을 보내드렸다. 그런데 도오 화상은 날마다 그중에서 한 개씩 남겨 용담에게 먹으라고 주었다. 용담이 '내가 갖다드린 떡을 내게 도로 주는 것은 무슨 까닭일까?' 생각하고 도오 화상에게 그 뜻을 물었다. 화상은 대답하기를 "네가 가져 온 것을 다시 너에게 돌려주는 것이 무슨 잘못이 있겠느냐?" 하는 데서 알아차린 바가 있어 출가하였다. 얼마 후에 하루는 도오 화상에게 묻기를 "제가 스님을 모신 지 오래되었으나, 마음공부의 요긴한 곳을 가르쳐 주지 않으므로 속이 탈 뿐입니다." 하고 애원하였다. 화상은 대답하기를 "내가 너에게 가르치지 않은 때가 없었는데 그 무슨 말이냐? 네가 밥이나 차를 가져오면 내가 너를 위하여 받았고, 네가 절을 하면 또한 너를 위하여 머리를 숙이지 않더냐?" 하고 말하였다. 용담은 무엇을 한참 생각하고 있었다. 화상이 다시 "깨치는 것은 말끝에 곧 깨치는 것이지, 생각하여 알려고 하면 벌써 어긋난다." 하는 말에서 곧 깨치고 묻기를 "어떻게 지켜 가오리까?" 하니 화상이 이르기를 "任性逍遙 隨緣放曠 但盡凡情 別無聖解라. 즉 생각대로 마음대로 행하고 시절인연 따라 널리 나투었다. 다만 범부의 생각을 다하였지만 달리 성인의 생각도 없었다."라고 하는 데서 대장부의 큰일을 비로소 마치었다.

스님을 천황도오(天皇道悟)[24] 스님의 법제자로 인정하지 않았습니다.[25] 요컨대 굳이 다르게 천왕의 법제자라고 하지만 더욱 괴로운 것은 천왕 스님이 없다는 것입니다. 이로 인해[26] 마조(馬祖) 스님 아래 천왕을 첨가하여 용담 스님의 자손인 덕산(德山)과 설봉의존(雪峰義存)을 다른 집안으로 속하게 해 놓았습니다. 운문, 법안종은 석두희천(石頭希遷) 스님의 한 가닥을 떼어서 마조 가문의 분묘에 바꿔 올려놓고 있습니다. 이렇게 요망하고 괴상한 일이 공공연하게 행해지는데도 의심하지 않을 뿐만 아니라, 달리 믿을 만한 것도 없습니다. 『오등회원』에 천황 스님 밑에 작은 주를 달아 인용한 두 개의 거짓 비[27]를 의거할 뿐이니 원통합니다.

---

24 천황도오(天皇道悟, 748~807): 형주(荊州) 천황사(天皇寺)의 도오 스님에 대한 『전등록』의 기록은 다음과 같다. "도오는 석두희천(石頭希遷, 700~790) 스님의 법을 이어 천황사에 주지하였으며, 무주(婺州) 동양(東陽) 사람으로 속성은 장(張) 씨이다. 14세에 출가하여 명주(明州)의 큰 스님에게서 삭발하였고, 25세에 항주(杭州) 죽림사(竹林寺)에서 구족계(具足戒)를 받았다. 그리고는 처음 경산국일(徑山國一) 스님을 찾아 5년 동안 시봉하다가 대력(大曆) 연간(766~779)에 종릉(鍾陵)에 가서 마조(馬祖) 스님을 찾아뵙고, 3년 후 석두희천의 문하에 이르렀다. 원화(元和) 정해(807) 4월에 입적하니, 향년 60세 법랍은 35세이다." 그러나 달관(達觀, 989~1060, 임제종 담영(曇穎) 스님의 호) 스님의 『오가종파집(五家宗派集)』에서는 "도오는 마조 스님의 법을 계승하였다."고 하면서 당(唐) 구현소(丘玄素)가 지은 비문의 내용을 많이 인용하였다. "스님의 호는 도오이며, 자궁(渚宮)의 사람으로 속성은 최(崔) 씨이니, 바로 최자옥(崔子玉)의 후손이다. 15세에 장사사(長沙寺) 담저(曇翥) 율사에게 출가하여 23세에 숭산(崇山)의 율덕(律德) 스님을 찾아 계를 받았으며, 석두희천 스님을 참방, 2년 동안 수업 정진하였으나 깨달은 바 없어 장안으로 들어가 남양혜충(南陽慧忠, ?~775) 국사를 시봉하였다. 그러다가 34세에 시자 응진(應眞) 스님과 함께 강남 지방으로 돌아와 마조 스님을 뵙고 한마디 말에 크게 깨치자 마조 스님은 축하하며 '뒤에 지난날 살던 곳을 떠나지 마라.'고 당부하였다. 이 말씀대로 다시 자궁으로 돌아왔으며, 원화 13년(818) 무술 4월 초에 병세가 악화되어 13일에 입적하니, 향년 82세 법랍은 63세이다." 이 두 전기를 살펴보면 전혀 다른 두 사람으로 보인다. 그러나 구현소의 비문에는 "스님의 전법제자 숭신(崇信)은 예주(澧州) 용담사(龍潭寺)의 주지이다."라고 하였고, 남악회양(南嶽懷讓, 677~744) 스님의 비문은 당(唐)대의 저명인사 귀등(歸登)이 지은 것인데, 그 말미에 몇몇의 법손(法孫)을 나열하는 중에 스님의 이름이 끼어 있다. 또 규봉(圭峯) 스님이 재상 배휴(裵休)에게 불법의 뜻을 대답하는 편지에서 마조 스님의 전법제자 여섯 사람을 열거하였는데, 맨 처음 '강릉도오(江陵道悟)'라 하고 그 아래 붙여서 '경산 스님에게 도를 얻었다[兼稟徑山].'고 한다.
25 『선등세보(禪燈世譜)』 권2(『속장경』 권86, p.342, a24) "按傳燈諸錄誤以天皇道悟爲天王道悟.(전등의 모든 기록을 살펴보니 천황도오를 천왕도오로 그릇되게 기록되어 있다)."
26 인우(因于): 앞뒤의 두 사건이 시간이나 이치상으로 연관됨을 나타낸다. 이에, 곧, 이로 인해.
27 당(唐) 구현소(丘玄素)가 지은 비문의 내용은 '스님의 전법제자 숭신(崇信)은 예주(澧州) 용담사(龍潭寺)

(裕)曾見禪燈世譜一書. 不許龍潭嗣天皇. 要硬差他嗣天王. 又苦無所謂天王也. 因于馬祖下添一天王. 教龍潭兒孫之爲德山. 雪峰者. 領了佗家. 雲門. 法眼兩宗. 辭了石頭一路. 改上馬祖家墳. 此等妖怪事. 公然行之而不疑. 竟亦別無攷信. 不過以五燈會元天皇下小註所引兩僞碑爲據耳. 冤哉.

제가 이 일을 한번 반박해서 바로잡으려 하였으나 그럴 여가가 없던 차에 마침 법형께서 이를 가려내어 보여 주시기에 자세하게 한 번 읽어 보고 평생 동안 쌓였던 것이 상쾌하게 되었습니다. 반드시 두 종문(운문과 법안)의 영령들도 실로 이를 법 삼아 의지하게 되었을 것이며, 이로써 명필의 손을 빌려 마군을 죽이는 도끼를 휘둘러 승사의 정론이 되었습니다.[28] 공이 우(禹) 임금에 뒤지지 않는다는 말이 바로 이 말인가 합니다. 곧 『설봉어록』을 근거로 한 바 설봉 스님 스스로 선대의 덕산, 석두 스님에게 이 비밀 법문을 전해 왔다 말하셨고, 또 흠산문수(欽山文邃)[29] 스님이 덕산[30] 스님에게 물음에 천황 스님도 이렇게 말했고, 용담 스님도 이렇게

주지이다'라는 것을 인용했다는 것이다.
28 동호지필(董狐之筆): 동호의 붓이란 뜻으로, 역사를 기록함에 권세를 두려워하지 않고, 있는 그대로 써서 남기는 일을 이르는 말. 『춘추좌씨전』에 춘추시대 진(晉)의 영공(靈公)은 사치하고 잔인하며 방탕한 폭군이었다. 정경(正卿)으로 있던 조순(趙盾)이 이를 자주 간하자, 귀찮게 여긴 영공은 오히려 자객을 보내 그를 죽이려 하였다. 이에 조순은 도망하려는 순간, 영공이 조천(趙穿)에게 도원(桃園)에서 살해당했다는 말을 듣고는 다시 도읍으로 돌아왔다. 태사(太史)로 있던 동호(董狐)가 국가 공식 기록에 '조순, 군주를 시해하다.'라고 적자, 조순이 항의했다. 이에 동호는 이렇게 말하였다. "물론 대감께서 직접 영공을 시해하지는 않았습니다. 그러나 그때 대감은 정경으로서 국내에 있었고, 또 조정에 돌아와서는 범인을 처벌하려 하지도 않았습니다. 그래서 대감께서 공식적으로 시해자가 되는 것입니다." 이 말을 들은 조순은 자기가 직무를 제대로 수행하지 못했음을 인정하고 동호의 뜻에 따랐다.
29 흠산문수(欽山文邃, ?~?): 복주(福州) 사람이고, 환중 선사 문하에서 공부하고 후일 동산양개(洞山良价)의 법을 이었다.
30 덕산선감(德山宣鑑, 780~865): 청원 문하의 제5대손으로 용담숭신의 법을 이은 사람이다. 『조당집』 제5권, 『송고승전』 제12권, 『전등록』 제15권 등에 그의 전기가 있다. 대혜의 『정법안장』 제2권, 『연등회요』 제20권 등에 전하는 설법은 임제와 지극히 비슷한 점이 있다. '덕산의 방과 임제의 할'이라는 말로 잘 알려졌다. 특히 임제 스님을 크게 깨우치게 한 인연으로 유명한데, 임제 스님의 선법을 평가한 『송고승전』 권12 「임제전」의 평가는 이를 단적으로 보여 준다. 『송고승전』 권12(『대정장』 권50, p.779, b2) "示人心

말했습니다. 이 두 노스님 모두 청원 스님의 5세손인데 어찌 멀리 그 조상에 기원을 둘지 몰라서 하나는 덕산 스님을 석두 스님 계보에 두고, 하나는 용담 스님을 천황 스님에게 속하게 했겠습니까? 또한 자기 집안 골육이 스스로 자기 집 족보를 서술한 것을 볼 수 있으며, 이는 밭두렁이나 길 가는 행인의 입에서 전해져 사실과 동떨어져 주위 사람들을 흔드는 구차한[31] 말이 아닌 것이 분명합니다.

(裕)擬一駁正而未暇. 及適法兄有辨見示. 細讀一過. 慶快平生. 殆兩宗之靈實式憑之. 以借手名筆. 奮此誅魔之蕭斧. 作彼僧史之董狐語云. 功不在禹下. 正謂斯乎. 卽所據雪峰語錄. 自謂從先德山. 石頭以來. 傳此祕密法門. 又欽山問德山之天皇也恁麼道. 龍潭也恁麼道. 此二老皆青原五世孫. 豈遂不能遠紀其祖. 而一則系德山于石頭. 一則屬龍潭于天皇. 亦可見自家骨肉. 自敘其家譜. 此非區區陌路人之口碑所可遙奪而旁撓. 明甚矣.

또 『고존숙어록(古尊宿語錄)』[32]에 실린 「고산현요광집서」에 "소실봉에서 꽃이 피어 6대 조계의 자손이 제방에 퍼졌다. 여기에서 석두 스님이 나오시니 순금포라 불렀다.[33] 어찌[34] 격이 높고 가락이 예스러우며, 말이 날카롭고 이치가 깊지 않겠는가? 그 후 자손들은 걸음걸이가 넓고 좁든 털끝만큼도 어긋나지 않았다. 곧 먼

要. 頗與德山相類.(그가 사람들에게 제시한 불법의 심요는 너무나 덕산 스님과 비슷했다)."
31 구구(區區): 제각기 다름. 떳떳하지 못하고 구차스러움. 잘고 용렬함.
32 『고존숙어록』은 총 48권으로 이루어졌는데 복주고산(福州鼓山)의 색장주(賾藏主)가 당송(唐宋)의 고존숙(古尊宿) 20가문[二十家]의 어록을 4권으로 정리하여 간행한 것. 편집간행은 소흥(紹興) 8년(1138)에서 14년(1144)까지로 보인다. 이들 20가문은 후에 명장본(明藏本) 『고존숙어록』 48권으로 계승된다.
33 『고존숙어록』 권37 「구민고산선흥성국사화상법당현요광집서」, 『속장경』 권68, p.245, c3-7) "而自少室之花開六葉. 漕溪之胤布諸方. 爰出石頭. 號純金鋪. 蓋以格高調古. 言峻理幽. 厥後子孫從宗. 行步闊狹. 毫釐弗差矣. 卽有先興聖國師. 法嗣雪峰. 乃石頭五葉也." 또 『경덕전등록』 권11 「앙산혜적장(仰山慧寂章)」(『대정장』 권51, p.282, c24) "所以道. 石頭是眞金鋪. 我遮裏是雜貨鋪.(그래서 말하길, 석두는 진금포요, 나의 이곳은 잡화포이다)."
34 합(盍): '모이다' '어찌 아니하다'의 뜻이지만 하부(何不)의 의미로 '어찌 ~하지 않겠는가?'라고 해석된다.

저 홍성국사(덕산)가 있었고 법을 설봉 스님이 이었으며, 이에 석두 스님의 5세손이다."

又古尊宿語錄載鼓山玄要廣集序. 自少室之華開六葉. 曹溪之胤布諸方. 爰出石頭. 號純金鋪. 盎以格高調古. 言嶮理幽. 厥後子孫. 行步闊狹. 毫釐弗差. 則有先興聖國師法嗣雪峰. 乃石頭五葉也.

또 「광집」의 후기에 말하길,[35] "고산신안(鼓山神晏) 스님은 설봉 스님의 법을 얻었으니 어찌 석두 스님의 6세손이 아니겠는가." 하였으니 이를 근거로 한다면 역시 하나의 석두 가문의 족보가 아니겠습니까? 다른 것과 같이 명교설숭(明教契嵩)[36] 스

---

35 『고존숙어록』 권37 「서고산국사현요광집후」(『속장경』 권68, p.246, a1-3) "鼓山國師和尚. 名神晏. 大梁人. 姓李氏. 衛州白鹿山受業. 得法於雪峰存和尚. 壽七十七. 臘五十八. 石頭第六世. 五代晉天福中示寂.(고산국사 화상은 이름이 신안이고, 대양 사람으로 속성은 이 씨였으며 위주 백록산에서 출가하여 설봉의존 스님의 법을 얻었다. 세수는 77세이고 법랍은 58세였다. 석두의 6세손으로 오대의 진나라 천복 연간에 입적하였다)."

36 명교설숭(明教契嵩, 1007~1072, 운문종): 등주(藤州) 사람이다. 출가한 뒤 늘 관음상(觀膣像)을 머리에 이고 하루에 10만 번씩 명호를 불렀는데 그러는 동안 세간의 경서는 배우지 않고도 능통하게 되었다. 동산효총(洞山曉聰) 선사에게서 법을 얻고 경력(慶曆, 1041~1048) 연간에 전당(錢塘) 요호산(樂湖山)에 가서 머물렀다. 스님이 쓴 책『전법정종기』가 다 되자 서울로 가지고 가서 한림학사(翰林學君) 왕소(王固)를 통해 인종(仁宗) 황제에게 올리고, 편지를 써서 먼저 바쳤더니 황제가 편지를 읽다가 "신(臣)은 도를 위해서지 명예를 위해서가 아닙니다."라는 구절에 이르러 선사의 지극한 마음에 탄복하고 좋아하게 되었다. 그리하여 명교대사(明教大師)라는 호를 내려 표창하고 그 책을『대장경』에 넣게 하였다. 책이 중서성(中書省)에 보내지자 당시 위국공(魏國公) 한기(韓琦)가 보고 이를 문충공(文忠公) 구양수에게 보여 주었다. 구양수는 당시 한창 문장가로 자처하고 천하의 사표로 추앙받고 있었으며 또한 종묘를 수호한다 하여 불도를 좋아하지 않았다. 그런데 그 글을 보고 위국공에게 말하기를 "스님네들 중에 이런 사람이 있었다는 것은 뜻밖이다. 날이 밝으면 한번 만나 보자." 하였다. 위국공이 구양수와 함께 선사를 찾아가 만났는데 구양수는 선사와 종일토록 이야기를 나누었다. 그러고는 마침내 매우 기뻐하니 한승상(韓丞相) 이하 모든 고관이 선사를 초대하여 만나 보고는 존경하여 이로부터 온 나라에 이름을 떨치게 되었다.

님도 운문문언(雲門文偃)³⁷의 4세손으로 석두 스님³⁸의 10세손입니다. 비록 계보가 멀기는 하나 그를 기리는 사람들은 "송나라 고승은 하늘 아래 이 한 분밖에 없다."고 하였습니다. 이분이 쓴 『전법정종기』가 있는데 법을 부촉하고 비밀리에 전하는 일에 오류를 힘써 파헤치고 있으며 그 가운데 증거로 삼는 잘된 문장은 하나같이 비중 있는 경론에서 나온 것입니다. 인종황제께서 이 책을 읽으시다 "도를 위함이지 명리를 위함이 아니요, 법을 위함이지 몸을 위함이 아니"라는 구절을 가상히 여겨 찬탄해 마지않았다고 합니다. 그러므로 그 당시 한기(韓琦),³⁹ 구

---

37 운문문언(雲門文偃, 864~949): 당말기 운문종 개조(開祖), 가흥(嘉興, 절강성) 사람으로 성은 장 씨. 어려서부터 출가하기를 바라다가 향리(鄕里)의 공왕사(空王寺) 지징율사(志澄律師)에게 의탁하여 17세에 득도(得度)하고 20세에 수구(受具)하였다. 지징에게 사분율 등을 배우고, 뒤에 목주도명(睦州道明, 황벽黃蘗의 법사)에 예(詣)하더니, 이어서 설봉 존자에게 참예하여 법을 이었다. 제방(諸方)을 유력(遊歷)하다가 많은 선객들과 교류하고, 건화(乾化) 원년(911) 조계 6조의 탑을 참배하다. 영수여민(靈樹如敏, 장경대안長慶大安, 793~883, 백장의 손제자)의 회하에 있다가 영수가 천화(遷化)하자(918) 광주유엄(廣主劉龑)의 청에 의해 법석(法席)을 이었다. 동광(同光) 원년(923) 소주(韶州) 운문산(雲門山)에 가람을 짓고 항상 천 명의 대중을 지도하였다. 천성(天成) 2년(927) 후당(後唐)의 명종(明宗)이 '광태선원(光泰禪院)'이라 사액(賜額)하고, 천복(天福) 3년(938) 후진(後晋)의 유성(劉晟)은 광진대사(匡眞大師)의 호를 내렸다. 운문산에서 30여 년을 머물며 종풍(宗風)을 떨치다가 건화(乾和) 7년 4월에 86세로 시적(示寂)하였다. 958년에 집현전학사 뇌악(雷岳)에 의해 이루어진 「운문산광태선원고광진대사실성비雲門山光泰禪院故匡眞大師實性碑」에 의하면 "별유언구 녹행어세別有言句 錄行於世"라 한 것에서 이때 이미 독립된 어록이 성립되었다고 볼 수 있다. 유계(遺誡)에 의해 탑을 건립하고도 유체(遺體)를 방장(方丈)에 안치하니 몰후(沒後) 17년에 기서(奇瑞)가 있었다. 그는 "운문호병.체로금풍.수미산.운문십오일(日日是好日)雲門胡餠.體露金風.須彌山.雲門十五日(日日是好日)" 등의 공안을 남겼다. 그의 전기는 『조당집』 권11, 『전등록』 권17, 『석씨계고략』 권3 등에 나와 있고, 저서는 『운문광진선사광록』 3권이 있다.
38 석두희천(石頭希遷, 700~790): 영남(嶺南)의 광동(廣東) 고요현(高要縣) 사람이다. 속성은 진(陳) 씨이며, 법명은 희천(希遷)이다. 원래 6조 혜능(慧能) 선사의 문하에서 사미 시절을 보냈다. 혜능에게 법을 이어받지 못하고 혜능이 세상을 떠나며 청원에게 의탁하라고 했다. 개원(開元) 16년(728)에 구족계를 받은 후 청원행사(靑原行思)의 법을 잇고 마침내 일대의 선사가 되었다.
39 한기(韓琦, 1008~1075): 북송 상주(相州) 안양(安陽) 사람. 정치가. 자는 치규(稚圭)고, 호는 공수(贛叟)이며, 시호는 충헌(忠獻)이다. 인종(仁宗) 천성(天聖) 5년(1027) 진사(進士)에 합격했다. 우사간(右司諫)에 올라 왕수(王隨)와 진요좌(陳堯佐), 한억(韓億), 석중립(石中立) 네 사람을 파직할 것을 상소했다. 익주(益州)와 이주(利州)에 흉년이 들자 체량안무사(體量按撫使)가 되어 세금을 완화하고 탐관오리를 내쫓으며 불필요한 부역을 줄이는 등의 조치로 기민(饑民) 90만 명을 구제했다. 보원(寶元) 연간에 추밀직학사(樞密直學士)와 섬서사로(陝西四路) 경략안무초토사(經略按撫招討使)를 지냈다. 범중엄(范仲淹)과 함께 오랫동안 병사의 일을 맡아 명성이 높아 한범(韓范)으로 불렸다. 서하(西夏)의 침입을 격퇴하여 변경 방비에도 역량을 과시함으로써, 30세에 문무에 걸쳐 명성을 떨쳐 추밀부사(樞密副使)가 되었다. 범

양수(歐陽脩)⁴⁰ 등 모든 큰 문장가들이 모두 마음속으로 흡연(翕然)⁴¹하게 귀의하였고, 이것으로 종문을 바로 잡고 이것으로 조사의 계보를 확정지었던 것입니다.

又書廣集後云. 鼓山晏得法于雪峰存. 盍石頭第六世云. 據此. 不又一石頭家譜乎. 佗如明教嵩. 爲雲門四代孫. 去石頭十世矣. 雖世系稍遠. 然譽之者謂宋之高僧. 北斗以南一人而已. 著有傳法正宗記. 力闢付法藏傳之謬. 就中證據明文一出大

중엄(范仲淹), 부필(富弼) 등과 함께 등용되었다. 경력신정(慶曆新政)이 실패하자 양주지주(揚州知州)로 쫓겨나고, 운주(鄆州)와 정주(定州)로 옮겼다. 가우(嘉祐) 연간에 동중서문하평장사에 올랐는데, 그때 신종(神宗)이 병에 걸리자 황사(皇嗣)를 세울 것을 적극 권했다. 영종(英宗)이 즉위하자 우복야(右僕射)기 되고, 위국공(魏國公)에 봉해졌다. 영종의 병이 깊어지자 강력하게 건저(建儲)를 요청했다. 신종(神宗)이 즉위한 뒤 사공겸시중(司空兼侍中)이 되었지만 얼마 뒤 수흥군(水興軍)과 상주(相州) 등지를 맡으며 전전했다. 왕안석(王安石)의 청묘법(青苗法) 실시를 비난하고, 거란이 요구한 영토 할양에도 반대하는 등 왕안석과 대립하다가 퇴직했다. 저서로 『안양집』이 있다.

40 구양수(歐陽脩, 1007~1072): 송(宋)나라 길주(吉州) 여릉(廬陵) 사람. 자는 영숙(永叔)이고, 호는 취옹(醉翁) 또는 육일거사(六一居士)며, 본명은 구문충(歐文忠)이다. 가난한 집안에 태어나 4세 때 아버지를 여의고, 어머니 정(鄭) 씨에게 배웠다. 문구(文具)를 살 돈이 없어서 어머니가 모래 위에 갈대로 글씨를 써서 가르쳤다고 한다. 10세에 당(唐)나라 한유(韓愈)의 전집을 읽은 것이 문학의 길로 들어선 계기가 되었다. 인종(仁宗) 천성(天聖) 8년(1030) 진사(進士)가 되어 서경추관(西京推官)을 지냈는데, 윤수(尹洙), 매요신(梅堯臣)과 함께 시가(詩歌)를 창화(唱和)했다. 경우(景祐) 연간에 관각교감(館閣校勘)이 되어 글을 지어 범중엄(范仲淹)을 변호하다가 이릉령(夷陵令)으로 폄적(貶謫)되었다. 경력(慶曆) 연간에 불려 간원(諫院)을 맡았고, 우정언(右正言)과 지제고(知制誥)가 되어 신정(新政)을 도왔다. 신정이 실패하자 상소하여 범중엄을 문책하는 일을 반대했고, 저주(滁州)와 양주(揚州), 영주(潁州)의 지주(知州)로 나갔다. 1054년 수도로 소환되어 한림원 학사가 되었다. 가우(嘉祐) 2년(1057) 지공거(知貢擧)가 되어 고문(古文)을 제창하고 태학체(太學體)를 배척하자 문풍(文風)이 크게 변했다. 5년(1060) 추밀부사(樞密副使)에 올랐고, 다음 해 참지정사(參知政事)가 되었다. 영종(英宗) 초에 영종의 아버지 복왕(濮王)을 추존해 황(皇)으로 삼아야 한다는 복의지쟁(濮議之爭)을 일으켰다. 신종(神宗)이 즉위하자 자원하여 박주(亳州)와 청주(青州), 채주(蔡州)의 지주로 나갔다. 왕안석(王安石)이 신법(新法)을 반대하여 치사(致仕)했다. 시사(詩詞) 각 체(體)에 능해 당시 고문운동(古文運動)의 영수(領袖)가 되었고, 당송8대가의 한 사람으로 손꼽힌다. 평생 후진들을 널리 추천해 증공(曾鞏)과 왕안석, 소순(蘇洵) 부자(父子)가 그의 칭송을 들었다. 송(宋)나라 초기의 미문조(美文調) 시문인 서곤체(西崑體)를 개혁하고, 당(唐)나라의 한유를 모범으로 하는 시문을 지었다. 특히 송나라 고문의 위치를 확고부동한 것으로 만들었다. 사학(史學)에도 뛰어났다. 저서로 『구양문충공집』 153권과 『육일사(六一詞)』, 『집고록(集古錄)』이 있다. 『신당서(新唐書)』와 『오대사기(五代史記)』의 편자이기도 하고, 「오대사령관전지서(五代史伶官傳之序)」를 비롯하여 많은 명문을 남겼다.

41 흡연(翕然): 대중(大衆)의 의사(意思)가 한곳으로 쏠리는 정도(程度)가 대단한 모양.

經大論. 仁宗覽至爲道不爲名. 爲法不爲身. 嘉歎不已. 故一時韓. 歐諸巨公皆翕然歸之. 而以此正宗. 卽以此定祖.

　이에 지금 도표와 계보를 살펴보니 석두 스님의 법을 이은 분은 천황도오 스님이고, 천황 스님의 법을 이은 분은 예주 용담숭신 스님이라고 말하지 않겠습니까? 그분의 깊고 넓은 큰 지혜는 이제 곧[42] 500년 전의 달마를 위해서 거짓된 설을 가려낼 수 있었는데 어찌 자신의 10세조에 대해서 스스로 알지 못하여 굳이 후대의 학인들을 번거롭게 했겠습니까? 이렇게 명백한 것을 버리고 미혹하게 가르치며 사람들을 끌고 가서 당나귀 안장 옆에서 자기 아버지 턱을 찾게 하고 있으니 자기 주제를 모르는 사람이라고 할 수 있습니다. 더욱 괴상하고 우스운 것은 옛사람이 고증해서 각주를 지었는데도 오히려 빠지고 의심나는 내용이 있는지 지금 잘못된 비석만 믿고 멋대로 용장(龍藏, 용장각의 장서)을 고치려고 하고 있습니다. 어찌 감히 참람하고 거짓되게 하나도 맞지 않음이 여기까지 이르렀습니까. 제가 편안하지 않는 마음이었는데 우연히 시비를 가려 주신 법형의 훌륭한 말씀을 만나게 되자 저도 모르게 칼을 빼들고 돕고자 하는 것입니다. 이것은 이른바 도를 위함이지 명예를 위함이 아니며, 법을 위함이지 몸을 위함은 아닙니다. 또한 우리의 오늘의 일이지 다른 사람에게 맡길 수 없는 일입니다. 저는 이날 황산에 있었는데도 눈과 귀가 멀리 있어 법형의 근황이 어떤지 알지 못하고, 또 소식을 들을 수 있을지 모르겠습니다. 할 말을 다하지 못합니다.

嗣石頭者. 不曰荊州天皇道悟乎. 嗣天皇者. 不曰澧州龍潭崇信乎. 以彼淵博大智. 方將于五百年前爲達磨辨誣. 何得于其十世祖不能自認. 而必煩後代小學. 替他指迷. 挽使驢鞍邊覓阿爺下頷. 可謂多見其不知量矣. 所尤可怪咲者. 是古人引作註

42　방장(方將): 이제 곧.

脚. 猶存闕疑之義. 今則偏信僞碑. 擅改龍藏. 何其敢于僭誕無等一至此. (裕)抱不平. 偶觸于雄辨. 不覺拔刀相助爾. 爾所謂爲道不爲名. 爲法不爲身. 亦自我輩今日事. 無容旁委也. (裕)此日在橫山. 耳目不遠. 不知法兄近狀何似. 且有嗣音相聞. 不殫.

    종풍(宗風)[43]에는 의발을 창도해서 신표로 삼기도 하는데, 5조에 이르기까지 오히려 방계와 정통의 구별이 있었기에 또한 의발이 필요했다. 6조에 와서 법도가 널리 펴져서 의발이 전수가 그치게 되니 바로 사람들이 방계다 정통이다 다투는 단서가 될까봐 두려워했던 것이다. 근래에 괴상망측한 무리들이 이 뜻을 알지 못하고 도리어 많은 시비가 있는 까닭에 여 거사의 편지에서 부득이하게 설봉 대사의 말씀을 뽑아 지적하지 않을 수 없었던 것으로 이 편지에서 명확한 분석은 더할 나위 없는 것이다. 내가 『설봉어록』을 판각하기에 뒷사람이 믿고 고증할 곳이 없어서 괴상하고 잘못되어 혹설에 빠질까 걱정되므로 특히 여 거사의 말을 책머리에 나오도록 하였다.

宗風. 又唱衣盔爲信. 至於五祖. 尙有旁正之分者. 亦以衣盔故也. 六祖則法道大行. 衣盔隨止. 正恐人以旁正作爭端耳. 近有等怪妄不知此意. 反多出是非. 故余居士之書. 不得不拈雪峰大師之言爲指的. 且於此中剖晳無剩. 余刻雪峰錄. 尤恐後人無所攷信. 爲怪誕所疑惑. 故特以余居士之言. 表而出之.

득산거사 임홍연이 삼가 쓰다.
得山居士 林弘衍 敬識

---

43 종풍(宗風): 선승이 자기의 가르침을 설명하는 경우에 나타나는 그 승려의 독특한 법의 설명방식이나 지도방법을 말하는데 가풍(家風)과 같다.

雪峰眞覺禪師語錄

설봉진각선사어록

권 상

설봉진각선사어록 권상
雪峰眞覺禪師語錄 卷上

민 땅의 득산거사 임홍연이 순서에 따라 편집함
閩中得山居士 林弘衍 編次

● 스님의 휘호는 의존(義存)이며 천주(泉州) 남안현(南安縣) 증(曾) 씨의 아들이다. 집안 대대로 불교를 신봉하였는데 스님은 태어나면서 오신채[44] 먹는 것을 싫어하였고, 갓난아기 때 포대기 안에서 범종 소리를 듣거나 절의 깃발 혹은 불상이 있는 것을 보면 반드시 얼굴을 움직였다. 12세에 아버지를 따라서 포전(莆田) 옥간사(玉澗寺)에 갔다가 경현(慶玄) 율사를 친견하고 갑자기 절을 하고 말하길 "저의 스승이십니다." 하고는 드디어 그곳에 머물러 시봉하게 되었다. 17세에 머리를 깎고 스님이 되어 부용산(芙蓉山)의 홍조(弘照) 대사를 뵈오니 홍조 스님이 쓰다듬으며 큰 그릇이라 했다. 그 후 유주(幽州) 보찰사(寶刹寺)에서 구족계를 받고 오랫동안 선수행을 하다 덕산(德山)[45] 스님과 인연을 맺게 되었다. 당나라 함통 연간(860~873)에 민(복건성)의 설봉산(雪峰山)으로 돌아와 절을 창건하니 문도들이 구름처럼 모여

---

44 훈여(葷茹): 훈채는 생강과 같이 매운 채소 또는 파와 같이 냄새나는 채소, 즉 오신채(五辛菜)를 말한다.
45 덕산(德山, 780~865): 덕산선감(德山宣鑑)으로 설봉 스님의 스승이기도 하다. 당대 청원 문하의 용담숭신의 제자로 사천성 사람이고 성은 주(周) 씨이다. 율(律)과 성상(性相)을 공부하고『금강경』에 정통하여 '주금강(周金剛)'이라 불렸다. 남방선을 논파하다가 선(禪)에 뜻을 두고 용담숭신 선사를 참예하고 법을 이었다. 다시 위산영우의 지시로 호남성에서 30년 동안 주석하다가 무종(武宗)의 파불(破佛)을 만나 독부산(獨浮山)의 석실(石室)에서 난을 피했다. 대중 초에 불교가 다시 일어날 때 무릉태수 설연망(薛延望)의 청으로 덕산(德山)에 머물며 종풍(宗風)을 떨쳤다. 함통(咸通) 6년 12월 86세로 시적(示寂)하였다. 시호는 견성대사(見性大師)이고 그의 전기는『송고승전』12권,『조당집』5권,『전등록』15권,『속등록』1권,『연등회요』20권,『오등회원』7권에 실려 있다.

들었다. 의종(懿宗) 황제가 진각(眞覺) 국사라는 법호를 내리고 이어 자색 가사를 내려 주었다.

師諱義存.泉州南安曾氏子.家世奉佛.師生惡葷茹.於襁褓中.聞鐘梵之聲.或見旛華像設.必爲之動容.年十二.從其父遊莆田玉潤寺.見慶玄律師.遽拜曰.我師也.遂留侍焉.十七落髮.謁芙蓉弘照大師.照撫而器之.後往幽州寶刹寺受戒.久歷禪會.緣契德山.唐咸通中.回閩中雪峰創院.徒侶翕然.懿宗錫號眞覺禪師.仍賜紫袈裟.

● 스님이 동산양개(洞山良价)[46] 스님의 회상에 공양주 소임[47]을 맡아 쌀을 일고 있을 때의 일이다. 동산 스님이 묻길, "모래를 일어서 쌀을 가려내느냐, 쌀을 일어서 모래를 가려내느냐?" 설봉 스님이 말하길, "모래와 쌀을 한꺼번에 가려 버립니다." 동산 스님이 말하길, "대중은 무엇을 먹겠느냐?" 설봉 스님이 마침내 쌀 동이를 엎어 버렸다. 동산 스님이 말하길, "인연에 의거해서 보니 그대는 덕산에 있어야 합당하겠다."

---

46 동산양개(洞山良价, 807~869): 당대 스님으로 균주(筠州) 회계(會稽) 사람이며, 성은 유(兪) 씨이다. 청원하(青原下) 4세 운암담성(雲巖曇晟)의 법사(法嗣)이며, 동산은 호이고, 휘는 양개(良价 혹은 介), 조동종(曹洞宗)의 개조(開祖)이다. 어려서 출가하여 스승을 따라 『반야심경』을 외우다가 '무안이비설신의(無眼耳鼻舌身意)'에 이르러 자신의 얼굴을 만지며 이상히 생각하였다. 오설산(五洩山)의 영묵(靈默)에게 스님이 되고 21세에 숭산(嵩山)에 가서 구족계를 받았다. 여러 곳을 다니다가 남천보원(南泉普願)을 찾아 공부하고 위산영우(潙山靈祐)에게 가서 '無情說法話'를 참구하여 계합(契合)하였다. 위산의 지시로 운암담성(雲巖曇晟)에게 가서 전의 인연을 들어 더욱 정진하다가 흐르는 물 뒤에 비친 그림자를 보고 활연히 깨달아 운암의 법을 이었다. 대중 연간(847~859) 말에 신풍산(新豊山)에 있다가 균주(筠州) 동산보제원(洞山菩提院 혹 普利院)으로 옮겨 가풍을 드날렸다. 함통(咸通) 10년 3월 삭단에 체발피의(剃髮披衣)를 명하고 명종하고 엄연히 시적하니, 그때에 제자들이 비통해하자 그가 홀연히 눈을 열어 이르되, "夫出家之人.心不依物.是眞修行.勞生息死.於悲何有.淪喪於情.太.着乎"라 하고는 우치재(愚癡齋)를 지내게 하고 재가 끝나는 날(3월 8일) 입적하였다. 세수 63세였다. 시호는 오본대사(悟本大師)였다. 문하에 운거도응(雲居道膺), 조산본적(曹山本寂), 소산광인(疎山匡仁), 화엄휴정(華嚴休靜) 등이 있다. 그의 전기는 『송고승전』 12권, 『전등록』 15권, 『연등회요』 20권, 『통기』 42권, 『불조역대통재』 17권에 실려 있으며, 저서로는 『서주동산양개선사어록(瑞州洞山良价禪師語錄)』, 『보경삼매가(寶鏡三昧歌)』, 『현중명(玄中銘)』, 『신풍음(新豊吟)』 등이 있다.

47 반두(飯頭): 선사(禪寺)에서 밥 짓는 역할. 전좌(典座) 아래 속하여 식사 때 밥을 담당하는 소임.

師在洞山作飯頭. 淘米次. 山問. 淘沙去米. 淘米去沙. 師曰. 沙米一時去. 山曰. 大衆喫個什麼. 師遂覆却米盆. 山曰. 據于因緣. 合在德山.

● 동산 스님이 하루는 설봉 스님에게 묻길, "무엇을 하고 왔느냐?" 설봉 스님이 말하길, "물통을 잘라 왔습니다." 동산 스님이 말하길, "도끼질을 몇 번해서 잘랐느냐?" 설봉 스님이 말하길, "단번에 잘라왔습니다." 동산 스님이 말하길, "아직 이쪽의 일이다. 저쪽 일은 어떻게 하겠느냐?" 설봉 스님이 말하길, "그대로 손을 쓸 곳이 없습니다." 동산 스님이 말하길, "아직 이쪽의 일이다. 저쪽의 일은 어떻게 하겠느냐?" 설봉 스님이 그만두었다.

洞山一日問師. 作甚麼來. 師曰. 斫槽來. 山曰. 幾斧斫成. 師曰. 一斧斫成. 山曰. 猶是這邊事. 那邊事作麼生. 師曰. 直得無下手處. 山曰. 猶是這邊事. 那邊事作麼生. 師休去.

● 스님이 밥을 짓고 있을 때, 동산 스님이 묻길, "오늘은 밥을 얼마나 지었는가?" 설봉 스님이 말하길, "두 섬을 지었습니다." 동산 스님이 말하길, "부족하지 않겠는가?" 설봉 스님이 말하길, "대중 중에 밥을 먹지 않는 스님도 있습니다." 동산 스님이 말하길, "갑자기 다 먹는다고 하면 어떻게 하겠는가?" 설봉 스님이 대답이 없었다. (앞서 운거도응(雲居道膺)[48] 스님이 대신 말하길, "모두 먹어도 부족한 것을 보지 못했습니다.")

師蒸飯次. 洞山問. 今日蒸多少. 師云. 二石. 山云. 莫不足麼. 師云. 於中有不喫者. 山

---

48 운거도응(雲居道膺, ?~902): 유주(幽州) 형문(荊門) 사람으로 속성은 왕(王) 씨이며 법명은 도응(道膺)이다. 대략 8세에 출가하여 25세에 계를 받았다. 처음에는 취미(翠微)의 문하에서 참선을 하다 다시 동산(洞山)의 문하에서 크게 깨쳐 그의 법을 이어받았다. 운거산(雲居山)에서 교화를 펴자 수천의 대중이 운집하였다. 그의 제자 가운데 신라의 운주(雲住), 경유(慶猷) 선사와 고려의 대경(大鏡), 진철(眞澈) 선사가 있다.

云. 忽然總喫. 又作麼生. 師無對(先雲居代云. 總喫卽不見有不足者).

● 동산 스님이 설봉 스님이 오는 것을 보고 말하길, "문에 들어오면 반드시 말을 해야만 한다. 벌써 말했다고 해서는 안 된다." 설봉 스님이 말하길, "저는 입이 없습니다." 동산 스님이 말하길, "입이 없는 것을 그렇다 치고[49] 나에게 눈을 돌려다오." 설봉 스님은 곧바로 그만두었다. (앞서 운거도응 스님이 말하길, "제가 입이 있을 때까지 기다려 주면 곧바로 말하겠습니다." 장경혜릉(長慶慧稜)[50]이 스님이 말하길, "그렇다면 저는 삼가 물러가겠습니다." 운거 스님이 다시 말하길, "예를 들면[51] 설봉 스님이 그렇게 말한 것은 문에 들어온 말입니까, 문에 들어가지 못한 말입니까?")

洞山見師來. 云. 入門來須得有語. 不得道蚤箇了. 師云. 某甲無口. 山云. 無口卽且從. 還我眼來. 師便休(先雲居云. 待某甲有口卽道. 長慶云. 與麼則某甲謹退. 雲居徵云. 秖如雪峰與麼道. 是入門語. 不是入門語).

● 설봉 스님이 동산 스님에게 하직인사를 하자 동산 스님이 말하길, "그대는 어디로 가려고 하는가?" 설봉 스님이 말하길, "영중으로 돌아가려고 합니다." 동산 스님이 말하길, "그때는 어느 길로 나갔는가?" 설봉 스님이 말하길, "비원령으로 나갔습니다." 동산 스님이 말하길, "지금 어느 길로 돌아가려고 하는가?" 설

---

49 차종(且從): 그렇다 치고, 당분간, 일단.
50 장경혜릉(長慶慧稜, 854~932): 속성은 손(孫) 씨로 절강성 항주 염관현 출신이다. 13세에 강서성 소주 통현사(通玄寺)에서 출가하여 설봉의존, 현사사비 스님 등을 참문하고 후에 설봉 스님의 법을 이었다. 복주의 장경원(長慶院)에서 교화를 펼쳤다. 호는 초각대사(超覺大師)이다. 『조당집』 권10, 『송고승전』 권13, 『전등록』 권18, 『불조역대통재』 권17 등에 그의 전기가 있다.
51 지여(秖如): 예를 들 때 사용하는 말. 지여(只如)로도 쓴다. 『황벽산단제선사전심법요』 권1(『대정장』 권48, p.383, 중) "問秖如目前虛空.可不是境.(묻길, '예를 들면 눈앞의 허공이 경계가 아니라고 할 수 있겠는가?')."

봉 스님이 말하길, "비원령으로 가려고 합니다." 동산 스님이 말하길, "비원령으로 가지 않는 한 사람이 있는데 그대는 알고 있는가?" 설봉 스님이 말하길, "알지 못합니다." 동산 스님이 말하길, "어찌하여 알지 못하는가?" 설봉 스님이 말하길, "그는 얼굴이 없기 때문입니다." 동산 스님이 말하길, "그대가 이미 모른다고 했는데 얼굴이 없는 것을 어찌 아는가?" 설봉 스님은 대답이 없었다. (설봉 스님이 투자대동(投子大同)[52]을 스님을 참문한 기연은 투자대동 스님의 어록에 자세하게 나와 있다.)

師辭洞山. 山曰. 子甚處去. 師曰. 歸嶺中去. 山曰. 當時從甚麼路出. 師曰. 從飛猿嶺出. 山曰. 今回向甚麼路去. 師曰. 從飛猿嶺去. 山曰. 有一人不從飛猿嶺去. 子還識麼. 師曰. 不識. 山曰. 爲甚麼不識. 師曰. 佗無面目. 山曰. 子旣不識. 爭知無面目. 師無對(師參投子機緣具如投子錄中).

● 설봉 스님이 덕산 스님을 찾아뵙고 묻길, "대대로 전해 내려오는 선종의 가르침[53]에 저도 자격이 있습니까?" 덕산 스님이 방망이로 한 대 때리면서 "뭐라고 말했는가?"라고 하자. 설봉 스님이 답하길, "모르겠습니다." 다음 날이 이르러 덕산 스님에게 법을 청하자, 덕산 스님이 말하길, "우리 가르침에는 말이 없어서 진실로

---

52 투자대동(投子大同, 819~914): 서주 회영(舒州 懷寧) 사람으로 속성은 유(劉) 씨다. 어릴 때에 낙하보당(洛下保唐)의 만(滿) 선사에 의해 출가하고 나중에 『화엄경』을 보고 성품의 바다를 깨달았다. 그러다가 취미의 문하에 가서 선종의 종지를 깨달았다. 이로부터 모든 것을 놓아 버리고 두루 다니다가 고향으로 돌아와 투자산에 초막을 짓고 살다 96세에 입적했다. 그의 전기는 『조당집』 권6, 『전등록』 권10에 전한다.

53 종승(宗乘): 원래 선종에서 모든 불교를 종승(宗乘)과 여승(餘乘)을 나눠, 선종의 가르침을 종승으로 하고 그 외의 가르침을 여승이라 하였다. 종승은 선문 가르침의 극치를 말한다. 『운문광진선사광록(雲門匡眞禪師廣錄)』 권1(『대정장』 권47, p.547, 하) "問學人有疑請師不責. 從上宗乘事作麼生. 師云. 三拜不虛.(묻길, '학인이 의심이 있어 스님께 청하여도 책임지지 않습니다. 대대로 전해 내려오는 선종의 가르침은 어떠합니까?' 스님께서 이르시길, '삼배를 허락하지 않겠다.')" 『불과원오선사벽암록(佛果圜悟禪師碧嚴錄)』 권2(『대정장』 권48, p.151, c15-16) "黃檗一日又問百丈. 從上宗乘. 如何指示. 百丈良久.(황벽 스님이 어느 날 또 백장 스님에게 묻길, '대대로 내려오는 선종의 가르침을 어떻게 가르치겠습니까?' 백장 스님은 가만히 있었다.)."

다른 사람에게 줄 하나의 법도 없다." 설봉 스님은 깨달은 바가 있었다.

師謁德山. 問. 從上宗乘. 學人還有分也無. 山打一棒. 曰. 道甚麼. 師曰. 不會. 至明日. 請益山曰. 我宗無語句. 實無一法與人. 師有省.

● 그 후 설봉 스님은 암두전활(巖頭全豁)[54] 스님과 함께 예주 오산진에 갔다가 눈에 길이 막혀 그곳에 묵게 되었다. 암두 스님은 매일 단지 잠만 자고, 설봉 스님은 오로지 좌선만 하였다. 하루는 설봉 스님이 암두 스님을 부르면서 "사형, 사형, 일어나 보십시오." 하니 암두 스님이 "무슨 일 있는가?"라고 하였다.

설봉 스님이 말하길, "금생에는 깨달을 수 없나 봅니다.[55] 전에 흠산문수(欽山文邃) 녀석[56]과 함께 행각을 할 때에도 가는 곳마다 다른 사람들에게 피해를 주더니 오늘에 이르러서는 스님께서 단지 잠만 자고 있으니 말입니다." 암두 스님이 할을 하고 말하길, "잠이나 실컷 자라, 매일 선상에서 앉아 있는 모습이 흡사 시골의 토지신과 같으니 훗날 사람들을 홀리게 될 것이다."

설봉 스님이 가슴을 치면서 말하길, "저는 이 가슴속에 답답한 것이 아직 남아

---

54 암두전활(巖頭全豁, 828~887): 당대 스님 청원하 덕산선감(德山宣鑑)의 제자, 천주(泉州, 복건성) 남안현(南安縣) 사람으로, 속성은 가(柯) 씨이며, 휘는 전활(全豁)이고 시호는 청엄대사(淸儼大師)이다. 영천사(靈泉寺) 의공(義公)의 회하에 출가하여 장안(長安) 서명사(西明寺)에서 구족계를 받았다. 처음에 교종(教宗)에 몸을 담았다가 나중에 설봉의존(雪峰義存), 흠산문수(欽山文邃)와 사귀고 앙산혜적(仰山慧寂)을 배알하고 덕산(德山)에게 참예하여 법을 이었다. 회창의 사태(845)를 만나 서호강변에서 뱃사공으로 난을 피했다. 후에 동정호반의 와룡산(臥龍山) 암두(巖頭)에서 종풍을 선양했다. 광계 3년(『조당집(祖堂集)』에는 중화(中和) 5년 곧 885년) 4월 8일, 중원에 도적이 창궐했을 때, 도량을 수호하려 단거하다가 도적의 칼에도 신색자약(神色自若)하며 대규일성(大叫一聲)으로 꾸짖으며 시적했다. 세수 60세였다. 그의 전기는 『조당집』 권7, 『송고승전』 권23, 『전등록』 권16, 『연등회요』 권21, 『오등회원』 권7 등에 있다.
55 불착(不著): 완수할 수 없다. 성취할 수 없다. 이룩하지 못한다. 목적한 대로 ~ 할 수 없다. 『불과원오선사벽암록』 권3(『대정장』 권48, p.169, 상) "這箇是什麼物.這一句.天下衲僧摸索不著.(이것이 어떤 물건인가? 저 근원적인 한마디는 천하의 수행자가 찾아보아도 어떻게 할 수 없다)."
56 개한(個漢): 녀석.

있어 감히 스스로를 속일 수 없습니다." 암두 스님이 말하길, "나는 그대가 장차 훗날에 높은 봉우리 정상에서 초암을 짓고 부처님의 가르침을 크게 펴리라 생각하고 있었는데 고작 이러한 말을 하는가?" 설봉 스님이 말하길, "저는 진실로 답답한 것이 남아 있습니다."

암두 스님이 말하길, "그대가 만약 진실로 이와 같다면 그대의 깨달은 바를 하나하나를 말해 보게. 옳은 곳이 있으면 그대를 증명해주고, 잘못된 곳이 있으면 깎아 주겠네." 설봉 스님이 말하길, "제가 처음 염관제안(鹽官齊安)[57] 스님을 찾아갔는데 염관 스님이 법상에 올라 색과 공의 이치를 거론하시는 걸 듣고 깨달음의 실마리[58]를 찾았습니다." 암두 스님이 말하길, "이것을 30년 동안 절대 말하지 마시오."

설봉 스님이 말하길, "또, 동산 스님께서 개울을 건너다가 깨달은 내용을 게송으로 읊길, '절대로 남에게서 찾지 마라. 나와는 점점 더 멀어진다. 그대가 지금 바로 나이고, 나는 지금 그대가 아니다.'라고 하였습니다." 암두 스님이 말하길, "만약 그러하다면 철저하게 자기도 구제하지 못할 것이오."

설봉 스님이 또 말하길, "옛날에 덕산 스님께 '대대로 전해오는 선종의 가르침의 일에 저도 자격이 있습니까?'라고 질문을 하였는데 덕산 스님께서 몽둥이로 한 대 때리면서 '뭐라고 말했는가?'라고 하니 저는 그때 물통 밑바닥이 쑥 빠져나가는 것[59] 같았습니다."

---

57 염관제안(鹽官齊安, 755~817): 마조의 법을 이은 선승으로 항주 염관의 해창원에 거주하며 선법을 펼쳤다. 그의 전기는 노간구(盧簡求)가 지은 「탑비」를 비롯하여 『조당집』 15권, 『송고승전』 11권, 『불조통기』 권42, 『전등록』 권7 등에 전하고 있는데, 속성이 이 씨, 당 왕실의 후손으로서 선종(宣宗)이 한때 그의 제자가 되었으며, 신라의 범일(梵日)국사도 그의 법을 계승했다. 황제는 오공(悟空)선사라는 시호를 하사했다.

58 입처(入處): 『황벽산단제선사전심법요』 권1(『대정장』 권48, p.380, 중) "故學道人唯認見聞覺知施爲動作.空却見聞覺知.卽心路絶無入處.(그러므로 도를 배우는 사람은 오직 견문각지로 움직인다는 것을 인식하고 도리어 견문각지를 텅 비워 버리면 사념의 길이 끊어져 어느 곳에서도 사념이 들어올 수 없다)."

59 통저탈(桶底脫): 통의 바닥이 빠지다. 통 밑이 빠지다. 번뇌망념이 다 없어졌다는 뜻이다.

암두 스님이 할을 하고 말하길, "그대는 듣지 못했는가? 문으로 들어오는 것은 집안의 보배가 아니라[60]는 말을." 설봉 스님이 말하길, "앞으로[61] 어떻게 하면 좋겠습니까?"

암두 스님이 말하길, "훗날 그대가 부처님의 가르침을 널리 크게 펼치려면 하나하나 자기 가슴속에서 흘러나온 것을 나에게 가지고 와서 보여주면 하늘을 덮고 땅을 덮을 것이오." 설봉 스님이 그 말에 크게 깨닫고 곧바로 일어나서 예를 올리고 연이어 소리를 지르며 말하길, "사형! 오늘에야 비로소 오산진에서 도를 이루었습니다."

(설봉 스님이 흠산 스님, 암두 스님과 함께 상중에서 강남으로 가서 신오에 이르렀을 때이다. 흠산 스님이 개울물에 발을 씻다가 채소 잎이 흘러내려오는 것을 보고 기뻐하며 말하길, "이 산에 반드시 도인이 있다. 물길을 따라 올라가면 찾을 수 있다." 설봉 스님이 성을 내며 말하길, "지혜의 눈이 크게 흐려 가지고 훗날에 어떻게 사람을 판별할 수 있겠는가? 그가 복을 아끼지 않는 것이 이와 같은데 산에 산들 무엇 하겠는가?")

나중에 스님께서 주지를 살게 되었을 때 어떤 스님이 묻길, "화상께서는 덕산 스님을 친견하시고 무엇을 체득하였기에 곧바로 번뇌 망념을 쉬었습니까?" 설봉 스님이 말하길, "나는 빈손으로 가서 빈손으로 돌아왔다.[62]"

---

60 종문입자 불시가진(從門入者.不是家珍): "문을 통해서 들어오는 것은 집안의 보배가 아니다."라는 것은 진정한 보배는 즉 자기 집에 원래 가지고 있다, 본래 갖추고 있는 불성을 밖에서 찾을 수 없음을 말하는 것이다. 『조당집』 권5 「운암화상장」(『고려대장경』 권45, p.266, b2) "師示衆云: 從門入者, 非寶(스님께서 대중에게 이르길, '문을 통해 들어온 것은 보배가 아니다.')." 『무문관』 권1(『대정장』 권48, p.292, b13) "豈不見道.從門入者.不是家珍(어찌 들어보지 못했는가? 문을 통해 들어오는 것은 집안의 보배가 아니라는 것을)."

61 타후(佗後): 뒷날. 앞으로

62 공수거공수귀(空手去空手歸): "빈손으로 가고 빈손으로 돌아오다."라는 것은 "일체중생실유불성(一切衆生悉有佛性)"이라는 것으로 불성이란 체득할 것도 없고 버릴 것도 없는 것이기에 작용하는데 불성의 지혜작용이 있는 것이기에 이와 같은 말을 한 것이라고 하겠다.

後與巖頭至澧州鼇山鎭.阻雪.頭每日祇是打睡.師一向坐禪.一日.喚曰.師兄.師兄.且起來.頭曰.作甚麼.師曰.今生不著便.共文邃個漢行脚.到處被佗帶累.今日到此又祇管打睡.頭喝曰.嗜眠去.每日牀上坐.恰似七村裏土地.佗時後日魔魅人家男女去在.師自點胸曰.我這裏未穩在.不敢自謾.頭曰.我將謂儞佗日向孤峰頂上盤結艸菴.播揚大教.猶作這個語話.師曰.我實未穩在.頭曰.儞若實如此.據儞所見處.一一通來.是處與儞證明.不是處與儞剗却.師曰.我初到鹽官.見上堂.擧色空義.得个入處.頭曰.此去三十年.切忌擧著.又見洞山過水偈曰.切忌從佗覓.迢迢與我疎.渠今正是我.我今不是渠.頭曰.若與麼.自救也未徹在.師又曰.後問德山.從上宗乘中事.學人還有分也無.德山打一棒.曰.道甚麼.我當時如桶底脫相似.頭喝曰.儞不聞道.從門入者.不是家珍.師曰.佗後如何卽是.頭曰.佗後若欲播揚大教.一一從自己胸襟流出.將來與我盖天盖地去.師於言下大悟.便作禮起.連聲叫曰.師兄.今日始是鼇山成道(師與欽山.巖頭.自湘中入江南.至新吳之下.欽山濯足澗側.見菜葉而喜曰.此山必有道人.可沿流尋之.師嵓曰.你智眼大濁.佗日如何辨人.彼不惜福.如此住山.何爲哉).住後.僧問.和尙見德山得個甚麼便休去.師曰.我空手去.空手歸.

● 어떤 두 명의 스님이 오는 것을 보고 설봉 스님께서 암자문을 열고 밖으로 뛰쳐나오면서 말하길, "이것이 무엇인가?" 하니 그 스님들 또한 "이것이 무엇입니까?"라고 하였다. 스님께서 머리를 숙이고 암자로 돌아가셨다.
有兩僧來.師以手拓菴門.放身出曰.是甚麼.僧亦曰.是甚麼.師低頭歸菴.

● 어떤 스님이 하직인사를 하자. 설봉 스님이 묻길, "어디로 가려고 하는가?" "호남으로 가려 합니다." 설봉 스님께서 말씀하시길, "나에게 도반스님이 한 분 있는데 암두산에 살고 있소. 그대에게 편지 한 통을 줄 것이니 전해 주오."
편지에 쓰길 '제가 사형스님께 글을 씁니다. 제가 오산진에서 도를 체득한 이후 지금까지 배가 불러 배고픈 줄 모릅니다. 동참(同參)[63] 설봉 올림.'이라고 하였다.

그 스님이 암두산에 이르자 암두 스님이 묻길, "어디에서 왔는가?" 그 스님이 말하길, "설봉산에서 화상께 편지를 전달하려고 왔습니다." 암두 스님이 편지를 받아 놓고 곧바로 스님에게 묻길, "다른 말씀이 있었는가?" 그 스님이 앞서 설봉 스님과 문답했던 이야기를 하자. 암두 스님이 말하길, "그가 무슨 말을 하던가?" 그 스님이 말하길, "다른 말이 없이 머리를 숙이고 암자로 돌아가셨습니다." 암두 스님이 말하길, "아! 내가 애초에 설봉 스님에게 말후구(불법의 궁극적인 한마디)[64]를 말해주지 않은 것이 애석하구나! 만약 그에게 말후구를 말해주었다면 천하의 사람들이 설봉 스님을 어찌할 수 없었을 것을…."

그 스님이 하안거 마치기 전에 전날의 이야기에 대해 법문을 암두 스님에게 청하였는데, 암두 스님이 말하길, "어찌하여 진작 묻지 않았는가?" 그 스님이 말하길, "감히 묻기가 어려웠습니다." 암두 스님이 말하길, "설봉 스님은 비록 나와 한 줄기에서 태어났지만 나와 똑같이 죽지는 않을 것이다. 요컨대 말후구를 알고 싶은가? 단지 이것이다."

僧辭去.師問.甚麼處去.曰.湖南.師曰.我有個同行住巖頭.附汝一書去.書曰.某書上師兄.某一自鼇山成道後.迄至於今飽不饑.同參某書上.僧到巖頭.問.甚麼處來.曰.雪峰來.有書達和尙.頭接了.乃問僧.別有何言句.僧遂擧前話.頭曰.佗道甚麼.曰.佗無語.低頭歸菴.頭曰.噫.我當初悔不向伊道末後句.若向伊道.天下人不奈雪老何.僧至夏末.請益前話.頭曰.何不早問.曰.未敢容易.頭曰.雪峰雖與我同條生.不與我

---

63 동참(同參): 승려와 신도가 한 법회에 참석하여 정업(淨業)을 닦는 일. 모임에 함께 참례함. 여기서는 같은 스승 밑에서 참선 수행하는 벗인 도반을 말한다.
64 말후구(末後句): 『조당집』 권7 「암두장」, 『벽암록』 제51칙, 『오등회원』 권7 「설봉장」에도 나온다. 불법의 궁극적인 한마디로써 일구(一句)라고도 하며, 중생심(의심)을 죽이고 깨달음의 체험을 통한 확신으로 불심의 지혜작용을 살리는 말로 일전어(一轉語)라고도 한다. 자신이 체득한 불법의 진수를 궁극적인 한마디로 설하여 불법을 깨닫도록 하는 말이다. 이 한마디의 궁극적인 말은 수행자를 깨닫도록 하여 중생심을 불심으로 전환하게 하는 법문이다.

同條死.要識末後句.祇這是.

● 스님께서 법상에 올라 설법하실 때 대중이 오랫동안 서 있으니 설봉 스님이 말하길, "모든 스님이여! 종을 치고 북을 울리고 여기까지 무엇을 찾으려고 왔는가? 무슨 괴롭고 억울한 일이 있는가? 부끄러운 줄은 알고 있는가? 또 어떤 죄라도 지었는가? 조금이라도 특별히 깨달은 자가 있으면 나와 보아라. 내가 일이 부득이해서 그대들에게 '이것이 무엇인가?'라고 말했는데 그대들 모두가 겨우 문 안에 들어오자마자 그대와 함께 선문답[65]이 끝났다. 곧바로 알아듣는 것이 좋을 것이며[66] 도리어 마음의 힘을 덜어 주는 것이니 내 입에까지 오게 하지 마라. 알겠는가?"

上堂.衆立久.師云.諸和尙子.打鐘打鼓上來覓什麼.有什麼苦屈事.還識羞麼.且有什麼罪過.看著少有特達者.我事不得已.向汝道.是什麼.汝諸人纔入門來.共汝商量了.便與麼承當.却好省心力.莫敎到老師口裏來.還會麼.

● 스님께서 잠시 가만히 있다가[良久][67] 또 말하길,

---

65 상량(商量): '상담하다,' '협의하다'는 뜻인데, 선종에서는 선문답을 말한다. 『조정사원(祖庭事苑)』 권1 (『속장경』 권64, p.318, c5-6) 중 "如商賈之量度.使不失於中平.以各得其意也.(상인이 값을 흥정하는 것처럼 중심을 잃지 않도록 하여 각자의 생각하는 것을 얻는다)."『진주임제해조선사어록(鎭州臨濟慧照禪師語錄)』 권1(『대정장』 권47, p.500, c1) "要共爾商量.(나는 요컨대 그대들과 선문답을 하고자 한다)."『불과원오선사벽암록(佛果圜悟禪師碧巖錄)』 권8 제76칙 평창(『대정장』 권48, p.204, a2-3) "保福長慶.同在雪峯會下.常擧古人公案商量.(보복종전과 장경혜릉은 설봉 문하에 같이 있었는데 항상 옛사람의 공안을 거론하여 상담하였다)."

66 승당(承當): 받아 들이여 감당(堪當)함.

67 양구(良久): 잠시 동안 말이 없는 상태로 있는 것을 말한다. 눈앞에서 본분을 들어 보이는 적절한 방법인데 본래의 뜻은 '잠시 동안의 시간을 허락한다'는 의미이다. 스승이 제자를 이끌어 줄 때 제자가 의문 나는 것을 물을 때, 자기의 견해를 들어낼 때, 스승의 물음에 대답할 때 잠시 동안 무언(無言) 상태로 인정하거나 반대하는 입장을 표시하는 것을 말한다. 『경덕전등록』 권5 「광택해충장(光宅慧忠章)」(『대정장』 권51, p.244, a19-21)에서 "三藏良久罔知去處.師叱曰.遮野狐精.他心通在什麼處.三藏無對.(삼장이 알지

"삼세제불도 말할 수 없고, 모든 경전에서도 찾을 수 없는데 지금 눈물이나 침을 먹는 놈들이 어찌 깨달을 수 있겠느냐? 내가 평상시[68] 그대들에게 '이것이 무엇인가?'라고 말하면 내 앞으로 가까이 와서 대답만 찾고 있으니 당나귀 해에 알 수 있겠는가?

내가 부득이해서[69] 그대들에게 말하는 것도 이미 그대들을 속인 것이다. 그대들이 문에 들어오기 전에 일찍이 그대들의 흥정은 끝났다고 말했다. 알겠는가? 이것 역시 노파심이다. 힘을 덜어야[70] 할 곳에서 마땅히 짐을 덜려고 하지 않고, 다만 앞으로 발을 내딛어 말에서 찾으려고만 하고 있다.

그대에게 말하노니 하늘과 땅 모두 해탈문인데 모두 들어가지 않고 다만 안에 있는 줄만 알고 어지럽게 달리고 있구나. 사람을 만나면 '어느 것이 나인가'라고 곧바로 물으니 부끄럽지 않는가? 단지 스스로가 굴욕을 자초한 것이다. 그래서 물가에서 목말라 죽은 사람이 셀 수가 없고, 밥 소쿠리 안에서 배고파하는 사람이 항하사같이 많으니 한가하게 생각하지 마라."

良久.又云.三世諸佛不能唱.十二分教不能載.如今嚼涕唾漢爭得會.我尋常向儞道.是什麼.近前來覓答話處.驢年識得麼.事不獲已.向儞與麼道.已是平欺儞了也.向儞道未入門已前.早共儞商量了也.還會麼.亦是老婆心也.省力處不肯當荷.但知踏步向前覓言覓語.向儞道盡乾坤是箇解脫門.總不肯入.但知在裏許亂走.逢人便問.那箇是我.還羞麼.祇是自受屈.所以臨河渴殺人無數.飯籮裏受饑人如恒

못하여 아무 말이 없자 스님께서 꾸짖기를 '이 들여우 같은 놈아! 타심통이 어디에 있느냐?' 삼장이 대답이 없었다)." 『불과원오선사벽암록』 권7 제65칙 평창(『대정장』 권48, p.195, c8-10) "這一則公案.話會者不少.有底喚作良久.有底喚作據坐.有底喚作默然不對.且喜沒交涉.幾曾摸索得著來.(이 한 칙의 공안을 이해하는 이는 드물지 않다. 어떤 사람은 한참 말없는 것이라고 하고, 어떤 사람은 앉아 있는 것이라고 하고, 어떤 사람은 침묵하여 대답하지 않는 것이라고 한다. 무엇보다도 기쁜 것은 전혀 관계가 없는 것이다. 어찌 더듬어서 찾으려 하는가?)."

68 심상(尋常): 대수롭지 아니함. 예사로움.
69 사불획이(事不獲已): 사부득이(事不得已)와 같다. '어쩔 수 없어서,' '일이 부득해서'의 뜻이다.
70 성력(省力): 힘을 덜다. 수월하다. 수고롭지 않다.

沙. 莫將等閒.

● "여러분! 만약 진실로 깨닫지 못하였다면 반드시 깨달아야만 하니 헛되이 시간을 보내지 마라. 단지 옆의 사기꾼을 초대[71]하여 속이는 말에 속아 넘어가지 말아야 한다. 누가 맡은 본분상의 일인가? 또한 반드시 정신[72]을 차리는 것이 좋겠다. 보리달마가 서쪽에서 와서 우리에게 말하길, 마음으로써 마음을 전하고, 문자를 세우지 않는다고 했는데 또 어떤 것이 모든 사람들의 마음인가? 줄기만 어지럽히고 곧바로 쉬어서는 안 된다.

자기 본분사의 일도 밝히지 못한 사람이 어디에서 많은 망상을 제거할 수 있겠는가? 어디에서도 그대들의 몸을 편안히 할 수 없으면 곧바로 범인도 보고 성인도 보고 남녀, 승속, 높고 낮고 훌륭하고 못난 것이 있게 된다. 대지 위에 모래를 까느라 떠들어대는[73] 것과 비슷한 것이다.

일찍이 한 생각을 잠시라도 신령스러운 지혜작용으로[74] 돌이키지 않으면 생사에 윤회하여 오랜 세월이 다하도록 쉬지 못하니 반드시 부끄러워하며 괴로워해야 한다. 각자 노력하라."

上座子. 若實未得悟入. 直須悟入始得. 不可虛度時光. 莫祇傍家相邀掠虛. 賺說悞人. 是阿誰分上事. 亦須著精彩好. 菩提達磨來道. 我以心傳心. 不立文字. 且作麼生是諸人心. 不可亂統即便休去. 自己事若未明. 何處消得許多妄想. 時中無汝安身處. 便見凡見聖. 有男女僧俗. 高低勝劣. 大地面前吵吵地鋪沙相似. 未曾一念暫返神光. 流浪生死. 盡劫不息. 大須慙愧. 各自努力.

---

71 상격(相邀): 초대하다.
72 정채(精彩): 뛰어나다, 훌륭하다는 뜻의 한자어지만 불교에서는 근원적인 마음을 말한다.
73 묘묘(吵吵): 떠들어대다, 떠들썩거리다, 법석거리다.
74 잠반신광(暫返神光): 여기서 잠시 신령스러운 지혜작용을 돌이키라고 해석되는데 회광반조(廻光返照)의 뜻이다.

● 설봉 스님께서 법상에 올라 설법하는데 어떤 스님이 묻길, "처음의 마음과 나중의 마음을 알지 못하겠습니다. 청컨대 스님께서 가르쳐 주십시오." 설봉 스님이 말하길, "나에게 무엇을 가르쳐 달라고 하는가?" 또 말하길, "알지 못하는데 어떻게 합니까?" 설봉 스님이 말하길, "그대 스스로 모르는 거지, 나의 허물은 없다."

  그 스님이 또 말하길, "다시 바라옵건대 가르쳐 주십시오." 설봉 스님이 말하길, "알겠는가?" 또 말하길, "모르겠습니다." 설봉 스님이 말하길, "괴롭구나, 괴로워! 이렇게 구제하기 어려운데 어떻게 하겠는가?"

上堂.僧問.初心後心不會.乞師指示.師云.敎我指示什麼.進云.爭奈不會.師云.汝自不會.我無罪過.進云.再乞指示.師云.會麼.進云.不會.師云.苦哉.苦哉.爭得與麼難救.

● 어떤 스님이 묻길, "무엇이 진속이제(眞俗二諦)입니까?" 설봉 스님이 말하길, "진속이제는 차치[75]해두고 그대 자기 본분사의 일은 어떻게 하겠는가?" 또 말하길, "무슨 말씀인지 알지 못하겠습니다." 설봉 스님이 말하길, "자기의 본분사도 오히려 알지 못하면서 무슨 이제(二諦), 삼제(三諦)에 대해 질문을 하느냐?"

問.如何是眞俗二諦.師云.眞俗二諦且從.仁者自己事作麼生.進云.不會.師云.自己尙不會.問什麼二諦三諦.

● 어떤 스님이 묻길, "무엇이 제불입니까?" 설봉 스님이 말하길, "존경하는 부처의 이름[76]을 함부로 말하지 마라." 다시 말하길, "무엇이 존경하는 부처의 이름을 함부로 말하지 않는 것입니까?" 설봉 스님이 말하길, "부끄러움도 없는 줄 알아라."

問.如何是諸佛.師云.莫觸諱.進云.如何是不觸諱.師云.解無慚愧.

---

75 차종(且從): 차치(且置)와 비슷한 말. 당분간, 그것은 그렇다 치고, 잠깐, 맡겨두다.
76 촉휘(觸諱): 존대(尊待)하여야 할 웃어른의 이름을 함부로 놓아 부름 또는 그런 이름.

● 어떤 스님이 묻길, "제가 근래에 총림77에 왔습니다. 청컨대 가르침을 주십시오." 설봉 스님이 말하길, "차라리 몸을 부숴 가루가 되어도 끝내 한 스님의 눈을 멀게 하지는 않겠다."
問.學人近入叢林.乞師指示.師云.寧可碎身如微塵.終不瞎個師僧眼.

● 설봉 스님이 이에 말했다.
"모든 스님들이여! 어찌 여기에 왔는가? 이것은 그대 당사자의 본분상의 일에 조금이라도 모자람이 있는가? 일찍이 그대에게 덮을 한 치의 풀도 없다. 어찌하여 알지 못하고 앞으로만 걸어가서 단지 사람들의 말에서 찾으려고 하는가? 영겁 동안 이야기해 봤자 끝내 감히 서로 관계하지 못한다. 이것은 그대 자신의 본분사의 일인데 어찌 알지 못하는가? 오직 남의 집안일은 모두 알고 단지 옆집의 내가 말하는 것78을 먹는 것인가?

의식적으로 알음알이를 하다가 홀연히 어떤 사람이 자기 집안일을 물어보면 곧바로 비슷한 말을 가지고 와서 쓰고, 눈 밝은 사람에게 한 번 넘어지고는 곧바로 갈 수 없게 된다. 아주 캄캄한79 칠통(漆桶)같이 된 것은 단지 이제까지 행각에서 선지식을 만나지 못했기 때문이다. 그러므로 괴롭고 굴욕스러운 것은 처음에

---

77 총림(叢林): 범어 vindhyavana. 단림(檀林)이라고도 한다. 불타의 설법 가운데 초목즙취(草木葺聚)의 의미로 화합한 승가의 집단을 비유한 것이다. 즉, 수풀처럼 사람들이 모여서 수행하는 도량이라는 의미이다. 『대승의장(大乘義章)』 권13(『대정장』 권44, p.718, a7-8) "禪者.是其中國之言.此翻名爲思惟修習.亦云功德叢林.(선이란? 중국의 말로 이것을 번역하면 사유를 수습하는 것이라고 하고 또한 공덕총림이라고 한다)."라는 말을 근거로 총림은 선원을 총칭하는 고유명사로 사용됨. 총림은 선림(禪林)이라고도 한다.
78 체타(涕唾): 타인이 토로한 말.
79 흑만만지(黑漫漫地): 깜깜하여 끝이 없는 어두움. 빛이라고는 전연 없는 것. 만만(漫漫)은 어디 한쪽에 한 모습도 없음을 말한다. 『진주임제혜조선사어록(鎭州臨濟慧照禪師語錄)』 권1(『대정장』 권47, p.502, c23) "山僧往日未有見處時.黑漫漫地.(나는 지난날 깨닫지 못하였기에 깜깜한 어둠 속에서 헤매었다)." 『운문광진선사광록』 권1(『대정장』 권47, p.545, b20-21) "自己心裏黑漫漫地.明朝後日大有事在.(자기 마음속이 아주 캄캄하면 내일 아침이나 다음 날에 어떤 큰 일이 있다)."

있다고 말하는 것이다. 이제까지 일과 같아서는 안 된다.

그대는 이러한 이야기를 어떻게 생각하는가? 여러분! 티끌 겁에서 온 일은 단지 지금에 있으니 실오라기라도 땅에서 옮기려고 하면 곧바로 목숨을 잃은 녀석이다. 만약에 한 글자라도 받아 지니면 영겁토록 들여우[野狐]의 혼령이 될 것이다. 영리한 사람이라면 나의 두꺼비 같은 입을 벌려 지껄이는 것을 빌리지 않을 것이다. 알겠는가?"

師乃云. 諸和尙子爲什麼到者裏來. 是儞當人分上事欠少什麼. 未曾有寸艸解盖覆得伊. 爲什麼却不會去. 擬蹉步向前覓. 祇欲得人說. 論劫去. 終不敢相帶累. 是汝自己事. 爲什麼不會去. 唯是佗人屋裏事總會得. 祇是傍家喫老師涕唾. 向意識裏作解. 忽被人問著自家屋裏事. 便將相似語來用. 被明眼漢一時撲却. 便去不得. 黑漫漫地漆桶相似. 祇爲從前行脚不遇奇人. 所以道. 苦屈在初. 從來事不可似. 儞與麼語話作麼. 和尙子. 塵劫來事. 祇在如今. 擬移絲髮地. 便是失命漢. 若受持一字. 歷劫野狐精. 若是靈利者. 不假老師開者蝦蟇口. 還會麼.

● 설봉 스님께서 법상에 올라 법을 설하니, 어떤 스님이 묻길, "조계의 근본 가르침[80]은 온 나라[81]에서 듣고 알고 있는데, 도대체 설봉의 뜻은 어떠합니까?" 설봉 스님이 말하길, "의사의 문하에는 병 귀신이 많다."

上堂. 僧問. 曹谿一路. 闔國知聞. 未審雪峰意旨如何. 師云. 醫生門下多病鬼.

● 어떤 스님이 묻길, "옛날과 지금에 서로 전한 것에 다시 어떠한 말이 있습니까?" 설봉 스님이 말하길, "그대 스스로 살펴보아라." 다시 이르길, "어찌 보고 듣는 것

---

80 『경덕전등록』 권22 「장주행숭장」(『대정장』 권51, p.383, c2-3) "漳州行崇章"問曹谿一路請師擧揚. 師曰. 莫屈著曹谿麼. (묻길, '조계의 근본의 가르침을 청컨대 스님께서 드날려 주십시오.' 스님께서 말하길, '조계를 억울하게 하는 게 아닌가?')."
81 합국(闔國): 온 나라, 나라 전체. 전국(全國)과 같다.

이 없겠습니까?" 설봉 스님이 말하길, "귀머거리가 될까봐 근심하면 안 된다."

問.古今相傳.復有何言.師云.儞自看.進云.豈無視聽.師云.不可患聾去也.

● 어떤 스님이 묻길, "임금과 신하[82]가 도에 계합이 되었을 때는 어떠합니까?" 설봉 스님이 말하길, "나는 일찍이 늙은 오랑캐(달마 대사)[83]의 세간을 챙기지 않았다."

問.君臣道合時如何.師云.我不曾收得老胡家具.

● 어떤 스님이 묻길, "눈앞의 경계는 범하지 말고, 청컨대 선사께서 말해주십시오." 설봉 스님이 말하길, "그대를 보니 역시 스스로 번뇌 망념을 죽이는 능력이 없구나!"

問.不犯目前機.請師道.師云.看儞亦無自裁分.

● 어떤 스님이 묻길, "여기에 말을 붙일 곳이 있습니까?" 설봉 스님이 말하길,

---

82 동산 스님이 학인들을 가르치기 위한 제시한 정편오위(正偏五位)가 있다. 동산의 제자 조산본적이 더욱 발전시켰는데 정편오위는 정중편(正中偏), 편중정(偏中正), 정중래(正中來), 편중지(偏中至), 겸중도(兼中度)의 다섯이다. 정(正)은 곧음이니 진여의 본체 또는 무차별, 평등, 공, 이치 등을 가리키며, 편(偏)은 동(動), 용(用), 사(事) 등 생멸의 현상을 가리킨다. 이 두 가지가 서로 의지하며 지위를 바꾸어 다섯 가지로 조합을 만들고 그것에 따라 진리를 들어내는 것이다. ① 정중편(正中偏): 실재의 내면에 품고 있는 현상. 현상으로서 나타나기 이전의 현상. 평등한 그대로 차별이 있는 것을 말한다. 『선림승보전』에 조산 스님과 동산 스님 간의 문답을 보면 "정위는 空계로 본래무물, 편위는 색계로 만상의 형(形)이 있다."라고 되어있다. ② 편중정(偏中正): 차별의 현상 그대로 평등한 본래의 법이라는 것이다. ③ 정중래(正中來): 정중래의 來는 여래와 같은 의미이다. 평등의 본체가 여러 현상의 차별에 응하여 다양한 작용을 일으키는 것을 말한다. ④ 겸중지(兼中止): 차별된 현상의 작용 속에서 현상과 본체가 조화되는 경지를 깨달아 무념무상의 경계에 이르는 것을 말한다. 편중지(偏中至)라고도 한다. ⑤ 겸중도(兼中到): 모든 것을 원만하게 아우르며 걸림없는 자유로운 경지를 말한다. 그리고 공훈오위(功動五位)는 향(向), 봉(奉), 공(功), 공공(共功), 공공(功功)을 말한다. 『신심명』 주해에는 향(向)은 각각 임금의 방향이 다르고, 봉(奉)은 신하의 받듦이 기울고, 공덕(功德)은 정중래(正中來), 공공(共功)은 겸중지(兼中止), 공공(功功)은 겸중도(兼中到)에 해당한다고 나와 있다.

83 호로(老胡): 달마 대사를 말한다.

"입을 닫아라."[84]

問. 者裏還有著句處也無. 師云. 合取兩片皮.

● 어떤 스님이 묻길, "세 치 혀도 의지하지 않고, 말 없음도 묻지 않을 때는 어떻게 합니까?" 설봉 스님이 말하길, "그대는 죄지은 놈이다."

問. 不託三寸. 不問無言時如何. 師云. 儞是罪過漢.

● 어떤 스님이 묻길, "세간을 벗어나 마음에 조금의 거리낌[85]도 없을 때는 어떠합니까?" 설봉 스님이 말하길, "어떻게 그렇게 하겠는가?" 또 말하길, "어찌 선지식이 세상에 출현하는 것이 없겠습니까?" 설봉 스님이 말하길, "끌어내라."

問. 方外不挂寸絲時如何. 師云. 爭得與麼. 進云. 豈無知識出世. 師云. 拽出去.

● 어떤 스님이 묻길, "길을 가다가 만 길의 벼랑 끝에 이르렀을 때는 어떻게 걸음을 내딛어야 합니까?" 설봉 스님이 말하길, "움직이면 본래를 잃어버린다."[86]

---

84 합취(合取): 기물류(器物類)를 정돈(정리)하여 한 덩어리로 묶는 것. 취(取)는 동사의 뒤에 붙는 어조사이다. 다만 합취구(合取口)의 경우는 "입을 다물어라."는 뜻이다. 『경덕전등록』 권15 「신산승밀장」(『대정장』 권51, p.323, c5-9) "裴大夫問僧. 供養佛還喫否. 僧曰. 如大夫祭家神. 大夫擧似雲巖. 雲巖代曰. 有幾般飯食. 但一時下來. 雲巖却問師. 一時下來後作麼生. 師曰. 合後鉢盂. 巖肯之.(배 대부가 어떤 스님께 묻길, '공양하면 부처님께서 드십니까?' 그 스님이 말하길, '대부가 집에서 신령에게 제사하는 것과 같습니다.' 대부가 운암 스님께 이 이야기를 하니 운암이 대신 말하길, '몇 가지 음식이 있으면 다만 한꺼번에 내려 주십시오.' 운암이 도리어 스님께 묻길, '한꺼번에 내린 후는 어떠합니까?' 스님께서 말하길, '발우를 정리하겠습니다.' 운암이 긍정했다.)』 『고존숙어록』 권36 「투자화상어록(投子和尙語錄)」(『속장경』 권68, p.235, c15) "問. 如何是不道. 師云. 合取口.(묻길, '무엇이 말하지 않는 것입니까?' 스님께서 이르길, '입을 닫아라.').)』 『불과원오선사벽암록』 권1 제8칙 착어(『대정장』 권48, p.148, c13) "這野狐精. 合取口好.('이 들여우 혼령아! 입 다무는 게 좋겠다')."
85 촌사불괘(寸絲不掛): 짧은 실 한 토막도 걸리지 않는다는 뜻으로, 마음에 조금의 거리낌도 없음을 이르는 말.
86 『조론(肇論)』 권1(『대정장』 권45, p.157, a9) "至理虛玄. 擬心已差.(지극한 진여의 지혜작용은 허망하지 않고 현묘해서 마음속으로 무엇을 하려고 하면 이미 진여와 어긋나게 된다.)" 『진주임제혜조선사어록(鎭州臨濟慧照禪師語錄)』 권1(『대정장』 권47, p.501, b9-10) "學人若眼定動. 卽沒交涉. 擬心卽差. 動念卽乖.(학

問.行至萬丈崖邊.如何進步.師云.踔動卽喪.

● 어떤 스님이 묻길, "활시위로 다리를 만들고 건너갈 때는 어떠합니까?" 설봉 스님이 말하길, "함정에 빠진다."
問.弓弦作橋梁.過得時如何.師云.陷身也.

● 어떤 스님이 묻길, "화살촉을 씹을 때는 어떠합니까?" 설봉 스님이 말하길, "뺨에 구멍이 난다."
問.嚙鏃時如何.師云.穿顋過也.

● 어떤 스님이 묻길, "지극히 존귀한 분을 어떻게 친견합니까?" 설봉 스님이 말하길, "번뇌 망념의 일이 없는 사람 또한 친견할 수 없다."[87] 다시 말하길, "몸이 없게 된다면 친견할 수 있습니까?" 설봉 스님이 말하길, "분수에 맞게 친견하는 것은 방해하지 않는다." 또 말하길, "친견한 뒤에는 어떠합니까?" 설봉 스님이 말

인이 만약 눈만 굴려도 곧바로 본래심과 계합하지 못한다. 마음으로 무엇을 하려고 하면 벌써 빗나가며 망념이 일어나면 곧 본래심과 이그러지고 만다.)"『황벽산단제선사전심법요(黃檗山斷際禪師傳心法要)』 권1(『대정장』 권48, p.381, b2-3) "故學道人直下無心默契而已.擬心卽差.(그러므로 도를 배우는 사람은 곧바로 무심과 계합할 뿐이지 마음으로 헤아리면 곧바로 본래심과 어긋나게 되는 것이다.)"『선원제전집도서(禪源諸詮集都序)』 권1(『대정장』 권48, p.405, a11-12) "荷澤大師云.擬心卽差.故北宗看心是失眞旨.心若可看.卽是境界.故此云非心境界.(하택 대사가 말씀하길, '마음으로 무엇을 하려고 하면 본래심과 어긋난다. 그러므로 북종의 마음을 본다는 것은 참다운 종지를 잃어버리는 것이다. 마음이 만약 볼 수 있는 것이라면 곧 이것은 경계이다. 그러므로 여기서는 마음의 경계가 아니라고 말하는 것이다.')"

87 부처의 지혜작용을 펼치면 거기에 몰락 빠져 있기에 다른 생각이 들어갈 수 없는 것을 일행삼매(一行三昧)라고 하는데 선가에서는 이것을 '조조불상견 불불불상견(祖祖不相見, 佛佛不相見)'이라고 한다. 조사나 부처의 일을 행할 때는 조사나 부처가 자기 자신을 볼 수 없다는 것이다. 그냥 조사와 부처의 행을 할 뿐임을 말하는 것이다.『경덕전등록』 권5「남양혜충장」(『대정장』 권51, p.244, a19-21) "師第三問語亦同前.三藏良久罔知去處.師叱曰.遮野狐精.他心通在什麼處.三藏無對.(혜국 국사가 세 번째 물음도 말이 앞과 같았는데 대이 삼장이 잠시 가만히 있다가 국사가 간 곳을 알지 못했다. 혜충 국사가 꾸짖길 '이 들여우 혼령아! 타심통이 어디 있느냐!' 대이 삼장이 대답하지 못했다.

하길, "말벌은 옛집을 그리워하지 않는다."[88]

　스님께서 이내 말하길, "모든 사람들이 여기에 와서 나를 친견하겠다고 모두 말하지만 우선 어떻게 친견하겠다는 것인가? 친견하려고 하면 곧바로 본래인과 어긋나고, 가까이하려고 하면 곧바로 본래인과 멀어진다." 어떤 스님이 질문하려고 하자 설봉 스님께서 불자로 입을 때리고는 "알겠는가?"라고 말했다.

問. 至尊至貴. 如何親近得. 師云. 無事人亦親近不得. 進云. 直得無身. 還親近得否. 師云. 不妨隨分親近得. 進云. 親近得後如何. 師云. 胡蜂不戀舊時窠. 師乃云. 諸人與麽來. 盡言我親近. 且作麽生親近. 擬親卽疎. 擬近卽遠. 僧擬問. 師以拂子驀口打. 云. 還會麽.

● 어떤 스님이 묻길, "어떠한 것[89]도 이웃이 되지 않을 때는 어떠합니까?"[90] 설봉

---

88 호봉불연구시과, 맹장부재가중사(胡蜂不戀舊時窠, 猛將不在家中死): "말벌은 옛날의 보금자리를 사모하지 않고, 맹장은 집안에서 죽지 않는다. 벌은 낡은 보금자리를 버리고 뒤돌아보지 않고, 용맹스러운 장수는 돗자리 위에서 죽지 않는다." 본색(本色: 진정한)의 행각승(行脚僧)을 말한다. 『명각선사어록』 권2(『대정장』 권47, p.683, c10-11) "上堂云. 胡蜂不戀舊時窠. 猛將不在家中死. 若是箇漢. 聊聞擧著. 剔起眉毛便行.(법상에 올라 이르길, '벌은 낡은 보금자리를 버리고 뒤돌아보지 않고, 용맹스러운 장수는 돗자리 위에서 죽지 않는다. 이와 같은 녀석이라면 애오라지 들어 염착된다면 눈썹을 밀어 버리려고 곧바로 갈 것이다')."

89 일물(一物): 하나의 것. 심성 또 진여(眞如)를 말한다. 『능가사자기(楞伽師資記)』 권1 「홍인장(弘忍章)」(『대정장』 권85, p.1288, b16-18) "守一不移者. 以此淨眼. 眼住意看一物. 無問晝夜時. 專精常不動.(수일불이란? 이 깨끗한 눈으로 한 물건을 주의 깊게 보고 밤낮으로 묻는 것이 없이 한곳으로 정신을 집중하여 항상 움직이지 않는 것이다.)" 『경덕전등록』 권5 「남악회양장(南嶽懷讓章)」(『대정장』 권51, p.240, c12-13) "祖曰. 什麽物恁麽來. 曰說似一物卽不中.(마조 스님이 말하길, '어떤 물건이 이렇게 왔는가?' 남악회양이 말하길, '설사 한 물건이라고 말해도 맞지 않습니다.')." 『불과원오선사벽암록』 권4 제31칙 착어(『대정장』 권48, p.171, a28) "一物也無. 賺爾平生. 覷著卽瞎.(한 물건도 또한 없다. 그대를 평생 속이고 엿보면 곧 눈이 먼다.)"

90 『방거사어록(龐居士語錄)』 권1(『속장경』 권69, p.131, a19-21) "居士後之江西參馬祖大師. 問曰. 不與萬法爲侶者是什麽人. 祖曰. 待汝一口吸盡西江水卽向汝道. 士於言下頓領玄旨.(거사가 나중에 강서 마조 대사를 참문하였을 때 질문하길, '만법과 짝하지 않은 자는 어떤 사람입니까?' 마조 스님이 말하길, '그대가 한 입에 서강의 물을 다 마시기를 기다렸다가 그대에게 말하겠다.' 거사는 말끝에 단박에 불법의 대의를 깨달았다)."

스님이 말하길, "그대의 귀가 시끄러울 것이다."
問.不與一物爲鄰時如何. 師云.譟汝耳.

● 어떤 스님이 묻길, "입을 아끼지 마시고 선문답을 허락해 주시겠습니까?" 설봉 스님이 말하길, "위험을 만나면 남을 두려워하지 않는다."

설봉 스님이 또 말하길, "삼세제불도 시골의 촌사람이고, 열 가지 경서와 다섯 가지 논서도 당나귀를 매어두는 말뚝이고, 80권 『화엄경』도 띠 집에서 밥 먹는 말이고, 일체의 모든 가르침의 경전인 12분교도 두꺼비 입속의 일이다. 알겠는가?

그래서 말하노니, 지금 많은 사람들 중에 만약 한 사람이라도 나를 당나귀나 낙타가 되게 한다면 그에게 공양을 올린들 무슨 잘못이 있겠는가?"
問.不惜口.還許商量否.師云.臨危不悚人.師又云.三世諸佛是艸裏漢.十經五論是繫驢橛.八十卷華嚴經是艸蔀頭搏飯食言語.十二分教是蝦蟇口裏事.還知麼.所以道.如今千百人中.若有一人大肯與我做驢駝物.供養佗有什麼罪過.

● 어떤 스님이 묻길, "조사의 뜻과 경전의 뜻이 같습니까, 다릅니까?" 스님께서 말하길, "스님[91]은 행각할 때 무슨 일을 했습니까?"
問.祖意教意..是同是別.師云.闍黎行脚爲什麼事.

● 어떤 스님이 묻길, "향상일로(向上一路)[92]는 도대체 어떠합니까?" 설봉 스님께서

---

91 사리(闍黎): 아사리(阿闍梨)의 줄임말. 범어ācārya의 음역으로 인도에선 일반적으로 스승이라는 뜻. 인도의 소승불교에 있어서 수학하는 몸. 궤범사(軌範師)라고 한역한다. 교단의 스승. 제자의 행위를 바르게 교육할 만한 덕이 높은 승려. 계율에 밝고 갈마(羯磨)에 능한 사람이 아사리가 되어 제자를 가르치도록 되어 있다. 여기서는 상대방 스님을 지칭하는 말이다.
92 향상일로(向上一路): 부처까지 초월하여 걸림 없고 무애자재한 지혜작용으로 끊임없이 자기 향상의 보살도를 실행하는 것인데, 선에서는 깨달음을 체득한 열반적정의 경지에 이르기 어려우며 그곳에 머물면 열반의 경지가 곧 자신을 죽이는 집착의 세계로 전락되고 마는 것을 경계하는 말이다.『조당집』권15 「반

말하길, "입에 자물쇠를 채우는 일도 분수가 있다."

다시 말씀하시길, "삼세제불도 이 여기에서 머리를 내밀 수 없고, 대장경의 가르침에도 한 글자도 붙일 수가 없고, 천하의 큰스님 말씀도 여기에서 산산이 부서지고 만다. 알겠는가? 모든 사람들이 진실로 분명하다면 남에게 혹하는 것을 피할 수 있고, 설사 어떤 말을 해도 또한 남에게 의심하지 않는다. 자기도 만약 분명하게 밝히지 못하였으면 절대로 공을 체득하지 못한다. 시간을 헛되이 보내지 마라. 단지 제방의 큰스님들을 찾아다니면서 턱 밑에서 한마디나 반 마디의 말을 듣고 자기 가슴에 담아두고 형제를 크게 그르쳐서는 안 된다. 내가 말하노니 단지 이 세 치 혀가 사람을 죽일 수도 있고, 살릴 수도 있다.

내가 평소에 스님들에게 말하길, '이것이 무엇인가?'라고 하면 그들은 곧바로 어지럽게 입으로 중얼거리지만[93] 이와 같은 무리들은 당나귀 해가 되어도 체득할[94] 수 있겠는가? 또 그대들 모든 스님들에게 묻노니 제방의 큰스님들이 스님들에게 설법해준 일이 있던가? 일찍이 그대 스님들에게 지시해주신 적이 있는가? 도리어 그대 스님들과 선(禪)의 도리를 선문답한 적이 있는가? 반드시 몸소 다 살펴 진실을 보아라."

問. 向上一路. 未審如何. 師云. 鎖口有分. 復云. 三世諸佛向者裏出頭不得. 大藏教著

산화상장(盤山和尙章)」『고려대장경』 권45, p.326, c12-13) "向上一路, 千聖不傳, 學者勞形, 如猿捉影.(열반의 경지는 모든 성인들도 전할 수 없다. 수행자들이 형상을 잡으려고 힘쓰는데 마치 원숭이가 그림자를 잡는 것과 같다.)" 『운문광진선사광록(雲門匡眞禪師廣錄)』 권1(『대장정』 권47, p.545, c4) "問如何是向上一路. 師云. 九九八十一.(묻길, '무엇이 향상일로입니까?' 스님께서 말하길, '구구는 팔십일이다.')"

[93] 남남(喃喃): 웅얼웅얼, 중얼중얼, 입속말로 끊임없이 중얼거리는 소리.
[94] 승당(承當): 사물을 승낙하는 것. 수긍, 합점, 터득, 진실을 그대로 받아들이는 것. 스스로 터득하여 깨닫는 것. 다 깨닫는다는 뜻. 승낙하다, 맡다, 틀림없다고 보증하다, 자기 자신의 일로 삼다, 자기의 일에 전념하다. 『조당집』 권12 「중탑혜구장(中塔慧救章)」(『고려대장경』 권45, p.313, a23) "問. 如何是大庾嶺頭事. 師云. 料汝承當不得.(묻길, '무엇이 대유령의 일입니까?' 스님께서 이르길, '그대는 자기의 일에 전념하지 못함을 생각하라.')" 『경덕전등록』 권15 「동산양개장(洞山良价章)」(『대정장』 권51, p.321, c18-19) "雲巖曰. 承當遮箇事大須審細.(운암담성이 말하길, '자신의 일로 전념하는 일대사는 반드시 자세히 살펴야 한다.')"

一字不得.天下老師口向者裏百雜碎.還知麼.諸人若實明白得去.免被人惑.設有言句.亦不佗疑.自己若未明白.切不得掠虛.枉度時光.莫祇向諸方老師領頤下記得一言半句.將當自己胸襟.大錯.兄弟.我道祇三寸能殺人.能活人.我尋常向師僧道.是什麼.佗便亂道.口喃喃地.似此等輩.驢年解承當得麼.且問汝諸和尙子.諸方老宿還與闍梨說事麼.曾指示闍梨麼.還曾與闍梨商量禪道麼.大須體悉審實看.

● 어떤 스님이 묻길, "무엇이 본래면목[95]을 보는 일입니까?" 설봉 스님이 말하길, "천 리도 먼 것이 아니다."
問.如何是覰面事.師云.千里未是遠.

● 어떤 스님이 묻길, "무엇이 시절인연의 일입니까?" 설봉 스님이 말하길, "이것이 무엇인가?" 또 말하길, "청컨대 스님께서 가르쳐 주십시오." 설봉 스님이 말하길, "신라에 가 보아라."
問.如何是者裏事.師云.是什麼.進云.乞師指示.師云.新羅國裏去也

● 설봉 스님께서 수시하길, "물가에서 목말라 죽는 사람이 셀 수가 없고, 밥 소쿠리 옆에서 굶어주는 사람이 항하사같이 많으니 이러한 일은 단지 한둘이 아니다. 형제들이여! 만약[96] 그렇다면 육근으로 사량하고 머뭇거리고 있으면 간절하

---

95 여하시적면사(如何是覰面事): 여기에서 얼굴은 본래면목(本來面目)을 말하는 것인데, 본래면목은 모든 사람들이 갖추고 있는 자연 그대로의 마음을 말한다. 본지풍광(本地風光), 본분전지(本分田地), 자기본분(自己本分), 본분사(本分事)와 같은 뜻이다.『황벽산단제선사전심법요(黃檗山斷際禪師傳心法要)』권1(『대정장』권48, p.384, a1-3) "六祖云.不思善不思惡.正當與麼時.還我明上座父母未生時面目來.明於言下忽然默契.(육조 스님이 말하길, '선도 생각하지 말고 악도 생각하지 마라. 바로 그러할 때 우리의 혜명 상좌의 부모라는 차별분별이 생기지 않을 때의 본래면목을 되돌아보아라!' 혜명 상좌가 말끝에 갑자기 본래의 마음과 묵묵히 계합했다)."
96 약야(若也): 만약, 만일, 혹시. 약시(若是)와 같다.

게 반드시 정성스럽게[97] 땅에 붙여야 한다.

　단지 이곳에서 겨울을 보내고, 저곳에서 여름을 나면서 약간의 눈물과 침을 주워 모아서 곧바로 평생의 본분사를 마쳤다고 말해서는 안 된다. 다만 헤아리거나 베껴서 기록한 것을 취하는 것은 모두 지식을 배워 의지하여 통하는 것이니, 이러한 것을 나는 두꺼비 옷을 입은 나그네라고 부르고 또한 검정소가 죽은 물속에 드러누워 있는 것과 같다고 부른다. 그대는 알겠는가?"

師垂語云.臨河渴死人無數.飯籮邊受餓人如恒沙.非但一箇半箇.兄弟.若也根思遲回.切須勤勤著地.莫祇者邊過冬.那邊過夏.收拾些些涕唾.便道一生事了.但擬鈔記取.盡是識學依通.者般底我喚作蝦蟇衣下客.亦喚作黑牛臥死水.汝還會麽.

● 어떤 스님이 묻길, "여섯 나라에서 보물을 바치면 왕은 그것을 받겠습니까?" 설봉 스님의 말하길, "석가[98]의 가풍은 시골집[99]과는 다르다."

問.六國進寶.王還納否.師云.老胡家風.不同艸店.

● 어떤 스님이 묻길, "무엇이 스님의 가풍[100]입니까?" 설봉 스님이 말하길, "온 세상에서 이렇게 어리석은 사람[101]은 아직 없다."

問.如何是和尙家風.師云.盡大地未有與麽朦朣漢.

97　근근(勤勤): 은근하다. 정성스럽다.
98　노호(老胡): 석가 혹은 달마를 가리킨다. 호(胡)는 인도사람을 말한다. 『조당집』 권12, 「용광화상장」(『고려대장경』 권45, p.312, b28-c1) "諸和尙子.這个事.古今排不到.老胡吐不出.(모든 스님들이여! 이 일은 옛날이나 지금도 깨달음에 이르는 것을 배척하지 않았다. 부처님도 세상에 출현하지 않았다고 말했다)."
99　초점(艸店): 시골 숙소, 시골집을 말한다. 점(店)은 여인숙, 여관, 숙소이다.
100　가풍(家風): 독자적인 안목이나 풍격을 말한다. 『조주화상어록』 권2(『가흥장』 권24, p.365, c11) "問.如何是和尙家風.師云.屛風雖破骨格猶存.(묻길, '무엇이 스님의 가풍입니까?' 스님께서 답하길, '병풍이 비록 파괴되었지만 골격은 오히려 남아 있다.')."
101　몽동한(朦朣漢): 어리석은 사람.

● 어떤 스님이 묻길, "조사의 뜻과 경전의 뜻이 같습니까, 다릅니까?" 설봉 스님이 말하길, "천둥 번개가 땅을 진동하는데 방 안에서는 듣지 못한다."

問. 祖意與教意. 是同是別. 師云. 雷聲震地. 室內不聞.

● 어떤 스님이 묻길, "무엇이 부처의 모습[102]입니까?" 설봉 스님이 말하길, "우러러 보는 것도 분수가 있다."

問. 如何是大人相. 師云. 瞻仰有分.

● 어떤 스님이 묻길, "말을 하기만 하면 다 잘못되었다고 말씀하시니 도대체 잘못되지 않는 일은 어떤 것입니까?" 설봉 스님이 말하길, "눈은 어떤 곳을 보는가?"

問. 纔有言句盡是錯. 未審不錯事如何. 師云. 眼向甚麼處去.

● 어떤 스님이 묻길, "유마거사와 문수보살은 무슨 일을 이야기했습니까?" 설봉 스님이 말하길, "뜻에 떨어졌다."

問. 維摩與文殊對談何事. 師云. 義墮也.

---

102 대인상(大人相): 부처와 전륜성왕의 형상. 『조주화상어록』 권2(『가흥장』 권24, p.364, b14-15) "問. 如何是大人相. 師云. 側耳視之. 云. 猶是隔階趨附在. 師云. 老僧無工夫趨得者閑漢. (묻길, '무엇이 부처의 모습입니까?' 스님께서 이르길, '귀를 기울이고 본다.' 이르길, '오히려 계단을 막아 바짝 다가가서 있습니다.' 스님께서 이르길, '노승은 공부를 추구함이 없는 한가한 놈이다.')." 『경덕전등록』 권9 「위산영우장(溈山靈祐章)」(『대정장』 권51, p.265, b17-22) "師問雲巖. 聞汝久在藥山是否. 巖云是. 師云. 藥山大人相如何. 雲巖云. 涅槃後有. 師云. 涅槃後有如何. 雲巖云. 水灑不著. 雲巖却問師. 百丈大人相如何. 師云. 巍巍堂堂煒煒煌煌. 聲前非聲. 色後非色. 蚊子上鐵牛. 無汝下嘴處. (스님께서 운암에게 묻길, '그대는 오랫동안 약산이 있었다고 들었는데 그러한가?' 운암이 이르길 '그렇습니다.' 스님께서 이르길, '약산은 부처의 지혜작용은 어떠한가?' 운암이 이르길, '열반 후에는 있습니다.' 스님께서 이르길, '열반 후에는 어떠한 것이 있는가?' 운암이 이르길, '물을 뿌리면 붙지 않습니다.' 운암이 도리어 스님께 묻길, '백장의 지혜작용은 어떻습니까?' 스님께서 이르길, '높고 크고 기백이 있으며 밝고 빛나며 소리 앞의 소리는 아니고 모양 뒤에는 모양이 아니고, 모기가 철로 만든 소 위에 있는데 그대는 부리를 내리는 곳이 없다.')."

● 어떤 스님이 묻길, "고통의 바다에는 배가 없는데 어떻게 건너야 합니까?" 설봉 스님이 말하길, "풀 한 포기도 또한 빌리지 못한다."
問.苦海無舟.如何得渡.師云.寸艸亦不借.

● 어떤 스님이 묻길, "한 번 제거한 후에는 어떻게 합니까?" 설봉 스님이 말하길, "듣는 그대의 생명을 위해서 절대로 만들지 마라."
問.一撥後如何.師云.聞梨生命上切忌脩造.

● 어떤 스님이 묻길, "무엇이 조사가 서쪽에서 오신 뜻[103]입니까?" 설봉 스님이 말하길, "구름 한 점 없는 밝은 날에 잠꼬대를 해서 무엇 하겠는가?"
問.如何是西來意.師云.靑天白日寐語作麽.

● 어떤 스님이 묻길, "폭포수가 떨어지는 바위 앞의 썩은 나무는 어찌 멈추지 않습니까?" 스님께서 말하길, "빠르다."
問.瀑布巖前爲什麽不停朽木.師云.急.

● 어떤 스님이 묻길, "여러 사람들이 사금[104]을 일구는데 누가 금을 얻는 것입니까?" 스님께서 말하길, "그대는 얻지 못한다." 다시 말하길, "맑은 강물을 다 퍼냈는데 금은 어느 곳으로 돌아갔습니까?" 스님께서 말하길, "물이 흘러 들어오면

---

103 조사서래의(祖師西來意): 달마가 서쪽에서 온 의미. 불법의 근본 뜻을 말한다.『진주임제혜조선사어록(鎭州臨濟慧照禪師語錄)』권1(『대정장』권47, p.504, a15-16) "州便問.如何是祖師西來意.師云.恰値老僧洗脚.(조주 스님이 곧바로 묻길, '무엇이 불법의 근본입니까?' 스님께서 이르길, '흡사 노승이 다리를 씻는 것과 같다.')."『경덕전등록』권4「경산도흠장(徑山道欽章)」(『대정장』권51, p.230, a19-20) "僧問.如何是祖師西來意.師曰.汝問不當.(어떤 스님이 묻길, '무엇이 불법의 근본입니까?' 스님께서 말하길, '그대의 물음은 합당하지 않다.')."
104 도금(淘金): 사금을 일다. 일확천금할 궁리를 하다. 돈벌이하다.

도량이 생긴다."¹⁰⁵

問. 衆手淘金. 誰是得者. 師云. 仁者不得. 進云. 酌盡清流. 金歸何所. 師云. 水到渠成.

● 어떤 스님이 묻길, "고요하여 의지할 곳이 없을 때¹⁰⁶는 어떠합니까?" 스님께서 말하길, "오히려 병이다." 나와서 말하길, "몸을 돌린 뒤에는 어떠합니까?" 스님께서 말하길, "배가 양주로 가고 있다."¹⁰⁷

問. 寂然無依時如何. 師云. 猶是病. 進云. 轉後如何. 師云. 船子下揚州去也.

● 어떤 스님이 묻길, "동산양개 스님과 도오원지¹⁰⁸ 스님이 항상 이곳에서 간절했다고¹⁰⁹ 하는데 도대체 그 뜻이 무엇입니까?" 스님께서 말하길, "나는 아홉 번이나 동산에 올랐다." 그 스님이 뭐라고 하려 하자, 스님께서 말하길, "그 스님을

---

105 수거도성(水到渠成): 물이 흐르는 곳에 도량이 생긴다. 조건이 성숙되면 일은 자연히 이루어진다.
106 적연무의(寂然無依): 독탈무의(獨脫無依)와 같은 뜻으로 번뇌 망념이 없어져서 의식의 대상경계가 모두 사라진 상태. 임제 스님의 전형구 같은 말로서 일체의 전통과 권위, 형식뿐만 아니라 스승과 가르침에도 의지하지 않고 스스로 해탈체가 되어야 한다. 선의 참구에는 자각하여 스스로 체득하는 것을 원칙으로 하기에 스승이나 어떤 타인에 의한 가르침이 불법의 대의(大意)와 현지(玄旨)에 계합하지 않으면 쓸데없는 일이어서 본인이 직접 체득해야만 한다. 선에서 말하는 독탈무의(獨脫無依)도 같은 뜻이다. 『진주임제혜조선사어록(鎭州臨濟慧照禪師語錄)』 권1(『대정장』 권47, p.498, c2-3) "唯有聽法無依道人.是諸佛之母.所以佛從無依生.若悟無依.佛亦無得.(오직 법문을 듣는 무의도인이 제불의 모체이다. 그래서 부처는 의존함이 없는 곳으로부터 출현한다. 만약 의존함이 없음을 깨달으면 부처 또한 얻을 수 있는 것은 아니다)."
107 양주(揚州)는 양자강 하류의 비옥한 지대로 도시가 번창하여 이 세상의 천국(天國)이라고 칭찬이 자자했다. 이러한 양주로 배가 간다는 것은 운이 좋은 선편여행을 말하는데 여기서는 근심 걱정이 없는 불국토를 의미한다고 하겠다.
108 도오원지(道吾圓智, 769~835): 어렸을 때 열반(涅槃) 화상을 은사로 스님이 되었고, 뒤에 약산유엄 문하로 들어가 선의 핵심을 터득하고 그의 법을 이었다. 담주 도오산에서 크게 선풍을 떨쳤다. 시호는 수일대사(修一大師)이다. 『조당집』 권5, 『경덕전등록』 권14, 『연등회요』 권19에 그의 전기가 기록되어 있다.
109 『경덕전등록』 권15 「동산양개장(洞山良价章)」(『대정장』 권51, p.323, a15-16) "問.三身之中阿那身不墮衆數.師曰.吾常於此切.(묻길, '삼신 중에 어느 몸이 승가에 떨어지지 않습니까?' 스님께서 말하길, '나는 항상 이것에 간절했다.')."

끌어내라." 하였다.

問. 洞山道吾常於此切. 未審意旨如何. 師云. 老僧九度上洞山. 僧擬議. 師云. 拽出者僧去.

● 어떤 스님이 묻길, "옛사람의 말이 있는데…"라고 하자 스님께서 곧바로 누워 버리고 한참 있다 일어나서 말하길, "그대는 조금 전에 무엇을 물었는가?" 그 스님이 다시 묻길, "옛사람이 말하길…"이라고 하자 스님께서 "헛되이 살다 죽을 놈아!"라고 했다.

問. 古人有言. 師便倒臥. 良久起來. 云. 儞適來問什麼. 僧復問. 古人有言. 師云. 虛生浪死漢.

● 어떤 스님이 묻길, "문채가 아직 분명하지 않을 때도 주인이 있습니까?" 스님께서 말하길, "만약 주인이 있다면 곧 문채이다." 다시 말하길, "전환됩니까?" 스님께서 말하길, "그대 스스로 살펴보아라."

問. 文彩未分時. 還有主也無. 師云. 若有主. 卽文彩. 進云. 還轉也無. 師云. 汝自看.

● 어떤 스님이 묻길, "화살 끝에 칼날이 드러날 때는 어떠합니까?" 스님께서 말하길, "명수(名手)[110]는 표적을 맞추지 않는다." 다시 말하길, "눈을 크게 뜨고 보아도 표적이 없을 때는 어떻게 합니까?" 스님께서 말하길, "시절인연에 따라 명수가 되는 것도 무방하다."

問. 箭頭露鋒時如何. 師云. 好手不中的. 進云. 盡眼沒標的時如何. 師云. 不妨隨分好手.

● 어떤 스님이 묻길, "무엇이 가사 속의 일입니까?" 스님께서 말하길, "가사에서

---

110 호수(好手): 능력이 뛰어난 사람, 명수(名手), 정통한 사람.

찾아 가져라."
問. 如何是衲衣下事. 師云. 衲衣下覓取.

● 어떤 스님이 묻길, "스님의 말씀을 받들어 이 스님이 뼈 한 구를 정주에서 매고 이곳까지 왔다 했는데 도대체 어떤 물건을 매고 왔습니까?" 스님께서 말하길, "분명하게 그대에게 말을 했다."
問. 承和尙有言. 此僧從定州夯一具骨來到者裏. 未審是什麼物夯. 師云. 分明向汝道

● 어떤 스님이 묻길, "허공에 말뚝을 박을 수 있습니까?" 스님께서 말하길, "나는 허공이 말뚝이라고 말하겠다."
問. 虛空還釘橛也無. 師云. 我道虛空是橛.

● 어떤 스님이 스님에게 떠난다고 하직인사를 하면서 말하길, "홀연히 다른 곳에 갔을 때 큰스님이 설봉 화상은 어떤 법문으로 사람들을 가르치느냐고 묻는다면 어떻게 들어 보일까요?" 스님께서 말하길, "그대는 나의 말을 알고 있는가?" 말하길, "모르겠습니다." 스님께서 말하길, "우선 칠통이나 되어라."
僧辭師去. 乃云. 忽然到別處. 老宿問和尙有什麼言敎指示於人. 作麼生擧似. 師云. 汝還會我語麼. 云. 不會. 師云. 且作榛桶.

● 스님께서 법상에 올라 설법하며 대중들에게 말하길, "이 한 마리 물소[水牯牛]는 나이가 얼마나 되는가?" 대중들 모두 아무 말이 없었다. 스님께서 말하길, "칠십구(79)이다." 묻길, "화상께서는 어찌하여 물소가 되었습니까?" 스님께서 말하길, "무슨 허물이 있겠는가?" 묻길, "스님은 어떤 사람입니까?" 스님께서 말하길, "나는 속인이다." 다시 말하길, "어찌 승당에 왔습니까?" 스님께서 말하길, "무슨 잘

못이 있겠는가?"

上堂.謂衆云.此箇水牯牛.年多少.衆皆無語.師云.七十九也.問.和尚爲什麽作水牯牛.師云.有什麽罪過.問.和尚是什麽人.師云.我是俗人.進云.爲什麽入僧堂.師云.有什麽罪過.

● 어떤 스님이 묻길, "옛사람의 말에 '길에서 도를 통달한 사람을 만나면 말과 침묵으로 대하지 말라'[111] 했는데 도대체 어떻게 상대해야 합니까?" 스님께서 말하길, "차나 마셔라."

問.古人有言.路逢達道人.莫將語默對.未審將什麽對.師云.且喫茶去.

● 어떤 스님이 묻길, "스님의 말씀을 받들어 삼승의 가르침 밖에 달리 전했다고 했는데 무엇이 달리 전한 일입니까?" 스님께서 말하길, "어떻게 스님들의 웃음을 그대는 두려워하지 않는가?"

問.承和尙有言.三乘敎外別傳.如何是別傳底事.師云.爲什麽不怕師僧笑汝.

● 어떤 스님이 묻길, "여러 가지를 생각하지 않을 때는 어떠합니까?" 스님께서 말하길, "또 음계(陰界)에 앉아 어찌 하겠는가?" 다시 말하길, "다음에는 어떻게 합니까?" 스님께서 말하길, "또 세월만 보내서 어떻게 하겠는가?"

問.百不思時如何.師云.又向陰界裏坐作麽.進云.向後作麽生.師云.又打過作什麽.

● 어떤 스님이 묻길, "얼굴 앞도 구분할 수 없게 되었으니 청컨대 스님께서 파괴

---

111 『진주임제혜조선사어록』권1(『대정장』권47, p.506, b18-19) "師云.路逢劍客須呈劍.不是詩人莫獻詩.(임제 스님이 말하길, '길에서 검객을 만나면 반드시 검을 드러내고, 시인이 아니면 시를 드러내지 않는다.')."

해[112] 주십시오." 스님께서 말하길, "누가 그대의 똥 무더기[113]를 파괴하겠는가?" 그 스님이 이어 말을 하려고 하자 스님께서 곧바로 할을 하고 쫓아냈다.

問.直得面前不分.請師撥破.師云.阿誰撥破汝者屎𡋹.僧擬進語.師便喝出.

● 스님께서 어떤 스님에게 묻길, "어디에서 왔는가?" 그 스님이 대답하길, "신광(神光)에서 왔습니다." 스님께서 말하길, "낮에는 햇빛이라고 부르고, 밤에는 불빛이라고 부르는데 무엇이 신광인가?" 그 스님이 대답이 없자. 스님께서 대신 말하길, "햇빛, 불빛이다."

師問僧.什麼處來.僧云.神光來.師云.晝喚作日光.夜喚作火光.如何是神光.僧無對.

● 어떤 스님이 묻길, "12분교는 범부를 위해 설법한 것인데 범부들을 위해서 설법하지 않는 일은 어떻게 합니까?" 스님께서 말하길, "양류(楊柳) 한 곡[114]도 쓸 필요가 없다."

師代云.日光.火光.問.十二分教爲凡夫開演.不爲凡夫開演事作麼生.師云.不消一曲楊柳枝.

● 어떤 스님이 묻길, "옛사람이 말하길, 부처의 향상사(向上事)를 반드시 알아야 바야흐로 말할 자격이 있다고 했는데 무슨 말입니까?" 스님께서 말하길, "그대는 무슨 말을 하는가?"

---

112 발파(撥破): 때려 부수다. 파괴하다. 깨뜨리다.『운문광진선사광록』권1(『대정장』권47, p.551, a13) "正當撥破.便道請益.(바로 마땅히 파괴하고 곧바로 가르침을 청해라)."
113 시타(屎𡋹): 똥 무더기.
114 양류곡(楊柳曲): 이별을 노래하는 곡으로 예를 들면, *양주사(涼州祠) - 왕지환(王之渙) 黃河遠上白雲間 (황하원상백운간): 황하는 멀리 구름 밖에 흐르고, 一片孤城萬仍山 (일편고성만잉산): 성 밖엔 밋밋한 산이 솟았네. 羌笛何須怨楊柳 (강적하수원양류): 피리는 원한의 양류곡(楊柳曲)이로고, 春光不度玉門關 (춘광부도옥문관): 봄빛도 옥문관을 넘지 못하나 보다.

問.古人有言.須知有佛向上事.方有語話分.如何語話.師云.汝道什麼.

● 어떤 스님이 묻길, "스님들이 이렇게 왔는데 스님께서는 어떻게 그들과 선문답을 하겠습니까?" 스님께서 말하길, "뭐라고 했는가?"

問.師僧與麼來.和尙作麼生共佗商量.師云.道什麼.

● 어떤 스님이 묻길, "무엇이 조사가 서쪽에서 오신 뜻입니까?" 스님께서 말하길, "그대의 지금 뜻은 어떠한가?"

問.如何是西來意.師云.仁者卽今是什麼意.

● 어떤 스님이 묻길, "무엇이 하나의 칼입니까?" 스님께서 말하길, "죽은 놈이다." 이어 말하길, "죽지 않았습니다." 스님께서 말하길, "머리가 떨어진 지 오래되었다."

問.如何是一劍.師云.死漢.進云.不死.師云.頭落多時.

● 어떤 스님이 묻길, "무엇이 혼륜[115]입니까?" 스님께서 말하길, "그대는 어떻게 하겠는가?"

問.如何是渾崙.師云.汝爭奈何.

---

115 혼륜(渾崙): 곤륜(崑崙), 혼륜(渾圇), 혼륜(渾侖)으로도 쓰인다. 법신은 견고하여 파괴되지 않음을 말한다. 『대방광불화엄경』 권6 「여래현상품」(『대정장』 권10, p.30, a6-7) "佛身充滿於法界.普現一切衆生前.隨緣赴感靡不周.而恒處此菩提座.(부처는 온 법계에 가득 충만해 있어서 일체중생 앞에 두루 나투시어 인연 따라 두루 감응하지 않음이 없지만 항상 보리좌에 계시네)." 『조당집』 권13 「초경도광장」(『고려대장경』 권45, p.314. c6) "問.渾崙提唱.學人根思遲廻.曲運慈悲.開一線道.(묻길, '혼륜을 처음으로 주장한 것은 학인의 육근의 생각의 둔함을 돌려서 잘못됨을 자비로 옮겨 제일 근원적인 도를 깨닫도록 하는 것이다.')"

● 어떤 스님이 묻길, "혜충 국사가 시자를 세 번 부른 것은 무슨 뜻입니까?" 스님께서 주장자를 들어 쫓아내 버렸다.

問.國師三喚侍者.意旨如何.師把柱杖趂出去.

● 어떤 스님이 묻길, "삭발하고 먹물 옷을 입고 부처의 가피를 받았는데 어찌하여 부처를 인정하지 않습니까?" 스님께서 말하길, "좋은 일도 없는 것만 못하다."[116]

問.剃髮染衣.受佛依廕.爲什麽不許認佛.師云.好事不如無.

● 어떤 스님이 묻길, "무엇이 본래면목의 일입니까?" 스님께서 말하길, "이것이 무엇인가?"

問.如何是覿面事.師云.是什麽.

● 어떤 스님이 묻길, "멀고 먼 곳에서 온 것은 이것[117]을 밝히지 못한 것이 아닙니다. 이것이 무엇입니까?" 스님께서 말하길, "알겠는가?" 이어 말하길, "이것에 맞게 어떻게 사람들에게 펼쳐 보이겠습니까?" 스님께서 말하길, "이 녀석이 어지럽게

---

116 부처나 광명은 성스러운 것이라는 차별적인 생각과 집착, 즉 좋은 일, 나쁜 일은 상대적인 차별에 떨어진 분별심의 행위로 업장을 짓는 것이기 때문에 없는 것만 못하다는 것이다. 『조주화상어록』권3(『가흥장』권24, p.370, c8-9) "師從殿上過見一僧禮拜.師打一棒.云.禮拜也是好事.師云.好事不如無.(스님께서 전각을 지나가다 예배하는 한 스님을 보고 스님께서 방망이로 한 대 때리니 그 스님이 말하길, '예배는 좋은 일 아닙니까?' 스님께서 말씀하시길, '좋은 일은 없는 것만 못하다.')." 『불과원오선사벽암록』권9(『대정장』권48, p.211, b13-16) "擧.雲門垂語云.人人盡有光明在.看時不見暗昏昏.作麽生是諸人光明.自代云.廚庫三門.又云.好事不如無.(운문 스님이 수시하시길, '사람마다 모두 광명을 가지고 있다. 보려고 할 때 어두워 깜깜하여 보이지 않는다. 무엇이 모든 사람의 광명인가?' 스스로 대중들을 대신하여 말씀하시길, '부엌의 삼문이다.' 또 말씀하시길, '좋은 일은 없는 것만 못하다.')."

117 자개(者箇): 이것, 이. 저개(這個), 차개(遮箇), 자개(者个)와 같다. 『황벽단제선사완릉록』권1(『대정장』권48, p.385, b25) "理論者箇法.豈是汝於言句上解得他.(이 법을 이치적으로 논한다 해도 어찌 그대가 언구로 이해할 수 있겠는가?)."

날뛰니 감히 어찌 함께 이야기를 하겠는가?"
問. 遠遠來者. 盖爲不明者箇. 如何是者箇. 師云. 會麼. 進云. 此箇合作麼生伸示於人. 師云. 者漢亂走. 堪什麼共語.

● 어떤 스님이 묻길, "무엇이 부처입니까?" 스님께서 말하길, "불법[118]에는 천자의 지위도 없다."
問. 如何是佛. 師云. 法林下無天子位.

● 어떤 스님이 묻길, "부처님의 깨달은 49년의 일은 묻지 않겠습니다. 깨닫지 못한 49년 전의 일은 어떻습니까?" 스님께서 말하길, "그대의 두꺼비 같은 입을 어찌 하겠는가?" 그 스님이 이어 뭐라고 하려 하자 스님께서 곧바로 할을 하고 쫓아 내버렸다.
問. 四十九年事卽不問. 四十九年前事如何. 師云. 汝蝦蟆口爭奈何. 僧擬進語. 師便喝出去.

● 어떤 스님이 묻길, "중요할[119] 때는 서로 맞지만, 신속할 때는 어떠합니까?" 스님께서 말하길, "뭐라고 하는가?" 그 스님이 뭐라고 하려 하자 스님께서 유나를 불렀다. 유나가 "예!" 하고 대답하자, 스님께서 말하길, "운력하자."
問. 急要相投. 迅速者如何. 師云. 道什麼. 僧擬議. 師喚維那. 維那應諾. 師云. 普請去.

● 어떤 스님이 묻길, "설봉산의 주인은 누구입니까?" 스님께서 말하길, "좋고 나쁜 것도 모르는 놈이다. 끌어내라."
問. 雪峰主是誰. 師云. 不識好惡漢. 拽出去.

---

118 법림(法林): 불법
119 급요(急要): 긴요하다. 중대하다. 요긴하다.

● 어떤 스님이 묻길, "무엇이 깨달음에 나아가는 하나의 길입니까?"[120] 스님께서 말하길, "가르쳐 주어서 고맙다."

問.如何是向上一路.師云.謝指示.

● 어떤 스님이 묻길, "무엇이 부처의 깨달음에 나아가는 하나의 길입니까?"[121] 스님께서 낭도사(浪淘沙)[122]를 노래 불렀다.

問.如何是佛向上事.師唱.浪淘沙.

● 어떤 스님이 묻길, "스님께서 천태산에 갔을 때 지자 스님을 만났습니까?" 스님께서 말하길, "오늘은 나갈 수 없었는데,[123] 곧바로 졸고[124] 있는 늙은이를 만났다."

問.和尚到天台.還見智者也無.師云.今日出頭不著.便遇瞌睡老翁.

● 어떤 스님이 묻길, "중요할 때 서로 맞는 것을 청컨대 스님께서는 가르쳐 주십

---

120 향상일로(向上一路): 향상의 일로. 한없이 위로 또 위로. 『조당집』 권15 「반산보적장(盤山寶積章)」,(『고려대장경』 권45, p.326, c13) "向上一路.千聖不傳.學者勞形.如猿捉影(깨달음으로 나아가는 길은 수많은 성인도 전하지 못하는데 도를 배우는 사람들이 쓸데없이 고생하는 것이 마치 원숭이가 달그림자를 잡는 것과 같다.)" 『운문광진선사광록』 권1(『대정장』 권47, p.545, c4) "問如何是向上一路.師云.九九八十一.(묻길, '무엇이 깨달음으로 나아가는 하나의 길입니까?' 스님께서 이르길, '구구는 팔십일이다.')."
121 불향상사(佛向上事): 『오가어록(五家語錄)(選錄)』 권2(『가홍장』 권23, p.548, b19) "擧洞山云須知有佛向上事.僧問如何是佛向上事.洞山云非佛.(동산 스님이 앞의 이야기를 들어 말하길, '반드시 부처님의 향상사를 알아야 한다.' 어떤 스님이 묻길, '무엇이 부처님의 향상사입니까?' 동산 스님이 말하길, '부처가 아니다.')."
122 낭도사(浪淘沙): 사(詞)는 당대 중엽에 발생해서 송대에 유행하다가 송의 멸망과 함께 사라진 장르이다. 사는 시와 마찬가지로 운을 갖춘 격률시이기 때문에 시(운문)의 범주에 속할 수 있다. 그러나 시와 다른 큰 차이점은 사는 대부분 악곡에 맞춰 노래하기 위해 가사라는 점이다. 또한 노래 가사이기 때문에 비교적 구어체에 가깝다는 점도 시와 사의 한 차이점이다. 낭도사(浪淘沙)는 강물 위에서 하는 뱃놀이를 소재로 한 노래 가사를 말한다. 백거이(白居易), 유우석(劉禹錫), 황보송(皇甫松)의 낭도사가 유명하다.
123 불착(不著): 완수하지 않다. 성취하지 않다. 이룩하지 않다.
124 갑수(瞌睡): 말뚝잠을 자다, 졸다, 졸리다.

시오." 스님께서 말하길, "괴롭다. 괴롭다."
問. 急要相投. 請師指示. 師云. 苦. 苦.

● 어떤 스님이 묻길, "가령 질문하면 청컨대 스님께서 말씀해 주십시오." 스님께서 말하길, "좋다."
問. 直問. 請師道. 師云. 好.

● 어떤 스님이 묻길, "바다는 광활하고 구름은 깊은데 어떻게 건너야 합니까?" 스님께서 말하길, "그대는 순풍[125]을 빌려라." 다시 말하길, "배를 띄우고 노를 잡았으니 곧바로 청컨대 전송해 주십시오." 스님께서 말하길, "저 졸고 있는 놈이 기슭에 도착했는지 역시 알지 못하는구나!"
問. 海濶雲深. 如何得渡. 師云. 借汝便風. 進云. 架起舟檝. 便請相送. 師云. 這瞌睡漢. 到岸也不知.

● 어떤 스님이 묻길, "가장 친절한 것이 무엇입니까?" 스님께서 주장자로 그의 입을 때리셨다.
問. 最親處如何. 師以拄杖子驀口打.

● 어떤 스님이 묻길, "묻지도 않고 대답하지도 않을 때는 어떠합니까?" 스님께서 말하길, "어리석은 놈."[126]
問. 不問不答時如何. 師云. 鈍漢.

---

125 변풍(便風): 순풍(順風)을 말한다.
126 둔한(鈍漢): 치둔한, 어리석은 놈이란 뜻.

● 어떤 스님이 묻길, "얼굴을 치고 올 때는 어떠합니까?" 스님께서 말하길, "무슨 말인가?" 그 스님이 말을 이으려 하자 스님께서 말하길, "그대는 쓸데없는 질문을 했다."
問.擗面來時如何.師云.道什麽.僧擬進語.師云.儞虛有者問.

● 어떤 스님이 묻길, "비로자나법신을 다 삼켰을 때는 어떠합니까?" 스님께서 말하길, "복된 당나라로 돌아오니 평안하고 좋지 않겠느냐!" 그 스님이 재차 질문하니, 스님께서 곧바로 일어나 가버렸다.
問.吞盡毗盧時如何.師云.福唐歸來.還平善也無.僧再問.師便起去.

● 어떤 스님이 묻길, "시절인연을 범하지 않을 때는 어떠합니까?" 스님께서 할을 하고 쫓아냈다.
問.不犯時節者如何.師喝出去.

● 어떤 스님이 묻길, "무엇이 목동의 노래입니까?" 스님께서 이에 춤을 추며 법당을 나갔다.
問.如何是牧童歌.師乃作舞出法堂去.

● 어떤 스님이 묻길, "무엇이 눈에 부딪치는 일입니까?"[127] 스님께서 말하길, "이

---

127 『조론(肇論)』 권1(『대정장』 권45, p.153, a3-5) "故經云.甚奇世尊.不動眞際爲諸法立處.非離眞而立處.立處卽眞也.然則道遠乎哉.觸事而眞.聖遠乎哉.體之卽神.(그러므로 『방광반야경』에 이르길, '기이하십니다. 세존이시여, 진제를 움직이지 않고 제법의 세우는 곳으로 삼으시군요.' 진제를 여의지 않고 건립할 처소로 삼았기에 제법을 건립한 곳이 진제인 것이다. 그렇기 때문에 도가 멀리 있겠는가? 부딪치는 일마다 진제이니 성인이 멀리 있다고 하겠는가? 체득하면 즉시 신령스러워진다)." 『방거사어록』 권3(『속장경』 권69, p.144, a17-19) "無有少法.觸目平任.無戒可持.無垢可淨.洞達虛心.法無壽命.若能如是.圓通究竟.(작은 법도 없으니 눈에 부딪치는 것을 평등하게 하면 계도 가히 지닐 것도 없고, 때를 가히 깨끗하게 할 것

것이 무엇인가?"
問. 如何是觸目事. 師云. 是什麼.

● 어떤 스님이 묻길, "무엇이 말 밖의 일입니까?" 스님께서 말하길, "질문해라, 질문해…." 그 스님이 재차 질문하자. 스님께서 말하길, "끌어내라."
問. 如何是句外事. 師云. 問. 問. 僧再問. 師云. 拽出.

● 어떤 스님이 묻길, "옛사람이 본래면목을 서로 드러냈을 때는 어떠합니까?" 스님께서 대답하길, "이것이다." 이어 말하길, "무엇이 본래면목을 드러낸 것입니까?" 스님께서 말하길, "슬프고 슬프다!"
問. 古人覿面相呈時如何. 師答云. 是. 進云. 如何是覿面相呈. 師云. 蒼天. 蒼天.

● 어떤 스님이 묻길, "무엇이 제불이 출현하신 곳입니까?" 스님께서 말하길, "자기 본분사의 일은 어떻게 하겠는가?" 이어 이르길, "이것이 무엇입니까?" 스님께서 말하길, "나는 또 그대에게 질문한 적이 없다." 그 스님이 대답이 없자 스님께서 말하길, "내가 그대를 알겠다."
問. 如何是諸佛出身處. 師云. 自己分事作麼生. 進云. 是什麼. 師云. 無我. 且問儞. 僧無對. 師云. 我識得儞.

● 어떤 스님이 묻길, "일체의 말이 미치는 곳을 다 거두어서 삼천대천세계의 꼭대기를 만들었다는데 도대체 꼭대기 밖의 일은 어떤 것입니까?" 스님께서 말하길, "질문해라, 질문해…." 그 스님이 재차 질문하자. 스님께서 말하길, "저 칠통

도 없어서 허공과 같이 마음이 통달하면 법에는 수명이 없는데 만약 이와 같으면 구경에 원만하게 통하게 된다)."

같은 놈아 나가라."

問. 一切言句及得處. 盡收爲大千頂. 未審頂外事如何. 師云. 問. 問. 僧再問. 師云. 者漆桶. 出去.

● 묻길, "무엇이 눈에 부딪치는 일입니까?" 스님께서 말하길, "슬프구나! 슬프다."

問. 如何是觸目事. 師云. 蒼天. 蒼天.

● 어떤 스님이 묻길, "말을 떠나서 어떤 것이 설봉입니까?" 스님께서 말하길, "세상에 아직까지 이렇게 멍청한 놈은 없었다."

問. 離言句. 阿那箇是雪峰. 師云. 大地上未有與麼朦朣漢.

● 어떤 스님이 묻길, "제방에서 시절인연에 따라 사람들에게 설법해 주는데 도대체 이곳의 스님들은 어떠합니까?" 스님께서 말하길, "그대에게 무슨 말을 해야겠는가?" 이어 말하길, "스님들이 사람들을 제접하지 않으면 안 됩니다." 스님께서 말하길, "감히 어떻게 함께 말하겠는가?"

問. 諸方隨分與人說. 未審和尙此間如何. 師云. 向儞道什麼. 進云. 不可不接人也. 師云. 堪什麼共語.

● 어떤 스님이 묻길, "저의 안목은 본래 바른데 스님으로 인하여 바르지 않을 때는 어떠합니까?" 스님께서 말하길, "헤매다 달마를 만났구나!"[128] 이어 말하길, "제 눈은 어디에 있습니까?" 스님께서 말하길, "스승을 따르지 않으면 찾을 것이

---

128 미봉달마(迷逢達磨): 미혹한 채로 달마를 만나면 깨달을 수 없다는 뜻인데, 깨달음은 본인의 탓이지 달마의 탓이 아니라는 의미이다. 『운문광진선사광록』 권2(『대정장』 권47, p.565, a26-27) "示衆云. 淺聞卽深悟. 深聞卽不悟. 代云. 迷逢達磨. (대중에게 이르길, '얕게 듣고 깊게 깨닫고, 깊이 있게 듣고 깨닫지 못한다.' 대신하여 이르길, '미혹하여 달마를 만났구나!')."

다."
問.我眼本正.因師故邪時如何.師云.迷逢達磨.進云.我眼何在.師云.得不從師.

● 어떤 스님이 묻길, "취모검[129]을 사용할 때도 손에 쥘 것이 있습니까?" 스님께서 말하길, "세 치 혓바닥이 땅에 떨어졌는데 그대는 알고 있는가?"
問.吹毛之劍用時.還握也無.師云.三寸墮地.汝還知麼.

● 어떤 스님이 묻길, "보배 칼이 허공에 매달려 있을 때는 어떠합니까?" 스님께서 말하길, "이 얼빠진 녀석아!"
問.寶劍懸空時如何.師云.者沒頭漢.

● 어떤 스님이 묻길, "무엇이 삼승의 가르침 밖에 따로 전한 일입니까?" 스님께서 말하길, "그대 또한 반드시 때를 알아야 한다."
問.如何是三乘教外別傳底事.師云.汝亦須知時.

● 어떤 스님이 묻길, "학인이 말하지 못한 곳을 청컨대 스님께서 말씀해 주십시오." 스님께서 말하길, "나는 법을 위하여 사람을 아낀다."
問.學人道不得處.請師道.師云.我爲法惜人.

● 어떤 스님이 묻길, "가까이에서 들어 만나 보았을 때는 어떠합니까?" 스님께서 말하길, "부딪치는 것을 두려워하지 마라."
問.近視提遇時如何.師云.莫觸諱.

---

129 취모지검(吹毛之劍): 번뇌 망념을 차단하는 칼, 즉 지혜의 작용을 말한다.

● 어떤 스님이 묻길, "무엇이 법신(法身)입니까?" 스님께서 말하길, "비록 입을 인연으로 생겼지만 똥 막대기를 씹지 못한다."
問. 如何是法身. 師云. 雖是緣生口. 不可咬屎橛也.

● 어떤 스님이 묻길, "물으면 조사의 가르침에 누가 되는데 묻지 않을 때는 어떠합니까?" 스님께서 말하길, "조사의 가르침인 본분사를 불러 일으켜라." 이어 말하길, "학인은 만날 수 없습니다. 거듭 간청하니 가르침을 주십시오." 스님께서 말하길, "그대가 좋고 나쁜 것을 알지 못한다는 것을 확실하게 알았다."[130]
問. 問卽累及祖宗. 不問時如何. 師云. 唱起祖宗事. 進云. 學人不能遭. 再乞指示. 師云. 情知儞不識好惡.

● 어떤 스님이 묻길, "무엇이 출세간의 일입니까?" 스님께서 말하길, "그대가 비록 젊지만[131] 그대 자신을 오염시켜 해치지는 않았구나!" 이어 말하길, "세상에 나올 때와 나오지 않으셨을 때는 어떠합니까?" 스님께서 말하길, "그대는 어찌하여 예의가 없는가!" 스님께서 다시 말하길, "어떤 사람이 서로 싸울 때 첫 번째 주먹을 맞을 사람은 앞으로 나와라." 그때 한 스님이 나와서 말하길, "나왔습니다. 스님이 어떻게 번개를 희롱합니까?" 스님께서 말하길, "그대는 넘어졌다."
問. 如何是出世中事. 師云. 汝雖是後生. 不散點汚汝. 進云. 出世與不出世時如何. 師云. 汝爲什麼無禮. 師復云. 有人相撲. 下得第一拳. 出頭來. 時有僧出云. 出來. 師什麼弄閃. 師云. 汝倒也.

---

130 정지(情知): 확실하게 알다.
131 후생(後生): 『진주임제혜조선사어록』 권1(『대정장』 권47, p.504, b28-29) "師初在黃蘗會下.行業純一.首座乃歎曰.雖是後生與衆有異.遂問.(임제 스님이 처음 황벽 스님 문하에 있을 때 오로지 수행에만 전념하였는데 수좌가 이에 찬탄하여 말하길, '비록 젊지만 대중들과 다른 데가 있구나!' 드디어 물었다)."

● 어떤 스님이 묻길, "어른[132]이 되는 것은 말하지 않겠습니다. 우리들은 어디에 의지해야 합니까?" 스님이 말하길, "단지 스스로 구제해야만 한다."
問. 長大不語. 羣衆何依. 師云. 但自救去.

● 어떤 스님이 묻길, "하려고 하면 곧바로 오염되니 그렇지 않을 때는 어떠합니까?" 스님께서 말하길, "그대 스스로 자기 일로 삼아야 한다." 이어 말하길, "도대체 제가 어떤 곳을 자기 일로 삼아야 합니까?" 스님께서 말하길, "도리어 이것도 던져 버려라." 이어 말하길, "이것을 어떻게 알겠습니까?" 스님께서 말하길, "쯧…."
問. 擬卽成點汚. 不與麽時如何. 師云. 汝自承當取. 進云. 未審敎學人向何處承當. 師云. 還是抛去也. 進云. 卽認者箇如何. 師云. 咄.

● 어떤 스님이 묻길, "잡으면 있음에 떨어지고 잡지 않으면 없음에 떨어지는데 이 두 가지 길을 떠나서 청컨대 스님께서 말씀해 주십시오." 스님께서 말하길, "개인 날 가지 않고, 가령 장마철에 가려고 하는가?"
問. 把卽落有. 不把卽落無. 去此二途. 請師道. 師云. 晴乾不肯去. 直要雨淋頭.

● 어떤 스님이 묻길, "스님께서 말씀을 받들어 삼세제불도 여기에서 머리를 내밀지 못한다고 하셨는데, 도대체 제불의 허물이 어디에 있기에 머리를 내밀지 못하는지요?" 스님께서 말하길, "부끄러움도 모르는 녀석이구나!"
問. 承和尙有言. 三世諸佛向者裏出頭不得. 未審諸佛有何過. 所以出頭不得. 師云. 不識羞恥漢.

---

132 장대(長大): 성인(成人)이 되는 것. 어른이 되는 것.

● 어떤 스님이 묻길, "두 번째 주먹은 묻지 않겠습니다. 무엇이 첫 번째 주먹입니까?" 스님께서 말하길, "그대가 이겼다고 해둬라."
問.第二拳卽不問.如何是第一拳.師云.汝勝置得麽.

● 어떤 스님이 묻길, "무엇이 학인의 본분사의 안목입니까?" 스님이 말하길, "돌에서 꽃을 키운다."[133] 스님께서 도리어 그 스님에게 묻길, "알겠는가?" 대답하여 말하길, "모르겠습니다." 스님께서 말하길, "법문 듣느라 수고했다."
問.如何是學人本分眼.師云.石上栽花.師却問僧.會麽.對云.不會.師云.珍重.

● 어떤 스님이 묻길, "서원 대사는 입적하여 어디로 가셨습니까?" 스님께서 말하길, "단지 그대뿐만 아니라 모든 세상 사람들도 알지 못한다."
問.西院大師遷化向什麼處去.師云.非但仁者.盡大地人也不知.

● 어떤 스님이 묻길, "무엇이 심오한 가르침입니까?" 스님이 말하길, "다시 무엇을 찾으려고 하는가?"
問.如何是玄學.師云.更覓什麼.

● 스님께서 어떤 스님에게 묻길, "어디서 왔는가?" 그 스님이 이르길, "위산에서 왔습니다." 스님께서 말하길, "위산[134] 스님께서 어떤 말씀이 있었던가?" 그 스님

---

133 석상재화(石上栽花): 돌 위에 꽃을 피우다. 무정물에게 생명을 부여하다. 말도 행동도 모두 미치지 않는 심오하고 깊은 소식을 개시하는 솜씨의 비유이다. 『경덕전등록』 권14 「약산유엄장」,『대정장』 권51, p.311, b27-28) "石頭曰.遮裏針箚不入.師曰.遮裏如石上栽華.(석두 스님이 말하길 '여기에는 바늘로 찔러도 들어가지 않는다.' 스님께서 말하길, '여기는 돌 위에 꽃을 피우는 것과 같다.')."
134 위산영우(潙山靈祐, 771~853): 백장회해의 제자로 복주(福州) 장계(長鷄) 사람이며 속성은 조(趙) 씨이다. 15세에 출가하여 건선사(建善寺) 법상(法常)에게 스님이 되고 23세에 백장(百丈)의 제자가 되었다. 원화말년 장사(長沙)로 가던 도중 대위산(大潙山)에 머물러 선의 가르침을 40여 년 베풀고 대중7년에

이 말하길, "제가 일찍이 '무엇이 조사가 서쪽에서 오신 뜻입니까?' 하고 물었는데, 위산 스님은 묵묵히 앉아 계셨습니다." 스님이 말하길, "그대는 그를 인정하는가?" 그 스님이 말하길, "저는 그를 인정하지 않습니다." 스님께서 말하길, "위산은 본래 부처이니 그대는 속히 가서 참회하여라."

師問僧. 甚處來. 僧云. 潙山來. 師云. 潙山有什麼言句. 僧云. 某甲曾問. 如何是祖師西來意. 潙山默坐. 師云. 儞肯佗也無. 僧云. 某甲不肯佗. 師云. 潙山古佛. 汝速去懺悔.

● 스님께서 어느 날 승당에 불을 지르고 앞뒤의 문을 닫아 버리고 "불이야! 불이야!" 소리 지르고 문을 열어 주지 않았다. 현사사비(玄沙師備)[135] 스님이 장작 하나를 창문으로 던져 버리자 스님께서 문을 열었다.

입적하였는데 세수 83세였다. 뒤에 제자 혜적(慧寂)이 위앙종을 열었다. 『조당집』권18, 『송고승전』권11, 『전등록』권9, 『오등회원』권3 등에서 그의 전기를 알 수 있다.

135 현사사비(玄沙師備, 835~908): 속성은 사(謝) 씨이다. 복건성(福建省) 민현(岷縣) 출신인 현사(玄沙)는 어부였던 아버지의 대를 이어 복주(福州) 남대강(南臺江)에서 고기 잡는 일을 업으로 삼고 있었다. 하루는 부자가 고기를 잡으러 나갔다가 아버지가 급류에 휘말려 실종되자 충격도 컸지만 그 모든 일이 살생업과 무관하지 않으리라는 여겨 30세에 부용산(芙蓉山)의 영훈(靈訓) 화상에게 출가하였다. 수행 초기부터 의식(衣食)을 절제하며 극단적인 고행을 하였기에 스승인 설봉의존으로부터 '비두타(備頭陀)'라 불렸다. 현사는 설봉을 따라 상골산(象骨山)에 들어가 수행정진하던 중 『능엄경』을 읽다가 깨달았다. 그는 설봉을 모시고 지내다가 매계장(梅谿場) 보응원(普應院)에 잠시 머문 뒤 현사산(玄沙山)으로 돌아와 불법을 펼치기 시작했다. 그 후 민왕 왕심지(王審知)가 예를 다하여 현사를 안국원(安國院)으로 초빙한 뒤부터 대중이 구름처럼 모여들었다. 이때부터 석두희천(石頭希遷)의 종지를 다시 일으킬 수 있었다. 세수 74세, 법랍 45세로 입적한 현사의 13제자 가운데 나한계침(羅漢桂琛, 867~928)이 그 법맥을 이었다. 현사는 중국 오가칠종(五家七宗)의 하나로서 맨 마지막으로 형성된 '법안종(法眼宗)'을 일으킨 주인공으로 지목되고 있다. 법안종은 법안문익(法眼文益, 885~958)에 의하여 창시되었지만 사상적 원류는 현사와 나한계침으로부터 시작되었기 때문이다. 현사는 선의 깨달음과 일상의 그것을 구분하지 않았으며, 오히려 이를 분리하려는 이분법이야말로 선의 깨달음을 막는 장애요인이라고 주장했다. '임제(臨濟)'나 '운문(雲門)'은 교종에 대한 차별성 부각이라는 점에서는 긍정적이고, 또 진리를 향한 집요한 집중력이라는 관점에서 높이 평가할 수는 있어도 일상적이지 못한 점 때문에 사람들에게 쉽게 다가서기 어려운 한계도 인정하지 않을 수 없다. 반면에, 현사는 이와 같은 의외성과 신선성은 전혀 보이지 않는 대신, 말 그대로 차분한 한 폭의 동양화처럼 담담하게 자신의 경지를 그려내고 있을 따름이다. 현사의 선풍 또한 은유적일 뿐 아니라 자연주의적이어서 독특한 선풍으로 일세를 풍미한 임제의현(臨濟義玄, ?~866)이나 운문문언(雲門文偃, 864(?)~949)과 같은 격렬하고 저돌적인 기풍은 보이지 않는다.

師一日在僧堂內燒火.閉却前後門.乃叫云.救火.救火.師不開門.玄沙將一片柴從 牕中抛入.師便開門.

● 스님께서 법상에 올라 설법할 때 대중들이 모였는데 어떤 한 스님이 "몸조심 하십시오!"¹³⁶ 하고 나가버렸다. 스님께서 말하길, "모두 저 스님 같다면 나의 힘을 많이 덜 수 있겠다." 현사 스님이 말하길, "스님께서 이렇게 학인을 지도하시면 민 땅의 온 성안의 사람들의 눈을 멀게 할 것입니다." 스님께서 말하길, "그대는 어떻게 하겠는가?" 현사 스님이 말하길, "30방을 때렸으면 좋겠습니다." 스님께서 수시하길, "온 세상이 수행자의 지혜의 눈인데¹³⁷ 그대들 모든 사람들은 어떤 곳에서 뒤를 보겠는가?"

上堂.衆集.有一僧珍重出去.師云.總似者箇僧.省我多少心力.玄沙云.和尚與麼接人.瞎却閩中一城人眼.師云.儞作麼生.沙云.好與三十棒.師垂語云.盡大地是沙門一隻眼.汝等諸人向什麼處屙.

● 어떤 스님이 조주에 도착하니 조주¹³⁸ 스님이 묻길, "어디에서 왔는가?" 그 스

---

136 진중(珍重): 당대에 주지가 법당의 법상에서 설법할 때 선승들은 나란히 서서 법문을 들었다. 설법이 길면 오랫동안 서서 법문을 들어야 하기 때문에 피곤할 테니 그만 쉬라는 뜻. 헤어질 때 인사말로 불도(佛道) 대사(大事)를 위해서 자신을 소중히 여기라는 뜻이다. 구두로 진중(珍重)이라고 하면 '안녕히 계십시오.'의 뜻이며 또한 편지 끝에 붙이는 인사말로 쓰거나 찬미하는 말로도 쓰인다. 『대송승사략(大宋僧史略)』권상 「예의연혁(禮儀沿革)」조에 자세히 언급하고 있다.
137 일척안(一隻眼): 일반적으로 한 가지 재주나 예능에 탁월한 식견을 갖춘 사람을 외눈, 즉 일척안을 가졌다고 하는데 선어(禪語)에서는 그 의미가 다르다. 눈은 통상 양쪽에 붙어 있지만 일척안은 하나의 눈, 즉 외짝 눈을 말한다. 좌우 눈 외에 또 하나의 눈이 붙어 있는 것이다. 이 외척안은 지혜의 눈으로써 일체사물을 보는 특수한 능력을 말한다.
138 조주종심(趙州從諗, 778~897): 호는 조주(趙州), 시호는 진제(眞際), 법명은 종심(從諗), 속성은 학 씨이다. 778년 산둥성 임치현에서 태어났다. 어려서 고향의 용흥사에서 출가하였으며, 숭산 소림사 유리계단에서 구족계를 받았다. 안휘성 귀지현 남전산의 남전보원(南泉普願, 748~835)의 문하에 입문하여 법을 이었다. 이후 지방을 순례하며 여러 고승을 찾아다녔다. 80세 때부터 조주성(趙州城) 동쪽 관음

님이 말하길, "설봉에서 왔습니다." 조주 스님이 말하길, "설봉 스님은 요즘 어떤 말씀을 하시던가?" 그 스님이 앞에 있던 설법을 이야기하자, 조주 스님이 말하길, "그대는 설봉에 갈 때 괭이 하나를 갖다 드려라." 후에 설두중현 스님이 염송하길, "그 스님은 설봉에서 온 것이 아니니 조주 스님의 괭이만 아깝게 되었다."

僧到趙州. 州問. 甚處來. 僧云. 雪峰來. 州云. 雪峰近日有何言句. 僧擧前話. 州云. 儞過去時寄箇鍬子去. 後雪竇拈云. 者僧不從雪峰來. 可惜趙州鍬子.

● 오석영관[139] 스님은 항상 문을 닫고 혼자 좌선하고 있었는데 어느 날 설봉 스님이 문을 두드렸다. 영관 스님이 곧바로 문을 열어 주니 스님께서 붙들고 말하길, "이것이 범부인가? 성인인가?" 영관 스님이 침을 뱉으며 말하길, "이 들여우의 혼령아!"[140] 하고 밀어붙이고 다시 문을 닫아버렸다. 스님께서 말하길, "그렇지만 단지 요컨대 이 늙은이를 알아야 한다."

靈觀和尙常閉門獨坐. 一日. 師去扣門. 觀便開門. 師搦住云. 是凡是聖. 觀唾云. 野狐精. 拓開. 再閉却門. 師云. 也祇要識老漢.

● 어떤 스님이 묻길, "무엇이 학인의 본분사입니까?" 스님께서 말하길, "가을밤

원에 머물러 호를 조주라 하였다. 검소한 생활을 하고 시주를 권하는 일이 없어 고불(古佛)이라는 칭송을 들었다. 897년 120세로 입적하였으며, 제자들에게 사리를 줍지 말 것을 유언으로 남겼다. 탑호는 진제선사광조지탑(眞際禪師光祖之塔)이고 시호는 진제대사이다. 송대에 형성된 선종오가에 큰 영향을 끼쳤으며, 특히 화두를 많이 남겨 후대 선승들의 수행 과제가 되었다. 『벽암록』에 전하는 100개의 화두 중 12개가 조주의 것으로, 특히 무자화두(無字話頭)와 정전백수자(庭前栢樹子)가 유명하다. 『조주진제선사어록병행장』, 『조당집』 권18, 『경덕전등록』 권28, 『고존숙어록』 권13 등에 생애와 일화가 전한다.
139 오석영관(烏石靈觀): 그의 전기는 전해지지 않는데 설봉 스님과의 선문답 내용이 전해 내려오는데 노관화상(老觀和尙)이라고 불렸고 복건성 복주(福州) 오석산(烏石山) 벽로봉(薜老峰)에 머물렀다고 한다. 설봉 스님의 대화는 『연등회요』 권8, 『오등회원』 권4, 『오등전서』 권8에 나와 있다.
140 야호정(野狐精): 들여우와 같은 엉터리 선승을 말한다. 『진주임제혜조선사어록』 권1(『대정장』 권47, p.499, c4) "便卽信這般野狐精魅.(곧바로 들여우와 같은 엉터리 선승들의 말에 끄달려 그들의 말을 믿는다)."

이 이렇게 긴데 어찌 한낮에 졸고 있는가?"

問. 如何是學人本分事. 師云. 秋夜與麼長. 爲什麼日晝瞌睡.

● 어떤 스님이 묻길, "무엇이 기특한 일입니까?" 스님께서 말하길, "질문하라. 질문…."

問. 如何是奇特事. 師云. 問. 問.

● 어떤 스님이 묻길, "완전한 맹인은 어떻게 하루를 보냅니까?" 스님께서 말하길, "차 마시고 밥 먹는다." 다시 말하길, "헛되이 하루를 보내는 것은 아닙니까?" 스님께서 말하길, "헛되이 하루를 보낸다." 이어 말하길, "어떻게 해야 하루를 헛되이 보내지 않는 겁니까?" 스님께서 말하길, "뭐라고 하는가?"

問. 拍盲底人如何過日. 師云. 喫茶喫飯. 進云. 莫虛過日麼. 師云. 虛過日. 進云. 如何得不虛過日. 師云. 是什麼.

● 어떤 스님이 묻길, "무엇이 이류중생입니까?"[141] 스님께서 방망이로 그를 쫓아버렸다.

問. 如何是異類. 師把棒趂出.

● 어떤 스님이 묻길, "무엇이 걸음 안의 근본 종지입니까?" 스님께서 말하길 "지금은 어떤 종지인가?"

問. 如何是步內一旨. 師云. 如今是什麼旨.

---

141 이류(異類): 축생의 경계에서 불도를 실천하는 보살행으로 '이류중행(異類中行)'이라 하는데 축생의 길에서는 축생으로 응현하여 불법을 수행하게 하는 것.

● 어떤 스님이 묻길, "얼굴을 때리며 올 때는 어떠합니까?" 스님께서 말하길, "넘어진다."
問. 擗面來時如何. 師云. 蹉過也.

● 어떤 스님이 묻길, "모양[142]이 분명하지 않을 때는 어떠합니까?" 스님께서 한 대 쥐어박았다. 이어 말하길, "스님께서는 너무 거치십니다." 스님께서 말하길, "그대가 거친 것인지 내가 거친 것인지 알지 못하겠다."
問. 文采未分時如何. 師摑一下. 進云. 和尙太麤生. 師云. 不知是儞麤. 我麤.

● 어떤 스님이 묻길, "무엇이 눈에 부딪치는 일입니까?" 스님께서 불자(拂子)를 들어 올렸다. 이어 말하길, "곧 이것이 곧바로 이것이라 하지 말라는 것입니까?" 스님께서 말하길, "이것이 무엇인가?" 그 스님이 대답을 하지 못했다.
問. 如何是觸目事. 師提起拂子. 進云. 卽者箇莫便是麼. 師云. 是什麽. 僧無對.

● 어떤 스님이 묻길, "가까운 일은 어떻게 합니까?" 스님께서 말하길, "나는 아직 어떤 사람이 질문하는 것을 일찍이 보지 못했다." 이어 말하길, "지금 스님께 묻고 있습니다." 스님께서 할을 하고 말하길, "이 정신 빠진 녀석아!"
問. 卽近事作麼生. 師云. 我未嘗見有人問. 進云. 卽今問和尙. 師喝云. 者沒精神漢.

● 어떤 스님이 묻길, "무엇이 본래인의 인격입니까?" 스님께서 말하길, "나는 일찍이 만나지 못했다." 이어 말하길, "스님께서는 어째서 아직까지 만나지 못했습니까?" 스님께서 말하길, "그대는 어디에서 본래인을 친견했는가?" 그 스님이 대

---

142 문채(文采): 화려한 색채, 아름다운 모양, 문학적 재능을 말한다.

답하지 못했다.
問. 如何是古人格. 師云. 我不曾逢. 進云. 和尙爲什麽不曾逢. 師云. 汝向什麽處逢見古人. 僧無對.

● 어떤 스님이 묻길, "무엇이 본분사입니까?" 스님께서 말하길, "우선 가고 다른 날에 오면 선문답하겠다."
問. 如何是其中事. 師云. 且去. 別來商量.

● 어떤 스님이 묻길, "무엇이 말 밖의 일입니까?" 스님께서 말하길, "그대는 이곳에서 무엇을 찾고 있는가?" 이어 말하길, "지금 스님께 질문하고 있습니다." 스님께서 말하길, "장차 깨달은 영리한 놈이라 말하려고 했는데 원래 흐리멍덩한 가죽부대였구나!"
問. 如何是句外事. 師云. 儞向者裏覓什麽. 進云. 卽今問和尙. 師云. 將謂是箇靈利漢. 緣來是個朦袋.

● 어떤 스님이 묻길, "많은 것을 감히 묻지 않겠습니다. 요점만 추려서 청컨대 한 말씀 해 주십시오." 스님께서 말하길, "많은 말을 하지 마라." 이어 말하길, "무엇이 많은 말을 하지 않는 것입니까?" 스님께서 말하길, "끌어내라."
問. 多多不敢問. 省要處乞師一言. 師云. 莫多多不. 進云. 如何得不多多. 師云. 拽出去.

● 어떤 스님이 묻길, "무엇이 본래의 본래입니까?" 스님께서 말하길, "어떤 곳에서 이 소식을 체득했는가?" 이어 말하길, "만약 소식이 있다면 곧 본래의 본래가 아닙니다." 스님께서 말하길, "무엇이 본래의 본래인가?" 그 스님이 대답하지 못했다. 스님께서 말하길, "그대가 나에게 물어 보라. 내가 그대에게 말해 주겠다."

그 스님이 곧바로 묻자. 스님께서는 곧 그 스님의 가사를 벗기고 몇 대 때리고 쫓아 버렸다.

問. 如何是本來本. 師云. 什麼處得者箇消息來. 進云. 若有消息. 卽不是本來本. 師云. 作麼生是本來本. 僧無對. 師云. 汝問我. 我與汝道. 僧便問. 師將僧脫下衲衣. 打數下趂出.

● 어떤 스님이 묻길, "헤아리면 천 리만큼 떨어지니[143] 도대체 갈고 닦는 것을 어찌 합니까?" 스님께서 말하길, "천 리나 떨어졌다."

問. 擬卽隔千里. 未審琢磨事如何. 師云. 千里也.

● 어떤 스님이 묻길, "옛 관문을 열지 못했을 때는 어떠합니까?" 스님께서 말하길, "열었다고 대답하지 않았다." 말하길, "열지 못했습니다." 스님께서 말하길, "열어야 좋다."

問. 古關不轉時如何. 師云. 轉也未對. 云. 不轉. 師云. 轉取好.

● 어떤 스님이 묻길, "스님 말씀을 받들어 비밀스럽게 사람을 구제하는 물건이 있다고 했는데 어찌 사람들은 알지 못하는데 어떻게 비밀스럽게 사람을 구제하는 것입니까?" 스님께서 말하길, "그대가 어찌 알 수 있겠는가?"

問. 承和尙有言. 有物密救人. 爭奈人不知. 如何密救人. 師云. 汝爭得知.

---

143 『신심명(信心銘)』 권1(『대정장』 권48, p.376, b21) "毫釐有差. 天地懸隔.(털끝만큼의 차이가 있다고 해도 하늘과 땅만큼 사이가 벌어진다)." 『조론』 권1(『대정장』 권45, p.157, a9) "至理虛玄. 擬心已差.(지극한 진여의 지혜작용은 허망하지 않고 현묘해서 마음속으로 무엇을 하려고 하면 이미 진여와 어긋나게 된다)." 『황벽산단제선사전심법요』 권1(『대정장』 권48, p.381, b2-3) "故學道人直下無心默契而已. 擬心卽差.(그러므로 도를 배우는 사람은 곧바로 무심과 계합할 뿐이지 마음으로 헤아리면 곧바로 본래심과 어긋나게 되는 것이다)."

● 어떤 스님이 묻길, "무엇이 공왕전(空王殿)입니까?" 스님께서 말하길, "얼마나 훌륭하던가?"¹⁴⁴ 또 말하길, "무엇이 공왕불(空王佛)입니까?" 스님께서 말하길, "이것이 무엇인가?"

問.如何是空王殿.師云.大小.進云.如何是空王佛.師云.是什麼.

● 어떤 스님이 묻길, "스님의 말씀을 받들면 방장실에 다 넣어 두었다는데 도대체 무엇을 다 넣어 두었습니까?" 스님께서 말하길, "방장실에서 나와서 그대와 선문답을 하겠다." 이어 말하길, "지금은 어디에 있습니까?" 스님께서 말하길, "아직 나오지 않았다."

問.承和尙有言.含容方丈.未審含容什麼.師云.出方丈來.與汝商量.進云.卽今在什麼處.師云.出來未.

● 어떤 스님이 묻길, "제가 고향에 돌아가려고 할 때는 어떻게 합니까?" 스님께서 말하길, "그대가 지금 어디에 있는가?" 그 스님이 대답이 없었다.

問.學人擬歸鄕去時如何.師云.汝卽今在什麼處.僧無對.

● 어떤 스님이 묻길, "무엇이 학인의 안목입니까?" 스님께서 말하길, "나라를 위해서는 인재를 아끼고, 법을 위해서는 사람을 아낀다."

---

144 대소(大小): ① 얼마만큼의 크기인가? 물건의 크기를 묻는 의문사이다. 『조당집』 권13 「초경도광장」(『고려대장경』 권45, p.315, a17) "問.古人有言.閻浮有大寶.少見得人希.如何是大寶.師云.見摩.僧謝師垂慈.師云.大小.(묻길, '옛사람이 말하길, 염부제에는 큰 보물이 있는데 본 사람이 적고 드물다. 무엇이 큰 보물인가?' 스님께서 이르시길, '보아라.' 그 스님이 스님께 수시해주신 자비에 감사드리니 스님께서 이르시길, '얼마나 크던가?')." ② 명색이 ~라는 자가. '대소대(大小大)'라는 표현으로 강조하여 말하는 것도 있다. 『경덕전등록』 권16 「암두전활장(嚴頭全豁章)」(『대정장』 권51, p.326, a29-b1) "德山便歸方丈.峯擧似師.師云.大小德山不會末後句.(덕산 스님이 곧바로 방장실로 돌아갔다. 설봉 스님에게 이 이야기를 하자 스님께서 이르시길, '저렇게 훌륭한 덕산 스님이 말후구(불법의 궁극적인 한마디)를 알지 못하다니.')."

問.如何是學人眼.師云.爲國惜才.爲法惜人.

● 어떤 스님이 묻길, "여러 가지는 묻지 않겠습니다. 청컨대 곧바로 말해 주십시오." 스님께서 말하길, "좋다."
問.諸餘卽不問.請師直道.師云.好.

● 어떤 스님이 묻길, "옛사람의 말을 받들어 근본으로 돌아가야 종지를 체득한다고 했는데 무엇이 근본입니까?" 스님께서 말하길, "무 뿌리이고, 순무 뿌리다."
問.承古人有言.歸根得旨.如何是根.師云.蘿蔔根. 蔓菁根.

● 어떤 스님이 묻길, "무엇이 비추는 작용을 따르면 종지를 잃는 것입니까?" 스님께서 말하길, "잃었다." 스님께서 강사스님께 묻길, "여시(如是)라는 두 글자는 모두 과문(科文)¹⁴⁵인데 무엇이 본문(本文)인가?" 강사가 대답을 못하자, 스님께서 스스로 대신하여 말하길, "대장경에 들어가지 않는 것이다."
問.如何是隨照失宗.師云.失也.師問座主.如是兩字盡是科文.作麽生是本文.座主無對.師自代云.不入藏.

● 어떤 스님이 묻길, "정월 초하룻날 네 사람의 재상이 모두 조정에 나와 하례를 하는데 도대체 왕은 어디에서 그들을 응대¹⁴⁶하고 있습니까?" 스님께서 말하

---

145 과문(科文): 경론을 해석하는 데 있어서 그 문구의 단락을 분과(分科)한 것. 경론의 본문을 그 뜻에 의해 대소의 과단(科段)으로 잘게 분할하고, 각 부분의 내용을 나타내는 간단한 자구(字句)로 정리한 것. 진(秦)의 도안(道安)이 시작하였다. 중국 명대개교(明代開校)의 불전에 과주(科註)라 칭하여 본문의 상단에 과문(科文)을 기록하고 패선(罫線)으로 전후 관계를 나타낸 것이 있으며 또 과문만을 별책으로 하여 과도(科圖) 또는 과(科)로 칭했다.

146 지대(祗待): 대처하다. 대접하다. 접대하다. 응대하다. 『고존숙어록』 권36 「투자화상어록」, 『속장경』 권 68, p.235, b12-13) "問.大衆雲臻.和尚如何祗待.師撫掌三下.(묻길, '대중들이 구름같이 이르면 스님께서

길, "네 명의 재상은 나이에 따르지만 진왕은 나이에 상관하지 않는다."
問. 元正一日. 四相盡朝. 未審王有何祗待. 師云. 四相隨年老. 眞王不預春.

● 어떤 스님이 묻길, "지독하게 얼 때는 장차 어떻게 추위를 막습니까?" 스님께서 말하길, "옷을 껴입지 않는다."
問. 嚴凝之際. 將何禦寒. 師云. 不重被.

● 어떤 스님이 묻길, "승요(僧繇)[147]는 어째서 지공[148] 화상의 진영을 그리지 못하였습니까?" 스님께서 말하길, "붓 끝이 화선지에 닿지 않았다."
問. 僧繇爲什麼邈志公眞不得. 師云. 筆頭不到.

● 어떤 스님이 묻길, "생사의 바다는 광활한데 어떻게 배를 저어 건너가겠습니까?" 스님께서 말하길, "뗏목을 타면 뗏목이 가라앉고, 배를 타면 배가 가라앉는다."
問. 生死海闊. 如何得過舟檝. 師云. 上桴卽桴沈. 上船卽船沈.

는 어떻게 응대하겠습니까?' 스님께서 손뼉을 세 번 쳤다)."
147 승요(僧繇): 장승요를 가리킨다. 육조시대 양나라의 화가이다. 천감(天監, 502~518) 연간에 무릉왕국 시랑(武陵王國侍郞), 직비각(直秘閣), 지화사(知畵史)가 되었으며 후에 우군장군(右軍將軍), 오흥태수(吳興太守)를 역임했다. 도가나 불가의 인물화에 뛰어났고 '장가양(張家樣)'이라는 독자적인 양식을 만들었다. 화룡점정(畵龍點睛)의 고사로도 유명하다. 양 무제가 당시 화공의 우두머리인 승요에게 지공의 초상화를 부탁하였는데 승요는 붓을 대려 할 때마다 어디다 대야 할지 모르며 마음이 안정되지 않았다. 이에 지공이 손가락으로 얼굴을 당기니 11면 관음보살이 나왔다. 자비롭고도 위엄스런 모습은 너무도 수려하였는데 승요는 결국 그 모습을 그려낼 수 없었다.
148 지공(志公, 418~514): 양나라 보지 화상이라고도 하는데 보지(寶誌) 혹은 보지(保誌)라고도 쓴다. 지공 화상의 작품이라고 보는 것은 다음과 같다. 『대승찬(大乘讚)』, 『십이시송(十二時頌)』, 『십사과송(十四科頌)』 등이 있다.

● 어떤 스님이 묻길, "근심하여[149] 의지할 곳이 없을 때는 어떠합니까?" 스님께서 말하길, "고단한 물고기는 늪에 머물고, 병든 새는 갈대밭에 산다."

問.悄然無依時如何.師云.困魚止濼.病鳥棲蘆.

● 어떤 스님이 묻길, "허공을 눈으로 하였을 때는 어떠합니까?" 스님께서 손으로 눈을 닦았다.

問.虛空作眼時如何.師以手拭目.

● 어떤 스님이 묻길, "만법은 근본으로 돌아가는데 근본으로 돌아가는 곳은 어디입니까?"[150] 스님께서 말하길, "해골에 소가죽을 씌우는 것이다."

스님께서 또 말하길, "만약 진실로 깨달은 사람이면 땅에서 황금을 쌓아 푸른 하늘에 이르도록 그 사람을 공양한다 해도 역시 부족하다. 한 조각의 옷이나 밥 한 입으로 공양했다고 말하지 마라."

스님께서 갑자기 말하길, "이것이 무엇인가?"

問.萬法歸一.一歸何所.師云.牛皮鞔髑髏.師又云.若實是箇人.從地積黃金至青天供養佗亦不足.莫道片衣口食.師忽云.是什麼.

● 스님께서 한때 어떤 스님에게 묻길, "어디서 왔는가?" 대답하길, "땔나무를 나르고 옵니다." 스님께서 말하길, "땔나무를 옮기는 것은 누구를 위한 것인가?" 그 스님이 말하길, "잘못 물어보지 마십시오." 스님께서 말하길, "잘못 질문한 것

---

149 초연(悄然): 근심하는 모양, 조용한 모양, 고요한 모양.
150 『불과원오선사벽암록』 권5(『대정장』 권48, p.181, c17-19) "擧.僧問趙州.萬法歸一.一歸何處. 州云.我在青州.作一領布衫.重七斤.(어떤 스님이 조주 스님에게 묻길, '일체의 모든 만법이 하나로 돌아간다고 하는데, 그 하나는 어디로 돌아갑니까?' 조주 스님이 말하길, '내가 청주에 있을 때 승복 한 벌을 만들었는데 무게가 7근이다.')."

아니다."

師有時問僧.什麼處來.對云.搬柴來.師云.搬柴爲阿誰.僧云.莫錯一問.師云.未是錯.

● 스님께서 이것을 인연하여 조사의 말씀을 말하길, "바람이 움직이는 것도 아니고, 깃발이 움직이는 것도 아니며, 그대의 마음이 움직인 것이다."[151] 이에 말씀하길, "저렇게나 훌륭한 조사가 용두사미 꼴이구나. 20방망이를 때려주었으면 좋겠다." 이때 부(孚) 상좌가 곁에 서 있다가 손가락을 깨물고 있었는데 스님께서 그것을 보고 말하길, "내가 이런 말을 한 것도 또한 20방망이 맞기에 좋겠다."

師因擧.祖師語云.不是風動.不是旛動.是仁者心動.乃云.大小祖師龍頭蛇尾.好與二十棒.時孚上座在邊立.咬指頭.師見云.我與麼道.也好與二十棒.

● 어떤 스님이 묻길, "무엇이 보이는 그대로가 깨달음입니까?"[152] 스님께서 말하길, "좋은 법당 앞의 석등이구나!"[153]

---

151 『조당집』 권2 「혜능화상장」(『고려대장경』 권45, p.248, a21) "行者云.不是風動, 不是幡動.講主云.是什摩物動.行者云.仁者自心動從.(행자가 말하길, '바람이 움직이지 않고, 깃발이 움직인 것이 아닙니다.' 강주가 말하길, '무엇이 움직인 것인가?' 행자가 말하길, '그대의 스스로의 마음이 움직인 것이다.')." 『육조대사법보단경』 권1(『대정장』 권48, p.349, c11-12) "惠能進曰.不是風動, 不是旛動, 仁者心動.(혜능이 나와 말하길, '바람이 움직이지 않고, 깃발도 움직이지 않으며 그대의 마음이 움직이는 것이다.')."
152 촉목보리(觸目菩提): 『조론』 권1(『대정장』 권45, p.153, a4-5) "然則道遠乎哉.觸事而眞.聖遠乎哉.體之卽神.(그렇다면 도가 멀다고 하겠는가? 부딪치는 일마다 진제인데 성인이 멀리 있다고 하겠는가? 체득하면 바로 신령스러워진다." 『조당집』 권2 「혜능화상장」(『고려대장경』 권45, p.248, c23) "時薜簡.聞師所說.豁然便悟.禮師數拜曰.弟子今日始知佛性本自有之.昔日將謂太遠.今日始知至道不遙行之卽是.今日始知涅槃不遠.觸目菩提.(설간이 그때 대사께서 말한 바를 듣고 확 트이게 곧바로 깨달아 스님께 여러 번 절을 하고 말하길, '제자가 오늘에 비로소 불성이 본래 스스로 구족되어 있음을 알았습니다. 옛날에는 아주 멀리 있었고 오늘에 비로소 지도(至道)가 멀리 있지 않고 그 도를 행하는 것이 바로 지도(至道)라는 것을 오늘 비로소 알게 된 것은 열반이 멀지 않고 눈에 접촉되는 것이 모두 깨달음이라는 것입니다.')." 『진주임제혜조선사어록』 권1(『대정장』 권47, p.497, c1-2) "但一切時中更莫間斷.觸目皆是.(다만 일체 모든 시간 속에 다시 끊어진 사이가 없다면 눈에 부딪치는 것이 모두 진여이다)."
153 노주(露柱): 법당 앞의 석등이지만 자기의 본지풍광(本地風光)을 다 드러낸 것을 말한다.

問. 如何是觸目菩提. 師云. 好箇露柱.

● 스님께서 하안거 끝날 때 승당 앞에 앉아 있다가 스님들이 모여 들자 주장자를 들고 일어나 말하길, "나는 이것으로 중, 하근기인을 위한다." 어떤 스님이 곧바로 묻길, "갑자기 상상근기인이 만나면 또 어떻게 합니까?" 스님께서 곧바로 때렸다.

師夏滿於僧堂前坐. 僧纔集次. 師拈起拄杖云. 我者箇. 爲中下根人. 僧便問. 忽遇上上根人來. 又作麽生. 師便打.

● 스님께서 어떤 스님에게 묻길, "듣자니 스님은 천자의 사신으로 이곳에 왔다고 하던데 그렇습니까?" 말하길, "별말씀을 다 하십니다."[154]

 스님께서 말하길, "어떻게 그렇게 올 수 있었습니까?" 말하길, "스님의 도를 우러러 사모하는데 어찌 첩첩산중을 꺼리겠습니까?" 스님께서 말하길, "그대는 아직도 취해 있구나! 나가거라!"

 그 스님이 곧바로 나가는데, 스님께서 "스님!" 하고 부르자 그 스님이 고개를 돌렸다. 스님께서 말하길, "이것이 무엇인가?" 그 스님 또한 말하길, "이것이 무엇입니까?" 스님께서 말하길, "이 칠통아!" 그 스님은 아무 말도 못했다.

 스님께서 경청도부[155] 스님을 돌아보고 말하길, "좋은 스님인데 칠통에 붙어버렸다." 경청 스님이 말하길, "스님은 어찌 조문의 항목에 의거해서 판결하는 것입

---

154 불감(不敢): 천만의 말씀입니다. 별 말씀을 다하십니다. 『경덕전등록』 권8 「양좌주장」,(『대정장』 권51, p.260, a20-21) "祖問曰. 見說座主大講得經論是否. 亮云. 不敢. (마조 스님이 물어 말하시길, '듣기로 강주는 경론을 강의한다고 하는데 그렇습니까?' 양 좌주가 이르길, '그렇습니다.')."

155 경청도부(鏡淸道怤, 864~937): 설봉의존(雪峰義存)의 법제자로 청원(青原) 스님의 6세손. 선사는 온주(溫州) 영가(永嘉) 사람으로 속성은 진(陳) 씨이며 법명은 도부(道怤)이다. 어려서 출가했으며 설봉(雪峰)의 법을 이었다. 월주(越州) 경청사(鏡淸寺)에 살다가 조칙에 의해 천룡사(天龍寺), 용책사(龍册寺)에 주석했다.

니까?"

스님께서 말하길, "이것은 내가 평소에 쓰는 방편이다. 갑자기 불러 돌아보면 '이것이 무엇인가?' 하면 그에게 '이 칠통아!'라는 소리를 들으면 또 어떻게 하겠는가?"

경청 스님이 말하길, "어떤 도리를 이루었습니까?"

스님께서 말하길, "내가 그에게 그렇게 했을 때도 그대는 또 '조문의 항목에 의거해서 판결한다' 했고, 그가 나에게 그렇게 했을 때도 또 '어떠한 도리를 이루어졌는가'라고 말했다. 한 모양으로 그림자와 같을 때에도 그 사이에 되고 안 됨이 있다."

경청 스님이 말하길, "제호의 맛이 좋아서 세상에서 진귀하게 여기지만 이러한 사람을 만나면 도리어 변하여 독약이 되는 것을 듣지 못하였습니까?"

師問僧.見說大德曾爲天使來.是否.云.不敢.師云.爭解與麼來得.云.仰慕道得.豈憚關山.師云.汝猶醉在.出去.僧便出.師乃召.大德.僧回首.師云.是什麼.僧亦云.是什麼.師云.者漆桶.僧無語.師却顧謂鏡淸云.好箇師僧.向漆桶裏著到.淸云.和尙豈不是據款結案.師云.也是我尋常用底.忽若喚回.是什麼.被佗道者漆桶.又作麼生.淸云.成何道理.師云.我與麼及伊.儞又道據款結案.佗與麼及我.又道成何道理.一等是溷麼時節.其間有得不得.淸云.不見道.醍醐上味.爲世所珍.遇此之人.翻成毒藥.

● 스님께서 하루는 뱀같이 생긴 나무를 채집하여 껍질에 "본래 스스로가 뱀이어서 힘써 조각할 필요가 없다."고 써서 서원(西院)[156] 스님에게 보내니 서원 스님이 그것을 받고 말씀하길, "본색이 산에 사는 사람이다. 또 칼과 도끼를 댄 흔적이

---

156 서원사명(西院思明): 서원사명 스님은 임제의 제자인 보수화상의 법을 이은 선승으로 『벽암록』 제98칙에 '서원화상과 천평선사의 구법'이라는 공안이 나와 있으며 이 공안은 『전등록』 권12와 『광등록』 권14에도 전한다.

없다." 스님께서 말하시길, "억지로 하지 마라."

師一日採得箇木蛇.背上題云本自天然.不勞雕琢.送與西院.西院接得.云.本色住山人.且無刀斧痕.師云.莫强爲.

● 묻길, "조주 스님의 무빈주(無賓主)[157]라는 말이 도대체 무엇입니까?" 스님께서 곧바로 그 스님을 밟고는 다시 그 스님을 가까이 오라 부르고 나서 그 스님이 가까이 오니 "가라!"고 하였다.

問.趙州無賓主話.未審作麽生.師便踏其僧.復喚僧近前來.僧近前來.師云.去.

● 스님께서 어느 날 말하시길, "하늘과 땅, 대지가 다 그대인데 장차 특별히 다시 있다고 하겠는가? 그래서 『능엄경』에 말하길, '중생들은 자기가 미혹하여 물건을 쫓으니, 만약 사물을 인식하는 것을 전환할 수 있다면 여래와 같다'[158]고 하였다."

師有時云.盡乾坤大地是儞.將爲別更有在.所以楞嚴經云.衆生迷己逐物.若能轉物.卽同如來.

● 스님께서 밥을 먹고 있는 스님에게 묻길, "무엇을 먹고 있는가?" 그 스님이 대답이 없자 옆에 있는 스님이 스님께 묻길, "저 스님이 무엇을 먹고 있습니까?" 스님께서 호떡을 집어 들고 한 바퀴를 돈 다음 도리어 그 스님에게 묻길, "이것이 그

---

157 『조주화상어록』 권1(『가흥장』 권24, p.361, b3-4) "問.白雲不落時如何.師云.老僧不會上象.學云.豈無賓主.師云.老僧是主闍梨是賓白雲在什麽處.(묻길, '백운이 떨어지지 않았을 때는 어떠합니까?' 스님께서 말씀하시길, '노승은 뛰어난 스님들을 알지 못한다.' 학인이 말하길, '어찌 불성의 전체작용이 없겠습니까?' 스님이 말씀하시길, '내가 스님의 주인이고 손님인데 백운이 어디에 있다는 것인가?')."
158 『대불정여래밀인수증료의제보살만행수능엄경(大佛頂如來密因修證了義諸菩薩萬行首楞嚴經)』 권2(『대정장』 권19, p.111, c25-27) "一切衆生從無始來迷己爲物.失於本心爲物所轉.故於是中觀大觀小.若能轉物則同如來.(일체중생은 무시이래부터 사물 때문에 자기에게 미혹하여 본래심을 잃어버리고 사물에 굴림을 당한다. 그러므로 그 속에서 크고 작음을 본다. 만약 만물을 내가 굴리면 여래와 같다)."

대의 혓바닥인데 아픈가!"

師因喫飯處問僧.喫箇什麼.無對.傍僧問師.者僧喫箇什麼.師舉起餬餅.旋一轉.却問僧.是汝舌頭還痛麼.

● 스님께서 법상에 올라 법을 설하길,

"곧바로 이렇게 자기 일에 전념[159]하는 것이 가장 좋게 힘을 더는 요점이다. 나의 입에 이르게 해선 안 된다. 알겠는가? 만약 달마의 자손이라면 사람들이 씹은 밥을 먹지 않는다. 또한 스스로 물러서지 마라. 지금 모자란 것이 무엇인가? 자신의 일을 영겁토록 논한다 해도 마치 구름 한 점 없는 맑은 날씨[160]와 서로 같아서 일찍이 머리카락만큼도 장애됨이 없는데 어찌 그렇게도 알지 못하는가?

만약 그대들로 하여금 반 보라도 옮기고 한 터럭의 힘을 써서 한 글자의 경을 보게 한다면 세 치 혀를 빌려 사람들에게 물어 보고는 그대가 속이고 성내는 것을 바야흐로 알 것이다. 즉시 '무엇인가?'라고 한다. 이미 체득하지 못해서 또 물러날 수 없으니 자기를 자세하게 스스로 살펴봐야 한다.

다만 옆에 흐리멍텅하게 노승의 턱 밑에서 몇 마디의 말을 기억하고 안들 무슨 관계가 있겠는가? 이것은 '입안의 일이 아니다.'라는 말을 알고 있는가? 그대에게 말하노니 한마디의 말을 기억하고 집착해서 영겁토록 논하여도 들여우와 같은 엉터리 선승이 되는 것을 알겠는가?"

上堂云.便恁麼承當.最好省要.莫敎到老僧口裏.還會麼.若是達磨子孫.不肯喫人

---

159 승당(承當): 승낙하다. 맡다. 틀림없다고 보증하다. 자기 자신을 일로 삼다. 자기의 일에 전념하다. 『조당집』권12 「중탑화상장」(『고려대장경』권45, p.313, a15) "問.如何是大庾嶺頭事.師云料汝承當不得.(묻길, '무엇이 대유령의 일입니까?' 스님께서 말하길, '그대가 자기 일에 전념하지 못하는지 헤아린 것이다.')." 『서주동산양개선사어록』권1(『대정장』권47, p.520, a18-19) "雲巖云.价闍黎.承當箇事.大須審細.(운암 스님이 말하길, '양개 스님! 자신의 일로 깨치는 일은 정말로 자세히 살펴야 한다.')."
160 청천백일(靑天白日): 구름한 점 없는 맑은 날씨, 청명한 날씨.

嚼了飯.亦莫自屈.如今欠少什麼.當人事論劫來.如靑天白日相似.未曾有絲髮許爲礙.因甚却不知去.若教儞移半步.用一毫功.看一字經.向三寸上借問人.方會是誑嚇儞.直下是.是什麼.旣承當不得.又不能退步.向己審細自看.但知傍家朦朣老師頷頤下記持言句.有什麼交涉.還知道不是口裏事麼.向儞道記著一句語.論劫作野狐精.還會麼.

● 스님께서 법상에 올라 설법하길,

"주의해서 보아라! 키가 7, 8척 되는 사람이 천하를 옆에 끼고 달려간다. 도처에서 사람들이 무슨 일이냐고 물어보면 곧바로 '안녕하세요? 몸조심하십시오.'라고 한다. 눈썹을 치켜 올리고 눈동자를 굴리고 앞으로 갔다가 뒤로 물러났다 하면서 이러한 나쁜 기운을 내고 손을 쓰려고 하면 곧바로 들여우 굴속에 들어가 버린다. 종을 주인으로 착각하고 깨끗한 줄도 알지 못하고 즉시 스스로를 속인다. 섣달그믐이어도 단지 여우 무리가 된다. 알겠는가?

어떤 좋은 사람이 와서 그에게 부처의 가피를 주어도 그는 부처의 종자를 없애고 있으니 이 무슨 마음 작용인가? 당나라에서 불제자[161]를 주의해서 보면[162] 없어져 가니 등한시하지 마라. 나는 지금 여기에 앉아 있지만 위로부터 불법의 대의의 모나 싹을 하나도 보지 못했다. 단지 한바탕 종통을 어지럽히는 것이니 모두 불제자들을 멸망시키는 하나의 무리이니 옛사람은 반야를 비방하는 무리라고 하였다.

또한 반드시 참기 어려워야만 이 일을 깨닫게 되니 반드시 대장부라야 한다. 언제나 달려와서 늙은이의 말에서 찾아 기대지 마라. 이러한 대장부라면 사람을

---

161 호종(胡種): 불종(佛種)과 같다. 즉, 불제자를 말한다. 호(胡)는 석가나 달마를 '노호(老胡)'라고 하는 것처럼 인도 또는 인도인을 가리킨다.
162 간간(看看): 주의해서 보는 모양.

바보[163]로 만든다. 그대는 좋고 나쁨을 알고 있는가?"

이에 방망이로 쫓으면서 말하길, "이 한 무리의 칠통들아!"

上堂云.看看者箇七八尺漢傍天下走.到處人問作麼生事.便卽不審.珍重.揚眉動目.進步退後.放者般惡氣息.下手便入野狐窟裏去.認奴作郎.不識觸淨.直下自瞞.臘月三十日.祇是成得箇野狐羣隊.還會麼.出得什麼好人.受佗釋迦麻麨.把佗聖種滅却.是什麼心行.大唐國內胡種看看是滅.莫當等閒.我今在者裏坐.不見有一箇是從上宗旨中苗稼.祇是一場亂統.盡是一隊滅胡種族.古人喚作謗般若輩.亦須咡耐始得.承當者箇事.須是大丈夫漢始得.莫時時走上.靠者老漢覓言覓語.是者般大丈夫鈍置人.儞還識好惡麼.乃以棒趂云.者一隊漆桶.

● 스님께서 법상에 올라 법을 설하길,

"아깝다, 아까워! 모든 수행자들이여! 만약 아직 깨닫지 못했다면 깨닫는 게 좋겠다. 만약 아직 알지 못했다면 알면 좋겠다. 나는 당시에 입 아프게 권하지 않은 적이 없다.

자기의 본분사(本分事)를 만약 분명하게 밝히지 못했다면 세간에 유포되는 것에 절대로 가까이하지 마라. 반드시 노력해서 사람들을 저버리지 않는 게 좋겠다. 만약 본분사의 일이 있음을 알았다면 곧바로 자기 일로 삼아야 한다.

만약 진실로 깨닫지 못하였다면 깊이 이 일을 확신하여 입술이나 주둥이를 쫓아 얻지 말고, 부처님의 경전[164]에서 체득하지도 말고, 제방의 큰스님에게서도 얻지 마라.

그렇다면 어디에서 체득해야 합당한가? 또한 반드시 자세하게 살펴야 좋을 것이다. 지금 만약 요달하지 못하면 백겁 천겁의 생에도 또한 요달하지 못한다. 구

---

163 둔치인(鈍置人): 어리석고 둔한 사람.
164 황권(黃卷): 책을 말하는데 여기서는 불경(佛經)이나 조사어록을 말한다.

원실성(久遠實成)[165]을 알고자 한다면 단지 지금에 있다.

또 지금 무엇인가? 어지럽게 달려가지 말고 잘 보아라. 한 생은 이미[166] 잘못되어 지나가 버렸다. 만약 위로부터 지금에 이르기까지 불조의 종자를 이은 한 사람이 있다 해도 또한 쫓아 희롱하지 않는 것이 좋다.

일체의 모든 사람들이 그대에게 동산과 숲과 밭을 주고 그대에게 옷과 밥을 공양하고 있는데 나는 이를 출가인이라 말한다. 많은 사람들이 그대를 짊어주고 국왕, 대신, 토지신, 용왕신, 시방의 시주들이 그대를 짊어주고 있는데 부모에게 맛있는 음식을 공양하지 못하면서 그대는 장차 어떻게 보답하겠는가?"

堂云.可惜許.可惜許.諸和尙子.若未省.省取好.若未會.會取好.我未有一時不苦口相勸.自己事若未明白.得向世諦流布.切忌近著.大須努力.莫辜負人好.若知有事.便承當去.若也實未會.深信此事不從骨髓得.不從黃卷上得.不從諸方老師處得.且合從什麼處得.也須子細好.如今若不了.百劫千生亦不了.欲知久遠.祇在如今.且卽今是什麼.莫亂走.好看著.一生早是蹉過也.若有一人繼嗣得從上來種子.也莫趁讚好.一切人與汝園林田地.供汝衣食.道我是出家人.多少人荷負汝.國王大臣荷負汝.土地龍神荷負汝.十方施主荷負汝.父母不供甘旨.汝將何報答.

"스님들이여! 내쉬는 숨은 비록 남아있다 하더라도 들이쉬는 숨은 보존하기 어렵다. 세월은 쉽게 지나가 버리니 대단히 급하고 급하다. 단지 입술과 주둥이로 지니는 일을 하지 마라. 섣달그믐이 되도록 고통을 받을 것이다.

아직 철저하게 깨닫지 못하였다면 또한 반드시 초저녁, 한밤중, 늦은 밤에도 깨끗해야 좋다. 그런 사이에 심식이 일어나는 때에도 그 일에 집착하지 마라. 이

---

165 『묘법연화경』 권5 「16 여래수량품」(『대정장』 권9, p.42, c8-9) "然我實成佛已來久遠若斯.但以方便.教化衆生.令入佛道.作如是說.(그러나 나는 진실로 부처를 이룬 이래로 오랫동안 이와 같았는데 다만 방편으로 중생을 교화하여 불도에 득입하도록 여법하게 말하는 것이다)."
166 조시(早是): 이미, 벌써, 다행히.

러한 사람을 죽은 말을 고치는 의사[167]라고 한다. 만약[168] 대장부라면 많은 고생을 해서 무엇하며, 지금 또 무슨 일을 싫어한단 말인가?

때때로 찾아오지 마라. 무엇을 찾겠다는 것인가? 내 둘레에 둥글게 모여서 입술과 혀를 놀려대니 부끄러움을 알고 있는가? 앞뒤로 밟는 것이 흡사 술 취한 사람 같으니 대단히 모름지기 참회해야 좋을 것이다. 달마의 종자를 없애지 말고 나가거라!"

和尙子.出息雖存.入息難保.時光易過.大須急急.莫祇事持脣觜.臘月三十日受苦去.如未通徹.也須初中後夜純靜去好.間却心識.時中莫駐著事.者箇喚作死馬醫.若是大丈夫漢.用如許多辛苦作麽.如今且嫌什麽.莫時時上來.覓箇什麽.團簇箇老師.擬騁者脣舌.還識羞麽.踏前踏後.恰似醉人相似.大須具慚愧好.莫滅胡種.出去.

● 스님께서 대중에게 이르길,

"알겠는가? 이미 노파심[169]이다. 지금 모두 갈 곳을 알지 못하고 곧바로 머리를 말과 글에 박고 세간에 널리 퍼진 말로 그와 함께 서로 돕고 있다. 곧바로 어떤 기미가 있으면 갑자기 사람들에게 붙잡혀서 사실대로 말하라고 질문을 받게 되면 그는 곧바로 어지럽게 발걸음 걷게 된다. 마치 밤중에 오골계를 풀어 놓은 것과 같아서 감히 어떻게 함께 말을 하겠는가?

---

167 사마의(死馬醫): 죽은 말을 되살아나게 하는 무익한 노력을 하는 수의사. 손을 쓸 방도도 없는 것과 승부를 맞겨루려고 하는 사람. 설봉과 운문은 수행자라면 이와 같은 마음의 준비가 되어 있어야 한다고 가르치고 있다. 『운문광진선사광록』 권1(『대정장』 권47, p.552, c13-14) "上堂云.不得已 且作死馬醫.向汝道.是箇什麽.(법상에 올라 법을 설하며 이르길, '부득이 해서 우선 죽은 말을 고치는 의사가 되라. 그대들에게 말하노니 이것이 무엇인가?')."
168 약시(若是): '만약, 만일, 혹시'라는 뜻이다. 『황벽산단제선사전심법요』 권1(『대정장』 권48, p.383, b9-10) "師云.若是無物.更何用照.爾莫開眼寐語去.(황벽 스님이 말하길, '만일 아무것도 없는데 어디에 비추는 작용을 합니까?' '그대들은 눈 뜨고 잠꼬대 하지 마라.')."
169 『진주임제혜조선사어록』 권1(『대정장』 권47, p.504, c25) "師云.祇爲老婆心切.便人事了侍立.(임제 스님이 말하길, '단지 노파심이 간절하기 때문이다. 곧바로 일대사 인연을 요달하고 옆에 서 있었다.')."

이르는 곳마다 곧바로 앞을 밟고 뒤를 밟으며 임금과 신하를 묻고 부처와 조사를 묻고, 부처가 몸을 벗어난 곳[170]과 몸을 바꾼 곳[171]을 묻고, 몸 있기 전과 몸을 벗어난 후를 물어 보고 있다. 이러한 좋고 나쁜 것도 알지 못하는 노스님들이 다만 부르면 화답할 줄은 알아서 질문하면 곧바로 답은 해주고 있다.

묻는 자와 답하는 자 둘이서 서로 쫓으며 풀 속을 어지럽게 달리니 어찌 밀어붙여 그가 전환하지 못하고 이러한 나쁜 물을 가져다 그들의 마음에 붓고 있는가? 단지 풀 속에서 살아갈 생각만 하고 있으니 어느 곳에 위로부터 지금에 이르기까지 선종의 극치의 일이 있다는 것을 알겠는가? 모두 이와 같이 땅에 매몰되었으니 또한 어찌 구제할 곳이 있겠는가?"

師示衆云.還會麼.早是老婆心也.如今總未知去處.便刺頭入言句裏.向世諦流布.共伊相扶持.便有氣味.忽被人把住.靠實問.佗便亂蹋步.似夜裏放烏鷄相似.堪什麼共語.到處便踏前踏後.問君問臣.問佛問祖.問出身轉身.問身前身後.有者般不識好惡老師.但知唱和.問著便答.兩箇相趂.艸裏亂走.爲什麼不拓轉伊.把者般惡

---

170 출신(出身): 출신은 원래 중국에서 관리시험의 합격을 말하며 입신출세(立身出世)와 같은 말이다. 선(禪)에서는 일상성(日常性)의 세계를 돌파하여 깨달음의 경지에 들어간다는 뜻. 여기서는 수행의 극한에 도달하여 수행하는 자신의 존재조차 잊어버리고 절대의 세계에 들어간 것을 말한다. 『조당집』권6 「동산양개장」(『고려대장경』권45, p.272, b12) "僧曰.全肯爲什麼辜負先師.鳳池云.守著合頭.則出身無路.(어떤 스님이 말하길, '전부를 긍정하는 것이 어째서 선사를 저버리는 것입니까?' 봉지가 이르길, '머리를 맞대고 지키면 해탈하는 길이 없다.')." 『조당집』권10 「경청도부장」(『고려대장경』권45, p.297, c28-p.298, a1) "師云出身猶可易.脫體道還難.(해탈은 오히려 쉽지만 깨달음을 말하는 것은 어렵다)." 『진주임제혜조선사어록』권1(『대정장』권47, p.497, a9) "上堂云.一人在孤峯頂上.無出身之路.(법상에 올라 법을 설하며 이르길, '한 사람은 높은 봉우리 정상에 있기 때문에 몸이 나아갈 길이 없다.')." 『무문관』24칙 권1(『대정장』권48, p.296, a16-17) "自有出身之路(스스로에게 깨달음의 길이 있다)."

171 전신(轉身): 심성[如來藏]의 완전한 현시(드러내 보임). 더러워져 감추어져 있던 심성이 더러움을 씻어 버리고 약여(躍如)로서 현현(顯現)하는 상태를 말한다. 선문(禪門)에서는 미혹함의 경지에서 깨달음의 경지로 전입하여 안주하는 것. 『진주임제혜조선사어록』권1(『대정장』권47, p.504, a24-25) "麻谷轉身擬坐繩床.(마곡 스님이 몸을 돌려 선상에 앉으려 했다)." 『불과원오선사벽암록』제9칙 수시 권1(『대정장』권48, p.149, a16-17) "若無透關底眼轉身處.到這裏灼然不柰何.(만약 관문을 투탈하는 안목과 깨달음에 전입함이 없다면 시절인연에 이르러 전혀 어찌하지 못한다)."

水灌注佗心識.祇向艸裏作活計.何處知有從上宗乘中事.總被者般底埋沒却.且有什麼救處.

● 스님들이여! 사대(四大)로 만들어진 몸은 모두 화로와 같고 깨지기 쉬운 동이[172]와 같아서 홀연히 한밤중에 흩어지고 나면 이 한 조각의 논밭에는 아직 주인이 있지 않는데 무슨 대단한 말[173]을 하겠는가? 부끄러운 것은 알고 있는가? 괴롭고 괴롭다.

和尙子.四大身都盧似箇破沙盆相似.忽然半夜離散去.者一片田地總未有主在.說什麼大話.還識羞麼.苦哉.苦哉.

● 어떤 스님이 묻길, "진여의 경지에는 한 티끌도 받지 않는다고 하는데, 진여입니까? 방편입니까?"[174] 스님께서 말하길, "똥을 쓸어 모아 통에 더해서는 안 된다." 이어 말하길, "깨달음[175]은 어떠합니까?" 스님께서 말하길, "다시 구업을 지

---

172 파사분(破沙盆): 사분(沙盆)은 유약을 바르지 않고 설구이해서 깨지기 쉬운 동이를 말한다. 『경덕전등록』 권26 「영명연수장」(『대정장』 권51, p.422, a8-9) "問他何是大圓鏡.師曰.破沙盆.(어떤 스님이 묻길, '무엇이 크고 둥근 거울입니까?' 선사께서 말씀하시길, '깨지기 쉬운 동이와 같다.')."
173 대화(大話): 터무니없는 거짓말, 허풍을 말한다. 『경덕전등록』 권19 「운문문언장」(『대정장』 권51, p.357, c9) "無爾掠虛說大話處.(그대의 빈말과 터무니없이 말한 곳을 노략질 할 곳이 없다)."
174 요의(了義)와 불요의(不了義)는 궁극적인 본래심을 깨닫게 하는 것을 말하는데 요의(了義)는 진여(眞如), 본성(本性), 실상(實相), 중도(中道)를 말하고 불요의(不了義)는 진실로 가는 방편을 말한다.
175 향하(向下): 아래로부터 위로 향하는 것. 절대평등의 경지 또 그를 향해 나아가는 것. 수가 많은 것으로부터 수가 적은 것으로 향하는 것. 『황벽산단제선사전심법요』 권1(『대정장』 권48, p.380, b19-20) "縱使三祇精進修行歷諸地位.及一念證時.祇證元來自佛.向上更不添得一物.(설사 3아승기겁을 정진 수행하여 모든 지위를 거칠지라도 한 생각 증득하는 순간에 이르러서는 단지 원래 자기의 부처를 깨달을 뿐 그 위에 또 어떠한 것도 더할 것이 없다)." 『운문광진선사광록』 권1(『대정장』 권47, p.545, b24-26) "一期聞人說著.便生疑心.問佛問法.問向上問向下.求覓解會.轉沒交涉擬心卽差.(한 번 사람들의 말을 들으면 곧바로 의심을 내어 부처를 묻고 법을 묻고, 향상을 묻고 향하를 묻는다. 구하고 찾아서 깨달아 안다고 해도 점점 관계가 없으며 마음으로 헤아리면 곧 근본과 차이가 난다)." 『불과원오선사벽암록』 제3칙 평창 권1(『대정장』 권48, p.142, c24-25) "所以道.向上一路千聖不傳.學者勞形如猿捉影.(그래서 말하길, 향상의 길은 많은 성인들도 전하지 못한다. 도를 배우는 자는 쓸데없이 마치 원숭이가 그림자를 잡는 형세와 같다)."

어서는 안 된다."
問. 實際理地. 不受一塵. 是了義. 是不了義. 師云. 糞掃堆頭不可更添穢. 進云. 向上如何. 師云. 不可更作口業也.

● 어떤 스님이 묻길, "저는 아직 지혜작용을 다 펼치지 못합니다. 청컨대 스님께서 불심의 지혜작용을 다 펼치게 해주십시오." 스님께서 잠시 가만히 있는데 그 스님이 곧바로 절을 하니 스님께서 묻길, "갑자기 다른 곳에 갔는데 어떤 사람이 그대에게 묻는다면 그대는 어떻게 일러 주겠는가?" 이어 말하길, "끝내 감히 잘못 거론하지 않겠습니다." 스님께서 말하길, "아직 문을 나가지 않았는데 벌써 우스운 꼴이 된다."
問. 學人未盡其機. 請師盡機. 師良久. 僧便禮拜. 師問. 如何是密旨. 云. 忽到別處. 有人問汝. 汝作麼生擧. 進云. 終不敢錯擧. 師云. 未出門. 早見者笑具也.

● 어떤 스님이 묻길, "무엇이 비밀스런 종지입니까?" 스님께서 말하길, "그렇게 해서 또 어찌하겠는가?"
問. 如何是密旨. 師云. 與麼又爭得.

● 스님께 민왕이 은으로 된 교자상을 보내어 스님께 가져왔는데, 어떤 스님이 묻길, "스님께서는 이와 같은 공양을 대왕에게 받았는데 장차 어찌 보답하겠습니까?" 스님께서 두 손을 땅에 펼치고 이르길, "가볍게 나를 때려다오! 가볍게 나를 때려다오." 하였다. (어떤 스님이 소산광인(疎山匡仁)[176] 스님께 묻고 이르길, "설봉 님이 '가볍게 나를 때려다오.' 하였는데 무슨 뜻입니까?" 소산 스님이 말하길, "머

---

[176] 소산광인(疎山匡仁, 837~909): 동산 스님의 법을 이은 소산광인 스님은 나면서부터 곱사등을 가진 병자였다고 한다. 『조당집』 권8과 『전등록』 권17에 기록이 남아 있다.

리 위에 오이를 버무려 꽂아서 그 넝쿨이 밑으로 드리워져 발꿈치에 닿았다.")

師因閩王送銀交牀來與師.僧問.和尙受大王如此供養.將何報答.師以兩手拓地云.輕打我.輕打我(僧問疎山云.雪峰道.輕打我.意作麼生.山云.頭上揷瓜虀.垂尾脚跟齊).

● 어떤 스님이 묻길, "따르고 거역함[177]의 차이가 없는 사람이 오면 그에게 무슨 말을 합니까?" 스님께서 말하길, "이 당나귀 같은 놈아! 여기 와서 뭐하느냐?"

問.順逆無差底人來.向佗道什麼.師云.者驢漢來者裏作什麼.

● 어떤 스님이 묻길, "옛사람은 어떤 도리를 의거했기에 40권의 경론을 불태웠습니까?" 스님께서 말하길, "그대는 반드시 절을 해야만 한다." 묻길, "'눈에 보이는 것마다 도인줄 알지 못하는데 발을 움직여도 어찌 길을 알겠는가?'[178]라고 했는데 무엇입니까?" 스님께서 말하길, "슬프구나! 슬퍼…."

問.古人據箇什麼道理.焚却四十本經論.師云.儞須禮拜始得.問.如何是觸目不會道.運足焉知路.師云.蒼天.蒼天.

● 어떤 스님이 묻길, "부처가 아직 세상에 출세하지 않았을 때는 어떠합니까?" 스님께서 주장자를 옆으로 끌어안고 앉았다.

問.佛未出世時如何.師橫按拄杖而坐.

● 스님께서 하루는 현사사비(玄沙師備) 스님과 함께 산놀이를 하다가 스님께서

---

177 『신심명』 권1(『대정장』 권48, p.376, b22) "欲得現前.莫存順逆.(눈앞에서 도를 펼치고자 한다면 따르고 거스름을 하지 마라)."
178 『경덕전등록』 권30 「남악석두화상참동계」(『대정장』 권51, p.459, b19) "觸目不會道.運足焉知路.(눈에 보이는 것이 도인줄 깨닫지 못하는데 다리를 움직여 길을 가는 것을 어찌 알겠는가?)."

"장차 이 한 조각의 땅에 장생전을 짓고자 한다." 하니 현사 스님이 말하길, "이 한 조각의 땅을 살펴보니 무봉탑(無縫塔)[179]을 세우면 좋겠습니다." 스님께서 땅을 측량하는 시늉을 하자 현사 스님이 말하길, "옳기는 옳으나 저는 그렇게 하지 않겠습니다." 스님께서 말하길, "그대는 어떻게 하겠는가?" 현사 스님이 말하길, "탑을 세우겠습니다." 스님께서 말하길, "좋다, 좋아!"

師一日同玄沙遊山次.師云.欲將此一片地作長生.沙云.看此一片地.好造箇無縫塔.師作量地勢.沙云.是卽是.某甲不與麼.師云.儞作麼生.沙云.造塔.師云.好.好.

● 와관 스님이 덕산 스님의 시자로 있을 때 하루는 함께 산에 나무를 하러 갔었는데 덕산 스님이 물 한 사발을 와관 스님에게 주니 와관 스님이 받아서 곧바로 마셔버렸다.

덕산 스님이 말하길, "알겠는가?" 와관 스님이 말하길, "모르겠습니다." 덕산 스님이 또 물 한 사발을 떠다 와관 스님에게 주자 와관 스님이 물을 받아서 다 마셔버렸다. 덕산스님이 말하길, "알겠는가?" 와관 스님이 말하길, "모르겠습니다."

덕산 스님이 말하길, "어찌 행복[180]을 이루지 못함을 깨닫지 못하는가?" 와관 스님이 말하길, "모르는데 또 어떻게 행복을 이룬다는 것입니까?" 덕산 스님이 말하길, "그대는 흡사 쇠말뚝 같구나!"

---

179 무봉탑(無縫塔): 무봉탑은 혜충 국사(?~775)와 숙종황제의 대화에서 기인한 것인데 『불과원오선사벽암록』 권2(『대정장』 권48, p.157, c18-20) "擧.肅宗皇帝問忠國師.百年後所須何物.國師云.與老僧作箇無縫塔.(숙종황제가 혜충 국사에게 묻길, '입적한 후에 어떤 물건이 필요합니까?' 혜충 국사가 이르길, '저에게 이음새 없는 탑을 만들어 주십시오.')." 즉 무봉탑은 원래 공겁 이전에 만들어져 광명은 무상(無相)의 영역에 빛난다. 세계가 파괴될 때에도 이 탑은 파괴되지 않고 미묘한 형상을 초월하여 일체처에 두루하고 있다고 하는데 우리들 각자의 본성은 자타(自他)나 미오(迷悟)의 차별과 분별심으로 꿰맨 자국이 없다. 선에서는 일원상(一圓相)과 같이 진여실상(眞如實相)의 상징어로 사용하는 말인데, 아상, 인상이 텅 비워진 자기가 우주만법과 하나가 된 만법일여(萬法一如), 만물일체(萬物一體)의 경지를 의미하는 말이다. 즉 아상, 인상을 텅 비운 불심의 경지가 무봉탑이다.
180 사취(禠取): 행복을 취하다. 행복하다.

나중에 와관 스님이 주지가 되었는데 설봉 스님께서 와관 스님을 찾아가 차를 마시며 이야기하던 차에, 스님께서 와관 스님에게 묻길, "그때 덕산 스님 회중에 있을 때 나무하던 일을 어떻게 생각하십니까?" 와관 스님이 말하길, "덕산 스님께서 그때 저를 인정하였습니다." 스님께서 말하시길, "스님은 덕산 스님 곁을 너무 일찍 떠났습니다."

그때 앞에 물 한 사발이 있었는데 스님께서 물을 찾으며 가져오라 하였다. 와관 스님이 물을 건네주니 스님께서 받자마자 곧바로 얼굴에 뿌려 버렸다.

瓦官在德山爲侍者.一日.同入山斫木.山將一椀水與官.官接得便喫却.山云.會麼.官云.不會.山又將一椀水與官.官又接喫却.山云.會麼.官云.不會.山云.何不成褫取不會底.官云.不會.又成褫箇什麼.山云.子太似箇鐵橛.官住後.師去訪官.茶話次.師問瓦官.當時在德山會裏斫木因緣作麼生.官云.先師當時肯我.師云.和尙離先師太早.其時.面前有一椀水.師索將來.官度水與師.師接得便驀面潑.

● 어떤 스님이 스님께 하직인사를 하고 영운지근(靈雲志勤)[181] 스님을 참문하고 이에 묻길, "부처가 세상에 나오지 않았을 때는 어떠합니까?" 영운 스님이 불자를 세웠다. 이어 말하길, "부처가 세상에 나온 후에는 어떠합니까?" 영운 스님이 또 불자를 세웠다.

그 스님이 설봉산으로 돌아오자 스님께서 말하시길, "빨리 돌아왔구나!" 하니 그 스님이 말하길, "제가 그곳에 도착하여 불법을 물어보니 계합하지 못하여 이에 돌아 왔습니다." 스님께서 말하길, "그대는 무슨 일을 물어보았는가?" 그 스님

---

181 영운지근(靈雲志勤, ?~?): 당나라 시대의 선승으로 복주(福州) 장계(長溪) 사람이며, 위앙종 스님으로 위산영우(潙山靈祐)의 법제자이며 남악(南岳) 스님의 4세손인데 생몰연대는 전해지지 않는다. 『조당집』 권19에 그의 전기가 실려 있는데 유명한 오도송은 다음과 같다. "三十年來尋劒客.幾逢花發幾抽枝.自從一見桃花後.直至如今更不疑.(30년 동안 칼을 찾던 나그네여, 꽃 피고 잎 지는 것을 몇 번이나 보았던가? 복사꽃 핀 것 한번 보고난 후로는, 여태껏 다시는 의심할 것 없구나)."

이 앞의 일을 이야기해주니, 스님께서 말하길, "그대는 물어보아라. 내가 그대에게 말해 주겠다."

그 스님이 곧바로 묻길, "부처가 세상에 출현하지 않았을 때는 어떠합니까?" 스님께서 불자를 세웠다. 이어 말하길, "부처가 세상에 출현한 이후는 어떠합니까?" 스님께서 불자를 내려놓았다. 그 스님이 절을 하자, 스님께서 곧바로 때렸다.

有僧辭師.去參靈雲.乃問.佛未出世時如何.雲豎起拂子.進云.出世後如何.雲亦豎起拂子.其僧却回.師云.返太速.來僧云.某甲到彼.問佛法不契.乃回.師云.汝問甚麼事.僧遂擧前因緣.師云.汝問.我與汝道.僧便問.佛未出世時如何.師豎起拂子.進云.出世後如何.師放下拂子.僧禮拜.師便打.

● 스님께서 수시법문하길, "내가 만약 동쪽을 말하고 서쪽을 말하면 그대는 말을 쫓아 찾는데 내가 만약 영양이 잠을 잘 때 나뭇가지에 뿔을 걸듯 숨어버리면 [182] 그대는 어디서 더듬거리며 찾겠는가?"

師垂語云.我若東道西道.汝則尋言逐句.我若羚羊挂角.儞向什麼處摸索.

● 스님께서 감지행자(甘贄行者)의 처소 갔었는데 행자가 스님께서 오시는 걸 보고 문을 닫고서 스님을 부르면서 "청컨대 스님께서는 들어오십시오." 하니 스님께서 울타리 너머로 가사를 흔들며 지나가자 감지행자가 곧바로 문을 열었다.

師因到甘贄行者處.行者見師來.閉却門.召云.請和尙入.師隔籬.掉過衲衣.行者便開門.

---

182 영양괘각(羚羊挂角): 영양은 밤에 잠을 잘 때 뿔을 나뭇가지에 걸고 다리를 땅에서 떨어지게 하여 흔적을 없앤다고 한다. "제일의제(第一義諦)에서 접화하는 방법"에 비유한다. 『경덕전등록』 권17 「운거도응장」(『대정장』 권51, p.335, b7-9) "師謂衆曰.如好獵狗.只解尋得有縱迹底.忽遇羚羊挂角.莫道迹氣亦不識.(선사께서 대중들에게 말하길, '좋은 사냥개와 같아서 단지 자취가 있어야 찾는 것과 같다. 홀연히 영양이 뿔을 나뭇가지에 걸고 있는 것을 만나면 자취도 기운도 없으며 또한 알지도 못한다.')."

● 스님께서 따비밭에서 운력하다가 한 마리의 뱀을 보고 지팡이로 들어올려[183] 대중들을 불러서 자세히 보라고 하면서 뱀을 두 동강으로 베어버렸다. 현사 스님이 지팡이로 뱀을 등 뒤로 던져버리고 다시 뒤도 돌아보지 않았다. 대중들은 놀랐으나[184] 스님께서는 훌륭하다 하셨다.

師因普請畬田. 見一條蛇. 以杖挑起. 召衆云. 看看. 遂芟爲兩段. 玄沙以杖抛於背後. 更不顧視. 衆愕然. 師云. 俊哉.

● 어떤 스님이 묻길, "예를 들면 덕 높은 스님들은 어찌 마음으로 마음을 전하지 않으셨습니까?" 스님께서 말하길, "아울러 문자와 언어도 세우지 않았다." 그 스님이 말하길, "문자와 언어를 세우지 않았다면 스님께서는 어떻게 전하시렵니까?"

스님께서 잠시 가만히 있으니 그 스님이 절을 하자 스님께서 말하길, "다시 나에게 궁극적인 깨달음의 말을 물어 보는 것이 어찌 좋지 않겠는가?" 그 스님이 말하길, "제가 스님 있는 곳으로 가서 궁극적인 깨달음을 청해 물어도 되겠습니까?"

스님께서 말하길, "단지 이러면 되지 달리 다시 선문답이 있겠는가?" 그 스님이 말하길, "있습니다. 스님께서는 그렇게만[185] 말씀하시면 됩니다."

스님께서 말하길, "그대는 어떻게 하겠는가?" 그 스님이 말하길, "사람들을 배반했습니다."[186]

---

183 도기(挑起): 도발하다. 일으키다. 내걸다.
184 악연(愕然): 놀라는 모양. 놀라다.
185 습마(湆麽): 여마(與麽)와 같다. 그렇게, 그처럼, 그와 같이, 이렇게, 이처럼, 이와 같이. 그와 같은, 그 같은, 그러한, 그런. 이와 같은, 이 같은, 이러한, 이런. 『운문광진선사광록』 권3(『대정장』 권47, p.568, b17) "代云.某甲也湆麽.(대신 이르길, '제가 또한 그와 같습니다.')."
186 고부살인(辜負殺人): 사람들을 배반하다. 나는 완전히 기대가 어긋났다. 『조당집』 권10 「경청도부장」 (『고려대장경』 권45, p.297, b3) "對云 辜負殺人(대답하길, '사람들을 배반했다.')."

問.祇如古德豈不是以心傳心.師云.兼不立文字語句.僧云.不立文字語句.師如何傳.師良久.僧禮拜.師云.更問我一轉語豈不好.僧云.學人就師處請一轉問頭.得麼.師云.祇恁麼.別更有商量.僧云.在和尙滔麼道卽得.師云.儞作麼生.僧云.辜負殺人.

● 스님께서 경청 스님에게 말하길, "옛날에 어떤 노숙이 관리를 데리고 승당을 돌면서 '이곳의 대중들은 모두 불법을 수행하는 스님들입니다.'라고 말하니 관인이 말하길, '금가루는 비록 귀하지만 눈 속에 들어가면 눈병이 되는데[187] 또 어떻게 하겠습니까?'라고 하자, 노숙이 대답을 하지 못했다." 경청 스님이 말하길, "요즘은 벽돌을 던져버리고 옥을 가져 옵니다." 법안 스님이 달리 말하길, "관인은 어찌 귀는 귀하다 하고 눈은 천하다고 하는가?"

師謂鏡淸云.古來有老宿引官人巡堂.云.此一衆盡是學佛法僧.官人云.金屑雖貴.落眼成翳.又作麼生.老宿無對.淸云.比來抛磚引玉.法眼別云.官人何得貴耳而賤目.

● 스님께서 하루는 암두 스님, 흠산 스님과 이야기를 하시다가 스님께서 갑자기 물사발을 가리켰다. 흠산 스님이 말하길, "물이 맑으면 달이 나타난다."고 하니 스님께서 말하길, "물이 맑으면 달은 나타나지 않는다."라고 하자 암두 스님이 물사발을 발로 차버렸다.

師一日與巖頭.欽山聚話.師驀然指一椀水.山曰.水淸月現.師云.水淸月不現.巖頭

---

187 금루수귀 낙안성예(金屑雖貴 落眼成翳): 여기서 '금가루가 눈에 들어가면 병이 된다.'는 말은 부처가 되고 조사가 된다고 하는 것은 아무리 귀한 금가루라도 눈에 들어가면 병이 되듯이 조작심과 작위성은 곧바로 병이 된다는 말과 함께 불법은 지금 여기서 곧바로 진실된 깨달음의 생활이 되도록 하는 게 중요하기 때문이다. 이와 같은 말은 그 시대의 유행했던 말인 듯하다. 『조당집』 권16 「남전장」, 『전등록』 권7 「유관장」, 『임간록』 하권 등 많은 어록에도 인용되었다. 『진주임제혜조선사어록』 권1(『대정장』 권47, p.503, c29 - p.504, a2) "侍云.金屑雖貴落眼成翳.又作麼生.師云.將爲爾是箇俗漢.(왕 상시가 묻길, '금가루가 비록 귀하지만 눈 안에 들어가면 병이 된다고 하는데 또 어떻게 생각하십니까?' 임제 스님이 말하길, '그대는 한낱 속인인 줄 알았는데 안목을 갖춘 사람이군!')."

踢却水椀而去.

● 스님께서 하루는 경청 스님에게 묻길, "어디에서 왔는가?" 경청 스님이 말하길, "밖에서 옵니다." 스님께서 말하길, "어느 곳에서 달마를 만났는가?" 경청 스님이 말하길, "다시 어느 곳입니까?" 스님께서 말하시길, "그대는 아직 믿지 못하고 있다." 경청 스님이 말하길, "스님께서는 이렇게 진흙에 붙어있지 않는 게 좋겠습니다." 스님께서 곧바로 그만두었다.

師一日問鏡清.何處來.清云.從外來.師云.什麼處逢達磨.清云.更什麼處.師云.未信汝在.清云.和尙莫與麼黏泥好.師便休.

● 어떤 스님이 묻길, "무엇이 제1구[188]입니까?" 스님께서 잠시 가만히 있으니 그 스님이 물러가서 장생(長生)[189] 스님에게 그대로 말했다. 장생 스님이 말하길, "이것은 제2구이다." 스님께서 도리어 그 스님으로 하여금 장생 스님에게 "무엇이 제1구인가"를 물어 보게 하니 장생 스님이 말하길, "슬프도다, 슬퍼…"

問.如何是第一句.師良久.僧退.擧似長生.生云.此是第二句.師却令其僧問長生.如

---

188 제일구(第一句): 최초의 언어, 궁극적인 경지, 근본적인 깨달음의 경지. 주객(主客), 빈주(賓主)가 나누어지기 이전의 근원적인 본래심(불심)의 경지로서, 제일의제(第一義諦), 제일월(第一月)이라고도 한다. 부모미생전(父母未生前)의 본래면목(本來面目), 문채이전(文彩以前), 혼돈미분전(渾沌未分前)의 세계를 말한다. 제일구의 언어는 제이구 이하에 대한 분류적인 물음이 아니라 제일구 그 자체에서 완결된다. 궁극적인 불법을 체득하는 한마디로 말후구(末後句)라고도 하며, 중생심(의심)을 죽이고 깨달음의 체험을 통한 확신으로 불심의 지혜작용을 살리는 말로 일전어(一轉語)라고도 한다. 자신이 체득한 불법의 진수를 궁극적인 한마디로 설하여 불법을 깨닫도록 하는 말이다. 이 한마디의 궁극적인 말은 수행자를 깨닫도록 하여 중생심을 불심으로 전환하게 하는 법문이다. 『조당집』 권12 「청평화상장」(『고려대장경』 권45, p.312, a15) "問.如何是第一句.師云.要頭則斫將去.(묻길, '무엇이 제일구입니까?' 청평 스님이 이르시길, '머리가 필요하거든 당장에 불법의 근본을 깨달아라.')."
189 장생교연(長生皎然, ?~?): 생몰 연대는 알려지지 않았지만 우리나라에서「이산혜연선사발원문」으로 널리 알려진 스님이다. 스님은 중국 복건성 복주사람으로 장생산에 오랫동안 거주해서 장생교연이라고 불렸다고 한다. 원래는 이산교연(怡山皎然) 혹은 이산연(怡山然)이라고 하며, 장생교연(長生皎然) 선사라고도 한다. 설봉 스님의 법제자이다. 그의 전기는 『조당집』 권20에 전한다.

何是第一句.生云.蒼天.蒼天.

● 스님께서 어떤 스님에게 묻길, "어디에서 오는가?" 그 스님이 말하길, "강서에서 옵니다." 스님께서 말하길, "강서는 이곳에서 얼마나 되는가?" 그 스님이 말하길, "멀지 않습니다." 스님께서 불자를 세우고 말하길, "이만큼 떨어졌는가?" 그 스님이 말하길, "만약 이만큼 떨어졌다면 곧 먼 거리입니다." 스님께서 곧바로 때렸다.
師問僧.什麼處來.僧云.江西來.師云.江西與此間相去多少.云.不遙.師豎起拂子云.還隔者箇麼.云.若隔者箇.卽遙去也.師便打.

● 스님께서 장생 스님에게 묻길, "경을 지니는 것은 여래를 짊어질 수 있다는 건데 어떻게 생각하는가?" 장생 스님이 곧 스님을 번쩍 들어 선상 위에 올려놓았다. 스님께서 곧바로 그만두었다.
師問長生云.持經者能荷擔如來.作麼生.生乃捧師向禪牀上.師便休.

● 보복종전(保福從展)¹⁹⁰ 스님이 처음 스님을 참배하였는데 스님께서 말하길, "알겠는가?" 보복 스님이 가까이 오려 하자 스님께서 주장자로 막았다. 보복 스님이 곧바로 돌아갈 곳을 알았다.
保福初參師.師云.還會麼.福擬欲近前.師以杖拄之.福當下知歸.

● 스님께서 소경융수(紹卿隆壽)¹⁹¹ 스님과 산행을 하다가 토란 잎이 움직이는 것

---

190 보복종전(保福從展, ?~928): 18세에 대중사에서 구족계를 수지하고 설봉 스님의 법을 이어받았다. 장주의 보복원에서 대중들에게 법을 설하는데 항상 7백명 이상의 대중이 모여 법을 들었다고 한다. 그의 전기는 『조당집』 권11, 『전등록』 권19에 수록돼 있다.
191 소경융수(紹卿隆壽): 장주(漳州) 융수(隆壽) 흥법대사(興法大師)로 법명은 소경(紹卿)이고 천주사람으

을 보고 그것을 가리키니, 소경 스님이 말하길, "저는 몹시 두렵습니다." 스님께서 말하길, "그대의 집안인데 무엇이 두려운가?" 소경 스님이 두려움을 벗어난 듯 그렇게 깨달았다.

師與紹卿山行. 見芋葉動. 指示之. 紹卿云. 某甲甚生怕怖. 師云. 是汝屋裏底. 怕怖什麼. 卿脫然省悟.

● 스님께서 영운지근 스님에게 묻길, "옛사람이 '앞도 삼삼(三三), 뒤도 삼삼(三三)'[192]이라고 했는데 그 뜻이 무엇인가?" 영운 스님이 말하길, "물속의 고기요, 산 위의 새입니다." 스님께서 말하길, "무슨 뜻인가?" 영운 스님이 말하길, "활을 쏠 만큼 높고, 낚시할 만큼 깊습니다."

師問靈雲. 古人道前三三. 後三三. 意旨如何. 靈云. 水中魚. 山上鳥. 師云. 意作麼生. 雲云. 高可射兮深可釣.

● 스님께서 어떤 스님에게 묻길, "근래에 어느 곳을 떠났는가?" 그 스님이 말하

로 속성은 진(陳) 씨이다. 어릴 때 영암사에 출가하여 경과 논을 익혔으며 교리수업을 마치고 선나(禪那)에 심취하여 설봉 스님을 찾아 법을 묻고 여러 해 동안 시봉을 하고 깨달았다고 한다. 그의 전기는 『전등록』 권18에 있다.

192 三三. 後三三. 意如何. 師曰. 汝名什麼. 曰某甲. 師曰. 喫茶去.(어떤 스님이 묻길, '옛사람이 말하길, 전삼삼 후삼삼이라고 했는데 무슨 뜻입니까?' 자복 선사가 이르길, '그대 이름이 무엇입니까?' 그 스님이 아무개입니다 대답하자. 자복 선사가 말하길, '차나 마셔라.')." 『불과원오선사벽암록』 권4(『대정장』 권48, p.173, b29-c8) "擧. 文殊問無著. 近離什麼處. 無著云. 南方. 殊云. 南方佛法. 如何住持. 著云. 末法比丘. 少奉戒律. 殊云. 多少衆. 著云. 或三百或五百. 無著問文殊. 此間如何住持. 殊云. 凡聖同居龍蛇混雜. 著云. 多少衆. 殊云. 前三三後三三.(문수가 무착에게 묻길, '최근 어디를 떠나 왔는가?' 무착이 이르길, '남방에서 왔습니다.' 문수가 이르길, '남방의 불법은 어떻게 실천하는가?' 무착이 이르길, '말법시대의 비구가 계율을 실천하는 수행자가 적습니다.' 문수가 이르길, '대중은 얼마나 있는가?' 무착이 이르길, '300명에서 500명 정도 됩니다.' 무착이 문수보살에게 묻길, '여기에서는 불법을 어떻게 실천합니까?' 문수가 이르길, '범부와 성인이 함께 있고 용과 뱀이 뒤섞여 있다.' 무착이 묻길, '대중이 많습니까?' 문수가 이르길, '앞도 삼삼, 뒤도 삼삼이다.')."

길, "석상산을 떠나 왔습니다." 스님께서 말하시길, "석상(石霜)[193] 스님은 어떤 말씀이 있었는가?" 그 스님이 말하길, "제가 일찍이 묻길, '지척인데도 어찌하여 스님의 얼굴을 볼 수가 없는지요?' 석상 스님이 '세상 어디에도 일찍이 감춘 적이 없다.'고 말했습니다."

스님께서 말하길, "그대는 알겠는가?" 그 스님이 말하길, "모릅니다." 스님께서 말하길, "어느 곳이 석상 스님 아닌 곳인가?"

그 스님이 돌아가서 석상 스님에게 그 이야기를 하니 석상 스님이 말하길, "설봉 늙은이는 뭐가 그리 급해서 붙어 있는가?" 스님께서 그 말을 듣고 이에 말하길, "나의 잘못이다."

問僧.近離什麼處.僧云.石霜.師云.石霜有何言句.僧云.某甲曾問.咫尺之間.爲什麼不覩師顔.石霜云.徧界不曾藏.師云.儞會麼.僧云.不會.師云.什麼處不是石霜.僧迴.擧似石霜.霜云.雪峰老漢著什麼死急.師聞之.乃云.老僧罪過.

● 어떤 스님이 묻길, "백추(白槌)[194]를 들고 불자(拂子)를 세우는 것 모두 선종의 가르침[195]과는 합당하지 않습니다. 도대체 스님께서는 어떠합니까?" 스님께서 불자를 세우자 그 스님이 이에 머리를 감싸고 나가버렸다. 스님께서는 돌아보지 않았다.

僧問.拈槌豎拂總不當宗乘.未審和尙如何.師豎起拂子.僧乃抱頭出去.師不顧.

---

193 석상경제(石霜慶諸, 807~888): 당대의 스님으로 강서성 길안부(吉安府) 신금옥사향(新金玉笥鄉) 사람이다. 속성은 진(陳) 씨, 석상(石霜)은 호, 이름은 경제(慶諸)이다. 13세 때에 스님이 되고 23세에 숭산에서 구족계를 받았다. 뒤에 도오원지(道吾圓智) 스님의 법을 잇고 석상산에 가서 그를 시봉하였다. 원지 스님이 입적한 후에 학도가 500여 명이나 운집하였다고 한다. 희종(僖宗)이 선사의 명성을 듣고 자색가사를 하사하였으나 받지 않았다. 82세로 입적하였다. 시호는 보회대사(普會大師)이다.
194 백추(白槌): 대중에게 알릴 때 망치를 쳐서 알리는 신호. 우리나라는 죽비가 그 역할을 한다.
195 종승(宗乘): 원래 선종에서 모든 불교를 종승(宗乘)과 여승(餘乘)으로 나눠, 선종의 가르침을 종승으로 하고 그 외의 가르침을 여승이라 칭했다. 따라서 종승은 선문의 가르침이라는 뜻이다.

● 운암담성(雲巖曇晟)¹⁹⁶ 스님이 질문하길, "스님께서는 어디에서 왔습니까?" 스님이 말하길, "천태에서 왔습니다." 담성 스님이 말하길, "천태지자(天台智者)¹⁹⁷ 스님은 친견하였습니까?" 스님이 말하길, "제가 쇠방망이 맞을 일을 했습니다."
雲巖問師從什麼處來. 師云. 天台來. 巖云. 見智者否. 師云. 某甲喫鐵棒有分.

● 어떤 스님이 서산(西山)¹⁹⁸ 스님에게 묻길, "무엇이 조사가 서쪽에서 오신 분명한 뜻입니까?" 서산 스님이 불자를 들어 보이니 그 스님은 수긍하지 않고 인사를 하고 가버렸다.

뒷날에 그 스님이 설봉 스님을 참문하니 스님께서 묻길, "어디에서 왔는가?" 그 스님이 말하길, "절강에서 왔습니다." 스님께서 말하길, "이번 여름안거는 어디에서 보냈는가?" 그 스님이 말하길, "소주(蘇州) 서산 스님 휘하에 있었습니다." 스님께서 말하길, "스님께서는 안녕하신가?" 그 스님이 말하길, "제가 올 때는 편안하셨습니다."

---

196 운암담성(雲巖曇晟, 782~841): 당나라 시대의 스님으로 강서성(江西省) 건창(建昌) 출신. 20세에 구족계를 받고, 백장회해(百丈懷海, 749~814)에게 10여 년 동안 사사받았다. 그 후 약산유엄(藥山惟儼, 745~828)에게 사사하여 그 법을 이어받고, 호남성(湖南省) 운암산(雲巖山)에 머물면서 선풍을 크게 일으켰다.
197 천태지의(天台智顗, 538~597): 수나라 시대의 스님으로, 천태종의 개조(開祖)이다. 형주(荊州)의 화용(華容) 사람으로, 한때 관직에 오르기도 하였으나 전란으로 인하여 양친과 친족을 잃었다. 18세에 출가하여 율장과 아비담마, 성실론(成實論), 선법(禪法) 등을 배워 익혔다. 그 후 남악대사(南岳大師) 혜사(慧思)의 문중에 들어가 지관법문(止觀法門), 삼론계(三論界)의 교리와 선관(禪觀), 달마선(達磨禪) 등 소위 북방계의 교리를 이어받고 법화삼매에 의하여 크게 깨달았다. 30세에 금릉(金陵)으로 가서 8년간 『법화경』 등의 강론에 힘썼다. 576년 명리를 떠나 천태산에 들어가 여기에서 약 10년간 수도 생활을 하였다. 천태교리의 대강(大綱)은 이 시기에 형성된 것이다. 그 후 금릉에서 다시 『대지도론』, 『인왕반야경』, 『법화경』 등을 강론하였다. 수 양제의 청에 의하여 그에게 보살계를 수여하고 지자대사(智者大師)의 호를 받게 되었다. 고향 형주에 돌아가 옥천사(玉泉寺)를 세우고 천태3대부(天台三大部)인 『법화현의』, 『법화문구』, 『마하지관』을 강설하였다. 존칭으로 천태대사(天台大師), 지자대사(智者大師) 또는 천태지자대사(天台智者大師)로 불린다. 문하에는 장안(章安), 지월(智越) 등의 뛰어난 인재가 나왔다. 저작도 많으며, 주요 저서인 『법화현의』, 『법화문구』, 『마하지관』의 천태3대부를 비롯하여 34부가 현존한다.
198 소주서산(蘇州西山): 남전보원 스님의 법손으로 『경덕전등록』 10권에 짧게 선문답의 내용이 기술되어 있다.

스님께서 말하길, "어찌하여 거기에서 시절인연[199]의 삶을 살지 않았는가?" 그 스님이 말하길, "불법이 밝지 못했습니다." 스님께서 말하길, "무슨 일이 있었는가?" 그 스님이 전에 있던 이야기를 해드리니 스님께서 말하길, "그대는 어찌하여 그를 긍정하지 않는가?" 그 스님이 말하길, "경계입니다."

스님께서 말하길, "그대는 소주성 안의 가정의 남자와 여자를 보았는가?" 그 스님이 말하길, "보았습니다." 스님께서 말하길, "그대는 길가의 숲과 나무를 보았는가?" 그 스님이 말하길, "보았습니다." 스님께서 말하길, "무릇 가정의 남자와 여자를 보고, 대지와 숲과 연못은 모두 경계인데 그대는 긍정하는가?" 그 스님이 말하길, "긍정합니다."

스님께서 말하길, "예를 들어 불자를 집어 들었는데 그대는 어째서 긍정하지 않는가?" 그 스님이 이에 절을 하고 말하길, "제가 경솔하게[200] 말을 했습니다. 청컨대 스님께서는 자비를 베풀어 주십시오." 스님께서 말하길, "온 천지가 눈인데 그대는 어디에서 쭈그리고 앉아 있는가?" 그 스님이 말이 없었다.

僧問西山和尙.如何是祖師西來的意.山擧拂子示之.其僧不肯.禮拜出去.後參師.師問.什麼處來.僧云.淅中來.師云.今夏在什麼處.僧云.蘇州西山.師云.和尙安否.僧云.來時萬福.師云.何不且從容.僧云.佛法不明.師云.有什麼事.僧擧前話.師云.汝作麼生不肯佗.僧云.是境.師云.汝見蘇州城裏人家男女否.僧云.見.師云.汝見路上林木否.僧云.見.師云.凡覰人家男女. 大地林沼總是境.汝還肯否.僧云.肯.師云.祇如拈起拂子.汝作麼生不肯.僧乃禮拜云.學人取次發言.乞師慈悲.師云.盡乾坤是箇眼.汝向什麼處蹲坐.僧無語.

● 어떤 스님이 조주 스님에게 하직인사를 하니 조주 스님이 묻길, "어디로 가려

---

199 종용(從容): 유도(誘導)와 권장(勸奬)하는 것. 편안하게 가라앉아 있는 모습. 시절인연의 삶을 사는 것.
200 취차(取次): 순서대로, 차례로, 경솔하게.

는가?" 그 스님이 말하길, "설봉에 갑니다." 조주 스님이 말하길, "설봉 스님이 홀연히 그대에게 '조주 스님은 어떤 말씀을 하는가?'라고 물어보면 그대는 어떻게 말하겠는가?" 그 스님이 말하길, "청컨대 스님께서 말해주십시오." 조주 스님이 말하길, "겨울에는 춥고, 여름에는 덥다." 조주 스님이 또 묻길, "홀연히 그대에게 궁극적인 일을 묻는다면 또 어떻게 할 것인가?" 그 스님이 대답이 없자, 조주 스님이 스스로 대신 말하길, "저는 제 스스로 조주에서 온 것이지 말을 전하는 사람이 아닙니다."

그 스님이 후에 설봉에 오니 스님께서 곧바로 묻길, "어디에서 왔는가?" 그 스님이 말하길, "조주에서 왔습니다." 스님께서 말하길, "조주 스님은 어떤 말씀을 하시던가?" 그 스님이 앞의 이야기를 하자. 스님께서 말하길, "반드시 우리 조주 스님이라야 비로소 그런 말씀을 할 수 있다."[201]

僧辭趙州. 州問. 什麼處去. 僧云. 雪峰去. 州云. 雪峰忽問汝. 和尙有什麼言句. 汝作麼生道. 僧云. 却請和尙道. 州云. 冬卽寒. 夏卽熱. 州又問. 忽然問汝畢竟事. 又作麼生. 僧無語. 州自代云. 某甲親從趙州來. 不是傳語漢. 其僧後到雪峰. 師便問. 什麼處來. 僧云. 趙州來. 師云. 趙州有什麼言句. 其僧擧前話. 師云. 須是我趙州始得.

● 스님께서 하루는 장경 스님을 보고 말하길, "이것이 무엇인가?" 장경 스님이 말하길, "하늘이 맑게 개었으니 운력하기에 좋습니다."

스님께서 어떤 스님에게 묻길, "어디에서 왔는가?" 그 스님이 말하길, "강서에서 왔습니다." 스님께서 말하길, "어디에서 달마를 만나 보았는가?" 그 스님이 말하

---

201 수시(須是) ~ 시득(始得): 마땅히 ~ 하여야 비로소 좋다. 이러한 표현 기법은 당나라 시대 이후의 상용 표현법이며 후세까지도 사용되었다. 문자 그대로 '마땅히 ~ 아니면 안 된다, 그래야만 비로소 좋다'라는 뜻이다. 『방거사어록』권1(『속장경』권69, p.133, c10-11) "士曰.有口道不得.林曰.須是恁麼始得(방거사가 말하길, '입이 있어도 말을 못합니다.' 석림 화상이 말하길, '반드시 그렇게 해야 비로소 좋다.')."

길, "달마는 조만간²⁰² 이곳을 떠날 겁니다." 장경 스님이 대신 말하길, "어젯밤에 대목건련²⁰³에게서 자고 왔습니다."

스님께서 운력으로 장작을 패어 한 무더기²⁰⁴ 불을 피워 놓았다. 스님께서 말하길, "대중스님들은 가까이 와서 불을 쬐라." 장경 스님이 장작 한 개를 가지고 불 속에 던져 넣고²⁰⁵ 말하길, "스님과 함께 인연을 맺었습니다."

師一日見長慶云. 是什麼. 慶云. 天晴好普請. 師問僧. 什麼處來. 僧云. 江西來. 師云. 什麼處逢見達磨. 僧云. 達磨早晚離此間. 長慶代云. 昨夜大目宿. 師因普請破柴. 燒一堆火. 師云. 大衆近前向火. 長慶將一橛柴抛向火中云. 與和尙結緣.

● 어떤 스님이 묻길, "옛사람은 '화살촉을 씹어라!' 하고 암두 스님은 '땅에 웅크리고 앉아라.' 하였는데 도대체 이 두 가지는 같습니까? 다릅니까?" 스님께서 말하시길, "강서와 호남에서 이 일이 성행하고 있으나 암두 스님의 말은 그런 뜻이 아니다."

그 스님이 말하길, "무엇입니까?" 스님께서 말하시길, "만약에 땅에 웅크리고 앉았다고 말한다면 모두 다 웅크리고 앉아야 하고, 만약 화살촉을 씹으라고 말하면 중생을 물리치는 것이 상책이고 중생을 쫓으면 하책의 방편이다."

---

202 조만(早晚): 아침과 저녁, 조만간, 무렵.
203 대목건련(大目犍連): 부처님의 10대 제자 중의 하나. 이름의 소리를 옮겨 마하목건련(摩訶目犍連), 마하몰특가나(摩訶沒特伽羅), 대목건라야나(大目犍羅夜那) 줄여서 목건련(目犍連), 목련(目連)이라 하고, 뜻을 옮겨 대찬송(大讚誦), 대호두(大胡豆), 대채숙(大採菽)이라 한다. 이름은 구율타(拘律陀)이다. 처음에 사리불과 함께 외도를 배워 자못 그 학문에 정통하여 백 명의 제자를 두었다. 사리불이 석존의 설법을 듣고 법안정(法眼淨)을 얻었다는 말을 듣고 1백 제자와 함께 석존에게 귀의하였다. 부처님의 제자 중 신통제일이 되었다.
204 일퇴(一堆): 한 무더기, 한 무리.
205 포향(抛向): ~을 목표로 하여 던진다. ~을 향하여 던지다. 『진주임제혜조선사어록』권1(『대정장』권47, p.500, a29-b1) "爾若識得是境. 把得便抛向坑子裏.(그대가 만약 그것이 경계임을 알아서 그 말을 붙잡아서 곧바로 구덩이 속에 던져버린다)."

僧問.古人說䪻鏃.巖頭說踞地.未審是同是別.師云.江西湖南盛行此事.巖頭意不與麼.僧云.作麼生.師云.若言踞地.悉皆踞地.若言䪻鏃.却物爲上.逐物爲下.

● 설봉 스님과 암두 스님, 흠산 스님 세 사람이 좌선하고 있었는데 동산양개 스님이 차를 끓여 들어오니 흠산 스님이 눈을 떴다.

동산 스님이 말하길, "어디 갔다 왔는가?" 흠산 스님이 이르길, "선정에 있다 왔습니다." 동산 스님이 이르길, "선정은 본래 문이 없는데 어디로 들어갔는가?" 스님께서 말하시길, "이러한 말뚝잠을 자는 놈에게도 차를 주십니까?"

師與巖頭.欽山三人坐次.洞山點茶來.欽山開眼.洞山云.什麼處去來.欽山云.入定來.洞山云.定本無門.從何而入.師云.與者箇瞌睡漢茶喫.

● 스님께서 법상에 올라 법을 설하길, "순식간에 동쪽 끝을 보아라![206] 순식간에 서쪽 끝을 보아라. 그대들이 만약 요컨대 깨닫고자 하는가?" 스님께서 주장자를 던져버리고 말하길, "여기에서 깨달아야 한다."

上堂云.看看東邊底.看看西邊底.汝若要會.抛下拄杖云.向者裏會.

● 어떤 스님이 묻길, "무엇이 제 자신입니까?" 스님께서 말하길, "그대의 본래면목[207]이나 다져 놔라."

그 스님이 그 이야기를 운문 스님에게 말을 하니 운문 스님이 말하길, "그대는

---

206 간간(看看): 보고 있는 동안에. 순식간에. 『고존숙어록』 권6 「목주화상어록」,(『속장경』 권68, p.36, a1) "上堂云.汝等快興.快興.老僧七十九也.看看脫去也.(목주 화상이 법상에 올라 법을 설하길, '그대들은 기뻐해라, 기뻐해. 내가 79세이다.' 순식간에 열반하셨다.)."

207 비공(鼻孔): 인간의 얼굴의 핵심은 코인데 본래면목(本來面目)을 말한다. 『경덕전등록』 권6 「석공혜장장」(『대정장』 권51, p.248, b21-23) "祖問曰.作什麼.曰牧牛.祖曰.作麼生牧.曰.一迴入草去便把鼻孔拽來.(마조 스님이 묻길, '무엇을 하는가?' 혜장 스님이 말하길, '소를 키우고 있습니다.' 마조 스님이 이르길, '어떻게 소를 키우는가?' 혜장 스님이 이르길, '한 번 풀밭에 들어가면 곧바로 고삐를 당겨 끌어 옵니다.')."

깨달을 수 있겠는가?" 그 스님이 두 번 세 번 생각해 보았다.

운문 스님이 이에 게송으로 말하길,

"돌아보지 않고 곧 서로 어긋나고 헤아리려고 하니 어느 겁에 깨닫겠는가?"

問.如何是學人自己.師云.築著儞鼻孔.僧擧似雲門.門云.儞於麼生會.其僧再三思惟.門乃有頌云.擧不顧.卽差互.擬思量.何劫悟.

● 어떤 스님이 묻길, "제가 질문하고자 하니 청컨대 스님께서 답해주십시오." 스님께서 "좋다."고 하셨다.

問.學人擬問.請和尙答.師云.好.

● 어떤 스님이 스님께 드릴 감실(龕室)을 만들어 놓고 말하길, "스님, 감실을 다 만들었습니다." 스님께서 말하길, "감실을 메고 와서 승당 앞에 가져다 놓아라." 스님께서 감실을 보자마자 곧바로 대중들에게 묻길, "어떤 사람이라도 제1구[208]을 말할 수 있다면 그대로 두겠다." 스님께서 다시 물으시니 그때 한 스님이 나와서 말하길, "제가 스님께 자문을 구하고자 합니다." 하니 곧바로 스님께서 한 번 할을 하고 말하길, "김빠지는 소리[209] 말아라!" 곧바로 감실을 태워버렸다.

---

[208] 제일구(第一句): 궁극적인 불법을 체득하는 한마디로써 말후구(末後句)라고도 하며, 중생심(의심)을 죽이고 깨달음의 체험을 통한 확신으로 불심의 지혜작용을 살리는 말로 일전어(一轉語)라고도 한다. 자신이 체득한 불법의 진수를 궁극적인 한마디로 설하여 불법을 깨닫도록 하는 말이다. 이 한마디의 궁극적인 말은 수행자를 깨닫도록 하여 중생심을 불심으로 전환하게 하는 법문이다.

[209] 독비(屭沸): 툭툭 김(수증기)이 내뿜는 소리를 나타내는 의성어. 무기물이 내는 무의미한 소리. 『대혜보각선사어록』 권9(『대정장』 권47, p.849, c23-25) "問僧.國師三喚侍者.意旨如何.僧云.魚行水濁.師云.莫屭沸.僧無語.師便打.(대혜 스님께서 어떤 스님에게 묻길, '국사께서 시자를 세 번 부른 것은 무슨 뜻입니까?' 그 스님이 말하길, '물고기가 흐린 물속에서 헤엄치는 것입니다.' 대혜 스님이 말하길, '수증기 내뿜는 소리를 말아라.' 그 스님이 말이 없자 스님이 곧바로 때렸다.)" 『불과원오선사벽암록』 권8(『대정장』 권48, p.205, c2-3) "僧云.和尙莫屭沸碗鳴聲.投子便打.(투자대동 스님에게 어떤 스님이 말하길, '화상께서는 주전자에 물이 끓으면서 뜨거운 김이 밖으로 힘차게 새면서 나는 뿌! 뿌! 하는 소리가 어찌 부처의 설법 소리라고 하십니까?' 투자대동 스님이 곧바로 때렸다)."

僧與師造龕子了.云.和尙龕子成也.師云.舁將來.向堂前著.師纔見龕子.便問大衆.有人道得第一句卽留取.師再問.時有一僧出云.某甲咨和尙.便被師一喝.莫屡沸.便將龕子燒却.

● 스님께서 용천[210] 스님을 방문하였다. 용천 스님이 산문까지 와서 전송하는데 스님께서는 가마 안에 앉아 있었다.

용천 스님이 말하길, "이것은 네 사람이 메는 것인데 저것은 몇 사람이 메는 것입니까?" 스님께서 이에 뛸 듯이 몸을 일으키고 말하길, "뭐라고 말했는가?"

용천 스님이 재차 앞의 이야기를 하자 스님께서 말하길, "가자, 가! 그는 알지 못한다." 용천 스님이 말하길, "알기는 알지만 단지 말을 할 수 없습니다."

師訪湧泉和尙.泉送出門.師入篅內坐.泉云.者箇四人舁.那箇幾人舁.師乃踴身起云.道什麼.泉再舉前話.師云.行.行.佗不會.泉云.知卽知.祇是道不得.

● 어떤 스님이 묻길, "얼굴을 때리며 올 때는 어떻게 합니까?" 스님께서 말하길, "얼굴을 때리며 올 때는 어떤 것인가?"

僧問.擘面來時如何.師云.擘面來時作麼生.

● 어떤 스님이 묻길, "개는 어떤 허물이 있기에 저 모양입니까?" 스님께서 말하길, "쇠를 두들겨서 입을 땜질[211]했으면 좋겠다."

問.狗子有什麼罪過.作者模樣.師云.打鐵錮鏴取口好.

● 스님께서 어떤 스님에게 불자(拂子)를 들어 보이자 그 스님이 곧바로 가버렸다.

---

210 용천화상(湧泉和尙): 태주(台州)의 용천경흔(湧泉慶欣) 선사를 말한다.
211 고로(錮鏴): 땜질하다. 고로(錮路), 고루(錮漏)로도 쓰인다.

장경 스님이 천주 왕연빈[212]에게 그 이야기를 하면서 이에 말하길, "이 스님을 불러 일돈방[213]를 때려야 합당하다." 왕연빈이 말하길, "스님께서는 무슨 심보입니까?" 장경 스님이 말하길, "하마터면[214] 놓칠 뻔 했다."

師擧拂示僧.其僧便出去.長慶擧似泉州王延彬.乃云.此僧合喚轉與一頓棒.彬云.和尚是什麽心行.慶云.洎合放過.

● 스님께서 법상에 올라 설법하면서 잠시 가만히 있다가 말하길,

"그대 모든 사람들은 여기에 있으면서 말을 많이 하는 경지를 체득해서는 안 된다. 그대 역시 한 번이 좋다는 것을 알겠지만 그런 사람을 만나기는 대단히 어렵다.

지금 우선 그대와 함께 선문답한 것은 자기의 한 가지 일이다. 마치 맑은 하늘에 밝은 해가 점점 멀어지는 것과 같다. 또 여법하지 않는 곳이 어디 있기에 어째서 사람이 도저히 참을 수 없는 기분이 되게 하는[215] 줄 알지 못하는가?

---

212 왕연빈(王延彬): 왕 태부라고도 하는데 천주(泉州) 자사(刺史)로 설봉 문하의 장경혜릉, 보복종전 선사를 참문한 당대의 안목 있는 거사이다. 왕 태부는 장경혜릉 선사가 설봉 문하에서 수행할 때부터 잘 알고 지낸 사이로 천우(天佑) 3년(906) 자신이 자사로 근무하는 천주에 초경원이라는 절을 지어 장경혜릉 선사를 초청하여 거주하도록 하고 자주 초경원을 찾아가 참선하며 선문답을 나누곤 하였다. 뒤에 조정으로부터 태부(太傅)라는 직위를 수여 받았기 때문에 왕 태부라고 높여 불렀다.
213 일돈방(一頓棒): 1회, 한 번. 예부터 일돈(一頓)을 죄인의 형벌에서 내린 20방망이로 해석하는 경우가 많은데, 돈(頓)은 방망이 숫자뿐 아니라, 음식물 등에서도 사용된다. 여기서는 숫자의 의미가 아니라 다시 한 번 깨달음의 경지를 체득할 수 있는 훌륭한 지도를 해 달라는 스승의 자비심을 생각하고 있는 말. 그래서 일돈방(一頓棒)은 선에서는 직접적으로 때리는 것이 아니고 중생심 차별심에 떨어진 너의 허물을 일돈방을 맞을 만큼 큰 죄를 지은 허물이 있다는 것을 비유해서 한 말이다. 자기 잘못을 자각해 주는 것으로써 교육적 표현이다.
214 기합(洎合): 하마터면, 자칫하면, 잘못하면. 계(洎), 기합(幾合), 기호(幾乎)와 같다. 합(合)을 '~하지 않으면 안 된다. ~해야 한다.'라고 훈독해서는 안 된다. 『조당집』권14 「마조도일장」(『고려대장경』권45, p.320, b2) "今日若不遇和尚.洎合空過一生.(오늘 만약 화상을 만나지 않았다면 하마터면 일생을 헛되이 보낼 뻔 했다)."
215 고굴살인(苦屈殺人): 도저히 참을 수 없는 기분이 되게 하다.

내가 일이 부득이해서 방편으로 그대에게 '즉시 이것이다.'라고 말하는데 그대가 알지 못하니 어찌하랴? 내가 그대가 깨닫지 못함을 보고 그대 자기 자신을 일로 삼으면 즉시 깨닫는다고 가르쳤다. 내가 이렇게 말한 것도 그대의 머리 위에 똥을 싸는 것이다. 그대에게 누를 끼치는 것이 이와 같으니 우선 그만두자."
上堂.良久.云.汝諸人在者裏.不可須得多言多語地.儞也知者一下子好也.大難得人.如今且共汝商量自家一箇事.如青天白日逈逈地.且有什麽不如法處.爲什麽却不知苦屈殺人.我事不獲已.方便向汝道直下是.爭奈佗不知.我見儞不了.教儞承當.直下會.我與麽道.是向儞頂上屙屎.是帶累汝.如此且止.

● 스님께서 하루는 현사 스님을 불러 말하길, "비두타(현사 스님이 두타행을 많이 했음)²¹⁶는 어찌 두루 법을 물으러 다니지 않는가?" 현사 스님 말하길, "달마는 동토에 오지 않았고, 혜가는 서천에 가지 않았습니다." 스님께서 "그렇구나!" 하셨다.

남제 장로가 스님 처소에 와서 묻길, "상대할 사람이 없으니 그런 사람을 만날 수 없겠습니까?" 스님께서 현사 스님의 처소를 가리키며 가보라 하였다.

현사 스님이 남제 장로가 오는 것을 보고 묻길, "장로님, 옛사람이 말하길, '이 일은 오직 나만 알 수 있다.'²¹⁷고 했는데 장로님은 어떻게 알고 있습니까?" 남제 장로가 말하길, "반드시 알고자 하지 않는 사람도 있다는 것을 알아야 한다." 현사 스님이 말하길, "산 정상에 사는 늙은이가 많은 고생을 해서 무엇 하겠는가?"

---

216 두타(頭陀): 팔리어로 두타(dhuta)는 번뇌의 때를 벗고 의식주에 탐욕을 갖지 않고 오로지 불도를 수행하는 것을 말하고, 의식주에 관한 탐욕을 없애는 수행을 말한다. 두타를 실천하는 선승. 걸식수행자를 말한다. 심신을 단련하는 여러 생활 규율이 12종의 두타행이 있는데 분소의(糞掃衣), 단삼의(但三衣), 상걸식(常乞食), 부작여식(不作餘食), 일좌식(一坐食), 일단식(一揣食), 공한처(空閑處), 총간좌(塚間坐), 수하좌(樹下坐), 노지좌(露地坐), 수좌(隨坐), 상좌불와(常坐不臥) 등 12종의 두타행이 있다.
217 『장아함경』 권11(『대정장』 권1, p.69, b21-22) "梵志.造此世界者.非彼所及.唯佛能知.(범지야! 이 세계를 만든 것은 그와 함께한 바가 아닌 것을 오직 부처만이 알고 있다)."

師一日召云.備頭陀何不徧參去.沙云.達磨不來東土.二祖不往西天.師然之.南際長老到師處.問.無有對不得者.師指去玄沙處.沙見來.問云.長老.古人道.此事唯我能知.長老作麼生會.際云.須知有不求知者.沙云.山頭老漢喫許多辛苦作什麼.

● 스님께서 어느 때 스님들 앞에서 손을 폈다가 주먹을 쥐면서 말하시길, "온 천하가 범부와 성인, 남자와 여자, 승가와 속가와 같아서 산하대지를 모두 합해서 이 주먹 안에 있다."
師有時伸手向僧面前握拳云.盡乾坤若凡若聖.若男若女.若僧若俗.山河大地.都總在者一握裏.

● 민왕이 스님께 묻길, "한 곳의 전각 지붕을 하려는데 어떠합니까?" 스님께서 말하길, "대왕께서는 어찌 한 곳의 공안전 지붕을 해주지 않으십니까?" 대왕이 말하길, "청컨대 스님께서 본보기[218]를 보여주십시오." 하자 스님께서 두 손을 펴 보였다. 운문 스님이 말하길, "한 번에 49개를 보여주는구나."
閩王問師.擬盃一所殿去.如何.師云.大王.何不盃取一所空王殿.王云.請師樣子.師展兩手.雲門云.一擧四十九.

● 어떤 스님이 묻길, "불볕더위가 오면 어떻게 견딥니까?" 스님께서 말하길, "몸에 따라서 스스로 만족해야지 밖에서 바라거나 구하지 마라."
問.炎暑到來.如何支擬.師云.隨身自足.不希外求.

---

218 양자(樣子): 얼굴 모습, 본보기.

雪峰眞覺大師語錄

설봉진각대사어록

권 하

설봉 스님과 현사 스님이 민왕에게 입내 설법하다
大王請師與玄沙入內論佛心印錄

묘덕(妙德) 편집[編]

왕대왕(王大王)[219]이 스님과 현사 스님에게 내불당에서 법문해 주시기를[220] 청하여 부처의 심인(心印)[221]을 이야기하였다.

대왕이 두 선사에게 묻길, "제불과 달마가 전한 비밀스러운 심인을 청컨대 스

---

219 왕심지(王審知, 862~925년, 재위: 909~925년): 중국 오대십국시대에 민의 초대 국왕으로 자는 신통(信通)이다. 그는 광주(光州) 고시(固始) 사람으로 형 왕조(王潮)와 함께 당나라 말기 혼란 속에서 중앙의 혼란을 피해 복건으로 이주하여 이곳을 점령하였다. 896년 왕조는 당나라로부터 무위군절도사(武威軍節度使) 자리를 인정받았으며, 다음해 왕조가 죽자 왕심지가 지위를 이어받았다. 907년 주전충이 당나라로부터 선양을 받아 후량을 세우자, 왕심지는 후량에 입조하여 민왕에 봉해졌다. 왕심지는 내정에 힘을 기울여 당시 아직 낙후된 지역이었던 복건의 개발을 진행해 크게 발전시켰다. 또한 남해 교역에서 이익을 얻자, 문인, 승려 등을 모아 문화를 진흥시켰다. 이러한 선정으로 인해 왕심지는 개민왕(開閩王)이라 불리면서 복주에서는 민왕덕정비(閩王德政碑)가 세워져 지금까지도 방문자가 끊이지 않는다. 그러나 925년 왕심지가 죽은 후 내분이 계속되었다.

220 입내(入內): 궁궐 안에 있는 내불당(內佛堂)에 가서 법문을 하는 것을 말한다.

221 불심인(佛心印): 불인(佛印), 심인(心印)과 동일. 부처님의 깨달음을 도장[印]에 비유한 말. 불조(佛祖)로부터 전해진 대법(大法). 대오철저(大悟徹底)한 부처님이나 조사의 마음 그 자체를 말한다. 불심인증(佛心印證)의 뜻. 선종에서는 수증일여(修證一如)라 하여 깨달음과 깨닫는 마음을 구별하지 않는다. 깨닫는 마음이 있어서 점차로 수행의 공을 쌓은 뒤에 깨닫는 것이 아니고 깨닫는 마음이 곧 부처며, 깨닫는 것도 수행이니 이 깨달은 것과 깨닫는 마음의 둘을 합한 의미로서 불심인이라 한다. 곧 부처님 자내증(自內證)의 삼매이다. 또 그대로 중생의 불성 → 자성청정심→ 불인(佛印) → 심인(心印)이라 한다. 『북산록(北山錄)』 권6(『대정장』 권52, p.611, b24-25) "尙爲小智,豈能傳佛心印乎.(오히려 소근기의 지혜인을 위하여 어찌 불심인을 전할 수 있겠는가?)." 『불과원오선사벽암록』 권1(『대정장』 권48, p.140, a24) "志公云.此是觀音大士.傳佛心印.(지공이 말하길, '달마대사는 관음대사이며 부처님의 정법을 계승한 사람입니다.')."

님께서 분명하게 사실대로 말해주시고, 또 조사와 부처가 이 세상에 출현하신 이래로 어떤 인과로 궁극의 수행을 하여 곧 성불하였습니까?" 스님께서 말하길, "반드시 본 성품을 친견해야 바야흐로 성불할 수 있습니다."

대왕이 말하길, "어떻게 성품을 친견하는 것입니까?" 스님께서 말하길, "자기의 본성을 친견하는 것입니다."

대왕이 말하길, "형상이 있습니까?" 스님께서 말하길, "자기의 본 성품을 친견하는 것은 어떤 것을 보는 것이 아닙니다. 이것은 믿기 어려운 법이며, 수많은 부처도 똑같이 체득한 것입니다."

王大王請師與玄沙入內論佛心印. 大王問二禪師. 諸佛幷達磨所傳祕密心印. 乞師的實爲說. 且祖佛已來. 究竟修何因果. 乃得成佛. 師云. 須是見性. 方得成佛. 王云. 何爲見性. 師云. 見自本性. 王云. 有形狀否. 師云. 見自本性. 無物可見. 此是難信之法. 百千諸佛同得.

대왕이 말하길, "어찌 체득하는 것입니까?"

스님께서 말하길, "만약 이 일을 드러낸다면 대지를 다 들어 설명해도 다 할 수 없습니다. 만약 달마가 친히 전한 것은 단지 한마디였으나 곧바로 범부를 성인으로 만들었으니 자질구레한 일이 아닙니다. 깨달으면 찰나지만 깨닫지 못하면 티끌과 모래만큼의 겁을 지나야 합니다.

대왕이시여! 대장경의 일체 모든 경론에 있는 천 가지 만 가지 설법도 단지 마음 하나입니다. 조사와 조사가 서로 전한 것은 마음 하나입니다. 다만 산승이 대왕을 위하여 이 일을 말하지만 황망스럽게[222] 참 성품을 지적해 보일 수는 없습니다.

대왕이시여! 이 일을 인연으로 산승의 회하에는 각각 수많은 대중이 있습니다.

---

222 조차(造次): 급작스럽다, 황망하다, 총망하다.

모두 20~30년씩 빈틈없이 이 일에 힘썼지만 깨친 사람은 아직 한두 사람도 없습니다. 하물며 이 법문은 과거제불도 단지 한 사람이 한 사람에게 전하였을 뿐입니다.

하물며 지금 대왕께서는 천하의 성인이 되어 매일 모든 백성을 위하여 천하를 판단하시니 마음에 미혹함이 있다면 어떻게 진실한 법문인 이 일을 만날 수 있겠습니까? 원컨대 대왕께서 우선 불법을 주재하여 붓 끝에서 백성[223]들을 보호하고 구제하신다면 어찌 좋은 일이 아니겠습니까?"

대왕이 이 권고하는 법문을 듣고 환희심이 갑절이나 생겨 또 두 선사께 질문하길, "짐은 지금 절을 짓고, 복을 닦고, 보시하고, 스님들을 출가케 하고[224] 모든 악업을 짓지 않고, 많은 선행을 받들어 행하고 있는데[225] 이와 같이 하면 성불할 수 있습니까?"

스님께서 말하길, "성불할 수 없습니다. 다만 조작하는 마음이 있으면 모두 윤회하는 것입니다."

대왕이 말하길, "어떤 과보를 받는다는 것입니까?" 스님께서 말하길, "천상에 태어나는 과보를 얻을 것이고, 복을 받고 오래 사는 과보를 얻을 것입니다." 대왕

---

223 생령(生靈): 생명(生命), 생민(生民), 살아 있는 백성.
224 『남종돈교최상대승마하반야바라밀경육조혜능대사어소주대범사시법단경(南宗頓教最上大乘摩訶般若波羅蜜經六祖惠能大師於韶州大梵寺施法壇經)』권1(『대정장』 권48, p.341, a22-25) "弟子見說.達磨大師代梁武.諦問達磨.朕一生未來造寺布施供養有有功德否.達磨答言.並無功德.武帝惆悵遂遣.達磨出境. (제자가 듣기로는, '달마대사가 양무제를 교화하실 때 양무제가 달마대사에게 질문하였다. '짐은 한평생 절을 짓고 스님들께 보시하며 공양 올렸는데 어떤 공덕이 있습니까?' 달마대사가 대답하기를 '아무런 공덕이 없습니다.'라고 대답하니 양무제는 실망하고 불쾌하게 여겨 마침내 달마대사를 양나라 밖으로 내쫓아보냈다고 합니다.')." 최초의 기록은 하택신회의 『남종정시비론』에서 밝히고 있다. 『호적교돈황당사본신회화상유집(胡適校敦煌唐寫本神會和尙遺集)』 p.261(民國19년, 1930년, 상해 아동도서관(亞東圖書館))
225 『증일아함경』 권1 「1서품」(『대정장』 권2, p.551, a13-14) "諸惡莫作.諸善奉行.自淨其意.是諸佛教.(모든 악을 짓지 말고 모든 선을 받들어 행하며 자기의 마음을 깨끗이 하는 것이 모든 부처님의 가르침이다)." 『법구경』 권2 「22술불품」(『대정장』 권4, p.567, b1-2) "諸惡莫作.諸善奉行.自淨其意.是諸佛教."

이 말하길, "결국에는 어떻게 됩니까?" 스님께서 말하길, "복이 다하면 다시 떨어집니다." 대왕이 말하길, "어디에 떨어집니까?" 스님께서 말하길, "복과 수명이 다한 뒤의 과보[226]는 경전에 다 기록되어[227] 있습니다." 대왕이 잠시 말이 없자. 두 스님께서 대왕에게 말하길, "마음이 곧 부처이고, 본 성품을 친견하는 것이 부처입니다."[228]

王云.爭得否.師云.若稱揚此事.盡大地說不能盡.若達磨親傳.祇是一言.便轉凡成聖.不是小小之事.悟卽刹那間.不悟塵沙劫.大王.大藏敎中.一切經論.千般萬般.祇爲一心.祖祖相傳一心.但山僧爲大王說此事.未可造次.指示眞性.大王.緣此事.山僧各各有千百人衆.竝是二三十年密用此事.未有一二人承當得.況此法門是過去諸佛祇一人傳一人.況今大王爲聖天子.日爲萬民判斷山河.有迷心念.爭覬得此事眞實法門.願大王且爲佛法主宰.於筆頭下救護生靈.豈不是好事.大王聞此相勸.倍生歡悅.又問二師.朕今造寺.修福.布施.度僧.諸惡莫作.衆善奉行.如此去.還得成佛否.師云.不得成佛.但是有作之心.皆是輪迴.大王云.得何果報.師云.得生天報.得福壽報.王云.究竟如何.師云.福盡卽墮.王云.墮於何處.師云.福壽盡報.佛經具載.大王少時不言.二師向大王言.卽心是佛.見性是佛.

---

226 『육도집경(六度集經)』 권3(『대장장』 권3, p.16, a4-7) "命將欲終.諸風竝興.截筋碎骨.孔竅都塞.息絶神逝.尋行所之.若其昇天.天亦有貧富貴賤.延算之壽.福盡罪來.下入太山.餓鬼畜生斯謂之苦.(목숨을 마치려고 할 때엔 모든 바람이 아울러 일어나서 힘줄은 끊어지고 뼈는 부서지고 구멍은 모두 막히며, 숨이 끊어지면 혼백이 가는데 찾아가는 곳이 만약 하늘에 오르더라도 하늘 또한 가난과 부자, 귀하고 천함이 있어 수명과 복이 다하고 죄가 오니 태산(인간의 선악을 기록하는 서기)의 기록으로 아귀축생에 들어가니 이것이 괴로움이라 한다)."
227 『출요경(出曜經)』 권8 「6념품」(『대장장』 권4, p.651, c19-20) "念色善色容.天身而別住.極樂而害至.爲死王所錄.(몸과 얼굴이 뛰어나다고 생각하여 천신으로 다른 세계에 살더라도 즐거움이 다하면 해로움이 닥치니 염라대왕의 명부에 오르게 된다)."
228 『마조도일선사광록』 권1(『만속장』 권69, p.4, a24-b1) "任汝非心非佛.我只管卽心卽佛.(그대는 맘대로 '마음도 아니요 부처도 아니다.'라고 하라. 나는 단지 마음이 곧 부처이다)." 『황벽산단제선사전심법요』 권1(『대장장』 권48, p.380, a13-14) "唯此一心更無微塵許法可得.卽心是佛.(오직 이 한마음이어서 다시 작은 티끌 같은 법도 얻을 수 없음을 허락하지 않는다. 마음이 부처이다)."

대왕이 말하길, "장차 무엇을 도(道)로 삼으며, 어떻게 수행해야 합니까?" 스님께서 말하길, "경에 이르길, 일체 모든 업장의 바다는 모두 망상에서 생겨나니 만약 참회하고자 한다면 단정히 앉아 실상(實相)을 생각하라 했습니다.[229] 원컨대 대왕께서 실상을 안다면 자연스럽게 부처가 됩니다."

대왕이 일어나서 두 스님에게 절을 하고 말하길, "번뇌 망념의 일을 서로 구원하는 것입니까?" 스님께서 말하길, "또 대왕을 위하여 진여의 이름을 말씀드리겠는데 다음과 같습니다.[230] 첫째로 불성(佛性), 두 번째는 진여(眞如), 세 번째는 현지(玄旨), 네 번째는 청정법신세계[淸淨法身界], 다섯 번째는 신령한 대[靈臺], 여섯 번째는 진실한 영혼[眞魂], 일곱 번째 갓난아기[赤子], 여덟 번째는 크고 둥근 거울 같은 지혜[大圓鏡智], 아홉 번째는 공의 종지[空宗], 열 번째는 근본이 되는 뜻[第一義], 열한 번째는 맑고 깨끗한 의식[白淨識]이라고 합니다. 이것은 일심(一心)의 명칭의 목록입니다.

삼세제불과 12부 경전 모두 대왕의 본 성품에 스스로 구족되어 있으니 또한 구할 필요도 없으며, 절대로 반드시 스스로가 구제하는 것이지 상대해 주는 사람이 없습니다. 산승도 대왕을 구제할 수가 없습니다. 산승은 중생을 생각하고 사랑하는 것이 오히려 갓난아이와 같습니다. 인연으로 만나면 방편을 따라서 곧바로 중생을 제도합니다. 만약 부처가 되려면 응당 반드시 스스로 제도해야 합니다."

---

229 『불설관보현보살행법경』 권1(『대정장』 권9, p.393, b10-11) "一切業障海.皆從妄想生.若欲懺悔者.端坐念實相.(일체의 업장의 바다는 모두 망상에서 생겨났으니 만약 참회하려고 한다면 단정히 앉아 실상을 생각하라)."

230 『대승기신론』 권1(『대정장』 권32. p.576, a10-13) "是故一切法從本已來.離言說相.離名字相.離心緣相.畢竟平等.無有變異.不可破壞.唯是一心故名眞如.(그러므로 일체의 모든 법은 본래부터 지금에 이르기까지 말을 여읜 모습이고, 명칭과 문자를 여읜 모습이고, 마음의 인연을 여읜 모습이고, 궁극적으로 평등하며 다른 것으로 변화하는 것이 없으며 파괴되지 않는다. 오직 일심인 까닭으로 진여라 이름한다)." 『대승기신론』에서는 진여의 모습을 이렇게 표현하고 있지만 설봉 스님은 진여의 다른 이름을 위와 같이 관심석하고 있다.

王云.將何爲道.作何修行.師云.經中道.一切業障海.皆從妄想生.若欲懺悔者.端坐念實相.願大王識取實相.自然成佛.大王起.禮二師言.相救生死事.大師曰.且爲大王說眞如名於後.一名佛性.二名眞如.三名玄旨.四名淸淨法身界.五名靈臺.六名眞魂.七名赤子.八名大圓鏡智.九名空宗.十名第一義.十一名白淨識.此是一心之名目也.三世諸佛.十二部經竝在.大王本性自具足.亦不用求.切須自救.無人相爲.山僧救大王不及.山僧愛念衆生.猶如赤子.遇緣卽隨方便度衆生.若作佛.應須自度.

"만약 근원적인 진여 본성을 깨달아 요달하면 많은 말에 있지 않습니다. 제불보살이 만약 공적한 진여본원을 깨닫지 못하면 요컨대 언설을 빌려 교화해야 합니다. 만약 진여 본원을 깨달으면 말없는 도에 계합하는 것입니다. 도는 본래 말이 없습니다. 부처님께서 어떤 조작도 없이[231] 자연 그대로 맡겨 도를 증득하라고 말씀하셨습니다."

또 말하길, "또 산승이 대왕의 청으로 산문의 주지를 맡고 있으나 부득이 해서 대왕의 은혜를 보답하기 위해 대왕에게 설법하는 것입니다. 산승의 설법은 마치 큰 비가 내리듯 한꺼번에 널리 적시지만 복에 따라 받게 됩니다. 만약 복이 적은 중생이 대승을 믿지 않으면 마치 마른 나무나 불에 탄 씨앗에 비를 내리는 것과 같고, 일천제(一闡提)[232]가 나의 설법을 믿지 않을 겁니다. 원컨대 대왕께서는 다만 자신의 본성을 자세하게 봐야 합니다. 만약 본성을 친견하는 것을 요달하면 일체 모든 것에 저절로 통달하여 제불과 모든 조사들의 현지인 불법의 대의[233]도

---

231 무공용(無功用): 어떤 조작(操作)도 가하지 않고 자연 그대로에 맡김. 선문에서는 일반적으로 수행의 효과를 말한다.
232 천제(闡提): 일천제(一闡提). 범어 이찬티카(icchantika)의 준말. 삶과 죽음을 원하고 출리(出離)를 구하지 않는 사람. 선천적으로 부처님이 될 가능성을 갖지 않는 자. 정말 교화할 수 없는 자. 아무리 수행해도 도저히 깨달을 수 없는 자. 착한 근본을 끊는 사람. 진리의 존재 그 자체를 부정하는 허무주의자를 가리킴. 인과와 대승을 믿지 않는 사람을 일천제라 한다.
233 현지(玄旨): 현지는 불법의 참된 가르침이며 근본정신[大意]을 말한다. 즉 일체의 모든 사물의 진실을 바

모두 스스로 알아 진실을 체득하게 될 것입니다. 심지어 일체 모든 거짓되게 부르는 이름도 또한 스스로 알게 됩니다."

대왕은 두 스님께서 서로 방편으로 가르쳐주는 말을 듣고 크게 확고한 신심을 내어 곧바로 큰 서원을 세우고 가르침을 기억하여[234] 확신하는 뜻을 세워 받들어 행하기를 끝내 물러나지 않겠다고 뜻을 세웠다. 대왕은 거듭 두 분 선사를 내전으로 들게 하여 거듭 향연대[235]를 설치하고 오로지 불법을 따르지 다른 데 마음 쓰지 않겠다고 하였다.

若悟了一眞如性.不在多言.諸佛菩薩若未悟空寂眞源.要在假言設化.若了眞源.無言契道.道本無言無說.佛言向無功用處證道矣.又曰.且山僧被大王請住山門.事不獲已.爲報王恩.爲王說法.山僧說法.如降大雨.一時普潤.隨其福力.若尠福衆生.不信大乘.如降枯木焦種.闡提無信山僧說.願大王但於自身觀矚本性.若見了.一切自通.諸佛諸祖師玄旨.皆自識得眞實.乃至一切假號名字亦自識得.大王聞二師如此相勸指示.大起信心.便立大誓願.志信受持.終無退志.大王再命二禪師入內.重排香案.志專佛乘.不敢外泄.

르게 알고 볼 수 있는 반야의 지혜와 자각의 주체인 진여불성의 청정한 지혜작용을 말한다. 일체의 차별심과 분별심을 초월한 본래심(본래면목)을 체득할 수 있는 불법의 가르침으로 즉 선과 악, 유(有)와 무(無), 위순(違順), 순역(順逆), 증애(憎愛)를 간택하는 번뇌 망념을 텅 비우고 반야의 지혜를 체득하는 불법의 근본 정신이다. 『조론』권1(『대정장』권45, p.158, c22-23) "故絶智以淪虛.無乎乖乎神極.傷於玄旨者也.(그러므로 분별지를 끊음으로써 허무로 빠진다고 하나 이에 신령한 극치를 어기고 열반의 현묘한 종지를 상하게 하는 것이다.)" 『신심명』권1(『대정장』권48, p.376, b23) "不識玄旨.徒勞念靜(불법의 근본 대의를 알지 못하면 헛되이 망념을 쉬려고 애만 쓰게 된다)." 『진주임제혜조선사어록』권1(『대정장』권47, p.498, a9-10) "道流.把得便用更不著名字.號之爲玄旨.(여러분! 심지법문을 깨닫는다면 곧바로 자유롭게 사용하며 어떤 이름을 갖다 붙일 수 없습니다. 이것을 불법의 현지라고 합니다)."

234 수지(受持): 가르침을 받아 기억하는 것이지만 기억하는 것에만 있는 것이 아니라 그것을 실천하여 자기 것으로 만드는 것이 진정한 수지이다. 『금강반야바라밀경』권1(『대정장』권8, p.750, a2-5) "佛告須菩提.若善男子善女人.於此經中.乃至受持四句偈等.爲他人說.而此福德勝前福德.(부처님께서 수보리에게 말씀하시길, '만약 선남자, 선여인이 이 경전에서 설하는 것 중에 심지어는 사구게(불법의 대의) 등을 완전하게 체득하여 다른 사람들에게 설법한다면 이 복덕은 앞의 복덕보다 수승하다.')."
235 향안(香案): 향로, 촛대, 제물 등을 올려놓는 긴 탁자.

스님께서 말하길, "제가 대왕에게 불법의 심인을 전하려고 합니다. 엎드려 바라건대 땅신은 공중신에게 알리고 공중신은 천신에게 알려서 온 시방세계제불이 함께 증명하시고 33천[236]의 무리들도 다함께 증명하소서!"

대왕도 또 스스로 발원하길, "원컨대 두 분 스님께서는 곧바로 일심법을 가르쳐서 달마법문을 체득하여 통달하게 하소서."

두 분 스님께서 불러 이르길, "대왕께서는 불법을 열어 보이니 지극한 마음으로 들으시고 이 법문을 깨달으십시오. 이 법문은 형상이 없으며 환화와 같은 허깨비 같은 몸이 대왕의 법신(法身)이며, 불지견(佛知見)[237]을 깨닫는 것도 역시 모두 대왕의 본원자성천진불(本源自性天眞佛)입니다. 이것은 허공세계에 두루하여 일체 모든 색, 성, 향, 미, 촉, 법에서도 그 유래가 없고, 길고 짧고, 둥글고 모난 것이 없어서 일체 모든 사물을 따라 나타납니다. 이름하여 일대사인연으로 세상에 출현하셨다

---

236 삼십삼천(三十三天): 불교의 세계관에서 우주를 삼천대천세계리고 표현한다. 수미산이 세계의 중앙에 솟아 있고, 사방에 사대주(四大州)가 있으며, 그 밖을 대철위산(大鐵圍山)이 둘러싸고 있다. 수미산 중턱에는 사왕천이 있고, 정상에는 도리천(도利天)이 있다. 도리천 상공에는 야마천(夜摩天), 도솔천(都率天), 낙변화천(樂變化天), 타화자재천(他化自在天)이 있는데 여기까지가 욕계(慾界)이다. 이 위로 초선, 이선, 삼선, 사선의 색계(色界)가 있고, 그 위에 무색계(無色界)가 있는데, 이것이 일사천하(一四天下)이다. 이런 일사천하 천 개를 합한 것을 일소천세계(一小天世界)라 하며, 일소천세계를 천 개 합한 것을 일중천세계(一中天世界)라 하고, 일중천세계를 천개 합한 것을 일개천세계(一大天世界)라 한다. 일대천세계 안에 소천, 중천, 대천의 3 가지 천(天)이 있으므로 일대삼천세계 또는 삼천대천세계라고도 한다. 33천은 욕계의 지옥부터 시작하여 무색계의 비상비비상처의 천상세계를 말한다. 수미산의 중간부터 사천왕천을 시작으로 28천의 세계가 펼쳐진다.

237 지견(知見): 불지견(佛知見). 부처님의 지(智)에 근거한 자각의 뜻. 제법실상의 이치를 깨닫고 비춰보는 부처님의 지혜. 모든 부처님이 세간에 출현하는 까닭은 중생으로 하여금 이 불지견을 얻게 하기 위한 것. 이것을 얻게 함에는 개시오입(開示悟入)의 차례가 있다. 『불과원오선사벽암록』 권2(『대정장』 권48, p.157, b22-24) "他是脚踏實地,無許多佛法知見道理.臨時應用.所謂法隨法行,法幢隨處建立.(다른 일처리 솜씨가 착실한 것이지만 많은 불법 지견의 도리는 없어서 시절인연에 임하여 응하여 작용하는 것이다. 그래서 법에 따라서 법을 행하여 법당을 건립하는 것이다)." 『선원제전집도서』 권1(『대정장』 권48, p.403, a6-8) "但得無念知見.則愛惡自然淡泊.悲智自然增明.罪業自然斷除.功行自然增進.(단지 무념의 지견을 체득하면 좋아하고 미워하는 마음이 자연스럽게 담박해지고, 자비심과 지혜가 자연스럽게 증가되고 밝아져서 죄업이 자연스럽게 끊어지고 제거되어 공행이 자연스럽게 증진된다)."

고 하고, 또한 마음이라 이름 지을 만한 이름도 없고, 또한 한 생각에 공의 세계로 돌아간다고 이름하니 형상이 없다는 것은 마음이 없다는 것입니다.

 대왕께서는 이미 마음을 알아 요달하였으니 마음을 목석같이 하여 오래도록 인연을 잊어버리고 선악을 생각하지 마십시오. 일체 모든 것을 평상시와 같이하여 마치 길 잃은 사람이 허공을 가듯 하면 머무름이 없는 마음이라 이름합니다. 또한 자성열반(自性涅槃), 말 없음[無言說], 얽매임이 없음[無繫縛], 형상이 없음[無形相], 일심법문(一心法門), 대열반(大涅槃), 정념총지(定念總持), 진여성품의 바다[眞如性海], 함이 없는 큰 도[無爲大道], 일진법계(一眞法界), 가고 옴이 없는 보리살타[無去無來菩提薩埵], 무성열반(一眞法界), 금강삼매실제(金剛三昧實諦), 자성청정심(自性淸淨心), 여래장(如來藏), 실상반야(實相般若), 불성의 바른 인연[正因佛性], 중도일승(中道一乘), 청정한 성품의 열반[淨性涅槃], 일념진여(一念眞如)라고 이름합니다."

師云. 某爲傳大王佛法心印. 伏願地神報空中神. 空中神報天神. 盡十方三世諸佛同爲證明. 三十三天衆同共證明. 大王又自發願. 願二師便指示一心得達達磨法門. 二師喚云. 大王. 志心聽取佛法開示. 悟入此門. 此門無形無相. 幻化空身是大王法身. 知見了. 亦總是大王本源自性天眞佛也. 徧虛空界. 無一切色聲香味觸法處得其自繇. 無長短方圓. 隨一切物見. 名大事因緣出現於世. 亦名無心可名. 亦名一念歸空界. 無形無狀. 是無心也. 大王旣知了心. 心如木如石去. 久久忘緣去. 莫起善惡量思. 一切如常去. 如人迷路去. 如虛空. 亦名無住心. 亦名自性涅槃. 亦名無言說. 亦名無繫縛. 亦名無形相. 亦名一心法門. 亦名大涅槃. 亦名定念總持. 亦名眞如性海. 亦名無爲大道. 亦名一眞法界. 亦名無去無來菩提薩埵. 亦名一眞法界. 亦名金剛三昧實諦. 亦名自性淸淨心. 亦名如來藏. 亦名實相般若. 亦名正因佛性. 亦名中道一乘. 亦名淨性涅槃. 亦名一念眞如.

 또 말하길, "대왕께서 처음 관하는 마음을 냈을 때도 관하는 마음은 없습니다. 자연 그대로의 도²³⁸에 처음 마음을 관할 때 뒤바뀐 생각과 환화를 따라서 생기는 것입니다. 이 같은 생각은 망상을 따라 일어나는 것이어서 허공의 바람과 같아서 의지할 곳이 없는 것입니다. 이와 같은 법의 모습은 나지도 않고 멸하지도 않아서 내 마음이 저절로 비면 곧 진실한 법의 모습을 깨닫게 되는 것입니다. 이 법은 파괴됨이 없어 번뇌 망념이 없는 마음을 관하여 법에 머무르지 않으니 제불이 해탈하신 적멸한 모습이고 적정한 모습입니다. 이와 같이 아는 것이 빨리 성불할 수 있고 무량한 죄를 멸하게 됩니다.

대왕은 그 자리에서 곧 지금 당장 부처라는 것을 이미 알았으니 이것이 수많은 제불의 현묘한 문이고, 수많은 삼매의 문이며, 수많은 지혜의 문이고, 수많은 해탈의 문입니다. 일체 모든 신통묘용의 문이 다 마음에 있습니다. 법계에 두루하여 대왕의 마음에 함께 있습니다. 본래 자유자재하여 삼계를 벗어날 수 없고, 지혜도 이룰 수 없으니 큰 도는 텅 비어있고 광활합니다.

대왕께서는 지금 이미 본 성품을 아셨으니 한꺼번에 놓아버리시고 아울러 실오라기도 달리 생겨나지 않게 하십시오. 분명하게 깨친 사람은 관(觀), 상(想), 념(念) 등의 생각이 끊어졌음을 봅니다. 이미 요달했음을 알았다면 간절히 원하옵건대 아는 것이 있다는 사람의 견해를 가져서는 안 됩니다. 이렇게 오래도록 하면 저절로 대승의 공과 있게 됩니다. 이것을 이름하여 공 없는 공이라고 하는데 이 공은 헛되이 버려지는 것이 아닙니다. 이러한 법문을 아는 것을 또한 생각 없는 생각이라고 합니다.

---

238 무수무증(無修無證)인데 마음을 낸다거나 관한다는 것 그 자체가 다 필요 없는 것이라는 뜻이다. 『진주임제혜조선사어록』 권1(『대정장』 권47, p.498, b4-7) "約山僧見處.無佛無衆生.無古無今.得者便得.不歷時節.無修無證無得無失.一切時中更無別法.(나의 견해로 말하자면 부처도 없고 중생도 없으며 옛날과 지금의 상대적인 차별심도 없다. 이러한 사실을 깨달은 사람은 그러한 경지를 곧바로 체득하기 때문에 시절을 경과하지 않는다. 따라서 수행해야 할 것도 없고 증득할 것도 없으며 얻을 것도 없고 잃을 것도 없다. 언제 어디서나 이 이상의 또 다른 특별한 불법은 없는 것이다)."

이것은 예부터 지금까지 조사들의 불법의 근본정신입니다. 지금 대왕과 함께 논의하는 것은 영산회상에서 많은 성인들 앞에서 비밀스러운 불법의 대의입니다. 대왕을 위하여 설하니 또한 이미 깨달아 알게 되었습니다. 원컨대 대왕께서는 무량한 서원을 세워서 불법을 간직하고 부처가 되어 윤회를 하지 마십시오. 이것은 쉬운 것이 아닙니다."

대왕이 마침내 두 스님께 절을 하고 탄식하며 말하길, "부끄럽구나! 백 번 천 번 태어나 다행스럽게 선지식의 가르침을 만났으나 만약에 두 스님의 직설법을 듣지 않았다면 만 겁을 지난다 해도 이 공하고 공한 무상의 법문을 깨닫지 못했을 것입니다. 지금부터 맹세코 두 스님의 깊은 은혜를 저버리지 않겠습니다."

又曰. 大王. 起初觀心時. 無心可觀. 向無功用道. 初觀心時. 隨顚倒想起. 從幻化起. 如此想從妄想起. 如空中風. 無依止處. 如是法相. 不生不滅. 我心自空. 卽悟眞實法相也. 此法無壞. 觀無心法. 不住法中. 諸佛解脫寂滅相. 寂靜相. 如是知者. 速得成佛. 滅無量罪. 大王卽今旣知. 卽今是佛. 此是百千諸佛妙門. 百千三昧門. 百千智慧門. 百千解脫門. 一切神通妙用門. 盡在方寸. 周徧法界. 俱在大王心. 本來自在. 無有三界可出. 無有菩提可成. 大道虛曠. 大王. 今旣已知本性. 一時放下. 竝不得起別生絲髮許也. 了了之人. 見觀想念等絶慮. 旣已知了. 切願不得知有之人見. 久久自有大乘之功果. 此名無功之功. 功不虛棄. 知此法門. 亦名無念之念. 此是亘古亘今祖師玄旨. 今共大王商議. 靈山會上列聖衆前祕密玄旨. 爲大王說. 亦已知了. 願大王發大無量弘願. 保持取作佛去. 莫受輪迴. 不可容易. 大王遂禮二師. 嘆曰. 慚愧. 百生千生. 慶幸得逢善知識指示. 若不因二師直說. 萬劫也不會此空空無相之門. 此去誓不負二師深恩.

두 스님이 대왕에게 말하길, "다만 생각생각이 항상 공적하면 일상생활에 큰 깨달음이 있다는 것은 앞에 『능엄경』에서 불법의 대의를 다 설했습니다.[239] 지금 다만 보시하여 널리 중생을 이익 되게 하는 것으로 모두 깨달음의 문을 도와주는 방편입니다. 있다거나 없다는 견해에 구속되지 않으면 일체 모든 것에 자유자재하여 다만 날마다 자연 그대로의 도를 닦고 사구게(四句偈)[240]를 받아 지녀 생활화하는 것입니다."

스님께서 도리어 말하길, "대왕이시여! 눈앞에 무엇이 보이십니까? 아상(我相), 인상(人相), 중생상(衆生相), 수자상(壽者相)이 있습니까? 대왕이시여! 경에 이르길,[241] 항하의 모래알처럼 수많은 겁 동안 보시한다고 해도 사구게를 받아 지녀 생활화하는 것만 못하고, 또한 허공에 공양 올리는 것과 같다고 했습니다.

대왕이시여! 반드시 망상에서 깨어나야 합니다. 다만 단박에 정념을 깨달아 굳게 간직하고 의심하지 않으면 무량한 불과를 체득하는 직접적인 원인을 많이 쌓게 되는 것입니다. 이것이 현묘하고 밝은 진실한 마음으로 큰 깨달음은 둥글고 깨끗해서 빨리 부처를 이루게 합니다."

二師向大王言.但念念常空寂.日用有大因果.前楞嚴具說經上玄旨.如今但布施.廣作利益.竝爲助道之門.不拘有無之見.一切自在.但日日修無功用道.受持四句偈.師却曰.大王.目前見箇什麽.還有我人衆生壽者否.大王.經云布施恒河沙劫.不如受

---

239 『대불정여래밀인수증요의제보살만행수능엄경』 권1(『대정장』 권19, p.109, a2-4) "如來常說諸法所生唯心所現.一切因果世界微塵因心成體.(여래께서 항상 말씀하시길, '제법이 생기는 것은 오직 마음으로 나타나는 것이어서 일체 모든 인과와 작은 티끌도 마음으로 인하여 형체가 된다.')."

240 사구게(四句偈): 사구게는 고대 인도의 시의 한 형식으로 네 구절로 이루어진 시로, 1구(句)는 8음절로 되어 있다. 산스크리트어로 슬로카(sloka)라고 하는데 산스크리트어로 가타(gatha)에서 음을 따 표현한 것으로, 가타를 번역한 송(頌)과 같은 뜻으로 보통 게송(偈頌)이라고 한다. 경전의 핵심을 시로 표현한 것으로 이 내용을 수행실천하면 중생심에서 불심으로 전환하는 의미로 일전어(一轉語), 일구(一句)와 같은 의미이다.

241 『금강반야바라밀경』 권1(『대정장』 권8, p.750, a23-26) "須菩提.若有善男子善女人.以恒河沙等身命布施.若復有人.於此經中.乃至受持四句偈等.爲他人說.其福甚多.(수보리야! 만약 선남자 선여인이 갠지스강의 모래와 같이 몸과 목숨을 보시한다고 해도 만약 어떤 사람이 이 경전의 사구게를 자기화해서 생활하면서 다른 사람에게 설법을 한다면 그 복은 많다 하겠다.)."

持四句偈.亦如虛空供養.大王.切覺妄想.但頓覺正念.堅持不疑.多積無量大佛果之正因.此是玅明眞心.大覺圓淨.速向成佛.

"대왕이시여, 산승은 선대인 덕산, 석두 스님으로부터 이 비밀법문을 전해 받았습니다. 원컨대 용화회상²⁴²에서 서로 만나고자 합니다. 대왕께서는 그 자리에서 법을 이미 아셨을 것입니다.

가르침에는 또한 나고 듦도 없으며, 관하는 모습도 없고, 부처도 없고, 법도 없으며 평등²⁴³하여 길고 짧음도 없고 일체 모두 나에게 있습니다. 있다고 해도 되고 없다고 해도 되는데, 있다고 하는 것은 불가사의하게 있는 것이고, 없다는 하는 것은 불가사의하게 없는 것입니다. 온종일 말해도 온종일 말하지 않은 것이 되고, 동시에 막고 동시에 비추니 세우고 허물어도 세우고 허무는 것이 아니게 되는 것입니다.

중도에서는 이 법이 다 통하게 되는 것입니다. 만약 이 뜻을 알면 모두 옳고,

---

242 용화회상(龍華會上): 미륵불은 석가모니 부처님이 열반에 든 뒤 56억7000만 년이 지나면 이 사바세계에 출현하는 부처님이다. 그때의 이 세계는 이상적인 국토로 변하여 땅은 유리와 같이 평평하고 깨끗하며 꽃과 향이 뒤덮여 있다고 한다. 또한 인간의 수명은 8만4000세나 되며, 지혜와 위덕이 갖추어져 있고 안온한 기쁨으로 가득 차 있다. 이 세계에 케투마티(Ketumati, 鷄頭末)라는 성이 있고 이곳에 상카(Sankha)라는 전륜성왕이 정법(正法)으로 나라를 다스리는데, 이 나라에는 수많은 보배들이 길거리에 즐비하지만, 사람들은 이 보배를 손에 들고 "옛사람들은 이것 때문에 서로 싸웠다. 그러나 오늘날은 이것을 탐하거나 아끼는 사람이 없게 되었다."고 한다. 이와 같은 아름다운 세상에 미륵이 수범마와 범마월을 부모로 삼아 태어난다. 그는 출가하여 용화수(龍華樹) 아래에서 성불하고 3회에 걸쳐 사제(四諦), 십이연기(十二緣起) 등의 법문을 설한다. 그리하여 1회에는 96억 인이, 2회에는 94억 인이, 3회에는 96억 인이 각기 아라한과를 얻는다. 이것이 용화삼회(龍華三會)의 설법이다. 중생을 교화하여 이들이 진리에 눈뜨게 하기를 6만 년, 그 뒤 미륵불은 열반에 든다.
243 일색(一色): 일체 평등의 세계. 『조당집』 권8 「조산본적장」(『고려대장경』 권45, p.287, a11) "問.承師擧新豐有言.一色處有分不分之理.如何是分.師云.不同於一色.(묻길, '스님을 이은 신풍 스님에게 말이 있는데 일체 평등의 세계에 직분과 직분이 아닌 이치가 있는데 무엇이 직분입니까?' 스님께서 이르길, '일체 평등의 세계는 같지 않다.')." 『불과원오선사벽암록』 제13칙 평창 권2(『대정장』 권48, p.154, b8-9) "若論一色邊事.到這裏須是自家透脫了.(만약 일체 평등의 세계 쪽의 일을 논한다면 이곳에 이르러 반드시 자기를 통과해야 한다)."

모두 옳지 못하며 말할 수도 말하지 못할 수도 있습니다. 지견이 공하여 형상이 없는 법의 성품이 능히 일체 모든 공을 내어서 하나가 중도이면 일체가 중도임을 저절로 알게 됩니다."

大王.山僧自從先德山.石頭已來.傳此祕密法門.願入龍華會上相見.大王.卽今法旣知了.指示亦無出入.亦無觀相.亦無佛.亦無法.亦無一色長短.一切在我.道有亦得.道無亦得.有是玅有.無是玅無.終日說.終日不說.雙遮雙照.卽立破.卽非立破.中立此法皆通.若會此意.皆可皆不可.說不可說.知見空無形相.自知無形.法性能生一切空.一中一切中.

대왕은 듣고 나서 감사의 절을 하고 황금 20덩어리를 두 스님에게 희사했는데 두 스님은 받지 않고 왕궁에 되돌려 주었다.

대왕이 또 현사 스님에게 묻길, "이 하나의 참된 마음은 본래 생멸이 없고 일체 모든 것을 갖추어 가고 옴이 없는데 지금 이 몸은 어디를 쫓아있습니까?"

현사 스님이 말하길, "부모의 허망한 인연으로부터 생겨나 곧바로 생명으로 전해져 이 한 생각은 본래 아는 성품입니다. 예로부터 지금까지 본원의 참 성품은 스스로 법계에 두루 하나 망상에 의하여 한 점의 식의 성품이 생각이 되어 천 가지의 고통을 받아 몸이 윤회함이 있는 것입니다. 옛사람이 이르길,[244] '부처란 깨달음이다.'라고 했는데 대왕은 이미 분명하게 깨달아 알았으니 악도(惡道)[245]에 떨어지지 않을 것입니다. 다만 대왕께 청하는 것은 자주 망념을 살펴서 진여로 돌아가 도(道)와 계합하는 것입니다. 모든 성인이 본원을 요달하게 됩니다. 그런 까

---

244 『남종돈교최상대승마하반야바라밀경육조혜능대사어소주대범사시법단경』 권1(『대정장』 권48, p.339, c10-12) "善知識.惠能勸善知識歸依三寶.佛者覺也.法者正也.僧者淨也.(여러분! 내가 여러분에게 삼보에 귀의하라고 권하는데 부처는 깨달음이요, 법은 바름이요, 승은 깨끗함이다)."
245 악취(惡趣): 지옥, 아귀, 축생의 삼악도를 말한다.

닭에 제불은 대장경에 여러 가지²⁴⁶ 방편을 시설해서 모두 일체중생이 성불하기를 원합니다. 그래서 『법화경』에 이르길,²⁴⁷ '다만 이름을 빌려서 모든 중생들을 인도하나 모두 요컨대 그에게 일승법을 요달하게 하여 2승, 3승은 없음을 믿게 하고자 함이다.' 하였습니다. 만약 모든 성인들이 가르쳐 주신 근원으로 돌아가 공적한 법은 본래의 법신불을 깨닫기 위함입니다. 바야흐로 육도사생(六道四生)²⁴⁸에서 여러 가지 몸을 받는 윤회를 벗어나게 됩니다. 곧바로 대왕을 위하여 말씀드리니 원컨대 대왕께서는 이 법을 소중하게 확신하여 결정코 의심하지 마십시오."

대왕은 절을 하고 신심으로 받들어 행하였다. (이 기록은 궁 안에서 상서 세 사람이 같이 대왕을 위해서 장막 뒤에서 말하는 대로 받아 기록한 것이다.)

大王聞了.拜謝.捨黃金二十錠上二師.各不受納.歸王宮矣.大王又問玄沙和尙.此一眞心.本無生滅.一切俱無去無來.今此一身.從何而有.師曰.從父母妄緣而生.便卽傳命.此一念本來識性.亘今亘古.本源眞性.自徧周法界.爲妄想故.有一點識性爲念.受千般苦.身有輪迴也.古人云.佛者.覺也.大王旣知覺了.不落惡趣.但請大王頻省妄念.歸眞合道.諸聖了本源.所以諸佛藏敎.多般施設.竝願一切衆生成佛去.所以法華經云.但以假名字.引導諸衆生.竝要伊信了一乘法.無二亦無三.若諸聖指示還源空寂之法.會本法身佛.方免輪迴六道四生.受種種身.直爲大王說了.願大王信重此法.決定無疑.大王作禮.信受奉行(此錄是內尙書三人同爲王隔帳後.隨言錄之).

---

246 다반(多般): 갖가지, 여러 가지, 제반.
247 『묘법연화경』 권1 「2방편품」(『대정장』 권9, p.8, a17-19) "十方佛土中.唯有一乘法.無二亦無三.除佛方便說.但以假名字.引導於衆生.(시방의 불국토에 오직 일승법이 있어 2승, 3승은 없다. 부처는 방편을 설하기 위해 다만 이름을 빌려 중생을 인도하는 것은 제외한다)."
248 육도사생(六道四生): 네 가지 생과 여섯 가지로 윤회하는 곳이다. 중생은 다 네 가지로 태어나 크게 여섯 가지 세계에 살고 죽는다는 뜻이다. 지옥, 아귀, 축생, 인간, 천상, 아수라 등 여섯 가지 세계를 가리키며 어떤 중생을 막론하고 그 태어나는 방법에 따라 난생(卵生), 태생(胎生), 습생(濕生), 화생(化生) 네 가지가 사생(四生)이다.

법문

● 스님께서 대중에게 이르길, "당당하고 빈틈이 없는 경지[249]이다." 어떤 스님이 말하길, "무엇이 당당하고 빈틈없는 경지입니까?" 스님께서 곧바로 침상에서 일어나서 말하길, "뭐라 했는가?" 그 스님이 물러나 서 있었다.
師示衆云.堂堂密密地.有僧云.是什麽堂堂密密地.師便從臥牀起.云.道什麽.僧退身立.

● 스님께서 하루는 말하길, "존귀한 것을 얻었는가? 이와 같이[250] 빈틈없는 것을 얻었는가?" 한 스님이 말하길, "제가 이 산에 온 지 몇 년이 지났는데 스님께서 이렇게 학인들에게 보여주시는 것을 듣지 못했습니다."
  스님께서 말하길, "내가 이전에는 비록 그러함이 없었으나 지금은 있는데 방애하지 마라." 이어 말하길, "별말씀을 다 하십니다. 이와 같이 스님께서 부득이해서 한 것뿐이어서 설사 스님께서도 이와 같았을 것입니다."
師一日云.得麽尊貴.得湿麽緜密.僧云.某甲自到山.經數載.不聞和尙湿麽示徒.師云.我已前雖然無.如今有.莫有妨礙也無.進云.不敢.如此和尙不得已而已.致使和尙如此.

---

249 당당밀밀지(堂堂密密地): 부처의 지혜작용이 분명하고 빈틈이 없이 친밀(親密)한 경지.
250 습마(湿麽): 여마(與麽)와 같다. 본래는 "그렇게, 그처럼, 그와 같이" "이렇게, 이처럼, 이와 같이"라는 의미의 부사이지만 때에 따라서는 "그와 같은, 그 같은, 그러한, 그건" "이와 같은, 이 같은, 이러한, 이런"이라는 뜻의 형용사로 사용되는 경우도 있다. 여몰(與沒), 여마(與麽), 이몰(異沒), 이몰(伊沒), 임마(恁麽) 등으로 쓰는 것도 있다. 『운문광진선사광록』권3(『대정장』권47, p.568, b17) "代云.某甲也湿麽.(대신 이르길, '제가 또한 그와 같다')."

● 어떤 스님이 묻길, "평탄한 얕은 풀밭에 사슴이 무리를 이루고 있는데 어떻게 사슴의 우두머리를 쏘아 잡을 수 있습니까?" 스님께서 "전탄아." 하고 부르니 전탄이 "예." 하고 답했다. 스님께서 말하길, "차나 마셔라."[251]

問.平田淺艸.麈鹿成羣.如何射得麈中主.師喚全坦.坦應諾.師云.喫茶去.

● 암두 스님이 어떤 스님에게 묻길, "어디서 왔는가?" 그 스님이 말하길, "서경에서 왔습니다." 암두 스님이 말하길, "황소(黃巢)[252]가 지나가고 칼이라도 거두어 들었는가?" 그 스님이 말하길, "거두었습니다." 암두 스님이 머리를 앞으로 내밀어

---

251 선문(禪門)에서 선문답을 할 때 옳은 답을 하여도 차를 마시고 그른 답을 하여도 차를 마시는 것은 차를 마시는 행위가 지혜묘용의 작용이면서 그른 답을 했을 경우 스님의 노파심으로 차나 한잔 하면서 자기의 잘못된 것을 점검하라는 내용까지 포함되어 있는 것을 잊으면 안 된다. 『조주화상어록』권3(『가흥장』권24, p.368, c20) "師云.院主.院主應喏.師云.喫茶去.(스님께서 원주를 부르니 원주가 '예!' 하고 대답했다. 스님께서 '차나 마셔라.' 하셨다)."

252 황소(黃巢)의 난(亂): 당나라 말기 희종(僖宗)의 건부(乾符), 광명(廣明), 중화(中和) 연간인 875년에 일어나서 884년에 진압되었다. 당나라 말기 안사의 난이 평정된 이후 지방 절도사들의 세력이 점차 확대되어 갔다. 이들 번진(藩鎭)의 세력이 늘어나고 중앙관리의 당쟁과 환관의 횡포가 심해지면서 조정의 지배력이 흔들리고, 백성에 대한 수탈도 강화되어 토호나 상인층도 당 왕조에 심각한 불만을 품게 되었다. 이런 상황은 절강(浙江)의 구보(裘甫)의 반란(859∼860)과 서주(徐州)의 군인 방훈(龐勛)의 반란(868∼869)으로 이어졌다. 건부연간(乾符年間)에는 전국에 기근이 내습하여 사회적 불안은 절정에 달하였다. 당나라 말기에 소금세가 높아지는데다 소금판매업자들이 소금 값을 높여 폭리를 취하게 되자 소금 밀매가 성행하게 되었고 밀매를 위한 조직이 형성되기 시작하였다. 이와 같은 배경 하에서 복주지방(하남성)의 소금 밀매업자의 두령이었던 왕선지(王仙之)가 874년에 난을 일으켰다. 얼마 후 원구지방(산동성)의 소금 밀매업자의 두령인 황소(黃巢)가 난을 일으켜 왕선지와 합류하였다. 왕선지와 황소는 하남성과 산동성 일대를 점령하였고 점점 그 기세가 높아갔다. 왕선지가 황매(호북성)에서 관군에게 죽은 후 황소는 반란군의 충천대장군(衝天大將軍)이 되었다. 하남(河南), 산동(山東) 및 강서(江西), 복건(福建), 광동(廣東), 광서(廣西), 호남(湖南), 호북(湖北)으로 대이동을 전개하며 880년 60만 대군으로 불어난 황소의 군대는 낙양(洛陽)에 이어 장안(長安) 등을 함락하였고 황제 희종은 사천(四川)으로 달아났다. 황소는 장안에 스스로 정권을 세우고 국호를 대제(大齊), 연호를 금통(金統)이라 부르고 항복한 관리도 기용하여 통치를 굳히려고 하였다. 그러나 관중(關中)의 정권은 경제적 기반이 없어서 당나라 왕조를 돕는 투르크계 이극용(李克用) 등 토벌군에게 격파되어 3년 후에는 장안에서 동방으로 퇴각하여 이듬해 산동의 태산(泰山) 부근에서 자결하였다. 이 난으로 당나라는 23년간 존속하지만 명맥만 유지했을 뿐이며 근본적으로 당나라가 붕괴되는 계기가 되었다.

그 스님 앞에 가서 "스윽(칼로 목을 베는 소리)." 하고 말하니 그 스님이 말하길, "스님의 머리가 땅에 떨어졌습니다." 암두 스님이 크게 웃었다.

그 스님이 나중 설봉산에 왔는데 스님께서 말하길, "어디에서 왔는가?" 그 스님이 말하길, "암두에서 왔습니다." 스님께서 말하길, "암두 스님은 무슨 말을 하시던가?" 그 스님이 앞의 이야기를 하자 스님께서 20방망이 때려 쫓아냈다.

巖頭問僧.什麽處來.僧云.西京來.巖云.黃巢過.還收得劍麽.僧云.收得.巖引頭近前云.囝.僧云.師頭落也.巖呵呵大笑.其僧後到雪峰.師問.什麽處來.僧云.巖頭來.師云.佗有何言句.僧擧前話.師打二十棒趂出.

● 하루는 운력[253]을 할 때 위산영우의 "색(色)을 보는 것이 곧 마음을 보는 것이다."라는 말을 거론하면서 허물이 있는지 없는지를 물어보았다. 어떤 스님이 말하길, "옛사람은 어떻게 사람을 위해서 설법하셨습니까?" 스님께서 말하길, "비록 이와 같으나 나는 요컨대 그대와 문답해 보고 싶다." 그 스님이 말하길, "만약 이러한 것을 문답한다면 제가 괭이로 땅을 파는 것만 못하겠습니다."

一日.普請次.擧.潙山云.見色便見心.還有過也無.有僧云.古人爲什麽人.師云.雖然如此.我要共汝商量.僧云.若恁麽商量.不如某甲钁地.

● 현사 스님이 묻길, "스님께 주장자가 있으면 저에게 하나를 빌려 주십시오." 스님께서 말하길, "나는 세 개가 있으니 그대에게 하나를 주겠다." 현사 스님이 말

---

253 보청(普請): 공덕을 널리 청해 바란다는 뜻인데 선림에 있어서 대중을 모이게 하여 수행자가 다 함께 일을 하는 것을 말하는데 운력이라고도 한다. 그 유명한 백장청규의 하루 일을 하지 않으면 밥을 먹지 않는다는 것으로 선문에서는 보청이 널리 행해진 것을 알 수 있다. 『백장회해선사어록』 권1(사가어록 권2) (『속장경』 권69, p.7, b8) "故有一日不作一日不食之言.(그러므로 하루는 일을 하지 않은 적이 있었는데 하루는 밥을 먹지 않았다고 말을 했다)." 『진주임제혜조선사어록』 권1(『대정장』 권47, p.505, a16) "師普請鋤地次.見黃蘗來.拄钁而立.(스님께서 운력 때 괭이로 땅을 파고 있다가 황벽 스님이 오시는 것을 보고 괭이를 세운 채로 서 있었다)."

하길, "사람들마다 단지 한 개씩인데 스님께서는 어찌 세 개나 쓰십니까?" 스님께서 말하길, "세 개를 사용한다." 현사 스님이 말하길, "옳기는 옳으나 저는 이와 같이 않습니다." 스님께서 말하길, "그대는 어떻게 하겠는가?" 현사 스님이 말하길, "세 개가 하나254입니다."
玄沙問. 師有拄杖. 乞一條. 師云. 我有三條. 汝將一條去. 沙云. 人人祇是一個. 和尙爲什麽用三箇. 師云. 三箇總用. 沙云. 是卽是. 某甲不如此. 師云. 汝作麽生. 沙云. 是三是一.

● 현사 스님이 하루는 산에 내려가려고 스님께 하직인사를 하면서 스님께 여쭈길, "사람마다 자유자재하기에 제가 지금 산을 내려가려고 합니다." 스님께서 말하길, "누가 그렇게 말하던가?" 현사 스님이 말하길, "스님께서 그렇게 말했습니다." 스님께서 말하길, "그대는 어떻게 하겠는가?" 현사 스님이 말하길, "자유자재하지 않다고 하겠습니다." 스님께서 말하길, "알고 있구나!"
玄沙一日辭師下山去. 啓和尙云. 人人自繇自在. 某甲如今下山去. 師云. 是誰與麽

---

254 시삼시일(是三是一): 『법화경』에서는 이 같은 분별적 구분을 넘어 진실한 것은 오직 일승(一乘)뿐이라고 강조합니다. 다시 말해 성문승, 연각승, 보살승은 모두 일승(一乘)을 지향하는 방편(方便)일 뿐이라고 설하고 있는데 이를 회삼귀일(會三歸一)이라고도 한다. 궁극적으로는 모두 일불승(一佛乘)으로 돌아와야 한다는 것이 『법화경』의 가르침이다. 『묘법연화경』 권2 「3비유품」(『대정장』 권9, p.12, c8-17) "汝等所可玩好. 希有難得. 汝若不取. 後必憂悔. 如此種種羊車. 鹿車. 牛車. 今在門外. 可以遊戱. 汝等於此火宅. 宜速出來. 隨汝所欲. 皆當與汝. 爾時諸子聞父所說珍玩之物. 適其願故. 心各勇銳. 互相推排. 競共馳走. 爭出火宅. 是時長者見諸子等安隱得出. 皆於四衢道中露地而坐. 無復障礙. 其心泰然. 歡喜踊躍. 時諸子等各白父言. 父先所許玩好之具. 羊車. 鹿車. 牛車. 願時賜與.('너희들이 가지고 노리개는 귀하여 얻기 어려운 것들이니 너희들이 가지지 않으면 나중에 반드시 후회하게 될 것이다. 이와 같이 여러 가지 양거, 녹거, 우거가 지금 문밖에 있으니 가지고 놀아라. 너희들은 이 불난 집에서 속히 빨리 나와라. 너희들의 요구대로 모두 주겠다.' 이때 모든 아들들이 아버지가 말하는 것을 듣고 진귀한 노리개를 가지고 싶어져서 각자 마음을 내어 서로 밀치며 다투며 불난 집에서 뛰어 나왔다. 이때 장자가 모든 아이들이 편안하게 나와 모두 네거리에서 아무 장애 없이 앉아 있는 것을 보고 그 마음이 놓여 뛸 듯이 기뻐하였는데 이때 모든 아이들이 각자 아버지에게 말하길, '아버지께서 앞서 노리개를 주신다고 했던 양거, 녹거, 우거를 원컨대 주십시오.')."

道.沙云.是和尙與麼道.師云.汝作麼生.沙云.不自絲自在.師云.知.

● 스님께서 하루는 말하길, "이 일은 마치 같기가 한 조각의 밭과 서로 같아서 마음대로 사람들이 밭을 갈고 씨를 뿌리고 이 은혜를 받지 않는 것이 없다." 현사 스님이 말하길, "우선 무엇이 한 조각의 밭입니까?"
　스님께서 말하길, "살펴봐라!" 현사 스님이 말하길, "옳기는 옳으나 저는 그렇게 않겠습니다." 스님께서 말하길, "그대는 어떻게 하겠는가?" 현사 스님이 말하길, "단지²⁵⁵ 각자 가지고 있습니다."
師一日云.此事如似一片田地相似.一任衆人耕種.無有不承此恩力者.玄沙云.且作麼生是一片田地.師云.看.沙云.是卽是.某甲不與麼.師云.是汝作麼生.沙云.祇是人人底.

● 스님께서 현사 스님을 보고 신초 스님과의 이야기를 들어 말씀하시길, "신초 스님이 나에게 묻길, '죽은 스님은 돌아가신 후 어떤 곳에 갑니까?' 하기에 내가 신초 스님께 말하길, '얼음이 녹아 물로 돌아가는 것과 같다.'" 현사 스님이 말하길, "옳기는 옳으나 저는 그렇게 말하지 않겠습니다." 스님께서 말하길, "그대는 어떻게 하겠는가?" 현사 스님이 말하길, "물이 물로 돌아가는 것과 같다고 하겠습니다."
師見玄沙.乃擧.神楚闍黎問我.亡僧遷化向什麼處去.我向伊道.如冰歸水.沙云.是卽是.某甲不與麼道.師云.汝作麼生.沙云.如水歸水.

255　지시(祇是): 단지, 다만의 뜻이다. 只是와 같다. 『황벽산단제선사전심법요』 권1(『대정장』 권48, p.382, c8-9) "第一不得作知解.只是說汝如今情量處.(절대로 지적으로 이해하여 단지 지금 너의 상식적인 사고만으로 말해서는 안 된다)."

● 현사 스님이 스님께 물어 말하길, "저는 지금 불법의 지혜작용[256]을 펼치는데 스님께서는 어떻게 하겠습니까?" 스님께서 이에 세 개의 나무 공[257]을 한꺼번에 굴리니 현사 스님이 명패를 쪼개는[258] 모양을 하였다. 스님께서 말하길, "그대가 친히 영산회상에 있어야 바야흐로 이와 같다." 현사 스님이 말하길, "또한 곧 자기 일입니다."

玄沙問師云.某甲如今大用去.和尙作麼生.師遂將三箇木毬一時抛.沙作斫牌勢祇對.師云.汝親在靈山.方得如此.沙云.也卽是自家事.

● 스님께서 하루는 도부 스님이 한 쪽 어깨를 걷고 대중방에 주렴을 걸 못을 박고 있는 것을 보고 말씀하셨다. "그대는 나중에 천 명의 스님이 있는 곳의 주지를 하겠는데 거기에 수행자[259]가 한 사람도 없을 것이다." 도부 스님이 잘못을 뉘우치고 스님께 하직하고 고향으로 돌아가 육통원의 주지로 있다 그 후 전왕[260]의

---

256 대기대용(大機大用): 전인격의 역량이 전면적으로 명백하게 나타나는 것, 전인격의 역량을 전면적으로 뚜렷이 나타내는 것. 『불과원오선사벽암록』 권2(『대정장』 권48. p.151, c9-10) "今日因師擧.得見馬大師大機大用.(오늘 황벽 스님의 이야기로 하여 마조 스님의 불법의 지혜작용을 친견하게 되었습니다)."

257 목구(木毬): 격구할 때에 쓰던 공. 나무로 만들어서 겉에 붉은 칠을 했다.

258 작패세(斫牌勢): 중국의 민속놀이로 7월 백중에 씨름대회를 여는데, 전년도 우승자의 명패를 걸어놓으면 도전하는 사람이 작은 도끼로 명패를 쪼개어 도전할 의향을 밝히는 행사를 말한다.

259 납자(衲子): 선승 또는 버젓한 지혜작용을 하는 선승, 어엿한 인물이 된 선종의 스님. 『경덕전등록』 권19 「용·홍종정장」(『대정장』 권51, p.355, c17-20) "杭州龍興宗靖禪師台州人也.初參雪峯密承宗印.乃自誓充飯頭服勞逾十載.嘗於衆堂中袒一膊釘簾.雪峯覩而記日.汝向後住持有千僧.其中無一人衲子也.(항주 용홍종정 선사는 태주 사람이다. 처음 설봉 스님을 참문하자 설봉 스님이 비밀리에 인가하였는데 이에 스스로 반두(밥 짓는 소임)로 10년 동안 하길 서원하였다. 일찍이 대중방에서 팔을 걷어붙이고 주렴을 걸 못을 박고 있는 것을 설봉 스님께서 보고 수기하시길, '그대는 나중에 천 명의 스님이 사는 주지가 되겠는데 그 중에는 한 사람의 납자도 없을 것이다.' 똑같은 문답 내용이 『경덕전등록』에는 용홍종정 스님으로 기록되어 있는데 『설봉어록』에는 도부 스님이라고 나온다. 역사적으로 『경덕전등록』은 송나라 시대에 만들어졌고, 『설봉어록』은 명나라 시대에 만들어졌기에 용홍종정 스님의 대화 내용이 정확한 것이 아닐까 한다.

260 전왕(錢王): 오월(吳越)의 왕(王). 전왕이 항주를 다스릴 때 절강성(浙江省) 북동으로 흘러 항주만(杭州灣)으로 흐르는 강물이 자주 범람하자 강둑[塘]을 막아 백성들의 피해를 없애 주었는데 이 강을 전당

명령을 받아 용흥사에서 주지를 하였는데 대중이 천여 명이 있었지만 오직 삼학을 강론하는 무리들뿐이었다. 과연 스님의 수기와 같았다.

師一日見道溥袒一膊於衆堂中釘簾.師云.汝向後住持有千僧.其中無一人衲子.溥悔過.辭歸故鄉.住六通院.後錢王命居龍興寺.有衆千餘.唯三學講誦之徒.果如師識.

● 가관 선사가 스님을 처음 참문하였을 때 스님께서 가까이 오라 하였다. 가관 스님이 바야흐로 가까이 와서 절을 하자 스님께서 발을 들어 밟아 버리니 가관 스님이 홀연히 불법의 대의와 계합되었다. 그 후 가관 스님이 남악 법륜봉에 가서 상당법문을 할 때 대중스님들에게 말하길, "나는 설봉 스님 휘하에 있을 때 스님께 한 번 밟히고 이후 전혀[261] 눈을 뜰 수가 없는데 이것이 어떤 경계인지 나는 알지 못한다."

可觀禪師初參師.師曰.近前.觀方近前作禮.師擧足踏之.觀忽然冥契.後詣南嶽法輪峰.上堂.謂衆云.我在雪峰被佗一蹋.直至如今眼不開.不知是何境界.

● 태원부(太原孚) 스님이 절강성을 행각하다가 경산에 올랐다. 하루는 대불전 앞에서 어떤 스님이 묻길, "스님은 오대산에 가보신 적이 있습니까?" 태원부 스님이 말하길, "간 적이 있습니다." 그 스님이 말하길, "문수보살은 친견하였습니까?" 태원부 스님이 말하길, "친견했습니다." 그 스님이 말하길, "어디서 친견했습니까?" 태원부 스님이 말하길, "경산의 불전 앞에서 친견했습니다."

그 스님이 그 후 민천(복건성)에 가서 스님께 그 이야기를 하니 스님께서 말하길,

강(錢塘江)이라 하고, 둑을 전당(錢塘)이라 한다.
261 직지여금(直至如今): 이후 전혀, 지금까지. 『진주임제혜조선사어록』 권1(『대정장』 권47, p.506, a15-16) "師云.金牛昨夜遭塗炭.直至如今不見蹤.(임제 스님이 이르길, '금소가 어젯밤 용광로에 들어갔는데 지금까지 자취를 보지 못했다.')" 『경덕전등록』 권12 「관계지한장」(『대정장』 권51, p.294, b16) "我見臨濟無言語.直至如今飽不饑.(내가 임제 스님의 말 없음을 보고 이후 전혀 배고프지 않았다.)"

"어찌 그 스님을 영중에 들어오게 하지 않았는가?" 태원부 스님이 이 말을 듣고 급히 행장을 꾸려 찾아와서 해원[262]에서 휴식을 취하면서 스님들에게 감귤[263]을 나누어 주고 있었다.

장경혜릉 스님이 묻길, "어디서 이것을 가져왔습니까?" 태원부 스님이 말하길, "영외(嶺外, 고개 밖)에서 가져왔습니다." 장경혜릉 스님이 말하길, "멀리서 이것을 짊어지고 오기가 쉽지 않았을 텐데요." 태원부 스님이 "감귤아! 감귤아!" 하였다.

태원부 스님이 다음날 산에 올라왔다는 것을 스님께서 듣고는 곧 대중들을 모았는데 태원부 스님이 법당에 이르러 스님을 뒤돌아보고 지사[264]를 만나러 갔다. 다음날 태원부 스님이 스님께 인사를 하고 말하길, "제가 어제는 스님께 잘못을 했습니다." 스님께서 말하길, "그런 일은 나도 알고 있다." 하시고 더 묻지 않았다.

---

262 해원(廨院): 해(廨)는 관사(官舍)를 말하는 것으로 해원(廨院)이란 해원을 맡는 스님이 직무를 수행하는 사무실이다. 사원의 미곡의 매매, 군현의 관원의 교체탐보 혹은 원래의 시주 접대 등, 외교속무에 관한 일체의 사무를 맡는 곳으로 절과 떨어진 곳에 세워졌다. 이 해원의 사무를 담당하는 스님을 해원주(廨院主)라고 한다. 『(중조보주)선원청규』 권4(『속장경』 권63, p.533, b24-c2) "廨院主之職. 主院門收糴買賣僧行宿食探報郡縣官員.交替應報公家文字.或收蔟院門供施財利.或迎待遠方施主.(해원주의 직무는 사원의 곡식을 거둬들이거나 매매, 행각승의 숙식, 군현의 관원의 교체의 탐보, 사원의 문자의 서류 답변을 맡는 것이다. 혹은 사원의 공동의 보시물의 재물과 이익을 거두어 모으며, 혹은 멀리에서 찾아온 시주를 영접하는 것이다)."
263 감자(柑子): 감귤을 말한다.
264 지사(知事): 여러 대중의 잡일과 서무를 하는 역할의 이름. 지사(知事)는 주로 서무를 맡아 교단의 재물을 보호해서 여러 대중들이 희망하는 것에 알맞도록 하는 것으로 계(戒)를 잘 지키고 공정한 마음을 가진 고승에게 맡겨진다. 열중(悅衆), 영사(營事)라고도 한다. 선종사원에서는 사원 운영을 맡는 스님의 역할 이름이다. 지(知)는 맡는다는 뜻. 일을 분담해서 주지를 보좌하는 스님을 말하며 6종류가 있다. 도사(都寺, 총감독), 감사(監寺, 사실상의 총감독), 부사(副寺, 회계주임, 재정부장), 유나(維那, 대중을 보살피는 역, 승당을 맡음), 전좌(典座, 식사 담당자), 직세(直歲, 건물관리, 산림, 논, 밭의 관리역)의 6종류. 유나가 교육면을, 그 외의 5명은 경영면을 담당한다고 할 수 있다. 『(중조보주)선원청규』 권2(『속장경』 권63, p.529, b3-4) "知事諸監院(有處立副院也)維那典座直歲.先請知事頭首前賁勤舊喫茶.(지사란, 감원(어떤 곳에는 부원을 세운다) 유나, 전좌, 직세를 말한다. 먼저 지사, 두수, 전자(전지사, 전두수), 근구(지사, 두수의 경력자)를 청하여 차를 마신다)."

스님께서 하루는 태원부 스님을 보고 이에 손가락으로 해를 가리키니, 태원부 스님이 손을 흔들고 가버렸다. 스님께서 말하길, "그대는 나를 인정하지 않는가?" 태원부 스님이 말하길, "스님께선 머리를 흔드셨고 저는 꼬리를 흔들었는데 어느 곳이 스님을 인정하지 않는 곳입니까?" 스님께서 말하길, "가는 곳마다 또한 반드시 스님을 꺼릴 것이다."

하루는 대중들 만참[265]에 스님께서 마당 한가운데 누워 있었다. 태원부 스님이 말하길, "다섯 고을 관내에서 다만 이 스님과 견줄 만한 사람이 적을 것이다." 스님께서 곧바로 일어나서서 공안을 제기했다.

하루는 현사 스님이 올라와서 스님께 깨어 물으니 스님께서 말하길, "이곳에 늙은 쥐 한 마리가 있는데 지금 욕실에 있다." 현사 스님이 말하길, "그 스님을 감파[266]하길 기다려 주십시오." 말을 마치고 욕실에 도착하니 물을 끼얹고 있는 태원부 스님을 만났는데 현사 스님이 말하길, "스님, 서로 인사나 합시다." 태원부 스님이 말하길, "이미 서로 인사를 마쳤습니다." 현사 스님이 말하길, "어느 겁에서 서로 만난 적이 있었습니까?" 태원부 스님이 말하길, "졸고만 있으니 어떻게 하겠는가?"

현사 스님이 방장으로 돌아와서 스님께 아뢰길, "이미 감파했습니다." 스님께서

---

265 만참(晩參): 주지가 야간에 행하는 수시법문으로 수행자들에게 가르침을 주는 것. 『진주임제혜조선사어록』권1(『대정장』권47, p.497, a22-23) "師晩參示衆云.有時奪人不奪境.有時奪境不奪人.有時人境俱奪.有時人境俱不奪.(임제 스님이 저녁 설법시간에 대중에게 법문하시길, '나는 어떤 때는 사람을 빼앗지만 경계는 빼앗지 않고, 어떤 때는 경계를 빼앗지만 사람을 빼앗지 않으며, 어떤 때는 사람과 경계를 다 빼앗고, 어떤 때는 사람과 경계를 다 빼앗지 않는다.')."

266 감과(勘過): 음미를 더하다. 철저히 조사하다. 『불과원오선사벽암록』권2(『대정장』권48, p.160, a20-21) "龍牙問翠微.如何是祖師西來意(諸方舊話.也要勘過).(용아거둔 스님이 취미 스님에게 묻길, '무엇이 조사가 서쪽에서 오신 뜻입니까?'(제방의 옛 이야기를 요컨대 철저하게 조사해 보라))." 여기서는 감파(勘破)가 더 맞지 않을까 한다. 즉 본질을 꿰뚫어 보다. 반드시 상대방의 속임수를 알아챈다고 하는 의미가 아니다. 『경덕전등록』권10 「조주종심장」(『대정장』권51, p.277, b7) "師云.待我去勘破遮婆子.(조주 스님이 이르시길, '내가 저 노파를 감파하기를 기다려라.')."

말하길, "어떻게 그를 감파했는가?" 현사 스님이 앞의 일을 이야기하자. 스님께서 말하길, "그대는 도적에게 붙잡혔다."

太原孚遊浙中.登徑山.一日.於大佛殿前.有僧問.上座曾到五臺否.孚云.曾到.僧云.還見文殊麼.孚云.見.僧云.什麼處見.孚云.徑山佛殿前見.其僧後適閩川.舉似師.師云.何不教伊入嶺來.孚聞.乃趣裝而來.至廨院憩息.因分柑子與僧.長慶稜和尚問.什麼處將來.孚云.嶺外將來.稜云.遠涉不易擔負得來.孚云.柑子.柑子.孚次日上山.師聞.乃集衆.孚到法堂上顧視.師便下看知事.明日.却上禮拜.云.某甲昨日觸忤和尚.師云.知是般事便休.師一日見孚上座.乃指日示之.孚搖手而出.師云.汝不肯我.孚云.和尚搖頭.某甲擺尾.什麼處不肯和尚.師云.到處也須諱却.一日.衆僧晚參.師在中庭臥.孚云.五州管內.祇有者和尚較些子.師便起去.一日.玄沙上問訊師.師云.此間有箇老鼠子.今在浴室裏.沙云.待與和尚勘過.言訖.到浴室.遇孚打水.沙云.相看上座.孚云.已相見了.沙云.什麼劫中曾相見.孚云.瞌睡作麼.沙却入方丈.白師云.已勘破了.師云.作麼生勘伊.沙舉前話.師云.汝著賊也.

● 스님께서 문도를 거느리고 남방을 행각할 때이다. 그때 황열반(黃涅槃) 스님이 오는 것을 미리 알고 지팡이로 앞길을 막고 있었는데 소계에서 맞닥뜨려 서로 만나게 되었다.

스님께서 황열반 스님에게 묻길, "최근 어디서 떠났습니까?" 황열반 스님이 말하길, "벽지암을 떠났습니다." 스님께서 말하길, "벽지암에는 주인이 있습니까?" 황열반 스님이 대나무 지팡이로 스님의 가마를 두드리니, 스님께서 이에 가마에서 나와 서로 인사를 했다.

황열반 스님이 말하길, "옛 낭군님! 안녕하십니까?" 하니 스님께서 갑자기 남자의 절을 하자 황열반 스님 또한 여자 절로 답하였다. 스님께서 말하길, "이제 보니[267] 여자가 아닌가?" 황열반 스님은 두 번 절을 하고 대나무 지팡이로 땅을 짚으며 스님의 가마를 오른쪽으로 세 번 돌았다.

　스님께서 말하길, "저는 삼계 안에 있는 사람이고, 스님은 삼계 밖에 있는 사람이니 스님이 먼저 가십시오. 저는 뒤에 가겠습니다." 황열반 스님이 먼저 돌아갔고 스님이 뒤따라와서 낭산에 가서 며칠 쉬었다. 황열반 스님이 함께 기다렸다가 따라온 문도들에게 하나 모자람이 없이 대접했다.

師領徒南遊. 時黃涅槃預知師至. 搘策造前途接之. 抵蘇谿. 邂逅相遇. 師遂問曰. 近離什麼處. 槃云. 離辟支巖. 師云. 巖中還有主麼. 槃以竹策叩師籃. 師乃出籃相見. 槃云. 曾郞萬福. 師遽展丈夫拜. 槃亦作女人拜答. 師云. 莫是女人麼. 槃又設兩拜. 遂以竹策到地. 右繞師籃者三. 師云. 某三界內人. 師三界外人. 師宜前去. 某甲後來. 槃乃先回. 師遂至. 去囊山. 憩數日. 槃供侍隨行禪徒. 一無所闕.

● 아호지부(鵝湖智孚)[268] 스님이 암자에 살고 있을 때이다. 천자의 사자 한 분이 암자에 왔는데 불자(拂子)를 보고 곧바로 묻길, "제자는 이것을 불자라 부르는데 암주께서는 뭐라고 부릅니까?" 암주가 말하길, "불자라고 부를 수는 없습니다." 사자가 말하길, "세상의 큰 스님들이 삼대와 좁쌀같이 많이 세상에 나왔는데 암주는 어찌하여 행각을 가지 않습니까?" 암주는 곧바로 행각을 떠나 설봉산에 이르렀다.

　스님께서 암주가 오는 것을 보고 곧바로 묻길, "스님은 어찌하여 다시 오셨습

267　막시(莫是): ~은 있지 않을까? 是를 생략하는 경우도 있다. 원대 이후는 莫不是라고 한다. 『진주임제혜조선사어록』 권1(『대정장』 권47, p.504, a11-12) "衆僧云. 這僧莫是和尙親故. 不禮拜又不喫棒.(대중스님들이 말하길, 저 스님은 임제 스님의 친구이기 때문에 예배를 하지 않았어도 또 방망이를 맞지 않았네.)."
268　아호지부(鵝湖智孚): 아호지부 스님은 복주 사람으로 설봉스님을 몇 년을 모시다가 심법(心法)을 깨달은 뒤 아호산에서 법석을 열었다. 그의 설법의 내용이 『경덕전등록』 18권에 나와 있다.

니까?" 암주가 말하길, "어떤 천자의 사신이 불법을 묻는데 감당할 수 없어 다시 왔습니다." 스님께서 말하길, "어떻게 된 것인가?" 암주가 드디어 앞에 있었던 이야기를 하자. 스님께서 말하길, "그대는 나에게 물어봐라." 암주가 재차 전에 이야기를 하니 스님께서 "불자(拂子)다."라고 하셨다.

鵞湖住菴時.有一天使到菴.見拂子.便問.弟子喚這箇作拂子.菴主喚作什麼.主云.不可喚作拂子.使云.天下尊宿出世.如麻似粟.菴主爲甚不行脚去.主便去.到雪峰.師見菴主來.便問.闍梨何得更來.主云.被箇天使問佛法.不相當.更來.師云.作麼生.主遂擧前話.師云.汝問我.主再擧前話.師云.拂子.

● 고산신안 국사(鼓山神晏 國師)²⁶⁹가 처음 스님을 참문하려고 막 문에 들어서자 스님께서 멱살을 잡고 말하길, "이것이 무엇인가?"라고 하자, 신안 국사가 마음이 환하게 풀리듯²⁷⁰ 깨달음과 계합되어 손을 들고 흔들며 춤을 추었다. 스님께서 말하길, "그대는 이치²⁷¹를 내였는가?" 신안 국사가 말하길, "무슨 이치가 있겠습니까?" 스님께서 이에 그를 어루만지며 인가해 주었다.

---

269 고산신안(鼓山神晏, 853~939): 당말오대의 스님, 대량(大梁) 이(李) 씨의 아들이다. 13세에 신령스러운 꿈을 꾸고 백록산규(白鹿山規)에 의해 출가하여 숭악(嵩岳)에서 수계하였다. 곧 제방의 선덕을 역참하고 설봉의존에 참예하여 법을 이었다. 뒤에 태부 왕연빈(王延彬)이 법요를 묻더니 복주 고산에 용천선원(湧泉禪院)을 짓고 스님을 주석케 하여 종지를 선양했다. 천복 연중(936-944)에 77세로 입적하니 흥성국사(興聖國師)라 시호했다. 그의 전기는 『조당집』권10, 『전등록』권18, 『오등회원』권7에 실려 있으며 저서는 『고산선흥성국사화상법당현요광집(鼓山先興聖國師和尙法堂玄要廣集)』1권이 있다.

270 석연(釋然): 마음이 환하게 풀림. 미심쩍었던 것이나 원한 등이 풀림.

271 도리(道理): 도리, 이치, 사리, 사정, 원인, 이유, 자세한 연유. 『황벽산단제선사전심법요』권1(『대정장』권48, p.383, b11-12) "道人是無事人.實無許多般心.亦無道理可說.(도인은 번뇌 망념의 일이 없는 사람이기에 진실로 이런 저런 마음이 없고 또한 도리로 설할 만한 것도 없다)." 『진주임제혜조선사어록』권1(『대정장』권47, p.502, a15) "爾且莫錯.據我見處.寔無許多般道理.(그대 또한 착각하지 마라. 나의 입장에서는 진실로 여러 가지 도리가 없다)." 『진주임제혜조선사어록』권1(『대정장』권47, p.500, c10-11) "約山僧見處.無如許多般.祇是平常著衣喫飯無事過時.(만약 산승의 견해는 장황한 것은 없고 단지 평상시 그대로의 삶의 방법뿐이다)." 『불과원오선사벽암록』제6칙평창 권1(『대정장』권48, p.146, b7-8) "纔作道理.墮坑落塹.(도리를 내자마자 함정에 빠진다)."

晏國師初參師.纔入門.師搊住云.是什麼.晏釋然契悟.擧手搖舞.師云.子作道理耶.晏云.何道理之有.師乃撫而印之.

● 스님께서 장경혜릉 스님에게 일러 말하길, "위산 스님이 묻길, '위로부터 모든 성인들이 어디로 갔습니까?' 앙산 스님이 이르길, '혹은 하늘에 있고, 혹은 인간 세상에 있습니다.'라고 하니 위산 스님께서 스님께 '그대는 착각하지 말라.'고 하시는 것을 내가 보았는데, 그대는 앙산 스님의 뜻이 무엇인지 말해보아라." 장경혜릉 스님이 말하길, "만약 모든 성인이 나고 죽는 곳[272]을 묻는다면 그렇게 말해서는 안 됩니다."

스님께서 말하길, "그대는 전혀 인정하지 않는데 홀연히 어떤 사람이 묻는다면 그대는 어떻게 말하겠는가?" 장경혜릉 스님이 말하길, "다만 틀렸다고 말하겠습니다." 스님께서 말하길, "그대가 틀린 것이 아니다." 장경혜릉 스님이 말하길, "틀린 것과 무엇이 다릅니까?"

師謂慧稜云.吾見溈師云.是汝不錯.山問仰山.從上諸聖什麼處去.仰山云.或在天上.或在人間.汝道仰山意作麼生.稜云.若問諸聖出沒處.恁麼道卽不可.師云.汝渾不肯.忽有人問.汝作麼生道.稜云.但道錯.師云.是汝不錯.稜云.何異於錯.

● 스님께서 혜전 스님에게 묻길, "그대는 깨달아 체득한 것이 어떠한가?" 혜전 스님이 말하길, "스님과 함께 선문답은 끝났습니다." 스님께서 말하길, "어디서 선

---

272 출몰처(出沒處):『황벽산단제선사전심법요』권1(『대정장』권48, p.381, b15) "法有沒處, 沒於有地(법이 어딘가에 매몰될 곳이 있다고 한다면 그것은 있다는 생각에 빠진 것이다)."『무문관』권1(『대정장』권48, p.296, a10-11) "頌曰.描不成兮畫不就.贊不及兮休生受.本來面目沒處藏.世界壞時渠不朽.(무문 스님이 게송으로 말하길, 본래면목은 모양을 뜰 수도 없고, 그림으로 그릴 수도 없다. 칭찬하는 말을 첨가할 수도 없는 것이니, 쓸데없는 신경은 쓰지를 마라. 본래면목이란 어디에도 감출 수가 없으니 설사 세계가 붕괴된다 해도 그는 썩지 않는다.')."

문답을 했는가?" 혜전 스님이 말하길, "어디 갔다 오셨습니까?" 스님께서 말하길, "그대의 깨달아 체득한 것이 또 어떠한가?" 혜전 스님이 대답이 없자, 스님께서 때렸다.

師問慧全.汝得入處作麼生.全云.共和尙商量了也.師云.什麼處商量.全云.什麼處去來.師云.汝得入處.又作麼生.全無對.師打之.

● 장경혜릉 스님이 스님께 질문하길, "위로부터 모든 성인들이 전해준 근본 가르침을 청컨대 스님께서 가르쳐 주십시오." 스님께서 잠시 가만히 있으니, 혜릉 스님이 절을 하고 물러났다. 이에 스님께서 미소를 지었다.

慧稜問師.從上諸聖傳授一路.請師垂示.師良久.稜設禮而退.師乃微笑.

● 어떤 스님이 묻길, "생사대사(生事大事)[273]는 어떠합니까?" 스님께서 이에 그 스님의 손을 잡고 말하길, "스님은 이와 같은 것을 누구에게 묻는 것인가?" 그 스님이 대답이 없자 스님께서 곧바로 그만두었다.

僧問.大事作麼生.師乃執僧手云.上座如此問誰.僧無語.師便休.

● 어떤 스님이 질문하길, "무엇이 부처의 깨달음도 초월하는[274] 것입니까?" 스님

---

273 대사(大事): 생사사대(生死事大)의 말로써 자기의 번뇌 망념의 일어났다 없어졌다 하는 일이 큰일이라는 것이다. 『영가증도가』 권1(『대정장』 권48, p.397, a13-14) "生死事大無常迅速(번뇌 망념이 일어났다 없어지는 일이 큰데 세월은 빨리 지나간다)." 『대혜보각선사어록』 권23(『대정장』 권47, p.911, b19-20) "本爲生死事大.無常迅速.己事未明.故參禮宗師.求解生死之縛.(본래 번뇌망념이 일어났다 없어지는 일이 큰데 세월은 빨리 지나가는데 자기의 일을 아직 밝히지도 못했다. 그러므로 깨달은 선지식을 참례하여 번뇌 망념에 얽매임을 푸는 것을 구해야 한다)."

274 향상사(向上事): 일체의 차별경계를 초월하는 일로서 상구보리와 깨달음의 경계까지 초월하는 경지를 말한다. 즉, 각(覺)의 초월을 말한다. 부처를 부처로 고정시키지 않고 끊임없는 향상의 길을 추구하는 것. 즉 부처의 지위란 관념도 벗어버리는 것을 말한다. 그래서 향상사는 부처의 입장을 말하고 향하문(向下門)은 중생의 입장을 말한다. 『경덕전등록』 권13 「수산성념장(首山省念章)」(『대정장』 권51, p.304,

께서 그 스님을 멱살을 잡고, "말해 봐라. 말해 봐!" 하니 그 스님이 어찌할 바[275]를 모르니까 스님께서 곧바로 발로 차서 넘어뜨렸다.
僧問. 如何是佛向上事. 師把住云. 道. 道. 其僧罔措. 師便蹋倒.

● 스님께서 현사 스님에게 일러 말하길, "나는 언제나 부처의 지혜작용[276]을 가지고 있는데 세 개의 나무 공을 잡아서 한꺼번에 던지면서 요컨대 전부를 잡아야 한다고 말했다." 현사 스님이 말하길, "스님께서 나무 공을 던진 후 갑자기 깨달은 스님이 나와서 스님에게 나무 공을 보라고 말하면 또 어떻게 하겠습니까?" 스님께서 말하길, "뭐라고 말했는가?" 현사 스님이 말하길, "저는 그렇게 않겠습니다." 스님께서 말하길, "그대는 어떻게 하겠는가?" 현사 스님이 말하길, "또한 본분사 밖의 일이 아니라고 말하겠습니다."
師謂玄沙云. 我時時全機提持. 把三個木毬一時抛. 要全提去. 沙云. 和尚抛後. 忽被個師僧出來道. 和尚看毬. 又作麽生. 師云. 道什麽. 沙云. 某甲卽不與麽. 師云. 汝作麽生. 沙云. 也未是分外.

● 스님께서 현사 스님에게 말하길, "나의 여기에서 요즘 하늘과 땅을 한 손으로

---

a26-28) "問如何是菩提路. 師曰此去襄縣五里. 僧曰. 向上事如何. 師曰. 往來不易.(묻길, '무엇이 깨달음의 길입니까?' 스님께서 말하길, '이것은 상현의 5리를 가는 것이다.' 그 스님이 질문하길, '깨달음의 세계까지 초월하는 것은 어떠합니까?' 스님께서 이르시길, '오고 감이 쉽지 않다.')."

275 망조(罔措): 망지소조(罔知所措)의 뜻으로 매우 급하여 어찌할 바를 모름.
276 전기제지(全機提持): 전 인격, 전 인격을 다 가지고 있는 것. 부처의 지혜작용을 다 가지고 있다고 하는 것이다. 선에서 말하는 전분제기(全分提起)와 같이 본래면목이 전부 들어난다는 말이다. 『운문광진선사광록』 권2(『대정장』 권47, p.557, a28-b1) "師有時云. 直得乾坤大地無纖毫過患. 猶是轉句. 不見一色始是半提. 直得如此. 更須知有全提時節.(스님께서 그때에 말하길, '천하의 한 터럭이라도 근심과 재앙이 없으면 오히려 중생심을 불심으로 전환하는 말이 된다. 완전하게 보지 않더라도 비로소 반절이 들어난다. 가령 이와 같이 되면 다시는 반드시 시절인연에서 본래면목이 전부 드러남이 있음을 알 것이다.')." 『무문관』 권1(『대정장』 권48, p.293, a13-14) "狗子佛性. 全提正令. 纔涉有無. 喪身失命(개에게도 불성이 있는가? 전부 그대로 제시된 부처의 명령, 겨우 유무의 분별이 떨어지면 곧바로 목숨을 잃게 된다)."

잡아서 끊어 버리는 깨달은 성자가 있다. 그대는 반드시 정신을 차려야지 도반과 형제도 또한 건지기 어려울 것이다." 현사 스님이 말하길, "옳긴 옳습니다만 어떻게 잡아 끊을 수 있습니까?" 스님께서 말하길, "어찌 스스로의 작용이 바로 잡고 끊는 것이 아니겠는가?" 현사 스님이 말하길, "스님께서는 무엇을 활용한 것입니까? 저는 그렇게 하지 않습니다."

스님께서 말하길, "그대는 어떻게 하겠는가?" 현사 스님이 말하길, "스님은 하늘이요, 저는 땅인데 또 어떻게 형제를 건지기 어렵다고 말하겠습니까?" 스님께서 말하길, "그대는 이렇게 자유자재함을 체득해서 사용하려면 곧바로 사용하고, 거두어들이려면 곧바로 거두어들이는구나!" 현사 스님이 말하길, "본분사 밖의 것이라 할 수 없습니다. 단지 자기 일[277]입니다."

스님께서 말하길, "그대는 격식을 벗어난[278] 안목이 있어 훗날[279] 장래에 자손들이 크게 번창해서 이 이치를 의지해 나가는 것이 지금 또한 이와 같다." 현사 스님이 말하길, "이와 같습니다. 이와 같이 형제들도 함께 또한 그러한 줄 알고 있습니다. 2, 3년 후가 되어야 응용하게 될 것입니다." 스님께서 말하길, "나도 또

---

277 자가(自家): 자기, 자신, 자기 집, 스스로, 자기 스스로를 말한다. 『운문광진선사광록』 권1(『대정장』 권47, p.545, b23-24) "都緣是汝自家無量劫來妄想濃厚.一期聞人說著.便生疑心.(모든 인연은 그대 스스로가 무량한 겁 동안 망상이 농후해서 한 번 사람들의 말을 듣고 집착하여 곧바로 의심하는 것입니다)."

278 출격(出格): 유별난, 뛰어난, 당치 않은, 터무니없는, 월등한. 격(格)은 일의 표준을 말한다. 월격(越格)이라고도 한다. 『조주화상어록』 권3(『가흥장』 권24, p.371, a25-27) "日入酉.除卻荒涼更何守.雲水高流定委無.歷寺沙彌鑷長有.出格言不到口.枉續牟尼子孫後.一條拄丈柟棶蒺不.但登山兼打狗.(해지는 유시, 쓸쓸함 제외하고 달리 무얼 붙들랴. 고매한 운수납자의 발길 끊어진 지도 오래인데 절마다 찾아다니는 사미승은 언제나 있다. 단 한마디 말도 격식을 벗어나지 못하니 석가모니를 잘못 잇는 후손이로다. 한 가닥 굵은 가시나무 주장자는 산에 오를 때뿐만 아니라 개도 때린다)."

279 타시후일(他時後日): 장래, 이후, 언젠가는, 조만간에. 『조당집』 권7 「암두전활장」(『고려대장경』 권45, p.278, c28 – p.279, a2) "師云.我將謂汝.他時後日向孤峯頂上.盤結草庵.播揚大教.猶作這个語話.(스님께서 이르길, '나는 그대가 장차 언젠가는 고봉 정상에서 초암을 짓고 큰 가르침을 널리 펼칠 것이라고 생각했는데 아직도 이런 이야기를 하고 있구나!')."

한 그대의 도반들이 불법의 근본 이치를 보는 안목이 있음을 알고 있다." 현사 스님이 말하길, "6근의 문에 힘쓸 것이 없습니다. 스님께서도 만약 이렇게 된다면 비로소 자유자재할 것입니다."

師向玄沙道.我者裏近日有個把斷乾坤漢.汝須著精彩.同學兄弟也難得.沙云.是卽是.作麼生把斷.師云.豈不是自作用.正是把斷.沙云.和尙用甚得.某甲不與麼.師云.汝作麼生.沙云.和尙是乾.某甲是坤.且作麼生說兄弟難得.師云.汝得與麼自繇自在.要用便用.要收便收.沙云.未是分外.祇是自家底.師云.汝是出格之見.佗時後日.子孫大興.依此理去.如今且與麼.玄沙云.如此.如此.兄弟共知且與麼.三二之後.方始應用.師云.我也知汝同學一理之見.沙云.根門無功.和尙若得與麼.方始得自在.

● 스님께서 어떤 스님에게 묻길, "하안거는 어디에 있었는가?" 그 스님이 말하길, "용천(湧泉)에 있었습니다." 스님께서 말하길, "오랫동안 물이 솟아나던가? 잠시만 솟아나던가?" 그 스님이 말하길, "스님의 질문이 잘못되었습니다." 스님께서 말하길, "내 물음이 잘못되었다는 것인가?" 그 스님이 말하길, "그렇습니다." 스님께서 곧바로 때렸다.

師問僧.夏在甚麼處.僧云.湧泉.師云.長時湧.暫時湧.僧云.和尙問不著.師云.我問不著那.僧云.是.師便打.

● 스님께서 어떤 스님에게 묻길, "어디 가는가?" 그 스님이 말하길, "경산에 인사하러 갑니다." 스님께서 말하길, "경산 스님이 만약에 이곳의 불법이 어떠한가를 그대에게 묻는다면 그대는 어떻게 대답하겠는가?" 그 스님이 말하길, "묻기를 기다렸다 말하겠습니다." 스님께서 곧바로 때렸다.

뒤이어[280] 그 질문을 도부 스님에게 묻길, "그대가 이 스님의 잘못이 어디에 있는지 말해보아라." 도부 스님이 말하길, "경산 스님에게 질문하니 뼈에 사무칠 정도[281]로 정성을 다해 보살펴 주었습니다." 스님께서 말하길, "경산 스님은 원래 절중에 있는데 어떤 인연으로 질문해서 뼈에 사무칠 정도로 보살핌을 받았는가?" 도부 스님이 말하길, "먼 곳을 묻고 가까운 것을 대답한다는 것을 듣지 못하였습니까?" 스님께서 말하길, "그렇지! 그렇지!"라고 하셨다.

師問僧.什麼處去.僧云.禮拜徑山去.師云.徑山若問汝.此間佛法如何.汝作麼生祇對.僧云.待問卽道.師便打.尋後擧問道怤云.汝道此僧過在什麼處.怤云.問徑山.得徹困.師云.徑山自在浙中.因甚麼問得徹困.怤云.不見道.遠問近對.師云.如是.如是.

● 하루는 현사 스님이 시봉하고 서 있었는데 스님께서 화로를 가리키면서 말하길, "삼세제불이 모두 이 속에서 대법륜을 굴리고 있다." 현사 스님이 말하길, "요즘 왕의 명령이 자못 엄합니다." 스님께서 말하길, "어떻게 엄해졌는가?" 현사 스님이 말하길, "사람들에게 빼앗아[282] 저자에 가는 것을 허락하지 않습니다." 스님께서 곧바로 그만두셨다.

一日.玄沙侍立次.師指火爐云.三世諸佛總在裏許轉大法輪.沙云.近日王令稍嚴.師

---

280 심후(尋後): 뒤이어, 잇따라서, 뒤, 후. 『조당집』 권10 「경청도부장」(『고려대장경』 권45, p.298, b14-15) "尋後有僧擧似化度.化度卻問.其僧只如長慶行這个杖.還公當也無.對云.公當化度.(뒤이어 어떤 스님이 화도 스님과 같은 것을 들으니 화도가 도리어 묻길, '그 스님은 예를 들면 장경의 이 주장자를 행하였는데 도리어 정당합니까?' 대답하여 이르길, '화도는 정당하다.')."

281 철곤(徹困): 피곤해서 녹초가 되다. 노그라지다. 여기서는 뼈에 사무칠 정도로 정성을 다하여 사람을 보살펴 주는 것, 염려하고 걱정하는 것이다. 『진주임제혜조선사어록』 권1(『대정장』 권47, p.504, c17-19) "大愚云.黃蘗與麼老婆爲汝得徹困.更來這裏問有過無過.師於言下大悟云.元來黃蘗佛法無多子.(대우 스님이 이르길, '황벽 스님이 그렇게 친절하게 그대를 위해 지도하였거늘 다시 여기 와서 잘못이 있느니 없느니 묻는 것인가?' 임제 스님은 대우스님의 말을 듣고 크게 깨닫고 말하길, '뭐야! 황벽 스님의 불법이 이렇게 간단명료할 줄이야!')."

282 참탈(攙奪): 옆에서 불쑥 나와 빼앗음.

云.作麼生.沙云.不許攙奪人行市.師便休.

● 스님께서 장생 스님과 장작을 패다가 말하길, "장작을 쪼개다가 마음에 닿거든[283] 우선 멈추어라." 장생 스님이 말하길, "장작을 다 쪼갰습니다." 스님께서 말하길, "옛사람은 마음으로 마음을 전한다고 했는데 그대는 어찌 쪼갰다고 말하는가?" 장생 스님이 도끼를 던지며, "전합니다."라고 하자 스님께서 곧바로 주장자로 한 대 때렸다.

師與長生斫樹.師云.斫到心頭且住.生云.斫却著.師云.古人以心傳心.汝爲什麼道斫却.生擲下斧云.傳.師便打一拄杖.

● 스님께서 하루는 어떤 스님이 오는 걸 보고 이에 말하길, "길을 열어라! 달마 스님이 오신다. 내가 또 물어보자. 그대는 어떻게 말하겠는가?" 그 스님이 말하길, "스님의 본래면목[284]을 치겠습니다."[285] 스님께서 곧바로 그만두었다.

---

283 심두(心頭): 마음. 『조당집』 권6 「동산양개장」(『고려대장경』 권45, p.273, c21) "上座曰.教道什麼.師曰.得意忘言.上座云.猶將教意..向心頭作病在.(상좌가 말하길, '부처님의 가르침은 어떠한가?' 스님께서 말하길, '뜻을 체득하면 말을 잊는다.' 상좌가 이르길, '오히려 가르침의 뜻을 가지면 마음에 병이 있게 된다.')." 『불과원오선사벽암록』 제62칙 평창 권7(『대정장』 권48, p.194, a19-20) "所以道.諸佛在心頭.迷人向外求.(그래서 말하길, '제불은 마음에 있는데 미혹한 사람은 밖에서 구한다.')."
284 비공(鼻孔): 코. 인간의 얼굴을 하고 그 얼굴을 충족하게 하는 것. 얼굴의 핵심은 코 '본래의 면목'을 말한다. 『마조도일선사광록』 권1(사가어록 권1)(『속장경』 권69, p.4, a8-10) "祖問曰.作麼生.曰牧牛.祖曰.作麼生牧.曰一迴入草去.便把鼻孔拽來.祖曰.子眞牧牛.(마조 스님께서 물어 말하길, '무엇을 하는가?' 석공혜장이 말하길, '소를 키웁니다.' 마조 스님께서 말하길, '어떻게 소를 키우느냐?' 석공혜장이 말하길, '한 번 풀 속에 들어가면 곧바로 콧구멍(본래면목)을 잡아당깁니다.' 마조 스님께서 말하길, '그대는 진실로 소를 키우는구나!')."
285 축착(築著): 찌르다, 치다, (공을) 튀기다. 『고존숙어록』 권6 「목주화상어록」(『속장경』 권68, p.37, b24-c1) "問.一言道盡時如何.師曰.吥.吥.築著老僧當門齒.(묻길, '한마디를 다할 때는 어떠합니까?' 스님께서 이르길, '우위! 노승의 잎니를 찌른다.')." 『경덕전등록』 권26 「고현근장」(『대정장』 권51, p.419, c9) "僧問.如何是佛.師曰.築著汝鼻孔.(어떤 스님이 묻길, '무엇이 부처입니까?' 스님께서 말하길, '그대의 콧구멍을 찌른다.')."

師一日見僧來.乃云.開却路.達磨摩也.我且問儞作麼生道.僧云.築著和尙鼻孔.師便休.

● 스님께서 대중에게 이르길, "만약 아직 깨닫지 못했거든 그렇다 치고[286] 가섭문(迦葉門)에 들어가 봐라." 그때 어떤 스님이 묻길, "무엇이 가섭문입니까?" 스님께서 말하길, "실오라기도 보이지 않아야 된다."
示衆云.若未會.且從迦葉門入.時有僧問.如何是迦葉門.師云.不見絲毫始得.

● 스님께서 하루는 대중들과 함께 물가에 서 있었는데 한 마리의 검은 거북이가 언덕에 오르는 것을 보고 스님께서 손가락으로 가리키자 그 거북이가 물속으로 들어가 버렸다. 스님께서 곧바로 선원으로 돌아오셨다.
師一日共衆僧水邊立次.見一烏龜在岸上.師以手指之.其龜入水.師便歸院.

● 위산 스님이 법상에 올라 설법하다가 잠시 가만히 있으니, 어떤 스님이 곧바로 묻길, "청컨대 스님께서는 대중을 위하여 불법을 설해 주십시오." 위산 스님이 말하길, "나는 그대들을 위하여 뼈에 사무치도록 정성을 다해 보살펴 주었다."

그 스님이 그 이야기를 스님께 말씀드렸더니 스님께서 말하길, "옛사람에게는 노파심[287]이 있었다." 그 스님이 또 그이야기를 현사 스님에게 하니 현사 스님이 말하길, "연로한 주지스님이 옛사람의 일로 넘어졌구나!"

---

286 차종(且從): ~은 잠깐(당분간, 일단) 맡겨두다. ~은 어쨌든, ~은 하여간, ~그것은 그렇다 치고(화제를 바꿀 때 쓰는 말). 차치(且置)와 비슷한 말투이다. 『조당집』 권11 「보복종전장」(『고려대장경』 권45, p.304, b8-9) "鼓山問.靜道者古人道.這裏則易.那裏則難.這裏則從.那裏事作摩生.道者曰.還有這裏那裏摩.(고산이 정도자에게 묻길, '옛사람이 말하길, 여기는 쉬우나 거기는 어렵다했는데 여기는 그렇다 치더라도 거기의 일은 어떠합니까?' 도자가 말하길, '도리어 여기와 거기는 있습니까?')."
287 노파심(老婆心): 노파처럼 마음을 씀이 부모와 같다. 『무문관』 권1(『대정장』 권48, p.296, a6) "無門曰.六祖可謂.是事出急家.老婆心切.(무문 스님이 말하길, '육조 스님이 말을 하는 것은 본분사의 일이 급했기에 할머니가 친절하게 손자를 대하듯 절실하게 했다.')."

스님께서 도리어 현사 스님에게 묻길, "어떤 곳이 옛사람의 일로 넘어진 것인가?" 현사 스님이 말하길, "저렇게나 훌륭한[288] 위산 스님이 그 스님의 질문 하나에 산산조각[289]이 나 버렸습니다."[290]

潙山上堂.良久.有僧便問.請和尙爲大衆說佛法.山云.我爲汝得徹困也.僧擧似師.師云.古人得與麼老婆心.僧又擧似玄沙.沙云.山頭老和尙蹉過古人事也.師却問玄沙.什麼處是蹉過古人事.沙云.大小潙山被者僧一問.直得百雜碎.

● 스님께서 대광사에서 온 스님에게 물어 말하길, "무엇이 큰 빛인가?" 그 스님

---

288 대소(大小): ① 얼마만큼의 크기인가? 물건의 크기를 묻는 의문사이다. 『조당집』 권13 「초경도광장」,(『고려대장경』 권45, p.315, a17) "問.古人有言.閻浮有大寶.少見得人希.如何是大寶.師云.見摩.僧謝師垂慈.師云.大小.(묻길, '옛사람이 말하길, 염부제에는 큰 보물이 있는데 본 사람이 적고 드물다고 했다. 무엇이 큰 보물인가?' 스님께서 이르시길, '보아라.' 그 스님이 스님께 수시해주신 자비에 감사드리니 스님께서 이르시길, '얼마나 크던가?')." ② 명색이 ~라는 자가. '대소대(大小大)'라는 표현으로 강조하여 말하는 것도 있다. 『경덕전등록』 권16 「암두전활장」,(『대정장』 권51, p.326, a29-b1) "德山便歸方丈.峯擧似師.師云.大小德山不會末後句.(덕산 스님이 곧바로 방장실로 돌아갔다. 설봉 스님에게 이 이야기를 하자 스님께서 이르시길, '저렇게 훌륭한 덕산 스님이 말후구(불법의 근본대의)를 알지 못하다니.')."
289 백잡쇄(百雜碎): 산산조각이 남. 선록(禪錄)에서는 어떤 차지할 위치를 부여하는 것(자리매김)이나 가치를 정하는 것(값을 매김), 또는 어떠한 형태로든 조정(措定)된 경지(state)의 제시를 철저히 때려 부수어 버린다고 한 경우에 사용된다. 또 그처럼 산산조각으로 때려 부셔져 어지러이 흩어져 있는 잔해 그 자체를 가리켜 말하는 경우도 있다. 『조당집』 권6 「석상경제장」,(『고려대장경』 권45, p.276, a26-27) "示衆云.三世諸佛不能唱十二分敎載.不起三乘.敎外別傳.十方老僧口到這裏.百雜碎(대중에게 이르길, '삼세제불이 불교의 모든 경전을 다 실어 말할 수 없고 삼승의 가르침을 일으키지 않고 가르침 밖에 달리 전하였다.' 시방세계의 노스님들이 입속에서 산산조각을 내 버렸다)." 『경덕전등록』 권9 「위산영우장」,(『대정장』 권51, p.265, a22-23) "玄沙.大小潙山被那僧一問得百雜碎.雪峯駭之乃休.(현사 스님이 이르길, '그렇게나 훌륭한 위산 스님이 어찌 한 스님의 한 번의 물음에 산산조각이 났습니까?' 설봉 스님이 놀라는 시늉을 하고 곧바로 그만두었다)."
290 직득(直得): ~라는 결과로까지 되었다는 것을 강하게 제시한다. 단 "굴절한 문맥에서는 가령(비록) ~하더라도"라는 의미가 된다. 『조당집』 권14 「강서마조장」,(『고려대장경』 권45, p.320, b20-21) "今日之下被馬大師呵嘖.直得情盡.(오늘에서야 마조 대사의 꾸지람에 번뇌가 다 없어졌습니다)." 『조당집』 권15 「동사화상장」,(『고려대장경』 권45, p.328, c26) "直得無言可對.(뭐라고 대답할 수 없었습니다)." 『조당집』 권11 「보복화상장」,(『고려대장경』 권45, p.304, a28) "直得趁著.還不喪身失命也無.(가령 따라 붙더라도 목숨을 잃어 버리는 일은 없습니까?)."

이 말하길, "보십시오! 단지[291] 대답할 뿐입니다." 스님께서 말하길, "저 당나귀, 말이나 따라다니는 놈! 무엇이 큰 빛인가?" 그 스님이 대답이 없자, 스님께서 말하길, "내가 잠시 죽은 말을 고치는 의원이 되었구나! 한입에 하늘과 땅을 다 삼켰다."

師問大光僧云.作麼生是大光.僧云.見.祇對次.師云.者箇是驢前馬後漢.作麼生是大光.僧無語.師云.我且作死馬醫.一口吞盡乾坤.

● 운문문언 스님이 목주도명(睦州道明)[292] 스님을 참배하고 불법의 대의를 체득한 뒤에 진조시랑의 집에서 3년을 지내다가 목주 스님을 뵈오니 목주 스님이 말하길, "남방에 설봉 스님이 있는데 그대는 어찌 그곳에 가서 불법의 대의를 체득하지 않는가?"

운문 스님이 설봉산에 도착해서 농막에서 북쪽으로 가는 한 스님을 보고 묻길, "스님은 오늘 설봉산에 가십니까?" 그 스님이 말하길, "그렇습니다." 운문 스님이 말하길, "제가 부탁할 일이 있는데 주지스님께 물어보되 단지 다른 사람의 부탁이라고 말하지 마십시오." 그 스님이 그렇게 하겠다고 하자, 운문스님이 말하길, "스님께서 설봉산에 가서 스님께서 대중들을 모아놓고 상당설법을 하려고

---

291 지대(祇對): 대답하다. 답변하다. 응대하다. 대처하다. 지대(支對)로도 쓴다. 『경덕전등록』 권10 「조주종심장」,『대정장』 권51, p.278, a13-14) "師云.雪峯忽若問汝.云和尙有何言句.汝作麼生祇對.(스님께서 이르시길, '설봉 스님이 홀연히 그대에게 스님은 어떻게 가르치는지 묻는다면 그대는 어떻게 대답하겠는가?')."

292 목주도명(睦州道明, 780~877): 황벽희운 선사의 수좌로 임제 스님의 진가를 알아차리고 그를 황벽 선사께 인도한 분으로 잘 알려져 있다. 일명 진존숙(陳尊宿)이라 한다. 한편 목주 선사는 늙으신 어머니를 봉양하기 위해 고향에 있는 개원사 주지를 했다. 그런데 그는 절에 들어 온 시물(施物), 즉 삼보정재(三寶淨財)를 축내지 않기 위해 낮에는 사중(寺中) 일을 보고 밤에는 남모르게 짚신을 삼아 번 돈으로 어머니를 봉양했다. 또한 어머니가 돌아가신 후에도 짚신을 삼아 새벽에 몰래 사람들의 왕래가 많은 길가 나뭇가지 위에 걸어놓고 나그네들이 헤진 짚신을 바꿔 신고 가도록 했다고 하여 진포혜(陳蒲鞋)라는 별칭도 얻었다. 그의 내용은 『경덕전등록』 권12 「목주용흥사진존숙장(睦州龍興寺陳尊宿章)」과 『무문관』 제33칙 '비심비불(非心非佛)' 공안 '路逢劍客須呈.不遇詩人莫獻.'이란 구절이 유명하다.

할 때 팔을 잡고 세워 놓고 '이 늙은이야! 목에 쓴 나무칼[293]을 벗어버리지 못하는가?'라고 하십시오."

그 스님이 운문 스님이 가르쳐 준대로 그대로 하였다. 스님께서 그 스님의 이렇게 말하는 것을 보시고 곧바로 법좌에서 내려와서 가슴을 움켜잡고 이에 이르길, "빨리 말해라. 빨리 말해!"라고 하셨다. 그 스님이 대답이 없다. 스님께서 움켜잡았던 가슴을 탁 풀어주면서 말하길, "이 말은 그대의 말이 아니지?" 그 스님이 말하길, "저의 말입니다." 스님께서 말하길, "시자야! 오랏줄과 몽둥이를 가져오너라!" 그 스님이 말하길, "그렇습니다. 제 말이 아닙니다. 농막에서 절강성(절중)의 스님을 한 분 만났는데 저에게 여기 와서 이렇게 말하라고 시킨 것입니다." 스님께서 말하길, "대중스님들이여, 농막에 가서 오백 명의 선지식을 영접해 오너라!"

운문 스님이 다음날 산에 올라오자 스님께서 운문 스님을 보자마자 곧바로 말하길, "무슨 인연으로 이와 같은 경지를 체득하였습니까?" 운문 스님이 이에 머리를 숙였고, 마침내[294] 계합되었다.

雲門參睦州和尙.得旨後.造陳操侍郎宅.經三載.續回.禮謁睦州.州云.南方有雪峰和尙.汝何不去彼中受旨.雲門到雪峰庄上.見一向北僧.雲門問.上座今日上山去那.僧云.是.雲門云.寄一則因緣問山頭和尙.祇是不得道是別人語.僧云.得.雲門

---

293 정상철가(頂上鐵枷): 죄인의 목에 칼을 씌우는 형틀을 말한다. 『무문관』 권1(『대정장』 권48, p.295, b2-3) "鐵枷無孔要人擔.累及兒孫不等閑.欲得撑門幷拄戶.更須赤脚上刀山.(국사는 구멍이 없는 쇠로 만든 형틀[項鎖]을 사람머리에 씌우려고 하네. 그 영향이 후대의 자손에게 미치게 되어 제멋대로 살아갈 수 없게 되었다. 만약 그대가 참된 선종의 법문을 바로 세워 지탱하려고 하려면 그야말로 맨발로 칼의 산을 오르는 뼈저린 수행을 해야 한다)." 『무문관』 권1(『대정장』 권48, p.298, a10-11) "脫得盤頭.擔起鐵枷.(반두(식사 담당) 역할을 벗어버리고 대위산의 형틀에 갇힌 몸이 된 꼴이다)."
294 종자(從玆): 종자(從自)와 뜻이 같지 않는가 한다. 종자(從自)는 '드디어', '결국', '마침내'로 쓰인다. 『조당집』 권3 「혜충국사장」(『고려대장경』 권45, p.253, c12-13) "衆生與佛雖同一性.不妨各各自修自得.看他人食.從自不飽(중생과 부처가 비록 동일한 성품을 가졌지만 각자 스스로 수행하고 스스로 체득하는 것을 방해하지 않는다. 다른 사람이 먹는 것을 본다고 끝내 배부르지는 않는다)."

云.上座到山中.見和尚上堂.衆纔集.握腕立地.云.者老漢.頂上鐵枷何不脫却.其僧一依雲門教.師見者僧與麼道.便下座攔胸把住.乃云.速道.速道.其僧無語.師一拓拓開云.此不是汝語.僧云.是某甲語.師云.侍者.將繩棒來.僧云.是.不是某甲語.在莊上見一浙中上座.教某甲來與麼道.師云.大衆.去莊上迎取五百人善知識來.雲門來日上山.師纔見.便云.因什麼得到與麼地.雲門乃低頭.從茲契合.

● 어떤 스님이 묻길, "옛 개울의 차가운 샘물은 어떠합니까?" 스님께서 말하길, "눈을 똑바로 뜨고 보아도 보이지 않는다." 이어 말하길, "마시는 것은 어떻게 합니까?" 스님께서 말하길, "입으로 마시지 않는다."

그 스님이 조주 스님에게 가서 그 이야기를 하자, 조주 스님이 말하길, "본래면목에 들어올 수 없다." 그 스님이 도리어 조주 스님께 묻길, "옛 개울의 차가운 샘물은 어떠합니까?" 조주 스님이 말하길, "쓰다." 이어 말하길, "마시는 것은 어떻게 합니까?" 조주 스님이 말하길, "죽는다."

스님께서 그 이야기를 들으시고 말하길, "조주 스님은 본래부처이시다." 하고는 결국 대답하지 않았다.

僧問.古澗寒泉時如何.師云.瞪目不見底.進云.飲者如何.師云.不從口入.僧擧.到趙州.州云.不可從鼻孔裏入.僧却問趙州.古澗寒泉時如何.州云.苦.進云.飲者如何.州云.死.師聞擧.云.趙州古佛從茲不答話.

● 스님께서 말하길, "세계가 한 자 넓어지면 본래 거울[295]도 한 자 넓어지고, 세계가 한 발 넓어지면 본래 거울도 한 발 넓어진다." 그때 현사 스님이 모시고 서

---

295 고경(古鏡): 본래 구족하고 있는 불심의 지혜작용을 말하는데 무심한 거울의 작용처럼, 불심은 항상 일체의 대상과 사물을 차별하지 않고 비추는 작용을 말한다. 『불과원오선사벽암록』 권3(『대정장』 권48, p.169, a4-5) "爾等諸人.各有一面古鏡.森羅萬象.長短方圓.一一於中顯現.(그대들 모든 사람들은 각자 한 면의 본래 거울이 있는데 삼라만상과 길고 짧고 모나고 둥근 것들이 낱낱이 그 속에 나타난다)."

있다가 화로를 가리키면서 말하길, "화로는 얼마나 넓습니까?" 스님께서 말하길, "본래 거울과 넓이가 같다." 현사 스님이 말하길, "노스님의 발꿈치[296]가 아직 땅에 닿지 않았습니다." 스님께서 말하길, "내가 주지 일이 번거롭다."

師云. 世界闊一尺. 古鏡闊一尺. 世界闊一丈. 古鏡闊一丈. 時玄沙侍立次. 指火爐云. 闊多少. 師云. 似古鏡闊. 沙云. 老和尙脚跟未點地在. 師云. 老僧住持事煩.

● 현사 스님이 어떤 한 스님을 시켜서 스님께 편지를 올렸는데 스님께서 편지를 받아 봉투를 열어보니 단지 흰 백지 세 장뿐이었다. 이에 스님께서 그 스님에게 묻길, "알겠는가?" 그 스님이 말하길, "모르겠습니다." 스님께서 말하길, "군자는 천 리 밖에서도 풍모가 같다는 말을 듣지 못했는가?"

 그 스님이 돌아와서 현사 스님께 그 이야기를 하니 현사 스님이 말하길, "연로한 주지스님이 잘못을 알지 못하는구나!" 그 스님이 도리어 묻길, "스님께서는 어떠합니까?" 현사 스님이 말하길, "초봄[297]에는 오히려 날씨가 춥다."

玄沙令僧馳書上師. 師接得. 開封. 祇見三張白紙. 乃問僧. 還會麽. 僧云. 不會. 師云. 不見道. 君子千里同風. 其僧回. 擧似玄沙. 沙云. 山頭老和尙蹉過也不知. 僧却問. 和尙如何. 沙云. 孟春猶寒.

● 경청 스님이 처음 스님을 참배하였을 때, 스님께서 묻길, "그대는 어느 곳 사람인가?" 경청 스님이 말하길, "감히 온주 사람이라고 말하지 않겠습니다." 스님께서 말하길, "그렇다면 일숙각(一宿覺, 영가현각)의 고향 사람이 아닌가?" 경청 스님이 말하길, "일숙각[298]이 어디 사람인지 우선 말해주십시오." 스님께서 말하길,

---

296 각근(脚跟): 발꿈치, 발뒤축.
297 맹춘(孟春) : ① 초봄 ② 음력 정월을 달리 이르는 말. 여기서는 초봄의 의미로 보아야 한다. 봄은 맹중계(孟仲季)로 나눠 구분하는데 맹(孟)은 초봄, 중(仲)은 한창 때의 봄, 계(季)는 늦봄을 일컫는다.
298 일숙각(一宿覺, 637~713): 당나라 시대의 승려로, 속성은 대(戴) 씨, 법명은 현각(玄覺), 자는 명도(明

"그대는 20방망이를 맞아야겠다."

鏡淸初參師.師問.汝是什麼處人.淸云.不敢道是溫州人.師云.與麼則是一宿覺鄉人也.淸云.且道一宿覺是什麼處人.師云.放儞二十棒.

● 스님께서 옛 스님들의 인연에 대해 불법의 지혜로 간경을 하다가 "빛과 경계를 모두 잊어버렸는데 도대체[299] 이것은 어떤 물건인가?"라는 곳에 이르러 이에 경청 스님에게 묻길, "이는[300] 어떤 말에서 착안해야 하는가?"

경청 스님이 말하길, "스님께서 저의 허물을 용서하신다면 말씀드릴 것이 있습니다." 스님께서 말하길, "그대의 허물을 용서하겠으니 어떻게 말하겠는가?" 경청 스님이 말하길, "저 또한 스님의 허물을 용서하겠습니다."

師因看古人因緣.到光境俱忘.復是何物.乃問鏡淸.者裏著得什麼語.淸云.和尙放某甲過.卽有道處.師云.放儞過.作麼生道.淸云.某甲亦放和尙過.

道), 호는 일숙각(一宿覺), 시호는 무상대사(無相大師) 또는 진각대사(眞覺大師)이다. 온주(溫州) 영가현(永嘉縣) 사람으로 8살에 출가하여 대장경을 널리 보고 천태(天台)의 지관(止觀)을 숭상했고 그 묘를 얻고 항상 선관(禪觀)으로 수행하였다. 『유마경』을 읽다가 견성하여, 조계에 가서 6조 혜능에게 인가를 받고는 곧 돌아가서 고향의 용흥사(龍興寺)에 있었다. 그의 저서로는 『선종영가집(禪宗永嘉集)』, 『관심십문(觀心十門)』, 『증도가(證道歌)』 등이 남아 있다. 당나라 현종(玄宗) 개원(開元) 1년 세수 49세에 앉아서 입적하였다.

299 복(復): 의문사를 동반하여 의문의 어기(語氣)를 나타낸다. '또는,' '그렇지 않으면'이라고 훈독하면 좋다. '도대체,' '대관절'이라는 뜻이다. 『경덕전등록』 권7 「반산보적장」(『대정장』 권51, p.253, b14) "夫大道無中, 復誰先後(대저 대도는 중간이 없는데 도대체 무엇을 앞과 뒤라 하는가?)." 『황벽산단제선사전심법요』 권1(『대정장』 권48, p.382, b12-13) "云此卽是引接鈍根人語, 未審接上根人.復說何法.(이르길, '이것이 이미 둔근기의 사람을 위한 말씀이라면 도대체 상근기의 사람을 지도할 때는 도대체 어떤 법을 설해야 합니까?')."

300 자리(者裏): '여기' 또는 '거기'의 뜻이다. 가까운 장소를 나타낸다. 나리(那裏)와 대조가 된다. 자(者)는 저(這), 차(遮), 자(赭)로도 쓰고, 리(裏)는 리(裡), 리(里)로도 쓴다. 『황벽산단제선사전심법요』 권1(『대정장』 권48, p.382, b22-23) "我暫如此說.爾便向者裏生解.(내가 잠시 이와 같이 설명을 하니 너는 곧바로 여기에 알음알이를 내는구나!)." 『조주화상어록』 권3(『가흥장』 권24, p.369, b13-14) "師問僧.伊在那裏燒香禮拜.我又共你在者裏語話.(스님께서 어떤 스님에게 묻길, '그대는 어느 곳에서 향을 사르고 예배하고 있는가? 나 또한 그대와 함께 그곳에서 이야기하고 있다.')."

● 삼성혜연[301] 스님이 스님께 질문하길, "그물을 뚫고 나온 금빛 잉어는 무엇을 먹습니까?" 스님께서 말하길, "그대가 그물을 뚫고 나올 때를 기다렸다 말해주겠다."[302] 삼성 스님이 말하길, "1,500명의 선지식을 거느린 스님께서 화두 또한 알지 못합니까?" 스님께서 말하길, "내가 주지 일이 번거로워 그렇다."

스님께서 무릇 어떤 스님이 참문하려 오면 곧바로 세 개의 나무 공을 빠르게 굴려서[303] 법을 보이셨다.

三聖問師. 透網金鱗以何爲食. 師云. 待儞透出網來即向汝道. 聖云. 一千五百人善知識. 話頭也不識. 師云. 老僧住持事煩. 師凡見僧來參. 便輥三箇木毬示之.

● 암두 스님이 악주 나루터에서 사람들을 배로 강을 건네주고 있을 때[304] 설봉에 가는 한 스님을 만나 설봉 스님에게 말을 전해 달라고 부탁하였다. "나는 요즘 서 푼을 가지고 깨달은 검은 노파를 사서 날마다 새우와 조개를 잡으며 또 그렇게[305] 세월을 보내고 있다." 스님께서 이에 선상에서 내려와서 말하길, "곤궁

---

301 삼성혜연(三聖慧然): 당나라의 선승으로 생몰연대는 기록이 없으나 『임제어록』을 편찬한 스님으로 임제 선사의 제자이다.
302 『마조도일선사광록』(四家語錄 권1) 권1(『속장경』 권69, p.4, c13-14) "祖曰. 待汝一口吸盡西江水. 即向汝道.(마조 스님이 이르길, '그대가 한입에 서강의 물을 다 마시기를 기다렸다가 그대(방거사)에게 말하겠다.')." 『방거사어록』권1(『속장경』 권69, p.131, a20) 에도 똑같은 내용이 나온다. 『서주동산양개선사어록』 권1(『대정장』 권47, p.522, c19-20) "龍牙問. 如何是祖師西來意. 師云. 待洞水逆流. 即向汝道.(용아 스님이 묻길, '무엇이 조사가 서쪽에서 오신 뜻입니까?' 동산 스님이 이르길, '동산의 물이 역류할 때를 기다렸다가 그대에게 말하겠다.')." 등이 같은 의미이다.
303 곤(輥): 굴리다. 구르다. 곤(滾)과 곤(袞)과 같이 쓰는데 곤(輥)과 음이 같기 때문에 속와(俗訛)하여 곤(袞)이라고 한 것이라고 『갈등어전』 권1에 나와 있다. 『여정화상어록』권1(『대정장』 권48, p.124, b28) "上堂. 涅槃堂裡死功夫. 風袞葫蘆水上浮.(여정 선사가 법상에 올라 설법하길, '열반당에 뛰어난 사람이 죽었는데 바람에 따라 호리병이 물위에 떠서 구른다.')." 『불과원오선사벽암록』권6 53칙 본칙착어(『대정장』 권48, p.187, c15-16) "兩箇落草漢草裏輥.(두 명의 성자가 자비심으로 풀 속에 구른다.)."
304 당나라 무종(武宗)의 회창 5년(845)에는 불교를 탄압하는 폐불사건이 일어났다. 천하의 사찰을 훼손하고 26만 500명의 승려를 환속시킨 일대 법난의 시기에 설봉 스님의 동문인 암두전활 스님은 악저호(鄂渚湖)에서 뱃사공으로 은거하며 살고 있었던 때를 이야기한다.
305 여마(與麽): 본래는 '그렇게', '그처럼', '그와 같이', '이렇게', '이처럼', '이와 같이'라는 의미의 부사이지만

한 귀신아! 곤궁한 귀신아! 나는 철저하게 즐겁지 않다."
巖頭在鄂州過渡.時遇僧去雪峰.託僧傳語云.我近日將三文錢買得一箇黑老婆子.逐日撈蝦摝蜆.且與麽過時.師乃下禪牀云.窮鬼子.窮鬼子.道我快活不徹也.

● 왕대왕이 신안 국사에게 고산사 주지를 맡아달라고 청하였다. 그때 온갖 놀이로 영접하고 산에서 나올 때 스님께서는 부(孚) 상좌와 함께 신안 국사를 산문 밖까지 전송하였다.

법당으로 돌아온 스님께서 부 상좌에게 말하길, "성인의 화살 하나를 쏘아 구중궁궐에 들어가게 할 것이다." 부 상좌가 말하길, "스님께 그는 있지 않습니다." 스님께서 말하길, "그는 철저[306]한 사람이다." 부 상좌가 말하길, "만약 믿지 못한다면 제가 그를 감파할 때까지 기다려 주십시오."

부 상좌는 이에 짚신을 갈아 신고 5리를 가서 가마를 붙들고 이르길, "스님, 어떤 곳으로 갔습니까?" 신안 국사가 이르길, "구중궁궐로 가는 길입니다." 부 상좌가 말하길, "갑자기 삼군이 포위를 하고 핍박할 때는 또 어떻게 하겠습니까?" 신

때에 따라서는 '그와 같은', '그 같은', '그러한', '그런', '이와 같은', '이 같은', '이러한', '이런'이라는 뜻의 형용사로 사용되는 경우도 있다. 여몰(與沒), 여마(與麽), 이몰(異沒), 이몰(伊沒) 등으로 쓰는 것도 있다. 『진주임제혜조선사어록』 권1(『대정장』 권47, p.497, a4-6) "師乃云.但有來者不虧欠伊.總識伊來處.若與麽來.恰似失却.不與麽來.無繩自縛.(임제 스님께서 이어서 이르길, '누구라도 오는 사람들을 내버려 두지 않는다. 그대들이 오는 곳을 모두 알고 있다. 만약 그와 같이 온다면 흡사 본래심을 잃어버린 것과 같고 그와 같이 오지 않더라도 노끈 없이 스스로를 얽매이고 있다.').'"『진주임제혜조선사어록』 권1(『대정장』 권47, p.505, b23) "師云.豈有與麽事(임제 스님이 말하길, '어찌 그러한 일이 있을까?')."

306 철저(徹底): 속속들이 꿰뚫어 미치어 빈틈이나 부족함이 없이 투철한 것을 말하는데 즉, 번뇌의 의혹이 없이 다 없어진 것을 말하는데 경전에 다음과 같은 코끼리를 비유하여 '철저'라고 한다. 『아비달마대비바사론』 권143(『대정장』 권27, p.735, b18-20) "故經喩以三獸渡河.謂兔馬象.兔於水上但浮而渡馬或履地或浮而渡.香象恒時蹈底而渡.(그러므로 경에 세 마리의 짐승이 강을 건너는 것으로 깨우쳐 주는데 토끼, 말, 코끼리가 강을 건너는데 토끼는 물 위를 다만 뜬 채로 건너가고, 말은 혹은 밟고 혹은 떠서 건너가고, 코끼리는 항상 밑바닥을 밟고 강을 건너간다)."

안 국사가 말하길, "그들에게는[307] 스스로 하늘로 통하는 길이 있습니다." 부 상좌가 말하길, "그러면 궁궐을 잃어버릴 것입니다." 신안 국사가 말하길, "어느 곳이라도 존경받지 않겠는가?"

 부 상좌가 곧바로 돌아와서 스님께 그대로 말씀드리자 스님께서 말하길, "그의 말도 역시 있다." 부 상좌가 말하길, "저 늙은이가 아직도 발꿈치가 땅에 닿지 않았군."

王大王請晏國師住鼓山.時百戲迎出山.師與孚上座送出門.回至法堂上.師謂孚云.一隻聖箭子射入九重城裏去也.孚云.和尙是伊未在.師云.渠是徹底人.孚云.若不信.待某甲去勘過.孚乃換草鞋.行牛里地.於籬裏把住云.和尙向什麽處去.晏云.向九重城裏去.孚云.忽遇三軍圍逼之時.又作麽生.晏云.佗家自有通霄路.孚云.恁麽則離宮失殿去也.晏云.何處不稱尊.孚便回.舉似師.師云.佗話亦在.孚云.老漢脚跟未點地.

● 스님과 삼성 스님이 함께 길을 가다가 원숭이를 보고 이에 말하길, "사람마다 한 쪽의 본래 거울[308]을 가지고 있는데 저 원숭이 또한 한 쪽의 본래 거울이 있다." 삼성 스님이 말하길, "오랜 겁을 지나도록 이름이 없었는데 어떻게 본래 거울

---

307 타가(佗家): 남, 타인, 그 사람, 그이, 저이, 그들, 그 사람들. 『조당집』 권9 「낙포원안장」(『고려대장경』 권45, p.290, a26-27) "君子得時離彼此.小人得處自輕生.他家不用我家釰.世上高低早晚平.(군자가 체득할 때 남과 남을 여의고, 소인이 체득한 곳은 스스로 가볍게 여긴다. 그들은 나의 검을 사용하지 않으니 세상의 높고 낮음이 언제나 평정되겠는가?)."

308 고경(古鏡): 본래 구족하고 있는 지혜를 비유한 말로 세월이 흘러도 변치 않고 만물을 비추어도 차별이 없이 반영하므로 불성에 비유한 말이다. 『서주동산양개선사어록』 권1(『대정장』 권47, p.525, c2-3) "偏中正.失曉老婆逢古鏡.分明覿面別無眞.休更迷頭猶認影.(편중정, 새벽에 잠들지 못한 노파가 오래된 거울에 비추어 보니 분명하게 얼굴을 비추어 보아도 달리 진짜 모습이 없네. 다시는 자신의 머리를 잃어 버렸다고 해서 오히려 그림자를 자기라고 인정하지 마라)." 『불과원오선사벽암록』 권3(『대정장』 권48, p.169, a4-5) "爾等諸人.各有一面古鏡.森羅萬象.長短方圓.一一於中顯現.(그대들 모든 사람들에게 각자 한 쪽의 오래된 거울이 있는데 삼라만상, 길고 짧고, 모나고 둥근 것 들이 낱낱이 그 속에 나타난다)."

이라고 드러냅니까?"

　스님께서 말하길, "티가 생겼구나!" 삼성 스님이 할을 하고 말하길, "저 늙은이가 말귀를 알지 못하는구나!" 스님께서 말하길, "내가 주지 일이 번거롭다."

師與三聖行次.見獼猴.乃云.人人盡有一面古鏡.者獼猴亦有一面古鏡.聖云.歷劫無名.何以彰爲古鏡.師云.瑕生也.聖喝云.老漢.話頭也不識.師云.老僧住持事煩.

● 대중운력[309]을 할 때 스님께서 몸소 등나무 한 묶음을 짊어지고 오다가 길에서 어떤 한 스님을 만나자마자 곧바로 등나무 한 묶음을 던져 버렸다. 그 스님이 등나무 묶음을 들어 올리려 하자 스님께서 곧바로 그 스님을 밟아 넘어뜨렸다.

　스님께서는 절로 돌아와서 장생 스님에게 그 이야기를 하고 말하길, "내가 오늘 그 스님을 밟아 넘어뜨려서 통쾌하다." 장생 스님이 말하길, "스님께서도 그 스님과 바꿔 열반당[310]에 들어가야겠습니다." 스님께서 곧바로 가버렸다.

因普請次.師自負一束藤.路逢一僧.便抛下.僧擬取.師便踏倒.歸.擧似長生.乃云.我今日踏著僧快.生云.和尙替者僧入涅槃堂始得.師便去.

309　보청(普請): 여러 사람의 힘을 합하여 일을 처리함에 있어서 대중을 불러 모으는 것. 작무(作務 : 농사, 청소 등의 작업)는 대표적인 것이기 때문에 대중을 운집하여 작무하는 것의 대명사가 되었다. 오늘날의 건축이나 토목을 보청이라고 하는 것은 여기에서 나온 것이다. 『경덕전등록』 권17 「화엄휴정장」(『대정장』 권51, p.338, a4-7) "師曾在樂普作維那.白槌普請曰.上間般柴下間鋤地.時第一座問.聖僧作麽生.師曰.當堂不正坐不赴兩頭機.(화엄 스님이 낙보에서 유나로 있을 때 하루는 보청하고자 백추를 울리고 말하기를, '상간은 땔나무를 옮기고, 하간은 호미로 땅을 파시오.' 그때 제일 수좌가 묻길, '깨달은 스님은 어떤 일을 합니까?' 화엄 스님이 이르길, '마땅히 승당에서 바르게 앉지 말고, 두 가지 견해에 나가지 마라.')."

310　열반당(涅槃堂): 선원에서 병든 스님을 수용하고 입멸할 수 있도록 하는 당우(堂宇). 보통 연수당(延壽堂)이라고 하는데 본래는 무상원(無常院), 무상당(無常堂), 성행당(省行堂), 장식료(將息寮) 등으로도 불린다. 『무문관』 권1(『대정장』 권48, p.293, a24-26) "師令無維那白槌告衆.食後送亡僧.大衆言議.一衆皆安涅槃堂.又無人病.何故如是.(백장 스님께서 유나에게 지시하여 백추를 쳐서 대중들을 모이게 하고 점심공양 후에 사망한 스님의 장례가 있다고 알리게 했다. 대중들이 의논하길 '대중들은 모두 편안하고 열반당에 병자도 없는데 무슨 까닭으로 장례식이 있다고 하는가?')."

● 어떤 스님이 찾아와서 스님께 예배하니 스님께서 다섯 방망이를 때렸다. 그 스님이 말하길, "제가 무슨 잘못이 있습니까?" 스님께서 또 다섯 방망이를 때렸다.
有僧來禮拜師. 師打五棒. 僧云. 某甲有什麼過. 師又打五棒.

● 어떤 스님이 묻길, "성문인의 견성은 밤에 달을 보는 것과 같고, 보살인의 견성은 낮에 해를 보는 것과[311] 같다고 했는데 도대체 스님의 견성은 어떠합니까?" 스님께서 몽둥이 세 대를 때렸다. 그 스님이 다시 암두 스님에게 똑같이 물으니 암두 스님이 몽둥이 세 대를 때렸다.
僧問. 聲聞人見性. 如夜見月. 菩薩人見性. 如晝見日. 未審和尙見性如何. 師打三棒. 其僧復問巖頭. 頭打三棒.

● 스님께서 어떤 스님에게 묻길, "최근에 어디를 떠나 왔는가?" 그 스님이 이르길, "복선(覆船) 스님 휘하에 있었습니다." 스님께서 말하길, "생사윤회의 바다를 아직 건너지 못했는데 어찌 배를 뒤엎어 버렸는가?"

  그 스님이 대답을 못하고 마침내 복선 스님에게 돌아와서 그 이야기를 하니 복선 스님이 말하길, "어찌하여 그에게 생사의 윤회가 없다고 말하지 않았는가?" 그 스님이 다시 설봉 스님에게 와서 복선 스님의 이야기를 하였다. 스님께서 말하길, "이것은 그대의 말이 아니다." 그 스님이 말하길, "복선 스님이 이렇게 말했습니다."

---

311 여기서의 내용은 '삼승(三乘)의 깨달음이 이렇게 다른데 스님의 깨달음은 어떠한가?'라는 질문이다. 『법화경』에 부처님께서 삼승인(三乘人)에게 법을 설하는 내용이 나오는데 다음과 같다. 『묘법연화경』 권1 「1 서품」(『대정장』 권9, p.3, c22-26) "爲求聲聞者說應四諦法. 度生老病死. 究竟涅槃. 爲求辟支佛者說應十二因緣法. 爲諸菩薩說應六波羅蜜. 令得阿耨多羅三藐三菩提. 成一切種智.(성문을 구하는 자를 위해서는 사성제를 설하여 생로병사를 벗어나서 구경열반에 이르게 하고, 벽지불을 구하는 자를 위해서는 12연기법을 설하여 응하시며, 여러 보살을 위해서는 육바라밀을 설하여 응하시어 마침내 아뇩다라삼먁삼보리를 체득하여 일체종지를 이루게 한다)."

스님께서 말하길, "나에게 20방망이가 있는데 복선 스님에게 보내서 때려주고, 나도 20방망이를 맞겠으니 스님이 상관[312]할 일이 아니다."
師問僧.近離什麼處.僧云.覆船.師云.生死海未渡.爲什麼覆却船.僧無語.遂迴.擧似覆船.船云.何不道渠無生死.僧再至雪峰.擧前話.師云.此不是汝語.僧云.是覆船與麼道.師云.我有二十棒寄與覆船.二十棒老僧自喫.不干闍黎事.

● 스님께서 부중(府中)으로 내려가자 현사 스님이 나와서 스님을 맞이하면서 말하길, "쉽지 않는 길인데 이렇게 오셔서 무엇보다 기쁩니다." 스님께서 말하길, "옳다 옳아." 현사 스님이 말하길, "예, 예." 스님께서 말하길, "그대 또한 어려운 길이 아니겠는가?" 현사 스님이 말하길, "본래 이곳은 고향이어서 저의 능력이 아닙니다." 스님께서 말하길, "나는 그대를 알고 있지만 반드시 다른 사람에게도 말해야만 한다." 현사 스님이 말하길, "예, 예. 다른 사람에게도 그렇게 하겠습니다."

스님께서 말하길, "그대는 장경혜릉 스님이 영운지근 스님에게 물어본 말을 알고 있는가?" 현사 스님이 말하길, "알지 못합니다. 그에게 뭐라고 물어보았습니까?" 스님께서 말하길, "혜릉 스님이 묻길, '무엇이 불법의 대의입니까?' 영운지근 스님이 대답하길, '당나귀 일이 아직 가지 않았는데 말의 일이 도착했다.'"[313]

현사 스님이 말하길, "장경혜릉 스님은 그 말을 알았습니까?" 스님께서 말하길, "그는 알지 못했다." 현사 스님이 말하길, "스님께서는 어찌 그에게 말해주지 않았습니까?" 스님께서 말하길, "내가 그에게 즉시 그대라고 말하겠다." 현사 스님이 말하길, "만약 그렇다면 아마도 그의 인연이 스님의 휘하에 있지 않는가 합니다. 그를 내려보내 주시면 제가 그에게 말하겠습니다."

---

312 불간(不干): 상관이 없다, 서로 관계가 없다, 연루되지 않다.
313 『경덕전등록』 권11 「영운지근장」(『대정장』 권51, p.285, b12-13) "僧問.如何是佛法大意.師曰.驢事未去馬事到來.(어떤 스님이 묻길, '무엇이 불법의 대의입니까?' 영운지근 스님이 말하길, '나귀 일이 오지 않았는데 말의 일이 도착했다.')."

스님께서 돌아갈 때가 되어 이어 현사 스님에게 일러 말하길, "그대는 이곳에 주지로 일하면서 간절하게 반드시 보임(保任)³¹⁴하라." 현사 스님이 말하길, "완전히 스님 말씀대로 하겠습니다." 스님께서 말하길, "그렇게 하면 자연스럽게 구름이 일고 비가 내릴 것이다." 현사 스님이 말하길, "스님께서도 산에 이르면 또한 반드시 더욱더 몸조심하시길 바랍니다." 스님께서 말하길, "그래, 그렇게 하겠다."

　스님께서 산에 돌아오셔서 장경혜릉 스님에게 일러 말하길, "내가 현사 스님의 처소에 도착해서 그대가 질문했던 영운지근 스님의 인연을 거론하니, 현사 스님이 아주 잘 자기 것으로 완전히 체득³¹⁵했더라." 장경혜릉 스님이 말하길, "현사 스님이 무슨 말을 했는지 알지 못합니다." 스님께서 말하길, "그는 단지 그대가 혜릉이라고 말했을 뿐이다." 장경혜릉 스님이 말하길, "스님, 어찌 저에게 말해 주지 않았습니까?" 스님께서 말하길, "방금³¹⁶ 그대에게 말한 것이 어찌 아니겠는가?"

　장경혜릉 스님이 말하길, "만약 그렇다면 제가 잠시 현사 스님의 처소에 가서 문안드려야 하겠습니다." 스님께서 말하길, "만약 그렇다면 우선 거기에 가서 가

314　보임(保任): 사전적 의미는 '나의 소임을 떠맡다', '나의 책임으로 떠안다', '100퍼센트 책임을 지다.'인데 선적으로 보임은 임운자재(任運自在)한 경지로 사는 것, 본래인으로 사는 것, 불향상사로 살아가는 것을 말한다. 즉 불심의 지혜작용으로 시절인연의 본분사를 하는 것을 말한다. 『묘법연화경』 권2 「3 비유품」, 『대정장』 권9, p.13, b13) "我今爲汝保任此事.終不虛也.(내가 지금 그대를 위하여 보임하는 이 일은 끝내 허망하지 않다.).'

315　회득(會得): 이해하여 완전히 자기 것이 되게 하다. 체득(體得), 체회(體會)도 같은 뜻이다. 『불과원오선사벽암록』 권2(『대정장』 권48, p.157, a22-23) "香林道.坐久成勞.還會麼.若會得.百草頭上.罷却干戈.(향림 스님이 말하길, '오래 앉아 있어서 피로하도다. 알겠는가? 만약에 완전히 체득했다면 온갖 풀잎 위의 싸움을 그만두어야 한다.')." 『방거사어록』 권1(『속장경』 권69, p.134, a19-20) "靈照云.也不難.也不易.百草頭上祖師意.(영조가 이르길, '어렵지도 않고, 쉽지도 않다. 온갖 풀잎 위의 조사의 마음.')."

316　적래(適來): 방금, 이제 막. 적간(適間)보다도 일반적이다. 『경덕전등록』 권15 「투자대동장」(『대정장』 권51, p.320, a20-22) "問七佛是文殊弟子.文殊還有師也無.師曰.適來恁麼道也.大似屈己推人.(묻길, '칠불은 문수의 보살인데 문수는 스승이 있습니까?' 스님께서 말하시길, '조금 전에 무슨 말을 했는가? 완전히 자기를 낮추어 사람을 추천하는구나.').'

령 그에게 알지 못한다고 말하고 일찍 돌아오는 게 좋을 것이다." 장경혜릉 스님이 곧바로 산을 내려가 현사 스님을 참문하였다.

師下府中.玄沙出接師.乃云.道路不易.且喜到來.師云.是.是.沙云.喏.喏.師云.不是汝也難.沙云.本是桑梓之所.非某甲之能.師云.我知得汝也.須向佗道始得.沙云.喏.喏.佗是與麼.師云.汝知稜道者問靈雲麼.沙云.不知.問佗道什麼.師云.稜道者問.如何是佛法大意.靈雲對云.驢事未去.馬事到來.沙云.稜道者會也無.師云.佗不會.沙云.和尙何不向伊道.師云.我向伊道.直下是儞.沙云.若與麼.恐佗因緣不在和尙處.敎伊下來.某甲向伊說.師至回時.乃問玄沙云.儞此間住持.切須保任.沙云.全得和尙.師云.自然興雲致雨去.沙云.和尙到山.亦須善加保重.師云.是.是.師回山.謂稜道者云.我到玄沙處.擧著儞問靈雲因緣.玄沙會得甚好.稜云.不知玄沙說道什麼.師云.伊祇道.汝是稜道者.稜云.和尙何不向某甲說.師云.適來豈不是向汝說.稜云.若與麼.某甲且暫到玄沙處問訊.師云.若與麼.且去彼中.直向佗道不會.好去早歸.稜乃下去參玄沙.

● 천주 왕(王) 태부(太傅)[317]가 장경혜릉 스님에게 초경사 주지를 맡아달라고 청하였다. 스님께서 편지를 써서 어떤 스님을 시켜 현사 스님에게 보냈더니 현사 스님이 묻길, "어디에서 왔는가?" 그 스님이 말하길, "설봉에서 왔습니다." 현사 스님이 말하길, "불법은 이러한[318] 도리가 아니다."

현사 스님이 이에 설봉산에 올라 장경혜릉 스님을 전송을 하면서 대면[319]을 하

---

317 왕태부(王太傅): 자사(刺史) 왕정빈(王廷彬)을 말한다.
318 자개(者個): 이것, 이. 저개(這箇), 차개(遮箇)와 같다. 자개(者个)로도 쓴다. 『황벽단제선사완릉록』 권1 (『대정장』 권48, p.385, b25-26) "理論這個法.豈是汝於言句上解得他.亦不是於一機一境上見得他.(이 법을 어떻게 논하여 보인다 해도 그것은 네가 언구상에서 이해할 수 있는 것과 같은 것이 아니며 또한 하나하나의 움직이는 방식이나 개개의 대상과의 관계에서 그것을 획득할 수 있는 것도 아니다)."
319 상간료(相看了): 선어(禪語)로 서로 대면하는 것, 면접하는 것, 상견(相見)하는 것을 말한다. 『진주임제혜조선사어록』 권1(『대정장』 권47, p.503, c10-11) "有座主來相看次.師問座主.講何經說.(어떤 강사가

고 스님께 질문하길, "스님, 무엇보다 기쁜 일은[320] 또 가지 하나가 나눠져서 저쪽으로 간 것입니다." 스님께서 말하길, "그래, 그래! 인연이란 이와 같은 것이다. 단지 고향[321]에만 집착하지 마라." 현사 스님이 말하길, "그 사람입니다." 스님께서 말하길, "그래, 그래!" 현사 스님이 말하길, "예, 예."

현사 스님이 도리어 장경혜릉 스님에게 일러 말하길, "왕 태부가 선원을 지어 그대를 기다리니 그대는 복 있는 사람이다." 장경혜릉 스님이 말하길, "이 모두가 주지스님(설봉)[322]과 스님의 은혜에 힘입은 것이지 저의 복은 아닙니다." 현사 스님이 말하길, "내가 장차 그대를 어떻게 말해야 하는가?" 장경혜릉 스님[323]이 말하길, "만약 그렇다면 제가 스님께 예배하겠습니다." 현사 스님이 말하길, "이것은 도리가 아니다." 현사 스님이 이에 스님께 이 이야기를 하였다. 스님께서 말하길, "그는 본래 양절 사람이다."[324]

泉州王太傅請稜道者住招慶.師差僧齎書至玄沙.沙問.從什麼處來.僧云.雪峰來.沙云.佛法不是者個道理.沙乃上雪峰.送稜道者.相看了.沙問師云.和尙且喜又分一枝從彼處去.師云.是.是.緣卽如此.祇是桑梓不著.沙云.是佗也.師云.是.是.沙云.喏.喏.沙却謂稜道者云.儞是福人.得太傅造院佇儞.稜云.此盖是堂頭與和尙恩力故.非某甲.沙云.我將謂儞作麼生.稜云.若與麼.某甲卽禮拜和尙.沙

찾아와서 서로 대면할 때에 임제 스님께서 강사에게 묻길, '어떤 경론을 강의하십니까?')."
320 차희(且喜): 무엇보다도 기쁜 일은.
321 상재(桑梓): 여러 대의 조상(祖上)의 무덤이 있는 고향을 말한다.
322 당두(堂頭): 노사(老師), 즉 주지를 말한다. 『진주임제혜조선사어록』 권1(『대정장』 권47, p.504, c2-3) "首座云.汝何不去問堂頭和尙, 如何是佛法的的大意.(수좌가 이르길, '그대는 어찌하여 주지스님을 찾아가서 무엇이 불법의 분명한 대의입니까? 하고 묻지 않는가?)."
323 장경혜릉(長慶慧稜, 854~932): 속성은 손(孫) 씨로 절강성 항주 염관현 출신이다. 13세 때 강서성 소주 통현사에서 출가하여 설봉의존, 현사사비 스님 등을 참문하고 후에 설봉 스님의 법을 이었다. 복주(福州)의 장경원(長慶院)에서 거주했다. 『조당집』 10권, 『경덕전등록』 18권 등에 그의 전기가 있다.
324 타본시양절인(佗本是兩浙人): 장경혜릉 스님의 고향이 절강성 향주 염관현이기 때문인데 양절(兩浙)은 절강(浙江)의 남북 양쪽을 말한다. 절상(浙上)과 절하(浙下)를 말한다.

云.不是者道理.沙乃舉似師.師云.佗本是兩浙人.

● 스님께서 현사 스님에게 묻길, "그대가 그곳에서 주지를 하고 있는데 어떤 형제들이 그대를 가까이 하던가?" 현사 스님이 말하길, "모두 배워서 모두 배울 것이 없습니다." 스님께서 말하길, "나는 그렇지 않다." 현사 스님이 말하길, "옳고 옳습니다. 저도 그렇지 않습니다." 스님께서 말하길, "어떻게 하겠는가?" 현사 스님이 말하길, "배우지 않고 모두 배웠습니다."[325]

師問玄沙云.汝在彼處住.什麽兄弟附近於儞.沙云.全學.全無學.師云.我不與麽.沙云.是.是.某甲不與麽.師云.作麽生.沙云.不學全學.

● 현사 스님이 하루는 스님께 말하길, "초경사에서 특별히 차를 보내왔습니다." 스님께서 말하길, "그대 또한 올라와도 된다." 현사 스님이 말하길, "응당 반드시 그렇게 해야만 합니다." 스님께서 말하길, "밖의 물건이 아니다." 현사 스님이 말하길, "안의 물건도 또한 아닙니다." 스님께서 말하길, "그래, 그래!"

玄沙一日問師云.招慶特來辨茶.師云.儞且得上來.沙云.應須與麽始得.師云.不是外物.沙云.內亦非.師云.是.是.

● 현사 스님이 산에 올라와서 스님을 뵙고 스님께 묻길, "말을 하면 맞지 않는 것이 없지만 누가 그것을 알겠습니까?" 스님께서 말하길, "자유자재[326]한다면 법

---

325 여기서 현사 스님이 배우지 않고 전부 배웠다고 하는 것은 번뇌 망념을 제거할 수 있는 방법을 배우는 것을 유학(有學)이라고 한다면 번뇌 망념의 일을 비우는 방법을 다 배운 것을 무학(無學) 또는 절학(絶學)이라고 하는데, 현사 스님도 그러한 경지, 즉 무학(無學)의 단계인 아라한의 경지를 체득하였음을 말하고 있는 것이다. 『영가증도가』 권1(『대정장』 권48, p.395, c9) "君不見.絶學無爲閒道人(그대는 보지 못했는가? 배움이 다 끊어진 번뇌 망념의 일이 없는 도인을…)."

326 자여자여(自如自如): 자유자재하다. 마음대로 하다인데 자약(自若)과 같아서 큰일을 당하여도 아무렇지 않고 침착하고 태연함을 말한다.

칙에 맞게 아는 것이다." 현사 스님이 말하길, "무엇보다 기쁜 것은 저기 초경 스님이 돌아오는 것입니다." 스님께서 말하길, "그대 스스로 직분을 쪼개서 어떻게 하겠다는 것인가?" 현사 스님이 말하길, "스님께서 망언을 해서 어떻게[327] 하겠다는 것입니까?" 스님께서 말하길, "그대가 망언을 했다." (자유자재하게 헤아리면 스스로가 아는 것이다)

玄沙上山看師. 乃咨師云. 言無不中. 誰人知之. 師云. 自如自如. 知之則中. 沙云. 且喜佗招慶歸來. 師云. 儞自分折作什麼. 沙云. 和尙妄語作麼. 師云. 是儞妄語(自如疑是自知).

● 스님께서 대중에게 이르길, "온 대지를 움켜잡고 좁쌀 낟알을 크게 해서 그대들의 얼굴에 던지겠다. 칠통들아, 알지 못하겠거든 북을 쳐서 운력이나 하라!"

師示衆云. 盡大地撮來如粟米粒大. 抛向面前. 漆桶不會. 打鼓普請看.

● 스님께서 대중에게 이르길, "남산에 맹독을 지닌 뱀 한 마리가 있으니 그대들은 모두 반드시 조심하도록 하라." 장경혜릉 스님이 나와서 말하길, "오늘 법당 안에 몸과 목숨을 잃은 사람[328]이 대단히 많습니다."

---

327 작마(作麼): 문장의 앞에 오는 경우에는 항상 반어(反語), '어떻게 그러한 일이 있을 수 있을까?' '그럴 리는 없다.'는 뜻이다. 또 문장의 끝에 오는 경우에는 매우 강한 힐문의 뜻을 나타낸다. 뱉어버리는 듯한 어조가 되는 것도 많다. '어떻게 하자는 것인가?' '하찮은 일은 하지 않는 것이야', '하찮은 일은 하면 안 된다.'라는 정도의 뜻이다. 作沒, 作摩로도 썼다. 『불과원오선사벽암록』 권10(『대정장』 권48, p.220, b20-21) "居士乃有頌云. 無我亦無人. 作麼有疎親.(방거사가 이에 게송으로 이르길, '아상도 없고 또한 인상도 없는데 어떻게 가깝고 멀고가 있겠는가?')." 『운문광진선사광록』 권1(『대정장』 권47, p.551, b29-c1) "問如何是祖師西來意. 師云. 靑天白日寐語作麼.(묻길, '무엇이 조사가 서쪽에서 오신 뜻입니까?' 스님께서 이르시길, '밝고 밝은 날에 잠꼬대를 해서 어떻게 하겠다는 것인가?')."
328 상신실명(喪身失命): 몸을 다치고 목숨을 잃는다는 것. 위의 내용은 『벽암록』 제22칙에 기록되어 있다. 『진주임제혜조선사어록』 권1(『대정장』 권47, p.496, c26) "師乃云. 大衆. 夫爲法者不避喪身失命.(임제 스님이 이어 이르길, '여러분! 대개 불법을 법을 체득하기 위해서는 몸을 상실하고 목숨을 잃는 어려움을 피하지 않아야 합니다.')." 『불과원오선사벽암록』 권3(『대정장』 권48, p.165, a9-10) "劉鐵磨(尼也)如擊

어떤 스님이 현사 스님에게 이 말을 하니 현사 스님이 말하길, "반드시 혜릉 사형이어야만 한다. 이와 같다고 하더라도 나는 이렇지 않을 것이다." 그 스님이 말하길, "스님은 어떻게 하겠습니까?" 현사 스님이 말하길, "남산을 써서 뭐하겠는가?" 운문 스님이 주장자를 스님 앞에 던지고 놀라는 시늉을 하며 혓바닥을 길게 뺐다.

師示衆云.南山有一條鼈鼻蛇.汝等諸人切須好看.長慶出云.今日堂中大有人喪身失命.僧擧似玄沙.沙云.須是稜兄始得.然雖如此.我卽不與麼.僧云.和尙作麼生.沙云.用南山作麼.雲門以拄杖擿向師面前.作怕勢.張口吐舌.

● 하루는 운력을 하다가 장생 스님이 삿갓을 쓰고 앞에 가는 것을 보고 스님께서 장생 스님에게 묻길, "옛사람이 말하길, '모자 속329의 것이 원래 옛날 사람인 것을 누가 알겠는가?'330 하였는데 그 뜻이 무엇인가?" 장생 스님이 삿갓을 옆으로 젖히면서 말하길, "이것은 어떤 사람의 말입니까?" 스님께서 곧바로 그만두셨다.

一日.普請次.長生戴笠子先行.師問長生.古人道.誰知蓆帽下.元是昔時人.意旨作麼生.長生側却笠子云.者箇是什麼人語.師便休去.

石火.似閃電光.擬議則喪身失命.(유철마 비구니의 공격은 부싯돌이 번쩍이고 번갯불이 번쩍이는 것과 같아서 뭐라고 하려 하면 몸을 상실하고 목숨을 잃어버린다)."

329 석모(席帽): 모래 먼지를 막기 위하여 천을 늘어뜨린(붙인) 모자. 위모(韋帽)라고도 한다. 『조당집』 권7 「암두전활장」(『고려대장경』 권45, p.279, b6-7) "師便以手拔席帽帶起.師姑云.元來是齋上座.被師喝出去.(스님께서 곧바로 손으로 석모 띠를 뽑아 올리니 비구니 스님이 이르길, '원래 전활 스님이군요.' 하니 스님께 할을 받고 나갔다)."
330 『고존숙어록』 권26 「서주법화산거화상어요」(『속장경』 권68, p.170, c19-20) "問.法華曾演汾陽旨.白雲今日事如何.師云.誰知蓆帽下.元是昔愁人.(묻길, '법화산에서 일찍이 분양연소 스님이 불법의 대의를 펼쳤는데 백운 스님은 오늘의 일은 어떠합니까?' 스님께서 이르길, '모자 속을 본래 옛사람이 걱정하는 것을 누가 알겠는가?')."

● 스님께서 어느 때 말하길, "삼세제불이 불꽃 속에서 대법륜을 굴린다."고 하니 그때 운문 스님이 옆에 서 있다가 말하길, "불꽃이 삼세제불을 위하여 법을 설하니 삼세제불이 땅 위에서 설법을 듣습니다."

師有時云. 三世諸佛向火焰裏轉大法輪. 時雲門侍立次. 云. 火焰爲三世諸佛說法. 三世諸佛立地聽.

● 스님께서 청봉 스님을 감파하려 말하길, "그대는 어느 곳을 가려고 하는가?" 청봉 스님이 말하길, "안다면 가는 곳을 알겠지요." 스님께서 말하길, "그대는 일대사를 마친 사람[331]인데 뭐하려 어지럽게 다니느냐?" 청봉 스님이 말하길, "스님께서는 사람들에게 오물을 뿌리지 않는 것이 좋겠습니다." 스님께서 말하길, "내가 그대에게 오물을 뿌렸다고 하자. 옛사람이 실오라기를 입으로 불었던 것[332]을 어떻게 생각하는지 나에게 자세하게 설명해 다오." 청봉 스님이 말하길, "사람들이 먹다가 남은 국이나 쉰밥을 이미 다 먹어버렸습니다." 스님께서 곧바로 그만두었다.

---

331 요사인(了事人): 세상일을 다 마친 하나의 평범한 사람으로서 스스로 만족하는 것을 사람. 『진서』의 「부함(傅咸)」 전기에 "자식이 바보로 태어나더라도 관청 일은 해낼 수 있다고 말하지만, 관청 일이라고 그리 쉽지는 않다. 일을 마치고 나면 그야말로 바보가 되고 말지만, 그것도 즐거운 일이다. 할 일을 완전히 끝낸 것을 요사(了事)라 한다." 『방거사어록』 권1(『속장경』 권69, p.134, a22-23) "士有偈曰. 心如境亦如. 無實亦無虛. 有亦不管. 無亦不拘. 不是賢聖. 了事凡. 夫(방거사가 게송으로 말하길, '있는 그대로의 마음에는 경지도 그대로이고, 실체도 없거니와 공허함도 없다. 유와도 관계하지 않고, 무에도 구속되지 않는다. 현인 성자도 아니면서 범부의 일을 다 끝냈다.')."

332 『경덕전등록』 권4 「조과도림장」(『대정장』 권51, p.230, b16-21) "有侍者會通. 忽一日欲辭去. 師問曰. 汝今何往. 對曰. 會通爲法出家. 以和尙不垂慈誨. 今往諸方學佛法去. 師曰. 若是佛法. 吾此間亦有少許. 曰如何是和尙佛法. 師於身上拈起布毛吹之. 會通遂領悟玄旨.(시자 회통이 있었는데 홀연히 하루는 하직인사를 하니 조과 스님께서 묻길, '그대는 지금 어디 가려고 하는가?' 시자가 대답하길, '법을 깨우치기 위해 출가하였는데 스님께서는 자비로 가르침을 주지 않으시니 지금 제방에 불법을 배우러 가려고 합니다.' 조과 스님이 말하길, '만약 불법이라면 나에게도 조금은 있다.' 시자가 말하길, '무엇이 스님의 불법입니까?' 스님께서 입고 있던 옷에서 실오라기를 집어 들고 입으로 불었다. 시자가 불법의 현지를 단박에 깨달았다.)."

師勘淸峰云.儞向什麼處去.峰云.識得卽知去處.師云.汝是了事人.亂走作什麼.峰云.和尙莫塗汚人好.師云.我卽塗汚儞.古人吹布毛作麼生.與我說來看.峰云.殘羹餿飯已有人喫了.師便休.

● 스님께서 천태산 국청사에 계셨을 때 사시공양 때가 되자 발우를 들어 올리며 강사에게 묻길, "도를 체득했으면 내가 그대에게 발우를 주겠다." 좌주가 말하길, "이것은 화신불[333]의 일입니다." 스님께서 말하길, "곧바로 좌주의 노비로 만들 수 있다."[334] 좌주가 말하길, "저는 모르겠습니다." 스님께서 말하길, "그대가 나에게 물어 보아라. 내가 그대에게 말해 주겠다." 좌주가 예배를 하자 스님께서 곧바로 걸어차서 넘어뜨려버렸다.
師在天台國淸寺.遇齋時.拈起盞盂問.座主.道得.我與儞盞盂.主云.此是化佛邊事.師云.便做得座主奴也.主云.某甲不會.師云.儞問我.我與汝道.座主禮拜.師便蹋倒.

● 장생 스님이 하루는 설봉산에 들어와 스님께 예배를 하니 스님께서 묻길, "그대는 주지(住持)하기가 쉽지 않을 것이다. 소바리[335]는 있는가?" 장생 스님이 말하길, "없습니다." 그 후 장생 스님이 산을 떠나려고 하직인사를 하는데 스님께서 격려하고 양식을 보내주며 산문에 이르러 전송을 하며 장생 스님이 막 떠나려는데 스님께서 "장생 스님!" 하고 불렀다. 장생 스님이 고개를 돌리자 스님께서 말하길, "동산 스님의 말씀이야! 동산 스님의 말씀이야!" 장생 스님이 "예! 예!" 하고

---

333 화불(化佛): 중생제도를 위해 이 사바세계에 몸을 나투신 생신(生身)의 붓다. "千百億化身 釋迦牟尼佛"이라고 하는 것처럼, 화신은 주로 석가모니불을 가리킨다. 인간의 괴로움에 응해서 여러 가지 모습을 나타내기 때문에 응신(應身)이라고도 부른다. nirmāna-kāya를 번역한 말이다.
334 주득(做得): 해내다, 이루다, 할 수 있다.
335 우구(牛具): '소바리'라고 하는데, 운반을 위해 소의 등에 짐을 실을 수 있도록 하는 장비이다.

답하고 곧바로 갔다.

　후에 원주가 스님께 묻길, "조금 전 스님께서 '동산 스님의 말씀이다.'라고 말씀하신 것은 무슨 뜻입니까?" 스님께서 손으로 입을 가리켰다가 또 다리를 가리켰다.

長生和尙一日入山禮拜師. 師問. 汝住持不易. 有牛具麼. 生云. 無. 後辭師出山. 師與勸使糧食相送. 至門首. 生便行. 師召云. 長生. 生回首. 師云. 洞山道底. 洞山道底. 生應喏喏便行去. 後院主問師. 適來和尙道洞山道底. 意旨如何. 師以手指口了. 又指脚.

● 어떤 한 스님이 산기슭에 암자를 세우고 여러 해 동안 머리를 깎지 않고 단지 한 자루의 나무 국자를 만들어서 개울가에 가서 물을 떠서 마시며 살고 있었다. 그때 어떤 스님이 묻길, "무엇이 조사가 서쪽에서 오신 뜻입니까?" 암주가 말하길, "개울이 깊으니 국 자루도 길다." 그 스님이 돌아와 스님께 그 이야기를 하자. 스님께서 역시 "매우 기괴하다."고 하셨다.

　스님께서 하루는 시자와 함께 그를 방문하였는데 머리를 깎는 칼을 가지고 갔다. 스님께서 그를 보자마자 곧바로 묻길, "말을 하면 그대의 머리를 깎지 않겠다." 암주가 곧바로 물을 가지고 와서 머리를 씻으니 스님께서 곧바로 그의 머리를 깎아 주었다.

有一僧在山畔卓庵多年. 不鬚頭. 祇作一柄木杓. 去溪邊舀水喫. 時有僧問. 如何是祖師西來意. 主云. 溪深杓柄長. 僧歸. 擧似師. 師云. 也甚奇怪. 師一日同侍者去訪佗. 乃將鬚刀去. 纔相見. 便問. 道得卽不鬚汝頭. 主便將水洗頭. 師便與佗鬚却.

● 스님께서 부 상좌에게 물어 말하길, "임제 스님께서 삼구(三句)[336]를 설법하는

336　임제삼구(臨濟三句): 임제 스님의 일화에서 유래한 화두이다. 삼구는 다음과 같다. ① 제1구(第一句): 진불(眞佛) - 언전(言前)의 묘지(妙旨) - 이(理; 법신) ② 제2구(第二句): 진법(眞法) - 구경(究竟)의 직설

법문　173

것을 보았다는데 그러한가?" 부 상좌가 말하길, "그렇습니다." 스님께서 말하길,
"무엇이 제1구인가?" 부 상좌가 눈을 들어 스님을 바라보니, 스님께서 말하길,
"오히려 이것은 제2구다. 무엇이 제1구인가?" 부 상좌가 차수를 하고 물러나자.
스님께서 진언으로 "흠! 흠!" 하셨다.
師問孚上座云.見說臨濟有三句.是否.孚云.是.師云.作麼生是第一句.孚擧目視
之.師云.猶是第二句.作麼生是第一句.孚叉手而退.師云.吽.吽.

● 스님께서 어떤 스님에게 묻길, "최근 어디를 떠나 왔는가?" 그 스님이 말하길,
"불일(佛日)에서 왔습니다." 스님께서 말하길, "올 때 해가 솟았던가?" 그 스님이 말
하길, "해가 만약 솟았다면 설봉산을 녹였을 것입니다." 스님께서 곧바로 그만두
셨다.
 다시 어떤 스님에게 묻길, "스님은 이름이 무엇인가?" 그 스님이 말하길, "현기
(玄機)라 합니다." 스님께서 말하길, "하루에 베를 얼마나 짜는가?" 그 스님이 말
하길, "한 치의 실오라기도 걸치지 않습니다." 스님께서 말하길, "승당에서 참선이

(直說) - 지(智; 般若) ③ 제3구(第三句): 진도(眞道) - 방편(方便)의 작용(作用) - 용(用; 解說). 또한 1구의 말에 삼현문이 갖춰져 있어야 한다. 삼현문(三玄門)은 다음과 같다. ① 제1현(第一玄): 삼신(三身; 법신, 보신, 응신)으로서 삼요(三要), ② 제2현(第二玄): 삼학(三學; 계, 정, 혜)으로서 삼요(三要), ③ 제3현(第三玄): 삼승(三乘; 성문, 연각, 보살)으로서 삼요(三要). 삼현문의 현(玄)은 도가의 용어로, 노자의 「玄又玄, 衆妙之門」에 나오는데, 뜻 깊은 것으로 쉽게 엿볼 수 없는 삼중(三重)의 도리라고 하는 것이다. 삼현(三玄)은 예로부터 '玄中玄, 句中玄, 體中玄'을 가리킨다. 문(門)은 방편이라는 의미이다. 그래서 삼현은 ① 제1현(第一玄): 소오(所悟)의 본체(本體) - 체(體) - 성(性) - 체중현(體中玄), ② 제2현(第二玄): 소용(所用)의 어구(語句) - 상(相) - 지(智) - 구중현(句中玄), ③ 제3현(第三玄): 소승(所承)의 명맥(命脈) - 용(用) - 행(行) - 현중현(玄中玄)을 말한다. 『진주임제혜조선사어록』 권1(『대정장』 권47, p.497, a19-20) "師又云.一句語須具三玄門.一玄門須具三要.有權有用(임제 스님께서 또 이르시길, '일구(一句)의 말에는 삼현문(三玄門)이 갖추어져 있어야 하고, 일현문(一玄門)에는 삼요(三要)를 갖춰야 한다. 그래야 방편도 있고 지혜의 작용도 있다.')." 『경덕전등록』 권13 「분주선소장」(『대정장』 권51, p.305, a16-17) "汾州善昭禪師上堂謂衆曰.凡一句語須具三玄門.每一玄門須具三要.(분주선소 선사께서 법상에 올라 법을 설하며 대중들에게 말하길, '무릇 일구(一句)의 말에는 반드시 삼현문(三玄門)이 구족되어야 하고 매양 일현문(一玄門)에는 반드시 삼요(三要)가 구비되어야 한다.')."

나 하라." 그 스님이 네다섯 발자국을 걸어가자 스님께서 말하길, "가사가 땅에 떨어졌다." 그 스님이 머리를 돌리자 스님께서 곧바로 때리며 말하길, "한 치의 실오라기도 걸치지 않은 모습이 매우 좋구나!"[337]

師問僧.近離什麼處.僧云.佛日.師云.來時日出也未.僧云.日若出.卽鎔却雪峰.師便休去.復問僧云.闍梨名什麼.僧云.玄機.師云.日織多少.僧云.寸絲不掛.師云.參堂去.僧行三五步.師云.袈裟落地也.僧回首.師便打云.大好寸絲不掛.

● 스님께서 하루는 현사 스님과 초경(장경혜릉) 스님과 함께 산에 놀러갔는데 현사 스님이 말하길, "상골봉 산마루를 보십시오. 불법이 있습니까? 만약 있다고 말하면 어떻게 있음을 말하고, 만약에 없다고 말한다면 또 어떻게 없다고 말하겠습니까?" 스님께서 말하길, "그대는 어떻게 말하겠는가?" 초경 스님이 말하길, "있으면서도 없습니다." 현사 스님이 말하길, "만약 그렇다면 스님과 초경 스님 모두 앞만 밝고 뒤는 밝히지 못했습니다."

스님께서 말하길, "그대는 또 어떻게 하겠는가?" 현사 스님이 말하길, "불법이 일찍이 있었습니까? 어떻게 있다 없다 말하는지 시험 삼아 말해 보십시오. 도리어 없는 것입니까?" 현사 스님이 또 초경 스님에게 묻길, "어떻게 있다 없다를 말로 설명하겠습니까?" 초경 스님이 말하길, "이것을 어떻게 있다 없다 설명합니까?" 현사 스님이 말하길, "초경 스님 또한 어떻게 있다 없다를 말할 수 있습니까?" 초경 스님이 말하길, "스님은 이 무슨 심보입니까?" 현사 스님이 말하길, "이 도리는 아닙니다."

---

337 대호(大好): 대단히 좋다는 뜻인데 조롱하며 칭찬하는 의미가 있다. 『조주화상어록』 권3(『가흥장』 권24, p.368, c8-9) "問新到.從何方來.云.無方面來.師乃轉背.僧將坐具隨師轉.師云.大好無方面.(새롭게 도착하자 묻길, '어떤 방향에서 왔는가?' '방향 없이 왔습니다.' 스님께서 이에 등을 돌려 앉았다. 그 스님도 좌구를 가지고 와서 스님을 따라서 돌려 앉았다. 스님께서 이르시길, '방향이 없다고 매우 좋구나!')."

스님께서 말하길, "그대는 어떻게 있다 없다를 설명하겠는가?" 현사 스님이 말하길, "지금 있습니까? 없습니까?" 스님께서 말하길, "그대 또한 어떻게 하겠는가?" 현사 스님이 말하길, "밖의 물건이 아닙니다."

師一日與玄沙. 招慶遊山次. 沙云. 看者象骨峰頭. 還有佛法也無. 若道有. 作麼生說有. 若道無. 且作麼生說無. 師云. 儞道什麼. 慶云. 是有是無. 沙云. 若與麼. 和尚與招慶總明前. 不明後. 師云. 汝且作麼生. 沙云. 佛法還曾有麼. 作麼生說有無. 試道看. 還是也無. 沙又問招慶. 作麼生說有無底句. 慶云. 是者箇. 作麼生說有無. 沙云. 招慶也作麼生說有無. 慶云. 和尚是什麼心行. 沙云. 不是者箇道理. 師云. 儞作麼生說有無. 沙云. 即今是有是無. 師云. 儞也作麼生. 沙云. 不是外物.

● 어떤 스님이 와서 스님께 예배를 하자 스님께서 묻길, "어디서 왔는가?" 그 스님이 말하길, "남전(藍田, 쪽밭)에서 왔습니다." 스님께서 말하길, "어찌 풀 속에 들어가지 않는가?" 장경 스님이 그 말을 듣고 이에 말하길, "험하구나!"

有僧來禮拜師. 師問. 什麼處來. 僧云. 藍田來. 師云. 何不入草. 長慶聞. 乃云. 險.

● 스님께서 수시하길, "요컨대 이 일을 알고자 하는가? 한쪽 면의 본래거울과 같아서 오랑캐가 오면 오랑캐가 나타나고, 중국인이 오면 중국인이 나타난다." 그 스님이 곧바로 묻길, "홀연히 밝은 거울을 만나면 또 어떻게 합니까?" 스님께서 말하길, "오랑캐와 중국인이 함께 숨어버린다."

師垂語云. 要知此事. 如一面古鏡相似. 胡來胡現. 漢來漢現. 僧便問. 忽遇明鏡來. 又且如何. 師云. 胡漢俱隱.

● 스님께서 하루는 현사 스님과 함께 길을 가다가 이에 말하길, "저 한 조각의

땅에 무봉탑(無縫塔)[338]을 세웠으면 좋겠다." 현사 스님이 말하길, "높이는 얼마나 하시겠습니까?" 스님께서 눈으로 아래 위를 가늠하자 현사 스님이 말하길, "스님께서는 인천(人天)에 태어나는 복도 없으니 만약 영산회상의 수기[339] 받을 생각은 꿈도 꾸지 마십시오." 스님께서 말하길, "그대는 또 어떻게 하겠는가?" 현사 스님이 말하길, "높이는 여섯 자나 일곱 자면 됩니다."

師一日與玄沙行次.乃云.者一片地.好造箇無縫塔.沙云.高多少.師以目顧視上下.沙云.人天福報不如和尚.若是靈山授記.未夢見在.師云.子又作麼生.沙云.高六七尺.

---

338 무봉탑(無縫塔): 무봉탑은 혜충 국사(?~775)와 숙종황제의 대화에서 기인한 것인데 『불과원오선사벽암록』 권2 『대정장』 권48, p.157, c18-20) "擧.肅宗皇帝問忠國師.百年後所須何物.國師云.與老僧作箇無縫塔.(숙종황제가 혜충 국사에게 묻길, '입적한 후에 어떤 물건이 필요합니까?' 혜충 국사가 이르길, '저에게 이음새 없는 탑을 만들어 주십시오.')." 즉 무봉탑은 원래 공겁 이전에 만들어져 광명은 무상(無相)의 영역에 빛난다. 세계가 파괴될 때에도 이 탑은 파괴되지 않고 미묘한 형상을 초월하여 일체처에 두루하고 있다고 하는데 우리들 각자의 본성은 자타(自他)나 미오(迷悟)의 차별과 분별심으로 꿰맨 자국이 없다. 선에서는 일원상(一圓相)과 같이 진여실상(眞如實相)의 상징으로 사용하는 말인데, 아상, 인상이 텅 비워진 자기가 우주만법과 하나가 된 만법일여(萬法一如), 만물일체(萬物一體)의 경지를 의미하는 말이다. 즉 아상, 인상을 텅 비운 불심의 경지가 무봉탑이다.

339 영산수기(靈山授記): 부처님이 수행자에 내리는 깨달음의 약속. 수기(授記)는 수행자가 미래에 최고의 깨달음을 성취하게 되리라고 부처님이 약속하고 예언하는 것을 말한다. 수기는 범어 브야까라나(vykarana)의 번역으로 화가라나(和伽羅那) 또는 화라나(和羅那)로 음역하며 기별(記別), 기설(記說), 수결(受決), 수결(授決), 기(記) 등으로도 번역하고 있다. 『법화경』이나 천태종의 가르침에 의하면 수기는 주로 소승의 성문(聲聞)이 일승묘법(一乘妙法)에 눈떠 기사회생하고 미래에 대등하게 부처가 될 것을 인증(認證)한 것이다. 일반적으로는 주로 미래에 성불의 증언을 의미한다. 초시불교 경전에도 석가모니 부처님이 과거 세상에 연등불로부터 "다음 세상에서 여래(如來)가 되리라."는 수기를 받은 이야기와, 미륵불이 석가모니 부처님으로부터 수기를 받은 이야기가 나온다. 이와 함께 『무량수경』에 법장 비구가 세자재왕불로부터 아미타불이 될 것이라는 수기를 받은 것을 비롯해 사리불, 제바달다, 성불하지 못한 여인이 수기를 받는 장면 등이다. 수기의 종류에 대해 『수능엄삼매경』 권하에서는 근기가 높아 백천만 아승지겁이 지난 뒤 깨달음을 얻을 것이라며 주는 수기인 미발심이여수기(未發心而與授記), 오랫동안 선행을 쌓아 발심해서 아유월치에 살고 있는 보살에게 주는 발심즉여수기(發心卽與授記), 성불의 모습을 보여 본인은 모르게 다른 보살 앞에서 수기를 주는 밀수기(密授記), 대중 앞에서 수기를 주는 현전수기(現前授記) 등 4가지로 나누고 있다.

● 스님께서 대중에게 이르길, "망주정(望州亭)에서 그대들과 서로 만났었고, 오석령(烏石嶺)에서도 그대들과 서로 만났으며, 승당 앞에서도 그대들과 서로 만났었다." (보복종전 스님이 아호지부 스님에게 묻길, 승당 앞은 그렇다 치더라도 망주정, 오석령 어떤 곳에서 서로 만났다는 것입니까? 아호 스님이 빠른 걸음으로 방장실로 돌아가자 보복 스님도 곧바로 승당으로 들어갔다.)

師示衆云.望州亭與儞相見了也.烏石嶺與儞相見了也.僧堂前與汝相見了也(保福問鵞湖, 僧堂前且置望州亭烏石嶺什麼處相見.鵞湖驟步歸方丈, 保福便入僧堂.).

● 스님께서 현사 스님과 함께 울타리를 엮고 있을 때 현사 스님이 묻길, "무엇이 조사가 서쪽에서 오신 뜻입니까?" 스님께서 울타리를 잡고 흔들었다. 현사 스님이 말하길, "이렇게 많은 고생을 해서 무엇 하시렵니까?" 스님께서 말하길, "그대는 어떻게 하겠는가?" 현사 스님이 말하길, "우선 대나무 껍질이나 주십시오."

師與玄沙夾籬次.沙問.如何是祖師西來意.師將籬障撼.沙云.喫許多辛苦作什麼.師云.子作麼生.沙云.且過篾頭來.

● 새로 도착한 어떤 스님에게 스님께서 묻길, "그대는 어디서 왔는가?" 그 스님이 말하길, "스님께 예배하려 왔습니다." 스님께서 말하길, "어느 것이 그대의 스님인가?" 그 스님이 이에 "안녕하십니까?" 하니 스님께서 발로 밟아 버리고 말하길, "이 들여우 같은 놈아! 너에게 30방망이를 때려 주겠다."

有新到僧.師問.汝來作什麼.僧云.來禮拜和尙.師云.阿那箇是儞和尙.僧乃不審.師踏云.者野狐精.放汝三十棒.

● 스님께서 하루는 어떤 스님을 시험해 보려고 말하길, "어디서 왔는가?" 그 스님이 말하길, "절중(浙中)에서 왔습니다." 스님께서 이르시길, "배를 타고 왔는가?

육지로 왔는가?" 그 스님이 말하길, "두 길을 모두 건너지 않았습니다." 스님께서 말하길, "어떻게 이곳에 왔는가?" 그 스님이 말하길, "무슨 막힘과 걸림이 있겠습니까?" 스님께서 그 스님을 때려 쫓아 버렸다.

그 스님이 10년이 지난 후에 다시 찾아왔는데 스님께서 말하길, "어디서 왔는가?" 그 스님이 말하길, "호남(湖南)에서 왔습니다." 스님께서 말하길, "호남은 이곳에서 얼마나 가야 하나?" 그 스님이 말하길, "멀지 않습니다." 스님께서 불자를 세우고 말하길, "이만큼 떨어져 있는가?" 그 스님이 말하길, "만약 멀다면 이곳에 오지 못했을 겁니다." 스님께서 지난번과 같이 그를 때려 쫓아 버렸다.

이 스님이 그 후에 주지를 하게 되었는데 무릇 사람들만 보면 곧바로 설봉 스님의 욕을 하였다. 그 스님과 함께 수행하던 스님이 이 말을 듣고 특별히 그를 방문해서 이에 묻길, "사형이 설봉 스님 처소에서 어떤 말을 했는데 곧바로 이와 같이 설봉 스님을 욕을 하십니까?" 드디어 두 번의 인연에 대해 이야기를 하자 이에 도반스님이 꾸짖고 욕을 하며 그 상황을 말해 주니 그때서야 슬피 울면서 항상 한밤중에 향을 사르고 멀리 설봉산을 바라보며 예배를 하였다.

師一日勘僧云.什麼處來.僧云.浙中來.師云.船來.陸來.僧云.二途俱不涉.師云.爭得到者裏.僧云.有什麼隔礙.師打趂出.僧過十年後再來.師云.甚處來.僧云.湖南來.師云.湖南與者裏相去多少.僧云.不隔.師豎起拂子云.還隔者箇麼.僧云.若隔.即不到也.師依前打趂出.此僧住後.凡見人.便罵師.其僧有同行聞得.特去相訪.乃問.兄到雪峰處有何言句.便如是罵佗.遂擧兩度因緣.乃被同行叱罵.與佗說破.當時悲泣.常向中夜焚香.遙望雪峰禮拜.

● 스님께서 장경혜릉 스님께 묻길, "옛사람이 말하길, 전삼삼(前三三) 후삼삼(後

三三)³⁴⁰이라고 했는데 무슨 뜻인가?" 장경혜릉 스님이 곧바로 나가 버렸다.

師問慧稜.古人道.前三三.後三三.意作麼生.稜便出去.

● 스님께서 어떤 스님에게 묻길, "어디서 오는가?" 그 스님이 말하길, "영외(嶺外, 고개 밖)에서 옵니다." 스님께서 말하길, "달마대사를 만났는가?" 그 스님이 말하길, "구름 한 점 없는 맑은 날씨입니다."³⁴¹ 스님께서 말하길, "자기의 본분사는 어떠한가?" 그 스님이 말하길, "다시 무엇을 말입니까?" 스님께서 곧바로 때렸다.

師問僧.什麼處來.僧曰.嶺外來.師曰.還逢達磨也無.僧曰.青天白日.師曰.自己作麼生.僧曰.更作麼生.師便打.

● 스님께서 어떤 스님을 전송하면서 서너 발자국을 걸어가다가 "스님!" 하고 부르셨다. 그 스님이 고개를 돌리자 스님께서 말하시길, "길 조심하십시오."

師送僧出.行三五步.召曰.上座.僧迴首.師曰.途中善爲.

---

340 전삼삼 후삼삼(前三三 後三三): 원래 뜻은 불법의 지혜는 중생의 사량 분별로는 헤아릴 수 없다는 의미로 차별적인 견해를 초월한 입장을 말하는 것이다. 『조당집』 권12 「용회화상장」(『고려대장경』권45, p.312, c25) "問.古人道.前三三.後三三.意作摩生.師云.西山日出.東山月沒.(어떤 스님이 묻길, '옛사람이 전삼삼 후삼삼(前三三 後三三)이라 했는데 무슨 뜻입니까?' 용회 화상이 이르길, '서산에 해가 뜨고 동산에는 달이 진다.')." 『경덕전등록』 권13 「자복여보장」(『대정장』권51, p.302, a12-13) "問古人道前三三後三三意如何.師曰.汝名什麼.曰某甲.師曰.喫茶去.(어떤 스님이 묻길, '옛사람이 말하길, 전삼삼, 후삼삼이라고 했는데 무슨 뜻입니까?' 자복선사가 이르길, '그대 이름이 무엇인가?' 그 스님이 아무개입니다 하고 대답하자. 자복 선사가 말하길, '차나 마셔라.')." 『불과원오선사벽암록』 권4(『대정장』권48, p.173, b29-c8) "舉.文殊問無著.近離什麼處.無著云.南方.殊云.南方佛法.如何住持.著云.末法比丘.少奉戒律.殊云.多少衆.著云.或三百或五百.無著問文殊.此間如何住持.殊云.凡聖同居龍蛇混雜.著云.多少衆.殊云.前三三後三三.(문수가 무착에게 묻길, '최근 어디를 떠나 왔는가?' 무착이 이르길, '남방에서 왔습니다.' 문수가 이르길, '남방의 불법은 어떻게 실천하는가?' 무착이 이르길, '말법시대의 비구가 계율을 실천하는 수행자가 적습니다.' 문수가 이르길, '대중은 얼마나 있는가?' 무착이 이르길, '300명에서 500명 정도 됩니다.' 무착이 문수보살에게 묻길, '여기에서는 불법을 어떻게 실천합니까?' 문수가 이르길, '범부와 성인이 함께 있고 용과 뱀이 뒤섞여 있다.' 무착이 묻길, '대중이 많습니까?' 문수가 이르길, '앞도 삼삼, 뒤도 삼삼이다.')."
341 본지풍광(本地風光)이 다 드러났는데 스님께서는 무슨 말씀을 하시나요?'라는 뜻의 반문이다.

● 스님께서 법상에 올라 설법하실 때 불자를 들고 말씀하길, "이것은 중(中), 하근기(下根機)를 위한 것이다." 그 스님이 질문하길, "상상근기(上上根機)의 사람이 오면 어떠합니까?" 스님께서 불자를 들자 그 스님이 말하길, "이것은 중, 하근기를 위한 것입니다." 스님께서 곧바로 때렸다.

上堂. 擧拂子曰. 這箇爲中下. 僧問. 上上人來. 如何. 師擧拂子. 僧曰. 這箇爲中下. 師便打.

● 스님께서 말하길, "밥통 옆에 앉아 굶어 죽을 사람과 물가에서 목말라 죽을 놈아!" 현사 스님이 말하길, "밥통 속에 앉아서 굶어 죽을 놈, 물속에 머리를 처박고 목말라 죽을 놈!" 운문 스님이 말하길, "온몸[342]이 밥이요, 온몸이 물이다."

師云. 飯籮邊坐餓死人. 臨河渴死漢. 玄沙云. 飯籮裏坐餓死漢. 水裏沒頭浸渴死漢. 雲門云. 通身是飯. 通身是水.

● 어떤 스님이 묻길, "무엇이 부처입니까?" 스님께서 말하길, '잠꼬대해서 무엇하겠는가?"

問. 如何是佛. 師曰. 寐語作什麼.

● 스님께서 행각을 할 때 오석영관 스님을 참문하려고 겨우 문을 두드리자 오석 스님이 질문하길, "누구인가?" 스님께서 말하길, "봉황의 새끼입니다." 오석영관

---

342 통신(通身): '온몸,' '전체'라는 말로 온몸과 하나가 된 경지를 말하는데 혼신(渾身), 전신(全身)이라고도 한다. 『진주임제혜조선사어록』 권1(『대정장』 권47, p.504, b25-26) "卽時傳布. 市人競往開棺. 乃見全身脫去. 祇聞空中鈴響隱隱而去. (즉시 소식이 시내에 퍼졌다. 시장사람들이 다투어 가서 관 뚜껑을 열어보니 보화 스님의 몸 전체가 완전히 없어졌다. 다만 공중에서 요령 소리만 은은하게 울렸을 뿐이다)." 『조당집』 권5 「도오원지장」(『고려대장경』 권45, p.267, c13) "師云. 我會也. 我會也. 嵒卻問. 作摩生會. 師云. 通身是眼. 神山云. 渾身是眼師. (도오원지 스님이 말하길, '나는 알겠다. 나는 알겠다.' 운암 스님이 도리어 묻길, '무엇을 안다는 것입니까?' 도오원지 스님이 말하길, '온몸이 눈이다.' 신산 스님이 말하길, '온몸이 스님의 눈입니다.')."

스님이 말하길, "어찌 왔는가?" 스님께서 말하길, "늙은 영관 스님을 잡아먹으러 왔습니다." 오석영관 스님이 곧바로 문을 열고 스님의 멱살을 잡고 말하길, "말하라, 말해!" 스님께서 뭐라고 하려하자 오석영관 스님이 스님을 탁 밀어내고 문을 도로 닫아 버렸다.

스님께서 그 후 주지가 되어 대중에게 말하길, "내가 당시에 오석 스님의 문안으로 들어가 보았다면 그대들 한 무리의 술지게미를 먹는 놈들[343]이 어디에서 도를 찾아보았겠는가?"

師行脚時.參烏石觀和尙.纔敲門.石問.誰.師曰.鳳凰兒.石曰.來作麽.師曰.來啗老觀.石便開門.搊住曰.道.道.師擬議.石拓開.閉却門.師住後.示衆曰.我當時若入得老觀門.儞這一隊噇酒糟漢向甚麽處摸索.

● 스님께서 법상에 올라 설법하길, "온 대지가 모두 해탈문인데 손을 잡고 그를 끌어 당겨도 들어오지 않는다."[344] 그때 한 스님이 나와서 말하길, "스님께서 저를

---

343 당주조한(噇酒糟漢): 이 말은 월주(越州) 지방의 사람들이 술지게미를 좋아해 잘 먹었기 때문에 월주 사람들을 욕하는 말로 사용했었는데 뒤에 유행되어 사람을 욕하는 말로 사용하고 있다. 진짜 술을 마시지도 않고 술지게미나 조금 먹은 주제에 술에 취한 행세를 하는 사람을 욕하는 말이다. 선에서는 특히 언어문자에 집착하여 불법의 대의를 파악하지 못하는 어리석은 선승을 매도하는 말로 사용하며 선의 어록에 '옛사람의 술지게미나 빨아먹는 놈'이라는 말도 같은 의미이다. 선 수행을 하면서 제대로 불법의 대의를 철저하게 체득하지 못한 선승이 선승들의 어록 몇 마디를 이해한 분별심으로 진짜 대단한 선승처럼 행세하는 사이비 선승들을 매도하는 말이다. 『불과원오선사벽암록』 권2(『대정장』 권48, p.151, b12-15) "擧黃檗示衆云.汝等諸人.盡是噇酒糟漢.恁麽行脚.何處有今日.還知大唐國裏無禪師麽.(황벽 스님이 대중에게 이르시길, '그대들 모든 사람들은 모두가 술지게미를 먹고서 진짜 술을 마시고 취한 듯이 흉내 내는 놈들이다. 이렇게 수행하는 사람이 언제 불법을 체득할 수 있겠는가? 큰 당나라에 선사가 없다는 사실을 아는가?')."
344 파수예아불긍입(把手拽伊不肯入): '손을 끌어당겨도 그는 들어오지 않는다.'라는 뜻인데 어찌할 도리가 없는 우둔함을 말한다. 『허당화상어록』 권2(『대정장』 권47, p.1001, b11-12) "僧云.未審二林見僧作麽生接.師云.把手拽不入.(어떤 스님이 말하길, '도대체 두 개의 수풀을 보고 스님은 어떻게 제접하겠습니까?' 스님께서 말하길, '손을 잡고 끌어도 들어오지 않는다.')." 『광지선사광록』 권1(『대정장』 권48, p.2, a3-4) "入寺上堂云.古人道盡十方世界.是箇解脫門.把手拽不入.(절에 들어와서 법상에 올라 설법하길, '옛사람이 말하길, 시방의 모든 세계가 해탈문인데 손을 잡고 끌어도 들어오지 않는다.')."

의심하시면 안 됩니다" 또 한 스님이 말하길, "그곳에 들어가서 무엇을 하려고 합니까?" 스님께서 곧바로 때렸다.

上堂.盡大地是箇解脫門.把手拽伊不肯入.時一僧出曰.和尙怪某甲不得.又一僧曰.用入作甚麼.師便打.

● 스님에게 민왕이 유자와 귤을 각각 10개씩 봉해 사람을 시켜 보내며 편지를 써서 묻길, "이 유자와 귤은 이미 한 가지 빛깔인데 어째서[345] 이름이 다릅니까?" 스님께서 받아 보시고 다시 봉해서 돌려보냈다. 민왕이 다시 현사 스님에게 보내어 물어보니, 현사 스님은 한 장의 큰 종이로 뚜껑을 덮어 버렸다.

師因閩王封柑橘各十顆.遣使送至.束問.旣是一般顔色.爲甚名字不同.師遂依舊封回.王復馳問玄沙.沙將一張紙盍却.

● 스님께서 법상에 올라 설법하실 때 대중들이 다 모이자 나무 공을 빠르게 굴러 보내니 현사 스님이 공을 잡아서 있던 자리에 가져다놓았다.

또 하루는 스님께서 현사 스님이 오자 세 개의 나무 공을 한꺼번에 굴리니 현사 스님이 곧바로 쓰러져 넘어지는 자세를 취했다. 스님께서 말하길, "평소에 몇 개의 공을 사용하는가?" 현사 스님이 말하길, "셋이 곧 하나요, 하나가 곧 셋입니다."[346]

---

345 위심(爲甚): 위습마(爲什麼)와 같다. '어떠한 이유로,' '왜,' '어째서'의 뜻이다. 『황룡혜남선사어록』 권1(『대정장』 권47, p.632, c2-3) "汝等諸人.爲甚不見.(그대들 모든 사람들은 어째서 보지 못하는가?)."
346 회삼귀일(會三歸一): 『법화경』에서 부처가 방편(方便)으로 설한 성문(聲聞)·연각(緣覺)·보살(菩薩)인 삼승(三乘)이 궁극적으로 일승(一乘)에 귀착된다는 가르침. 삼승 가운데 성문승과 연각승은 소승(小乘)에 해당되고 보살승은 대승(大乘)에 해당되지만, 모든 부처의 가르침은 오직 하나의 일불승(一佛乘)이며 이 하나의 불승에서 방편으로 삼승을 시설한 것이다. 『묘법연화경』 권1 「2 방편품」(『대정장』 권9, p.8, b28-c1) "一切諸世尊.皆說一乘道.今此諸大衆.皆應除疑惑.諸佛語無異.唯一無二乘.(일체 모든 세존들이 모두 일승의 가르침을 설하여 지금 이 모든 대중들이 다 의혹을 제거하니 모두 부처의 말씀과 다름이 없이 오직 일승이지 이승은 없다)."

上堂.衆集定.師輥出木毬.玄沙遂捉來安舊處.又一日.師因玄沙來.三箇一時輥出.沙便作偃倒勢.師曰.尋常用幾個.曰.三卽一.一卽三.

● 스님께 어떤 한 스님이 질문하길, "긴요한 곳을 청컨대 스님께서 가르쳐 주십시오." 스님께서 말하길, "이것은 무엇인가?" 그 스님은 말끝에 크게 깨달았다.
師因僧問.緊要處乞師指示.師曰.是甚麼.僧於言下大悟.

● 스님께서 남제 장로를 전송하느라 문밖으로 나가 여인의 절을 하자, 남제 장로가 손을 모으고 "예! 예!" 하니 스님께서 손으로 이마를 때리고 곧바로 돌아왔다.
師送南際長老出.乃作女人拜.際斂手應諾諾.師以手斫額便歸.

● 스님께서 장차 입적에 임하여 스스로 탑명과 아울려 서문을 짓고 말하시길, "대저 인연 따라 있는 것은 처음부터 끝까지 생겼다가 허물어지고, 인연 따라 생기지 않는 것은 겁을 지나도록 항상 견고하니, 견고한 것은 있고 허물어진 것은 없어진다. 그렇지만 떠나서 흩어져 죽음에 이르기 전에 미리 설치해 논들 무슨 상관이 있겠는가?

그래서 돌을 포개어 집을 짓고, 나무를 잘라서 함을 만들고, 흙을 싣고 와서 흙덩이를 쌓아 감실을 만든다. 모든 일이 이미 준비가 되면 머리는 남쪽으로 다리는 북쪽으로 두고 산을 베고 눕게 된다.

오직 죽음에 이르러 원하는 것은 길을 같이 하는 자는 나의 뜻을 어기지 말고, 마음을 아는 자는 나의 뜻을 바꾸지 마라. 깊이 부촉하고 다시 부촉하니 부지런히 힘써주면 다행스럽겠다. 설사 그렇다 해도 다른 날 불법을 현양한다 해도 어찌 지금의 바른 안목으로 비밀스럽게 홍포하는 것만 하겠는가? 잘 생각하고, 자세히 살펴봐라."

師將示寂.自制塔銘并敘曰.夫從緣有者.始終而成壞.非從緣得者.歷劫而常堅.堅之則在.壞之則捐.雖然離散未至.何妨預置者哉.所以疊石結室.剪木成函.搬土積塊爲龕.諸事已備.頭南脚北.橫山而臥.惟願至時.同道者莫違我意.知心者不易我志.深囑再囑.幸勉勵焉.縱然它日邪造顯揚.豈如當今正眼密弘.善思之.審思之.

탑명을 새기며 말하길
(설두 스님이 여기에 주를 달았다)

銘曰

형제가 네거리에 늘어서서
(설두가 주로서 말하길, 나라에는 두 임금이 없다. 또 말하길, 알겠는가?)
兄弟橫十字(雪竇註云.國無二君.又云.知麼).

같은 마음으로 하나의 모습을 익혀라.
(바람이 지나가면 풀이 눕는다. 또 말하길, 곧바로 한 것이다.)
同心著一儀(風行草偃.又云.直與).

흙의 주인을 소나무와 산이라고 말하고,
(사방으로 돌아봐도 끊어지지 않는다. 또 말하길, 보아라!)
土主曰松山(四顧匪絶.又云.看).

알의 탑을 난제[347]라 부른다.
(단지 부처의 전체작용[348]을 숨김없이 드러낸다. 또 말하길, 위험하다.)

---

347 난제(難提): 비구의 이름. 범어 Nandi를 음사한 것으로 뜻을 옮기면 희(喜)라고 번역한다. 이 비구는 걸식하고 인욕하면서 차고 더운 것을 싫어하지 않았다고 한다.
348 노상(露相): 진면목을 드러내다, 정체를 드러내다, 본색을 나타내다.

卵塔號難提(獨露相倚. 又云. 險).

다시 오랑캐의 가락이 있으니
(하나는 서쪽, 하나는 동쪽이니. 또 말하길, 큰일이다.)
更有胡家曲(一西一東. 又云. 大難).

그대들은 간절히[349] 마땅히 알아야 한다.
(남쪽도 스스로, 북쪽도 스스로. 또 말하길, 알겠는가?)
汝等切須知(自南自北. 又云. 會也).

나는 진흙소의 울음소리를 노래하리니
(듣더라도 고개를 들지 마라. 또 말하길, 하하!)
我唱泥牛吼(聞莫擧頭. 又云. 呵呵).

그대는 목마의 울음소리로 화답하여라.
(보았다면 응당히 눈을 감아야 한다. 또 말하길, 손뼉을 쳐라!)
汝和木馬嘶(見應合眼. 又云. 撫掌).

단지 오뉴월을 보아라!
(어찌 공연한[350] 일이겠는가? 또 말하길, 맞다.)

---

349 절수(切須): 간절히 마땅히 ~해야 한다. 절(切)은 어세를 강하게 하는 말이다. 대수(大須), 사수(事須) 등과 같은 어투이다. 『달마대사혈맥론』 권1(『속장경』 권63, p.2, c5-6) "雖無一物可得. 若求會. 亦須參善知識. 切須苦求. (비록 한 물건도 얻을 수 없다고 해도 만약 구할 수 있으면 또한 반드시 선지식을 참문해야 한다. 간절히 마땅히 고통에서 구해야 한다)."
350 주연(徒然): 공연히, 쓸데없이, 헛되이.

但看五六月(豈可徒然. 又云. 叶).

얼음 조각이 긴 길거리에 가득 찼다.
(간략하게[351] 할 일이 아니다. 또 말하길, 괴롭다.)
冰片滿長街(事非草草. 又云. 苦).

장작이 다 타고 불이 꺼진 뒤에
(간다! 간다! 누구와 함께 가는 것인가! 또 말하길, 잘 사시오.)
薪盡火滅後(去去誰同. 又云. 好住).

비밀스러운 방은 진흙처럼 문드러지겠네.
(반드시 이와 같은 경지에 이르러야 한다. 또 말하길, 노력하라.)
密室爛如泥 須到如此. 又云. 努力).

양나라(당말 오대의 후양) 개평 무진년(908) 3월에 병이 들었는데[352] 민왕이 의원에게 명하여 치료하도록 하였는데 스님께서 말하시길, "나는 병이 들지 않았다."고 하시고 끝내 약을 복용하지 않으시고 게송을 남겨 법을 부촉하였다. 5월 2일 아침에 남전장원에 갔다가 저물 때 돌아와 목욕[353]을 하시고 한밤중에 입멸하셨는데 세수는 87세, 법랍은 59세였다. 본원 방장에 탑을 건립했다.
梁開平戊辰三月示疾. 閩帥命醫. 師曰. 吾非疾也. 竟不服藥. 遺偈付法. 五月二日. 朝遊藍田. 暮歸澡身. 中夜入滅. 壽八十七. 臘五十九. 建塔於本院方丈.

---

351 초초(草草): 간략하게, 대강대강, 허둥지둥.
352 시질(示疾): 병이 나다.
353 조신(澡身): 몸을 씻다. 목욕하다.

스님께서 게송으로 말씀하시다
師偈語

세월은 아주 빨리 흘러 홀연히 잠깐 사이인데,
부질없는 세상을 어찌 오래 머물 수 있겠는가?
영을 떠나올 때 내 나이 32세,
민 땅에 들어 온 지 일찍이 40년,
남의 잘못은 자주자주 찾지 말고,
자기의 허물은 반드시 돌아서서 제거하라.
붉은빛과 자줏빛 가사를 내려준 조정에 보답하기 위해,
염라대왕을 두려워하지 않고 금어[354]에 탄복하네.
光陰倏忽暫須臾. 浮世那能得久居.
出嶺年登三十二. 入閩蚤是四旬餘.
佗非不用頻頻檢. 已過還須旋旋除.
爲報朝廷朱紫道. 閻羅不怕佩金魚.

성양(榁洋)에서 노닐다 [游榁洋]
청산은 고요하고 쓸쓸함이 없어서,

---

354 금어(金魚): 불상을 그리는 사람.

사방에는 오는 길도 없네.

안거해도 깨닫지 못하니,

해탈[355]을 해도 끝내 남음이 있어라.

靑山無適莫. 四畔無來路.

安居不到處. 出身終有餘.

학인의 질문하는 일에 인연하여[因學人問事]

다른 일과 다른 사람의 왕래도 끊고,

자기 일을 자기 스스로 제어하니

일체의 모든 법을 한 찰나에 포용하니,

다시 오고 감이 어찌 필요하겠는가?

佗事佗人斷. 己事己自裁.

萬法刹那包. 何用更往來.

---

355 출신(出身): 출리(出離)하다. 해탈하다. 출신(出身)은 원래 중국에서 관리시험의 합격을 말하며 입신출세(立身出世)와 같은 말이다. 선에서는 일상성의 세계를 돌파하여 깨달음의 경지에 들어간다는 뜻이다. 여기서는 수행의 극한에 도달하여 수행하는 자신의 존재조차 잊어버리고 절대의 세계에 들어간 것을 말한다. 『조당집』 권6 「동산양개장」(『고려대장경』 권45, p.272, b12) "僧曰. 全肯爲什摩辜負先師. 鳳池云. 守著合頭. 則出身無路.(어떤 스님이 말하길, '전부를 긍정하는 것이 어째서 선사를 저버리는 것입니까?' 봉지가 이르길, '머리를 맞대고 지키면 해탈하는 길이 없다.')." 『조당집』 권10 「경청도부장」(『고려대장경』 권45, p.297, c28-p.298, a1) "師云. 出身猶可易. 脫體道還難(해탈은 오히려 쉽지만 깨달음을 말하는 것은 어렵다)." 『진주임제혜조선사어록』 권1(『대정장』 권47, p.497, a9) "上堂云. 一人在孤峯頂上. 無出身之路.(법상에 올라 이르길, '한 사람은 높은 봉우리 정상에 있기 때문에 몸이 나아갈 길이 없다.')." 『무문관』 24칙 권1(『대정장』 권48, p.296, a16-17) "自有出身之路.(스스로에게 깨달음의 길이 있다)." 『굉지선사광록』 권1(『대정장』 권48, p.3, c4) "出身猶可易. 脫體道還難.(깨달음은 오히려 쉬우나, 깨달음을 말하기는 어렵다)." 『불과원오선사벽암록』 46본칙 권5(『대정장』 권48, p.182, b24) "淸云. 出身猶可易. 脫體道應難.(깨달음은 오히려 쉬우나 깨달음을 말하는 기는 어렵다)."

징소를 전송하며 [送澄沼]

홀연히 고향에 돌아간다고 알리니,

산이 가파르니 험한[356] 길을 굽이굽이 건너서

눈 쌓인 산마루를 삼 년[357]을 지나면

맑은 못엔 번뇌 망념의 일이 없으리로다.[358]

忽告歸鄕去. 崎嶇枉涉途.

雪嶺三秋外. 澄沼一事無.

한산시를 읽고 [因讀寒山詩]

가엽구나! 한산[359]이여!

말도 많고 또한 탈도 많다.

길을 막고 울타리로 막는다 해도,

---

356 기구(崎嶇): 산이 가파르고 험하다.
357 삼추(三秋): 가을의 3개월, 곧, 음력 7월의 초추(初秋), 음력 8월의 중추(仲秋), 음력 9월의 만추(晩秋)의 세 번의 가을을 말하고, 또는 9개월, 춘, 하, 추, 동은 각각 3개월씩이므로 삼추라 이름 하기도 하며 三季라 한다. 그리고 3개년 동안에 가을이 세 번 돌아오므로 3년이란 뜻이 있다.
358 설령삼추외 징소일사무(雪嶺三秋外.澄沼一事無): 눈 덮인 산봉우리는 깨달음의 당체를 이야기하고, 삼추는 계절의 변화와 같이 여러 해를 수행을 해야만 본 성품이 맑은 연못처럼 번뇌 망념의 일이 없이 여여하게 다 비추는 것과 같다는 의미이다.
359 한산(寒山): 중국 당나라 때 사람으로 성명은 알 수 없고, 항상 천태 시풍현의 서쪽 70리쯤에 있는 한암(寒巖)의 깊은 굴속에 있었으므로 한산이라 한다. 몸은 바싹 마르고 보기에 미친 사람 비슷한 짓을 하며 늘 국청사에 와서 습득(拾得)과 함께 대중이 먹고 남은 밥을 얻어서 대통에 넣어 둘이 서로 어울려 한산으로 돌아가곤 했다. 미친 짓을 하면서도 하는 말은 불도의 이치에 맞으며 또 시를 잘하였다 한다. 어느 날 태주자사 여구윤(閭丘胤)이 한암(寒巖)에 찾아가서 옷과 약 등을 주었더니 한산은 큰 소리로 "도적놈아! 이 도적놈아! 물러가라." 하면서 굴속으로 들어간 뒤에는 그 소식을 알 수 없었다고 한다. 그가 입적한 때도 혹은 당 현종의 선천 때(712-713)라 하고, 태종의 정관 때(627~649)라고도, 또는 현종의 원화 때(806~820)라고도 한다. 세상에서 한산, 습득, 풍간(豊干)을 3성(三聖)이라 부르고, 한산을 문수보살의 재현이라고 한다. 『한산시』 3권이 있다. 송대의 이방(李昉, 925~996)이 칙명으로 지은 『태평광기』 권55에 기록되어 있다.

즉시 신령스러운 지혜작용[360]을 펼치는 것을 참구함이 어떠한가?

可憐寒山子.多言復多語.

橫路作籬障.何如直下覓光舒.

목어[361]를 노래하는 2수[咏魚鼓二首]

내가 잠시 목어가 되어

머리를 매달아 중생을 위해서 고생하겠네.

스님들 차 마시고 공양할 때,

망치로 나의 배를 두드리면

몸은 비록 비늘 갑옷 입었지만

마음속에 한 물건도 없으니

가마우지[362]는 계곡을 가로질러 바라보지만,

나는 맹세코 윤회의 바다에 들어가지 않겠노라.[363]

我暫作魚鼓.懸頭爲衆苦.

師僧喫茶飯.拈槌打我肚.

身雖披鱗甲.心中一物無.

鸕鶿橫谿望.我誓不入湖.

---

360 광서(光舒): 신령스러운 지혜작용이 펼쳐지는 것을 비유한 말이다.
361 어고(魚鼓): 목어(木魚)의 다른 이름. 목어는 본래 물고기 모양의 판북으로 일이 발생한 것을 알리기 위해 치는 것. 공동(空洞)이 되어 있는 것을 어고(魚鼓)라 하고, 판형인 것을 어판(魚板)이라 한다.
362 로자(鸕鶿): 가마우지를 말한다.
363 아서불입호(我誓不入湖): 여기서 호수는 윤회의 바다를 비유한 말로 '나는 맹세코 윤회에 빠지지 않겠다'는 서원을 말하는 것이다.

가엾구나, 목어여!
태어날 때부터 땅에 공양하니
죽과 밥을 소화시키지 못하고,
텅 빈 배로 소리만 울리네.
언제나 졸고 있는 스님들 놀라게 하나
게으른 사람은 번뇌만 증장시키네.
주지는 시끄럽게 떠드니
물속에서 헤엄치고 노는 것만 못하구나.
可憐魚鼓子.天生從地養.
粥飯不能殖.空肚作聲響.
時時驚僧睡.懶者煩惱長.
住持鬧喧喧.不如打游漾.

소를 풀어 놓음[放牛]

이른 아침에 소를 풀어 이슬 맺힌 풀을 먹게 하니,
한낮이 이르니 배불러 좋구나!
배부른 소는 다시 먹고 싶은 생각이 없으니,
목동은 할 일 없어서 소 치는 노래를 부르네.
早朝放牛承露草.直至日晝干飽好.
牛飽更無思食念.牛兒無事唱牛歌.

학인들에게 권함[勸人]

쉽게 간다고 말하지 마라.
가려고 하니 역시 대단히 어렵나니.
허공이 천하에 가득해도,
미혹한 사람은 앉아 있어도 편안하지 못하다네.
莫道肯去易.肯去也大難.
虛空滿天下.迷人坐不安.

이와 같이 간절한 노파심으로, 그대에게 권하노니
세월을 헛되이 보내지 마라.
홀연히 눈 밝은 선지식을 만난다면,
서로 만나면 그대를 비웃고[364] 상대하지 않으리라.
若切老婆心.勸君莫掠虛.
忽遇明眼人.相逢笑殺渠.

마른 나무에 용을 숨겨 놓고,
잠만 자다가 종소리를 듣지 못하고,
어느 날 아침에 새벽같이[365] 일어나서,
홀연히 깨달으니 이것이 무슨 용인가?
枯樹解藏龍.貪睡不聞鍾.
一朝侵早起.忽覺是何龍.

---

364 소살(笑殺): 웃고 상대하지 않다. 웃어넘기다. 『조당집』 권11 「월산감진장」(『고려대장경』 권45, p.307, a20-21) "昔日曾擲玄沙道.笑殺張三李四歌.(지난날 일찍이 현사가 도에 나아갈 때, 장서방과 이서방의 노래를 비웃었네)."

365 침조(侵早): 동틀 무렵, 새벽, 날이 샐 때.

머리 숙여도 땅을 보지 못하고,
얼굴을 들고서 하늘을 보지 못하네.
노지백우[366]가 있는 곳을 알고자 한다면,
다만 번뇌 망념이 끊어진[367] 앞을 보아라.
低頭不見地.仰面不見天.
欲知白牛處.但看髑髏前.

달마대사가 먼 길에서 오셨으니,
그대는 그 분을 저버리지 마라.
자세하게 살피고 마음을 관해서,
홀연히 깨달으면 좋겠구나.
達磨來路遠.汝莫辜負佗.
子細審思觀.忽然悟去好.

---

366 백우(白牛): 『법화경』 「비유품」에 나오는 보차(寶車)를 끄는 소. 일불승(一佛乘)을 비유한 말. 불심의 지혜작용이 세상에 다 드러냈다는 것으로 법신이 세계에 충만된 모습과 번뇌 망념이 없는 청정한 법신불의 표현이기도 하다. 『운문광진선사광록』 권1(『대정장』 권47, p.546, a9) "問如何是露地白牛.師云.覰機無改路.('무엇이 노지백우입니까?' 스님께서 말하시길, '불심의 지혜작용은 고칠 길이 없다.')." 『불과원오선사벽암록』 권10(『대정장』 48권, p.217, b9-12) "垂示云.聲前一句.千聖不傳.面前一絲.長時無間.淨裸裸赤灑灑.露地白牛.眼卓朔耳卓朔.金毛獅子.則且置.且道.作麼生是露地白牛.(수시하시길, '소리 이전의 한 마디 말은 모든 성인이 전할 수 없으며, 얼굴 앞의 가는 실오라기는 영원토록 끊을 수 없다. 벌거숭이로 옷을 벗어버리고 땅위에 다 드러난 흰 소와 눈과 귀를 치켜세우고 있는 금색 사자는 우선 제쳐두고 말해 보아라. 무엇이 노지백우인가?')."

367 촉루(髑髏): 일체의 정식(情識)인 중생심이 다할 때까지 완전히 말리어 단멸하여 끊은 경지의 비유이다. 또 반대로 죽은 시체와 다름없는 무안자(無眼子)를 촉루에 비유하기도 한다. 『경덕전등록』 권17 「조산본적장」(『대정장』 권51, p.337, a5-6) "枯木龍吟眞見道.髑髏無識眼初明.喜識盡時消不盡.當人那辨濁中清.(고목에 용이 우니 진실로 도를 친견했고, 번뇌 망념의 의식이 없으니 눈이 비로소 밝아졌네. 기쁘다는 의식이 다할 때 다하지 못했다는 것도 없어지면, 당연히 그러한 사람이 흐림과 맑음을 가릴 수 있다.)." 『불과원오선사벽암록』 2칙 송 권1(『대정장』 권48, p.142, a8-9) "髑髏識盡喜何立.枯木龍吟銷未乾.(해골의 의식이 다했는데 기쁨이 어디에 있겠는가? 고목에 용울음 아직도 남아있네)."

사람들은 모두 천지를 보는 눈이 있으나,

망령된 생각을 따라서 전도되어 보지 못하네.

항하사 같은 국토를 모두 다 삼켜도,

삼킨 것 모두 내가 아니면 어찌 맛을 알겠는가?

人人盡有乾坤眼. 莫隨妄情顚倒窺.

恒沙國土總吞盡. 吞盡不我何旨旨.

마른 나무에 용이 숨었으니,

천둥치면 반드시 놀라리라.

놀라는 자는 적지만,

놀라지 않는 자는 많다.

枯木藏龍. 雷動必驚.

驚者是少. 不驚者多.

가장 높은 산봉우리는 눈같이 희고,

많은 물줄기의 하나의 근원[368]은 깊기만 하네.

도량이 평평하기가 손바닥과 같아도,

나의 불법의 근본은 부처의 마음을 초월했네.

絶頂白似雪. 衆水一源深.

道場平如掌. 我宗超佛心.

양자강에 낚시를 던지니,

---

368 일원(一源): 일승(一乘)의 근원으로 부처의 구경의 깨달음을 말한다.

노닐던 고기가 낚싯줄에 걸렸네.

낚시 바늘에 달린 미끼 그 은혜 귀중하나,

위 조상을 가볍게 속이고 노래했네.

長江抛釣子.游魚帶絲條.

恩重鉤頭餌.輕欺上祖歌.

발로 향적봉 밭두렁을 밟고,

머리는 마명봉의 험한 산줄기를 베개 삼았네.

흰 구름 속에 몸을 뉘고,

신비한 신령스러운 지혜작용은 만 리에 펼쳤네.

나의 최후의 말을 알겠는가?

그대와 함께 같은 한 가지인 것을.

脚踏香積壟.頭枕馬鳴崎.

身臥白雲裏.神光萬里祕.

會我最後句.與汝同一枝.

동과[369]는 어느 것이나[370] 길어서,

호리병박[371]에 튀어나온 것을 둥글게 깎았네.

영롱한 빛은 천하에 가득한데,

그대를 보니 검은 속[372]이 끝이 없구나!

---

369 동과(冬瓜): 박과의 한해살이 덩굴성 식물.
370 롱동(儱侗): 어느 것이나, 대체적으로, 뚜렷하지 않다.
371 호로(葫蘆): 호로(壺蘆). ① 호리병박 ② 대궐(大闕) 안 잔치 때 무애무(無㝵無)를 추는 데에 쓰는 제구의 한 가지. 양 끝에 술이 달린 끈. 허리에 잡아매어 좌우로 늘어지게 한다.
372 흑만만(黑漫漫): 새까맘, 아주 캄캄함. 암흑. 『운문광진선사광록』 권1(『대정장』 권47, p.545, b20-21)

冬瓜長儱侗.葫蘆剔突圝.

玲瓏滿天下.覽子黑漫漫.

길가의 망주석[373]을 그대는 보지 못했는가?
세상이 모두 하나같이 일이 많아서.
비파를 탈 때 쓰는 기구인 단여[374]는 손을 따라 움직여도,
광릉묘곡을 연주하는 사람이 없도다.
만약에 묘곡[375]을 연주할 수 있는 사람이 있다면,
한번 연주하면 세상의 모든 곡조를 다 연주할 수 있다네.
君不見路邊華表柱.天下忙忙總一般.
琵琶枏椴隨手轉.廣陵玅曲無人彈.
若是有人能彈得.一彈彈盡天下曲.

세상에 하나의 일이 있으니,
받들어 배워서 취하기를 권하겠네.
비록 반 푼의 살림살이도 없지만,
겁을 지낼 수 있는 부를 전할 수 있네.

"自己心裏黑漫漫地.明朝後日大有事在.(자기 마음속이 아주 캄캄해서 내일이나 다음 날에도 큰일이 있을 것이다)."

373 화표주(華表柱): 본래 인도에서 도성의 각 성문마다 대화표주(大華表柱)를 세운데서 유래한 것. 현재 인도 보드가야 탑의 정면에 원형의 화표(華表)가 있다. 중국에서는 긴 깃대 위에 가로 나무를 교차하여 큰 길거리에 세워 표하는 것이다. 이것도 인도 풍속에서 온 것이다. 우리나라에서 예전에 급제한 사람이 사는 동리 어귀에 세우던 솟대가 그와 비슷하다. 그리고 무덤 앞의 양쪽에 세우는, 여덟 모로 깎은 한 쌍의 돌기둥을 말하는 데 비슷한 말로 망두석(望頭石), 망주석(望柱石), 망주석표(望柱石表), 화표(華表)라고 한다.

374 단여(枏椴): 비파를 연주할 때 손에 잡는 빗 모양의 타는 기구.

375 광릉묘곡(廣陵玅曲): 계강(稽康)이라는 사람이 연주했다는 신선곡(神仙曲).

世中有一事.奉勸學者取.
雖無半錢活.能傳歷劫富.

하늘을 올라가도 사다리는 빌리지 않고,
두루 땅을 다녀도 가는 길을 없네.
하늘과 땅을 다 포용하는 곳을,
선을 수행하는 사람이여 급히 깨달아라.
登天不借梯.徧地無行路.
包盡乾坤處.禪子火急悟.

새벽 인시에 일어나지 않으려고,
앉아만 있기를 탐하다 저녁 신시가 됐네.
고기가 그물에 영겁토록 갇혀 있으니,
사냥꾼은 배 불려 터지겠다.
寅朝不肯起.貪坐昏黃晡.
魚被網裏劫.脹破獵師肚.

하늘 가득히 길은 보이지 않고,
만 리 길을 헤매다 해는 지고,
그대 세상 사람들에게 묻노니,
어느 때에 성불하겠는가?
滿天不見路.萬里迷也沒.
問汝世間人.何時得成佛.

벽돌을 갈아도 거울이 되지 않고,[376]

허공에는 결국 달이 있으니.

빨리 스스로 찾아서,[377]

여러 생의 윤회를 받지 마라.

磨磚不成鏡. 虛空終有月.

火急自提取. 莫受多生屑.

높이 던져도 하늘에 닿지 못하고,

밑으로 던지다 해도 어찌 땅에 붙을 수 있겠는가?

해가 져서 산으로 숨어 버리면,

머리를 돌려 다시 본래면목[378]을 찾는다.

高抛不至天. 低擲豈著地.

日輪隱山去. 回頭更覓鼻.

내가 지금 그대에게 도를 권하노니,

그대는 문자를 생각하지 마라.

아울러 나무꾼[379]에게 권하노니,

노력하지 서로 속이지는 마라.

---

376 이 이야기는 남악회양과 마조도일의 다음과 같은 일화에 기인한 것이다. 『마조도일선사광록』(四家語錄 卷一)』권1(『속장경』 권69, p.2, a14-15) "師日. 磨磚作麼. 讓日. 磨作鏡. 師日. 磨磚豈得成鏡. 讓日. 磨磚旣不成鏡. 坐禪豈得成佛耶.(마조 스님이 말하길, '벽돌을 갈아 어찌하려고 하십니까?' 남악회양 스님이 말하길, '거울을 만들려고 한다.' 마조 스님이 말하길, '벽돌을 갈아 어찌 거울이 되겠습니까?' 남악회양 스님이 말하길, '벽돌을 갈아 거울이 되지 못함을 이미 알고 있는데 좌선해서 어찌 부처를 이루겠는가?')."

377 제취(提取): 찾다, 추출하다, 뽑아내다.

378 회두경멱비(回頭更覓鼻): 머리를 돌려 다시 코를 찾는다는 말은 머리를 돌려 본래면목을 찾는 것을 말한다. 코는 본래면목을 뜻한다.

379 채초인(採樵人): 나무꾼을 말한다.

我今勸汝道.汝休念文字.

兼勸採樵人.努力莫相欺.

여러 생에 부처님의 제자가 되지 못하고,
만겁토록 신맛, 쓴맛 맛보다가,
오늘 은혜와 사랑을 버렸으니,
서원을 하고 돌아보지 마라.

多生不出家.萬劫受辛苦.

今日捨恩愛.誓願莫回顧.

봄 서리 차가움이 하늘에 가득한데,
그대를 보니 속이 캄캄하구나!
흰 소[380]는 항상 해골[381] 앞에 있으니,
그대에게 권하노니 자세하게 살펴보라.

春霜滿天寒.覽子黑漫漫.

白牛常在髑髏前.勸君審細看.

그대들에게 알리노니,

---

380 백우(白牛): 노지백우(露地白牛)로 불법의 지혜작용이 다 드러난 모습을 백우로 표현한 것이다.
381 촉루(髑髏): 일체의 정식(情識)인 중생심이 다할 때까지 완전히 말라어 단멸하여 끊은 경지의 비유이다. 또 반대로 죽은 시체와 다름없는 무안자(無眼子)를 촉루에 비유하기도 한다. 『경덕전등록』 권17 「조산본적장」(『대정장』 권51, p.337, a5-6) "枯木龍吟眞見道.髑髏無識眼初明.喜識盡時消不盡.當人那辨濁中淸.(고목에 용이 우니 진실로 도를 친견했고, 번뇌 망념의 의식이 없으니 눈이 비로소 밝아졌네. 기쁘다는 의식이 다할 때 다하지 못했다는 것도 없어지면, 당연히 그러한 사람이 흐림과 맑음을 가릴 수 있다)." 『불과원오선사벽암록』 2칙 송 권1(『대정장』 권48, p.142, a8-9) "髑髏識盡喜何立.枯木龍吟銷未乾.(해골의 의식이 다했는데 기쁨이 어디에 있겠는가? 고목에 용울음 아직도 남아있네.)"

참 성품은 길에 있지 않다.
색신은 단지 종요로이 한가로운데,
어찌[382] 구구하게 고생할 필요가 있겠는가?
報汝等知乎. 眞性不在途.
色身祇要閑. 何用苦區區.

반드시 다른 사람으로부터 체득되지 않는 것을 알아야 하니,
어찌 밤낮으로 고생스럽게 다른 사람에게 구하는가?
내 구슬은 멀리 삼계를 초월했으니,
이는 성인도 아니고, 대상경계[383]도 아니구나.
須知不從人處得. 何勞晝夜苦求人.
己珠逈然越三界. 不是聖人非色塵.

하늘이 구름 한 점 없이 활짝 개어 푸른 산봉우리 분명하게 보이고,
만 리의 하늘에는 구름한 점 없구나!
애석하구나! 지금 사람들은 어찌 깨닫지 못하는가?
내 말에 수긍하는 사람은 이 법문에서 나와 함께 놀자.
天色晴明綠嶂分. 萬里虛空絶點雲.
可惜時人何不悟. 肯者同游此法門.

만 리에 작은 풀 한 포기[384] 없고,

---

382 하용(何用): 어찌 ~할 필요가 있는가?, 어디에 쓰는가?, ~할 필요가 없다.
383 색진(色塵): 육진(六塵)의 하나로 안식(眼識)의 대상인 색경(色境)을 말한다. 심성을 더럽히고 번뇌를 불러일으킴으로 진(塵)이라 한다.
384 촌초(寸草): 작은 풀, 얼마 안 되는 것, 사소한 것.

멀고 먼 하늘가엔 노을도 없네.
겁을 지나도록 항상 이와 같으니,
어찌 다시 출가할 필요가 있겠는가?

萬里無寸草.迥迥絶烟霞.
歷劫長如是.何須更出家.

증씨와 작별하면서[辭曾氏]

옛날에 일찍이 울다라[385]를 허락받고서,
지금까지 이르도록 베틀의 북 움직이지 않았다.
오늘 다시 운수행각을 떠나니,
오리가 거위가 될 때를 어느 누가 기다리겠는가?

昔年曾許鬱多羅.直至如今未動梭.
此日且隨雲水去.誰能待得鴨成鵝.

---

385 울다라(鬱多羅): 출가수행자가 입을 수 있는 옷인데 여기서는 출가를 하고 수행을 허락한 것을 의미한다.『마하승기율』권8(『대정장』권22, p.291, b7-10) "我從今日聽諸比丘.齊畜三衣.若得新者兩重作僧伽梨.一重作鬱多羅僧.一重作安陀會.若性不堪寒者.聽弊故衣.隨意重納.(부처님께서 이르시길, '오늘부터 비구들에게 옷 세 벌만 장만할 것을 허락한다. 만약 새 천을 얻으면 두 겹으로 승가리를 만들고, 한 겹은 울다라승을 만들며, 다른 한 겹은 안타회를 만들어라. 그래도 추위를 견디지 못하는 이가 있으면 헌 옷을 껴입는 것은 허락하니, 마음대로 겹쳐 입어도 좋다.' 하셨다)." ① 승가리(僧伽梨): 비구의 3의 중 가장 큰 것. 양중(兩重)으로 9조 또는 25조가 있다. 설법과 탁발을 위해 왕궁과 취락에 들어갈 때 반드시 이것을 걸친다. ② 울다라승(鬱多羅僧): 상의(上衣) 또는 상저의(上著衣)라고 하며, 한 겹으로 7조의 천 조각으로 만들어진다. 예송(禮誦), 포살(布薩) 등에 사용된다. ③ 안타회(安陀會): 일을 할 때나 누울 때 입는 옷. 선종에서 사용하는 낙자(絡子: 목에 거는 가사의 일종)가 여기에 해당한다.

실 사백스님께 올리는 글[贈實師伯]

훌륭하도다. 도인이여!
큰 지혜[386]를 단박에 쉬었구나!
당당한 용모와 태도가 빈틈[387]이 없음을,
장차 어떻게 본래인을 드러내겠는가?
善哉道者. 頓息大機.
堂堂密密. 將何顯伊.

천산의 가장 높은 봉우리는,
만겁의 푸른 옷을 입었고,
바람과 구름을 함께 포용한 것을
나는 끝내 알지 못했네.
千山絶頂. 萬重綠衣.
風雲抱合. 我終不知.

뜬 허깨비 때문에
시절인연에 따라서 어리석은 짓만 하다가
된서리 내리려 할 때
머리를 눈썹까지 풀어 헤쳤네.
以此浮幻. 隨處佯癡.

---

386 대기(大機): 대기대용(大機大用)으로 전인격의 역량이 전면적으로 명백하게 나타나는 것. 선승의 훌륭한 행동. 『불과원오선사벽암록』 11칙 평창 권2(『대정장』 권48, p.151, c9-10) "今日因師擧. 得見馬大師大機大用.(오늘 스님의 이야기를 듣고 마조 대사의 대기대용을 알아봤습니다)."

387 당당밀밀(堂堂密密): 당당(堂堂)은 용모나 태도가 훌륭하다, 버젓하다, 지기와 기백이 있다는 뜻이고, 밀밀(密密)은 많고 빽빽하다, 빈틈이 없다, 단단하다는 뜻이다.

嚴霜欲至.放髮齊眉.

스님인지 속인인지 말하지 못하고,
제멋대로 헤아렸는데
미묘한 공덕으로 나를 깨우쳐 주심이
거센 빗줄기에 구름이 흩어지는 것과 같았네.[388]
僧俗不辯.懷量任疑.
曉我微功.雨勢雲飛.

유주에서 수계를 받지 못함[幽州未得授戒]
열 살에 출가하면 아직 때가 아니고
이십 세가 바로 출가할 때이네.
지금 비구계 받을 계단은 있으나 아직 인연이 없어
우물쭈물하다[389] 늙은 사미[390]가 되었네.
一十出家未是時.二十出家正是時.
今遇官壇緣未合.躘踵且作老沙彌.

---

388 효아미공우세운비(曉我微功雨勢雲飛): 여기서는 실 사백스님께서 미묘하게 나를 깨우쳐 주심에 법비가 세차게 내려 번뇌 망념을 일시에 다 없애버리는 것과 같았다는 것이다.
389 용종(躘踵): 비틀비틀, 우물쭈물, 비척비척 꾸물꾸물. 늙어빠진 모양, 노쇠한 모양. 농동(儱偅), 농종(儱鐘), 농종(儱種)으로도 쓰인다.
390 사미(沙彌): 범어 사마네라(sāmaṇera)의 음역으로 오중(五衆), 칠중(七衆)의 하나이다. 막 출가하여 십계(十戒)를 받기는 했으나 아직 수행을 쌓지 않은 소년 승려를 가리킨다. 나이에 따라 구오사미(驅烏沙彌), 명자사미(名字沙彌), 응법사미(應法沙彌)의 세 가지로 나눈다.

스스로 말하다[自述]

설봉에 오기 전에는 사량분별로,

뜬 인생을 붙들고 애착하며 의심을 하였는데

불법의 가르침에 법이 법 아님에 이르니,[391]

결국[392]에는 나도 없고 또한 스승도 없네.

思量未到雪峰時.愛把浮生取次疑.

及至法門非法法.到頭無我亦無師.

스님께서 친히 판패를 베끼면서 하신 말씀[師親寫版牌云]

허망한 몸은 거울에 서면 그림자를 비추지만,

그림자와 허망한 몸은 다르지 않다네.

만약 그림자 없애고 몸을 남겨두고자 하다면,

몸과 그림자는 항상 허망함을 알지 못하는 것이네.

몸과 그림자는 본래부터 다르지 않아서,

하나만 있고 하나는 없을 수가 없구나.

妄身臨鏡照影.影與妄身不殊.

若欲去影留身.不知身影常虛.

---

391 급지(及至): ~에 이르러, ~의 때가 되어, ~하는 때가 되면.
392 도두(到頭): 끝남, 마지막, 매듭지음, 끝장이 나는 것, 또는 요컨대, 결국, 필경이라는 부사로도 쓰인다. 『남종돈교최상대승마하반야바라밀경육조혜능대사어소주대범사시법단경』권1(『대정장』권48, p.341, c29-p.342, a1) "色貌自有道.離道別覓道.覓道不見道.到頭還自懊.(모양 있는 것은 도가 있으니, 도를 여의고 달리 도를 찾는가? 도를 찾지만 도는 보이지 않으니 끝내 도리어 괴로워할 뿐이다.)."『조당집』권11 「유경선사장」(南唐: 釋 靜 筠 編撰, 오복조, 고지천 點校, 중국: 악록서사, 1996, p.257, 하) "有人擧問中招慶.古人有言.直得金星現.歸嫁始到頭.(어떤 사람이 초경 스님과 문답 중에 묻길, '옛사람의 말에 가령 금성이 나타난다고 해도 집으로 돌아가야 비로소 끝난다.')."『허당화상어록』권7(『대정장』권47, p.1039, a11) "到頭曾不厭初心.(요컨대 일찍이 초심을 두려워하지 않았다)."

身影從來不異.不得一有一無.

만약 범부를 미워하고 성인을 사랑한다고 한다면,
생사윤회의 바다 속에서 항상 부침하리라.
무간지옥[393]의 업을 초래하지 않으려고 한다면,
여래의 바른 법륜을 비방하지 마라.
비밀스럽게 사람을 구제하는 물건이 있으나,
사람들이 알지 못하니 어찌할[394] 도리가 없구나. (은혜 갚기 대단히 어렵다)

若擬憎凡愛聖.生死海裏常浮.
欲得不招無間業.莫謗如來正法輪.
有物密救人.爭奈人不知(恩大難酬).

스님께서 고목암에서 좌선하고 있을 때 물방앗간 앞에서 보리 말리는 것을 보고 몸소 지으신 글[師在枯木菴坐禪於水磨坊前晒麥乃親題云]

암자 앞에서 온 종일 있어도 이리 새끼 한 마리도 없고,
방앗간 아래는 해가 다하도록 참새도 없네.

菴前永日無狼子.磨下終年絶雀兒.

---

393 무간업(無間業): 오무간업으로 8대지옥의 여덟 번째인 아비지옥을 말한다. 『대승입능가경』 권4 「3 무상품」(『대정장』 권16, p.607, c18-20) "佛告大慧.五無間者.所謂.殺母.殺父.殺阿羅漢.破和合僧.懷惡逆心出佛身血.(부처님께서 대혜에게 말씀하시길, '오무간이란 이른바 어머니를 죽이고, 아버지를 죽이고, 아라한을 죽이고 화합승단을 깨뜨리고, 나쁜 마음으로 부처의 몸에서 피를 내는 것이다.')."

394 쟁나(爭奈): ~을 어찌하랴? 어쩔 수 없다. 속수무책이다. 어찌할 도리가 없다. 『조당집』 권5 「화정장」(『고려대장경』 권45, p.267, a20) "爭奈其人掩耳聽.(그 사람이 귀를 막고 들으니 어찌할 도리가 없다)." 『조당집』 권9 「낙포원안장」(『고려대장경』 권45, p.289, c14) "任你截斷天下人舌頭.爭奈無舌人解語何.(그대 마음대로 천하의 사람들의 혀를 잘라 버리면 어찌 혀 없는 사람들의 말을 어찌 알 수 있겠는가?)."

산중에는 지금에 이르도록 이리와 호랑이가 없고,
무릇 방앗간 앞에서 보리를 말릴 때
또한 새와 참새가 없었으니
모두 스님께서 수기한 것과 같을 뿐이다.
山中至今竝無狼虎. 凡于磨坊前晒麥.
亦無鳥雀. 皆如師記耳.

스님께서 승당 앞 대들보에 쓰신 글[師題僧堂前梁云]
오늘 아침은 내일 아침을 보장하지 못하는데,
항상 천년의 일을 걱정하고 있네.
今朝不保明朝. 常作千載遮頭.

스님께서 규칙을 제정하다
師規制

영명사 연수지각 선사가 비석을 세워 새김
永明寺知覺禪師延壽立石

무릇 출가한 사람이면 먼저 정해진 규율[395]을 본받아서 행실을 엄숙하게 해야 한다. 행실이 이미 정밀해지면 이에 그 사람은 바야흐로 눈 밝은 스승을 가려서 법을 참문하고 법의 근본이치를 가려낼 수 있다고 하겠다.

또한 바른 도는 적적하고 고요하기에 고금을 다해도 만날 수 없으며, 시방 세계의 모든 중생을 포용하고 통하기에 본래부터 둘이 없다.

이와 같은 일은 세상의 일을 빌려서 말을 하면 주지 소임을 사는 것과 같다. 상법(像法)[396]에 의거하여 편안한 곳에서 세상의 실정이나 형편을 모아서 함께 사는 것이다. 모든 물줄기가 한 근원으로 돌아가고 모든 강물이 큰 바다에 이르도

---

395 궤의(軌儀): 궤범(軌範)과 의칙(儀則)를 말하는데 궤범은 정해진 방식이나 규칙과 준칙을 말하고, 의칙은 사람이 지켜야 할 법칙을 말한다.

396 상법(像法): 상(像)은 유사하다는 의미이다. 정법(正法)과 유사한 가르침이라는 뜻. 석존의 열반 후에 불교가 어떻게 행해지는가에 대한 시대구분에서 정법(正法), 상법(像法), 말법(末法)이라는 삼시(三時) 중 하나. 상법시(像法時)의 준말. 교설과 그 실천만 구비되어 있으나 그 결과로서의 깨달음을 결여한 시대, 즉 가르침과 수행은 있으나 깨달음이 없다는 것이다. 부처님 사후 500년을 지난 때부터 500년 또는 1,000년간은 정법과 유사한 법이 세상에서 행해진다고 생각하여 이것을 상법이라 이름한다. 수행을 하는 이는 있지만 그 수행은 진실한 것이 아니기 때문에 깨달음을 증득하지 못한다. 『묘법연화경』권2 「3 비유품」, 『대정장』권9, p.11, c29 - p.12, a4) "佛滅度之後.正法住於世.三十二小劫.廣度諸衆生.正法滅盡已.像法三十二.舍利廣流布.天人普供養.華光佛所爲.其事皆如是.(부처님 멸도 후에 정법이 세상에 32소겁 동안 존속하여 널리 중생을 제도하고, 정법이 다 없어지고 상법이 32소겁이 존속하니 사리불아! 널리 유포하여 인천이 함께 공양하는 것이 화광불이 하는 바가 모두 이와 같은 일이다)."

록 하고자 하는 것이다.

옛말에 이르길, "집에는 두 주인이 없고, 나라에는 두 임금이 없으니 주인이 둘이 있으면 반드시 다투고, 임금이 둘이면 다툰다." 하물며 스님의 삶이란 다툼이 없어야 하는데 다툼이 있으면 스님이 아니다.

요컨대 삼세(三世)397에 만 곳의 주지를 하여도 마음이 편안하고 사람들끼리 화합한다면 근본의 실마리를 잃지 않을 것이다.

夫出家者.先效軌儀.肅嚴其行.行旣精矣.乃曰其人方可參選明師.次擇其理.且正道寂寥.盡古今而絶逢.包通十方萬類.而從來莫二.如此之事.假世而言之.若以住持之門.依像法而安處.收物情而共居.欲令百川同歸一源.衆流而臻大海.古云.家無二主.國無二王.二主必諍.二王則競.況僧居無諍.有諍非僧.要令三世住持萬所.心安人和.不失其緒者矣.

하나, 혹 어떤 사람이 승가에 귀의하여 속인의 옷을 벗고 승복을 입고자 한다면, 그러한 모든 사람들로 하여금 한 분의 주지께 귀의하여 시봉을 들게 하라.

一或有投歸僧坊.而求變白披緇者.盡令歸奉一主.

하나, 주지가 둘이 아니면 다툼을 면하게 되니, 다만 부용영훈(芙蓉靈訓)398 스승이 제정한 법규를 의거하면 그 뜻을 알 것이다.

一主無二.卽免爲諍.但依芙蓉先師規制.卽知其義也.

하나, 남전(藍田)과 장제(張際) 두 장원은 단지 해마다 일에 밝은 스님을 교대로

---

397 삼세(三世): 과거, 현재, 미래의 3가지를 말한다. 불교의 세계의 시간적 구분. 3개의 세계, 세 가지 때를 말한다. 불교에서는 시간을 실제로 보지 않고 실재하는 것이라 보지 않으며 변화하는 존재의 변천과정 위에 임시로 3가지 구별을 세우는 것에 불과하다고 본다.
398 부용영훈(芙蓉靈訓, ?~851): 복주(福州) 부용산(芙蓉山)의 영훈(靈訓) 선사로 귀종지상(歸宗智常)의 법을 이어받았으며 현사사비가 30세에 출가하여 예장의 개원사에서 영훈 선사에게 구족계를 받았다.

보내어 항상[399] 공급과 응대를 주관하도록 하고 탑원의 상주물은 그 절의 스님들[400]에게만 공양하도록 하고 절대로 주지와 다른 것을 의논해서는 안 된다.

一藍田張際兩莊. 但逐年輪差了事僧勾當. 始終供應塔院. 常住供養當院. 僧徒等. 切不得別議住持.

하나, 대중 중에 혹 늙거나 병든 자가 있어서 스스로 자기 일을 감당하지 못하면, 일에 밝은 동자승을 보내 항상 간호하고 시중들게 한다. 동자가 없으면 대신 사미를 보내고 사미가 없으면 대중스님들을 교대로 보내어 항상 간호하고 시중들게 하여 어기는 것이 없도록 하라.

一衆中或有老者病者. 不任自取索. 卽差了事童行終始看侍. 如無童行. 轉差沙彌. 如無沙彌. 輪差大僧始終看侍. 無至違越.

하나, 혹 마을에 단월[401]이 있어 정성스런 마음으로 예를 갖추어 법회를 청하거

---

399 시종(始終): 처음과 끝, 항상, 처음부터 끝까지.
400 승도(僧徒): 스님들에 대한 총칭, 스님들의 무리.
401 단나(檀那): 범어 다나빠띠(dāna-pati)의 음역으로 은혜를 베푸는 사람의 뜻. 사원과 승려에게 물건을 시주하는 신자. 사원의 단신도(檀信徒). 사찰의 후원자라 한다. 『장아함경』 권11(『대정장』 권1, p.72, a18-27) "善生. 檀越當以五事供奉沙門. 婆羅門. 云何爲五. 一者身行慈. 二者口行慈. 三者意行慈. 四者以時施. 五者門不制止. 善生. 若檀越以此五事供奉沙門. 婆羅門. 婆羅門當復以六事而教授之. 云何爲六. 一者防護不令爲惡. 二者指授善處. 三者教懷善心. 四者使未聞者聞. 五者已聞能使善解. 六者開示天路. 善生. 如是檀越恭奉沙門. 婆羅門. 則彼方安隱. 無有憂畏. (선생아, 단월은 마땅히 다섯 가지 방법으로 사문 바라문을 공양해 받들어야 한다. 어떤 것이 다섯 가지인가? 첫째는 몸의 사랑을 행하는 것이다. 둘째는 입의 사랑을 행하는 것이다. 셋째는 뜻의 사랑을 행하는 것이다. 넷째는 때를 맞추어 보시하는 것이다. 다섯째는 문을 막지 않는 것이다. 선생아, 만일 시주가 이 오사로써 사문 바라문을 공양해 받들면 사문 바라문은 또 여섯 가지 방법으로 가르쳐야 한다. 첫째는 보호하여 악을 짓지 않게 하는 것이다. 둘째는 착한 것을 가르쳐 주는 것이다. 셋째는 선한 마음을 품게 하는 것이다. 넷째는 듣지 못한 것을 듣게 하는 것이다. 다섯째는 이미 들은 것은 잘 알게 하는 것이다. 여섯째는 하늘의 길을 열어 보이는 것이다. 선생아, 이렇게 단월(시주)이 사문 바라문을 공양해 받들면 그는 안온하여 걱정이나 두려움이 없을 것이다.)"

든 반드시 대중들과 의논해서 법사를 할 수 있는 스님을 보내어 속인의 비웃음과 의심을 면하라.

一或有鄕村檀那. 精心禮請唱佛道場. 必須衆議. 能爲法事者差. 免俗譏嫌.

하나, 이 절에서 출가한 사미나 동자승, 대중스님들이 아무 일 없이 절을 나가거나, 만약[402] 소임자와 대중들에게 말하지 않고 절을 나갔다 돌아오면 곧바로 반드시 절에서 내보내라. 만약 아주 작은 인연으로 큰 허물이 없이 돌아오면 그 벌로 절을 백 번 하게 하여 살게 하고 만약 그때 지시와 규약을 따르지 않으면 역시 반드시 절에서 내보내라.

一當院出家沙彌童行大僧等. 無事出院. 不辭知事及大衆等. 如若却來. 便須出院. 若爲小小因緣. 若無重過. 却來. 卽罰禮一百拜放住. 如若當時不遵指約. 亦須出院.

하나, 이 절의 대중들 중에 혹은 소임자가 아닌데도 문득 지팡이와 나무를 가지고 다니며 사람들로 하여금 불안케 하면 대낮에 절에서 내보내라.

一當院徒衆等. 或非知事. 輒行杖木. 令人不安. 晝時出院.

위 사항은 주지의 일에 대한 조약이다. 바라건대 이러한 규칙을 유나, 주지, 수좌와 대중들은 함께 서로 준수하여 어기거나 월권해서는 안 되며 처음부터 끝까지 지키도록 하라.

右件條約住持之事. 仰綱維主首及僧徒等. 共相遵守. 不得違越. 終而復始.

광화 4년(901) 윤 6월 10일
사문 의존이 발표한다.
光化四年閏六月十日. 沙門義存告示.

---

402 여약(如若): 만약, 만일.

스님께서 남기신 훈계
師遺誡

　모든 사람들에게 알리노니 대저 물거품과 환화와 같은 인연으로 생긴 것은 오고 감이 고정됨이 없다. 내가 거의 40년 동안 일찍이 입이 아프게 권하지 않은 적이 없었는데 요즘 불법이 엷어져서 신심 있는 단월들까지도 오직 세속일에만 은근히 힘을 쏟는다. 존경받는 스님들도 백 년이면 끝내 돌아가시고 나면 훌륭한 보은도 없다. 세상의 예절이 이미 불법과 상응하지 못하니 역시 작은 부분이라도 반성하고 살피는 것이 합당하겠다.

　내가 만약 사대(四大)로 흩어지면 앞서 먼저 마련한 나무 관과 석감[403]이 있으니 아울려 예전 나의 뜻을 의거하여 처리하라.[404] 달리 봉분과 탑을 만들지 말고 영전을 설치하지 말고, 상복을 입지 마라. 혹은 한 자의 수건에 한 방울의 눈물이라도 흘리는 자는 사문이 아니요, 나의 권속이 아니다. 하물며 다시 아이고! 하고 곡을 하면 단지 속인의 모습을 하는 것이어서 자못 종문을 욕되게 하는 짓이다.

　혹은 규칙을 따르지 않는 자가 있다면 법에 의거하여 축출하여라. 이 절의 연장자 중에 지혜를 따르는 이가 있으면 우러러 서로 함께 가르침을 따르되 망령되이 어긋나게 떠벌려서는 안 된다.

403　석감(石龕): 돌로 만든 감(龕)을 말하는데 암애(巖崖)를 파서 실(室)로 하고 불보살의 상을 안치하는 장소를 말한다. 또는 불상을 안치하는 주자(廚子)를 말하고, 시체를 안치하는 관을 말한다.
404　안배(安排): 안배하다, 배치하다, 처리하다.

그 후 주지의 일은 모두 부용 스승의 법규를 따라야 한다. 하물며 이제까지[405] 일찍이 비구니의 출가를 허용하지 않았는데 내가 죽은 이후에도 절대로 마음대로 절에 들어오게 하지 마라. 세상의 비웃음과 의혹을 면하는 것을 항상 따라야 할 법식[406]으로 삼아야 한다. 아울러 절에 들어온 이후에 절대로 주지와 따로 의논해서는 안 된다.

報諸人等. 夫泡幻緣生. 去來不定. 吾僅四十年來. 未嘗不苦口相勸. 近日佛法淡薄. 唯於世諦殷勤. 至於信施檀那. 師僧和尙. 百年終歿. 無善報恩. 世禮旣不相應. 亦合有少分省察. 吾若四大離散. 日先已有木函石龕. 竝依舊志安排. 不得別造墳塔. 不得設靈筵. 不得持孝服. 或有戴一尺布. 下一滴淚. 此非沙門. 非我眷屬. 況更哭蒼天. 但爲俗態. 頗辱宗門. 或有不遵. 依法擯逐. 當院年長有從智仰. 共相遵授. 不得妄有乖張. 佗後住持竝依芙蓉先師規制. 況從前不曾親度尼弟子. 吾脫去後. 切不得放入院門. 免世譏嫌. 爲恒式者. 兼上院以後. 切不得別議住持.

개평 2년(908) 무진 4월 28일
사문 의존이 일반에게 공고하여 알린다.
開平二年戊辰四月二十八日. 沙門義存告示.

스승님이 주지에 관한 규칙을 제정한 것을 받들어 명령장을 내려서 원래의 조건에 의거하여 시행하도록 한다. 각자 동자승을 출가시키거나 사사로이 농사를 짓거나 제멋대로 밥을 지어서[407] 대중과 따로 밥을 먹는 일은 허락하지 않는다.

---

405 종전(從前): 이전(以前), 이제까지.
406 항식(恒式): 항상(恒常) 따라야 할 형식(形式)이나 정해진 법식(法式)을 말한다.
407 과쟁(鍋鐺): 놋쇠로 만든 작은 솥.

절에서 상주물[408]을 기부하거나 장원이나 집 등을 저당 잡혀 경영하는 것은 이에 의거하여 금한다.

先師住持規制.奉宣下降帖命.準元條件施行.不許各度童行.私置田業.擅泥鍋鐺.仍別衆食.寄附常住庄舍典質營轉等事.準此禁斷者.

때는 건덕 3년(965) 을축 5월 20일
時乾德三年歲次乙丑五月十二日.

천하병마대원수 수상서 오월국의 왕숙건이 쓰다.
天下兵馬大元帥守尙書吳越國王俶建.

설봉진각대사어록 권하 (마침)
雪峰眞覺大師語錄卷下(終)

---

408 상주(常住): 사원에 소속되어 그 사원의 승려가 공동으로 사용함. 사원의 집물(什物, 什器)이나 부동산을 말한다. 『경덕전등록』 권12 「진존숙장(陳尊宿章)」(『대정장』권51, p.292, b13-14) "時有僧新到參方禮拜.師叱云.闍梨因何偸常住果子喫.(이때에 어떤 스님이 새로 와서 막 절을 하려는데 스님께서 꾸짖으며 말하길, '스님은 어떤 인연으로 상주물을 훔쳐 먹는가?')."

발문[409]
跋文

    진각설봉 스님은 5계의 분열시대[410]에 뛰어난 인물이었다. 덕산 스님으로부터 방망이 한 대에 통 밑이 쑥 빠진 이후부터 곧바로 오산(鼇山)의 객사에서 차가운 달빛을 보았고 상골봉(象骨峰)에서 눈이 개인 듯 마음이 넓고 쾌활하여 아무 거리낌이 없는 경지를 체득하게 되었다.

    한 국자에 제호(醍醐)[411]를 담아 잡아 세 개의 나무 공에 큰 지혜의 작용[412]을 밝혀 나타내셨으니 그 갈래는 두 종파[413]로 나뉘었으나 지혜의 작용은 여러 조사들

---

409 발문(跋文): 책의 끝에 본문 내용의 대강이나 간행과 관련된 사항 등을 짧게 적은 글.
410 5대 10국(907~960): 당나라가 망한 뒤 중원지역에는 후량, 후진, 후당, 후한, 후주의 다섯 왕조가 세워지고 망하고 했다. 이와 때를 같이하여 중원지역 이외의 땅에서는 절도사들이 세운 오, 남당 등 10국이 세워진 시대를 5대 10국 시대라고 한다. 석경당은 거란족인 요의 원조를 받아 나라를 세우면서 중국 북쪽의 땅 연운 16주를 바쳤다. 한편 10국을 세운 사람들은 모두 절도사 출신으로 무력만 앞세움으로써 구제도가 무너지고 예의와 질서도 없는 나라가 되었다. 후주의 세종이 즉위하면서부터 통일의 기운이 일게 되었고 그가 죽은 후 그의 부장 조광윤이 부하들의 추대로 송나라를 세움으로써 중국이 통일되었다.
411 제호(醍醐): 다섯 가지 맛[乳, 酪, 生酥, 熟酥, 醍醐]의 하나. 우유를 정제한 유제품으로 맛이 최고라고 일컬어진다. 우유에서 정제한 최상의 음료를 말하는 것이지만 불법에서는 최상의 정법을 말한다. 『불설관약왕약상이보살경』 권1(『대정장』 권20, p.665, b20-21) "我今家中大有醍醐及諸良藥.(나의 지금 집안에 큰 제호와 모든 양약이 있다)." 『정법안장』 권3(『속장경』 권67, p.624, a6) "祖師示誨.如飮醍醐.(조사께서 가르쳐 주시는 것을 들으니 마치 제호를 마시는 것과 같았다)."
412 대기대용(大機大用): 체(體)와 용(用)을 동시에 움직인다는 의미. 뛰어난 선승의 중생을 이끄는 커다란 지혜작용을 말한다. 전인격의 역량을 전면적으로 뚜렷이 나타내는 것.
413 양종(兩宗): 설봉스님의 문하에서 운문종과 법안종이 나왔음을 말한다.

을 초월했다. 비유하면 마치 백억 대의 수레 같은 천둥소리[414]가 온 천하에[415] 울러 펴져서 멀리 수백 세대까지 그 소리가 더욱 굉장해지는 것과 같았다.

지혜작용을 드리워 보여주고 가르쳐 주시는 것으로 말하면[416] 큰 가르침과 지극한 말씀은 가슴에서 흘러나와 하늘을 덮고 땅을 덮었다. 광릉에서 한 번 연주한 이래로 그런 연주는 부끄러워 다시는 소리 내지 못했다.

지난날에 불에 타고 변하여 목판의 기록이 남아 있는 것이 없었는데 복성의 각여 거사가 모연[417]하여 다시 간행하여 스님의 전기를 널리 알렸다. 이 글을 읽는 사람이 만약 말씀 밖을 향해 귀 기울일 수 있다면[418] 양춘백설곡[419]이나 대아 정

---

414 뇌정(雷霆): 세찬 천둥소리, 격렬한 천둥, 천둥과 같이 크고 맹렬한 것. 여기서는 설봉 스님의 설법 말씀을 천둥소리로 표현하였다.
415 사천지하(四天之下): 수미산을 중심으로 사방에 있다고 하는 네 개의 대륙. 사주(四洲), 사대주(四大洲)라고도 한다. 남섬부주(南贍部洲), 동승신주(東勝身洲), 서우화주(西牛貨洲), 북구로주(北俱盧洲)의 넷을 말한다. 『유마힐소설경』 권2 「6 부사의품」(『대정장』 권14, p.546, b20-24) "舍利弗言.居士.未曾有也.如是小室.乃容受此高廣之座.於毘耶離城.無所妨礙.又於閻浮提聚落.城邑.及四天下諸天.龍王.鬼神宮殿.亦不迫迮.(사리불이 말하길, '거사여! 일찍이 없었던 것이다. 이와 같이 작은 방이 이처럼 높고 넓은 자리를 수용하다니! 비야리성에도 아무 방애가 없었고, 또 염부제의 취락, 성읍과 사천하의 제천, 용왕, 귀신 등의 궁전에도 역시 닿치지 않았다(아무런 영향이 없었다).')."
416 지어(至於): '~에 관해서는,' '~으로 말하면'으로 해석되는데 단문을 연결시켜 주거나, 다른 상황으로 전환하는 것을 나타낸다.
417 모연(募緣): 돈이나 물건을 기부하여 선연을 맺게 함.
418 당능(倘能): 만약 능히 ~한다면, 만약 ~할 수 있다면.
419 양춘설곡(陽春雪曲): 양춘백설곡(陽春白雪曲)을 말한다. 백설(白雪)은 전국시대 초나라 도읍 영도(郢都)의 고아(高雅)한 가곡(歌曲) 이름으로 문선(文選) 송옥(宋玉)의 「대초왕문(對楚王問)」이란 글에 "어떤 사람이 영중(郢中)에서 처음에 '하리(下里)'와 '파인(巴人)'이란 노래를 부르자 그 소리를 알아듣고 화답하는 사람이 수천 명이었고, '양아(陽阿)'와 '해로(薤露)'를 부르자 화답하는 사람이 수백 명으로 줄었고, '양춘(陽春)'과 '백설(白雪)'을 부르자 화답하는 사람이 수십 명으로 줄었다"고 하였다. 그리고 백설가(白雪歌)는 '하리(下里)'와 '파인(巴人)'에 대칭되는 매우 품격 높은 노래로 곡조가 고상하여 예로부터 부르기 어려운 곡으로 뽑혀온 초(楚)나라의 가곡이다. 지기지우(知己之友)끼리 시를 주고받을 때 흔히 상대방의 시를 찬양하는 뜻으로 사용된다. 또 백설곡(白雪曲)은 양춘곡(陽春曲)과 함께 초(楚)나라의 2대 명곡으로 꼽히는 곡으로 내용이 너무 고상하여 예로부터 창화(唱和)하기 어려운 곡으로 일컬어져 온다. 그리고 백설(白雪)은 거문고 곡조의 이름인데 그 설이 동일하지 않다. 사희일(謝希逸)의 『금론(琴論)』에는 "유연자(劉涓子)가 거문고를 잘 타서 양춘백설곡(陽春白雪曲)을 지었다."고 하였고, 『금집(琴集)』에는 "사광(師曠)의 소작이다." 하였으며, 『박물지(博物志)』에는 "태상(太常)이 소녀(素女)를 시

음⁴²⁰이 모두 있음을 곧바로 알 것이다. 혹여 아직 알지 못하면 북을 쳐서 운력이나 해 봐라.

老眞覺.傑出於五季分裂之時.自德山一棒桶底脫之後.直得鼇店月寒.象峰雪霽.攬醍醐於一杓.彰大用於三毯.派析兩宗.道超列祖.譬猶轟百億雷霆於四天之下.曠數百世.其聲愈宏.至於垂機示訓.大敎至言.流出胸襟.蓋天蓋地.廣陵一奏.么絃下媿.不復聲矣.向經燬變.版錄無留.福城覺如居士募緣重刊.以廣其傳.覽者倘能向徽外側耳.便知陽春雪曲.大雅正音.盡在是矣.其或未知.打鼓普請看.

때는 지치 신유년(1321)년 6월 설봉산에서
조사의 제자 비구 오일(悟逸) 삼가 발문을 쓰다.
時至治辛酉季夏雪峰嗣祖比丘悟逸敬跋.

켜 50현의 비파를 타는 곡조의 이름이다." 하였다고 한다.
420 대아정음(大雅正音): 대아(大雅)는 『시경(詩經)』 육의(六義)의 하나로 큰 정치를 말한 정악(正樂)의 노래이다. 대아(大雅)는 총 31편으로 조회에 사용되던 음악으로 축복과 훈계를 노래한 가사이다. 가창(歌唱)의 대상은 주로 천자, 군자, 가빈과 같은 통치 계층들이었으며 그 내용은 대체로 귀빈을 접대하는 것, 제후에게 상을 하사하는 것, 병사들을 위로하는 것 등이다. 대아 중에는 생민(生民), 공유(公劉), 면(綿) 등의 5편은 후직(后稷), 고공단부(古公亶父)로부터 문왕(文王)과 무왕(武王)에 이르는 역사적 사실을 묘사한 것으로 내용이 생동감 있고 조리가 분명하여 민족사시(民族史詩)라 일컬어진다. 어떤 것들은 신화적 요소를 가미하여 그들의 조상을 신격화하였지만 그 속에 노동인민의 지혜와 역량을 반영하고 있기도 하다. 그러나 전반적으로 볼 때 대아(大雅)와 소아(小雅)의 시들은 대부분 사대부들의 작품으로 예술적인 면에 있어서는 허탈하여 진지한 맛이 없으므로 국풍에 비할 바가 못 된다.

설봉진각 대사 연보
雪峰眞覺大師年譜

당(唐)나라 목종황제(穆宗皇帝) 장경(長慶) 임인(822)

唐穆宗皇帝長慶二年壬寅

스님은 천주(泉州) 남안현(南安縣) 사람이다. 속성은 증(曾) 씨이고 아버지의 이름은 면(勉)이다. 이 해에 스님은 탄생하셨고 스님의 집안은 대대로 부처님을 신봉하는 집안이었다. 그의 선영은 양매산(楊梅山) 서쪽 남안성(南安城) 45리쯤 거리에 있었다. 한 봉우리가 날아가듯 앞에 와서 절을 하는 모습인데 세상 사람들은 인도 스님이 절을 하는 모습이라고 말한다.

師泉州南安縣人也. 姓曾氏. 父諱勉. 是年. 師降誕. 師家世奉佛. 其先塋在楊梅山. 西去城四十五里. 一峰翔拜于前. 俗謂胡僧投拜.

계묘 3년(823), 갑진 4년(824)

三年癸卯　四年甲辰

경종황제(敬宗皇帝) 보력(寶曆) 원년 을사(825)

敬宗皇帝寶曆元年乙巳

병오 2년(826)

二年丙午

스님의 나이 5세에 냄새나는 훈채를 먹는 것을 싫어하였고, 포대기 안에서도 범종소리를 듣거나 혹은 깃발과 꽃으로 장식된 불상이 설치된 곳에서 절을 하는 것을 보면 반드시 얼굴을 움직이니 보는 사람들 모두 기이하다고 하였다.
師五歲生酷惡葷茹. 襁褓中. 聞鐘梵之聲. 或見旛華像設. 拜必爲之動容. 見者咸異之.

문종황제(文宗皇帝) 태화(太和) 원년 정미(827)
文宗皇帝太和元年丁未

무신 2년(828)
二年戊申

기유 3년(829)
三年己酉

경술 4년(830)
四年庚戌

스님의 나이 9세에 부모님께 출가하겠다고 간청하였는데 부모가 한결같이 사랑하여 그 청을 따르지 않았다.
師年九歲. 懇父母. 求出家. 鍾愛不從其請.

신해 5년(831)
五年辛亥

임자 6년(832)

六年壬子

계축 7년(833)

七年癸丑

스님 나이 12세에 그의 아버지를 따라 포전(莆田) 옥간사(玉澗寺)에 갔다가 경현(慶玄) 율사를 만났는데 갑자기 절을 하며 말하길, "나의 스승입니다." 마침내 절에 머물며 시봉하게 되었다.

師年十二. 從其父遊莆田玉澗寺. 見慶玄律師. 遽拜曰. 我師也. 遂留侍焉.

갑인 8년(834)

八年甲寅

을묘 9년(835)

九年乙卯

개성(開成) 원년 병진(836) 2년 정사(837)

開成元年丙辰 二年丁巳

무오 3년(838)

三年戊午

스님 나이 17세에 머리를 깎고 드디어 법명을 의존(義存)으로 고쳤다.

師年十七. 祝髮. 遂改法諱義存.

기미 4년(839)

四年己未

경신 5년(840)

五年庚申

무종황제(武宗皇帝) 회창(會昌) 원년 신유(841)

武宗皇帝會昌元年辛酉

임술 2년(842)

二年壬戌

계해 3년(843)

三年癸亥

갑자 4년(844)

四年甲子

을축 5년(845)

五年乙丑

스님 나이 24세에 불법을 탄압하는⁴²¹ 명이 있었다. 스님은 선비 복장을 하고 복주(福州) 부용산(芙蓉山)의 홍조영훈(弘照靈訓) 선사를 찾아갔다. 홍조 선사는 스

---

421 사태(沙汰): 비로 인해 언덕이나 산비탈이 무너지는 일. 사람이나 물건이 주체할 수 없이 한꺼번에 많이 쏟아져 나오는 일. 벼슬아치를 대폭 감원시켜서 떨어내는 일. 여기서는 불교를 탄압하는 일을 말한다.

님을 어루만지며 법기라고 여겨 곁에 머물도록 하였다.

師年二十四. 是年. 有旨沙汰佛法. 師以服儒謁福州芙蓉山弘照靈訓禪師. 照撫而器之. 留于左右.

병인 6년(846)

六年丙寅

스님 나이 25세에 무종이 붕어하고 불교를 탄압하는 명령이 느슨해졌다.

師年二十五歲. 武宗崩. 汰佛之令弛.

선종황제(宣宗皇帝) 대중(大中) 원년 정묘(847)

宣宗皇帝大中元年丁卯

스님 나이 26세에 그해에 나라의 명을 받들어 절로 돌아가게 되었다. 스님께서는 두 번 절하고 홍조 스님을 스승으로 모셨다.

師年二十六. 是歲奉詔還佛. 師再禮弘照爲師.

무진 2년(848)

二年戊辰

기사 3년(849)

三年己巳

스님 나이 28세에 유주(幽州) 보찰사(寶刹寺)에서 계를 받았다.

師年二十八. 往幽州寶刹寺受戒.

경오 4년(850)

四年庚午

신미 5년(851)

五年辛未

스님 나이 30세에 그해 5월 9일 홍조 화상이 입적하였다.

師年三十. 是歲五月九日. 弘照和尙示寂.

임신 6년(852)

六年壬申

계유 7년(853)

七年癸酉

스님 나이 32세에 중 씨 집안에 하직하고 유행을 하였다. 계송으로 말하길, "옛날에 일찍이 울다라 입기를 허락받고서, 지금에 이르도록 베틀의 북 움직이지 않았네. 오늘 또 구름 따라 물 따라 가노니, 오리가 거위 되는 것을 그 누가 기다리겠는가?"

마침내 암두(巖頭)[422] 스님과 함께 대자사(大慈寺) 환중(寰中) 스님 회하에 있으면서 환중 스님의 상수 제자인 흠산문수(欽山文邃) 스님과 벗이 되었다. 세 분이 강남에 이르러 투자산(投子山)에 세 번 오르고 동산에 아홉 번 올랐다.

스님은 일찍이 동산(洞山) 스님 회하에 있으면서 공양주를 하였는데 하루는 스님이 쌀을 일고 있었는데 동산 스님이 묻길, "모래를 먼저 걸러 내느냐? 쌀을 먼

---

422 암두전활(巖頭全豁): 여기서는 豁(훤할 활)로 쓰여 있다.

저 걸러 냈느냐?" 스님께서 이르길, "모래와 쌀을 한꺼번에 걸러 냅니다." 동산 스님이 이르길, "대중은 무엇을 먹느냐?" 스님께서 마침내 쌀 대야를 도로 엎어 버렸다. 동산 스님이 이르길, "그대의 인연은 이곳에 있지 않다." 스님은 마침내 덕산(德山) 스님을 참배하였다.

師年三十二.辭曾氏遊方.有偈曰.昔年曾許鬱多羅.直至而今未動梭.此日且隨雲水去.誰能待得鴨成鵝.遂同巖頭奯公在大慈寰中會下.與寰中上足欽山文邃爲友.至江南.三登投子.九上洞山.師嘗在洞山作飯頭.一日.師淘米次.洞山問云.先去沙.先去米.師云.沙米一時去.山云.大衆喫箇甚麼.師遂覆却盆子.山云.子因緣不在此.遂參德山.

갑술 8년(854)

八年甲戌

을해 9년(855)

九年乙亥

스님의 나이 34세에 하루는 동산 스님이 스님에게 묻길, "무엇을 하는가?" 스님이 답하길, "물통을 자르고 있습니다." 동산 스님이 말하길, "도끼질을 몇 번이나 해서 잘랐는가?" 스님이 말하길, "도끼질을 한 번 해서 잘랐습니다." 동산 스님이 말하길, "오히려 이것은 이쪽의 일이다. 저쪽의 일은 어떠한가?" 스님께서 말하길, "곧바로 손 쓸 곳이 없습니다." 동산 스님이 말하길, "오히려 이쪽의 일이다. 저쪽의 일은 어떠한가?" 스님은 그만두었다.

師年三十四.一日.洞山問師.作甚麼來.師云.斫槽來.山云.幾斧斫成.師云.一斧斫成.山云.猶是這邊事.那邊事作麼生.師云.直得無下手處.山云.猶是這邊事.那邊事作麼生.師休去.

병자 10년(856)

十年丙子

정축 11년(857)

十一年丁丑

무인 12년(858)

十二年戊寅

기묘 13년(859)

十三年己卯

의종황제(懿宗皇帝) 함통(咸通) 원년 경진(860)

懿宗皇帝咸通元年庚辰

신사 2년(861)

二年辛巳

 스님의 나이 40세에 덕산 스님을 참배하고 스님이 덕산 스님에게 묻길, "위로부터 선종의 가르침의 일을 저에게도 몫이 있습니까?" 덕산 스님이 방망이로 한 대 때리며 말하길, "뭐라고 하는가?" 스님께서 이때 속이 확 트여 마치 물통 밑이 쑥 빠져나간 듯하였다.

師年四十. 參德山. 師問德山. 從上宗乘中事. 學人還有分也無. 德山打一棒. 云. 道什麼. 師此時豁然. 如桶底脫相似.

임오 3년(862)

三年壬午

계미 4년(863)

四年癸未

　스님의 나이 42세에 덕산 스님 회하에서 공양주 소임을 하고 있었다. 하루는 밥이 늦자 덕산 스님이 직접 발우를 들고 법당에 내려 오셨다. 스님이 밥 수건을 햇볕에 말리고 있다가 덕산 스님을 보고 말하길, "저 노인네가 종도 아직 울리지도 않았고 북도 아직 울리지도 않았는데 발우를 들고 어느 곳에 가는가?" 덕산 스님은 곧바로 방장실로 돌아갔다.

　스님이 그 이야기를 암두 스님에게 하니 암두 스님이 말하길, "점잖은[423] 덕산 스님이 말후구(末後句)를 알지 못하고 있구나!" 덕산 스님이 이 말을 듣고 시자로 하여금 암두를 방장실로 불러 오게 하였다. 덕산 스님이 묻길, "그대가 나를 인정하지 않는가?" 암두 스님이 그의 뜻을 자세하게 말하자 덕산 스님이 이에 그만 두었다.

　다음 날 승당에 올라 과연 평상시와 다르니 암두 스님이 승당 앞에 이르자 손뼉을 치고 크게 웃으면서 말하길, "우선 기쁘다. 늙은 주지가 말후구를 알았구나! 다음날 천하의 사람들이 그를 어떻게 할 수 없을 것이다. 비록 그러하나 단지 3년 만 살 것이다."

師年四十二. 在德山作飯頭. 一日. 飯遲. 德山自擎盌下法堂. 師曬飯巾次. 見云. 這老漢. 鐘未鳴. 鼓未響. 拓盌向甚麼處去. 德山便歸方丈. 師擧似巖頭. 頭云. 大小德山不會末後句在. 山聞擧. 令侍者喚巖頭至方丈. 問. 儞不肯老漢那. 巖頭密啓其意. 山乃

423　대소(大小): 저러한, 점잖은. 얼마나. 다소(多少)와 같다.

休.來日陞堂.果與尋常不同.巖頭到僧堂前.拊掌大笑云.且喜得堂頭老漢會末後句.佗日天下人不奈伊何.雖然.也祇得三年活.

갑신 5년(864)

五年甲申

을유 6년(865)

六年乙酉

스님 나이 44세에 암두 스님과 함께 덕산 스님을 작별을 하였다. 스님은 일찍이 암두 스님과 함께 길을 가다가 예주(澧州) 오산진(鼇山鎭)에 이르렀는데 눈이 쌓여 길이 막혔다.

암두 스님은 자다가 깨어나서 스님이 우뚝이 앉아 있는 것을 보고 꾸짖어 말하길, "의존 형! 의존 형! 어찌 잠을 자지 않습니까? 흡사 산골 마을의 토지신과 같습니다." 스님이 가슴을 가리키며 말하길, "나는 이 안에 풀리지 않은 남아 있습니다." 암두 스님이 말하길, "그대의 깨달은 곳을 하나하나 말해 보시오." 스님은 염관제안(鹽官濟安), 동산양개(洞山良价), 덕산선감(德山宣鑑)을 뵙고 문답했던 지혜의 인연을 들려 주니 암두 스님은 모두 배척하였다.

마침내 스님은 말끝에 크게 깨닫고 일어나 오면서 연달아 사형을 부르면서 말하길, "오늘에야 비로소 오산진에서 도를 성취하였습니다."

師年四十四.與巖頭同辭德山.師嘗與巖頭同行.至澧州鼇山鎭.阻雪.巖頭睡醒.見師巍坐.叱之云.存兄.存兄.何不睡去.恰似三家村裏土地相似.師點胸云.某甲這裏未穩在.巖頭云.據儞見處.一一通來.師擧見鹽官.洞山.德山問答機緣.巖頭皆排之.遂於言下大悟.起來.連喚師兄云.今日始是鼇山成道.

병술 7년(866)

七年丙戌

스님 나이 45세에 암두 스님, 흠산 스님과 함께 임제의현(臨濟義玄) 스님을 참배하려 길을 가는 도중에 정(定) 상좌(上座)[424]를 만났는데 말하길, 임제 화상은 이미 4월 10일에 입적하였습니다. 스님이 말하길, "제가 복이 없어 화상을 친견하지 못했습니다. 도대체 어떤 말씀이 있었습니까?" 정 상좌가 무위진인(無位眞人)의 이야기를 들려주었다. 이로부터 세 사람은 헤어졌는데[425] 암두 스님은 용산(龍山)으로 가고, 흠산 스님은 예양(澧陽)에서 머물렀고, 스님은 민땅으로 돌아갔다. 얼마 안 있어[426] 건안(建安)으로 가다가 암자를 짓고 살게 되니 지금 황룡사(黃龍寺)와 쌍석사(雙石寺) 두 절이다.

師年四十五. 同巖頭欽山欲參臨濟. 至中路. 逢定上座云. 臨濟和尙已於四月初十日示寂. 師云. 某甲薄福. 不見和尙. 未審有何言句. 定擧無位眞人話. 自是三人分袂. 巖頭往龍山. 欽山止於澧陽. 師還閩. 旣而道由建安. 結菴居之. 今爲黃龍雙石二寺是也.

정해 8년(867)

八年丁亥

무자 9년(868)

九年戊子

스님 나이 47세에 지난 일을 돌이켜 보니 부용산에서 공부를 익힐 때를 추억하

---

424 정 상좌(定 上座): 그의 생애는 확실하지 않다. 『천성광등록』 이후의 자료에는 『임제록』의 기연에 의거해서 임제의 법을 이은 제자로 보고 있으나 여기 『설봉연보』, 『벽암록』 제32칙의 평창 등에는 임제의 입적 후에 이 사람이 흠산, 설봉, 암두 등 세 사람과 문답한 이야기를 전하고 있다.
425 분몌(分袂): 헤어지다. 이별하다. 결별하다.
426 기이(旣而): 얼마 안 있어, 곧, 잠깐 후에.

여 마침내 부용산으로 돌아가 석실에 머무니 즉 영통암(靈洞巖)이다. 그 해에 위산(潙山)의 나안(懶安) 스님이 문도를 거느리고 왔다. 최고로 청렴한 대장군 이경(李景)이 편지를 써서 스님을 청하고 성의 서쪽 이산(怡山)에 선원을 개창하였는데 왕진인(王眞人)이 승천한 곳이며 지금의 서선사(西禪寺)이다.

師年四十七. 追念芙蓉肄業之地. 遂還止於石室. 卽靈洞巖是也. 是歲. 潙山懶安領徒至. 上廉帥李景以書請師開創城西怡山王眞人上昇之所. 今西禪寺是也.

기축 10년(869)

十年己丑

스님 나이 48세에 석실에서 좌선[427]을 하고 있었는데 그의 문도 가운데 세상에 나가기를 권하는 자가 있었으나 스님은 심하게 거절하였다. 그때 함께 수행했던 행실(行實) 큰 사형이 말하길, "스님의 도와 덕은 장중하고 취령이나 후강의 뛰어난 곳이 아니면 이끌 곳이 못 된다." 하면서 상골봉(象骨峰)을 의논하자 스님은 받아들였다.

師年四十八. 宴坐石室. 其徒有勸其出世者. 師深拒之. 時有同學行實師伯謂師道德隆重. 非鷲嶺猴江之勝. 不足以延之. 議以象骨峰爲稱. 師領之.

---

[427] 연좌(宴坐):『유마힐소설경』 권1「3 제자품」『대정장』 권14, p.539, c18-26) "曾於林中宴坐樹下.時維摩詰來謂我言.唯.舍利弗.不必是坐.爲宴坐也.夫宴坐者.不於三界現身意.是爲宴坐.不起滅定而現諸威儀.是爲宴坐.不捨道法而現凡夫事.是爲宴坐.心不住內亦不在外.是爲宴坐.於諸見不動.而修行三十七品.是爲宴坐.不斷煩惱而入涅槃.是爲宴坐.若能如是坐者.佛所印可.(일찍이 숲속의 나무 아래에서 좌선하고 있을 때 유마힐이 나에게 와서 말하길, '사리불이여! 반드시 앉아 있는 것이 좌선이 아닙니다. 무엇이 좌선인가? 삼계에서 몸과 마음을 나타내지 않아야 하는 것이 좌선이요, 번뇌 망념이 없는 선정의 경지에서 일어나지 않고 온갖 위의를 나타내는 것이 좌선이요, 도법을 버리지 않고 모든 범부의 일을 나타내야 좌선이요, 마음이 안에 머물지도 않고 또한 밖에도 머물지 않는 것이 좌선이요, 모든 견해를 움직이지 않고 37가지 도품을 닦아 행하는 것이 좌선이요, 번뇌를 끊지 않고 열반에 드는 것이 좌선입니다. 만약 이와 같이 좌선을 해야 부처님이 인가합니다.')."

경인 11년(870)

十一年庚寅

스님 나이 49세에, 이해 늦봄(3월)에 행실 큰 사형이 상골봉에 떨어져 있는 곳에 절터를 잡아 달라고 여러 어른 스님들을 찾아다녔다. 이때 이 산의 동쪽에 청신사[428] 방훈(方訓)과 사효(謝效), 진좌(陳佐) 등이 다투어 지키면서 기원(절)을 바치겠다고 발원하였다. 홍원표(洪元表) 또한 진양(陳洋)의 반을 보시[429]하기에 이르렀고 마침내 정양(稉洋)의 양영대(凉映臺) 북쪽에 암자를 짓고 스님을 맞이하여 살게 했다.

스님께서 벌써 도착하여 자리에 앉아 기뻐하면서 행실 스님에게 일러 말하길, "스님께서 이곳을 간택하느라 수고하였습니다. 나는 이곳에 살겠습니다."

그해 겨울에 스님께서 행실 사형스님과 함께 상골봉 정상에 올라 주변의 뛰어난 경치를 두러보고 돌아와서 산 이름을 의논하였다. 혹 어떤 이는 산꼭대기가 나무꾼이 코끼리 뼈를 줍는 형세라 하고, 혹 어떤 이는 산 정상에 사계절 내내 눈이 쌓여 있다고 상골봉과 설봉을 다 부르자고 하였다. 스님께서 웃으면서 말하시길, "그렇게 하자. 그 위로 300걸음쯤 더 오르면 좋은 곳이 있다."

앞서 행실 사형스님이 암자 터를 방공(方公)에게 샀는데 방공은 산림을 보시하였고 사(謝) 씨, 진(陳) 씨 두 사람도 흔쾌히 보시하였다. 이때부터 신도[430]들이 몰

---

428 신사(信士): 재가의 남성 신도를 말하는데, 청신사(淸信士)라고도 한다. 범어로는 우빠사까(upāsaka)라고 한다.

429 재시(財施): 의복, 음식, 전택, 진귀한 보석 등 물질적인 재물을 타인에게 베푸는 것. 3시의 하나.『아비달마구사론』권18「4 분별업품」,『대정장』권29, p.96, b25-26) "薄伽梵說.若離染者於離染者施諸資財.於財施中此爲最勝.(부처님께서 말씀하시길, '만약 염착됨을 여읜 자가 염착됨을 여읜 자에게 온갖 자재를 보시하면 재보시 중에 가장 수승하다.')."

430 단월(檀越): 범어 다나빠띠(dāna-pati)의 음역으로 은혜를 베푸는 사람의 뜻. 사원과 승려에게 물건을 시주하는 신자. 사원의 단신도(檀信徒). 사찰의 후원자라 한다.『장아함경』권11(『대정장』권1, p.72, a18-27) "善生.檀越當以五事供奉沙門.婆羅門.云何爲五.一者身行慈.二者口行慈.三者意行慈.四者以時施.五門不制止.善生.若檀越以此五事供奉沙門.婆羅門.沙門.婆羅門當復以六事而敎授之.云何爲六.一者防護不令爲惡.二者指授善處.三者敎懷善心.四者使未聞者聞.五者已聞能使善解.六者開示天路.善生.如是檀越恭奉沙門.婆羅門.則彼方安隱.無有憂畏.(선생아, 단월은 마땅히 다섯 가지 방법으로 사문

려들어⁴³¹ 어떤 이는 재물을 보시하고 어떤 이는 밭을 마련하여 절의 살림을 점점 넓혔다.

師年四十九.是歲暮春.實師伯以爲象骨峰之距.詣諸耆耋.求卜精藍.時山之東信士方訓謝効陳佐.競爲遵守.願奉祇園.洎洪元表亦以陳洋半爲財施.遂剏菴於樨洋凉映臺之北.迎師居之.旣至.據坐而喜.謂實曰.勞汝擇焉.吾其居矣.是冬.師偕實師伯升於峰頂.周覽形勝.歸議山名.或謂樵者得象骨於峰巓.或謂是山頂四時皆有積雪.二號兼稱.師笑曰.可.其上三百步得勝地.先是實師伯買菴基於方公.公以山林施.謝陳二公從而樂施.自是檀度輻輳.或捨財.或置田業寖廣.

신묘 12년(871)

十二年辛卯

스님의 나이 50세, 승당을 크게 일으켜 목수에 이르기까지 힘써 일을 하여 빠르게 준공하니 대중들이 기뻐하였다.

師年五十.大興院宇.至于木人効勞.速其成功.衆以爲喜.

임진 13년(872)

十三年壬辰

바라문을 공양해 받들어야 한다. 어떤 것이 다섯 가지인가? 첫째는 몸의 사랑을 행하는 것이다. 둘째는 입의 사랑을 행하는 것이다. 셋째는 뜻의 사랑을 행하는 것이다. 넷째는 때를 맞추어 보시하는 것이다. 다섯째는 문을 막지 않는 것이다. 선생아, 만일 시주가 이 다섯 가지로 사문 바라문을 공양해 받들면 사문 바라문은 또 여섯 가지 방법으로 가르쳐야 한다. 첫째는 보호하여 악을 짓지 않게 하는 것이다. 둘째는 착한 것을 가르쳐 주는 것이다. 셋째는 선한 마음을 품게 하는 것이다. 넷째는 듣지 못한 것을 듣게 하는 것이다. 다섯째는 이미 들은 것은 잘 알게 하는 것이다. 여섯째는 하늘의 길을 열어 보이는 것이다. 선생아, 이렇게 단월(시주)이 사문 바라문을 공양해 받들면 그는 안온하여 걱정이나 두려움이 없을 것이다."

431 폭주(輻輳): 폭주병진(輻輳幷臻)의 준말로 수레바퀴의 살이 바퀴통에 모이듯 한다는 뜻이다. 한곳으로 많이 몰려듦을 이르는 말이다.

계사 14년(873)

十四年癸巳

스님 나이 52세에, 남은 토목 공사를 하는 중에 시절인연에 따라서 법을 설하시고 조금도 게을리한 적이 없었으니 수행자들이 수용할 수 없을 정도로 모여들었다.

師年五十二. 營造木土之餘. 隨機演唱. 未嘗少懈. 衲子至. 無所容.

희종황제(禧宗皇帝) 건부(乾符) 원년 갑오(874)

禧宗皇帝乾符元年甲午

스님 나이 53세에, 이때 황소가 동산에서 반란을 일으켜 스님께서 나라가 어렵게 되어 백성들이 도탄에 빠지는 것을 불쌍히 여겼다.

師年五十三. 時黃巢叛於東山. 師憫國祚之艱. 而生靈塗炭也.

을미 2년(875)

二年乙未

스님 나이 54세에, 관찰사 위공(韋公)이 삼백 냥[432]의 돈을 희사하여 불사에 쓰도록 하였다. 경인년에 이 설봉산에 온 지 무릇 6년 동안에 절이 마침내 다 갖추어지니 지랑(智朗) 스님이 장안에 가서 보고하고 절[433]의 현판을 써 달라고 하였다. 마침 응천절(應天節)[434]을 맞아 마침내 '응천설봉사(應天雪峰寺)'라고 현판이 내려졌다.

師年五十四. 觀察使韋公捨錢三百緡爲建造費. 自庚寅至玆山. 凡六載. 寺乃大備. 僧

---

432 민전(緡錢): 꿰미에 꿴 엽전.
433 상원(上院): 절에 대한 경칭.
434 응천절(應天節): 황제가 태어난 날을 기념하기 위해 특별히 절로 정하여 행사를 하는 것.

智朗詣長安.上院事以丐額.時遇應天節.乃賜應天雪峰寺.

병신 3년(876)

三年丙申

스님 나이 55세에, 암두 스님에게 편지를 써서 말하길, "제가 사형께 편지를 올립니다. 오산진에서 도를 성취하고 난 이후부터 지금에 이르기까지 배를 주린 적이 없습니다."라고 하였다.

師年五十五.寄書與巖頭.云.某甲信上師兄.自從鼇山成道後.直至而今飽不飢.

정유 4년(877)

四年丁酉

스님 나이 56세에, 절 밖으로 놀러간 인연으로 진양(陳洋)를 추천하여 도착하여 이어 말하길, "내가 처음 이 산에 세 가지 경계를 체득했는데 이곳이 세 번째이다. 이곳이 탑을 세울 만한 곳이다." 지금의 탑 터가 이곳이다.

師年五十六.因游寺外.薦至陳洋.乃曰.吾首達茲山.得三境界.此其三也.可以爲建塔之所.今之塔基是也.

무술 5년(878)

五年戊戌

스님 나이 57세에, 도적 황소가 절강에서 민땅으로 들어왔다. 이 해에 장경혜릉 스님이 참배하였는데 혜릉은 염관(鹽官) 사람이다.

師年五十七.巢寇自浙入閩.是歲稜道者來參.稜.鹽官人也.

기해 6년(879)

六年己亥

광명(廣明) 원년 경자(880)

廣明元年庚子

스님 나이 59세에, 도적 황소가 광주에서 상주로 들어왔다.

師年五十九. 巢寇自廣入湘.

중화(中和) 원년 신축(881)

中和元年辛丑

스님 나이 60세에, 대중이 1,500인으로 증가했다. 무릇 학인이 참배하러 오면 곧바로 나무 공 세 개를 굴려 보였는데 하나는 침실에 남겨두고 두 개는 탑 속에 감춰 두었다. 그 해에 현사사비가 세상에 출세하여(상당법문) 매계장(梅溪場)의 보응사(普應寺) 주지를 하게 되었는데 그 후 현사 스님에게 옮겨갔다.

師年六十. 衆盈千五百人. 凡來參. 便輥出三箇木毬. 一留寢室. 二藏塔中. 是歲備頭陀出世. 住梅溪場普應寺. 後遷玄沙.

임인 2년(882)

二年壬寅

스님 나이 61세에, 대장군 이경(李景)이 10만 냥의 돈을 희사하여 사공(司空) 영천(潁川) 진공(陳公)이 3백 냥의 돈을 희사하였고, 관찰사 위공(韋公) 처빈(處濱)이 20만 냥을 희사하여 태평왕판장(太平王坂庄)[435]에 두었고, 사직한 농서(隴西) 이공(李公)

---

435 판장(坂庄): 비탈진 경작지를 말하는데 여기서는 개인이 소유한 경작지를 말한다.

이 138관의 돈을 희사하였고 계속해서 성서(城西)의 대목해사(大睦廨寺)를 창건하였다. 그 해에 한 내관이 민땅에서 서울로 돌아가서 스님의 도와 덕을 말씀드렸다. 희종황제의 뜻을 공경히 이어 받아서 이에 복주(福州)을 담당하는 관장에게 조서를 내려 스님의 불도의 수행에 관해 자세하게 보고하게 하였다. 이때 민땅의 진연교(陳延郊)가 그 사실을 써서 상소를 올리니 진각대사(眞覺大師)라는 법호와 자색가사를 내렸다.

師年六十一.廉帥李景捨錢一十萬緡.司空穎川陳公捨錢三百緡.觀察使韋公處濱捨錢二十萬緡.置太平王坂庄.致仕隴西李公捨錢一百三十八貫.繼而創城西大睦廨寺.是歲.有內官自閩回京.言師之道德.欽承禧宗皇帝聖旨.乃詔福州所司具師道行.時閩士陳延郊疏其實以奏.賜號眞覺大師幷紫衣袈裟.

계묘 3년(883)

三年癸卯

갑진 4년(884)

四年甲辰

스님 나이 63세에, 이때 이극용(李克用)이 태산(太山)의 호구에서 황소(黃巢)의 무리를 격파하니 스님께서 듣고 기뻐하였다.

師年六十三.時克用破黃巢于太山虎口.師聞而喜.

광계(光啓) 원년 을사(885) 병오 2년(886)

光啓元年乙巳 二年丙午

정미 3년(887)

三年丁未

스님 나이 66세에, 4월 8일에 암두 스님이 도적의 재앙을 만나 외마디 소리를 크게 질렀는데 수십 리 밖에서 들렸다고 하고 생명이 다하여 다비[436]를 하자 사리가 셀 수 없이 나왔다고 한다. 스님께서 이 소식을 듣고 차마 눈뜨고 볼 수 없이 슬퍼하셨다.

師年六十六. 四月八日. 巖頭遭寇難. 大叫一聲. 聞數十里. 命終. 闍維. 舍利無數. 師聞而悲慘.

문덕(文德) 원년 무신(888)

文德元年戊申

소종황제(昭宗皇帝) 용기(龍紀) 원년 기유(889)

昭宗皇帝龍紀元年己酉

스님 나이 68세에, 진양(陳洋)에 터를 닦아 탑을 조성하였는데 전에 세 번째 경계라고 말하던 곳이다. 이해 7월 7일에 탑을 완공되자 스님께서 직접 탑명을 지었는데 그때 행실 사형이 입적하였다.

스님께서 큰소리로 서럽게 울고 동산 서쪽에 장사지내고 탑기(塔記)를 지어 이르길, "몸은 유위법을 물리쳤고, 탑은 꿰맴이 없는 곳으로 돌아갔네. 송산(松山)은 한결같이 참된 모습이요, 학고개[鶴嶺]는 천년 동안 영원하도다."

스님의 사형의 법명은 행실(行實)이며 속성은 고(高) 씨로 영가(永嘉) 사람이다. 부용산에서 수행하였으며 기축년부터 이 산을 개창하기 시작했다. 이때 행실 스님

---

436 사유(闍維): 다비를 말한다.

은 지리에 밝아 아무도 하지 않은 일을 시작하여[437] 산문(山門)을 세우고 물길을 열어 처음부터 끝까지 절을 세우는데 그 공로가 적지 않았다. 이해 8월 14일에 옛 절에서 원적하니 세수는 67세, 법랍은 26세였다.

師年六十八.開基造塔於陳洋.卽前所謂第三境界.當年七月七日塔成.師自作塔銘.時行實師伯示寂.師哭之慟.擧而葬于東山西原.師爲塔記云.身謝有爲.塔歸無縫.松山一鎭.鶴嶺千秋.師伯法諱行實.俗姓高.永嘉人也.受業芙蓉山.自己丑年.啓剏玆山.時行實明地理.破天荒.立山門.放水路.原始要終.其功不淺.是年八月十四日.終於舊院.壽六十七.臘二十六.

대순(大順) 원년 경술(890)

大順元年庚戌

신해 2년(891)

二年辛亥

스님 나이 70세에, 두 번째로 오월(吳越)을 유행하시고 처음으로 천우산(天右山) 용천사(湧泉寺)에 이르렀다.

師年七十.再遊吳越.初抵天右湧泉.

경복(景福) 원년 임자(892)

景福元年壬子

스님 나이 71세에, 이해 여름은 영은사(靈隱寺)에 머물렀고 그 후 국청사(國淸寺)에 이르렀고 다시 부강(浮江)에 도착했다. 다음에 아육왕사(阿育王寺)에 유행하며 각각

---

437 파천황(破天荒): 천지개벽(天地開闢) 이전의 혼돈한 상태를 깨뜨려 연다는 뜻으로, ① 이제까지 아무도 하지 않은 일을 행한다, ② 진사(進士)에 급제한 사람을 이름.

의 기연에 문답함이 있었다.

師年七十一.是歲夏.止於靈隱.後至國淸寺.復到浮江.次遊育王.各有問答機緣.

계축 2년(893)

二年癸丑

건녕(乾寧) 원년 갑인(894)

乾寧元年甲寅

스님 나이 72세에, 다시 민땅으로 돌아와 진양의 탑 있는 곳에 머무르셨다. 진양부의 사도(司徒) 낭공(郞公)이 부중에 모셔 법연을 청하니 불법의 깊은 가르침을 설하였는데 탑의 정자에 법당을 건립하도록 재물을 보시하였다. 이 해에 절을 진양으로 옮겼는데 지금의 선원이다. 마음이 맞은[438] 인연들 중 그때 법을 이은 문인들이 중에 크게 법을 펼친[439] 이들이 56명이 있었는데 현사사비(玄沙師備), 아호지부(鵝湖智孚), 동암가휴(洞巖可休), 초경혜릉(招慶慧稜), 운문문언(雲門文偃), 고산신안(鼓山神晏) 등이 있다.

師年七十三.復歸閩.止於陣洋塔所.府司徒郎公請延府中.爲說玄要.卽施財建法堂于塔亭.是歲遷寺於陳洋.今院是也.投契之緣.時有嗣法門人.闡揚大法者五十六人.玄沙備鵞湖孚岩洞休招慶稜雲門偃鼓山晏等.

을묘 2년(895)

二年乙卯

스님 나이 74세에, 대중을 거느리고 남쪽지방을 유행하였는데 그때 황열반(黃

---

438 투계(投契): 투합하다. 마음이 맞다.
439 천양(闡揚): 생각이나 주장(主張)을 드러내어 밝혀서 널리 퍼뜨림.

涅槃) 스님이 스님께서 오실 것을 미리 알고 지팡이를 기대어 앞질러 소계에 이르러 맞이하여 서로 만나 해후하게 되었다.

　스님께서 묻길, "어디에서 오셨습니까?" 황열반 스님이 말하길, "벽지암(辟支岩)에서 왔습니다." 스님께서 말하길, "벽지암에도 도리어 주인이 있습니까?" 황열반 스님이 대나무 지팡이로 스님의 가마를 때리니 이에 스님께서 가마에서 나와 서로 만나게 되었다.

　황열반 스님이 말하길, "중씨 아들은 만복하십니까?" 스님께서 갑자기 남자의 절을 하니 황열반 스님이 여인의 절을 하였다. 스님께서 이르시길, "대략 여인이 아닌가!"

　황열반 스님이 또 두 번 절을 하고 마침내 대나무 지팡이로 땅에 선을 긋고 스님의 가마 주위를 세 번 돌았다. 스님께서 말하길, "저는 삼계 안에 사는 사람이고 스님은 삼계 밖에서 사는 사람입니다. 스님께서 의당 앞에 가십시오. 저는 뒤에 가겠습니다."

　황열반 스님이 이에 먼저 돌아가고 스님께서 뒤따라가서 낭산사(囊山寺)에 이르러 여러 날 동안 휴식을 취했는데 황열반 스님이 따라온 대중들을 하나도 모자람이 없이 잘 모셨다.

　다음에 와관사(瓦棺寺)에 이르렀을 때는 천주(泉州) 태부(太傅) 왕연빈(王延彬)이 동미륵사(東彌勒寺), 자수선원(資壽禪院) 등을 창건하고 스님을 맞이하여 머물게 하고 더욱더 예로서 공경하였다. 이때 민땅의 주인인 왕심지(王審知)가 패권을 잡고 있었는데 스님께서 불법을 교화함을 우러러 보았다. 일찍이 1,000명의 대중을 거느리고 동서제(東西第)에서 왕을 위하여 설법하였다. 처음에 30만 냥의 돈을 희사하여 20칸의 횡실을 만들었고 다음에 30만 냥의 돈을 희사하여 법당, 회랑, 방장실을 만들었다.

師年七十四.領衆南遊.時黃涅槃預知師至.揹策前迎.抵蘇溪.邂逅相遇.師遂問

云.近離甚麼處.槃云.辟支岩.師云.岩中還有主麼.槃以竹策敲師篐.師乃出相見.槃云.曾郞萬福.師遽展丈夫拜.槃作女人拜.師云.莫是女人麼.槃又設兩拜.遂以竹策畫地.右繞師篐三匝.師云.某甲三界內人.師三界外人.師宜前去.某甲後來.槃乃先回.師遂至.止囊山.憩數日.槃供侍隨行徒衆.一無所缺.次至瓦棺.時泉州太傅王延彬創東彌勒. 資壽等院.迎師駐錫.大加禮敬.時閩主王審知權執覇位.嚮師道化.嘗領千衆于東西第爲王說法.初捨俸錢三十萬.創橫屋二十間.次捨錢三十萬.創法堂. 迴廊.方丈等宇.

병진 3년(896)

三年丙辰

정사 4년(897)

四年丁巳

조주종심 선사께서 입적하셨다.

趙州諗禪師示寂.

광화(光化) 원년 무오(898)

光化元年戊午

스님의 나이 77세에, 민왕이 스님과 현사 스님을 함께 초청하여 내전에 들어와 부처의 심인을 논하게 하였다. 대왕은 두 스님의 불심인(佛心印)[440]을 열어 보인 것

---

440 불심인(佛心印): 불인(佛印), 심인(心印)과 동일. 부처님의 깨달음을 도장[印]에 비유한 말. 불조(佛祖)로부터 전해진 대법(大法). 대오철저(大悟徹底)한 부처님이나 조사의 마음 그 자체를 말함. 불심인증(佛心印證)의 뜻. 선종에서는 수증일여(修證一如)라 하여 깨달음과 깨닫는 마음을 구별하지 않으니 깨닫는 마음이 있어서 점차로 수행의 공을 쌓은 뒤에 깨닫는 것이 아니고 깨닫는 마음이 곧 부처며, 깨닫는 것도 수행이니 이 깨달은 것과 깨닫는 마음의 둘을 합한 의미로서 불심인이라 한다. 곧 부처님 자

을 듣고 크게 신심을 내어 곧바로 큰 서원을 세우고 마음에 불심인의 뜻을 품어 결코 물러나지 않을 뜻을 지녔다.

 대왕이 재차 두 스님을 궁전으로 청하여 불법을 강론하게 하였는데 거듭 판을 짜서[441] 긴 탁자 위에 향과 촛불을 켜서[442] 밖으로 마음이 새어나가지 않게 하였다. 인하여 궁궐 내의 상서(尙書) 세 사람에게 명하여 휘장 사이에서 그 법어를 기록하게 하였다. 스님께서 이에 제불과 용과 천신을 청하여 왕에게 불심인을 전수함을 증명하였다.

 다시 40만 정의 돈을 희사하여 큰 불전과 천백여 칸의 크고 작은 집을 건립하니 어느 것 하나 갖춰지지 않은 것이 없었다. 스님은 먼저 연초에 이 산에 왔는데 이때 산의 남쪽 진양(陳洋)의 신도 남문경(藍文卿)이 스님의 불법의 교화함을 알고 마침내 자기가 살고 있는 동쪽 연못 옆 오래된 수양버들 옆에 암자를 짓고 스님을 주석하게[443] 하였는데 지금의 고목암(枯木菴)이다. 남문경 공이 다시 정양장(樫洋庄)으로 정사[444]를 지어 스님을 청하여 살게 하였는데 지금의 구원(舊院)이 그것이다. 남문경 공이 대중이 많아지는 것을 보고 다시 살던 집을 큰 사찰로 갖추어서 스님을 옮겨서 주지하게 하였다.

 다시 민땅의 주인인 충의왕(忠懿王)이 희종황제(禧宗皇帝)에게 상주하니 시주 남문경을 위무절도사명호후왕(爲威武節度使明護侯王)에, 장남 응조(應潮)는 통우신군(通祐神君)으로, 아우인 스님 수원(守遠)은 자비존자(慈悲尊者)에 봉해 주었다. 지금 본산

  내증(自內證)의 삼매. 또 그대로 '중생의 불성 → 자성청정심→ 불인 → 심인'이라 한다. 『북산록』 권6(『대정장』 권52, p.611, b24-25) "尙爲小智.豈能傳佛心印乎.(오히려 소근기의 지혜인을 위하여 어찌 불심인을 전할 수 있겠는가?)." 『불과원오선사벽암록』 권1(『대정장』 권48, p.140, a24) "志公云.此是觀音大士.傳佛心印.(지공이 말하길, '달마대사는 관음대사이며 부처님의 정법을 계승한 사람입니다.')."

441 중배(重排): 개판하다. 다시 판을 짜다.
442 향안(香案): 향로, 촛대, 제물 등을 올려놓는 긴 탁자.
443 주석(駐錫): 선종에서 승려가 입산안주(入山安住)하는 일. 승려가 포교를 하기 위하여 어떤 지역에 한 때 머무르는 일.
444 정사(精舍): 학문을 가르치려고 베푼 집. 정신을 수양하는 곳.

의 토지신이 되었다. 그 후 남문경은 양대랑(楊大娘)과 차남인 응진 등과 함께 묘양장(茆洋庄)으로 집을 옮겨 그 뜻을 이루었다. 이어서 20곳의 논밭과 장원을 보시하였으니 지금의 남전(藍田), 태평(太平), 대목(大睦) 등의 장원이다.

師年七十七.閩王請師同玄沙入內論佛心印.大王聞二師如此開示.起大信心.便立大誓願.志心受持.終無退志.大王再請二師于內講論佛法.重排香案.不許外泄.仍令內尙書三人隔帳錄其法語.師乃請諸佛龍天證明.爲王傳佛心印.復捨錢四十萬鼎建大殿堂宇千百餘間.莫不大備.師先年首至茲山.時山南陳洋信士藍文卿者.知師道化.遂將所居東池側古檟樹創菴.延師駐錫.今枯木菴是也.藍公復以檟洋庄創造精舍.請師居之.今舊院是也.藍公見衆廣.復將所居之宅充爲巨刹.遷師主之.復蒙閩主忠懿王具奏禧宗皇帝.賜封檀越主藍文卿爲威武節度使.明護侯王長男應潮通祐神君.弟僧守遠慈悲尊者.今爲本山土地.其後文卿與楊大娘次男應辰等.徙家於茆洋庄以成其志.仍施田園二十庄.今藍田太平大睦等庄是也.

기미 2년(899)

二年己未

스님 나이 78세에, 민왕이 사신을 보내 은으로 만든 의자[445]를 스님께 보내 왔다.

師年七十八.閩王遣使齎銀交椅送師.

경신 3년(900)

三年庚申

스님 나이 79세에, 황제의 뜻을 받들어 본사의 이름을 응천광복사(應天廣福寺)로 바꾸었다.

---

445 교의(交椅): 의자.

師年七十九.有旨賜改本寺爲應天廣福寺.

천복(天復) 원년 신유(901)

天復元年辛酉

스님 나이 80세에, 이 해 윤 6월 10일에 스님은 장차 주지의 조건과 스님들이 해야 할 규칙과 제도를 대중들에게 보이셨다. 대략적으로 크고 작은 일이 없이 모두 주지를 따라야 하는 것이 모든 시냇물이 바다로 돌아가고 수많은 강물이 같은 근원에서 흘러나오는 것과 같아야 한다.[446] 나라에 두 임금이 없고 가정에는 두 주인이 없는 것이다.[447] 하물며 스님의 생활은 다툼이 없어야 하는데 다툼이 있다면 스님이 아니다. 마음이 편안하면 사람들과 화합이 되어 그 계통을 잃지 않는다. 장원과 탑원에 이르기까지 모두 규칙을 만들어 놓았으니 늙은 자와 병든 자는 도리로써 극진하게 대접하게[448] 하라. 만약 불사를 펼칠 수 있는 자는 외부의 인연에 응하게 하고 스님들의 행동에 허물이 있으면 가볍고 무거움에 따라 벌을 주도록 하라. 원래 소임자가 아니면 지팡이와 나무 방망이를 휘둘러 사람들을 불안하게 하는 것을 허락하지 않는다. 무릇 모든 일은 다만 부용(芙蓉) 옛 스님의 규칙에 의거하면 그 뜻을 알 수 있다.

---

446 『대지도론』 권62 「41 신방품」(『대정장』 권25, p.501, c15-16) "諸法入般若波羅蜜中.如百川歸海.皆爲一味.(제법인 반야바라밀은 작용을 할 때 마치 모든 냇물이 바다로 돌아가면 모두 한 가지 맛이 되는 것과 같다)." 『대방광불화엄경수소연의초』 권1(『대정장』 권36, p.7, b16-17) "若百川歸海.海能普收卽爲本故.(만약 모든 냇물이 바다로 돌아가듯이 바다는 능히 널리 거두어들이는 것을 근본으로 하기 때문이다)."

447 『법화문구기』 권7 「석신해품」(『대정장』 권34, p.285, b8) "民無二主國無二王.(백성에겐 두 주인이 없고, 나라에는 두 임금이 없다)." 『광홍명집』 권1(『대정장』 권52, p.98, a10-11) "若夫天無二日國無二王.(그런데 하늘에는 두 태양이 없고, 나라에는 두 임금이 없다)." 『종경록』 권96(『대정장』 권48, p.936, b13-14) "正法華經云.第一大道.無有兩正.釋曰.志當歸一萬法所宗.如國無二王.家無二主.(『정법화경』에 이르길, '제일의 대도에는 둘인 최상승이 없다. 석가세존이 말씀하시길, 마음에는 마땅히 만 가지 법은 근본으로 돌아가는 가는 바가 근본인데 마치 나라에 두 임금이 없고, 가정엔 두 주인이 없는 것과 같다.')."

448 간대(看待): 대하다. 다루다. 취급하다.

師年八十.是歲閏六月初十日.師將條件住持及僧行規制以示徒衆.大約事無大小.皆歸住持.百川歸海.衆流同源.國無二王.家無二主.況僧居無諍.有諍非僧.心安人和.不失其緒.至於庄院塔院皆有成規.老者病者理令看待.若能聲演佛事者.以應外緣.僧行有過.輕重量罰.旣非知事.不許輒行杖木.令人不安.凡百事但依芙蓉先師規制.卽知其義也.

임술 2년(902)

二年壬戌

계해 3년(903)

三年癸亥

스님 나이 82세에, 절의 대중이 날로 번성하여 1년에 들어오는 수입으로 공급할 수 없었다. 가옥과 당우들이 점점 물이 새서 기와를 수리하고자 하나 공사가 너무 컸다. 무량(無量)과 무열(無悅) 두 스님이 있어 마음을 세워 모연을 권고하여 예전처럼 집이 크고 아름답게[449] 되어 스님의 행을 따르게 되었다.

師年八十二.寺衆日繁.歲入不給.屋宇漸漏.欲行脩葺.工程浩大.有僧無量無悅者.立心勸募衆緣.輪奐仍舊.以遵師行.

애제(哀帝) 천우(天祐) 원년 갑자(904)

哀帝天祐元年甲子

을축 2년(905)

---

449 윤환(輪奐): 집이 크고 넓으며 아름다움

二年乙丑

스님 나이 84세에, 민왕이 다시 돈을 보시하여 고목암을 중건하고 그리고 크게 연못을 만들었는데 대략 만여 명의 장인이 참여했다. 스님께서 일찍이 고목암에서 좌선하고 계셨는데 그 옆에 있는 물방앗간에서 보리를 햇볕에 말리고 있는 것을 보고 스님께서 몸소 글을 짓기를, "암자 앞에 긴 세월 동안 이리와 호랑이가 없어지고, 방앗간 밑에는 해가 다가도록 참새 없어져라." 이렇게 스님의 훈계와 깨우침으로 지금에 이르도록 호랑이와 참새가 없다.

師年八十四.閩王再施錢重建枯木菴及開大池.約萬有餘工.師嘗在枯木菴坐禪.傍有水磨晒麥.師親題云.菴前永日無狼虎.磨下終年絶雀兒.此師之誠諭.至今無虎雀.

병인 3년(906)

三年丙寅

스님 나이 85세에, 천주(泉州)의 왕태부(王太傅)가 사신을 보내어 능도자(稜道者)를 초경사(招慶寺) 주지로 보내줄 것을 청하자 스님께서 현사 스님에게 편지를 보내니 현사 스님이 설봉산에 올라 혜릉을 보냈다. (당(唐)나라 임금이 다스리는 일은 이때에 이르러 양(梁)나라에 찬탈되었다)

師年八十五.泉州王太傅遣使來請稜道者住持招慶寺.師以書報玄沙.沙上山送之(唐祚至此爲梁所簒).

양(梁) 태조황제(大祖皇帝) 개평(開平) 원년 정묘(907)

梁大祖皇帝開平元年丁卯

스님 나이 86세에, 스님께서 스스로 탑 모양을 그려서 사람을 시켜 민왕에게 바치도록 하였다. 민왕이 사신을 보내어 강서(江西) 서적산(瑞迹山)에 가서 재목과 돌을 골라 스님을 위하여 탑과 세 칸의 진영당을 세워드렸다. 더불어 스님의 감실을 만들었는데 감실이 만들어지고 스님께 다 만들었다고 보고를 하자, 스님께서 말씀하시길, "법당 앞으로 메고 와라. 너를 보니 어찌 할 수가 없구나!"

師年八十六. 師自圖塔樣. 令人呈獻閩王. 王遣使往江西瑞迹山披材石. 爲師建塔及眞堂三間. 與師造龕子. 龕完. 報和尙知道. 師云. 舁向堂前著. 看儞不奈何.

무진 2년(908)

二年戊辰

3월에 스님께서 가벼운 질환을 보이셨는데 민왕이 의원에게 진찰해 보도록 명하자 스님께서 말하길, "나는 병든 것이 아니다." 하시고 끝내 약을 드시지 않았다.

4월 15일에 스님은 법당에 앉아서 남기실 분부 등의 일을 하셨다. 이에 말하길, "이 절은 나이 많고 지혜 있는 자를 서로 받들어 따라야 하며 망령되이 이치에 어긋나게 주장을 펼쳐서는 안 된다."

4월 28일에 이르자 대중들에게 일러 말하길, "물거품과 허깨비 같은 인연으로 생긴 것은 가고 옴이 정해져 있지 않다. 나는 40년 가까이 일찍이 입이 아프게 권하지 않은 적이 없었는데 요즘 불법이 싱겁고 엷어져서 오직 세속적인 것에 은근하게 힘을 쏟는 것이 신심 있는 시주들에까지 이르러 내게 말하길, '스님이 백 년 일생을 마치고 훌륭한 보은이 없다면 세상의 도리와 이미 상응하지 않으니 역시 조금이라도 성찰할 부분이 있음이 합당할 것입니다.' 내가 만약 4대가 떨어져 흩어지는 날에 먼저 이미 나무 관과 돌로 만든 감실이 있으니 모두 옛날 나의 뜻에 의거하여 처리하고 나의 뜻을 위배하지 마라. 만약 상복[450]을 입고 눈물을 흘리는 자는 나의 권속이 아니다."

---

450 마하(麻下): 삼으로 지은 상복.

대중들은 모두 나의 명령을 받들고 함께 맹세하여[451] 탑제를 꾸미고 지어서 간신히 완공했지만 서쪽의 덮개돌이 아직 갖추어지지 않았다. 이날 저녁에 맹렬한 바람과 천둥과 비에 숲과 골짜기를 진동하였는데 동산 위의 땅이 갑자기 흔들리고 갈라지고 넓이가 10자 정도 되는, 숫돌같이 평평한 돌이 나왔다. 그 돌을 들어올려 함의 덮개로 사용하니 서로 합치하여 보는 사람들이 다 기이하다고 하였다.

5월 2일에 스님은 손수 100자의 서찰을 써서 민왕과 이별하고 아침에는 남전을 돌아보고 저녁에는 돌아와 몸을 씻고 이날 밤 6시에 오른쪽으로 누워 입적하셨다. 세수 87세, 법랍은 59세였다.

초열흘에 이르러 본원 방장실에 탑[452]을 세웠다. 민왕이 형부상서로 있는 아들 왕연품(王延稟)을 보내어 절에 들어와 애통해 하며 특별히 제사의 예식을 간하였다. 5월 15일에 이르러 전신을 탑에 안치했다.

스님은 당(唐)나라 함통(咸通) 경인년부터 산문을 열고 절을 창건하여 후량(後梁) 개평(開平) 무진년에 이르러 입멸하셨으니 39년간 불법의 가르침을 널리 세상에 퍼뜨렸다.

三月. 師示微疾. 閩王命醫診視. 師云. 吾非疾也. 竟不服藥. 四月十五日. 師坐法

---

451 공시(共矢): 함께 맹세하다.
452 솔도파(窣堵波): 범어 스투파(stūpa)의 음역. 탑파, 부도 혹은 탑이라고도 한다. 현장은 솔도파(窣堵波)라고 옮겼다. 원래 고대 인도에서 봉분을 한 무덤 형태에 쌓아올린 묘인데 석존의 사후는 단순한 분묘가 아니고 기념물의 성격을 띠게 되었다. 마우리아왕조 시대에는 특히 다수의 탑이 건설되어 부처님의 유골, 소지품, 유발 등을 묻은 위에 연와(煉瓦)로 구축되었다. 이 탑을 중심으로 새로운 불교 운동이 일어나 대승불교로까지 발전했다. 중국, 한국, 일본에서도 대웅전과 나란히 중요한 건축물로서 세워졌다. 부처님의 사리를 봉안하여 사원의 상징이 되어 있다. 가늘고 긴 판자에 탑 모양의 홈을 내어 죽은 사람의 추선을 위해 묘지 쪽에 세우는 판탑파(板塔婆)를 솔탑파(牽塔婆) 또는 탑파라고 부르고 건조물은 단순히 탑이라고 불러 구별한다. 『대반야바라밀다경』 권103 「30 교량공덕품」,『대정장』 권5, p.570, c20-21) "或善男子善女人等佛涅槃後. 起窣堵波七寶嚴飾.(혹은 선남자와 선녀인 등이 부처님이 열반하신 이후에 수투파(탑)을 세워 칠보로 장엄하고 장식했다)."

堂.示遺誡等事.乃云.當院年長有智者.其相遵受.不得妄有乖張.至本月二十八日.謂衆云.泡幻緣生.去來不定.吾僅四十年來.未嘗不苦口相勸.近日佛法澹薄.唯於世諦慇懃.至於信施檀越.師僧和尙.百年終歿.無善報恩.世理旣不相應.亦合有少分省察.吾若四大離散之日.先已有木函石龕.竝依舊志安排.毋違我意.若有披麻下淚者.非我眷屬.衆皆禀命共矢.修營塔制苟完.西盇石未具.是夕烈風雷雨震撼林壑.東山之上.地忽震裂.廣袤尋丈.其平如砥.擧而用之.函盇相合.見者咸異.五月二日.師手札百餘字.別閩王.朝遊藍田.暮歸澡身.是夜十八刻.右脇而順寂.壽八十七.臘五十九.至初十日.建窣堵波於本院方丈.閩王遣子刑部尙書王延稟入寺哀慟.特諭祭禮.至十五日.全身入塔.師自唐咸通庚寅開山剏寺.至梁開平戊辰入滅.闡揚敎法三十九年.

설봉진각대사연보 끝
雪峰眞覺大師年譜(終)

설봉어록의 맨 끝
雪峰語錄大尾

  대갱(大羹)과 현주(玄酒)⁴⁵³는 모든 맛의 으뜸이어서 아무 맛도 없지⁴⁵⁴만 맛의 여운이 있고, 운문(雲門)과 함지(咸池)⁴⁵⁵는 모든 소리의 왕이어서 소박하면서 여운이 있다. 그리하여 저 맛 좋은 음식⁴⁵⁶은 많은 사람들의 입을 좋게 하고, 음란한 노래⁴⁵⁷는 여러 사람의 귀를 흔드는 것과 같이 말할 것이 못 된다.

  설봉 스님의 말씀은 간결하고 예스럽고 순수하고 진실하여 아무 맛도 없이 순박한 맛이지만 그러나 그 소리는 사람들의 입에 맞지 않고 여러 사람의 귀를 바늘로 찌르는 것과 같다. 다만 이러한 경지의 사람은 손가락을 솥 속에 넣어 국물의 맛을 보고⁴⁵⁸ 메아리를 듣고 그 가락을 안다.

  경산의 은수안광 노스님이 일찍이 이 어록을 얻어서 가장 깊이 알게 되었다. 오

---

453 대갱현주(大羹玄酒):『예기(禮記)』「악기편(樂記篇)」에 대갱은 종묘제사에 올리는 쇠고기 국이고, 현주는 정화수(井華水)인데 옛날 술이 없을 때 대신 올렸다. 대갱은 원래 간을 맞추지 않고, 현주 역시 이름만 술이지 아무런 맛도 없다. 이를 문장론에 이끌어 비유하면 질박한 고문의 세계가 우월하다는 의미이다.

454 담연(淡然): 무심하다. 쌀쌀하다. 태연한 모양.

455 운문함지(雲門咸池):『논어(論語)』「팔일편(八佾篇)」에 "子曰.君子無所爭.必也射乎.(공자가 말하길, '군자는 다투는 바가 없지만 활쏘기에서는 반드시 다툰다.')."라는 구절이 있는데 여기서 활쏘기는 육예(六藝 ; 六禮, 六樂, 五射, 五御, 六書, 九數) 중 세 번째이고, 두 번째인 육악(六樂)의 황제(皇帝) 이하 육대(六代)의 악(樂)은 운문(雲門; 黃帝), 함지(咸池; 堯), 대소(大韶; 舜), 대하(大夏; 禹), 대호(大濩; 湯), 대무(大武; 周武王)를 가리키는데 여기서 으뜸은 운문과 함지이다.

456 비감(肥甘): 맛있다, 맛이 좋다, 맛 좋은 음식.

457 음규(淫哇): 음란한 노래.

458 염지(染指): 손가락을 솥 속에 넣어 국물의 맛을 본다는 뜻으로, 남의 물건을 옳지 못하게 몰래 가지는 것을 말한다.

래전에 판각했던 것과 전에 판각한 『현사어록(玄沙語錄)』과 아울려 유포하려고 하였지만 어찌하랴!⁴⁵⁹ 얼마 되지 않아 스님께서 돌아가셔서 공연히 완성하지 못하는 인연이 되었다. 불법의 가르침에 뜻이 있는 사람이라면 누구인들 안타깝다 하지 않겠는가?

지금 그 분의 문도인 아무개가 어록을 가지고 와서 나에게 주었으니 어찌⁴⁶⁰ 그의 스승이 남기신 뜻을 이어서 이 노승을 매개로 싹트게 하려고 한 것이 아니겠는가? 그래서 차마 홀로 그 맛을 맛보고 그 소리(가락)를 들을 수가 없어서 한번 비교하고 검토⁴⁶¹하여 이에 인쇄를 부탁하여 다시 찍도록⁴⁶² 하였다.

단지 원컨대 설봉 스님의 참된 풍모가 이 땅에 널리 퍼져서 우리 조동종(曹洞宗)⁴⁶³ 일맥이 이웃이 있어 외롭지 않도록 하라. 이것이 내가 이 어록을 유통시키는 뜻이다.

---

459 쟁나(爭奈): ~을 어찌하랴, 어쩔 수 없다, 속수무책이다, 어찌할 도리가 없다. 『조당집』 권9 「낙포화상장」(『고려대장경』 권45, p.289, c14) "任你截斷天下人舌頭.爭奈無舌人解語何.(그대 맘대로 천하의 사람들의 혀끝을 절단해서 어찌 혀 없는 사람을 말로 어떻게 알겠는가?)."

460 합(盍): 어찌 ~ 하지 아니하느냐?

461 교열(校閱): 교정하고 검열함.

462 번각(翻刻): 간본이나 사본을 저본으로 하여 목판이나 활판으로 간행하다, 외국의 책을 복제하다.

463 신풍(新豐): 조동종을 말한다. 조동종은 동산양개(洞山良价, 807~869)와 그의 제자 조산본적(曹山本寂, 840~901)의 사자(師資) 2대가 개창한 종파다. 동산양개는 당나라 대중 말년부터 신풍산에서 후학을 지도하였기 때문에 신풍노인이라 불렸다. 그 후 동산에서 가르침을 크게 펼쳤는데 이후 동산양개라는 명칭이 붙었다. 그 가운데서 조산본적과 운거도응 등 훌륭한 제자를 배출하였다. 이로부터 동산양개의 현묘한 가풍이 천하에 퍼졌으므로 제방에서는 그 선풍을 가리켜 동상종(洞上宗), 동산종(洞山宗), 조동종(曹洞宗)이라 불렀다. 이 종파는 청원(青原)과 석두(石頭)로 이어지는 선맥을 계승한 것이다. 임제종과 거의 비슷한 시기에 일어났다. 하지만 동산의 제자인 조산본적보다는 운거도응(雲居道膺) 계통이 더 번영하게 되었다. 8대 후에 천동굉지(天童宏智)가 나와 묵조선(默照禪)을 열었다. 이는 임제종의 대혜종고(大慧宗杲)가 주창한 간화선(看話禪)과 맞서 크게 선풍을 일으켰다. 뿐만 아니라 천동굉지는 선문의 명저인 『송고백칙(頌古百則)』도 펴냈다. 또한 이 문하에서 『종용록(從容錄)』을 쓴 만송행수(萬松行秀)도 나온다. 조동종의 가풍은 한마디로 무정설법(無情說法) 무정성불(無情成佛)이다. 여기서 무정(無情)이란 생명이 없는 존재를 말한다. 말하자면 생명이 없는 존재도 설법할 수 있으며 생명이 없는 존재도 성불할 수 있다는 것이다. 이른바 산하대지와 초목국토가 모두 성불한다는 '초목국토(草木國土) 실개성불(悉皆成佛)'이라는 조동종의 철학이 정립되었다.

大羹玄酒爲衆味王.淡然有餘味.雲門咸池爲衆音君.朴然有遺音.與彼肥甘之爽衆口.淫哇之盪衆耳者.不可同年而語也.雪峰言語簡古純眞.淡然味朴.然音不可於衆口.如針於衆耳.但此中人則染指而領焉.承響而知焉.經山老隱睡安光和尙曾得此錄.而領知最深.自謂壽梓與前所刻之玄沙語錄並行焉.爭奈何未幾化緣示終.而空成未了因.有志于法門者.誰不惜之乎哉.今也其徒某者持來投余.盖似以其師遺意媒蘗於老衲者.是以不忍獨嘗其味.獨聽其音.挍閱一番.乃付印生.以圖翻刻.只願雪峰眞風播揚此土.令我新豐一脈有鄰不孤.是余流通之意也.

때는 원록 14년(1701) 용집[464] 신사 6월 1일
취봉의 한가한 도인[465] 만산노납[466]이 무릉의 객담에서 쓰다.
時元祿十四年龍集辛巳季夏吉旦
鷹峰閑道人卍山老衲涉筆於武陵之客檐

---

464 용집(龍集): 용성(龍星), 즉 목성의 성좌가 일 년에 깃드이는 일로써 세차(歲次), 세재(歲在), 세사(歲舍)를 말한다.

465 한도인(閑道人): 한가한 상태여서 닦아야 할 도도 없고, 증득해야 할 법도 없는 무위무사(無爲無事)인 것을 말한다. 『영가증도가』 권1(『대정장』 권48, p.395, c9) "君不見.絶學無爲閑道人.不除妄想不求眞.(그대는 보지 못했는가? 배울 것을 없어서 할 일 없는 한가로운 도인은 망상을 제거하거나 진리를 구하지도 않는다)." 『황벽산단제선사전심법요』 권1(『대정장』 권48, p.382, c15-16) "古人心利纔開一言便乃絶學.所以喚作絶學無爲閑道人.(옛사람은 마음이 영리하여 겨우 한마디 듣자마자 곧바로 배울 것이 없어졌기 때문에 배울 것이 없어 할 일 없는 한가로운 도인이라고 부른다)."

466 만산노납(卍山老衲): 만산도백(卍山道白, 1636~1715)을 가리키는 말이다. 일본 스님으로 일본 조동종의 중흥조이다.

부록
附錄

복주 설봉산 고 진각대사 어록 서
福州雪峰山故眞覺大師語錄序

한림시독학사 중산대부 수상서 예부시랑 동지승진은대 보문하 봉박사 판태상사 권판상서부성주호군 낭야군 개국후 식읍 1천9백 호 식실봉 2백 호 사자금어대 왕수 지음
翰林侍讀學士 中散大夫 守尙書 禮部侍郎 同知承進銀臺 普門下 封駁事 判太常寺 權判尙書部 省主護軍 瑯琊郡 開國侯 食邑一千九百戶 食實封二百戶 賜紫金魚袋 王隨 撰

내가 일찍이 학문이 어리석어 부끄럽게 생각하였는데 우연히 과거에 급제⁴⁶⁷하여 빛나는 세상을 만나서 맑고 빛나는 직책을 역임하게 되었다. 그러나 매일 마음속으로 근심과 성냄이 쌓여 있어 명예와 이익을 구하고자 밖으로만 치달렸다. 객진번뇌⁴⁶⁸가 근본 마음을 가리고 세상의 풍파가 이러한 생각들을 꾀하게끔 부추겨 세상의 영화가 영원한 즐거움이라 인식하여 선에 대한 말씀을 듣는 것을 쓸모없는 이야기로 여겼다. 그러나 사랑과 수모⁴⁶⁹가 함께 오고 삶과 죽음이 하나인 것을 어찌 알았겠는가? 미혹함에 빠져 있을 때에 홀연히 깨달은 것이 있었다.

지난번에⁴⁷⁰ 항주에서 벼슬을 하다 숭천에서 스스로 공직에서 물러나서 쉬고 있을 때 한가한 날이 많았다. 그래서『전등록』에 실린 설봉 스님의 상당설법을 보

---

467 상제(上第): 우수한 성적으로 급제하다.
468 객진(客塵): 우연히 밖으로부터 온 번뇌라는 말인데, 번뇌는 마음속의 고유한 것이 아닌 마음에 부착한 독성이기 때문에 객진번뇌라고 한다. 외부에서 와서 청정한 마음을 더럽힌 번뇌. 우발적이고 일시적인 객(客)과 같은 번뇌 그것은 분별에 의해 생긴다.
469 총욕(寵辱): 굄(사랑)을 받음과 욕을 당함. 총애(寵愛)와 수모.
470 향자(向者): 접때, 지난번에.

니, "온 세상이 하나의 해탈문이다." 하셨고, 또 달리 말씀하길, "삼세제불과 12부 경전도 여기에 이르러서는 헛수고이다. 이 뜻을 정밀하게 궁구하면 마치 술에서 깨어나듯 탁 뜨여 이에 도를 알게 되니 어찌 멀다고 말하겠는가? 진실로 돌아가면 통달하게 되니 부처가 밖에 있는 것이 아니라 마음으로 말미암아 이루어진다." 하시며 게송으로 말씀하셨다. "확연하게 부처의 근본 가르침을 친견하고 하늘과 땅을 손바닥에서 보네." 아! 밝고 미묘한 성품을 이미 깨달았고 원돈[471]의 근본당체인 이치와 계합하여 번뇌의 고삐와 사슬을 벗어버리고 맑고 상쾌한 경계를 밟게 되는 것이다.

余早惷憒學. 偶竊上第. 出遭熙世之旦. 驟歷清華之職. 而每以憂悹內畜. 聲利外馳. 客塵翳于本源. 風波鼓其營慮. 認世榮爲久樂. 聆禪談爲戲論. 安知乎寵辱齊致. 生滅一如. 方以執迷. 忽矣有悟. 向者出牧杭府. 謫官崇川. 退食自公. 居多暇日. 因覽傳燈錄雪峰上堂語云盡乾坤是箇解脫門. 又別云三世諸佛. 十二部經. 到此徒勞. 精究玆義. 豁如醉醒. 乃知道豈云遠. 歸眞則達. 佛不在外. 因心乃成. 尋有偈曰. 廓然見佛旨. 天地掌中視. 噫. 玅明之性旣覺. 圓頓之理斯契. 脫煩惱之羈鏁. 踏清凉之境界.

금년 초봄에 민중에서 고결한 선비 강하(江夏)의 황순무(黃洵武) 군이 있었는데 설봉산 숭성선원(崇聖禪院)에서 황제가 하사한 자색가사를 관리하는 수훈(守勛) 스

---

471 원돈(圓頓): 원만구족(圓滿頓足)의 뜻으로 천태종의 용어이다. 모든 사물을 빠진 것 없이 원만하게 갖추고 즉시 깨달아 성불한다고 하는 뜻. 천태종에서는 『법화경』을 원돈(圓頓)의 가르침, 천태궁극의 관법(觀法)을 원돈지관(圓融止觀)이라 하고, 천태종을 원돈종(圓頓宗), 그 계를 원돈계(圓頓戒)라고 한다. 즉, 원돈(圓頓)은 최고 방편의 가르침으로 순서와 과정을 경유하지 않고 원래 사람은 본래 성불의 근거를 구족하고 있다는 가르침이다. 『진주임제혜조선사어록』 권1(『대정장』 권47, p.503, a6-8) "設有言敎. 落在化儀三乘五性人天因果. 如圓頓之敎. 又且不然.(설사 가르침의 말씀이 있다고 해도 천태종에서 4가지 경전[頓敎, 漸敎, 秘密敎, 不定敎]의 교화 방법인 성문, 연각, 보살의 3승과 유식에서 말하는 인간의 5종류의 소질[菩薩定性, 緣覺定性, 聲聞定性, 不定性, 無種性]의 구별은 인간계와 천상계의 중생들을 교화하기 위한 방편에 지나지 않는다. 원돈의 가르침은 또한 그렇지 않다.)"

님과 함께 찾아왔다. 수훈 스님은 돌아가신 설봉진각 대사의 중요한 말씀[472]을 기록한 하나의 두루마리를 받들고 와서 또 말하길, "대사의 법호는 의존이고 속성은 증 씨이며 천주 남안읍 사람입니다. 조상 대대로 불법을 흠모하고 받들었는데 대사는 태어날 때부터 총명하고 영리하였으며 마늘과 고기를 먹지 않았으며 어린아이였을 때도 종소리나 경쇠소리를 들거나 스님과 불상을 보면 반드시 얼굴에 기쁜 빛이 감돌았습니다. 9세에 출가하려고 했으나 부모가 너무 사랑[473]하여 허락하지 않았습니다. 3년이 지난 뒤 아버지를 따라서 포전 옥간사(玉澗寺)에 놀러 갔다가 절의 주지 경원 스님이 수행이 높고 행실이 고결하여 절을 하고 말하길, '저의 스승입니다.' 하고 드디어 옆에서 머물면서 시봉하였는데 17세에 머리 깎고 스님이 되었습니다."

今年初春.有閩中高士江夏黃君洵武.同雪峰山崇聖禪院知御藏賜紫僧守勛垂訪.勛公捧故雪峰眞覺大師語要一軸.且云.大師法號義存.性曾氏.泉州南安邑人也.祖先而下.欽奉眞諦.大師生而聰警.不茹葷血.孩提時聞鍾磬.覩僧佛.必喜動容色.九歲欲捨家.父母鍾愛.弗之許焉.後三年.從家君遊莆田玉澗寺.禮寺主僧慶元.以其行業高潔.即曰.我師也.遂留侍左右.年十七祝髮.

"당 무종(武宗)황제 때 불법을 숭상하지 않아서[474] 부용산에서 자취를 감추고

---

472 어요(語要): 어록(語錄)의 한 이름인데, 어록은 선종의 조사의 종교상 중요한 말을 모아서 만든 책. 이는 보통 때의 말한 것을 모은 어록 중에서 조사의 말을 소상하게 밝혀서 상세하게 기록한 것을 광록(廣錄), 중요한 사항만을 기록한 것을 어요(語要), 또 한 사람의 말만을 모은 것을 별집(別集), 많은 사람의 말을 모은 것을 통집(通集)이라 한다. 또 선종 외의 조사의 말씀을 모은 것을 이록이라고 일컫는 수가 있다.
473 종애(鍾愛): 애정(愛情)을 한 데로 모음. 종정(鍾情).
474 당무종망숭상법(唐武宗罔崇像法): 여기서는 당나라 무종의 회창 연중(841~848)에 일어난 폐불을 가리킨다. 무종은 원래 깊이 도교를 신봉하여 문종의 뒤를 이어서 왕위에 오르자마자 회창 원년(841) 9월에 도사 조귀진 등 81인을 불러 삼전에서 금록도수(金籙道修)를 닦게 하고 10월에 황제가 삼전에 행차하여 구선현단(九仙玄壇)에 올라 친히 법록을 받았다. 회창 3년 3월에 명령하여 천하의 사원과 스님을 검사하니 사원이 44,600개이며, 승려가 26,500여 인이었다. 5월에 다시 명령을 내려 상도(上都)와 동도

있었는데 머지않아[475] 선종(宣宗)황제가 불법을 회복시켰습니다. 이곳 오월에서 연진까지 운수행각을 하였으며 유주의 보찰사에서 구족계를 받았습니다. 그 후 남쪽으로 돌아와서 이름난 암자에서 살면서 미묘한 법륜을 굴려 종문의 가르침을 편 지 40년에 청정한 대중들이 모여들었는데 항상 천오백 명 아래는 없었습니다. 그리고 또한 비밀스럽게 전한 불법의 대의[476]를 체득한 사람이 현사(玄沙), 아호(鵝湖), 동암(洞巖), 고산(鼓山), 초경(昭慶) 등 다섯 분의 존자가 있어 모두 큰 이름이 지금까지 전해지고 있습니다. 아! 그러나 스승의 법요의 아직 머리말을 써 붙이지 못했으니 후손들은 부끄러워하고 총림에서는 탄식만 하고 있습니다. 몇 말씀을 구해서 어록을 빛내 주신다면 어찌 위대한 일이 아니겠습니까?"

以唐武宗罔崇像法.乃隱跡芙蓉山.俄而宣宗皇帝復其道也.乃此遊吳楚.直抵燕秦.受具于幽州寶刹寺.而後南歸.居名巖.轉玅輪.闡宗教者四十年.聚清衆常不下千五百人.而又傳密印者.則有玄沙.鵝湖.洞巖.鼓山.昭慶五尊者.同垂大名.至于今之世矣.緊先師法要未著冠篇.後裔恥之.叢林歎息.欲求數十言.光於厥集.可不偉歟.

내가 말하길, "지난번에 돌아가신 진각대사의 기연을 보고 깨달았는데 지금 그분이 말씀하신 것을 다 볼 수 있게 되었습니다. 마치 계속해서 흐린 날씨[477]에

(東都)의 절 각 4곳에 승려 각 30인을 머무르게 하고 천하의 주군(州郡)에 사찰 각 1개소를 남겨서 상사(上寺)에 28인, 중사(中寺)에 10인, 하사(下寺)에 4인을 있게 하고 나머지는 모두 환손 시키고 절을 헐고, 또는 종과 불상 등을 염철사(鹽鐵使)에게 맡기어 주전(鑄錢)토록 하였으며 8월에 명하여 폐불(廢佛)의 뜻을 밝힌 사실을 가리킨다.

475 아이(俄而): 머지않아, 곧, 갑자기.
476 밀인(密印): 비밀의 표시, 모든 부처님과 보살의 본서(本誓)를 나타내는 비밀의 인계(印契). 선종에서는 우리들의 본성을 철저히 본 확실한 증거, 직지(直指)의 심인(心印)을 서래밀인(西來密印)이라 한다. 『불과극근선사심요』 권2(『속장경』 권69, p.469, c1-2) "任運逍遙了無取捨.乃眞密印也.(시절인연에 마음대로 할 때 취하고 버림이 없는 것을 요달했을 때 이에 진실한 밀인이라 한다)."
477 적음(積陰): 계속 날이 흐림.

해가 좋은 날을 보는 것과 같이 오랫동안 목마른 사람이 감로수를 마시듯 그 다행스러움이 어떠하겠습니까? 하물며 서문을 써달라고 부탁하니 어찌 감히 형식적으로 굳게 사양할 수 있겠습니까?" 이에 부족하나마 글을 책머리에 적어 놓는 바이다.

余曰.向者因觀先眞覺機緣語而開悟.今獲.盡覽其所述言句.若積陰而覩瑞日.久暍而飮甘露.其幸也何如爾.矧見託於序引.敢輒形於牢讓.聊述裴筆於帙首云爾.

천성(天聖) 용집(龍集) 임신년(1032) 2월 무술일
서재(西齋)에서 쓰다.
天聖龍集壬申歲仲春戊戌日西齋敍

설봉진각대사 광록 후서
雪峰眞覺大師廣錄後序

　선학(禪學)이 있은 이래로 수행자들은 몸을 버리고 마른 나무같이 여위는 것을 달갑게 여기고 산림에 들어가 돌아오지 않았다. 혹은 저자나 마을에 치달려가 술과 고기[478]에 푹 빠져도 마음에 두지 않는다.[479] 그러나 그분들의 아직 남아 있는 풍모를 밟아보고 그분들의 근본정신이 쇠퇴해 버린 마지막 단계를 헤엄쳐 보면 역시 그 경지를 대강은 족히 알 수 있다.

　어찌 희미하고 아득함이 허공과 같아서 그윽하고 매우 아득하고 공허하기가 요원[480]하여 더할 수 없이 높고 깊어서 찾아도 소리가 들리지 않고 보아도 볼 수 없으며 생각을 해도 아무것도 없다고 아니하겠는가? 중생의 번뇌 망념인 생사도 또한 큰일이지만 여기에 비하면 변하는 것이다. 옛날과 지금도 또한 오랜 세월이지만 이에 비하면 변천하는 것이다. 넓고 굉장히 크고 웅대하여 넓고 커서 추측[481]할 수 없는데 이것을 체득해서 친견할 수 있다면 어찌 옳지 않겠는가?

自有禪學以來.學者至於遺形軀.甘枯槁.入山林不返.或馳騁市里與屠沽游汚而不屑.然蹈其餘風.泳其末流.亦足以知其概矣.盍其眇茫如太虛.積幽曠然窅然.高之無上.深之無下.索之不聞.覽之不得.思之無有.死生亦大矣.而不得與之變.古今亦久矣.而不得與之遷.恢閎博大不可端倪.有能見而體之.豈不韙哉.

---

478 도고(屠沽): 도살업자와 술을 파는 자, 천한 직업을 가진 자.
479 불설(不屑): ~할 가치가 없다, 하찮게 여기다, 경시하다. 어떤 일을 우습게 여겨 마음에 두지 않다.
480 요연(窅然): 심원하고 요원하다, 실망한 모양.
481 단예(端倪): 실마리, 단서, 추측.

전기에 기록된 바 대략 도인이라고 할 만한 사람이 천여 명이나 되었다. 모두 문도를 모아 무리를 이루고 문호를 열어 이름난 가문으로 언어와 문자로 후세에 보여주었다. 고찰해 보면 스님을 따라서 수행하는 어려움과 도를 친견함이 더디어도[482] 부지런히 반복하고 간절함이 그치지 않아서 마침내 크게 성취한 분을 나는 설봉 대사에게서 보았다.

스님께서는 만년에 스스로 산이 다하고 고개가 끊어진 심산유곡의 높고 험준한 바위와 황량한 절벽 아래 사람의 자취가 이르지 못하는 곳에서 들짐승과 같이 놀면서 띠 풀을 깎아서 암자를 만들어 비바람을 피했다. 수행자들이 달려와 오백 명이 넘었고 지붕과 기와가 물고기 비늘과 같이 즐비하고, 긴 숲이 하늘과 맞닿고 곡식[483]이 구름과 같이 쌓인 것이 수백 리에 달했으니 무릇 이곳에서 사는 사람은 재물을 구하지 않아도 구족되어 있는 것이 아마도 달마 대사가 동쪽에서 오고, 육조 대사가 남쪽으로 온 이래로 선림[484]이 번성함이 일찍이 없었을 것이다.

傳記所錄. 略可道者. 千有餘人. 皆聚徒成羣. 開門名家. 以語言文字見於後世. 考其從師之艱難. 見道之遲暮. 勤渠反復. 惓惓不已. 卒以大成. 則吾於雪峰大師. 見之矣. 晚而自弃於窮山斷嶺. 巉岩荒絶之處. 人跡不至. 野獸與游. 薙茅爲菴. 以庇風雨. 學者赴之. 滿于五百. 屋瓦鱗比. 長林際天. 粳稼如雲. 彌數百里. 凡資之以生者. 不求而足. 盃東南以來. 禪林之盛. 未之有也.

---

482 지모(遲暮): 차차 나이가 많아짐을 말하는데, 여기서는 깨달음이 더딤을 말하는 것이다.
483 갱제(粳稼): 벼와 기장을 말하는데 여기서는 곡식을 말한다.
484 선림(禪林): 선종사원, 선사(禪寺), 선의 수행도량, 선 수행자가 여러 곳에서 모여 수행하고 있는 곳을 수풀에 비유해서 이름. 총림(叢林)이라고도 한다. 『능가사자기』 권1(『대정장』 권85, p.1289, b19-20) "目前無物. 心自安寧. 從此道樹花開. 禪林果出也.(눈앞에 대상이 없어 마음이 스스로 편안하면 이 도의 나무가 꽃이 피움에 따라서 선의 숲에서 열매가 나온다)."

내가 복주에 온 지 2년이 되었는데 그 산에 있는 설봉 스님의 탑을 보지 못한 것이 한이 되어서 스님의 진영을 가져다 성에 들어가서 예를 올렸다. 그 진영은 네 폭인데 설봉 대사께서 바로 가운데 위엄 있게 앉아 있고 양옆에 모시고 서 있는 분들은 운문문언, 현사사비 등 무릇 12명이었다.

내가 이미 그림을 전해 받고 장차 그곳의 수행자와 같아 보이는 스님에게 산중에서 하셨던 선의 말씀을 다 찾아보게 하였는데 그러나 어지럽게 흩어지고 마멸되어서 겨우 남아 있는 것도 고증할 수가 없었는데 유독 문혜왕공(文惠王公)이 지은 어록의 서문만 돌에 새겨져 있을 뿐이었다.

또 널리 찾아 구해서 중복된 것은 삭제하고 몇몇 스님들에게 맡겨 함께 비교하여 바르게 바로 잡았다. 그러한 뒤에 먼저 순서가 잘못되고 베껴 쓸 때 잘못된 곳을 차례를 잡아 놓았다. 깊이 이해하고 정확히 평가[485]하는 사람의 고증을 기대한다.

余來福州二年.恨不得至其山中一瞻其塔.因取畵像入城禮焉.像之幅四.雪峰大師正中危坐.立兩旁而侍焉者.若雲門偃.玄沙備.凡十有二人焉.余旣傳其圖.將以似夫學者.因盡索其禪語于山中.而散亂漫滅.僅存而不可考.獨得文惠王公所爲語錄序刻石.又旁搜博採.刪其重復.誘僧數人.共讎正之.然後先失序.傳寫乖謬.姑次第之.以俟知音考焉.

원풍 3년(1080) 11월 28일
우사간 직집현원 지복주 주사 충복건로 병마령할 고우 손각이 서문을 쓰다
元豊 三年 十一月 二十八日 右司諫 直集賢院 知福州 州事 充福建路 兵馬鈐轄 高郵 孫覺
序

---

485 지음(知音): 음률에 정통하다, 작품을 깊이 이해하고 정확하게 평가하는 사람. 『열자』「탕문편」에 백아(伯牙)가 거문고를 연주하면 종자기(鍾子期)는 조용히 귀를 기울여 그 연주를 듣고 그 심경까지 이해하였다는 지음(知音)의 고사가 있다. 즉 자신을 진실하게 이해해 주는 친구를 이른다.

발문

　조사[486]의 지극한 말씀은 문자로 표현할 수 없어서 불심의 지혜로 근기를 살펴서 세속의 인연에 따라서 본래심의 지혜로운 삶을[487] 살아가는 명확한 말씀[488]이 있었고, 의혹을 해결하고 편견을 물리치는 시절인연의 물결을 따라 흐름을 끊어주는 은덕[489]의 말씀이 있었다. 옥구슬이 구르는 듯하고 수놓는 바다[490]나 비단 베틀과 같으니 요컨대 말끝에 묵묵히 홀연히 돌아갈 곳을 알아야 한다. 이것이 일대사 인연으로 세상에 출현한다는 것을 이르는 말이다.

　처음 스님께서 세 번 투자산에 오르고 아홉 번 동산 스님을 찾아 갈 때부터 오산진에서 도를 증득할 때까지의 말씀을 자갈을 주워서 고리를 만들듯 모아서 가문의 어록을 만들었다. 전쟁으로 불[491]이 난 여파로 장차 한두 마디를 구하려 해도 끝내 얻을 수가 없어서 매우 유감스럽게 생각한다.[492] 근래에 마을로 찾아 나섰는데 좀먹은 판권을 절반 정도 각여만제(覺如挽濟)의 집에서 찾아냈다. 이를

486　난제(難提): 『칙수백장청규』 권3(『대정장』 권48, p.1128, c19-20) "若全身入塔.則云卦難提之盛禮.(만약 전신을 탑에 안치하려면 난제에 따른 예식을 알린다)." 즉 선사들의 유골을 다비하지 않고 전신을 탑에 안치하는 일을 설명하는 것이다. 여기서 난제는 조사를 일컫는다.
487　안립(安立): 선불교에서는 몸과 마음이 평안한 가운데 자신의 집에서 지혜로운 삶을 사는 깨달음의 경지를 안심입명(安身立命)이라 한다. 본래심(本來心)으로 지혜로운 삶을 사는 깨달음의 경지를 안신입명이라 한다.
488　현료(顯了): 명확하다. 말이 명료함.
489　함유(涵濡): 은덕(恩德)을 입다.
490　바디: 베틀에서 실을 끼우는 장치로 이 바디를 움직여 실을 짜는데 베의 크기를 정해주는 기능을 하는 부품.
491　병선(兵燹): 전화, 전쟁으로 인한 재해. 난리로 일어난 불.
492　포감(抱憾): 유감으로 생각하다, 아깝게 생각하다, 유감스럽게 생각하다.

경송학인(敬松學人)이 완벽하게 보완해서 널리 유통시키게 되었다. 바라건대 한 사람으로 인하여 옆 사람도 따라서 깨달아 부처님 은혜를 만 분의 일이라도 다 갚을 수 있다면 다행스러울 뿐이다.

難提氏至言不文. 逗機觀根. 則有安立隨俗. 顯了之談. 決惑彈偏. 則有隨波截流. 涵濡之語. 珠迴玉轉. 繡軸錦機. 要從言下默忽知歸. 是謂以大事因緣出現於世者也. 始自三登九到. 證道鰲山. 摭礫求環. 萃成家語. 兵燹之餘. 將求一二. 竟不可得. 深抱憾焉. 近於塵英搜訪. 獲螽板帙半于覺如挽濟之堂. 敬松學人完之全璧. 用廣流通. 幸望因人從旁悟入. 咸酬鼻祖恩私萬一云耳.

　　　　　수방산 대운난야[493] 모연비구[494] 혜진이 향 사르고 목욕을 하고 절하며 쓰다.
　　　　　　　守方山大雲蘭若募緣比丘慧眞薰沐拜題.

---

493 난야(蘭若): 범어 아란냐(āranya)의 음역. 한적한 수행처라는 뜻으로, 절, 암자 따위를 이르는 말.
494 모연비구(募緣比丘): 인연 있는 사람으로부터 정재(淨財)를 모집하는 스님. 또는 화주승(化主僧)을 일컫는 말.

설봉진각 대사 게송과 서문
雪峰眞覺大師偈頌(并)序

　대사께서 처음 설봉산에 머물렀을 때부터 바야흐로 푸른 들판을 다 베어버리고 심오한 본질을 이미 열어서 청정한 대중들이 모두 모여들었다. 함통 연간(860)에 시작하여 광화 연간(898)에 이르기까지 종문의 가르침을 천명한 것은 천하의 사람들이 다 들어 알고 있기에 기록하지 않는다.

　그분께서 간혹 인연에 대하여 게송을 지었거나 어떤 일로 인연하여 초안해둔 게 있었다. 다만 요컨대 깊고 미묘한 도를 열어 보이려고 한 것이지 끝내 음률에 구속되지 않았으니 말은 분명하고 뜻은 세밀해서(비밀한 뜻을 바로잡아 나타냈으니) 구절은 간단하고 이치는 깊다고 하겠다. 만약 실오라기라도 얽매인다면 어찌 곧바로 궁극의 진리를 가리키는 데 도움이 되겠는가? 설사 그 문안에 들어갔다고 해도 집안의 부귀를 말할 때 언덕과 담장을 사이에 두지 않는다. 나루터를 물어본 사람은 경치(형체와 그림자)가 아름다운지 미운지를 확인하고 즐겁게 경관을 좇아서 보게 한다.

　혜섬(나)은 일찍이 귀로 들은 것은 허리띠에 써놓지 않은 것이 없었다. 그러나 듣지 못한 것도 있고 써냈던 것이 오래되어서 잘못된 것이 퍼질까 걱정되었다. 내가 게송을 모두 찾아서 간략하게 제목을 붙이고 차례를 썼을 뿐이다.

大師■自初止雪峰.方芟綠野.玄樞旣闢.清衆咸來.首於咸通.洎乎光化.至於提撕宗教.寰海聞諸.故不錄矣.其或對緣成偈.因事成草.但要啓於精微.竟不拘於音律.可謂語顯而意密.言約而理深.若以纖毫.豈神直旨.使夫得其門者.辯室中之富

貴.不隔丘牆.問其津者.認形影之妍媸.從觀樂鏡.惠蟾嘗因屬耳.靡不書紳.然慮未聞.久爲濫誤.余則採諸偈頌.略標題敍耳.

설봉숭성선사비기문
雪峰崇聖禪寺碑記文

자선대부 행재예부상서 비릉의 호형이 글을 짓고
봉정대부 한림원 학사 겸 좌춘방대학사 여릉의 호광이 전액[495]을 하고
사진사징사랑행재형급사중 삼산요선이 서단[496]을 하다.
資善大夫 行在禮部尙書 毗陵 胡濙 撰文
奉政大夫 翰林院學士 兼 左春坊大學士 廬陵 胡廣 篆額
賜進士徵事郎行在刑科給事中 三山姚銑 書丹

영락 17년(1419) 겨울에 나는 왕명을 받든 사신이 되어 민(閩) 지방에 가서 설봉산에 올라 경치 좋은 곳을 보았다. 때마침[497] 주지 원지(遠芷 호는 추애秋崖) 스님이 벽돌로 쌓은 우물의 벽을 헐어버리고 산길을 깎아 길을 내어, 좁고 좁던 길을 넓고 깊게 하였다. 이런 까닭에 만공지(萬工池)를 지나 삼문(三門)에 이르기까지 연못을 깊이 파고 다리를 놓아 옛것을 철거하고 새롭게 바꾸어 놓았는데 규모가 장관이었다.

짓기 시작할 때[498] 내가 마침 절에 오니 대중들이 뛸 듯이 기뻐하며 확실히 운수가 좋은 일이라고 하였는데 나도 또한 산림이 맑게 우거져 즐거웠다. 그래서 이

---

495 전액(篆額): 전자(篆字)로 쓴 비갈(碑碣)이나 현관의 제액(題額)을 말한다. 제목 글씨를 말한다.
496 서단(書丹): 비석에 글씨를 씀. 예로부터 비석에 글씨를 새길 때는 먼저 붉은 먹으로 돌에 서사(書寫)한 일에서 유래하였다.
497 적치(適値): 때마침 만남.
498 경시(經始): 집을 짓기 시작함. 기획함. 경영에 착수함.

틀 밤을 이곳에서 머물렀는데[499] 주지 원지 스님이 조용히[500] 말하길, "이 산은 무이산(武夷山)[501]으로부터 동서남북[502]으로 이어져[503] 수백 리를 지나서 이곳에 이르러 하늘 높이 우뚝하고 웅장하게 솟아 있습니다. 대개 민 지방은 따뜻하여 겨울에도 서리와 눈이 드문데 오직 이곳의 산세는 강풍(剛風)과 접해 있어 기후가 중부 지방과 같아서 겨울에도 항상 눈이 쌓여있는 까닭에 설봉산(雪峰山)이라 합니다. 당나라 진각(眞覺) 조사께서 이곳에서 주석하며 절을 창건하여 이미 오랜 세월을 지내는 동안 흥망을 거듭했습니다."

永樂十七年冬.予奉使閩粵.登覽雪峰之勝.適値住持遠芷.號秋崖.闢甃折徑.轉褊隘爲弘深.由萬工池以達三門.浚池建橋.撤舊更新.規模壯觀.經始之時.予適至寺.衆僧歡躍.以政作吉祥之應.予亦喜其山林淸蔓.因留信宿.芷公乃從容謂曰.玆山來自武夷.延袤聯絡歷數百里.以至於此.乃巍然高聳.峭拔層空.盍閩地多燠.冬罕霜雪.惟玆山勢接剛風.氣候侔於中土.冬常積雪.故名雪峰.唐眞覺祖師駐錫于此.荊建梵宮.歷年旣久.屢興屢廢.

"지금 덕망 있는 천자께서 불교를 숭상하여 무릇 이름난 산의 오래된 사찰에 모두 새롭게 지붕을 이어 주셨습니다. 설봉산은 이름난 사찰이어서 승록(僧錄)[504]은 계행과 덕 있는 스님이 아니면 이 절을 부흥하는 소임을 감당할 수 없어서 영락 2년(1404)에 여러 사람과 상의해서 전에 기쁘게 가려 뽑아 천주의 큰절 개원사

---

499 신숙(信宿): 이틀 밤을 머무름.
500 종용(從容): 침착(沈着)하고 덤비지 않음. 조용의 원말인데, 선에서는 불심의 지혜작용으로 시절인연에 맞게 살아가는 임운자재(任運自在)한 삶을 말한다. 천동굉지의 『종용록』도 시절인연의 임운자재한 삶을 기록한 것이라고 할 수 있다.
501 무이(武夷): 중국 강서성과 복건성 경계에 숭안현 남쪽에 있는 산 이름. 차의 명산지로 우이차로 유명하다.
502 연무(延袤): 연(延)은 동서(東西), 무(袤)는 남북(南北)의 뜻으로 넓고 멀리 이어진 길.
503 연락(聯絡): 서로 관련을 지음. 사정을 알림. 오고 가는 일이나 교통을 이어 주는 일. 서로 옮겨 주고받고 하는 일.
504 승록(僧錄): 승려에 관한 모든 일을 기록하는 소임. 또는 그러한 사람. 후진시대에 그 명칭을 최초로 씀.

(開元寺)의 주지인 결암영(潔菴映) 선사를 오게 하여 주지로 주석하게 하였습니다. 스님의 성은 홍(洪) 씨, 법명은 정영(正映), 이름은 결암(潔菴)입니다. 대대로 강의 오른쪽의 금계(金谿)에서 살았으며, 어릴 때부터 사문을 좋아하여 오신채를 먹지 않았으며 항주 소경사(昭慶寺)에서 구족계를 받았으며 영곡사(靈谷寺)의 손중도겸(巽中道謙) 선사에게 법을 체득했습니다. 원래 저 또한 강의 오른쪽의 임천(臨川) 사람으로 결암(潔菴) 스님을 따라 모시면서 법을 잇고 현사사(玄沙寺)의 지붕을 잇는 일을 나눠 맡았습니다."

今聖天子興崇佛教. 凡名山古跡. 皆葺而新之. 僧錄以雪峰名刹. 非戒行老成者. 不足以當興復之任. 乃於永樂二年. 詢謀僉同以前. 欽選住泉州大開元寺潔菴映禪師來主斯席. 師姓洪氏. 名正映. 號潔菴. 世居江右之金谿. 自幼托跡沙門. 不茹葷羶. 受具足戒於杭之昭慶寺. 得法於靈谷巽中禪師. 遠芷亦江右臨川人. 因得隨侍嗣法. 分葺玄沙.

"스님이 산에 오르던 날 사찰의 법당, 문과 기와에 자갈, 가시덩굴과 나뭇가지들로 초목이 무성하게 덮여 있었습니다. 스님께서 곧바로 개탄하고 감격에 복받쳐 한탄하고 뜻을 세워 이 절을 다시 일으킬 때까지는 산을 내려가지 않겠다고 맹세하시고 추울 때나 더울 때나 누더기 하나만 걸치고 옆구리를 자리에 대지 않았습니다. 민 땅의 모든 곳에서 숭상하고 존경하여 사부대중이 귀의하게 되었고, 곳간에는 식량이 쌓이고 산에서 나무를 베어 오고 그릇과 기와나 벽돌을 쓰임새에 맞게 저장해 두었습니다. 5년이 지나자 불당이 완성되고 또 다음 해에 법당과 삼문505을 같은 날 창건하니 넓고 커 웅장한 위용이 옛날보다 더 했습니다.

---

505 삼문(三門): 중앙과 좌우의 세 개의 문이 연결되어 있는 것을 말한다. 선종사원의 정문. 산문(山門)을 3해탈문에 비유해서 말하는데 즉, 열반에 들기 위해 공(空), 무상(無相), 무작(無作, 無願) 세 가지의 해탈문을 사원의 문에 비유했다.

단정하고 엄숙한 불상과 휘황찬란한 금빛과 푸른색은 위로는 황제의 장수를 빌고 아래로는 백성들의 복을 빌었으니 큰 공덕은 불가사의합니다."

師登山之日.殿堂門廡俱爲瓦礫荊棒.師卽慨然感嘆.奮志興復.誓不下山.寒暑一衲.脇不沾席.是致八閩崇敬.四衆歸依.積糧于廩.伐木于山.陶瓦甓而儲器用.越五年.佛殿成.又明年.法堂三門同日創建.弘碩雄偉.視舊有加.肖像端嚴.金碧輝煥.■以上祝聖壽.下祈民福.功德之大.不可思議.

"하루는 스님께서 저를 타이르시길, '그대가 현사사를 다시 일으킨 공적은 이미 끝났다. 이 산을 처음 설치[506]하는 것은 대체적으로 견고하게 갖추어졌다. 그러나 행랑과 복도, 승당은 아직 두루 완성하지 못했다. 나는 이미 쇠약하고 늙어서 영곡사로 돌아가고자 하는데 그대가 아니면 나의 뜻을 이을 수가 없다.'고 하시면서 드디어 승록에 편지를 보내어 영락 16년(1418) 원지를 승격시켜 스님의 임무를 대신하게 하였습니다. 밤낮으로[507] 오직 부지런히 해도 오히려 그분의 부촉을 감히 잊지 못하다가 무릇 아직 갖추지 못한 것을 다 이루게 되었습니다."

一日.師諭遠芷曰.汝興復玄沙.功業已竟.茲山創置.大體固具.然廊廡僧堂尙未周完.予年已衰邁.欲歸老靈谷.非汝不足以繼吾志.遂移檄僧錄.於永樂十六年.以遠芷升代師任.夙夜惟謹.猶不敢忘其付囑.凡所未備者.悉爲成之.

"다시 이 절을 진각 대사께서 처음 창건할 때를 생각해보니 그분께서 입적하실 때 미리 예언을 하시길, '석탑과 부도[508]가 부서지고 삼나무 가지가 땅을 쓸고 큰 구멍에 죽순이 돋아나면 500년 뒤이니 내가 마땅히 이 절에 다시 올 것이다.'

---

506 창치(創置): 처음 설치함.
507 숙야(夙夜): 이른 아침과 늦은 밤. 밤낮.
508 탑묘(塔卯): 탑묘가 아니고 난탑(卵塔)이 아닌가 한다. 난탑(卵塔)은 부도를 말하는데 여기서는 탑과 부도를 말하는 것이라고 할 수 있다.

결암 스님이 이 산에 오르신 것이 마침 진각 대사가 입적하신 지 502년이 이르렀으니 모든 예언이 다 증험되는 것이 마치 부절[509]이 맞는 것과 같습니다. 하물며 결암 스님의 얼굴 모습 또한 진각 대사와 다르지 않아서 사람들은 모두 진각 대사가 다시 오신 것이라고 하였습니다. 이와 같은 것은 반드시 기록하지 않을 수 없습니다. 원컨대 한 말씀 해주시면 정성스런 마음으로 모두 옥돌에 새겨 영원히 전하게[510] 해 주십시오."

復按茲寺創始於眞覺. 其示寂之際. 預留讖云. 石塔卯爆. 杉枝拂地. 蔹竹筍生. 五百年後. 吾當再來. 至潔菴登山適五百二年. 諸讖俱驗. 如合符節. 況師顔貌又與眞覺無異. 故人咸以師爲再來之眞覺也. 此固不可以無記. 願賜一言. 勒諸貞珉. 用垂不朽.

"내 생각으로 불교가 일어나면서 이미 먼 옛날부터 기록되었다고 본다. 그 가르침은 계를 지니고 율을 지키는 것을 근본바탕[511]으로 하고 마음을 밝혀 성품을 친견하는 것을 진여본성[512]으로 삼는다. 그것을 공부하는 수행자들은 몸을 고달프게 하고 마음을 힘들게 하여 산속에서 파리하게 여위어가면서 말없이 좌

---

509 부절(符節): 돌이나 대나무, 옥 따위로 만든 부신. 옛날에는 사신(使臣)이 가지고 다니던 물건으로 둘로 갈라 하나는 조정에 두고 하나는 본인이 가지고 신표로 쓰다가 후일 서로 맞추어 봄으로써 증거로 삼던 것.
510 불후(不朽): 불후하다, 영구하다, 영원히 소멸되지 않다.
511 초지(初地): 보살 10지중 첫 번째 환희지(歡喜地)의 단계를 초지라고 하여 처음으로 진여의 이치를 명확하게 보는 견도에 드는 기쁨을 말한다. 여기서는 근본바탕으로 해석하였다.
512 실제(實際): 진여본성의 다른 이름이다. 입처(入處)를 제(際)라고 하는데 실제(實際)는 실상(實相), 본제(本際), 진제(眞諦), 진성(眞性), 법성(法性)과 같이 진여의 자각적인 지혜작용을 말한다. 『유마힐소설경』 권1 「3 제자품」(『대정장』 권14, p.540, a12-13) "法住實際. 諸邊不動故.(불법은 진여의 지혜로 살고 있다. 모든 대상경계에 움직이지 않기 때문이다)."

선[513]을 하고 있다. 항상 즐거움에 머물며[514] 불생불멸의 경지를 구하는 것인데 다시 어떻게 절을 넓고 아름답게[515] 하겠는가? 그러나 불상과 경교[516]가 설치되어 대중들이 우러러 보게 되었다. 사람이 마음이란 먼저 눈에 보이는 바를 느끼는 것이어서 우뚝한 전각과 엄숙한 불상을 보면 곧바로 존경심이 소름끼치도록[517] 생겨나기도 하고, 존경심이 생기면 모든 착한 일이 이로 말미암아 쌓이게 것이다."

予惟佛氏之興.筆蹟已遠.其教以持戒守律爲初地.以明心見性爲實際.學其學者.勞形苦志.困悴山林.宴坐默存.求底於常樂常住.不生不滅之域.又何與於寺之輪奐焉.然像教之設.大衆瞻仰.人心之感.先乎目之所見.觀殿宇之巍峩.像設之嚴肅.則

---

513 연좌(宴坐): 『유마힐소설경』 권1 「3 제자품」(『대정장』 권14, p.539, c20-26) "夫宴坐者.不於三界現身意.是爲宴坐.不起滅定而現諸威儀.是爲宴坐.不捨道法而現凡夫事.是爲宴坐.心不住內亦不在外.是爲宴坐.於諸見不動.而修行三十七品.是爲宴坐.不斷煩惱而入涅槃.是爲宴坐.若能如是坐者.佛所印可.(연좌란? 삼계에 신구의 3업을 나타내지 않는 것이 연좌라고 한다. 일체의 번뇌 망념을 소멸시킨 멸진정의 경지에서 일어나지 않고 일상생활의 모든 위의를 실행하는 것을 연좌라 한다. 깨달음의 지혜를 버리지 않고 범부의 일상생활을 실행하는 것을 연좌라 한다. 진여 본심을 안에도 머물지 않고, 밖에도 머물지 않도록 하는 것을 연좌라 한다. 일체의 분별적인 견해에도 움직이지 않고 일체의 모든 법문의 방편을 수행하는 것을 연좌라 한다. 번뇌를 끊지 않고 열반의 경지를 이루는 것을 연좌라 한다. 만약 이와 같이 진여의 지혜로 연좌를 한다면 부처님은 인가하시게 하는 것이다)."

514 상락상주(常樂常住): 상(常)과 낙(樂)에 상주하여 이동과 변함이 없고 고통이 없어 편한 것. 늘 즐거운 것. 『열반경』의 열반 4덕에서 상(常)은 열반의 경지는 생멸 변천함이 없는 것. 낙(樂)은 생사의 고통을 여의어 무위(無爲) 안락한 것. 아(我)는 망집(妄執)의 아(我)를 여의고 대자재(大自在)가 있는 진아(眞我). 정(淨)은 번뇌의 더러움을 여의어 담연청정(湛然淸淨)한 경지를 말한다. 60권 『대방광불화엄경』 권52 「34 입법계품」(『대정장』 권9, p.730, a3) "諸佛大菩薩.常樂於中住.(제불과 보살들은 항상 즐거움에 살고 있다)."

515 윤환(輪奐): 집이 크고 넓으며 아름다움.

516 상교(像教): 여기서는 종교로서의 형태와 체제를 갖춤을 말하니 중국에 후한 효명제 때 불상이 전래되고 난 다음 『사십이장경』을 비롯한 교(教)가 들어왔으므로 상교(像教)라 한다. 『만선동귀집』 권3(『대정장』 권48, 988, b14-17) "祇如此土.像教未來.惟興外道.罔知眞僞.莫辨靈蹤.伏自漢明夢現金身.吳帝瑞彰舍利.爾後國王長者.方知歸敬之門.哲士明人.頓曉棲神之地.(이와 같이 이 땅에 불상과 경교가 전래되지 않았을 때 오직 외도만이 흥기하여 진위를 알지 못하고 신령스러운 자취를 가리지 못하다가 한의 효명제 때에 꿈속에 금색의 상스러운 모습을 나투고 오제 때 사리의 상스러운 기운을 나타내신 이후로 국왕과 장자들이 귀경의 문을 알게 되고 철사와 명인들이 마음을 깃들 땅임을 단박에 알게 되었다)."

517 송연(悚然): 오싹 소름이 끼치도록 두려워서 몸을 옹송그림.

敬心悚然而生. 敬心生則萬善由是而積.

"한나라 이래로 불교가 나날이 번성하고 사찰이 나날이 융성하고 당, 송대에 이르러 교세가 꺾이고[518] 억누르고 배척되기도 하였다. 불교를 없애려고 하는 사람들은 정말로 차면 비워지고 생겨나면 사라지는 것이 모두 하늘의 운수에 달려 있다. 형체가 있는 것은 운수가 있는데 오직 법만이 형체가 없어서 진실로 운수의 영역에 들지 않는다. 부처와 스님과 절은 모두 형체가 있으니 어찌 운수를 벗어날 수 있겠는가? 잠시 이 설봉사를 말하더라도 진각 대사부터 정영 스님에 이르기까지 겨우 500년에 지나지 않는데 흥하고 망하는 것이 부지기수이다. 이 절이 과연 진각 대사의 예언대로 크게 흥한 것이라면 진각 대사가 운수를 알고 미리 기반을 마련한 장본인이 어찌 아니겠는가?"

自漢以來. 教日益滋. 寺日益盛. 至於唐宋間. 有摧沮排抑. 欲廢其教者. 誠以盈虛消息皆係乎數. 有形則有數. 惟法無形. 固不囿乎數. 佛與僧寺皆有形者. 豈免於數乎. 姑以此寺言之. 自眞覺至於正映. 纔五百餘年. 興廢不知其幾. 至是果應讖而大興者. 豈非眞覺能知乎數. 而預爲張本乎.

"소천세계에서부터 삼천대천세계[519]와 한량없고 셀 수 없는 작은 티끌 같은 국

---

518 최저(摧沮): 기세(氣勢)가 꺾이어 풀이 죽음.
519 삼천대천세계(三千大千世界): 줄여서 3천세계라고도 하는데 고대 인도인의 세계관에 따른 전 우주. 수미산을 중심으로 그 주위에 4대주가 있고 그 주변에 9산(山)8해(海)가 있는데 이것이 우리들이 사는 세계이며 하나의 소세계(小世界)라 한다. 위로는 색계(色界)의 초선천(初禪天)에서 아래로는 대지 아래의 풍륜(風輪)에까지 이르는 범위를 말한다. 이 세계 중에는 일(日), 월(月), 수미산(須彌山) 4천하, 4천왕, 33천, 야마천, 도솔천, 낙변화천, 타화자재천, 범세천을 포함한다. 이 하나의 세계를 천 개 모은 것을 하나의 소천세계(小千世界)라 부른다. 이 소천세계를 천 개 모은 것을 하나의 중천세계(中千世界), 중천세계를 천 개 모은 것을 대천세계(大千世界)라 부른다. 그 넓이 및 세계의 성(成), 괴(壞) 등 모든 것이 제사선천(第四禪天)과 같다. 이 대천세계는 천을 3번 모은 것이고, 小 中 大 3종류의 천세계(千世界)가 이루어지므로 3천세계 또는 3천대천세계라 한다. 이 하나의 삼천세계가 하나의 부처님이 교화하는 범

토에 이르기까지 모두 처음에 국토를 완성하고 파괴되어 끝내는 공으로 돌아간다.[520] 끝나면 다시 시작되어 돌고 돌아서 끝날 때가 없을 뿐이다. 일체의 모든 유위법도 또한 이와 같아서 생성되고 머무르다가 파괴되어 없어져서 존재하는 것이 있는가?"

自小世界至三千大千世界.乃至無量無數微塵刹土.皆始於成而終於空.終則復始.展轉循環.無有窮已.一切有爲之法.亦復如是.而有無■成. 無住. 無壞. 無空者存.

"시험 삼아 이 절을 보아도 지금 이미 만들어졌고 그리고 그대가 또한 그 안에서 살아가고 있다. 이것이 허물어지고 없어지는데 어찌 뒷날을 보장하겠는가? 비록 그러하지만 참으로 그대가 지금 만들어 놓고 머무르게 하는 데 책임을 다한다면 반드시 굳고 확실해서 쉽사리 허물어지지 않을 것이다. 내가 그대를 위하여 이 글을 기록하여 그대의 법제자와 그의 법손들로 하여금 내 말로 인연하여 그대의 뜻을 생각하고 이어서 계속해서 이 절을 고치게 했으면 한다. 여러 번 허물어져서 없어지게는 하지 않을 것이다.[521] 이것이 또한 그대와 그대의 스승이 절에서 살아가고 가고 있는 것이기도 하다." 원지가 공손하게 "네! 네!"[522] 하고 대답

위라 하고, 이것을 1불국(佛國)으로 본다.

520 성주괴공(成住壞空): 순서대로 우주의 성립, 존속, 파괴, 공무(空無)의 것. 생멸변화를 말한다. 4겁(劫)과 같다. 『아비달마구사론』 권12 「3분별세품」에 성주괴공의 괴겁에 화재(火災), 수재(水災), 풍재(風災)의 삼재겁이 일어나면 세계가 다 파괴된다고 나와 있다. 『진주임제혜조선사어록』 권1(『대정장』 권47, p.498, b25-27) "問如何是眞正見解.師云.爾但一切入凡入聖.入染入淨.入諸佛國土.入彌勒樓閣.入毘盧遮那法界.處處皆現國土成住壞空.(묻길, '무엇이 진정견해입니까?' 임제 스님이 말씀하시길, '그대가 다만 언제 어디서나 범부의 경지에 들어가고, 성인의 경지에도 들어가며, 더러운 곳에도 들어가고 깨끗한 곳에도 들어가고, 제불의 국토에도 들어가고, 미륵의 누각에도 들어가고, 비로자나 부처님의 법계에도 들어간다. 가는 곳 어디에서나 국토를 완성하고 잠시 일정한 상태로 존재하다가 드디어 파괴되어 본래의 공으로 되돌아가는 성주괴공의 과정을 보게 될 것이다.')."

521 불치(不致): 어떤 결과를 가져오지 않다. ~하게 되지 않다. 정도에 이르지 않다.

522 유유(唯唯): "네, 네" 하고 공손히 대답하는 소리. 남의 뜻을 거스르지 않는 모양. 지당한 말씀이라고 그저 굽실거리는 모양. 물고기가 줄지어 따라가는 모양. 그리고 유유낙낙(唯唯諾諾)이 있는데, 일이 선

하였다. 드디어 글을 써서 기록으로 남겼다.

試觀乎寺.今旣成矣.而汝又住其中矣.其壞其空寧保於後日乎.雖然.誠能盡汝今日成住之責.必堅必確.使無速朽.吾爲汝記.俾汝後之法嗣.厥子若孫.因吾之言.思紹汝志.繼而葺之.使不致於屢壞屢空.是亦汝與汝師常住乎中也.芷曰唯唯.遂書以爲記.

선덕 8년(1533) 계축 2월에
전 주지 원지와 현 주지 양침이 함께 비석을 세우다.
宣德八年歲在癸丑二月日前住當山遠芷同當代住持良琛立石

악(善惡)이나 시비(是非)에 상관없이 남의 의견에 조금도 거스르지 않고 따르는 것. 곧 남의 말에 맹종함을 이르는 말이다.

진각 대사가 직접 지은 게송 2수

그 해에 우리 조사님께서 세 개의 나무 공을 빠르게 굴리셨네,
하늘 높게 비싸니 누가 감히 누가 감히 값을 묻겠는가?
장한 마음이 있을 때 장한 마음을 더 보태주면,
풍류 아닌 곳이 풍류라 하네.[523]
當年我祖輥三毬.價索遼天孰敢酬.
有意氣時添意氣.不風流處也風流.

동산을 아홉 번 돈 것은 무슨 일 때문인가?
투자산에 세 번 오른 것은 깊은 뜻이 있었네.
눈 덮인 오산진에서 도를 친견한 이후에,
설봉산은 지금까지도 높이 솟아 있네.
洞山九轉緣何事.投子三登著意深.

---

523 『백운수단선사어록』 권2(『속장경』 권69, p.298, c19-20) "一拳拳倒黃鶴樓.一踢踢翻鸚鵡洲.有意氣時添意氣.不風流處也風流.(한 번의 주먹질로 황학루가 무너지고, 발길질 한 번에 앵무주가 뒤집히니, 장한 마음이 있을 때 장한 마음을 더 보태면, 풍류 아닌 곳이 풍류이다.)" 『굉지선사광록』 권3(『대정장』 권 48, p.30, a13-16) "僧問巴陵.如何是吹毛劍.陵云.珊瑚枝枝撐著月.師云.殺人刀一毛不度活人劍一毫不傷.有意氣時添意氣.不風流處也風流.(어떤 스님이 파릉 화상에게 묻길, '무엇이 불심의 지혜작용의 칼입니까?' 파릉 화상이 대답하길, '산호가지마다 달이 걸려 있구나!' 굉지 스님이 이르길, '살인도는 한 터럭도 벨 수도 없고 살인검은 한 터럭도 상하게 할 수 없다. 장한 마음이 있을 때 장한 마음을 더 보태면, 풍류가 아닌 곳이 풍류이다.')"

雪擁鰲山親見後. 六華峰秀至如今.

때는 영락 원년(1403) 계미 11월 1일
조사의 제자 주지 비구 희유 판을 보완하여 향을 사르고 절하며 찬하다.
時永樂元年癸未歲仲冬朔住山嗣祖比丘希儒補版焚香拜贊

설봉선사의 24곳의 경치를 노래한 것을 이어서 모음
雪峰禪寺二十四景詩 續集

설봉산(雪峰山)

눈 덮인 설봉산의 기이한 봉우리에 부용꽃이 숨어 있고,

그림으로 그릴 수도 없고 물들여도 물들지 않는다네.[524]

비 개인 날에는 멀리 신선이 사는 세 개 섬의 달이 보이는데,

차가운 빛으로 사계절이 항상 거울같이 보이네.

奇峰積雪隱芙蓉. 畵不成形染不濃.

霽色遙觀三島月. 寒光常見四時冬.

하늘의 궁전도 꽁꽁 얼어붙어서 깊이 길을 잃어버렸네,

옥 나무에 꽃이 피고 소나무와 반쯤 섞여 있구나.[525]

스님들이 사는 천상의 은세계,

밝고 텅 빈 그림자 속 멀리서 종소리 들려오네.

瑤臺凍合深迷路. 玉樹華開半雜松.

---

524 화불성형염불농(畵不成形染不濃): 그림으로 그릴 수도 없고 물들여도 물들지 않는다는 뜻은 불법은 본인이 직접 체득해야 하는 것이지 흉내 낼 수 없다는 것이다. 소염(小艶)의 시와 같은 구조인데 다음과 같다. 『선종송고연주통집』 권8(『속장경』 권65, p.520, a16-17) "一段風光畫不成. 洞房深處暢予情. 頻呼小玉元無事. 只要檀郎認得聲.(일단의 경치는 그림으로 그릴 수 없고 깊고 깊은 궁궐에서 그대를 생각하네. 소옥이를 자주 부르는 것은 원래 아무 일도 없는데 단지 중요한 것은 낭군님이 내 목소리를 알아듣는 것이다)."

525 소나무에 눈이 쌓인 모습을 옥나무에 꽃이 피어있다고 표현하고 있다.

僧住上方銀世界.虛明影裏出疎鐘.

보소정(寶所亭)

화려하고 영롱하게 빛나는 보소정은
사방의 산골짜기가 단청으로 물들었네.
수정으로 만들어진 주렴 밖에는 산호나무가 있고,
장신구[526]로 장식된 감실 앞에 마노 물병이 놓여 있네.
金碧玲瓏寶所亭.溪山四面染丹靑.
水晶簾外珊瑚樹.瓔珞龕前瑪瑙瓶.

비단을 바친 태자는 코끼리 수레를 맞아들이고,
꽃을 뿌리는 옥녀는 금방울 소리를 듣네.
보름달에 한가롭게 거닐다[527] 아롱진 난간에 바라보니,
온갖 상서로운 기운 속에 모든 생령들이 달려가네.
獻錦天孫迎象駕.散花玉女聽金鈴.
月明徙倚雕欄望.百瑞光中走萬靈.

---

526 영락(瓔珞): 인도의 장신구. 원래 주옥(珠玉)이나 귀금속을 실로 짜서 머리, 목, 가슴에 장식한 장신구. 귀인이 사용하였다. 불교에서는 부처님과 보살의 신체를 장식하는 것이 되었다. 또 불전 내에 주옥과 화형(花型)의 금속을 엮어 늘어뜨린 것. 존상(尊像)이나 천개(天蓋)의 장식, 불전의 장엄(莊嚴)에 사용된다. 장식, 주옥의 장식, 목장식, 머리. 목. 가슴 등에 걸친 주옥의 장식. 불상의 목장식과 당(堂)의 장식에 사용되는 것. 보(寶)를 늘어뜨린 끈.
527 사의(徙倚): 배회하다. 한가롭게 슬슬 걷다.

남전장(藍田庄)

남전장은 설봉산에 가까운 데 있는데,
산봉우리는 남전의 정수가 모인 곳이네.
갈래 물은 멀리 차가운 개울 따라 흘러가고,
구름 사이로 아득히 해지는 석양이 보이네.
藍田庄近六華峰. 峰頂藍田秀所鍾.
分水遠從寒澗落. 隔雲長見夕陽春.

예전 사람이 옥씨 뿌려 처음 태어난 자식이
은둔자가 되어 구름을 갈며 스스로 농사를 배웠다네.
신령스러운 지초를 캐려면 이 땅에서 놀고,
푸른 이끼 낀 절벽과 푸른 골짜기로 길은 겹겹이 겹쳐 있네.
前人種玉初生子. 隱者耕雲自學農.
欲採靈芝遊此地. 蒼崖翠壑路重重.

고목암(枯木菴)

연못가 고목을 베어서 수행도량[528]을 지었는데,
그 안에 좌선하는 참된 스님 번뇌 망념이 본래 없음[529]을 관하네.

---

528 선궁(禪宮): 수행도량을 말한다. 『경덕전등록』 권18 「고산흥성장」(『대정장』 권51, p.351, a16-17) "開鼓山創禪宮請揚宗致.(고산에서 수행도량을 창건하고 열어 궁극적인 가르침을 청하여 드날렸다)."
529 대공(大空): 18공(空)의 하나. 물적(物的)인 모든 현상은 지(地)·수(水)·화(火)·풍(風)의 4원소로 만들어진 가설로, 참된 성품이 없는 것을 말한다. 인무아(人無我), 법무아(法無我)를 총칭해서 말한다. 『마하반야바라밀경』 권5 「18 문승품」(『대정장』 권8, p.250, b20-23) "東方東方相空. 非常非滅故. 何以故. 性自爾. 南西北方四維上下南西北方四維上下空. 非常非滅故. 何以故. 性自爾. 是名大空.(동방을 동방이라고 하는 모양은 공이니 항상하지도 않고, 멸하지도 않는 까닭이다. 왜냐하면 본 성품이 그러하지 때문이

옥같이 둥근 달과 구슬 같은 별들이 요점을 뚫고 엿보는데,
비단 같은 구름과 고운 빛깔의 안개가 주렴과 난간이 되었네.
池邊枯木劈禪宮.內坐眞僧觀大空.
璧月珠星窺竅穴.錦雲彩霧作簾櫳.

해 묵은 이끼[530]에 봄빛이 머무를 때,
외딴 섬의 안개꽃이 늦봄의 붉은 꽃을 비웃네.
이것이 근원이라 세월을 늘려,
산속 가득 신령스러운 백성을 훌륭하게 키우네.
經年苔蘚留春色.別嶼烟華咲晚紅.
可是根源延歲月.靈苗毓秀滿山中.

삼구당(三毬堂)

육화봉은 상골산(설봉산) 끝에 있고,
법당에서 세 개의 나무 공 몇 년이나 굴렸는지 기억할 수 없네.
오고 가려고 해도 고정되게 머무름이 없고,
스스로 둥글어 허망하지도 진실하지도 않다네.
六華峰在象山邊.堂上三毬不記年.
欲去欲來無定止.非虛非實自團圓.

다. 남서북방과 사유상하를 남서북방과 사유상하라고 하는 것은 공하니 항상하지도 않고 멸하지도 않은 까닭이다. 왜냐하면 본 성품이 그러하기 때문이다. 이것을 이름하여 대공이라 한다)."
530 태선(苔蘚): 이끼. 선태식물 지의류에 속하는 은화식물을 통틀어 이르는 말.

장차 비단 방망이 바다에 던져버리는 것을 그만두고,

잘 조각한 활을 하늘에 쏘지 마라.

이것이 우리 스님이 일찍이 교화를 펼치신 것이니,

삼성도 놀라서 취미산 앞에 떨어졌네.

休將綵棒抛過海.莫挽雕弓送入天.

可是吾師曾演化.三星驚落翠微前.

하나의 별천지 일통산[一洞山]

하나의 별천지[531]가 열리니 끝없이 넓고 멀어서 있는지 없는지 알 수 없을 만큼 어렴풋하고,[532]

별천지의 어느 누가 이곳이 신선이 사는 곳인 줄 알겠는가?

끝없이 경치가 눈앞에 펼쳐져 있으니,

별천지라 인간세상이 아니구나!

一洞天開縹緲山.洞中誰識是仙寰.

無窮景物在觀裡.有別乾坤非世間.

솔밭 길에 달빛 비끼니 둥지 안의 학이 울고 있네,

돌문에 물기 먹은 구름 자욱하니 비를 내리는 용이 돌아오네.

지극한 도인이 나를 불러 아름답고 진귀한 풀[533]을 보여주려 하는가?

지다 남은 꽃을 발로 밟아 땅에 가득 자국을 남겼네.

---

531 통천(洞天): 신선이 산다는 별천지, 경치 좋은 명승지를 두루 이르는 말로 쓰인다. 신선과 도사가 산다는 십대통천(十大洞天), 삼십육소통천(三十六小洞天) 등이 있다고 한다.
532 표묘(縹緲): 끝없이 넓거나 멀어서 있는지 없는지 알 수 없을 만큼 어렴풋하다.
533 요초(瑤艸): 전설상의 향초(香草)로 아름답고 진귀한 풀을 두루 이르는 말.

松徑月斜巢鶴唳.石門雲涇雨龍還.
至人招我視瑤艸.足踏殘花滿地斑.

반산정(半山亭)
푸른빛의 정자가 바위 끝에 솟아있어,
이날 높은 곳에 오르니 흥겨움이 끝이 없구나!
층층의 산꼭대기 우러러 보니 구름 그림자 가깝고,
고개 숙여 절벽의 개울물을 바라보니 물은 텅 비어 광활하다.
翠微亭子起巖端.此日凭高興未闌.
仰看層顚雲影近.俯臨絶澗水空寬.

빠른 바람 속을 까마귀 떼 비껴 날고,
멀리 학 한 마리 오뚝하니 바닷가 나무 위에서 절개를 지키고.
하물며 소나무 그늘이 있어 휴식할 수 있으니,
유람하는 사람 누구인들 이곳에서 머뭇거리면서 서성이지[534] 않겠는가?
群鴉斜度天風急.一鶴遙衝海樹寒.
況有松陰堪憩息.遊人誰不此盤桓.

화성정(化城亭)
저절로 하늘에 옮겨진 화성대여!
대 밑에 땅 가득히 황금이 쌓여 있네.

---

534 반환(盤桓): 머뭇거리면서 서성임, 배회함, 주위를 맴돎 또는 왕래함.

자비의 구름을 바람이 몰고 와 바위 끝에 일게 하고,
보름달의 실지 그대로의 경지를 그림에 펼쳐 놓았구나!
自天移下化城臺.臺下黃金滿地堆.
風引慈雲巖畔起.月明眞境畵中開.

신선의 동자는 음악을 연주하며 하늘 궁전으로 가버리고,
옥녀는 꽃을 들고 취령에서 오는 구나!
얼마의 유람하는 사람들과 함께 이곳에 모여,
물빛과 산색 속을 함께 돌아다녀 보자.
仙童奏樂瑤空去.玉女持華鷲嶺來.
多少遊人同會此.水光山色共徘徊.

글 없는 비석[無字碑]

하늘 같이 큰 비석이 이끼 낀 오래된 바위 옆에 비스듬 누워 있고,
현묘한 도는 원래 글로 새길 것이 없도다.
벗겨져 떨어진 옛 무늬는 오직 이끼 자국뿐이고,
뚜렷하지 않는 새로운 전각은 달팽이의 침 자국이라네.
穹碑斜臥古巖邊.妙道元無字可鐫.
剝落舊紋惟蘚跡.模糊新篆是蝸涎.

자연스럽게 이루어진 비석에[535] 실을 필요가 없고,

---

535 귀부(龜趺): 거북 모양으로 만든 비석(碑石)의 받침돌.

세월이 오래되었어도 도리어 옥같이 단단하구나.
새로운 시를 써서 지난 일을 써보려고 하지만,
애석하게도 서까래같이 큰 붓이 없네.
天成不用龜趺載. 歲久還同玉體堅.
欲把新詩題往事. 惜無鋒筆大如椽.

만송관(萬松關)
누가 푸른 소나무를 심었기에 만 그루의 소나무가 똑 같은가?
두 줄로 쭉 뻗은 길을 끼고 절에[536] 들어가니.
허공에 맑은 솔바람 소리[537] 가을이 항상 있고,
서늘한 그늘이 땅에 가득하니 대낮에도 흐릿하네.
誰種靑松萬樹齊. 兩行夾徑入招提.
半空爽籟秋長在. 滿地涼陰晝欲迷.

호박[538] 같은 기운이 떠올라 푸른 아지랑이를 이루고,
황금 꽃 떨어져 향긋한 진흙에 섞이네.
내가 장차 짙푸른 색을 붙잡아 매어서,
아득히 구름으로 둥지를 튼 학과 짝이 되어 살아 보련다.
琥珀氣浮成翠靄. 黃金花落混香泥.

---

536 초제(招提): 관부(官府)에서 사액(賜額)한 절.
537 상뢰(爽籟): 가락이 일정하지 않은 피리소리. 맑은 바람이 물건에 부딪치는 소리라고도 한다.
538 호박(琥珀): 지질시대의 나무의 송진(松津) 따위가 땅속에 파묻혀서 수소, 산소, 탄소 따위와 화합하여 돌처럼 굳어진 광물. 대개 누른빛을 띠고, 윤이 나며 투명하다. 불에 타기 쉽고 마찰시키면 전기가 생김. 여러 가지 장식으로 쓰인다.

吾將攬結蒼蒼色.縹緲巢雲伴鶴栖.

눈 덮인 산봉우리로 가는 길[雪嶠路]
멀리 까마득한 산봉우리가 눈을 뚫고 솟아 있고,
하얀 눈꽃이 얼어붙어 있는 곳에 가고 옴이 열렸네.
높은 옥섬돌을 밟아 하늘 궁전에 올라간 것 같고,
험준하기는 은하수 다리 건너 달 궁전에 오르는 것과 같네.
遠嶠迢迢透雪中.素華凝處往來通.
高如玉砌升瑤闕.峻似銀橋上月宮.

허공을 걸어가는 신선의 몸은 밝게 빛나고,
험한 길 오르는 먼 길 가는 사람의 그림자는 희미하네.[539]
매화 찾아서 곧바로 층층의 산마루에 올라,
저 아래 평원을 돌아보니 하나같이 한 빛이라네.
仙子步虛身晃朗.征夫躋險影朦朧.
尋梅直上層巓去.下顧平原一色同.

용이 잠자는 곳[龍眠方]
산은 잠자는 용과 같이 그 일원이 비스듬하고,
이 몸은 항상 흰 구름으로 감추어져 있네.

---

539 몽롱(朦朧): 달빛이 흐릿함. 어른어른하여 희미(稀微)함. 의식이 뚜렷하지 않고 흐리멍덩함.

비가 온 후 남겨진 땀방울이 있어 비늘 갑옷이 생겨났고,
나무가 빽빽하여 손톱과 이빨을 본 사람이 없다네.
山似龍眠一帶斜. 此身常是白雲遮.
雨餘有汗生鱗甲. 樹密無人見爪牙.

어느 때 변화하여 벼락[540]을 만날까?
구불구불[541] 뻗은 몸이 온 종일 안개와 노을을 토해 내네.
어느 대(代)를 지나야 항복시킬지 알지 못하고,
천하를 두루 다닌 지 몇 해나 지났는가?
變化何時逢霹靂. 蜿蜒長日吐烟霞.
不知何代經降伏. 歷盡乾坤幾歲華.

문수대(文殊臺)

만경[542]에 안개 노을이 비단을 쌓아 놓은 것과 같아서,
예전에 이곳이 문수보살이 몸을 나투신 대이네.
서천의 극락의 좋은 바람 남해바다 건너와서,
중천에서 법비가 사바세계에 내리네.
烟霞萬頃錦成堆. 舊是文殊顯化臺.
西極好風南海過. 中天法雨下方來.

---

540 벽력(霹靂): 벼락. 공중의 전기와 땅 위의 물체(物體)에 흐르는 전기와의 사이에 방전 작용(作用)으로 일어나는 자연현상.
541 완연(蜿蜒): 꿈틀꿈틀 기어가는 모양. 구불구불하다.
542 만경(萬頃): 지면(地面)이나 수면(水面)이 아주 넓음을 일컫는 말.

채색된 털 사자는 구름을 타고 가고,

금으로 된 허리띠를 찬 용왕은 달빛을 두르고 돌아오네.

천고의 신령스러운 자취를 어느 곳에서 친견할 것인가?

청량산[543] 바위 끝에 들꽃이 피었네.

綵毫獅子乘雲去. 金佩龍王帶月回.

千古靈踪何所見. 淸涼石畔野花開.

본래 거울의 대[古鏡臺]

옥같이 티가 없는 고경대여!

하늘과 땅이 나누어지기 전에 저절로 먼저 열렸네.

온 하늘에 비가 와서 티끌이 씻기어 깨끗해져,

모든 골짜기에 구름 걷히니 달그림자 오네.

似玉無瑕古鏡臺. 乾坤未判自先開.

一天雨洗塵埃淨. 萬壑雲收月影來.

아름다운 벽의 그림 속에 밝은 문갑 열어보니,

서늘한 달무리 속에 파란 이끼 자랐네.

어떻게[544] 푸른 하늘을 날아올라,

---

543 청량(淸凉): 중국 산서성 오대현에 있는 오대산(五臺山)의 다른 이름으로 문수보살이 살고 있다는 산이다. 열반의 다른 이름으로 절대의 경지를 말한다.

544 하유(何由): 어떻게. 어찌합니까? 어떻게 합니까? 등으로 해석된다.

신령스러운 지혜작용⁵⁴⁵을 흩어서 온 세계⁵⁴⁶를 비추겠는가?

金碧畵中開曉匣. 冰蟾暈裡長蒼苔.

何由飛上靑霄外. 分散神光照九垓.

금오교(金鰲橋)

금자라가 땅에서 나와 하늘을 오르고자 하는데,
푸른 안개 속에 긴 개울을 걸터탔네.
거꾸로 비친 그림자 물 따라 흘러가지 않고,
허깨비 같은 몸은 응당 누운 용과 같네.

金鰲出地欲騰空. 橫駕長溪碧霧中.

倒影不隨流水去. 幻身應與臥龍同.

어슴푸레 은하수와 오작교가 연결된 듯 의심스럽고,
푸른 물결에 무지개⁵⁴⁷가 나타나니 다시 놀랐네.
푸른 바다로 나아가 봉래섬⁵⁴⁸을 머리에 이지 말고,
수행자를 영원히 신뢰하여 동서로 건너가게 하리라.

恍疑銀漢連烏鵲. 復訝淸波現彩虹.

莫向滄溟戴蓬島. 行人永賴度西東.

---

545 신광(神光): 신령스러운 불심의 지혜작용을 말한다. 『경덕전등록』 권9 「평전보안선사장」(『대정장』 권51, p.267, a20-21) "神光不昧萬古徽猷. 入此門來莫存知解." 신령스러운 지혜작용은 어둡지 않아서 만고에 오히려 아름답다. 이 문안으로 들어오면 알음알이를 내지 마라.
546 구해(九垓): 구천(九天)의 밖. 나라의 끝. 땅 끝. 중국 전 국토를 말한다.
547 채홍(彩虹): 무지개를 말한다.
548 봉도(蓬島): 봉래산을 말한다. 중국 전설에서 말하는 신선이 사는 산으로 『사기』 「봉선서(封禪書)」에 의하면 발해(渤海)에 있고 불사(不死)의 영약(靈藥)이 있다고 한다.

나한의 낭떠러지[羅漢崖]

신령스러운 스님은 높은 신선이 사는 별천지인 천태에 숨어 계시는데,

묻노니 어느 때에 바다를 건너 오셨습니까?

구름 길은 옛날부터 방광사와 통해 있고,

돌 낭떠러지는 더군다나 범왕대에 가깝네.

神僧高洞天隱在天台.借問何時度海來.

雲路舊通方廣寺.石崖況近梵王臺.

신령스러운 지혜작용은 한밤중에 밝은 달과 연결되고,

성스러운 발자취는 천년 동안 푸른 이끼에 기대 있네.

기이한 경치는 청춘이라 항상 늙지 않고,[549]

지금까지 오히려 온갖 꽃이 핀 것을 본다네.

靈光午夜連明月.聖跡千年寄碧苔.

異景靑春常不老.至今猶見百花開.

구름 사다리 고개[梯雲嶺]

옛 고개 높고 험준하여[550] 푸른 하늘에 가깝고,

한없이 높은 구름 사다리는 나는 무지개를 걸터앉았네,

---

549 불법을 깨달으면 중생의 병이 없기에 늙지 않고 죽지도 않는다는 의미이다.『묘법연화경』권6「약왕보살본사품 23」(『대정장』권9, p.54, c25-26) "若人有病.得聞是經.病卽消滅.不老不死.(만약 사람에게 병이 있으면 이 묘법연화경을 들으면 병은 곧 없어지고 늙지 않고 죽지 않는다)."『경덕전등록』권29「동산양개장」(『대정장』권51, p.452, c21-22) "道無心合人.人無心合道.欲識箇中意.一老一不老.(도는 무심히 사람과 계합하고, 사람은 무심히 도와 계합한다. 여기의 뜻을 알고자 하는가? 하나는 늙었고 하나는 늙지 않았다)."

550 초요(岧嶢): 높고 험준함. 높이 솟음. 끊임없음, 면면함.

구름 열어 새 다니는 길은 층층으로 험하고,
소나무 문으로 들어오는 길은 걸음마다 통하였네.
古嶺岧嶢近碧空. 天梯萬丈跨飛虹.
雲開鳥道層層險. 路入松門步步通.

신선은 지팡이⁵⁵¹를 짚고 언제나 푸른 나무 속을 노닐고,
나무꾼의 노랫소리는 저 멀리 푸른 안개 속을 건너가네.
몇 번이나 스스로 동산의 나막신을 기웠던가?
앞뒤로 오를 때마다 저녁 바람에 휘파람 불었다네.
仙仗每遊蒼樹裏. 樵歌遙度碧烟中.
幾回自補東山屐. 前後登臨嘯晚風.

상골봉(象骨峰)

큰 코끼리는 오래전부터 힘이 세고 웅장한데,
누가 뼈를 절단해서 허공에 걸어 두었는가?
골수는 말라서 영롱한 바위로 다 변했고,
빼어난 정수를 돌려보내는 것은 자연의 힘을 따른 것이네.
大象由來力勢雄. 是誰剚骨架空中.
髓枯盡變玲瓏石. 秀發還從造化功.

이 거대한 몸이 옛 개울에 잠겼는지 의심스럽네,

---

551 선장(仙仗): 궁중(宮中) 예식에 쓰던 의장(儀仗)의 하나.

다시는 봄바람에 움직이는 본래 면목도 없구나!

어떻게 당장 하루 저녁에 원기가 생겨나,

다시 신령스러운 스님을 태우고 해 돋는 동쪽을 건넜는가?

疑是巨身沈古澗. 更無長鼻動春風.

何當一夕生元氣. 還載神僧過日東.

마향석(磨香石)

영롱한 바위 위는 향기 갈기 좋아,

자연의 조화를 모아 옛 길옆에 만들어 놓았네.

맑은 기운은 바람을 따라서 다 흩어지지 않고,

아름다운 색채[552]는 항상 안개 속에서 천천히 피어오르네,

玲瓏石上好磨香. 造化鍾成古道傍.

淸氣不隨風散盡. 英華長與霧悠揚.

어렴풋이[553] 계설향[554]은 따사로운 봄날에 떠 있고,

황홀한 용연향[555]은 서늘한 밤기운을 토해내네.

어느 누가 손자국[556]을 남겼는지 알고 있는가?,

지나가는 사람 어느 누구인들 남은 향기를 맡지 못하겠는가?

---

552 영화(英華): 밖으로 드러나는 아름다운 색채.
553 의희(依稀): 모호하다. 희미하다. 어렴풋하다.
554 계설(鷄舌): 정향나무의 꽃봉오리를 말린 약재. 복통, 구토, 설사 등에 쓰인다.
555 용연(龍涎): 향유고래의 장에서 생성되는 고체 물질. 사향과 비슷한 향기가 있으며, 향료나 보향제(保香劑)로 쓰인다.
556 수택(手澤): 손이 자주 닿았던 책이나 물건에 남아 있는 손때나 윤택(潤澤). 물건에 남아 있는 옛사람의 손때.

依稀鷄舌浮春暖, 恍惚龍涎吐夜凉.
知是何人留手澤, 經過誰不嗅餘香.

방생지(放生池)
가을 기운은 서늘하고 봄기운은 따스한데,
방생하는 연못에 많은 것을 방생하네.
제멋대로 날고 뛰는 것이 붙잡아 메어둠이 없고,
인연 따라 오고 가니 그물을 벗어났네.
秋氣淸凉春氣和, 放生池上放生多.
恣飛恣躍無拘繫, 隨去隨來脫網羅.

연꽃잎 덮개 속에서 법화의 비를[557] 떠받들고,
마름꽃 거울 속에 자비의 물결 일렁이네.
고개 숙여 맑고 얕은 연못을 보면 하늘 그림자 비추고,
삼라만상은 화목하게[558] 서로 스치네.
荷葉蓋中擎化雨, 菱花鏡裏漾仁波.
俯臨淸淺觀天影, 萬像熙熙共蕩摩.

---

557 화우(化雨): 천지만물을 잘 자라게 하는 비. 스승의 훌륭한 가르침. 중생을 중생심에서 불심으로 변화하게 하는 법문을 비에 비유한 것이다.
558 희희(熙熙): 화목한 모양.

달을 담은 연못[蘸月池]

물이 깊어[559] 평평한 연못은 밭이랑같이 넓은데,

한 물결도 일지 않고 밤빛이 차갑네.

구슬 가지고 놀던 신녀는 허공을 타고 가버리고,

거울 앞의 달의 선녀인 항아[560]는 그림자 거꾸로 보네.

湛湛平池數畝寬. 一波不動夜光寒.

弄珠神女乘空去. 臨鏡嫦娥倒影看.

하얗고 파란 물결 옛날과 지금 길이 혼합되어 있고,

푸른 하늘 위 아래로 단란[561]하게 비치고,

수정궁전에는 가는 티끌 하나 없고,

때때로 바다 밑에 서려 있는 교룡이 보이네.

白碧古今長混合. 靑天上下映團欒.

水晶宮殿無纖翳. 時見蛟龍海底蟠.

망주정(望州亭)

석양은 서쪽에 지고 물은 동쪽으로 흐르고,

홀로 정자에 올라 조주를 바라보네.

푸른 하늘에 구름이 일고 학 그림자 아득한데,

봉래섬에 비 그치자 자라 머리 드러나네.

---

559 담담(湛湛): 물이 깊은 모양.
560 항아(嫦娥): 달 속에 있다는 신녀(神女)의 이름.
561 단란(團欒): 빈 구석이 없이 매우 원만함. 친밀하게 한곳에서 즐김.

夕陽西下水東流. 獨上高亭望趙州.
雲起碧空迷鶴影. 雨收蓬島露鰲頭.

차 마시던 사람은 어디로 갔는지 알고 있는가?
기림나무 꽃이 지고 몇 번이나 가을이 지났는가?
12난간에 두루 기대어 읊조리니,
바퀴 같은 밝은 달이 창주에 떠 있네.
嘗茶人往知何處. 祇樹華殘度幾秋.
十二欄干吟倚遍. 一輪明月在滄洲.

탁석천(卓錫泉)
설봉산 봉우리 아래 푸른 바위 앞에,
지팡이 꽂은 한 줄기의 샘.
돌에서 나는 물맛 달콤하기 최고이고,
흐르는 물 향기는 응당히 용의 침을 두른 것 같네.
雪峰峰下翠岩前. 卓錫開通一派泉.
甘味絶勝和石髓. 流香應是帶龍涎.

차고 푸른 이끼는 신령스러운 자취 덮었고,
솔밭 대숲이 맑게 섞여서 밤에 거문고 소리 울리고,
흐르는 시냇물처럼 지혜작용은 머물지 않으며 머물고,
끝내는 큰 바다로 돌아가 푸른 하늘을 적시네.
碧寒苔蘚封靈跡. 淸雜松篁響夜絃.

溪轉機玄留不住.終歸大海浸蒼天.

응조천(應潮泉)

푸른 연못 신령스러운 우물이 바다의 조수에 응하여,
밀물이 오면 샘물도 늘어나고 썰물에 가면 샘물도 다시 줄어드네.
호흡 한 번에 천지가 통하고,
잠깐 사이에 얕아졌다 가득차면서 아침저녁에 따라 변하네.
碧沼靈泉應海潮.潮來泉長去還消.
一呼一吸通天地.乍淺乍盈隨旦霄.

그 밑에 물의 신선이 바다 그윽이 살고,
맑은 기운이 위로 떠올라 뜨겁고 시끄러운 곳에 가까이 가니.
깊은 굴속에 잠자는 교룡이 놀랄까 두려워,
푸른빛의 고운 옥피리 불어달라고 감히 묻지 못하겠네.
下有水仙居溟漠.上浮淸氣逼炎嚻.
恐驚深窟蛟龍睡.不敢問吹碧玉籥.

때는 천순(天順) 원년(1457) 정축,
승록사 우가각의이며 전 설봉사 76대 주지 설봉 조사의 법을 이은
사문 월암원담이 삼가 쓰다.
時天順元年丁丑歲僧錄司右街覺義前雪峰七十六代住山嗣祖月菴沙門源潭敬顯

24경치의 시에 운을 따라 지음
次韻二十四景詩

설봉산(雪峰山)

육화봉에 눈송이가 엉겨 맺힌 흰 부용꽃,

산 사이로 흐르는 구름은 엷어지다 다시 짙어지고,

여름 복날에는 더운지 모르다가,

시간이 흘러 가을이 반쯤 가면 곧바로 겨울과 같네.

六華凝結素芙蓉. 隔崦流雲淡復濃.

夏入伏中微覺暑. 時移秋半便如冬.

은덩이처럼 쌓인 눈이 천겹 가파른 산에 잇달아 있고,

옥 계단은 백 길 소나무와 얽히어[562] 있네.

몇 번이나 우화대에서 바라보았던가?

불빛 일렁이는 누각에 차가운 종소리를.

銀堆錯落千重崩. 玉砌槎牙百丈松.

幾度雨花臺上望. 光搖樓閣起霜鐘.

---

562 차아(槎牙): 나무의 벤 자리에서 나오는 싹. 가지가 얽히고설킨 모양.

보소대(寶所臺)

경요대 곁에 고운 빛깔의 화려한 정자가,
높이 구름과 노을에 기대어 멀리 푸르름을 보내고.
물총새 살기에 보배나무 많고,
진주 꽃이 금병에 꽂혀 있네.
瓊瑤臺畔彩華亭. 高倚雲霞遠送靑.
翡翠雀栖多寶樹. 珍珠花揷粹金甁.

병풍 앞의 오리는 침향 연기 토해 내고,
자줏빛 대나무 가지 정자 처마 끝에 방울 두드리네.
옥난간에 두루 기대어 불법의 티끌[563]을 휘두를 때,
공중에 황학은 신선을 싣고 날아가네.
沈香烟吐屛前鴨. 紫竹枝敲榭角鈴.
倚徧玉欄揮梵塵. 半空黃鶴載仙靈.

남전장(藍田庄)

질서 정연한[564] 남전장은 설봉산에 둘러싸여 있고,
은둔자는 옥씨 뿌려 옥을 많이 모았다네.
길가에 떨어진 매화꽃의 향기는 흩어지지 않고,
바위틈에 샘물이 날아 저절로 방아 되었네.
井井藍田繞雪峰. 幽人種玉玉多鍾.

---

563 범진(梵塵): 불교는 가르침은 번뇌 망념인 티끌을 제거하여 본성을 밝히는 데 있다.
564 정정(井井): 질서(秩序)와 조리(條理)가 정연한 모양.

徑邊梅落香難散. 岩罅泉飛水自春.

산 처녀는 구름을 뚫고 한가롭게 푸름을 줍고,
산승은 빗속에서 농사를 살피네.
붉은 산 푸른 물 아지랑이 속에 마을은 멀리 있고,
9리에 뻗은 깊은 솔밭은 푸르름이 몇 겹인가?
山女穿雲閑拾翠. 山僧帶雨看耕農.
丹山碧水烟村遠. 九里松深翠幾重.

고목암(枯木菴)

속이 텅 빈 고목나무 궁궐같이 넓고,
노승은 이곳에 앉아 반야를 이야기하네.
뿌리는 지축[565]에 서려 있어 푸른 바다[566]와 통하고,
그림자 대나무 발[567]에 떨어져 난간에 수놓네.
古木中虛廣若宮. 老僧於此坐談空.
根蟠地軸通滄海. 影落湘簾暎繡櫳.

패랭이꽃[568]은 구름 끝에서 푸른 밤을 흔들고,

---

565 지축(地軸): 지구의 자전축. 공전 궤도면에 대하여 66.5°가량 경사져 있다. 대지의 중심.
566 창해(滄海): 넓고 큰 바다. 대해(大海). 푸른 바다.
567 상렴(湘簾): 상비죽(湘妃竹)으로 만든 대나무 발을 말한다. 상비죽은 볏과에 속한 대의 하나. 높이는 10미터 이상으로 자라며, 마디의 고리는 두 개이고, 버들잎 모양의 잎이 한 개 내지 다섯 개씩 달린다. 4~5월에 붉은 갈색의 죽순이 나온다. 죽순은 식용하고, 나무는 죽세공에 쓴다. 중국이 원산지이다.
568 석죽(石竹): 돌대나무. 패랭이 꽃.

산에 나는 차는 눈 온 뒤 봄꽃같이 붉게 보이네.
이곳에서 영고성쇠[569]의 일에 대해서 묻지 마라,
모든 것은 아득한[570] 허깨비[571] 속에 있다네.
石竹雲邊搖晚翠. 山茶雪後觀春紅.
對玆休問榮枯事. 都在冥冥幻化中.

삼구당(三毬堂)

불단[572]의 사슴꼬리 불자[573]는 불가사의 지혜작용이 끝이 없고,
명성이 5백 년 동안 중국과 오랑캐 땅에 퍼졌네.
세 개의 튀는 둥근 공은 고정된 그릇이 아니고,
한 덩어리의 참된 기운 둥근 하늘과 합해졌네.
牀猊塵尾玅無邊. 名播華夷五百年.
三箇趯丸非定器. 一團眞氣合乾圓.

돌고 돌아 짝수[574]는 홀수[575]로 돌아가고,

---

569 영고(榮枯): 초록이 무성함과 말라죽음을 사물의 번영과 쇠락에 비유하는 말. 번영과 쇠망.
570 명명(冥冥): 드러나지 않고 으슥함. 아득하고 그윽함. 나타나지 않아 알 수 없는 모양.
571 환화(幻化): 남의 눈을 속이는 기술을 가진 사람이 나타내 드러낸 것으로 허깨비를 말한다. 『유마힐소설경』 권1 「제자품 3」(『대정장』 권14, p.540, c16-17) "維摩詰言.一切諸法.如幻化相.汝今不應有所懼也.(일체의 모든 법은 마치 허깨비와 같으니 그대는 지금 두려워하지 마라)." 『진주임제혜조선사어록』 권1 (『대정장』 권47, p.500, a12-13) "道流.眞佛無形.眞法無相.爾秖麽幻化上頭作模作樣.(여러분! 참된 부처는 형상이 없고 진실한 법은 모양이 없는데 그대가 다만 환상으로 여러 모양을 짓는 것이다)."
572 상예(牀猊): 부처를 모신 불단.
573 주미(麈尾): 총채. 말총이나 헝겊 따위로 만든 먼지떨이.
574 우수(偶數): 둘로 나누어지는 수. 짝수.
575 기수(奇數): 홀수, 즉 둘로 나눠서 짝이 맞지 않고 남음이 있는 정수.

인간세계에 오고 가다 홀연히 하늘로 올라가네.
수많은 대중 중에 어느 누가 깨달았는가?
현사[576]는 미소 짓고 법당 앞에 서 있네.
循環偶數原奇數. 來往人間忽上天.
千百衆中誰會得. 玄沙微哂立堂前.

일통산(一洞山)
천하에 이름이 난 첫째가는 산,
산속에 골짜기 인간세상과 다르네.
아름답고 진귀한 풀들의 향기가[577] 짙은 그 밖은,
상서로운 아지랑이와 구름이 아득하게 보이는 사이네.
天下名傳第一山. 山中有洞異人寰.

---

576 현사(玄沙): 호는 종일(宗一), 속성은 사(謝) 씨이다. 불법을 편 곳의 지명을 별칭으로 삼아 현사(玄沙)라고도 하고, 사씨 집안의 3남이라고 해서 사삼랑(謝三郎)이라고도 부른다. 복건성(福建省) 민현에서 태어났다. 어려서는 낚시를 좋아하여 복주(福州) 남대강에서 배를 띄우고 낚시를 즐겼다. 30세 때 부용산 영훈(靈訓) 선사에게 출가하여 (함통 5년(864)) 개원사 도현(道玄) 율사로부터 구족계를 받았다. 수행 초기부터 의식을 절제하며 극단적인 고행을 하였고, 스승인 설봉의존(雪峰義存)은 그를 비두타(備頭陀)라 부르며 지도하였다. 설봉을 따라 상골산에 들어가 수행정진하던 중 『능엄경』을 읽다가 깨달았다. 설봉을 모시며 지내다 매계장(梅谿場) 보응원(普應院)에 잠시 머문 뒤 다시 현사산(玄沙山)으로 돌아와 생애를 보냈다. 왕성한 활동을 하였으며 민왕 왕심지(王審知)의 도움을 많이 받았다고 한다. 왕심지가 예를 다하여 안국원(安國院)으로 초빙한 뒤부터 대중이 모여들었고 이로써 석두(石頭) 희천의 종지(宗旨)를 다시 일으킬 수 있었다. 후량(後梁) 태조 개평(開平) 2년에 나이 74세 법랍 45세로 입적하였다. 13명의 제자 중 나한원(羅漢院) 계침(桂琛) 선사가 유명하다. 어록집으로 『현사사비선사어록(玄沙師備禪師語錄)』 3권, 『현사광록(玄沙廣錄)』 3권이 있다. 그밖에 『송고승전(宋高僧傳)』, 『조당집(祖堂集)』, 『전등록(傳燈錄)』, 『선림승보전(禪林僧寶傳)』, 『연등회요』, 『오등회원』 등에 그의 행장과 어록이 일부 전한다.
577 경지요초(瓊芝瑤草): 경지(瓊芝)는 지초(芝草)를 이르는 말로 복용하면 장수한다고 한다. 전설상의 향초(香草)이다. 아름답고 진귀한 풀을 두루 이르는 말.

瑤芝瑤草芳菲外.瑞靄祥雲縹緲間.

우연히 금색 연꽃 땅에서 솟아나는 것이 보이는데,
갑자기 흰 학이 하늘에서 돌아오는 것이 보이네.
천태산의 유 씨와 완 씨[578] 응당히 웃음 참고,
골짜기를 나와서 선녀를 생각했을 때 귀밑머리 이미 반백이 되었네.
偶見金蓮從地湧.倏看白鶴自天還.
天台劉阮應堪笑.出洞懷仙鬢已斑.

반산정(半山亭)
우뚝 솟은 정자는 푸른 구름 끝에 걸쳐 있고,
그림으로 장식한 기둥과 조각한 대들보 옥으로 만든 섬돌과 난간은
기세는 대개 자연에서 능히 뽐낼[579] 만하고,
맑은 바람과 달이 머무르니 굳이 넓을 필요 없다네.
巍亭結架碧雲端.畫棟雕梁玉砌闌.
勢槩山川能自大.清留風月不須寬.

시냇물 사이로 붉은 그림자는 저녁 햇살 흐르고,

---

578 신선놀음에 도끼 자루 썩는 줄 모른다는 유형의 이야기인데 다음과 같다. 후한 때 유신(劉晨)과 완조(阮肇)가 천태산으로 약초 캐러갔다가 길을 잃고 13일 동안 복숭아를 따먹고 물을 마시는 사이 무잎과 호마반(胡麻飯) 한 그릇이 물에 떠내려 오므로 그래서 멀지 않는 곳에 인가(人家)가 있음을 짐작하고 그 물을 건너 또 하나의 산을 넘어가니 두 미녀가 나타나 두 사람을 친절히 맞이하여 즐겁게 반년 동안 살았는데 집 생각이 나서 돌아왔더니 7대손이 맞이하더라는 이야기다. 『소오부지(紹奧府志)』과 『유명록(幽明錄)』에 전한다.
579 자대(自大): 우쭐거리다. 뽐내다. 뻐기다. 잘난 척을 하다.

자리에 드는 푸른 그늘은 새벽의 한기를 보내오네.

우습도다! 회계산[580] 난저회[581]가,

굽이쳐 흐르는 물 위에 술잔[582]을 띄우고 마음껏 머뭇거렸네.

隔溪紅影流殘照.入座靑陰送曉寒.

堪咲會稽蘭渚會.流觴曲水恣盤桓.

화성정(化城亭)

대나무 지팡이 짚고 한가롭게 거닐어 높은 누각에 오르니,

눈 가득히 경치가[583] 비단을 쌓아 놓은 것 같구나.

푸른 대나무 바람에 흔들리니 밝은 달빛 부서지고,

푸른 산에 비 그치니 흰 구름이 열리네.

扶筇閑步上高臺.滿目烟霞錦作堆.

翠竹風搖明月碎.靑山雨過白雲開.

왕의 후손으로 몸을 드러내 성안에 머무는데,

부처의 제자는 다겁생의 인연에서 왔다네.

이곳이 부처님께서 설법한 곳이라,

---

580 회계(會稽): 절강성 소흥시 남동쪽에 있는 산으로 하의 우 임금이 제후들을 모이게 하여 공로를 논정한 데서 유래한 명칭이라고 한다. 춘추시대 월왕 구천이 오왕 부차에게 포위된 곳으로 유명하다. 일명 방산(防山), 모산(茅山)이라고도 한다.

581 난저(蘭渚): 난초가 자라는 물가, 물가의 미칭으로 쓰인다. 난저는 절강성 소흥시 남서쪽에 있는 물가를 말한다.

582 유상곡수(流觴曲水): 중국에서는 옛날에 매년 음력 3월 3일 여러 사람이 굽이진 도랑에 둘러앉은 후 위에서 띄운 술잔이 흐르다 멈추면 그 앞에 앉은 사람이 술을 마시는 놀이를 하였다고 한다. 신라의 포석정의 놀이와 비슷하다.

583 연하(烟霞): 안개와 노을, 고요한 산수의 경치를 말한다.

하늘 꽃 법비[584] 속을 함께 서성거렸네.

王孫顯化城中住. 佛子從多劫外來.
可是導師方便處. 天華法雨共徘徊.

글 없는 비석[無字碑]

한 조각의 이름난 비석이 길 가에 누워 있네.
용의 무늬[585]로 장식되고 전서로[586] 쓴 글이 예부터 새겨 있었네.
비스듬히 비추는 달빛에 매화 그림자는 수묵화처럼 담박하고,
비에 씻긴 이끼 자국은 침같이 반들거리네.

一片名碑偃徑邊. 龍章鳥篆古曾鐫.
月斜梅影淡如墨. 雨洗苔痕滑似涎.

하늘이 뛰어난 글[587]을 좋아해서 천둥 번개로 가져가고,
땅은 괴상한 돌에 재갈 물려 눈서리로 굳게 하네.
요컨대 밤마다 별들이 비추려고 하여도,
오랜 세월 서까래 하나 얽어줄 사람 없다네.

天愛奇文雷電取. 地箝怪石雪霜堅.
要令夜夜星辰照. 歲久無人構一椽.

---

584 천화법우(天華法雨): 부처님께서 중생 교화의 법문을 하실 때 하늘에서 꽃비가 내리는 것을 말한다.
585 용장(龍章): 용의 무늬. 뛰어난 풍채. 고상(高尙)한 용모.
586 조전(鳥篆): 중국 옛 서체(書體)의 하나인 전서(篆書)를 이르는 말.
587 기문(奇文): 기묘한 글, 훌륭한 글, 뛰어난 글.

만송관(萬松關)

만 그루의 높이 솟은 소나무는 은하수에 가지런히 꽂혀 있고,
외로이 높은 나무 뛰어나게 빼어나서 보리[588]로 줄지어 있네.
달 속의 담박한 그림자 서리 덮인 뿌리 차갑고,
비온 뒤 짙은 그림자 풀밭 길 분간하기 어렵네.

萬樹喬松揷漢齊. 孤標挺秀列菩提.
月中影淡霜根冷. 雨後陰濃草徑迷.

송홧가루 흩날릴 때 향기는 골짜기에 머물고,
흰 복령 나는 곳은 그 기운에 진흙이 쪄지고,
관문 앞 사이로 청백색[589]의 대나무를 심고,
푸른 난새와 자줏빛 봉황이 살게 하겠네.

黃粉飄時香逗谷. 白苓生處氣蒸泥.
關前間植琅玕竹. 引得靑鸞紫鳳栖.

설교로(雪嶠路)

은산철벽[590]에 오래 사니,

---

588 보리(菩提): 범어 보디(bodhi)의 음역으로 보리(菩提)라 하고, 뜻으로 옮겨 도(道), 지(智), 각(覺)이라 한다. 불교 최고의 이상인 부처님의 깨친 지혜, 곧 불과(佛果)를 말하며, 또는 불타정각(佛陀正覺)의 지혜를 얻기 위하여 닦는 도(道), 곧 불과(佛果)에 이르는 길을 가리킨다.
589 낭간(琅玕): 중국에서 나는 경옥(硬玉)의 한 가지. 어두운 녹색 또는 청백색이 나는 반투명의 아름다운 돌로, 예로부터 장식에 많이 쓰였다.
590 은산철벽(銀山鐵壁): 은과 철은 뚫기가 아주 힘든 것으로 높은 산과 견고한 성벽은 오르기 어려움을 나타낸 것. 곧 손도 대어 볼 수 없이 어려움을 말한다. 참선하는 이들이 화두를 들고 일념(一念)으로 정진할 적에 분석하고 추리하는 분별의 작용은 여의었지만 아직 깨달음에 이르지 못한 중간경계에서 은산철벽과 같은 정신상태를 경험하기도 한다고 한다.

높고 높은 한 줄기 길은 통행하는 사람 적네.
하늘의 신이 옥씨 뿌려 섬돌에 옥돌을 깔고,
날개 있는 신선[591]은 구름을 타고 범천궁[592]을 산보하네.
久住銀山銕壁中. 岩嶢一徑少人通.
天神種玉鋪瑤砌. 羽客乘雲步梵宮.

꿈에 구천에 가니 혼백과 멀리 떨어져 아득하고,[593]
깨어보니 삼천대천세계는 달빛이 흐릿하네.[594]
봉우리를 돌고 산꼭대기를 돌아 구름 깊은 곳에,
멀리 티끌진 세상의[595] 길과는 같지 않다네.
夢入九霄魂杳渺. 覺來千界月朦朧.
峰迴岫轉雲深處. 迥與紅塵路不同.

용이 잠자는 방[龍眠方]

구불구불한[596] 산세는 반쯤 비스듬이 기울어 있어
잠든 용과 비스름하게[597] 안개가 막고 있네.
소나무 밑에 마른 뿌리는 늙은 뼈에 서린 듯하고,

---

591 우객(羽客): 전설에 나오는 날개 있는 신선.
592 범천궁(梵天宮): 불교에서는 욕계의 음욕을 떠나 적정청정(寂靜清淨) 욕계초선천(色界初禪天)의 우주의 창조자인 대범천(大梵天)이 거주하는 궁전을 말한다.
593 묘묘(杳渺): 멀리 떨어져 아득하다. 막연하다.
594 몽롱(朦朧): 달빛이 흐릿함. 어른어른하여 희미함. 의식이 뚜렷하지 않고 흐리멍덩함.
595 홍진(紅塵): 바람이 불어 햇빛에 벌겋게 일어나는 티끌. 속세의 티끌. 번거롭고 속된 세상.
596 완연(蜿蜒): 길이 뻗쳐있는 모양이 구불구불함.
597 방불(髣髴): 거의 비스름함. 눈에 삼삼함. 그럴듯함.

대나무 주변의 새 죽순은 신령스러운 이빨이 솟아 나오는 것과 같네.

蜿蜒山勢半欹斜.髼髮龍眠霧氣遮.

松底枯根蟠老骨.竹邊新笋迸靈牙.

저물면 옛 절로 돌아와 참된 법문 듣고,
새벽에는 동쪽 숲에서 진 붉은 노을을 씹는다네.
푸른 바다에 밤 깊어 밝은 달이 뜨면,
턱의 한 알 구슬이 아름다운 빛을 뿌린다네.

暮歸古寺聞眞法.晨向東林咀絳霞.

滄海夜深明月上.頷珠一顆散光華.

문수대(文殊臺)

육출봉 산마루에 쌓인 푸르름,
문수대는 황홀하게 꽃으로 장식된 누각 같네.
유마거사는 병이 나서[598] 침상에 누워 있고,
용녀는 여의주를 바치려[599] 바다로 나왔네.

---

598 『유마힐소설경』 권2 「문수사리문질품 5」(『대정장』 권14, p.544, b20-22) "維摩詰言.從癡有愛.則我病生.以一切衆生病.是故我病.若一切衆生病滅.則我病滅.(유마힐이 말하길, '어리석음으로부터 애착이 있어 나의 병이 생겼습니다. 일체중생이 병이 있으므로 나의 병이 있습니다. 만약에 일체중생의 병이 나으면 나의 병도 없을 것입니다.')."

599 『묘법연화경』 권4 「제바달다품 12」(『대정장』 권9, p.35, c12-19) "爾時龍女有一寶珠.價直三千大千世界.持以上佛.佛卽受之.龍女謂智積菩薩.尊者舍利弗言.我獻寶珠.世尊納受.是事疾不.答言.甚疾.女言.以汝神力.觀我成佛.復速於此.當時衆會.皆見龍女忽然之間變成男子.具菩薩行.卽往南方無垢世界.坐寶蓮華.成等正覺.三十二相.八十種好.普爲十方一切衆生演說妙法.(그때 용녀가 한 개의 보주 값이 삼천대천세계 나가는 것을 부처님께 바치니 곧 받으시고 용녀가 지적보살과 사리불 존자에게 이르길, '제가 바치는 보주를 세존께서 받으시길, 이 일이 빠른가요?' 답하길, '매우 빠르다.' 용녀가 말하길, '그대의 신통

六出峰頭翠作堆.文殊臺恍近華臺.
維摩示疾牀中臥.龍女呈珠海上來.

사자좌[600]는 따뜻하고[601] 향기 나는 안개 감돌고,
희고 깨끗한 상골봉에는 상서로운 별이 맴돌고.
그 당시 사람들이 맑고 서늘한 뜻을 알았다면,
대지에 봄이 돌아와 꽃이 저절로 피리라.
獅座氤氳香霧繞.象峰皎潔景星回.
時人會得清涼意.大地春歸花自開.

고경대(古鏡臺)
본래 밝은 거울은 역시 대가 없으니,[602]
거울이 만약 밝으면 마음은 저절로 열린다.

력으로 나의 성불이 이보다 빠름을 보게 되리라.' 당시에 모인 대중들이 모두 용녀가 잠깐 사이에 남자로 변해 보살행을 갖추어 곧바로 남방무구세계에 가서 보련화 위에 앉아 무상정등각을 이루고 32상 80종호를 갖추고 널리 시방세계의 중생을 위해 미묘 법문을 설하는 것을 보리라)."

600 사좌(獅座): 부처님이 앉은 자리. 부처님의 좌석이라는 뜻. 사자가 백수의 왕이듯 부처님도 일체의 사람들의 왕이므로 인간 중에서 사자라고 하고 그 자리를 사자좌(獅子座)라고 한다.『대방광불화엄경』(60권) 권1「세간정안품 1」(『대정장』 권9, p.395, a26-27) "如來處此寶師子座.於一切法成最正覺.(여래께서 이 보배스러운 사자좌에서 일체법에 최고인 정각을 이루었다)."『영가증도가』 권1(『대정장』 권48, p.396, a7-9) "師子吼無畏說.百獸聞之皆腦裂.香象奔波失却威.天龍寂聽生欣悅.(두려움 없는 사자후를 설하니 뭇짐승들이 듣고 모두 뇌가 찢어지고 성문, 연각은 분주하게 도망쳐 위엄을 잃어버리고 천룡은 번뇌 망념이 없이 듣고 기쁘게 희열을 낸다)."
601 인온(氤氳): 하늘 기운과 땅 기운이 서로 합하여 어림. 날씨가 화창하고 따뜻함.
602 본래부터 불성은 청정함에 비유하는 말.『남종돈교최상대승마하반야바라밀경육조혜능대사어소주대범사시법단경』 권1(『대정장』 권48, p.338, a7-8) "菩提本無樹.明鏡亦無臺.佛性常清淨.何處有塵埃.(보리는 본래 나무가 없고, 밝은 거울 또한 대가 없다네, 부처의 성품은 항상 청정하니, 어느 곳에 티끌이 있겠는가?)."

아름다운[603] 푸른 난새는 둥근 그림자 만들며 춤추고,
곱고 예쁜 옥토끼는 빛을 보내온다.
本來明鏡亦非臺. 鏡若明兮心自開.
窈窕青鸞團影舞. 嬋娟玉兔送光來.

거울 속으로 깜박거리는 햇빛을 받아들이고,[604]
등이 벗겨진 구리에는 점점이 푸른 이끼가 돋았네.
바다 끝 하늘가에 구름은 다 흩어지고,
선심(禪心)[605]은 새하얗고 밝게 세상을 비추네.
中涵日色星星火. 背剝銅青點點苔.
海角天涯雲散盡. 禪心皎皎照京垓.

금오교(金鰲橋)

멀리 푸른 하늘에 솟아있는 오산이 보이고,
금오교 또한 은하수에 걸터앉았네.
서울로 통하는 거리는 천 갈래지만,
원천에서 물이 나오지만 만 갈래의 물줄기는 같다네.
遠見鰲山聳碧空. 鰲橋又跨漢津中.
衢通京國千岐路. 水出源頭萬派同.

---

603 요조(窈窕): 얌전하고 곱다. 정숙하고 예쁘다. 아름답다.
604 성성화(星星火): 성성지화(星星之火)는 깜박거리는 조그마한 불을 말한다.
605 선심(禪心): 마음을 하나의 대상에 집중해서 흐트러지지 않는 상태. 좌선을 수행하고 있는 때의 마음의 상태. 『선원제전집도서』 권1(『대정장』 권48, p.400, b3-4) "又須識禪心性相方解經論理事.(또 반드시 선심의 성과 상을 알아야 바야흐로 경론의 이와 사를 알 수 있다)."

한낮에 자취가 없이 교화의 지팡이를 치켜들고,
푸른 하늘에 그림자 있어 날아가는 무지개에 접해있네.
고승은 서쪽으로 가서 어느 때나 돌아오시나,[606]
다리 끝 소나무가지도 동쪽으로 향하려고 하네.
白晝無蹤騰化杖.靑霄有影接飛虹.
高僧西去何時返.橋畔松枝欲向東.

나한의 낭떠러지[羅漢崖]

석장 하나 날아와서 높은 대에 머무르니,
깎아지른 듯한 높은 절벽에 사람 왕래 끊어졌네.
개울가 내리는 비는 용이 내려주는 발우를 씻어주고,
바위 끝에 바람이 불면 호랑이가 웅크리고 있는 것 같은 대.
一錫飛來駐上台.巉崖高處絶人來.
澗邊雨洗降龍鉢.岩畔風生伏虎臺.

새끼 안은 검은 원숭이[607]는 푸른 나무 엿보고,

---

[606] 여기서는 깨달은 스님이 중생교화를 하러 서쪽으로 가서서 뭇 생명들도 깨달은 스님을 향해 가고 있는 것을 표현한 것이다.『진주임제혜조선사어록』권1(『대정장』권47, p.504, a15-16) "趙州行脚時參師.遇師洗脚次.州便問.如何是祖師西來意.師云.恰値老僧洗脚.(조주 스님이 행각할 때 스님을 참배하였는데 스님께서 다리를 씻고 있을 때 만났다. 조주 스님이 곧바로 묻길, '무엇이 조사가 서쪽에서 오신 뜻입니까?' 스님께서 이르길, '마치 노승이 다리를 씻는 것과 같다.')."『경덕전등록』권4「경산도흠장」(『대정장』권51, p.230, a19-21) "僧問.如何是祖師西來意.師曰.汝問不當.曰如何得當.師曰.待吾滅後卽向汝說.(어떤 스님이 묻길, '무엇이 조사가 서쪽에서 오신 뜻입니까?' 스님께서 말하길, '그대의 물음은 합당하지 않다.' '어떤 것이 합당합니까?' 스님께서 말하길, '내가 죽은 후를 기다렸다가 그대에게 말하겠다.')."

[607] 현원(玄猿): 위 본문에서는 현견(玄犭肙)으로 나와 있는데 문맥상으로 현원(玄猿)이 맞는 것 같다.

새끼 끌고 가는 흰 사슴은 푸른 이끼 핥고.

모든 번뇌[608] 모두 다 잊은 것이 헛됨을 알았기에,

쇠 지팡이로 문을 두드려도 모두 열지 못하네.

抱子玄猵窺綠樹. 引麛白鹿舐蒼苔.

懸知諸漏都忘盡. 銕杖敲門總不開.

제운령(梯雲嶺)

아득히 멀리[609] 돌계단이 맑게 갠 하늘에 걸려 있고,

산을 돌아 가로질러 드러누워 개울물을 마시는 무지개 같네.

짝 잃은 기러기는 어슴푸레 하늘에서 떨어지는 것 같이 의심스럽고,

언뜻 보니 돌아가는 까마귀 햇빛 옆을 통과하네.

迢迢石磴掛晴空. 山轉橫垂飮澗虹.

斷鴈恍疑天上落. 歸鴉閃與日邊通.

어렴풋이[610] 저 끝에 사람의 그림자가 멀리 보이고,

아득한 아지랑이 속에 소나무가 연주하는 거문고 소리 가깝게 들리네.

고요한 밤 밝은 달이 떠있는 줄도 몰랐는데,

영롱한 선녀의 노리개가 바람에 흔들려 향기 날리네.

遠看人影依微際. 近聽松琴杳靄中.

靜夜不知明月上. 玲瓏仙佩振香風.

---

608 제루(諸漏): 번뇌에 싸여서 미혹의 세계에 흘러 떠다니는 것을 유루법(有漏法)이라 하는데, 이 유루법을 단멸해 끝낸 상태를 무루법(無漏法)이라고 한다.
609 초초(迢迢): 매우 멀다, 아득히 높아서 까마득하다, 요원하다.
610 의미(依微): 희미함. 어렴풋함. 미세함. 경미함.

상골봉(象骨峰)

우뚝하구나! 거대한 짐승이여 다시 봐도 위엄 있고 뛰어나구나,

오랑캐 나라에서 와서 부처의 땅에 귀의하고.

일찍이 보현보살의 행원력[611]을 수기[612] 받고,

이어서 설봉 스님이 불도를 수행한 공덕을 따랐네.

屹哉巨獸更威雄. 夷國來歸佛地中.

曾授普賢行願力. 仍從雪老苦修功.

어떻게 독자적인 기품을 오랫동안 돌에 묻고,

다시는 두 이빨 바람에 드러냄이 없는가?

도리어 허깨비 같은 육신은 태웠는데 이름은 오히려 남아 있네,

진실한 신령스러운 지혜작용은 원래 바다 끝 동쪽에서 솟아오르네.

如何孤骨長埋石. 無復雙牙再露風.

焚却幻身名尚在. 眞靈元自海涯東.

---

611 보현행원력(普賢行願力): 부처님의 행원(行願)을 대변하는 보살. 이 보살은 문수보살과 함께 석가모니불을 협시하는 보살로 유명하다. 문수보살이 여래의 왼편에서 여러 부처님의 지덕(智德)과 체덕(體德)을 맡는데, 보현보살은 오른쪽에서 이덕(理德)과 정덕(定德)과 행덕(行德)을 맡는다. 그리고 보현보살은 모든 부처님의 본원력(本願力)에 근거하여 그 가지법(加持法)에 의해서 중생이익의 원을 세워서 수행하는 것을 그 의무로 삼고 있다. 이것을 보현의 행원이라고 하는데, 이를 압축하면 10대원(大願)이 된다. ① 모든 부처님께 예배 공양하고[禮敬諸佛], ② 모든 부처님을 우러러 찬탄하고[稱讚如來], ③ 모든 부처님을 널리 공양하며[廣修供養], ④ 스스로의 업장을 참회하고[懺悔業障], ⑤ 남의 공덕을 따라서 기뻐하며[隨喜功德], ⑥ 부처님이 설법해 주기를 청하고[請轉法輪], ⑦ 부처님이 이 세상에 오래 머무르기를 청하고[請佛住世], ⑧ 항상 부처님을 따라 배우고[常隨佛學], ⑨ 항상 중생들에게 순응하며[恒順衆生], ⑩ 두루 모든 것을 가지고 회향하는 것[普皆廻向]이다.

612 수기(授記): 수행자가 미래에 최고의 깨달음을 얻을 것이라는 것을 부처님이 예언, 약속하는 것. 부처님이 제자에게 미래에는 부처가 될 수 있으리라는 보증을 주는 것. 수기(授記)는 구마라집 이후의 역어로 그 이전에는 기별(記別), 수결(授決) 등으로 한역하였다.

마향석(磨香石)

별빛이 하늘에서 떨어져 돌에 향기 같은 혼이 서리고,

누가 말했는가? 먼 산에 아른거리는 푸른빛이[613] 닳아 없어졌다고.

개인 날 연기가 실같이 갈라진 것은 바람에 산들산들 흔들리는 모양이 아니고,

밤에 토해내는 요정 같은 꽃[614]이 달빛 두르고 올라오네.

天降芒星石魄香.誰言磨盪翠微傍.

晴分烟縷非風嫋.夜吐精花帶月揚.

자용차[615]의 품격 높은 맛은 비할 데가 없고,

용뇌수가[616] 빗속에 서늘함만 하고.

지금 아란야[617]는 세월이 오래 되었는데,

어찌 길게 해탈향[618]의 향기를 쏘일 필요가 있겠는가?

不比紫茸茶品液.可宜龍腦雨中凉.

而今蘭若流光遠.何必長薰解脫香.

---

613 취미(翠微): 먼 산에 아른아른 보이는 엷은 푸른 빛. 산의 중턱.
614 정화(精花): 요정 같은 꽃.
615 자용다(紫茸茶): 자줏빛이 나는 보이차의 한 종류이다.
616 용뇌(龍腦): 용뇌향과(龍腦香科)에 속하는 상록 교목. 높이 30m에 달하며, 잎은 호생(互生)하고 난상 타원형이며, 두껍고 강한 광택이 남. 꽃은 누르고 총상 화서로 배열하며 향기가 있고, 과실에는 한 개의 씨가 들었다. 보르네오, 수마트라가 원산이다.
617 난야(蘭若): 범어의 아란냐(araṇya)의 음역으로 아련야(阿練若), 아란야(阿蘭耶), 아란나(阿蘭拏), 아란양(阿蘭攘)이라고도 음역한다. 수행승이 산림에서 수행하는 장소로 마을에서 멀지도 가깝지도 않은 수행하기에 적절한 장소. 수행승이 사는 곳으로 절, 암자를 말한다.
618 해탈향(解脫香): 『소실육문』 권1(『대정장』 권48, p.368, b17) "四者解脫香.所謂能斷一切無明結縛.(네 번째 해탈향은 일체의 무명으로 얽어 맺은 것을 능히 끊는 것을 말하는 것이다)."

방생지(放生池)

어진 임금이 다스리는 조정[619]에 오래 살 수 있는 지역[620]을 따뜻한 하늘빛 온화함을 비춰,

여러 중생들을 많이 낳아 주었는데.

우습구나! 평탄한 길에 구덩이와 함정을 설치해 놓고,

다시 평평한 땅에 가는 낚싯줄과 그물을 쳐 놓으니 안타깝다.

聖朝壽域煦天和. 品類羣生放且多.

堪笑坦途施坎穽. 更嗟平地下絲羅.

장차 이곳을 자비의 바다라고 속이지만,

사람의 마음을 깨끗하게 씻고 애욕의 물결을 바로잡는 곳이라네.

장사하는 집에 삼면의 그물을 철거하면,

천지가 기운이 생기니 함께 웃고 어루만지세.

謾將此處爲仁海. 淨洗人心正慾波.

撤去商家三面網. 乾坤生氣共呵摩.

잠월지(蘸月池)

누가 네모반듯하게 연못을 팠는가? 하나같이 거울 같구나.

맑은 물결이 잔잔하고 달빛은 차가운데.

---

619 성조(聖朝): 어진 임금이 다스리는 조정. 당대의 왕조를 백성이 높여 일컫는 말.
620 수역(壽域): 수실(壽室)과 같다. 딴 곳에 비하여 장수하는 사람이 많이 사는 고장. 오래 살았다고 할 만한 나이. 오래 살 수 있는 경지의 비유.

어지럽게⁶²¹ 아지랑이⁶²²가 공중에 얽혀 있고,
찬란한 둥근 달⁶²³을 물위에서 볼 수 있네.
誰鑿方塘一鑑寬. 澄波湛湛月華寒.
紛紜野馬空中絞. 燦爛冰輪水上看.

계수나무 깨끗이 씻겨 향기가 아주 짙게 나고,
늘어진 소나무 파리한 그림자도 수척하게 비치네.
노스님이 오강⁶²⁴의 도끼로 찍어내지 않았으니,
하나의 그루터기에⁶²⁵ 머물러 거만하게⁶²⁶ 서서 있구나.
桂洗淸香浮馥馥. 松垂瘦影照欒欒.
老僧不斫吳剛斧. 留個根株偃蹇蟠.

망주정(望州亭)

모든 산과 첩첩이 겹쳐진 깊고 큰 골짜기들이 정자를 휘감아 흐르고,
마주 바라보니 조주 스님은 어느 고을에 계셨는가?
마음은 확 트인 하늘가로 달려가고,

---

621 분운(紛紜): 여러 사람의 의논이 일치하지 아니하고 이러니저러니 하여 시끄럽고 떠들썩함. 세상이 떠들썩하여 복잡하고 어지러움.
622 야마(野馬): 맑은 봄날 멀리 땅 위에 아른거리는 공기 현상. 복사열 때문에 공기의 밀도가 고르지 아니하여 아른아른하게 보임. 아지랑이.
623 빙륜(冰輪): 달의 별칭으로 방감(冰鑑), 빙경(冰鏡)과 같다.
624 오강(吳剛): 한나라 서하(西河) 사람으로 신선술을 배우다 잘못을 저질러서 달로 귀양 가 계수나무를 베는 일을 맡았다고 한다.
625 근주(根株): 나무뿌리와 그루터기.
626 언건(偃蹇): 거드름을 피우며 거만함. 오만하다. 높다.

눈은 넓고 멀리 아득히[627] 물이 다한 곳에서 끊어지네.

亭繞千山萬壑流. 相望趙老在何州.

心馳寥廓天窮處. 目斷蒼茫水盡頭.

비에 씻긴 금오봉을 속으로 읊조리며 다다라,

구름에 길 잃은 학을 바라보니 한 가을이네.

신령스러운 지혜작용을 어떠한 일로 인연하는지 물으려고 한다면,

봉래와 영주[628]는 중국에 있음을 알아야 한다.

雨洗鰲峰吟裏趣. 雲迷鶴路望中秋.

神機欲問因何事. 知在蓬瀛第九洲.

---

627 창망(滄茫): 물이 푸르고 아득하게 넓은 모양. 넓고 멀어서 아득함.
628 봉영(蓬瀛): 옛적에 중국인들은 강물이 바다에 끊임없이 들어가는데도 바다가 넘치지 않는 이유를 이렇게 생각했다. 동쪽에 있는 바다, 곧 동해인 발해(渤海)에서 또 동쪽으로 몇 억 리인지 모를 거리에 귀허(歸墟)라는 골짜기가 있다. 귀허는 워낙 커서 세상의 모든 강물과 바닷물이 흘러들어도 물이 늘지도 줄지도 않는다는 것이다. 귀허에는 대여(岱輿)와 원교(員嶠), 방호(方壺), 영주(瀛州) 그리고 봉래(蓬萊)의 다섯 신령한 산[五神山]이 있는데 각기 그 높이와 둘레가 3만 리가 넘는다. 이 다섯 산에 사는 새와 짐승은 모두 흰색이다. 나무에 달리는 열매는 진주와 옥인데 맛도 기가 막히지만 먹으면 장생불사하게 되는 효험이 있다. 그런데 오신산에 사는 신선들은 파도가 칠 때마다 섬이 흔들려서 언제 떠내려갈지 몰라 불안해했다. 신선들은 천제에게 이 문제를 해결해 달라고 탄원했고 천제는 해신 우강에게 명하여 열다섯 마리의 거대한 거북으로 하여금 섬을 떠받치게 했다. 거북들은 등으로 섬을 떠받치고 있다가 6만 년에 한 번씩 교대를 했다. 그런데 어느 날 갑자기 발해 반대편인 서쪽 아득한 곳에 있는 용백국의 거인이 와서는 섬을 떠받치고 있던 거북 가운데 여섯 마리를 낚시질로 잡아가 버렸다. 거북 등껍데기의 무늬로 점을 치려고 했다고 한다. 어떻든 이 일로 대여와 원교 두 신산이 속절없이 떠내려가다 침몰해 버렸고 오신산은 삼신산이 되고 말았다. 남은 삼신산 가운데 방호산은 바로 방장산(方丈山)으로 우리나라 지리산의 별칭이다. 다 알고 있는 대로 봉래산은 금강산의 별칭이고, 영주산은 한라산의 별칭이다. 전국시대의 막을 내린 진시황은 태산을 비롯해 전국 각지를 순행하고 비를 세우며 스스로가 곧 나라임을 확인하고 있었는데 재위 28년이 되던 해(B.C. 219), 산둥지방의 낭야에 왔을 때 제나라 출신 방사 서불에게 명하여 불로초를 구하려고 했던 이야기로 유명하다.

탁석천(卓錫泉)

석장을 끌고 샘물을 찾던 상골봉 앞에,

잠깐 석장을 꽂으니 물맛이 좋은 샘물이 솟아나네.

맑기는 밤이슬[629]과 일맥상통한 듯하고,

향기는 신령스러운 용이 놀라서 몰래 침을 토하듯 하네.

携錫尋源象骨前. 須臾卓錫湧甘泉.

清疑沆瀣潛通脈. 香訝神龍暗吐涎.

바위에 부딪쳐 뒤집히고 솟아오를 때는 게 눈 같이 거품이 뜨고,

시냇물이 흘러 나가는 소리는 고니가 노래하는 것 같이 연주가 울리다가,

어느 물속 깊고 맑은 연못에 빛나는 밝은 거울로 정해져서,

나의 선심(禪心)과 같이 하늘에 흘러넘치네.

激石翻騰浮蟹眼. 出溪嗚咽響鵾絃.

一泓澄定光明鏡. 同我禪心瀁個天.

응조천(應潮泉)

바위 속에서 분출되어 강물이 바다로 합해지니,

기운이 음양에 의해 불어났다 다시 꺼지고.

많은 사람들은 물이 가득차거나 얕거나 물을 떠서 마시고,

오르고 가라앉는 때 있어 아침과 저녁을 알 수 있네.

石中迸出契江潮. 氣與陰陽長復消.

挹取多人隨滿淺. 升沈有候測晨霄.

---

629 항해(沆瀣): 바다의 기운. 한밤중의 이슬 기운. 북쪽의 한밤중의 기운.

일찍이 맑은 맛으로 입술로 음미해보니

맛있고, 도리어 우습구나! 탐욕의 이름이 세상을 시끄럽게 했으니.

어리석어 설봉산에 숨어 살며 높은 곳에 누운 사람은,

밝은 달에 귀를 씻고 밤에 피리 소리 듣는다.

曾將淸味滋吟吻. 却笑貪名播俗囂.

隱拙雪山高處臥. 月明洗耳夜聞簫.

24경치를 모은 시[二十四景摠詩]

설봉산의 보소대는 남전에 가깝고,

고목암과 삼구당은 하나같이 신선이 사는 별천지라네.

반산고개의 화성정에는 글자 새긴 돌이 없고,

소나무가 많은 설교에는 잠자는 용이 있네.

문수보살의 본래 거울은 금오산 끝에 있고,

나한의 구름 사다리는 상골봉 산마루에 걸쳐 있네.

향기 나는 바위 방생지에는 달이 잠겨 있고,

조주를 바라보며 응조천에 석장을 꽂아다네.

雪峰寶所近藍田. 枯木三毬一洞天.

半嶺化城無字石. 萬松雪嶠有龍眠.

文殊古鏡金鰲畔. 羅漢梯雲象骨巓.

香石放生池蘸月. 望州卓錫應潮泉.

현재 주지 원손(遠孫)비구 지명(智明)이 9배를 올리고 쓰다.

當代住山遠孫比丘 智明 九拜書

발문

　진각 대사는 원력의 수레바퀴를 타고 이 땅에 자취를 내리어 애욕의 그물을 찢고 티끌에 물든 세상을 벗어났다. 깨달은 지혜는 뭇사람들을 뛰어넘었고 구도심은 진실로 간절하였다. 벗을 선택하고 스승을 찾다가 진실로 불법의 대의와 계합하지 못하면 산꼭대기가 평탄하거나 험준해도,[630] 도로가 가깝거나 멀거나를 어렵다고 생각하지 않고 두 번 세 번 산을 넘고 물을 건너[631] 길을 가는 도중에도 게으르지 않았다.

　이미 덕산 스님에게 깨달음을 인가받고도 오히려 마음속이 쾌활하지 않아서 이에 암두 스님의 선발하여 장려함[632]을 얻어 맨 처음 오산진에서 도를 이루었다고 말했다.

　스님께서 이 땅에 돌아와 이 절을 창건하자 부르지 않았어도 대중들이 이곳에 이르러 수용할 수가 없었다. 승당 입실한 제자[633]가 45인 이었는데 운문 스님과 현사 스님이 상수(上首)가 되었다.

眞覺大師乘願輪而降迹. 裂愛網而出塵. 慧解超羣. 求道誠切. 擇友尋師. 苟未契旨. 不計山岫夷險. 途路邇遐■難. 跋涉於再三. 懈怠於中道. 既受德嶠印證. 猶謂未愜于懷. 爰獲巖頭提獎. 始發成道鰲山之語. 歸創茲寺. 不召之衆. 至無所容. 升堂入

630　이험(夷險): 평탄함과 험준함.
631　발섭(跋涉): 산을 넘고 물을 건너서 길을 감.
632　제장(提獎): 선발하여 장려함.
633　승당입실(升堂入室): 학문, 기예 따위가 점점 높은 수준까지 이르다. 여기서는 제자 중에 깨달음을 증득하여 당에 법문을 하거나 방장에 든 선지식을 말한다. 즉 깨달음을 증득한 제자를 말한다.

室四十五人.雲門. 玄沙爲上首.

학인들을 감파[634]했던 효험의 기연과 말씀들이 책에 실려 있다. 그러나 난리에 불타고 좀 쓸어 훼손되어 만들어지고 허물어진 것이 한 번이 아니었다. 적임자가 있어 실추된 것을 일으키고 해진 것을 보완함에 힘입어 지금에 이르러 사라져 없어진 옛 모습을 되찾게 되었다. 주지 성암명(性菴明) 스님은 도가 언어문자에 있는 것은 아니지만 언어문자가 아니면 도를 드러낼 수 없는 것과 황송하게도 무거운 기대에 어찌 조사의 도가 영영 느슨해지고 펼쳐지지 않아서 후학들의 눈을 멀게 하는 것을 차마 앉아서 볼 수 있겠는가 하며 개탄하였다.

이에 찾을 수 있는 곳은 다 찾아 도산의 상월루에서 남기신 책을 찾아냈다. 몸소 친히 그것을 베껴 장인에게 인쇄하도록[635] 명하고 일이 끝날 무렵에 이 기록을 기본[636]으로 하여 후학을 깨우치고자 뒤에 나에게 글을 부탁했다. 학인들을 응대하고 대접하는 일이 몹시 번거로운[637] 까닭에[638] 힘든 사이에도 조사의 지혜작용의 말씀이 흩어져서 잃어버릴까 근심하여 다시 없어지고 잘못된 곳을 정리하였으니 뜻이 가상하다고 하겠다. 드디어 요긴한 줄거리를 써서 끝부분에 붙일 뿐이다.

勘驗學者機緣語句.載於方册.然蠹燹焚毀.成壞非一.賴擧墜補弊有其人.至是而銷殞仍舊矣.住山性菴明公.慨念道非語言文字.非語言文字而道不顯.忝 ■ 重寄.寧

---

634 감험(勘驗): 감파해서 얻어지는 효험을 말한다. ＊감파(勘破): 본질을 꿰뚫어 보다. 그러나 반드시 상대방의 속임수를 알아챈다고 하는 의미는 아니다. 『경덕전등록』 권10 「조주종심장」(『대정장』 권51, p.277, b7) "師云.待我去勘破遮婆子.(조주 스님께서 이르시길, '내가 가는 것을 기다렸다가 저 노파를 감파해 버리겠다.')."
635 침재(鋟梓): 기궐(剞劂)의 뜻으로 인쇄하려고 나무판에 글자를 새김.
636 공도(工圖): 그 기본(基本)이 되는 정확한 도면.
637 번극(繁劇): 일이 몹시 번거롭고 힘듦.
638 유기(惟其): ~ 때문에, ~한 까닭으로.

忍坐視神祖道永弛而弗張.後學之失眼.乃訪索究尋.得遺帙於道山之霜月樓.躬親
謄錄.命匠鋟梓將畢.工圖誌以諭.後屬筆於余.惟其酬應繁劇之際.能恤厥祖機語
之散失.修復其敗缺.志可尙.遂書其槩.附於末簡耳.

때는 대명 성화 갑진년(1484) 11월 16일
전 복주부의 승강 사도강 겸 고산 선사의 85대 주지 지명이
향을 사르고 절하며 기록하다.

大明成化甲辰仲冬望後前福州府僧綱司都綱兼鼓山禪寺八十五代住持智明焚香拜誌

서문

아! 말법시대를 만나 정법이 시들어[639] 성인과 진인이 더욱더 멀어져가고 마구니와 외도 등 사도(邪道)가 치성하고 있다. 어찌 늦게 태어나서 부처님 계신 세상을 만나지 못한 것이 섭섭하다. 그래서 맑은 소리는 듣지 못하고 현묘한 깨달음은 통달하기 어려우니 어찌 일생이 부끄러움이 없겠는가?

그러나 다행스럽게 숙세의 인연이 있어서 스님의 무리[640]에 몸담게 되었다. 비록 경전을[641] 찾아보고 대장경을 섭렵해 보았지만 우러러볼수록 지혜의 산은 높이 솟아 있고 볼수록 그 뜻의 바다의 근원은 깊었다. 기뻐서 몇 년을 빠져 지냈는데 우매함이 점점 열리게 되었으니 참으로 하루를 공부하면 하루가 이익 되고 하루는 놀면 하루가 손해 본다는 것을 알겠다.

嗟夫.時當末運.正法凋零.去聖眞之愈遠.熾魔外之邪途.憾生何晚.弗逢佛世.是以淸音絶聽玅.解難通.寧無愧於平生歟.然幸佩夙因.忝質緇流.雖披尋梵夾.漁獵藏乘.仰其智山高聳.覩斯義海淵深.喜得游泳數載.漸啓昏蒙.誠日益日損之可知也.

비록 그윽한 문지방까지는 임하지는 못했지만 이미 문이나 담장은 이루었다. 이 빛나는 집의 아름다움을 보면 정확히 내가 오를 수 있는 모습이니 누가 헛되이 세월을 보내며 어리석음을 달갑게 여겨서 배우기를 버리려고 하겠는가? 이른

---

639 조령(凋零): 조령(凋落)과 같은 뜻으로, 초목의 잎이 시들어 떨어짐. 어떤 형상이나 또는 경제적인 형편이 차차 쇠하여 보잘것없이 됨.
640 치류(緇流): 스님의 무리. 스님이 대개 검은 옷을 입기 때문에 이른다. 치속(淄屬)도 같은 뜻이다.
641 범협(梵夾): 범어로 새긴 경전. 대개 패다라(貝多羅)의 잎에 썼다.

바 한 두루마리 사이에 성품에 하늘에 밝게 빛난다는 믿음이 거짓이 아니었다.

그러므로 우리 진각 대사는 불심의 지혜작용이 철저하기 전에는 운수행각을 꺼리지 않으셨다. 또한 일찍이 세 번 투자산에 오르고 아홉 번 동산을 오르며 도리어 고생을 하였다. 그 후 오산진에서 불법의 근본 종지를 깨달아 활짝 트여[642] 마음의 눈이 열리기 시작하여[643] 곧바로 의심 없는 경지를 증득해서 바야흐로 평생의 뜻을 이루었다.

縱未臨閫奧.已造門牆.矚茲華屋之嘉.定有我躋之態.孰肯虛度光陰.甘心懵鹵.而棄學者哉.所謂一軸之間.性天朗燿.信不誣矣.故我眞覺大師.禪心未徹之前.不憚雲水.亦嘗三登九返之艱落.后契旨於鰲山.豁然心眼開通.直證不疑之地.方酬平生之志.

마침내 웅장한 설봉산에 웅크리고 앉아 천둥 같은 법음을 크게 진동하여 완전한 사자의 위엄을 나타내고 제호[644] 같은 법유를 흘러 주었다. 최상근기를 지

---

642 활연(豁然): 앞이 막혀있던 마음이 확 열리는 모습. 『유마힐소설경』 권1 「3 제자품」(『대정장』 권14, p.541, a8) "卽時豁然.還得本心.(즉시 마음이 확 트여 도리어 본래심을 체득했다)." 『남종돈교최상대승마하반야바라밀경육조혜능대사어소주대범사시법단경』 권1(『대정장』 권48, p.340, c1-3) "菩薩戒經云.我本願自性清淨.識心見性.自成佛道.卽時豁然.還得本心.(보살계경에 이르길, 나의 본래근원인 스스로의 성품이 청정해서 마음을 보고 성품을 알아서 스스로 불도를 이루었다. 곧바로 마음이 확 트여 도리어 본래의 마음을 체득했다)." 『불과원오선사벽암록』 권2(『대정장』 권48, p.159, b26-28) "俱胝召一聲.童子回首.俱胝却竪起指頭.童子豁然領解.(구지 선사가 동자를 한 번 부르자 동자가 고개를 돌렸다. 구지 선사가 손가락을 세우자 동자가 막혀 있던 마음이 확 트여 단박에 깨달았다)." 『동서』 권5(『대정장』 권48, p.179, c3-5) "祖云.待爾一口吸盡西江水.卽向汝道.士豁然大悟.(마조 스님이 이르길, '그대가 한입에 서강의 물을 다 마시길 기다렸다가 그대에게 말하겠다.' 방거사가 마음이 확 트여 크게 깨달았다)."
643 개통(開通): 새로 낸 도로, 철로 등의 통행을 시작함. 새로 차린 전신, 전화 등이 기능을 내기 시작함. 여기서는 깨달아 마음이 확 열렸다는 뜻이다.
644 제호(醍醐): 다섯 가지 맛(乳, 酪, 生酥, 熟酥, 醍醐)의 하나. 우유를 정제한 유제품으로 맛이 최고라고 한다. 『장아함경』 권5(『대정장』 권1, p.35, c23-25) "如來以方便力說善不善.具足說法而無所得.說空淨法而有所得.此法微妙.猶如醍醐.(여래께서 방편력으로 선과 불선을 설하여 얻을 바 없는 것을 설법하고, 텅 비어 청정한 법을 설하여 체득하여 구족하였는데 이 법은 미묘하여 오히려 제호와 같다)."

도할 때 많은 방편으로 이끌어 주었고 인재를 가려서[645] 후손[646]에게 이로움을 주었다. 말 없는 속에 말을 하고 들음 없는 속에 분명하게 듣게 하였으니 노파심이 간절했다. 이른바 "일찍이 방랑하는 자식을 위하여 나그네를 매우 가련하게 생각하여 가여워서 술잔 채우는 일이 익숙해졌지만 사람들이 술이 취하는 것이 애석하구나!" 하는 것이다.

사람들로 하여금 번뇌를 녹여 깨달음을 청정하게 하고 널리 개개의 사람들로 하여금 근본을 통달하여 번뇌 망념을 잊게 하였다. 신령스러운 구슬을 손에 쥐고 있으니 다른 곳에서 구하는 것이 아니라는 것을 단박에 깨닫도록 하였다. 지극한 보배가 마음속에 있으니 마땅히 반드시 스스로 기뻐해야 한다. 그러므로 문자로 나타내지만 불법의 근본 당체는 말 밖으로 벗어나 있는 것이다. 옛말에 이르길, "말을 할 줄 아는 것은 혀끝에 있는 것이 아니고, 보는 것은 눈동자를 빌리지 않는다."는 말이 있다.

迄於踞坐雄峰.雷音大震.現獅子之全威.傾醍醐之法乳.接最上之根機.示多方之誘導.汲引後昆.利資來葉.向無說中說出.於未聞中顯聞的老婆心切.所謂曾爲浪子偏憐客.慣愛添盃惜醉人.欲使人人塵銷覺淨.普令個個達本情忘.頓省神珠在握.不向佗求.至寶懷中.應須自慶.故形於文字之中.理出語言之表.古云解語非干舌.能觀不借眸之謂也.

그래서 불법을 만나기가 마치 눈먼 거북이가 바다에서 나무토막을 만나는 것과 같고[647] 겨자씨에 바늘을 꽂는 것처럼 어려운 일이다. 석가모니 부처님은 옛날

---

645 급인(汲引): 물을 길어 올림. 인재를 가려서 씀.
646 내엽(來葉): 후세.
647 『잡아함경』 권15(『대정장』 권2, p.108, c13-15) "佛告阿難.盲龜浮木.雖復差違.或復相得.愚癡凡夫漂流五趣.暫復人身.甚難於彼.(부처님께서는 아난에게 말씀하셨다. '눈먼 거북과 뜬 나무는 비록 다시 서로 어긋나다가도 혹 다시 서로 만나기도 할 것이다. 그러나 어리석고 미련한 범부가 5취에 표류하다가 잠깐

에 온몸을 버리고 절반의 게송⁶⁴⁸에 보답하였고 상제보살은⁶⁴⁹ 심장과 간을 팔아 반야를 구했는데⁶⁵⁰ 어찌 성인의 말씀을 소홀하게 생각하겠는가?

내가 일찍이 설봉 스님의 어록을 보고 오직 보배같이 숭상하였는데 빌려 본 사

이나마 다시 사람의 몸을 받는 것은 그것보다 더 어려우니라.').''

648 『대반열반경』권3(『대정장』권1, p.204, c23-24) "諸行無常.是生滅法.生滅滅已.寂滅爲樂.(모든 존재는 무상한데 생멸법이기 때문이다. 생멸이 다한 적멸은 즐거움이 된다)."라는 무상게(無常偈)가 있는데 2구인 "生滅滅已, 寂滅爲樂"를 후반게(後半偈)라고 한다. 북본(北本)『대반열반경』권14 「7 성행품」(『대정장』 권12, pp.450a-451b)에 석가세존이 과거세에 설산에 들어가 보살행을 닦을 때 나찰에게 이 무상게(無常偈)의 전반게를 듣고 법열(法悅)을 느껴 다시 후반을 듣고자 하였으나 나찰은 배가 고파 들려 줄 수 없다고 했다. 그래서 석존은 그에게 몸을 던져 보시 공양하기로 약속하고 후반게를 마저 들었다고 한다. 이런 이유로 이 게송을 '설산의 반게' 또는 '설산의 8자'라고도 한다. 그리고 4구게 전부를 '설산게(雪山偈)'라고 한다.

649 상제보살(常啼菩薩): 상제보살의 산스크리트명은 사다프라루디타(Sadaprarudita)이다. '사다(sada)'는 '항상' 또는 '언제나'를 뜻하는 형용사이며 '프라루디타(prarudita)'는 '울다,' '슬피 울다,' '슬퍼하다'는 뜻을 지닌 동사원형 루드(rud)에서 파생된 과거수동분사이다. 항상 눈물이 흘러 마를 날이 없다는 뜻이다. 그래서 상제(常啼)라 한다. 아니 슬픔에 복 받쳐 눈물을 흘리니 마치 비처럼 내린다 하여 비읍우루(悲泣雨淚)라고도 했다. 그러다보니 곡(哭)소리가 나는 듯도 하다. 더불어 그것은 대비심의 발로이기에 상비(常悲) 또는 보비(普悲)라고도 했다. 살타파륜(薩陀波崙)은 그 음역이다.

650 『도행반야경』권9 「살타파륜보살품 28」(『대정장』권8, p.472, b25-c5 ~ p.473, b19-23) "薩陀波倫菩薩大歡欣報言.願相與.薩陀波倫菩薩卽刀自刺兩臂血大出持與之.復割兩髀裏肉持與之.復自破骨持髓與之.適復欲自刺胸時.樓觀上有長者女.逢見之.傷愍哀之.時長者女與諸伎人婇女五百人.相隨來至薩陀波倫菩薩所.問言.善男子.年尙幼少.端正如是.何以故自割截其身體.薩陀波倫菩薩報女言.我欲供養於師故.用是故.出血出肉出髓欲賣.持欲供養於師.~ 薩陀波倫菩薩白曇無竭菩薩言.我本索般若波羅蜜時.於空閑山中大啼哭.於上虛空中有化佛.身有三十二相.紫磨金色身有千億光耀炎出.是時化佛嗟嘆我言.善哉善哉.人索般若波羅蜜.當如是也.(살타파륜보살은 크게 기뻐하면서 말했다. '원컨대 드리겠습니다.' 보살은 곧 칼을 쥐고 자신의 두 팔을 자른 다음 많은 피를 내어 바라문에게 주고, 다시 넓적다리를 가르고 속살을 잘라 내어 바라문에게 주고, 다시 그 뼈를 부수어 골수를 내서 바라문에게 주었다. 그리고 마지막으로 심장을 떼어내기 위해 칼로 가슴을 막 찌르려 할 때였다. 어떤 장자의 딸이 누각 위에서 마침 이 광경을 보게 되었다. 보살이 너무도 불쌍하고 가엽다고 생각한 장자의 딸은 곧 5백 명의 시녀들을 거느리고 살타파륜보살에게 가서 물었다. '선남자여, 나이도 아직 어리고 모습도 이와 같이 준수한데 무슨 까닭에 자신의 몸을 스스로 베고 자르십니까?' 살타파륜보살이 말했다. '저는 스승님에게 공양을 올리고 싶습니다. 이러한 까닭에 이 피와 살점과 골수와 심장을 팔아서 스승님에게 공양을 올리고자 합니다.' … 살타파륜보살이 담무갈보살에게 말했다. '제가 일찍이 반야바라밀을 구할 때의 일이었습니다. 깊은 산속에서 울고 있는데 허공 중에 변화된 부처님이 나타나셨습니다. 32상을 지닌 자줏빛의 황금색 몸체에서는 천억의 빛살이 쏟아져 나왔습니다. 변화된 부처님께서 저를 찬탄하여 말씀하셨습니다. 훌륭하고도 훌륭하다. 사람들이 반야바라밀을 구할 때는 이와 같이 하여야 한다.')."

람들이 욕심내어 돌려주지 않고 다시 불로 인한 재난을 만나 판각이 불에 타[651] 잿더미가 되었다. 나는 송구하고 탄식하며 아까워하였다. 그 아름다운 말씀이 막혀서 전해지지 않아 많은 후손들이 귀감이 없게 될까 염려하였다. 급히 빌려준 책을 도로 찾아 드디어 완본을 간행하였으니 천년 후에도 조사의 마음이 환하게 빛나 이곳에 있게끔 하고자 함이다.

所以佛法難逢. 猶盲龜値木. 似纖芥授針. 釋迦往昔捨全身以酬半偈. 常啼菩薩賣心肝而求般若. 豈聖言而可忽哉.(某甲)曾覽老祖語錄. 惟尙寶之. 由借觀者恪置不還. 復遭回祿. 板燬灰燼. 懼然嘆惜. 恐杜其嘉聲無傳. 慮乎昆雲無以龜鑑. 遽遂尋借書刊全本. 欲圖千載之下. 俾祖心煥然斯在者矣.

황명 만력 병술년(1586) 9월 1일
皇明萬曆丙戌年季秋吉旦題

설봉사 만학비구 정명(定明)이 삼가 기록하다.
雪峰晚學比丘定明謹識

---

651 회록(回祿): 화재를 맡았다는 신. 불이 나는 재앙. 또는 불로 인한 재난.

발문

서점을 하는 모씨가 『설봉어록』 2권을 다시 판각하게[652] 되었다. 이미 착수하여 손을 뗄 쯤 갑자기 다른 본을 얻어 검토하고 대조하여 비교해 보았다. 곧 천성(天聖) 임신년(1032)에 한림학사 왕수(王隨)[653]가 쓴 서문이 있었고 다음에 원풍(元豐) 3년(1080) 고우(高郵)의 손각(孫覺)이 지은 후서가 있었다. 아울러 방산(方山)의 혜진(慧眞) 스님이 지은 발문이 있었으나 연대는 매어놓지 않았다. 다음은 혜섬(慧蟾)이 대사의 게송에 대해 쓴 서문이 있었으나 그러나 연대를 매어놓지 않았다. 다음에 선덕(宣德) 계축년(1433)에 비릉(毗陵)의 호형(胡濙)이 지은 「설봉숭성선사비기문」이 있었고, 다음에 영락(永樂) 계미년(1403)에 희유(希儒) 스님이 지은 대사의 찬 2편이 있었고, 다음 천순(天順) 정축년(1457)에 월암(月菴) 스님이 지은 「설봉24경시」가 있었고, 아울러 전 복주부 승강 사도강 겸 고산 선사 85대 주지 지명이 지은 24경시와 합하여 총시 한 수가 있었다. 더불어 성화(成化) 갑진년(1484) 11월 16일 이 어록의 끝 부분에 붙인 발문 한 편이 있었고, 다음 만력(萬曆) 병술년(1586)에 정명(定明) 스님이 이 어록을 간행하면서 쓴 서문이 있다.

書肆某者.翻刻雪峰語錄二卷.已垂脫手.忽得別本.而點對校照.則有天聖壬申歲.翰林學士王隨所撰之序.次有元豐三年.高郵孫覺所撰之後序.幷有方山慧眞所撰之跋語.而不繫年也.次有慧蟾所撰大師偈頌之序.而不繫年.次有宣德癸丑歲.毗陵胡濙所撰之雪峰崇聖禪寺碑記文.次有永樂癸未歲.希儒所作大師之贊二

---

652 번각(翻刻): 한 번 새긴 책판 따위를 본보기로 삼아 다시 새김.
653 왕수(王隨): 북송(北宋)의 인종(仁宗) 때에 한림학사 왕수를 말한다.

篇.次有天順丁丑歲.月菴所作之雪峰二十四景詩.幷前福州府僧綱司都綱兼鼓山禪寺八十五代住持智明所作之二十四景詩.和及摠詩一首.及成化甲辰仲冬望.後附於此錄末簡之文一篇.次有萬曆丙戌歲.定明梓行此錄之序.

위의 글을 가려 추려서 한 권의 책을 만들어 두 권의 어록 뒤에 붙였는데 두 권의 어록에는 대사의 연보가 있으나 다른 본에는 없다. 지금 나란히 두 본의 편집의 차례를 보면 어구에 조금 차이가 있고 앞뒤의 자리가 바뀐 곳이 있으나 그 뜻은 서로 더하고 빠진 곳이 없었다. 비유하면 마치 『논어(論語)』는 제나라 본과 노나라 본이 있었는데 지금은 비록 노나라 본만 홀로 유통되고 있으나 제나라 본의 편차를 역시 알지 못해서는 안 되는 것과 같다. 이번에 간행한 것은 설봉 스님의 노나라 논어이고 부록으로 붙인 것은 제나라 논어의 편차이다. 또한 저쪽에는 있고 부록에는 없는 것을 붙였으니 보는 사람들로 하여금 두 본을 검토하고 대조하는 수고로움을 면해주고 서점에서 두 본을 아울려 간행하는 비용을 덜어주는 것이 이와 같다.

右抄取爲一卷附二卷後.二卷錄中有大師之年譜.而別本無之.今併看二本之編次.則間有語句小異者.前後易位者.而於其事理互無增減.譬如論語有齊.魯別.而今雖魯論獨行.然齊論編次亦不可不知.這回所刊者.雪峰之魯論.而所附者.齊論之編次也.且以彼所有而附於此所無.使看者免二本點對之勞.書肆除二本並刊之費云爾.

원록(元祿)[654] 15년(1702) 임오 봄날에
만산노납이 쓰다.
元祿十五壬午春日卍山老衲書

---

654 원록(元祿): 일본의 덕천 강호시대의 연호이다.

선어록 모음

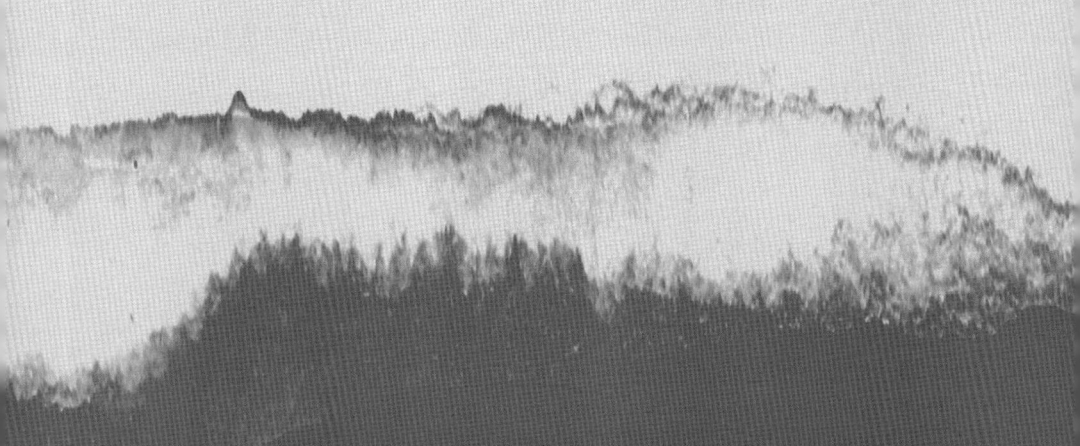

『조당집』 권7
祖堂集 卷七

● 설봉 화상은 덕산의 법을 이었으며 복주에 살았고 스님의 휘는 의존이며 천주 남안현 사람이다. 속성은 증 씨이다. 스님은 태어나면서부터 냄새나는 음식은 꺼려했으며[1] 노는 무리에서 놀지 않았다. 돌 무렵[2]의 나이에도 의외로[3] 세속과 달랐다. 그리고 어린 나이에 부모님과 이별하고 포전현 옥간사의 경현(慶玄) 율사를 의지하여 스님이 되었다. 무종의 훼불 사태를 만나 변복을 하고 부용사에 가서 머물렀다. 의기투합[4]이 있어 원조(圓照)[5] 대사의 은혜를 입어 문의하니 거두어[6] 주었다.

雪峯和尙嗣德山. 在福州. 師諱義存. 泉州南安縣人也. 俗姓曾. 師生隔薰食. 戲不群遊. 於識環之年居然異(异)俗. 及爲童之歲辭親. 於莆田縣玉澗寺依慶玄律師以受業焉. 値武宗澄汰. 變服而造芙蓉止(山). 有若冥契. 蒙圓照大師詢而攝受.

대중(大中, 847)에 이르러 의종 황제가 즉위하여 불교를 다시 중흥시켰다. 4년 경오년(850)에 유주 보찰사에서 구족계를 받았다. 자기 마음대로 강원이나 율원을

---

1 훈식(薰食): 오신채같이 냄새나는 채소.
2 식환(識環): 돌 무렵.
3 거연(居然): 슬그머니. 쉽사리. 뜻밖에. 생각밖에. 의외로.
4 명계(冥契): 신명(神明)을 두려워하는 것. 모르는 가운데 서로 들어맞음. 말없이 마음속으로 의기투합하다.
5 『설봉의존선사어록』(진각선사어록) 권1(『속장경』 권69, p.71, b12-13) "十七落髮. 謁芙蓉弘照大師. 照撫而器之." 설봉의존선사어록에는 홍조(弘照) 대사라고 하는데, 이곳에서는 원조(圓照) 대사로 되어 있다.
6 섭수(攝受): 관대한 마음으로 남을 받아들임. 부처가 자비심으로 일체중생을 두둔하고 보호함. 호념.

찾지 않고 오직 선지식[7]만을 찾아다니면서 법연을 두루 돌아다녔다. 바야흐로 무릉에서 덕산 스님을 보자마자 숙세의 약속한 것을 만나는 것과 같이 곧바로 물어보길, "위로부터 선종의 가르침인 본분의 일[8]을 저도 자격이 있습니까?" 덕산 스님이 일어나면서 때리며 말하길, "뭐라 하는가?" 스님께서 말끝에 단박에 현묘한 뜻을 깨닫고 대답하길, "제가 잘못했습니다." 덕산 스님이 말하길, "자기의 몸을 짊어지고 다른 사람에게 무게를 물어보는구나!" 스님께서 예를 하고 물러났다. 이거야말로 얼굴을 진나라 거울[9]에 비추니 눈으로 자기 몸을 볼 수 있어서 자기가 아니라는 의심하는 것이 없으니 다시 무슨 말을 붙일 수 있겠는가? 이미 마니보주[10]가 손바닥에 빛나고 있으니 큰 바다[11]에서 찾는 것을 그만두었다.

至大中卽位.仏宇重興.卽四年庚午年.詣幽州宝刹寺具戒.自是不尋講律(肆).唯訪宗師.遍歷法筵.方造武陵.纔見德山.如逢宿契.便問.從上宗乘事.學人還有分也無.德山起來打之云.道什摩.師於言下頓承旨要.對云.學人罪過.德山云.担負己身.詢他輕重.師礼謝而退.斯謂.面臨秦鏡.目鑑親躬.無猜非己之疑.復何言而屬矣.旣而摩尼現掌.罷探滄溟.

---

7 종사(宗師): 모든 사람들이 높이 우러러보는 스승. 법맥을 받고 건당한 높은 스님. 선지식.
8 종상종승사(從上宗乘事): 대대로 전래되어 온 선의 가르침인 본분의 일.
9 진경(秦鏡): 진시황이 사람의 선악(善惡)과 사정(邪正)과 병의 유무 등을 비추어 본 거울.
10 마니보주(摩尼宝珠): 마니보주는 불성의 지혜작용을 말하는 것으로『보살본행경』권3(『대정장』권3, p.124, a1-2) "大海龍王卽以髻中摩尼宝珠.(큰 바다의 용왕의 상투 속에 마니보주가 있다)."『대방광원각수다라요의경』권1(『대정장』권17, p.914, c6-7) "善男子.譬如淸淨摩尼宝珠.映於五色隨方各現.諸愚痴者見彼摩尼實有五色.(선남자여! 비유하면 마치 청정한 마니보주에 오색이 방향에 따라 비추어 각각 나타나는 것과 같아서 모든 어리석은 자는 저 마니보주에 오색이 있다고 보는 것이다)."『묘법연화경』권5「14 안락행품」(『대정장』권9, p.39, b3) "王解髻中.明珠賜之.(왕은 상투 속의 밝은 구슬을 준 것을 알고 있다)."『불과원오선사벽암록』권6(『대정장』권48, p.189, c28-p. 190, a1) "這四句.似摩尼宝珠一顆相似.雪竇渾淪地.吐在爾面前了也.(저 사구게는 마치 마니보주의 하나의 구슬과 서로 같다. 설두의 불법의 지혜작용은 그대의 눈앞에 펼쳐져 있다)."『경덕전등록』권18「현사사비장」(『대정장』권51, p.346, c17) "盡十方世界是一顆明珠.(모든 시방세계는 하나의 밝은 구슬이다)."
11 창명(滄溟): 큰 바다.

몸은 힘들었지만 마음은 한가하여 몇 해 동안 머물러 있었다. 뒤에 민 땅으로 돌아와 설봉에서 주석하니 무리가 천여 명이 넘었다. 스님은 마음이 항상 호탕하고 맑았으며 행동거지가 기품이 있고 위엄이 있었다. 길을 가면 멀고 가까운 곳에서 다투어 따르고, 앉아 있으면 숲처럼 빽빽하게[12] 주위를 옹위하였다.
身役心閑. 盤泊數載. 後返錫甌閩. 卜于雪峯. 衆上一千余人. 師神情恒蕩而厲. 容止怡懌而威. 行則遠近奔隨. 坐則森然擁遶.

● 한때 법상에 올라 설법하시길, "그대들 모든 사람들은 여기에 무엇을 찾으러 왔는가? 요컨대 서로 바보[13]로 만들지 말라!" 하시고는 곧바로 일어나서 가셨다.
有時上堂云. 汝諸人來者裏覓什麼. 莫要相鈍致麼. 便起去.

● 한때 법상에 올라 설법하실 때, 대중들이 오랫동안 서 있으니 스님께서 말씀하시길, "곧바로 받아들이는 것[14]이 가장 좋으니 잘 살펴보아라. 다시는 노승의 입속으로 와서 가르침을 받으려고 하지 마라. 삼세제불도 말할 수 없고, 모든 경전에도 싣지 못한다. 지금 눈물과 콧물을 씹고 있는 녀석이 어찌 알 수 있겠는가? 내가 평상시에 여러분에게 말한 것이 무엇인가? 곧바로 가까이 와서 답을 찾

---

12 삼연(森然): 빽빽하게 늘어선 모양. 고요하여 어쩐지 기분이 나쁘다. 무시무시하다.
13 둔치(鈍致): 둔치(鈍置)로도 쓴다. 대등하게 맞설 수 없게 하다, 머리를 못 들게 하다, 자리에서 일어날 수 없게 하다, 바보로 취급하다, 업신여기다. 『운문광진선사광록』 권2(『대정장』 권47, p.554, c9-10) "僧云. 脚跟下認得時如何. 師云. 鈍置殺我.(어떤 스님이 묻길, '발꿈치 아래는 어느 때에 압니까?' 스님께서 이르길, '나를 아주 바보로 취급하는구나!')." 『무문관』 권1(『대정장』 권48, p.293, b21) "俱胝鈍置老天龍. 利刃單提勘小童.(구지 화상은 스승인 천룡 화상을 업신여기고, 날카로운 칼로 동자의 허물을 점검했다)."
14 승당(承当): 원래 범인(犯人)이 죄를 인정하는 경우 등에 쓰이는 말로 자신의 것으로 승인하는 뜻으로 쓰이는 말이다. 즉, 승낙하다. 맡다. 틀림없다고 보증하다. 자기 자신의 일로 삼다. 자기의 일에 전념하다. 『조당집』 권12 「중탑화상장」(『고려대장경』 권45, p.313, a23) "問. 如何是大庾嶺頭事. 師云. 料如承当不得.(묻길, '무엇이 대유령의 일입니까?' 스님께서 대답하길, '그대가 깨닫지 못하는 것을 헤아려 보아라.')." 『경덕전등록』 권15 「동산양개장」(『대정장』 권51, p.321, c18-19) "雲嚴曰. 承当遮箇事大須審細.(운암 스님이 말하길, '이 본분사의 일을 알려면 정말로 자세하게 살펴봐야 한다.')"

아 말해 봐라. 나귀의 해에 알겠는가? 일이 부득이 해서 그대들에게 말하는 것이지만 이미 그대들을 업신여겼다."[15]

有時上堂.衆立久.師云.便与摩承当卻.最好省要.莫敎更到這老師口裏來.三世諸仏不能唱.十二分敎載不起.如今嚼涕.唾漢爭得會.我尋常向師僧道是什摩.便近前來覓答話處.驢年識得摩.事不得已.向汝与摩道.已是平欺汝了也.

"그대들에게 말하노니 아직 문을 넘기 전에 벌써 그대들과 함께 의논하기를 마쳤다. 알겠는가? 이것 또한 노파심이다. 힘이 덜 드는 곳에서 깨닫지 못하고 번거롭게 다만 제자리걸음으로 앞에서 말만 찾는 것만 아는가? 그대들에게 말하노니, 온 천지가 모두[16] 해탈의 문인데 모두 들어가지 가지 않고 다만 그 속에서 어지럽게 달리는 것만 알고 사람을 만나면 곧바로 묻길, '어느 것인가?'[17] 나는 어디에 있는가?'라고 한다. 이는 단지 스스로 퇴굴하는 것이다. 그래서 말하길, '강가에서 목말라 죽은 사람이 셀 수가 없고, 밥통 옆에서 굶어 죽은 사람이 항하사의 모래와 같다.'고 했다. 소홀히 하지 마라."

向汝道.未牛跨步也.口化反.門以前早共汝商量了.還會摩.亦是老婆心也.省力處不肯當荷.但知踏步向前覓言語.向汝道.盡乾坤是个解脫門.摠不肯入.但知在裏許

---

15 평기(平欺): 경시하다, 깔보다, 업신여기다.
16 시개(是个): 모든 ~은, ~라고 하는 것은. 『방거사어록』 권1(『속장경』 권69, p.132, b12-13) "濟一日問居士.是箇言語.今古少人避得唇舌.(보제 선사가 어느 날 거사에게 묻길, '이 언어를 예나 지금이나 피할 수 있는 사람은 드물다.')"
17 나개(那个): 나개(那箇)와 같음. ① 그것, 저것, 그, 저. 『경덕전등록』 권6 「석공혜장장」(『대정장』 권51, p.248, c2) "僧到礼拜.師云.還將那箇來否.(그 스님이 스님께서 도착하여 예배를 하자, 스님께서 묻길, '장차 어디로 가려는가?')" ② 어느 것, 어느 쪽, 어떤 것, 어떤 쪽, 무엇, 어느, 어떤, 무슨. 『조주화상어록』 권1(『가흥장』 권24, p.359, c15) "未審兩箇那箇是衆生.(도대체 두 가지 중 어느 것이 중생입니까?)." 『불과원오선사벽암록』 권1(『대정장』 권48, p.143, c6-8) "婆云.金剛経云.過去心不可得.現在心不可得.未來心不可得.上座欲点那箇心.山無語.(노파가 말하길, '『금강경』에 이르길, 과거심, 현재심, 미래심도 얻을 수 없다고 했습니다. 상좌는 어느 마음에 점을 찍으려고 합니까?' 덕산 스님이 말을 못했다)."

亂走.逢著人便問.阿那个是.我還著摩.只是自受屈.所以道.臨河渴水.死人無數.飯蘿裏受餓人如恒河沙.莫將等閑.

"그대가 만약 진실로 아직 깨닫지 못했다면 곧바로 깨달아야만 하니[18] 시간을 헛되이 보내지 말고 단지 옆길에서 구한 허망하고 의심스러운 말을 취하지 마라. 깨닫는 것이 바로[19] 어느 누구의 본분상의 일인가? 또한 반드시 정신 차려야 한다. 보리달마가 와서 말하길, '나는 마음으로써 마음을 전하고 문자를 세우지 않는다.'고 하셨다. 그렇다면 무엇이 그대 모든 사람들의 마음인가? 단지 산란스러움을 모두 요달했다고 곧바로 그만두어서는 안 된다. 자기의 본분사를 만약 분명하게 밝히지 못했다면 우선 어떤 곳에서 나온 많은 망상을 내는 것인가? 시절인연에서 범부, 성인, 남자, 여자, 출가, 속인, 높고, 낮음, 수승함, 용렬함의 대지 위에 떠들썩하게 깔린 모래와 서로 같다고 보는 것인가? 아직 한 생각을 잠시라도 신령스러운 지혜작용으로 돌이키지 못하고 생사에 떠돌아다니면서 겁이 다 하도록 쉬지 못한다. 부끄럽고 괴롭다! 꼭 노력해야 한다."[20]

和尙子若實未得悟入.直須悟入始得.不虛度時光.莫只是傍家相徵.掠虛嫌說.悟入且是阿誰分上事.亦須著精神好.菩提達摩來.道.我以心伝心.不立文字.且作摩生是汝諸人心.不可只是亂統了便休去.自己事若不明.且從何處出得如許多妄想.向這裏見凡見聖.見有男女僧俗高低勝劣.大地面上炒炒底鋪砂相似.未嘗一念暫返神

---

18 직수(直須)~시득(始得): ~이(가) 아니면 안 된다. 『진주임제혜조선사어록』 권1(『대정장』 권47, p.499, a18-19) "道流.爾若欲得如法.直須是大丈夫兒始得.(여러분 그대가 만약 여법하고자 하면 대장부가 아니면 안 된다)."
19 차시(且是): 바로, 오히려, 그런데.
20 대수(大須): 대단히 모름지기 ~해야 한다. 꼭 ~하지 않으면 안 된다. 무슨 일이 있어도 ~하지 않으면 안 된다. 사수(事須), 시수(是須), 직수(直須), 경수(徑須)와 같은 뜻이다. 『황벽산단제선사전심법요』 권1(『대정장』 권48, p.383, c17-18) "旣會如是意.大須努力盡今生去.(이미 이와 같은 뜻을 알았다면 꼭 반드시 노력을 금생이 다하도록 해야 할 것이다)."

光.流浪生死.劫盡不息.慚愧.大須努力好.

● 어떤 스님이 묻길, "마음이 고요하여 의지할 바가 없을 때는 어떻게 합니까?" 스님께서 말씀하시길, "오히려 병이다." 이어 말하길, "그러한 뒤에는 어떠합니까?" 스님께서 말하시길, "배가 양주로 갔다."
問.寂然無依時如何.師云.猶是病.進曰.轉後如何.師云.舡子下楊州.

● 어떤 스님이 묻길, "옛사람의 말을 받들어…"라고 하니 스님께서 곧바로 누워서 한참 있다가 일어나서 말씀하시길, "무엇을 물었는가? 무엇을 물었는가?" 그 스님이 재차 묻자, 스님께서 말씀하시길, "헛되이 태어나서 헛되이 죽을 놈이구나!"[21]
僧問.承古人有言.師便倒臥.良久起來.師云.問什摩.問什摩.學人再申問.師云.虛生浪死漢.

● 어떤 스님이 묻길, "화살의 길에 칼날을 던질 때는 어떠합니까?" 스님께서 이르시길, "좋은 솜씨[22]는 과녁에 맞추려고도 않는다." "모두 눈이어서 치지 않을 때는 어떠합니까?" 스님께서 말씀하시길, "능력에 따라 훌륭한 솜씨를 내놓지 않는다." 보복(保福)이 이 일을 듣고 장경(長慶)에게 묻길, "모두 눈이어서 치지 않는데 어찌 완전히 훌륭한 솜씨라고 인정하지 않습니까?" 장경이 말하길, "그와 같은 것인가?" 보복이 말하길, "훌륭한 솜씨란 무엇입니까?" 장경이 말하길, "곧바로 말하는 것은 합당하지 않느니라." 보복이 말하길, "스님께서 말을 알아들어[23] 감사

---

21 『설봉의존선사어록』(진각선사어록) 권1(『속장경』 권69, p.73, b13-14) "僧復問.古人有言.師云.虛生浪死漢." 이것에 의거하여 花를 死로 바꿨다.
22 호수(好手): 능력이 뛰어난 사람. 명수. 정통한 사람.
23 영화(領話): 이야기를 이해해 받을 수 있다. 『경덕전등록』 권20 「함주심철장」(『대정장』 권51, p.365, b26-

합니다." 스스로 말하길, "예배합니다."

問.箭路投鋒時如何.師云.好手不中的.盡眼勿摽時如何.師曰.不放隨分好手.保福拈問長慶.旣盡眼勿摽.爲什摩不許全好手.慶云.還与摩也無.福云.好手者作摩生.慶云.不当卽道.保福云.謝和尙領話.自云.礼拝著.

● 어떤 스님이 묻길, "옛사람이 말하길, '길에서 불법을 통달한 사람을 만나면 말이나 침묵으로 대답하지 말라' 했는데 도대체 장차 어떻게 대답해야 합니까?"[24] 스님께서 말하시길, "차나 마셔라."

問.古人道路逢達道人.莫將語墨對.未審將什摩對.師云.喫茶去.

● 스님께서 어떤 스님에게 묻길, "이 물소[水牯牛]는 나이가 얼마인가?" 그 스님이 대답이 없자 스님께서 말하시길, "칠십칠(77)이다." 그 스님이 말하길, "스님께서는 어떻게 물소가 되셨습니까?" 스님께서 말하시길, "무슨 잘못이 있는가?"

師問僧.此水牯牛年多少.僧無對.師云.七十七也.僧曰.和尙爲什摩卻作水牯牛.師云.有什摩罪過.

● 어떤 스님이 묻길, "옛사람이 말하길, '부처님의 향상사의 일을[25] 알아야 바야

---

27) "曰.卽今爲什麼不道.師曰.覓箇領話人不可得.(묻길, '지금 어떻게 말하지 못합니까?' 함주 스님이 말하길, '깨달은 성자의 이야기를 이해해 받을 수 있는 사람은 찾는 것은 불가능하다.')."
24 『진주임제혜조선사어록』권1(『대정장』권47, p.499, c6-7) "古人云.路逢達道人.第一莫向道. (옛사람이 말하길, 길에서 불법에 통달한 사람을 만나면 첫 번째로 도를 말해선 안 된다.)" 『무문관』권1(『대정장』권48,p.297, b26-27) "五祖曰.路逢達道人.不將語默對.且道將甚麼對.(오조법연 선사가 말하길, 길에서 불법에 통달한 사람을 만나면 말과 침묵으로 대답해선 안 된다. 또 말하길, 어떻게 대답해야 합니까?)." 『경덕전등록』권12 「청화전부선사장」(『대정장』권51, p.297, b18-19) "問路逢達道人不將語默對.未審將什麼對.(묻길, '길에서 불법을 통달한 사람을 만나면 말하거나 침묵으로 대응해서는 안 된다고 했는데 도대체 어떻게 대응해야 합니까?')."
25 불향상사(仏向上事): 깨달아 부처가 되어도 다시 또 그 부처라든지 깨달음이라고 하는 의식을 버리고

호로 이야기할 자격이 있다'고 했는데 무슨 이야기입니까?" 스님께서 멱살을 잡고[26] 말하시길, "뭐라고 말했는가?" 그 스님이 대답이 없자 스님께서 밟아 버리니 그 스님이 묻길, "학인이 말하지 못한 것을 청컨대 스님께서 말해 주십시오." 스님께서 말하시길, "나는 법을 위하여 사람을 아낀다."

問. 古人有言: 知有佛向上事. 方有語話分. 如何是語話. 師把柱云. 道什麼. 僧無對. 被師踏. 問. 學人道不得處請師道. 師云. 我爲法惜人.

● 옛날에 노숙이 세속의 관원을 이끌고 법당을 돌며 말하길, "여기에 있는 2, 3백 명의 스님들은 모두 불법을 배우는 스님들입니다." 하자 세속의 관원이 말하길, "옛사람이 말하길, 금가루가 비록 귀하나 눈에 들어가면 병이 된다[27]고 했는데 또 어떻게 하겠습니까?" 하였는데 노숙이 대답을 못했던 이야기를 들며 스님께서 경청(鏡淸) 화상에게 묻자, 경청 화상이 대신 말하길, "요즘은 벽돌을 던져 옥을 가져 옵니다."[28]

무엇도 구하는 일 없는 경지에 안주하는 것. 부처를 초월하는 것. 이미 부처인 것이 또다시 부처가 되는 것. 『조주화상어록』 권2(『가흥장』 권24, p.366, b17) "問如何是佛向上事師便撫掌大笑.(묻길, '무엇이 불향상사입니까.' 스님께서 곧바로 손뼉치며 크게 웃었다)." 『오가어록』(선록) 권2 『운문광진선사장』(『가흥장』 권23, p.548, b19) "擧洞山云須知有佛向上事. 僧問如何是佛向上事. 洞山云非佛.(동산 스님이 앞의 이야기를 들어 말하길, '반드시 부처님의 향상사를 알아야 한다.' 어떤 스님이 묻길, '무엇이 부처님의 향상사입니까?' 동산 스님이 말하길, '부처가 아니다.')."

26 『진주임제혜조선사어록』 권1(『대정장』 권47, p.496, c11-14) "時有僧出問. 如何是無位眞人. 師下禪床把住云. 道道. 其僧擬議. 師托開云. 無位眞人是什麼乾屎橛. 便歸方丈.(그때 어떤 스님이 나와서 묻길, '무엇이 지위 없는 참사람입니까?' 임제 스님이 선상에서 내려와서 멱살을 잡고 말하시길, '말해봐라. 말해봐!' 그 스님이 무슨 말을 하려고 하자 임제 스님이 그를 밀쳐버리고 말했다. '지위 없는 참사람이라고! 무슨 똥막대기인가?' 곧바로 방장실로 돌아갔다)." 『경덕전등록』 권9 「평전보안장」(『대정장』 권51, p.267, a21-22) "有僧到參. 師打一拄杖. 其僧近前把住拄杖.(어떤 스님이 도착해서 참배를 하자 스님께서 주장자로 때렸다. 그 스님이 가까이 와서 주장자를 잡았다)."
27 『진주임제혜조선사어록』 권1(『대정장』 권47, p.503, c29-p. 504, a1) "侍云. 金屑雖貴落眼成翳. 又作麼生.(왕상시가 이르길, 금가루가 비록 귀하나 눈에 들어가면 병이 된다고 했습니다. 또 어떻게 생각합니까?)."
28 포전인옥(抛塼引玉): 벽돌을 내던져 옥을 빼내다. 새우로 도미를 낚다. 적은 밑천으로 큰 이익을 얻는 것을 말한다. 『경덕전등록』 권10 「조주종심장」(『대정장』 권51, p.277, b1-2) "師云. 比來抛塼引玉. 却引得箇

師擧古來老宿引俗官巡堂云.這裏有二三百師僧.盡是學仏法僧.官云.古人道金屑雖貴.又作摩生.無對.師拈問鏡淸.鏡淸代云.比來抛塼引玉.

● 스님께서 장경 화상께 묻길, "옛사람이 말하길, '앞도 삼삼(三三)이요, 뒤도 삼삼(三三)'이라²⁹ 했는데 무슨 뜻입니까?" 장경이 곧바로 나가버렸다. 아호가 말하길, "예!"라고 했다. 스님께서 불자를 들어 어떤 스님에게 보이니 그 스님이 곧바로 나가버렸다. 장경 화상이 이 일을 들어 천주 태부에게 이야기하고 도리어 말하길, "이 스님을 불러다 20방망이질³⁰을 해야 합당할 것이다." 태부가 말하길,

---

擊子.(임제 스님이 말하길, '요즘 벽돌을 던져 옥을 빼내려고 하는데 도리어 기와를 빼내고 있다.').”
29 전삼삼 후삼삼(前三三 後三三): 원래 뜻은 불법의 지혜는 중생의 사량분별로는 헤아릴 수 없다는 의미로 차별적인 견해를 초월한 입장을 말하는 것이다. 『조당집』권12 「용회화상장」(南唐: 釋 靜 筠 編撰, 오복조, 고지천 点校, 중국: 악록서사, 1996, p.281, 하) "問古人道前三三後三三意作摩生.師云.西山日出.東山月沒.(어떤 스님이 묻길, '옛사람이 前三三 後三三이라 했는데 무슨 뜻입니까?' 용회 화상이 이르길, '서산에 해가 뜨고 동산에는 달이 진다.').” 『경덕전등록』권13 「자복여보장」(『대정장』권51, p.302, a12-13) "問古人道前三三後三三意如何.師曰.汝名什麼.曰某甲.師曰.喫茶去.(어떤 스님이 묻길, '옛사람이 말하길, 전삼삼, 후삼삼이라고 했는데 무슨 뜻입니까?' 자복 선사가 이르길, '그대 이름이 무엇인가?' 그 스님이 '아무개입니다' 대답하자. 자복 선사가 말하길, '차나 마셔라.').” 『불과원오선사벽암록』권4(『대정장』권48, p.173, b29-c8) "擧.文殊問無著.近離什麼處.無著云.南方.殊云.南方仏法.如何住持.著云.末法比丘. 少奉戒律.殊云.多少衆.著云.或三百或五百.無著問文殊.此間如何住持.殊云.凡聖同居龍蛇混雜.著云.多少衆.殊云.前三三後三三.(문수가 무착에게 묻길, '최근 어디를 떠나 왔는가?' 무착이 이르길, '남방에서 왔습니다.' 문수가 이르길, '남방의 불법은 어떻게 실천하는가?' 무착이 이르길, '말법시대의 비구가 계율을 실천하는 수행자가 적습니다.' 문수가 이르길, '대중은 얼마나 있는가?' 무착이 이르길, '300명에서 500명 정도 됩니다.' 무착이 문수보살에게 묻길, '여기에서는 불법을 어떻게 실천합니까?' 문수가 이르길, '범부와 성인이 함께 있고 용과 뱀이 뒤섞여 있다.' 무착이 묻길, '대중이 많습니까?' 문수가 이르길, '앞도 삼삼, 뒤도 삼삼이다.').”
30 일돈방(一頓棒): 일회(一回). 한 번. 예부터 일돈(一頓)을 죄인의 형벌에서 내린 20방망이로 해석하는 경우가 많은데 돈(頓)은 방망이 숫자뿐 아니라, 음식물 등에서도 사용한다. 선에서는 숫자의 의미가 아니라 다시 한 번 깨달음의 경지를 체득할 수 있는 훌륭한 지도를 해달라는 스승의 자비심을 생각하는 말이다. 일돈방(一頓棒)은 한 번의 깨달음을 이룰 수 있는 인연이다. 불교의 선에서 공안, 일돈 등 법률 용어를 많이 사용하고 있다. 선에서는 직접적으로 때리는 것이 아니고 중생심 차별심에 떨어진 너의 허물은 일돈방을 맞을 만큼 큰 죄를 지은 허물이 있다는 것을 비유해서 한 말이다. 자기 잘못을 자각해 주는 것으로써 교육적 표현이다.

"스님은 무슨 마음을 그렇게 쓰십니까?" 장경이 말하길, "자칫했으면 놓칠 뻔 했다."

師問長慶.古人道前三三後三三.意作摩生.慶便出去.鵝湖云.嗟.師舉拂子示僧.其僧便出去.長慶舉似泉州太傅.卻云.此僧合喚轉与一頓捧.太傅云.和尙是什摩心行.慶云.洎錯放過.

● 위산 스님이 앙산 스님에게 묻길, "과거의 모든 성인들은 어디로 갔습니까?" 앙산이 말하길, "혹은 천상에 있고, 혹은 인간 세상에 있습니다." 스님께서 이 일을 들어 장경에게 묻길, "앙산이 그렇게 말한 뜻은 무엇입니까?" 장경이 대답하길, "만약 모든 성인들이 들고 나는 것을 물으신다면 그렇게 말하면 됩니다." 스님께서 말하시길, "그대는 전혀 긍정하지 않는구나! 혹 어떤 사람이 있어 묻는다면 그대는 어떻게 대답하겠는가?" 대답하길, "다만 그에게 틀렸다고 말하겠습니다." 스님께서 말하시길, "노승이 틀렸다고 하면 그대는 어떻게 하겠는가?" 장경이 대답하길, "틀린 것이 어찌 다르겠습니까?" 스님께서 편지 첫 머리에 이런 게송을 썼다.

"고생스럽고 굴곡진 세상에 마음을 잘못 써서,
고개를 숙이고 몸을 굽혀 방법을 찾는다.
망령된 생각이 끝고 가니 어느 해에 마치겠는가?
마음[31]의 한줄기 빛을 저버리는 것이다."

潙山問仰山.過去諸聖什摩處去.仰云.或在天上.或在人間.師舉問長慶.仰山与摩道意作摩生.慶云.若問諸聖出沒.与摩道卽得.師云.汝渾來不肯.或有人問.汝作摩

---

31 영대(靈台): 마음을 말한다.『경덕전등록』권28「남양혜충장」(『대정장』권51, p.438, b24) "靈台智性, 逈然而去. 名爲解脫.(마음의 지혜의 성품은 아득히 구애됨이 없이 가기에 이름하여 해탈이라 한다)."

生對.云.但向他道錯.師云.老僧卽錯.是你作摩生.慶云.何異於錯.師爲書狀頭造偈.苦屈世間錯用心.低頭曲躬尋文章.妄情牽引何年了.辜負靈台一点光.

● 어떤 세속의 선비가 스님께 출가하기를 원하니 스님께서 게송으로 만류하였다.

"만 리에는 한 줄기의 풀도 없고,
저 멀리 산수의 아름다운 경치[32]는 끊어졌네.
겁을 지나도록 항상 이와 같거늘,
어찌 번거롭게 다시 출가하려고 하는가?"

有俗士投師出家.師以偈住之.万里無寸草.逈逈絶煙霞.應劫常如是.何煩更出家.

● 스님께서 어떤 스님에게 묻길, "어디에서 왔는가?" 그 스님이 대답하길, "강서(江西)에서 왔습니다." 스님께서 말하시길, "여기에서 강서는 얼마나 먼가?" 그 스님이 대답하길, "멀지 않습니다." 스님께서 주장자를 들고 말하시길, "이만큼 간격인가?" 그 스님이 대답하길, "멀지 않습니다." 스님께서 긍정하셨다.

師問僧.什摩處來.對云.江西來.師云.這裏與江西相去多少.云.不遙.拈起杖子云.還隔這个摩.云.不遙.師肯之.

● 또 어떤 스님에게 묻길, "어디에서 왔는가?" 그 스님이 대답하길, "강서(江西)에서 왔습니다." 스님께서 말하시길, "여기에서 강서는 얼마큼 떨어져 있는가?" 그 스님이 대다하길, "멀지 않습니다." 스님께서 주장자를 들고 말하시길, "이 정도 떨어져 있는가?" 그 스님이 대답하길, "만약 그 정도 떨어져 있다면 먼 것입니다."

---

32 연하(煙霞): 안개와 노을. 고요한 산수의 경치.

스님께서 곧바로 때렸다.

  그 스님이 돌아와서 그 일을 운거 스님에게 말하니 운거 스님이 말하길, "세상의 진리에는 맞지만 불법에는 허물이 없다." 그 스님이 설봉으로 돌아와서 그 일을 말하니 설봉 스님께서 말하시길, "저놈의 늙은이! 내가 팔이 길었으면 곧바로 20방망이를 때렸을 것이다. 비록 이와 같으나 내가 거기에 열 개를 남겨 두었다."

又問僧. 什摩處來. 對云. 江西來. 師云. 這裏與江西相去多少. 對云. 不遙. 師拈起拄杖云. 還隔這个摩. 對云. 若隔這個則遙. 師便打之. 其僧卻歸. 舉似雲居. 雲居云. 世諦則得. 佛法則無過. 其僧卻歸雪峯. 舉似前話. 峯云. 者老漢. 老僧臂長. 則便打二十捧. 雖然如此. 老僧這裏. 留取十个.

● 쌍봉이 스님을 하직할 때 게송을 지어 스님께 드렸다.

"잠시 설봉을 떠나 구름과 짝하며 가려했으나,
계곡 입구에는 관문도 없고 길은 평탄하네.
선사께서는 이별의 한을 근심하지 마십시오.
오히려 가을 달과 같이 달이 항상 밝다."

雙峯辭師時. 造偈與師. 暫辭雪嶺伴雲行. 谷口無關路坦平. 禪師莫愁懷別恨. 猶如秋月月常明.

스님께서 게송으로 화답하시길,

"다만 스님만 버리고 가는 것이 아니라,
구름 걸린 봉우리도 상관하지 않는다.
허공은 걸림이 없으니,

마음대로 빛을 낸다.

사물 밖 멀리 신령스러운 지혜작용을 내니

어찌 가을달의 밝음이 아니겠는가?

수행자가 깨닫는 곳에

우레는 끝났으나 소리는 멈추지 않네."

師和.非但抛僧去.雲嶺不相開.虛空無隔㝷.放曠任縱橫.神光逈物外.豈非秋月明.禪子出身處.雷罷不停聲.

● 스님께서 말하시길, "세계의 넓이가 열 자이면 본래 거울의 넓이도 열 자이다. 세계의 넓이가 한 자이면 본래 거울의 넓이도 한 자이다." 학인이 화로를 가리키며 묻길, "화로의 넓이는 얼마입니까?" 스님께서 말하시길, "본래 거울의 넓이와 흡사하다." 천룡이 이 일을 들어 묻길, "도대체[33] 화로가 본래 거울보다 큰 것입니까? 그렇지 않으면 본래 거울이 화로보다 큰 것입니까?" 장경이 대신 말하길, "'그와 같이[34] 사람의 마음을 판단하는 것이 오히려 맞다' 하겠다."

師云.世界闊一丈.古鏡闊一丈.世界闊一尺.古鏡闊一尺.學人指火爐問.闊多少.師

---

33 위복(爲復): 또는, 혹은, 도대체, 대관절. "爲復A, 爲復B"는 "A인가, B인가"라는 선택의문의 구법(句法)이다. 위복(爲復)은 대체나 도대체 정도의 의미이다. 다음 구의 머리에 두는 위복(爲復)을 생략하는 경우도 있고, 또 앞 구 쪽에서 생략하는 것도 있다. 또 위복(爲復)은 위당(爲當)으로 바꾸어 말하는 경우도 있으며, "爲復A, 爲當B"라고 번갈아 사용하는 경우도 있다. 이것의 가장 간략한 형식은 "爲A, 爲B"이다. 『황벽산단제선사전심법요』 권1(『대정장』 권48, p.383, a4-5) "云爲復卽凡心是佛.卽聖心是佛.(묻길, '도대체 범부의 마음이 부처입니까? 아니면 성인의 마음이 부처입니까?')"

34 여마(與摩): 본래는 "그렇게, 그처럼, 그와 같이" "이렇게, 이처럼, 이와 같이"라는 의미의 부사이지만 때에 따라서는 "그와 같은, 그 같은, 그러한, 그건," "이와 같은, 이 같은, 이러한, 이런"이라는 뜻의 형용사로 사용되는 경우도 있다. 여몰(與沒), 여마(與麼), 이몰(異沒), 이몰(伊沒), 임마(恁麼) 등으로 쓰는 것도 있다. 『진주임제혜조선사어록』 권1(『대정장』 권47, p.497, a4-6) "師乃云.但有來者不虧欠伊.總識伊來處.若與麼來.恰似失却.不與麼來.無繩自縛.(임제 스님이 이어 말하시길, 모두 오는 사람은 그냥 통과시키지 않고 모두 오는 곳을 파악하고 있다. 만약 그와 같이 오는 것은 흡사 본래심을 잃어버린 것과 같고 그와 같이 오지 않으면 노끈 없이 스스로 묶는 것과 같다.)" 『동서』 권1(『대정장』 권47, p.505, b23) "師云.豈有與麼事.(스님께서 말하시길, 어찌 그와 같은 일이 있겠는가?)."

云.恰似古鏡闊.天龍拈問.爲復火爐置於古鏡與摩大.爲復古鏡置於火爐與摩大.慶代云.與摩心弁人猶可在.

● 스님께서 쌍봉(雙峯)과 함께 행각을 하다가 천태산를 유람하다 석교를 지나게 되었는데 쌍봉이 게송을 지었다.

"도를 배우고 수행하다가 힘이 충분하지 못하면,
이 몸을 가지고 험한 길을 가지 마라.
석교를 지나고 난 뒤부터
이 덧없는 이 몸이 다시 태어난 듯하다."

師共雙峯行脚.遊天台過石橋.雙峯造偈.學道修行力未充.莫將此身嶮中行.自從過得石橋後.卽此浮生是再生.

스님께서 게송으로 화답하길,

"도를 배우고 수행하다 힘이 충분하지 못하면,
반드시 이 몸을 가지고 험한 길을 가라.
석교를 지나고 난 뒤부터는
이 덧없는 이 몸이 다시 나지 않는다."

師和.學道修行力未充.須將此身嶮中行.自從過得石橋後.卽此浮生不再生.

● 어떤 스님이 묻길, "학인이 별안간 총림에 들어왔습니다. 청컨대 스님께서 가르쳐 주십시오." 스님께서 말하시길, "차라리 스스로 몸을 먼지와 같이 부술지라도 끝내 감히 눈이 멀게 하는 하나의 스승이 되지 않겠다."

問.學人乍入叢林.乞師指示.師云.寧自碎身如微塵.終不敢瞎卻一个師僧.

● 어떤 스님이 묻길, "49년 후의 일은 묻지 않겠습니다. 49년 전의 일은 어떠합니까?" 스님께서 불자로 곧장 입을 때렸다.
僧問.四十九年後則不問.四十九年前事.如何.師以拂子驀口打.

● 스님께서 법상에 올라 설법하면서 잠시 가만히 계시다가 곧바로 일어나면 말하시길, "그대들을 위하여 녹초가 되었다."[35] 부(孚) 상좌가 말하길, "스님께서 졌습니다."[36] 어떤 스님이 청(淸) 좌주에게 묻길, "설봉의 허물이 어느 곳에 있기에 부 상좌가 긍정하지 않게 되었습니까?" 좌주가 말하길, "만약 그렇게 말하지 않았다면 어찌 긍정하지 않는 말을 하였겠느냐!" 다시 부 상좌에게 이 일을 이야기하니 부 상좌가 말하길, "가죽도 알지 못하면서 뼈라고 말하지 마라."
師上堂良久.便起來云.爲你得徹困也.孚上座云.和尙敗闕也.僧問.清座主.雪峯過在什摩處.招得孚上座不肯.座主云.若不與摩道.爭招得不肯.又擧似孚上座.上座云.莫道是骨.皮也不識.

● 어떤 스님이 묻길, "다만 시행되고 있는 것은 모두 옆으로 통하는 귀신의 눈이라고 했는데 무엇이 바른 눈입니까?" 스님께서 가만히 계셨다.
問.但有施爲.盡是傍通鬼眼.如何是正眼.師良久.

---

35 철곤(徹困): 피곤해서 녹초가 되다. 노그라지다. 『진주임제혜조선사어록』 권1(『대정장』 권47, p.504, c17-18) "大愚云.黃蘗與麼老婆.爲汝得徹困.(대우 스님이 말하길, '황벽 스님의 이와 같은 노파심으로 그대들을 위하여 녹초가 되었다.')."

36 패궐(敗闕): 지다. 패하다. 남보다 뒤지다. 남보다 못하다. 『진주임제혜조선사어록』 권1(『대정장』 권47, p.506, a12-13) "師以手指云.這老漢今日敗闕也.(임제 스님이 손가락으로 가리키면서 말하길, '저 노인네 오늘은 당신이 졌소이다.')"

● 어떤 스님이 묻길, "옛사람의 말씀에 나의 눈은 본래 바른데 스승의 인연으로 말미암아 삿되게[37] 되었다고 하는데 무엇이 본래 바른 눈입니까?" 스님께서 말하시길, "아직 달마를 만나지 못했다." 그 스님이 묻길, "저의 눈은 어디에 있습니까?" 스님께서 말하시길, "스승에게서 얻은 것이 아니다."

問. 古人有言. 我眼本正. 因師故邪. 如何是我眼本正. 師云. 未逢達摩. 僧云. 我眼何在. 師云. 不從師得.

● 어떤 스님이 묻길, "옛사람은 어떤 일을 근거로 모든 경전과 논서를 버렸습니까?"[38] 스님께서 말하시길, "그대는 반드시 예배를 해야만 한다."

問. 古人據个什摩事去却四十二本經論. 師云. 汝須禮拜始得.

● 스님께서 어떤 스님에게 보이면서 말하시길, "무엇인가?" 대답하길, "한 물건도 같지 않습니다." 스님께서 곧바로 때렸다.

師示僧云. 是什摩. 對云. 不似一物.. 師便打.

● 어떤 스님이 소주의 서선(西禪) 스님에게 묻길, "삼승 12분교는 묻지 않겠습니다. 조사가 서쪽에서 오신 분명한 뜻에 대해 단지 청컨대 한 말씀 해주십시오."

---

37 『속고승전』 권16 「혜가장」(『대정장』 권50, p.552, a17-19) "恒曰. 我用爾許功夫開汝眼目. 何因致此諸使. 答曰. 眼本自正. 因師故邪耳.(항상 말하시길, '나는 그대가 그대의 안목을 열어서 공부할 수 있도록 허락하겠다. 무슨 인연으로 이 모든 것을 부릴 수 있게 합니까?' 대답하길, '눈은 본래 스스로 바른데 스승의 인연으로 말미암아 삿될 뿐이다.')." 『조주화상어록』 권2(『가흥장』 권24, p.366, c22-23) "師云我眼本正. 不說其中事.(스님께서 말하시길, '나의 눈은 본래 바른데 그 속의 일은 말하지 않는다.')."

38 『무문관』 권1(『대정장』 권48, p.296, b27-c1) "山遂取疏抄. 於法堂前將一炬火. 提起云窮諸玄辨. 若一毫致於太虛. 竭世樞機. 似一滴投於巨壑. 將疏抄便燒. 於是禮辭.(덕산 스님이 드디어 『금강경소초』를 가지고 법당 앞으로 와서 횃불로 불사르며 말하길, '모든 현묘한 말로 다 말해도 털끝 하나를 허공에 던지는 것과 같다. 세상의 모든 진리를 다 설파한다 해도 물 한 방울을 거대한 계곡에 던지는 것과 같다.' 『금강경소초』를 곧바로 태워버리고 용담 선사를 하직하였다)."

서선 스님이 불자를 일으켜 세우자 그 스님이 긍정하지 않았다.

그 뒤에 설봉에 도착하니 스님께서 물으시길, "어디서 오는가?" 대답하길, "서선에서 왔습니다." 스님께서 말하시길, "무슨 불법의 인연이 있었는가?" 그 스님이 앞의 일을 이야기하였다. 스님께서 말하시길, "그대는 긍정하는가?" 대답하길, "어떻게 긍정합니까?" 스님께서 말하시길, "어떻게 긍정할 수 없는 도리를 말하겠는가?" 대답하길, "어떻게 질문해야 그 스님께서 장차 경계를 사람들에게 보이겠습니까?" 스님께서 말하시길, "그대가 서선에서 그렇게 오면서 여기에 지나 도착할 때 보았던 많은 숲과 나무가 모두 경계이다. 그대는 어찌 부정하지 않고 단지 불자만 긍정하지 않는 것인가?" 그 스님이 대답이 없자 이것으로 인하여 스님께서 말하시길, "온 천지가 하나의 눈인데 그대들 모든 사람들은 어떤 곳에 깨끗하지 못한 것을 내놓을 것인가?" 장경이 대신 말하길, "스님께서는 어찌 거듭 사람들을 속이십니까?"

어떤 사람이 이 일을 조주에게 말하니 조주가 말하길, "상좌가 만약 민 땅에 간다면 상좌에게 삽 한 자루를 부치겠다."

취암이 스님의 말을 소산에게 말하자 소산이 말하길, "설봉을 20방망이 때려서 똥구덩이에 처박아야 한다." 취암이 말하길, "스님께서 그렇게 말한 것은 어찌 저 설봉의 허물을 때리는 것이 아니겠습니까?" 소산이 말하길, "그렇습니다." 취암이 말하길, "눈은 또 어떻게 하겠습니까?" 소산이 말하길, "『반야심경』에 눈, 귀, 코, 혀, 몸, 뜻이 없다는 것을 보지 못했습니까?"[39] 취암이 긍정하지 않고 말하길, "스님 그렇지 않습니다." 소산은 말이 없었다.

僧問蘇州西禪.三乘十二分教則不問.祖師西來的的意只請一言.西禪豎起拂子.其僧不肯.後到雪峯.師問.什摩處來.對云.西禪來.師云.有什摩佛法因緣.僧舉

---

[39] 『마하반야바라밀경』 권1 「3 습응품」(『대정장』 권8, p.223, a17-18) "無眼耳鼻舌身意.(눈, 귀, 코, 혀, 몸, 뜻도 없다)."

前話.師云.你還肯也無.對云.作摩生肯.師云.作摩生說不肯底道理.對云.什摩生問.師將境示人.師云.是你從西禪與摩來.到這裏過卻多少林木摠是境.你因什摩不不肯.只得不肯拂子.僧無對.因此師云.盡乾坤是一个眼.是你諸人向什摩處放不淨.慶對云.和尙何得重重相欺.有人持此語.舉似趙州.趙州云.上座若入閩.寄上座一个鍬子去.翠嵒持師語舉似疏(璨)山.疏山云.雪峯打二十棒.推向屎坑裏著.翠嵒云.和尙與摩道.豈不是打他雪峯過.疏山云.是也.嵒云.眼又作摩生.疏山云.不見心經云.無眼耳鼻舌身意.嵒不肯云.不是和尙.疏山無言.

● 스님께서 어떤 스님에게 물으시길, "어디 사람인가?" 대답하길, "자주(磁州) 사람입니다." 스님께서 말하시길, "듣기로 자주에는 금이 출토된다는데 그렇습니까?" 대답하길, "별말씀을 다 하십니다." 스님께서 말하시길, "가지고 왔는가?" 대답하길, "가지고 왔습니다." 스님께서 말하시길, "만약에 가지고 왔다면 나에게 드러내 보여라." 그 스님이 손을 펼쳐보이자 스님께서 침을 뱉었다.

또 다른 스님에게 묻길, "어디 사람인가?" 대답하길, "자주 사람입니다." 스님께서 말하시길, "듣기에 자주에는 금이 출토된다고 하는데 그렇습니까?" 대답하길, "별말씀을 다 하십니다." 스님께서 손을 펴고 말하길, "금을 가지고 왔다." 그 스님이 곧바로 침을 뱉었다. 스님께서 곧바로 15대를 쥐어박았다.

師問僧.什摩處人.云.磁州人.師曰.見說磁州出金.還是也無.對云(曰).不敢.師曰.還將得來也無.對云.將來.師云.若將來則呈似老僧看.僧展手.師唾之.又問別僧.什摩處人.對云.磁州人.師曰.見說磁州出金.還是也無.對曰.不敢.師展手云.把將金來.僧便唾之.師便摑三五下.

● 스님께서 어떤 스님에게 묻길, "이름이 무엇인가?" "혜전(惠全)이라고 합니다." 스님께서 말하시길, "그대가 깨달은 것은 어떠한가?" 대답하길, "스님과 함께 선문

답이 끝났습니다." 스님께서 말하시길, "어떤 것이 선문답한 곳인가?" 대답하길, "어디를 갔다 왔습니까?" 스님께서 말하시길, "그대가 깨달은 것은 다시 어떠한가?" 그 스님이 대답이 없자 방망이로 때렸다.

스님께서 이 일을 장경에 말하니 장경이 말하길, "앞의 두 가지는 도리가 있는데 뒤의 것은 주제가 없습니다."

師問僧.名什摩.惠全.師云.汝得入處作摩生.對曰.共和尙商量了也.師云.什摩處是商量處.對云.什摩處去來.師曰.汝得入處更作摩生.僧無對.被棒.師擧似長慶.長慶云.前頭兩則也有道理.後(復)頭無主在.

● 스님께서 어떤 스님에게 묻길, "어디서 왔는가?" 대답하길, "남전(藍田, 쪽밭)에서 왔습니다." 스님께서 말하시길, "어찌 수풀 속에 들어가지 않는가?" 장경이 이 이야기를 듣고 말하길, "험하다."

師問.什摩處來.對曰.藍田來.師曰.何不入草.長慶聞擧云.嶮.

● 어떤 스님이 하직 인사를 하니 스님께서 묻길, "어디로 가려는가?" 그 스님이 말하길, "절중(浙中)으로 경산 스님을 참배하려 갑니다." "갑자기 경산 스님이 그대에게 묻는다면 그에게 어떻게 말하겠는가?" 대답하길, "질문을 기다렸다가 말하겠습니다." 스님께서 때렸다.

스님께서 경청 스님께 묻길, "이[40] 스님의 허물이 어디에 있는가?" 경청이 대답하길, "경산이 무척 피곤하게 질문을 하는군요." 스님께서 웃으면서 말하시길, "경산은 절중에 있는데 어떻게 피곤하게 질문한다고 하는가?" 경청이 말하길, "멀리

---

40 자개(者个): 이것, 이 저개(這箇), 차개(遮箇), 자개(者箇)와 같다. 『황벽단제선사완릉록』 권1 『대정장』 권 48, p.385, b25-26) "理論這個法.豈是於汝於言句上解得他.亦不是於一機一境上見得他.(이 법을 어떻게 논하여 보인다 해도 그것은 네가 연구상에서 이해할 수 있는 것과 같은 것이 아니며 또한 하나하나의 움직이는 방식이나 개개의 대상과의 관계에서 그것을 획득할 수 있는 것도 아니다)."

서 질문하면 가까이서 대답한다는 것을 듣지 못했습니까?"

스님께서 게송으로 말하길,

"그대는 길가의 화표주(花表柱)⁴¹를 찾는가?
천하가 바삐 돌아가는 것은 모두 같다.
비파는 비꼬이고 비틀림은 손을 따르니,
광릉(廣陵)의 묘한 곡조는 연주하는 사람이 없다.
만약 연주할 수 있는 사람이 있다면
한 번 연주하면 온 천하의 곡을 연주한다."

有僧辭. 師問. 什麼處去. 僧曰. 浙中禮拜徑山去. 忽然徑山問汝. 向他道什麼. 對云. 待道. 師打之. 師問鏡淸. 者个師僧過在什麼處. 淸云. 徑山問得徹困也. 師笑云. 徑山在浙中. 因何問得徹困. 淸云. 不見道遠問近對. 師頌曰. 君覓路邊花表柱. 天下忙忙惣一般. 琵琶拗捩隨手轉. 廣陵妙曲無人彈. 若有人能解彈得. 一彈彈盡天下曲.

● 상경(常敬) 장로가 처음 스님을 참배할 때 말하길, "경론을 읽기를 그만둔 승(僧) 상경 등이 참례합니다." 스님께서 당시에 아무 말도 하지 않으셨다. 다음 날 아침 일찍 문안인사를 드리니 스님께서 말하시길, "경론 읽기를 그만둔 승 상경이 있는가?" 상경이 곧바로 나서니 스님께서 말하시길, "내가 경론 읽기를 그만둔 승 상경을 불렀는데 변공(卞公)은 무슨 일인가?" 상경이 말하길, "밝은 군주가 조서로 부르면 신하는 나타나지 않는 것은 없습니다." 스님께서 말하시길, "아까는 조서인가, 조서가 아닌가?" 대답하길, "조서입니다." 스님께서 곧바로 할을 하여

---

41 화표주(花表柱): 위정자에 대한 백성들의 불평을 알기 위해서 백성들로 하여금 그 불평을 적어 길가에 세워둔 기둥에 걸어두게 하는 제도가 있었는데 그 기둥을 화표주라 한다. 이 제도는 요임금 때 시행한 비방목(誹謗木)의 제도를 이어받은 것이다.

쫓아냈다.

스님께서 게송으로 말하시길,

"세상에 하나의 일이 있는데,
수행자들에게 받들어 취하기를 권하노라.
비록 반 푼의 생활비도 없지만,
여러 겁 지나도록 가득하다.
하늘에 올라도 사다리를 빌리지 않고,
대지에 두루 하여도 다닌 길이 없네.
온 천지를 감싼 곳에,
수행자는 급하게 깨달아야 한다.
아침예불에 일어나지 않고,
저녁까지 자리에 앉아 있네.
물고기가 그물에 걸리면,
기세 좋게 사냥꾼[42]의 배를 가르네."

常敬長老初參時云.休經罷論僧常敬等參.師當時不造聲.明日早朝來不審.師云.休經罷論僧常敬在摩.敬便出來.師云.老僧喚休經罷論僧常敬.開公什摩事.敬云.明君有詔.臣無不現.師云.適來詔不詔.對云.詔.師便喝出.師有頌曰.世中有一事.奉勸學者取.雖無半錢活.流傳歷劫冨.登天不借梯.遍地無行路.包盡乾坤處.禪子火急悟.寅朝不肯起.貪座昏黃哺.魚被網裏卻.張破獦師肚.

● 낭(朗) 상좌가 묻길, "눈에 가득한 것이 생사입니까?" 스님께서 말하시길, "눈

---

42 엽사(獦師): 사냥꾼.

에 가득한 것이 무엇인가?" 낭 상좌가 곧바로 크게 깨달았다.

朗上座問.滿目是生死.師云.滿目是什摩.上座便大悟.

● 상경 장로가 묻길, "설날 아침에 만물이 오직 새롭다고 하는데 도대체 진왕도 봄을 맞이합니까?" 스님께서 말하시길, "생로병사는 나이를 따라 늙어가지만 진왕은 봄을 맞이하지 않는다." 상경 장로가 묻길, "하루 종일 장차 어찌 시봉합니까?" 스님께서 말하시길, "감촉[43]으로는 받지 않는다." 묻길, "갑자기[44] 온갖 맛있는 음식이 생겼을 때는 어떻게 합니까?" 스님께서 말하시길, "몹시[45] 이와 같이 신선하구나!"

常敬長老問.元正一旦万物唯新.未審眞王還度春也無.師云.四相年老轉.眞王不度春.敬云.十二時中將何侍奉.師云.觸食不受.云.忽然百味珍饌來時作摩生.師云.太與摩新鮮生.

● 스님께서 불전에 들어가서 탁자 위의 경전을 보고 현사 스님에게 묻길, "무슨 경전인가?" 현사 스님이 대답하길, "『화엄경』입니다."

스님께서 말하시길, "내가 앙산에 있을 때 앙산 스님이 경에 있는 말을 인용하여 대중들에게 묻길, '국토가 말하고 중생이 말하고 삼세의 일체 모든 것이 말한다고 하는데 어떤 사람들을 위해 말하는 것인가?' 대답하는 사람이 없자 앙산 스님이 말하길, '자식을 길러 노후를 대비한다고 했다.' 이것을 빌려서 스님에게

---

43 감촉을 반연해서 유정(有情)을 성숙시키는 것. 닭이 달걀을 따뜻하게 해서 부화시키는 것을 말한다. 감각은 신체나 생명을 성장시키므로 식(食)이라 한다.
44 홀연(忽然): "그렇지 않으면, 뜻밖에, 우연히, 때마침, 문득, 불시에, 갑자기"는 문어(文語)이고, "만약, 만일의 경우"는 구어(口語)이다.
45 태(太)~생(生): 몹시 ~하다. 매우 ~이다. 생(生)은 조사이다. 태조생(太粗生), 태가련생(太可憐生), 태고위생(太孤危生), 태렴직생(太廉織生) 등이 있다.

묻는다면 스님은 어떻게 말하겠는가?"

현사 스님이 머뭇거리자 스님께서 도리어 말하시길, "그대가 나에게 물어보아라. 내가 그대에게 말해 주겠다." 현사 스님이 곧바로 물어보자 스님께서 곧바로 그의 앞에서 몸을 구부리고 말하시길, "쳐라, 쳐!"

보자 스님이 이 일을 들어 와룡 스님에게 묻길, "이야기는 앙산 스님의 이야기인데 듣기는 설봉 스님이 들었다. 어째서 설봉 스님이 맞아야 합니까?" 와룡 스님이 대답하길, "자식을 길러 노후를 대비한다." 보자 스님이 말하길, "풀을 쳐서 뱀을 놀라게 한다."

師入佛殿.見經案子問玄砂.是什摩經.對云.花嚴經.師云.老僧在仰山時.仰山拈經中語問大衆.刹說衆生說三世一切說.爲什摩人說.無人對.云.養子代老.借此問闍梨.闍梨作摩生道.玄砂遲疑.師卻云.你問我.我與你道.玄砂便問.師便向面掜身云.摑摑.報慈拈問臥龍.話是仰山話.擧是雪峯擧.爲什摩雪峯招摑.龍云.養子代老.慈云:打草驚蛇.

● 스님께서 어떤 스님을 보고 말하시길, "알겠는가?" 그 스님이 대답하길, "모르겠습니다." 스님께서 말하시길, "내가 나서지 않았는데[46] 어째서 알지 못하는가?"
師見僧云.會摩.對云.不會.師云.老僧不出頭.爲什摩不會.

● 스님께서 어떤 스님에게 묻길, "그대는 부모가 있는가?" 대답하길, "계십니다." 스님께서 말하시길, "토하고 싶다." 다른 스님은 안 계신다고 말하자. 스님께서 말하시길, "토하고 싶다." 또 다른 스님이 말하길, "스님께서는 무엇을 물으셨습니

---

46 출두(出頭): 얼굴을 내밀다. 사람 앞에 나서다. 정면으로 나아가다. 자기를 정시(呈示)하다. 『운문광진선사광록』 권3(『대정장』 권47, p.568, c5-6) "問僧.看什麽經.僧拈起經.師云.鬼窟裏出頭.(그 스님에게 묻길, '어떤 경을 간경합니까?' 그 스님이 경전을 집어 들자 스님께서 말하시길, '귀신굴 속에서 얼굴을 내미는 것과 같다.')."

까?" 스님께서 말하시길, "토하고 싶다."

師問僧.你還有父母摩.對云.有.師云.吐卻著.別僧云.無.師云.吐卻著.又別僧云.和尙問作什摩.師云.吐卻著.

● 스님께서 대중에게 보이시길, "밝은 거울과 같아서 오랑캐가 오면 오랑캐가 나타나고 한인이 오면 한인이 나타난다."

어떤 사람이 이 일을 현사 스님에게 물으니 현사 스님이 말하길, "밝은 거울이 올 때 어떻게 하겠는가?" 그 스님이 설봉으로 돌아가서 현사 스님의 말을 하자 스님께서 말하시길, "오랑캐와 한인(漢人)이 모두 숨었구나?" 그 스님이 현사 스님에게 돌아와서 그 이야기를 하였다. 현사 스님이 말하길, "산중에 스님의 발꿈치가 실지로 땅을 밟지 않았구나!"

師示衆云.明鏡相似.胡來胡現.漢來漢現.有人擧似玄砂.玄砂云.明鏡來時作摩生.其僧卻歸雪峯.擧似玄沙語.師云.胡漢俱隱也.其僧卻歸玄沙擧此語.玄沙云.山中和尙脚根(跟)不踏實地.

● 또 언젠가 현사가 설봉에 왔을 때 스님께서 한쪽 다리를 들고 다니니 현사 스님이 묻길, "스님께서는 뭐하십니까?" 스님께서 말하시길, "발꿈치가 실제로 땅⁴⁷을 밟지 않기 때문이다."

又時玄沙上雪峯.師收一脚(獨脚)而行.沙問.和尙作什摩.師云.脚根(跟)不踏實地婆.

---

47 실지(實地): 대지를 말한다. 착실한, 건실한 본연의 상태에 비유한다. 송의 邵康節이 司馬光의 인물을 비평하여 "脚踏實地.(발이 땅에 붙어있는 사람)"이라고 한 것은 유명하며, 주자학에서도 선문에서도 일종의 격언으로서 애용되었다.

● 스님께서 대중에게 보이시길, "내가 평상시에 어리석은 놈[48]이라고 했는데 어떤 사람이 알겠는가? 만약에 알고 있는 사람이 있다면 나와서 나에게 보여라. 내가 그대에게 증명해 주겠다." 그때 장생이 나와서 말하길, "눈앞에서 보면 준엄하고 지혜작용을 할 때에는 준수합니다." 스님께서 말하시길, "늙은이가 되어야 바야흐로 나의 뜻을 깨닫겠구나!" 순덕이 말하길, "물을 때리면 물고기의 대가리가 아픕니다." 스님께서 말하시길, "옳다."

師示衆云. 我尋常道鈍漢. 還有人會摩. 若也有人會. 出來呈似我. 我與你證明. 時有長生出來云. 覤面峻臨機俊. 師云. 老子方親得山僧意. 順德云. 打水魚頭痛. 師云. 是也.

● 스님께서 법상에 올라 설법하시길, "내가 암두 스님, 흠산 스님과 함께 행각할 때에 여관에서 숙박할 때가 있었는데 세 사람이 각자 원하는 바가 있었다. 암두 스님이 말하길, '내가 여기에서 헤어진[49] 이후 하나의 작은 배를 찾아 얻어서 낚시꾼과 함께 한곳에 앉아 일생을 보내겠다.' 하였다. 흠산 스님은 말하길, '나는 그렇지 않다. 큰 고을에 있으면서 절도사에게 스승의 예우를 받고 비단옷을 입고 일을 처리하고 금, 은으로 된 평상에 앉고, 점심때는 금으로 접은 꽃모양 큰 쟁반과 은으로 접은 꽃모양의 큰 쟁반에 여법하게 차려 놓고 밥을 먹으면서 일생을 보내고 싶다.' 나는 말하길, '나는 네거리에 선원을 차리고 여법하게 스님들을 공양하겠다. 그 스님이 떠날 때는 내가 바랑을 메고 주장자를 들려주며 보겠다. 그 스님이 몇 걸음을 가면 내가 그 스님을 부르고 그가 만약 고개를 돌리면, 조심히 가라고 말하리라.' 했는데 그 뒤로 암두 스님과 흠산 스님은 과연 본래 원

---

48 둔한(鈍漢): 어리석은 사람. 『진주임제혜조선사어록』 권1(『대정장』 권47, p.498, a18-19) "古人云. 向外作工夫. 總是痴頑漢. (옛사람이 말하길, 자기 마음 밖에서 불법을 수행하는 것은 모두 어리석은 녀석들이다)."라고 했다. 『경덕전등록』 권30 「남악나찬화상가」(『대정장』 권51, p.461, b18-19) "向外覓功夫. 總是痴頑漢. (밖을 향해서 불법을 공부하는 것은 모두 어리석은 녀석이다)."

49 분금(分襟): 헤어지다. 이별하다.

하는 바가 어긋나지 않았는데 단지 나의 본뜻이 어긋나서 이곳에 살면서 지옥 찌꺼기 죽을 만들고 있다."

師上堂云. 某甲共嵒頭. 欽山行脚時. 在店裏宿次. 三人各自有願. 嵒頭云. 某甲從此 分襟之後. 討得一个小舡子. 共釣魚漢子一處座. 過卻一生. 欽山云. 某甲則不然. 在 大州內. 節度使與某禮爲師. 處分著錦襖子. 坐金銀牀. 齋時金花撲子. 銀花撲子大 槃裏. 如法排批喫飯. 過卻一生也. 某云. 某甲十字路頭起院. 如法供養師僧. 若是師 僧發去. 老僧提鉢囊. 把柱杖送他. 他若行數步. 某甲喚上座. 他若迴頭. 某甲云. 途中 善爲. 自後嵒頭. 欽山果然是不違於本願. 只是老僧違於本志. 住在這裏. 造得地獄 柤滓.

또 말하시길, "강서와 호남과 동촉과 서촉이 모두 여기에 있다." 이때 나서서 질문하는 사람이 없어서 스님께서 어떤 스님에게 질문하라 하니 그 스님이 나와서 절을 하고 묻길, "도대체 여기의 일은 어떠합니까?" 스님께서 말하시길, "지옥에나 가라."

어떤 사람이 이 일을 들어 보자(報慈) 스님에게 묻길, "스님께서 그렇게 말씀하신 뜻이 무엇입니까?" 보자 스님이 말하길, "염라노인이 희망이 끊어졌다."

又云. 江西湖南東蜀西蜀摠在這裏. 當時無人出問. 師教僧問. 其僧出來禮拜問. 未審 這裏事如何. 師云. 入地獄去. 有人拈問報慈. 先師與摩道意作摩生. 慈云. 閻老斷望.

● 어떤 스님이 묻길, "옛사람의 말씀에 '무간지옥에 떨어지는 업을 초래하지 않고자 한다면 여래의 바른 법의 진리를 비방하지 마라.'[50] 하였는데 무엇이 비방하지 않는 것입니까?" 스님께서 말하시길, "지옥에나 가라."

---

50 『영가증도가』 권1(『대정장』 권48, p.396, b27) "欲得不招無間業. 莫謗如來正法輪.(무간지옥에 떨어지는 업을 초래하지 않으려면, 여래의 정법의 진리를 비방하지 마라."

問.古人有言.欲得不招無間業.莫謗如來正法輪.如何得不謗去.師云.入地獄去.

● 어떤 스님이 묻길, "무엇이 열반입니까?" 스님께서 말하길, "지옥에나 가라."
問.如何是涅槃.師云.入地獄去.

● 스님께서 대중에게 보이시길, "비유하면 마치 세상에 두 명의 깨달은 군자가 있는데 깨달은 군자 한 명은 남쪽에서 왔고, 깨달은 군자 한 명은 북쪽에서 왔다. 두 군자가 광야에서 서로 만났는데 남쪽에서 온 군자가 북쪽에서 온 군자에게 묻길, '성이 무엇이며 몇 째인가?' 북쪽에서 온 군자가 곧바로 움켜잡자 남쪽에서 온 군자가 말하길, '내가 오상(五常)의 예[51]를 행하는데 무슨 허물이 있는가?' 북쪽에서 온 군자가 말하길, '나는 일찍이 아첨하지 않았다.' 모든 스님들이 만약 이와 같은 비유를 이해했다면 산에 살아도 되고, 마을에 살아도 된다."
師示衆云(雲).譬如世間兩个君子.一个君子從南方來.一个君子從北方來.廣野之中相逢.南來君子問北來君子.何姓第幾.北來君子便摑.南來君子云.某甲行五常之禮.過在於何.北來君子云.某甲早是不著便.諸和尙.若領這个況喩.住山也得.住城隍也得.

● 스님께서 서원을 유행하기를 마치고 설봉으로 돌아가는 차에 민(泯) 전좌(典座)에게 묻길, "삼세제불은 어디에 계시는가?" 전좌가 말이 없었다. 또 장주에게 묻

---

51 오상지례(五常之禮): 오상(五常)은 유교에서의 인(仁)·의(義)·예(禮)·지(智)·신(信)의 다섯 덕목(德目)을 말한다. 공자는 그의 가르침에서 인간의 덕으로서 인을 중시하여 지(知)·용(勇)과 아울러 그 소중함을 설명했으나, 맹자는 인에 의(義)를 더하고 또 예(禮)·지(智)를 넣어 인(仁)·의(義)·예(禮)·지(智)를 인간의 4개 덕목이라 했다. 그리고 한(漢)의 동중서(董仲舒)는 오행설(五行說)에 바탕을 두고 여기에 신(信)을 더해 오상설(五常說)을 확립했다. 불교에서의 5계로 비대하면 인(仁)은 불살생(不殺生), 의(義)는 불투도(不偸盜), 예(禮)는 불사음(不捨淫), 지(智)는 불음주(不飮酒), 신(信)은 불망어(不妄語)로 볼 수 있다.

자 장주가 대답하길, "본래 그 자리를 여의지 않고 항상 담연합니다." 스님께서 곧바로 침을 뱉었다.

스님께서 말하시길, "그대가 나에게 물어봐라. 내가 그대에게 말해주겠다." 장주가 곧바로 묻길, "삼세제불은 어디에 계십니까?" 갑자기 어미 돼지가 새끼들을 데리고 산에서 내려와 스님의 눈앞에 있는 것을 보고, 스님께서 곧바로 그 돼지를 가리키면서 말하시길, "어미 돼지 등 위에 있다."

師遊西院了.歸山次.問泯典座.三世諸佛在什摩處.典座無對.又問藏主.藏主對云.不離當處常堪然.師便唾之.師云.你問我.我與你道.藏主便問.三世諸佛在什摩處.師忽然見有个猪母子從山上走下來.恰到師面前.師便指云.在猪母背上.

● 스님께서 어떤 때에 묻길, "승당 안에 천여 명의 사람이 있는데, 누가 용이고 누가 뱀인지 어떻게 가리겠는가? 또 어떤 소식도 통하지 않는구나!" 장경이 말하길, "물을 베는 주장자는 있습니다." 스님께서 말하시길, "내가 여기서 어떻게 해야 하는지 그대가 말해보아라." 장경이 벌렁 누우며 넘어지는 자세를 하자 스님께서 말하시길, "이 스님들의 풍병52이 없어졌다."

師又時問.僧堂中有一千余人.爭委得他是龍是蛇.又不通个消息.長慶云.有个(個)沁水杖子.師云.汝道我這裏作摩生.慶放身作倒勢.師云.這个師僧患風去也.

● 위산과 앙산이 밤새도록 이야기를 하다가 위산이 앙산에게 묻길, "그대가 밤새도록 선문답했는데 어떤 쪽의 일을 이루었는가?" 앙산이 곧바로 한 획을 그으니 위산이 말하길, "만약 내가 아니었다면 그대에게 미혹하게 될 것이다."

어떤 사람이 장경에게 묻길, "앙산 스님이 한 획을 그은 뜻은 무엇입니까?" 장

---

52 환풍(患風): 풍병을 근심하다. 신경성의 질병이 걸리는 것. 또 풍전(風顚) 미치광이가 되는 것.

경이 곧바로 손가락을 세웠다. 또 순덕(順德)에게 물으니 순덕 또한 손가락을 세웠다. 그 스님이 말하길, "불법은 불가사의해서 모든 성인이 같은 길을 가는구나!"[53]

그 스님이 또 그 일을 스님께 말하니 스님께서 말하시길, "두 선지식 모두 본래인의 본분사를 잘못 알고 있다." 그 스님이 도리어 스님께 물으니 스님께서 말하시길, "단지 엉뚱한 짓이다."[54]

潙山與仰山一夜語話次. 潙山問仰山. 子一夜商量. 成得什摩邊事. 仰山便一劃. 潙山云. 若不是吾. 洎被汝惑. 有人問長慶. 仰山一劃意作摩生. 便豎起指. 又問順德. 順德又豎起指. 其僧云. 佛法不可思議. 千聖同轍. 其僧又舉似師. 師云. 兩个摠錯會古人事. 其僧却問師. 師云. 只是个橫事.

● 스님이 처음 출가할 때 유가의 대덕이 시 세 수를 지어 보내주었다.

"세월이 흘러 또 봄을 만나니,
연못의 버드나무 정자의 매화가 몇 번이나 새로웠던가!
그대가 고향을 떠났으니 반드시 노력해서
장차 대장부의 일을 등지지 마라."

師初出家時. 儒假大德送三首詩. 光陰輪謝又逢春. 池柳亭梅幾度新. 汝別家鄉須努力. 莫將辜負丈夫身.

또 이르길,

---

53 『조론』 권1(『대정장』 권45, p.159, b17) "所以千聖同轍. 未嘗虛返者也.(그래서 모든 성인들이 같은 길을 걸었으며 일찍이 허망하게 돌아오지 않았다.)
54 횡사(橫事): 엉뚱한 짓, 착실하지 않는 짓, 느닷없이 나타난 변이.

"사슴 무리를 서로 준들 어찌 이루어지겠는가?
난새와 봉황이라야 끝내는 반드시 만 리 길을 갈 수 있다.
어찌 하물며 고향의 가난하고 천하겠는가?
소진[55]이 금의환향은 분명하게 있는 일이다."
又云. 鹿群相受豈能成. 鸞鳳終須万里征. 何況故園貧與賤. 蘇秦花錦事分明.

또 이르길,

"헌원(憲原)[56]은 가난함을 지켜 뜻을 저버리지 않았고,
안회(顔回)[57]는 하늘이 주신 명에 따라 분수에 맞게[58] 살다 간 것을 다시 누가 알았겠는가?

---

55 소진(蘇秦: 미상 ~ BC 317) : 중국 전국 시대의 정치가. 언변이 뛰어났으며, 제후(諸侯)에 우세하였으나 채용되지 못하자 다시 1년 동안 독서를 하여 계책을 세운 뒤 진(秦)나라를 두려워하는 산동의 여러 나라를 찾아다니며 6국(六國)의 연합으로 진에 대항하자는 합종설(合縱說)을 주창, 연(燕)의 문후(文侯)에 채용되었고, 또 조(趙), 제(齊), 위(魏), 한(韓), 초(楚), 연(燕)의 남북 종횡설(縱橫說)을 성공시켜(B.C. 333) 6국의 재상이 되고 부귀 영화를 누리면서 15년 동안 진의 세력을 방비하였다. 그러나 그의 정책은 동서 연형설(連衡說)을 주창하는 장의(張儀)의 주장에 의해 깨어지고 제(齊)에 잡혀 죽었다.
56 헌원(憲原): 공자의 제자로 성은 원이고 이름은 사, 자가 헌이다. 일설에는 『논어』「헌문편」의 저자로 알려졌다. 원헌은 노나라에 살았는데 그 집이 아주 작았고 생풀로 이엉을 엮어 지붕을 하였고 쑥으로 엮어 만든 문은 온전치 않았고 뽕나무를 지도리를 만들었으며 깨진 항아리로 들창을 낸 방이 둘이나 누더기 갈옷으로 창을 막고 천장에는 비가 새고 방바닥은 축축한데 정좌하고 거문고를 탔다고 한다. 공자가 사구가 되었을 때 원헌을 가읍의 주장을 삼았는데 그는 어려운 살림을 잘 꾸렸다고 한다.
57 안회(顔回, B.C.514~B.C.483): 자는 자연(子淵). 안연(顔淵)이라고도 한다. 공자의 제자 가운데는 학자, 정치가, 웅변가로서 뛰어난 사람이 많았으나 안회는 덕의 실천에서 가장 뛰어났다. 그는 가난하고 불우한 생활에도 불구하고 오로지 연구와 수덕(修德)에만 전념하여, 공자가 가장 사랑하는 제자가 되었으며, 공자의 제자 가운데 겸허한 구도자의 상징이 되었다. 32세에 요절하자, 공자가 "하늘이 나를 버리시는도다."라며 탄식했다 한다. 저술이나 업적을 남기지는 못했으나, 그의 자손은 공자·맹자의 자손과 함께 곡부(曲阜)에 모여 살면서 명·청대에 안씨학(顔氏學)을 세워 나라의 특별한 보호를 받았다.
58 안명(安命): 천명에 따라 분수에 맞게 살다. 하늘이 주신 명에 따라 분수를 지키며 살다.

좋은 벼도 반드시 봄에 먼저 익지 않나니,

군자는 지금까지 내려온 그대로 작용할 때가 있다."

又云.憲原守貧志不移.顏回安命更誰知.嘉禾未必春前熟.君子從來用有時.

● 스님께서 어떤 스님에게 묻길, "어디서 왔는가?" 그 스님이 대답하길, "길을 걷지 않았습니다." 스님께서 말하시길, "퉤! 이 두꺼비 같은 놈아!"

師問僧.什麽處來.對云.不涉途中.師云.咄這蝦蟆叫.

● 또 어떤 스님에게 묻길, "어디서 왔는가?" 그 스님이 대답하길, "강서(江西)에서 왔습니다." 스님께서 말하시길, "어디서 달마를 만났는가?" 대답하길, "비단 달마뿐만 아니라 다시 있어도 역시 만나지 않겠습니다." 스님께서 말하시길, "달마가 있어도 만나지 않겠는가? 달마가 없으니 만나지 않겠다는 것인가?" 대답하길, "만나지 않았는데 어찌 있다 없다를 말하십니까?" 스님께서 말하시길, "이미 있다 없다 말하지 않았는데 그대는 어찌 만나지 않았다고 말했는가?" 그 스님이 대답이 없었다.

又問僧.什麽處來.對云.江西來.師曰.什麽處逢達摩.對云.非但達摩.更有亦不逢.師云.有達摩不逢.無達摩不逢.對云.不逢說什麽有無.師云.旣不說有無.你何道不逢.僧無對.

● 스님께서 대중에게 보이시길, "남산에 맹독의 뱀[59]이 있는데 그대들 모든 사람들은 잘 보아야 한다." 대중들이 말이 없자 장경이 대신 말하길, "스님께서 그렇게 말하시면 법당 안의 많은 사람들이 목숨을 잃어버립니다." 현사가 대신 말하

---

59 별비사(鼈鼻蛇): 자라와 같은 코끝을 한 뱀으로 독성이 강하여 한 번 물리면 반드시 죽는다고 한다.

길, "요컨대 저 남산이 뭐하겠습니까?"

휘(暉) 화상이 게송을 말하길,

"설봉 스님이 뱀 한 마리를 길러서,
남산에 숨겨둔 뜻이 어떠한 것인가?
평상시에 독하고 악한 것이 아니니,
참선하여 불법의 현지를 깨닫는 이는 반드시 선타바[60]를 알아야 한다."

師示衆云(曰). 南山有鼈鼻蛇. 是你諸人好看取. 衆無對. 慶代云. 和尙與摩道. 堂中多有人喪身失命. 玄沙代云. 要那南山作什摩. 暉和尙頌曰. 雪峯養得一條蛇. 寄著南山意若何. 不是尋常毒惡物. 參玄須得會先陁.

보자(報慈)가 화답하길,

"그대에게 권하노니 험한 곳에서 뱀을 조심해야 좋을 것이다.
예기치 않게[61] 물렸을 때 어찌할 수 없다.
몸을 편안하게[62] 하고자 물건을 지는 것을 면하고자 한다면
남쪽에서 북쪽을 보는 것이 바로 선타바라네."

---

60 선타바(先陀婆): saindhava의 음역. 소금, 물, 그릇, 말[馬] 등 네 가지 뜻을 가진 낱말. 고대 인도의 어떤 왕이 계속해서 '선타바'를 외치자 신하가 왕의 말이 떨어지기 바쁘게 소금, 물, 그릇, 말 등을 대령하였다는 고사에서 그러한 뜻을 지니게 되었다. 이 말이 선가에서는 남의 속마음을 잘 아는 사람을 지칭하거나 혹은 그러한 사람을 칭찬하는 뜻으로 쓰인다.
61 충착(衝著): 예기치 않고 부딪치다. 현대어 당착(撞着)과 같다.
62 안신(安身): 안신입명(安身立命)을 말하는데 선가에서는 몸과 마음이 편안한 가운데 자신의 집에서 지혜로운 삶을 사는 깨달음의 경지를 말한다. 『경덕전등록』 권10 「장사경잠장」(『대정장』 권51, p.274, a27-28) "僧問. 學人不據地時如何. 師云. 汝向什麼處安身立命.(어떤 스님이 묻길, '학인이 근거하는 장소가 아닐 때는 어떻게 합니까?' 스님께서 말하시길, '그대는 어느 곳이 몸과 마음이 편안한 가운데 자신의 집에서 지혜로운 삶을 사는 깨달음의 경지인가?')."

報慈和.勸君嶮處好看蛇.衝著臨時爭奈何.欲得安身免負物.向南看北正先陁.

● 스님께서 나무 말뚝을 가리키면서 장경에게 묻길, "옛사람이 말하길,[63] '색을 보면 곧 마음을 본다. 마음밖에 다른 것은 없다.'라고 했다. 그대는 나무 말뚝이 보이는가?" 대답하길, "뭐를 보라고 하십니까?" 스님께서 말하시길, "외로운 놈이다." 장경이 말하길, "외롭지 않습니다. 스님!" 스님께서 말하시길, "그대는 외롭지 않다고 말했는데, 나는 외롭다." 장경이 세 걸음 물러나서 서 있었다. 스님께서 말하시길, "그대가 나에게 물어보아라. 내가 그대에게 말해 주겠다." 장경이 곧바로 묻길, "스님! 나무 말뚝이 보이십니까?" 스님께서 말하시길, "다시 무엇을 보겠는가?"

師指樹橦子問長慶.古人道.見色便見心.心外無余.你還見樹橦子不.對云.見什摩.師云.孤奴.慶云.不孤和尙.師云.你道不孤.我道孤.慶退三步而立.師云.你問我.我與你道.慶便問.和尙見樹橦子不.師云.更見什摩.

● 어떤 사람이 스님께 묻길, "서로 두드리는 것을 보고 말로 가르쳐주지 않은 것은 어떠합니까?" 스님께서 말하시길, "더욱 급하게 서로 의기투합해야 하는데 또 장님을 만났구나." 스님께서 말하시길, "나는 장님이다. 나는 장님이다."

問.目擊相扣.不言敎(勃揉)者如何.師云.彌也要急相投.又值盲人.師云.我盲我盲.

---

63 『대승기신론』 권1(『대정장』 권32, p.579, c22) "心無形相,十方求之終不可得.(마음에 형상이 없으면 시방에 그 마음을 구하려고 해도 끝내 얻을 수 없다.『성유식론술기』 권3(『대정장』 권43, p.320, c12-13) "三界唯爾心.離一心外無別法故.(삼계는 오직 마음뿐이다. 이 한마음을 여의고 밖에는 다른 법이 없다)." 『황벽단제선사완릉록』 권1(『대정장』 권48, p.385, c16) "心外無法滿目靑山.(마음 밖에 법이 없다 눈에 청산이 가득하다)." 『진주임제혜조선사어록』 권1(『대정장』 권47, p.498, a3-4) "云何是法.法者是心法.心法無形通貫十方目前現用.(무엇이 법입니까? 법은 심법이다. 심법은 형상이 없어서 시방세계를 관통해서 눈앞에 활발하게 작용한다)."

● 스님께서는 평생 동안 두터운 마음으로 중생을 제접하고 가고 앉으면서 불법의 지혜작용을 펼치셨다. 천우 병인(906) 연간에 대중들이 1,700명에 이르렀고, 민왕이 4가지 공양64을 처음부터 끝까지 변함없이 제공했다. 개평 2년(908) 무진년 5월 2일 밤 삼경 초에 천화하니 춘추는 87세요, 승랍은 59년이고, 39년간 출세(出世)하였다. 조칙으로 시호를 진각대사(眞覺大師)라 하였고, 탑명을 난제(難提)라 하였다.

師平生厚心接物.行坐垂機.自天祐丙寅之間.衆上一千七百.閩王四事供須.不替終始.開平二年戊辰歲五月二日夜三更初遷化.春秋八十七.僧夏五十九.出世三十九年.勅諡眞覺大師難提之塔.

---

64 사사공양(四事供養): 수행승의 일상에 필요한 4가지 물건. 음식, 의복, 침구, 약을 말한다.『아비달마구사론』권18「4 분별업품」(『대정장』권29, p.97, c20-21) "二爲供養四方僧伽造寺施園四事供給.(두 번째는 사방승가를 위해 절을 짓고 승원을 보시하며 네 가지 물건을 공급하는 것이다)."

『경덕전등록』 권16
景德傳燈錄 卷十六

● 복주 설봉의존 선사는 중국 복건성 천주 남안 사람이고 성은 증 씨였다. 집안 대대로 불교를 신봉했으며 스님은 태어나서부터 파와 같이 냄새나는 채소[65]를 싫어하였고, 포대기 속에서도 범종소리를 듣거나 혹은 깃발이나 꽃으로 장식한 불상이 설치된 곳을 보면 반드시 고개를 돌려 보았다. 나이 12세에 그의 아버지를 따라 포전 옥간사 갔다가 경현(慶玄) 율사를 친견하고 급히 절을 하고 말하길, "저의 스승이십니다." 하였다. 드디어 절에 머물면서 시봉을 하였다. 17세에 머리를 깎고 부용산의 상조(常照) 대사를 뵈니 상조 대사가 어루만지면서 그릇이라 여겼다. 나중에 유주 보찰사에서 구족계를 받고 오랫동안 참선하며 여러 곳에서 수행하다 덕산(德山) 스님과 인연을 맺었다. 당나라 함통(860)에 민 땅으로 돌아와서 상골산에 올라 설봉에 선원을 창건하였는데 도속들이 모여들었다. 의종(懿宗, 882)[66]이 진각대사(眞覺大師)라 시호를 내렸고 이어 자색가사를 하사하였다.

福州雪峯義存禪師泉州南安人也.姓曾氏.家世奉佛.師生惡葷茹.於襁褓中聞鍾梵之聲.或見幡華像設.必爲之動容.年十二從其父遊莆田玉澗寺.見慶玄律師遽拜曰.我師也遂留侍焉.十七落髮.謁芙蓉山常照大師.照撫而器之.後往幽州寶刹寺受

---

65 훈여(葷茹): 생강과 같이 매운 채소 또는 파와 같이 냄새나는 채소. 『범망경』 권2(『대정장』 권24, p.1005, b14-16) "若佛子.不得食五辛.大蒜革葱慈葱蘭葱興蕖.是五種一切食中不得食.若故食者.犯輕垢罪.(불자라면 오신채를 먹지 말아야 하니 마늘, 부추, 파, 달래, 흥거 이 5가지는 일체 모든 먹을거리에서 먹지 말아야 하니 만약 짐짓 이것을 먹는다면 경구죄를 범하는 것이다)."
66 『설봉진각선사어록』에는 희종으로 되어 있다. 여기서는 의종이다.

具足戒.久歷禪會緣契德山.唐咸通中迴閩中.登象骨山雪峯創院.徒侶翕然.懿宗賜號眞覺大師.仍賜紫袈裟.

● 어떤 스님이 묻길, "조사의 뜻과 가르침의 뜻은 같습니까, 다릅니까?" 스님께서 말하길, "천둥소리가 땅을 흔들어도 방 안에는 들리지 않는다." 또 말하길, "스님은 무슨 일로 행각[67]합니까?" 묻길, "저의 눈은 본래 바른데 스님을 인연하여 삿되었을 때 어떻게 합니까?" 스님께서 말하시길, "미혹한 사람이 달마를 만났다." 말하길, "저의 눈은 어디에 있습니까?" 스님께서 말하길, "스승을 따라 하지 마라." 묻길, "머리 깎고 먹물 옷을 입고 부처를 의지해서 은덕을 입었는데 어찌 부처를 아는 것을 허락하지 않습니까?" 스님께서 말하길, "좋은 일은 없는 것만 못하다."[68]

僧問.祖意與教意是同是別.師曰.雷聲震地室內不聞.又曰.闍梨行脚爲什麼事.問我眼本正.因師故邪時如何.師曰.迷逢達磨.曰我眼何在.師曰.得不從師.問剃髮染衣受佛依蔭.爲什麼不許認佛.師曰.好事不如無.

● 스님께서 어떤 좌주에게 묻길, "여시(如是)라는 두 글자는 모두 문구의 단락을 분과한[69] 글인데 무엇이 본문입니까?" 좌주가 대답이 없었다. (오운 화상이 대신

---

67 행각(行脚): 승려가 일정한 소재를 가지지 않고 스승이나 벗을 구하며 자신의 수행 또는 교화를 위해 여기저기 편력하는 것. 불도수행을 위한 여행. 선종의 운수(雲水)와 같은 의미.『진주임제혜조선사어록』권1(『대정장』권47, p.500, c9-10) "已起者莫續.未起者不要放起.便勝爾十年行脚.(이미 일어난 번뇌는 계속되지 않도록 하고, 아직 일어나지 않은 번뇌는 일어나지 않도록 하는 것이다. 이렇게 좌선한다면 그대가 10년 행각하는 것보다 낫다)."
68 『불과원오선사벽암록』권7(『대정장』권48, p.199, a13-15) "復云.曹溪路坦平.爲什麼休登陟.好事不如無.(다시 말하길, '조계에 가는 길은 평탄한데 어떻게 올라가는 것을 그만두겠는가? 좋은 일은 없는 것만 못하다.')."
69 과문(科文): 경론을 해석하는 데 있어서 그 문구의 단락을 분과(分科)한 것. 경론의 본문을 그 뜻에 의해 대소의 과단(科段)으로 잘게 분할하고, 각 부분의 내용을 나타내는 간단한 자구(字句)를 정리한 것. 진

말하길, "다시 세 단으로 나누었다.")

師問坐主.如是兩字盡是科文.作麼生是本文.座主無對(五雲和尙代云.更分三段著).

● 어떤 사람에게 묻길, "삼신(三身) 중에 어느 몸이 모든 숫자에 떨어지지 않습니까? 옛사람이 말하길, '나도 항상 이곳에 간절했다.'는데[70] 무슨 뜻입니까?" 스님께서 말하시길, "내가 아홉 번이나 동산에 올랐다." 그 스님이 다시 물으려고 하자 스님께서 말하시길, "이 스님을 끌어내라!"

問有人問.三身中那箇身不墮諸數.古人云.吾常於此切.意旨如何.師曰.老漢九轉上洞山.僧擬再問.師曰.拽出此僧著.

● 어떤 스님이 묻길, "무엇이 본래면목[71]을 보는 일입니까?" 스님께서 말하시길, "천 리가 멀지 않다."

問如何是覿面事.師曰.千里未是遠.

● 어떤 스님이 묻길, "무엇이 전륜성왕[72]의 모습입니까?" 스님께서 말하시길, "우

(秦)의 도안(道安)이 시작하였다. 중국 명대개교(明代開校)의 불전에 과주(科註)라 부르며 본문의 상단에 과문(科文)을 기록하고 괘선(罫線)으로 전후 관계를 나타낸 것이 있으며 또 과문(科文)만을 별책으로 하여 과도(科圖) 또는 과(科)라고 불렀다.

70 『경덕전등록』 권15 「동산양개장」(『대정장』 권51, p.323, a15-16) "問三身之中阿那身不墮衆數.師曰.吾常於此切.(묻길, '삼신 중에 어느 몸이 많은 수에 떨어지지 않습니까?' 스님께서 말하길, '나는 이곳에서 간절했다.')."

71 본래면목(本來面目): 본래의 면목. 모든 사람들이 갖추고 있는 자연 그대로의 마음을 말한다. 본지풍광(本地風光), 본분전지(本分田地), 자기본분(自己本分), 본분사(本分事)와 같은 뜻이다. 『경덕전등록』 권4 「도명장」(『대정장』 권51, p.232, a10-11) "祖曰.不思善不思惡正恁麼時.阿那箇是明上坐本來面目.(육조 스님이 말하길, 선도 생각하지 말고 악도 생각하지 않을 때 바로 그러할 때 어느 것이 도명 상좌의 본래면목인가?)."

72 대인상(大人相): 팔리어로 마하 뿌루샤 락샤나(mahā-puruṣa-lakṣaṇa)이다. 전륜성왕과 부처님, 보살

러러 보면 곧 자격이 있다."

問如何是大人相.師曰.瞻仰即有分.

● 어떤 스님이 묻길, "문수와 유마는 무슨 일로 대담을 했습니까?" 스님께서 말하시길, "뜻에 떨어졌다."

問文殊與維摩對譚何事.師曰.義墮也.

● 어떤 스님이 묻길, "번뇌 망념이 없는 적연한 상태73에 의지할 것이 없을 때는 어떠합니까?" 스님께서 말하시길, "오히려 병이 된다." 묻길, "그러한 뒤에는 어떠합니까?" 스님께서 말하시길, "배가 양주로 내려갔다."

僧問寂然無依時如何.師曰.猶是病.曰轉後如何.師曰.船子下揚州.

● 묻길, "옛사람의 말을 받들어…"라고 말을 하자 스님께서 곧바로 누워서 한

등이 구족하고 있는 뛰어난 용모와 미묘한 형상을 가리키는 말. 대인삼십이상(大人三十二相)이라고도 한다. 또한 서른두 가지의 모습을 밝히고 있으므로 일반적으로 32대인상 또는 32상 등이라고 한다.『아비달마구사석론』권9「3 분별세간품」(『대정장』권29, p.223, a23-26) "此轉輪王與餘王.爲唯七寶有差別.爲更有餘差別.有餘差別.謂此四轉輪王有三十二大人相.余王則無.譬如諸佛.若爾王與佛何異.於中偈曰.處正明了圓.佛相余無等.(이 전륜왕과 다른 왕들은 오직 일곱 가지의 보배가 생겨나는 점에서 차별이 있는 것인가? 아니면 또 다른 차별이 있는 것인가? 다른 차별이 있는 것이니 이른바 네 부류의 전륜성왕에게는 서른두 가지의 대인상이 갖추어져 있으나 다른 왕들은 그것을 갖추지 못했다. 비유하면 모든 부처님과 같은 모습이다. 이와 같은 경우 전륜성왕과 부처님은 어떤 차별이 있는가? 게송으로 말하면 다음과 같다. 부처님의 서른두 가지 모습은 지극히 곧아서 치우침이 없고 극히 명료하여 혼동되는 일이 없으며 지극히 원만하여 결손된 것이 없는 것 등의 세 가지 덕이 갖추어져 있으니 이와 같은 부처님의 모습은 다른 어떤 것과도 비교할 수 없는 것이다)."『대지도론』권34「1 서품」(『대정장』권25, p.310, a12-13) "大人相者.身心專一.是故若有所觀身心俱迴.(대인상이란 무엇인가? 몸과 마음이 오로지 하나이다. 그러므로 몸과 마음을 함께 돌려 보는 바가 있는 것과 같다)."『대보적경』권79「7 답난품」(『대정장』권11, p.455, a29-b2) "汝說有三十二相名如來者.轉輪聖王則是如來.何以故.轉輪聖王身有三十二相.(그대에게 여래가 삼십이 상이 있다고 말하는 것은 전륜성왕이 곧 여래이다. 무슨 까닭인가? 전륜성왕의 몸에 삼십이 상이 있기 때문이다)."

73 적연(寂然): 마음이 고요하고 매우 맑은 상태.

참 있다가 일어나 말하시길, "무엇을 물었는가?" 그 스님이 다시 이야기하려 하자 스님께서 말하시길, "헛되이 태어나서 헛되이 죽을 놈이구나!"
問承古有言.師便作臥勢良久.起曰.問什麽.僧再擧.師曰.虛生浪死漢.

● 묻길, "화살이 드러나자 칼날을 던질 때는 어떠합니까?"[74] 스님께서 말하시길, "좋은 솜씨는 적중시키려고도 하지 않는다." 어떤 스님이 말하길, "다 눈이어서 표적이 없을 때는 어떠합니까?" 스님께서 말하시길, "훌륭한 솜씨로 시절인연을 따르는 것은 대단하다."
問箭露投鋒時如何.師曰.好手不中的.僧曰.盡眼勿摽的時如何.師曰.不妨隨分好手.

● 묻길, "옛사람이 말하길, '길에서 도를 통달한 사람을 만나면 말과 침묵으로 대답하지 마라.'[75] 했는데 도대체 장차 어떻게 대답해야 합니까?" 스님께서 말하시길, "차나 마셔라."
問古人道.路逢達道人不將語默對.未審將什麽對.師曰.喫茶去.

● 스님께서 어떤 스님에게 묻길, "어디서 왔는가?" 대답하길, "신광(神光)에서 왔습니다." 스님께서 말하시길, "낮에는 햇빛이라고 하고 밤에는 불빛이라고 하는데 무엇이 신광인가?" 그 스님이 대답이 없자 스님께서 스스로 대신 말하길, "햇

---

74 『조당집』 권7 「설봉화상장」(『고려대장경』 권45 p.280, b12-13) "問.箭路投鋒時如何.師云.好手不中的盡眼.勿摽時如何."에서는 路로 되어있다.
75 『진주임제혜조선사어록』 권1(『대정장』 권47, p.499, c6-7) "古人云.路逢達道人.第一莫向道." 옛 사람이 말하길, 길에서 불법에 통달한 사람을 만나면 첫 번째로 도를 말해선 안 된다)."『무문관』 권1(『대정장』 권48,p.297, b26-27) "五祖曰.路逢達道人.不將語默對.且道將甚麽對.(오조법연 선사가 말하길, 길에서 불법에 통달한 사람을 만나면 말과 침묵으로 대답해선 안 된다. 또 말하길, 장차 어떻게 대답해야 합니까?)."『경덕전등록』 권12 「청화전부선사장」(『대정장』 권51, p.297, b18-19) "問路逢達道人不將語默對.未審將什麽對.(묻길, 길에서 불법을 통달한 사람을 만나면 말하거나 침묵으로 대답해서는 안 된다고 했는데 도대체 장차 어떻게 대답해야 합니까?)."

빛과 불빛이다."
師問僧.什麼處來.對曰.神光來.師曰.晝喚作日光夜喚作火光.作麼生是神光.僧無對.師自代曰.日光火光.

● 스님께서 서(栖) 전좌에게 묻길, "옛사람이 말하길, '부처의 향상사를 알고 있어야 바야흐로 이야기할 수 있는 자격이 있다.'고 하는데[76] 무슨 이야기인가?" 스님께서 멱살을 잡고 말하시길, "말하라, 말해." 서 전좌가 대답이 없자 스님께서 밟고 넘어뜨리니 서 전좌가 일어나서 땀을 흘렸다.
栖典座問.古人有言.知有佛向上事.方有語話分.如何是語話.師把住曰.道道.栖無對.師蹋倒.栖起來汗流.

● 스님께서 어떤 스님에게 묻길, "어디서 왔는가?" 그 스님이 대답하길, "최근에 제중(浙中)을 떠났습니다." 스님께서 말하시길, "배로 왔는가? 육지로 왔는가?" 말하길, "두 길 모두 건너지 않았습니다." 스님께서 말하시길, "어떻게 여기에 이르렀는가?" 말하길, "어떤 막힘이 있습니까?" 스님께서 곧바로 때렸다.
師問僧.什麼處來.僧曰.近離浙中.師曰.船來陸來.曰二途俱不涉.師曰.爭得到遮裏.曰有什麼隔碍.師便打.

● 어떤 스님이 묻길, "옛사람이 본래면목을 서로 드러낸다고 말합니다."[77] 스님께서 말하시길, "그렇다." 말하길, "무엇이 본래면목이 드러난 모습입니까?" 스님

---

76 『오가어록』(선록) 권2(『가흥장』 권23, p.548, b19) "擧洞山云須知有佛向上事.僧問如何是佛向上事.洞山云非佛.(동산 스님이 앞의 이야기를 들어 말하길, '반드시 부처님의 향상사를 알아야 한다.' 어떤 스님이 묻길, '무엇이 부처님의 향상사입니까?' 동산 스님이 말하길, '부처가 아니다.')."
77 『불과원오선사벽암록』 권1(『대정장』 권48, p.143, a16) "覿面相呈事若何.(눈앞에 드러난 모습은 무슨 일입니까?)."

께서 말하길, "아이고! 아이고!"
問古人道覿面相呈.師曰.是.曰如何是覿面相呈.師曰.蒼天蒼天.

● 스님께서 어떤 스님에게 묻길, "이 물소[水牯牛]의 나이가 몇인가?" 그 스님이 대답이 없자. 스님께서 스스로 대신 말하시길, "칠십칠(77)이다." 그 스님이 말하길, "스님께서 어떻게 물소가 되셨습니까?" 스님께서 말하시길, "무슨 잘못이 있는가?"
師問僧.此水牯牛年多少.僧無對.師自代曰.七十七也.僧曰.和尙爲什麽作水牯牛.師曰.有什麽罪過.

● 어떤 스님이 하직인사를 하자 스님께서 물으시길, "어디로 가는가?" 말하길, "경산 화상께 예배하러 갑니다." 스님께서 말하길, "경산이 만약 그대에게 이곳의 불법이 어떠하냐고 묻는다면 어떻게 말하겠는가?" 말하길, "묻길 기다렸다 곧 말하겠습니다." 스님께서 주장자로 때렸다.
얼마 지나지 않아 이 일을 들어, 이 스님의 허물이 어디에 있기에 곧바로 방망이를 맞았는지 도부 스님[78]에게(도부는 경청순덕 대사이다) 물으니 도부 스님이 말하길, "물음에 경산 스님이 녹초[79]가 되었습니다." 스님께서 말하시길, "경산은 제중(절강성)에 있었는데 어떤 물음에 녹초가 되었다고 합니까?" 도부 스님이 말하길, "멀리 물었는데 가깝게 대답하는 것을 보지 못했습니다." 스님께서 이에 그만두었

---

78 경청도부(鏡淸道怤, 864~937): 설봉의존(雪峰義存)의 법제자로 청원(靑原) 스님의 6세손이다. 선사는 온주(溫州) 영가(永嘉) 사람으로 속성은 진(陳) 씨이며 법명은 도부(道怤)이다. 어려서 출가했으며 설봉(雪峰)의 법을 이었다. 월주(越州) 경청사(鏡淸寺)에 살다가 조칙에 의해 천룡사(天龍寺), 용책사(龍册寺)에 주석했다.
79 철곤(徹困): 피곤해서 녹초가 되다. 노그라지다. 『진주임제혜조선사어록』 권1(『대정장』 권47, p.504, c17-18) "大愚云.黃蘗與麽老婆, 爲汝得徹困.(대우 스님이 말하길, '황벽 스님의 이와 같은 노파심으로 그대들을 위하여 녹초가 되었다.')."

다. (동선제가 말하길, '저 스님이 만약 설봉 스님의 뜻을 알았다면 어찌 맞았겠습니까? 만약 알지 못했다면 또 그를 때려서 무엇 하겠는가? 또 허물이 어디에 있는가 말해보라! 종청이 비록 부자지간으로 그를 분석했지만 그렇다면 크게 졸작을 만든 것과 같다. 알겠는가? 또 설봉 스님이 곧바로 그만둔다고 한 것은 그를 긍정한 것인가? 긍정하지 않은 것인가?')

스님께서 하루는 장경혜릉에게 일러 말하길, "내가 위산을 보고 '모든 성인은 어디로 갔는가?'라고 앙산에게 말하니 그가 '혹은 천상계에 있고 혹은 인간계에 있습니다.'라고 말했다. 그대는 앙산의 뜻이 어디 있다고 말하겠는가?" 혜릉이 대답하길, "만약 모든 성인들이 들고 나는 곳을 묻는다면 그렇게 말하면 안 됩니다." 스님께서 말하길, "그대가 전혀 긍정하지 않으니 홀연히 어떤 사람이 묻는다면 그대는 어떻게 말하겠는가?" 혜릉이 대답하길, "다만 틀렸다고 말하겠습니다." 스님께서 말하시길, "그대는 틀리지 않았다." 혜릉이 말하길, "어찌 틀린 것과 다르겠습니까?"

僧辭師問.什麼處去.曰禮拜徑山和尙去.師曰.徑山若問汝此間佛法如何.作麼生道.曰待問卽道.師以拄杖打.尋擧問道怤(怤卽鏡淸順德大師)遮僧過在什麼處便喫棒.怤曰.問得徑山徹困也.師曰.徑山在浙中因什麼問得徹困.怤曰.不見道遠問近對.師乃休(東禪齊云.那僧若會雪峯意.爲什麼被打.若不會又打伊作什麼.且道過在什麼處.鐘清雖卽子父與他分析.也大似成就其醜拙.還會麼.且如雪峯便休.是肯伊不肯伊).師一日謂慧稜曰(稜卽長慶).吾見潙山問仰山.諸聖什麼處去.他道.或在天上或在人間.汝道仰山意作麼生.稜曰.若問諸聖出沒處.恁麼道卽不可.師曰.汝渾不肯.忽有人問.汝作麼生道.稜曰.但道錯.師曰.是汝不錯.稜曰.何異於錯.

● 스님께서 어떤 스님에게 묻길, "어디서 왔는가?" 대답하길, "강서(江西)에서 떠나왔습니다." 스님께서 말하길, "강서와 여기는 얼마나 떨어져 있는가?" 대답하

길, "멀지 않습니다." 스님께서 불자[80]를 세우고 말하시길, "이것으로 막을 수 있겠는가?" 대답하길, "만약 이것으로 막을 수 있다면 먼 것입니다." 스님께서 곧바로 때렸다.

師問僧.什麼處來.對日.離江西.師日.江西與此間相去多少.日不遙.師竪起拂子日.還隔遮箇麼.日若隔遮箇卽遙去也.師便打.

● 어떤 스님이 묻길, "학인이 별안간 총림[81]에 들어왔습니다. 청컨대 스님께서 깨달음의 길을 지시해 주십시오." 스님께서 말하시길, "차라리 내 몸이 가루가 될지언정 끝내 감히 한 스님의 눈을 멀게 하지 않겠다."

問學人乍入叢林乞師指示箇入路.師日.寧自碎身如微塵.終不敢瞎却一僧眼.

● 어떤 스님이 묻길, "49년의 후의 일은 묻지 않겠습니다. 49년의 전의 일은 어떠합니까?" 스님께서 불자로 입을 막고 때렸다.

問四十九年後事卽不問.四十九年前事如何.師以拂子驀口打.

● 어떤 스님이 설봉 스님을 하직하고 영운 스님을 참배하고 묻길, "부처가 세상에 출현하기 전은 어떠합니까?" 영운 스님이 불자를 드니 또 묻길, "부처가 세상에 출현하신 뒤의 일은 어떠합니까?" 영운 스님이 또 불자를 들었다.

---

80 불자(拂子): 원래는 짐승털, 마(麻), 면(綿) 등 부드러운 것을 묶어 손잡이를 달아 모기나 먼지 등을 터는 것이었다. 한국이나 중국에서는 주로 선종(禪宗)에서 주지가 설법할 때 이것을 손에 들고 위의(威儀)를 바로하고 이에 주의를 기울이도록 하는 것을 설법의 상징으로 함. 『진주임제혜조선사어록』 권1(『대정장』 권47, p.496, c23-24) "上堂.僧問.如何是佛法大意.師竪起拂子.僧便喝.師便打.(임제 스님께서 법상에 올라 설법하시니 어떤 스님이 묻길, 무엇이 불법의 근본 뜻입니까? 스님께서 불자를 세우니 그 스님이 곧바로 할을 하니 스님께서 곧바로 때렸다)."
81 총림(叢林): 많은 수행승이 화합하여 한군데에 살고 있는 것을 수목이 군집하여 모여서 숲을 이루고 있는 것에 비유하여 말함. 또는 많은 승려가 안거하면서 함께 수행하고 배우는 절을 말하며 특히 여름 안거동안 수행하는 선원을 말함.

그 스님이 돌아오니 설봉 스님께서 물으시길, "스님은 최근에 떠났는데 아주 빨리 돌아왔군!" 그 스님이 말하길, "제가 그곳에 가서 불법을 물어보니 서로 맞지 않아서 이에 돌아왔습니다." 스님께서 말하시길, "그대는 무슨 일을 물었는가!" 그 스님이 앞의 일을 이야기 하니 스님께서 말하시길, "그대는 물어보아라. 내가 그대를 위하여 말해 주겠다." 그 스님이 곧바로 묻길, "부처가 세상에 출현하기 전에는 어떠합니까?" 스님께서 불자를 들었다. 또 묻길, "부처가 세상에 출현한 이후는 어떠합니까?" 스님께서 불자를 내려 놓으셨다. 그 스님이 절을 하자 스님께서 곧바로 때렸다.

(뒤에 그 스님이 현사 스님에게 그 일을 이야기하자 현사 스님이 말하길, "그대는 깨닫고자 하는가? 내가 그대에게 비유로 말해 주겠다. 마치 어떤 사람이 한 조각의 동산을 파는데 동서남북 한꺼번에 계약하기를 모두 마치고는, '마음속에 나무가 있는데 아직도 나에게 속해 있다.'라고 했다." 숭수조(崇壽稠)가 말하길, "그가 알고 있는 곳을 때렸는가? 다른 도리가 있는 것인가?")[82]

인하여 육조 스님이 '바람이 움직이는 것도 아니요 깃발이 움직이는 것도 아니요, 그대의 마음이 움직이는 것이다.'[83] 라고 이야기했다 하니 스님께서 말하시길, "그렇게나 훌륭한 조사께서 용두사미에 만족하니 20대의 주장자를 맞아야겠구나!" 이때 태원부(太原孚) 상좌가 모시고 서 있다가 말을 듣고 이를 부딪치니 스님께서 또 말하시길, "내가 아까 그렇게 말한 것도 20대의 주장자를 맞아야 좋을 것이다."

---

82 위당(爲當): 또는 그렇지 않으면, 두 자로 ~인 것인가? 또는 ~인 것인가? 라고 하는 양자택일을 묻는 의문사이다. 爲當~, 爲當?이라고 겹쳐서 사용하는 경우도 많다. 『경덕전등록』 권6(『대정장』 권51, p.246, b1-3) "師問百丈.汝以何法示人.百丈竪起拂子.師云.只遮箇爲當別有.百丈抛下拂子.(마조 스님이 백장 스님에게 묻길, '그대가 무슨 법을 사람들에게 보이는가?' 백장 스님이 불자를 세우자 마조 스님이 말하길, '단지 그것뿐인가? 다른 것이 있는가?' 백장 스님이 불자를 던져버렸다)."
83 『육조대사법보단경』 권1(『대정장』 권48, p.349, c11-12) "惠能進曰.不是風動.不是旛動.仁者心動.(혜능이 나와 말하길, '바람이 움직이지 않고, 깃발도 움직이지 않으며 그대의 마음이 움직이는 것이다.')."

(운거석이 말하길, "어느 곳이 조사의 용두사미이기에 곧 방망이를 맞아도 좋다고 했습니까? 예를 들어 설봉 스님이 스스로 말한 것과 같이 나 또한 주장자를 맞아도 좋다고 했으니 불법의 근본대의가 무엇인지 말해보라? 오랫동안 대중의 윗자리에 있어 알지 못하는 것이 없겠지만 처음 불법의 지혜작용을 접하는 형제들은 어떻게 알겠는가?" 동선제가 말하길, "설봉 스님은 그렇게 말했지만 다른 깨달은 곳을 점검한 것인가? 대중들 속에서 스스로의 허물을 들추어냈지만 들추어낸 허물은 그만두고 육조 스님께서 바람이 움직이는 것도 아니고, 깃발이 움직인 것도 아니라고 말한 것은 무슨 뜻인가?")

有僧辭去參靈雲.問佛未出世時如何.靈雲擧拂子.又問.出世後如何.靈雲亦擧拂子.其僧却迴.師問.闍梨近去返太速生.僧曰.某甲到彼問佛法不相當乃迴.師曰.汝問什麽事.僧擧前話.師曰.汝問.我爲汝道.僧便問.佛未出世時如何.師擧拂子.又問.出世後如何.師放下拂子.僧禮拜.師便打(後僧擧似玄沙.玄沙云.汝欲得會麽.我與汝說箇喩.如人賣一片園.東西南北一時結契總了也.中心有箇樹子猶屬我在.崇壽稠云.爲當打伊解處.別有道理)因擧.六祖云.不是風動不是旛動.仁者心動.師曰.大小祖師龍頭蛇足.好與二十拄杖.時太原孚上座侍立.聞之咬齒.師又曰.我適來恁麽道也.好與二十拄杖(雲居錫云.什麽處是祖師龍頭蛇尾.便好喫棒.只如雪峯自道.我也好喫拄杖.且道佛法意旨作麽生.久在衆上座無有不知.初機兄弟且作麽生會.東禪齊云.雪峯恁麽道.爲當點檢別有落處.衆中喚作自抽過抽過且置.祖師道不是風動不是幡動.作麽生).

● 스님께서 혜전(慧全)에게 물으시길, "그대는 깨달음을 체득했다면 어떻게 하겠는가?" 혜전이 말하길, "스님과 함께 선문답[84]을 마쳤습니다." 스님께서 말하시길,

---

84 상량(商量): 상담하다, 협의하다. 『조정사원』 권1에 '상인이 양탁(量度, 홍정)하는 것처럼 중간을 취(절충)하여 양쪽 모두가 만족하도록 하는 것이다.'고 한다. 『경덕전등록』 권16 「황산월윤장」, 『대정장』 권51,

"어디서 선문답을 하였는가?" 대답하길, "어느 곳을 가고 온다고 하십니까?" 스님께서 말하시길, "그대가 깨달음을 체득했다고 하면 또 어떻게 하겠는가?" 혜전이 전혀 대답이 없자, 스님께서 때렸다.

師問慧全.汝得入處作麼生.全曰.共和尙商量了.師曰.什麼處商量.曰什麼處去來.師曰.汝得入處又作麼生.全無對.師打之.

● 전탄(全坦)이 묻길, "평탄하고 광대한 얕은 풀밭에서 큰 사슴이 무리를 이루고 있는데 어떻게 큰 사슴의 왕을 쏘아 잡을 수 있겠습니까?" 스님께서 전탄을 부르니 전탄이 "예!" 하고 대답하니 스님께서 말하시길, "차나 마셔라!"

全坦問.平洋淺草麋鹿成群.如何射得麋中主.師喚全坦.坦應諾.師曰.喫茶去.

● 스님께서 어떤 스님에게 묻길, "최근 어느 곳을 떠나왔는가?" 그 스님이 말하길, "위산을 떠나왔습니다. 일찍이 '무엇이 조사가 서쪽에서 오신 뜻입니까?'[85] 하고 위산 스님께 묻자 스님께서는 자리를 의지하고 앉아 있었습니다." 스님께서 말하시길, "그대는 그를 긍정하는가?" 그 스님이 말하길, "저는 그를 긍정하지

---

p.332, c29-p. 333, a2) "問宗乘一句請師商量.師曰.黃峯獨脫物外秀.年來月往冷颼颼.(묻길, '선의 극치인 불심으로 전환하는 한마디를 청컨대 스님과 선문답을 하고 싶습니다.' 스님께서 말하길, '누런 봉우리에서 홀로 벗어난 사물의 밖은 빼어난데 여러 해부터 달이 가면 차가운 바람이 분다.')." 『운문광진선사광록』 권1(『대정장』 권47, p.546, c11-12) "便似屎上靑蠅相似.鬪咂將去.三箇五箇聚頭商量.(곧바로 똥 위에 푸른 파리와 서로 같아서 다투어 빨려 장차 가니 세 개 다섯 개의 머리를 모아 선문답을 한다.)." 『불과원오선사벽암록』 76칙 평창 권8(『대정장』 권48, p.204, a2-3) "保福長慶.同在雪峯會下.常擧古人公案商量.(보복과 장경이 함께 설봉 문하에 있었는데 항상 옛사람의 공안을 들어 선문답을 했다)."

85 조사서래의(祖師西來意): 달마가 서쪽에서 오신 의미인데 본래의 뜻은 불법의 근본 뜻을 말한다. 『진주임제혜조선사어록』 권1(『대정장』 권47, p.504, b5-6) "牙後到翠微問.如何是祖師西來意.微云.與我過蒲團來.(용아거둔 스님이 취미 스님에게 묻길, '무엇이 불법의 근본 뜻입니까?' 취미 스님이 이르길, '나를 넘어서 포단을 가져와라.')." 『경덕전등록』 권22 「운문후장」(『대정장』 권51, p.387, a8-9) "僧問.如何是祖師西來意.師曰.今是什麼意.(어떤 스님이 묻길, '무엇이 조사가 서쪽에서 오신 뜻입니까?' 스님께서 말하길, '지금 무슨 뜻인가?')."

않습니다." 스님께서 말하시길, "위산은 본래 부처이니 빨리 가서 참회의 절을 하라." 현사가 말하길, "산꼭대기의 늙은이가 위산을 잘못 알고 있구나."

　(동선제(東禪齊)가 말하길, "무엇을 잘못 알고 있는 것인가? 틀림없이 잘못 알고 있는 것이다. 곧바로 그렇게 알고 있다고 말하지 마라. 만약 그렇게 알았다면 위산의 뜻이 어디에 있는지 알지 못하는 것이다. 예를 들어 설봉이 말하길, '위산은 본래 부처이니 빨리 가서 참회하라.' 했으니 이것은 위산을 증명하는 것인가? 위산을 찬탄하는 것인가? 이 일은 자세히 알기 어려운데 잘 보면 어려운 것이 아니다.")

師問僧. 近離什麼處. 僧曰. 離潙山. 曾問如何是祖師西來意. 潙山據坐. 師曰. 汝肯他否. 僧曰. 某甲不肯他. 師曰. 潙山古佛子速去禮拜懺悔. 玄沙曰. 山頭老漢蹉過潙山也(東禪齊云. 什麼處是蹉過的當蹉過. 莫便恁麼會也無. 若恁麼會卽未會潙山意在. 只如雪峯云. 潙山古佛子速去懺悔. 是證明潙山. 是讚歎潙山此事也難子細. 好見去也不難).

● 묻길, "학인이 말할 수 없는 곳을 청컨대 스님께서 말씀해 주십시오." 스님께서 말하시길, "나는 법을 위하고 사람을 아낀다." 스님께서 불자를 들어 한 스님에게 보이자 그 스님이 곧바로 나가 버렸다. (장경혜릉이 천주의 왕연빈(王延彬)에게 그 이야기를 하고 이어 말하길, "이 스님은 20방망이를 맞아 깨달음을 이룰 수 있는 인연을 맞을 수 있음이 합당하겠다고 하겠다." 왕연빈이 말하길, "스님의 어떤 마음작용입니까?" 장경혜릉이 말하길, "몇 번이나 지나쳤는가?")

問學人道不得處請師道. 師曰. 我爲法惜人. 師擧拂子示一僧. 其僧便出去(長慶稜擧似泉州王延彬乃曰. 此僧合喚轉與一頓棒. 彬曰. 和尙是什麼心行. 稜曰幾放過)

● 스님께서 장경혜릉에게 묻길, "옛사람이 앞도 삼삼(三三), 뒤도 삼삼(三三)이

라[86] 했는데 무슨 뜻인가?" 장경혜릉이 곧바로 나가 버렸다. (아호대의가 달리 말하길, "예!")

師問慧稜.古人道前三三後三三意作麼生.稜便出去(鵝湖別云.諾).

● 스님께서 어떤 스님에게 물으시길, "어디서 왔는가?" 대답하길, "남전(藍田, 쪽밭)에서 왔습니다." 스님께서 말하시길, "어찌 수풀 속에 들어가지 않는가?" (장경혜릉이 말하길, "험하다.") 묻길, "본분사의 일은 어떻게 합니까?" 스님께서 그 스님의 손을 잡고 말하시길, "상좌! 장차 이것을 누구에게 묻겠는가?"

師問僧.什麼處來.對曰.藍田來.師曰.何不入草(長慶稜云.險)問大事作麼生.師執僧手曰.上坐將此問誰.

● 어떤 스님이 절을 하자 스님께서 다섯 방망이를 때렸다. 그 스님이 말하길, "허물이 어디에 있습니까?" 스님께서 또 다섯 방망이를 때리고 꾸짖어 쫓아냈다.

---

86 전삼삼 후삼삼(前三三 後三三): 원래 뜻은 불법의 지혜는 중생의 사량분별로는 헤아릴 수 없다는 의미로 차별적인 견해를 초월한 입장을 말하는 것이다. 『조당집』 권12 「용회화상장」 (南唐: 釋靜 筠 編撰, 오복조, 고지천 点校, 중국: 악록서사, 1996, p.281, 하) "問.古人道.前三三後三三.意作麼生.師云.西山日出.東山月沒.(어떤 스님이 묻길, '옛사람이 前三三 後三三이라 했는데 무슨 뜻입니까?' 용회 화상이 이르길, '서산에 해가 뜨고 동산에는 달이 진다.')." 『경덕전등록』 권13 「자복여보장」(『대정장』 권51, p.302, a12-13) "問古人道前三三後三三意如何.師曰.汝名什麼.曰某甲.師曰.喫茶去.(어떤 스님이 묻길, '옛사람이 말하길, 전삼삼, 후삼삼이라고 했는데 무슨 뜻입니까?' 자복 선사가 이르길, '그대 이름이 무엇인가?' 그 스님이 아무개입니다 대답하자. 자복 선사가 말하길, '차나 마셔라.')." 『불과원오선사벽암록』 권4(『대정장』 권48, p.173, b29-c8) "擧.文殊問無著.近離什麼處.無著云.南方.殊云.南方佛法.如何住持.著云.末法比丘.少奉戒律.殊云.多少衆.著云.或三百或五百.無著問文殊.此間如何住持.殊云.凡聖同居龍蛇混雜.著云.多少衆.殊云.前三三後三三.(문수가 무착에게 묻길, '최근 어디를 떠나 왔는가?' 무착이 이르길, '남방에서 왔습니다.' 문수가 이르길, '남방의 불법은 어떻게 실천하는가?' 무착이 이르길, '말법시대의 비구가 계율을 실천하는 수행자가 적습니다.' 문수가 이르길, '대중은 얼마나 있는가?' 무착이 이르길, '300명에서 500명 정도 됩니다.' 무착이 문수보살에게 묻길, '여기에서는 불법을 어떻게 실천합니까?' 문수가 이르길, '범부와 성인이 함께 있고 용과 뱀이 뒤섞여 있다.' 무착이 묻길, '대중이 많습니까?' 문수가 이르길, '앞도 삼삼, 뒤도 삼삼이다.')."

有僧禮拜.師打五棒.僧曰.過在什麼處.師又打五棒喝出.

● 스님께서 어떤 스님에게 물으시길, "어디서 왔는가?" 그 스님이 말하길, "영외(嶺外, 고개 밖)에서 왔습니다."라고 하자 스님께서 말하시길, "달마는 만나봤는가?" 그 스님이 말하길, "구름 한 점 없는 맑은 날씨입니다." 스님께서 말하시길, "스스로를 어떻게 하겠는가?" 그 스님이 말하길, "다시 어떻게 합니까?" 스님께서 곧바로 때렸다. 스님께서 그 스님을 전송할 때 그 스님이 서너 걸음 걸어가자 스님께서 "상좌여!"라고 부르자 그 스님이 고개를 돌리자 스님께서 말하시길, "길 조심하시오!"[87]

師問僧.什麼處來.僧曰.嶺外來師曰.還逢達磨也無.僧曰.青天白日.師曰.自己作麼生.僧曰.更作麼生.師便打.師送僧出行三五步.召曰.上坐.僧迴首.師曰.途中善爲.

● 어떤 스님이 묻길, "망치를 들고, 불자를 세우는 것은 선종의 가르침과 맞지 않는데 스님께서는 어떻게 하겠습니까?" 스님께서 불자를 세웠다. 그 스님이 스스로 머리를 감싸 쥐고 나가버렸다. 스님께서는 이에 돌아보지 않았다. (법안 스님이 대신 말하길, "대중들은 싸움터의 장군 한 사람을 보라.").

僧問.拈搥竪拂不當宗乘和尙如何.師竪起拂子.其僧自把頭出.師乃不顧(法眼代云.大衆看此一員戰將).

---

87 선위(善爲): '몸조심하세요, 주의하세요, 조심하세요.' 등 떠나가는 자에게 하는 인사말이다. 『조당집』권6 「동산양개장」(『고려대장경』권45, p.272, b20) "後因此得入路.將衣鉢一時設齋.得三五年後辭和尙.和尙云.善爲善爲.(나중에 이것을 인연으로 길을 가는데 의발을 가지고 한 때 점심을 베풀었는데 3~5년 후에 스님께 작별을 하니 스님께서 이르길, '조심하세요, 조심하세요.')." 『경덕전등록』권10 「부용영훈장」(『대정장』권51, p.281, a1) "宗曰.時寒途中善爲.귀종 스님이 말하길, '겨울철이니 길 조심하세요.')." 『고존숙어록』권36 「투자화상어록」(『속장경』권68, p.234, b11-12) "峰辭.師送出門.召曰.道者.峰回首應.師曰.途中善爲.(설봉 스님이 하직하니 스님께서 문 밖으로 나와 송별하며 '수행자여!' 부르니 설봉 스님이 머리를 돌려 응하니 스님께서 말하길, '길 조심하세요.')."

● 어떤 스님이 묻길, "삼승 12분교(모든 경전)는 범부를 위하여 설하신 것입니까? 범부를 위하여 설하신 것이 아닙니까?" 스님께서 말하시길, "양류(楊柳) 한 곡[88]도 쓸 필요가 없다."

僧問. 三乘十二分敎爲凡夫開演. 不爲凡夫開演. 師曰. 不消一曲楊柳枝.

● 스님께서 경청 스님에게 일러 말하시길, "옛날에 어떤 노숙이 관리를 데리고 법당을 돌다가 말하길, '이곳의 대중은 모두 불법승을 배웁니다.' 이에 관리가 말하길, '금가루가 비록 귀하지만[89] 눈 속에 들어가면 어떻게 합니까?' 하자 노숙이 대답이 없었다." 경청 스님이 대신 말하길, "요즘은 벽돌을 던져서 옥을 끌어 옵니다." (법안 스님이 달리 말하길, "관리는 어찌 귀만 귀하게 여기고 눈은 천하게 여기는가?")

師謂鏡淸曰. 古來有老宿引官人巡堂云. 此一衆盡是學佛法僧. 官人云. 金屑雖貴又作麽生. 老宿無對鏡淸代曰. 比來拋塼引玉(法眼別云. 官人何得貴耳而賤目).

● 스님께서 법상에 올라 설법하실 때 불자를 들고 말하시길, "이것은 중하근기

---

88 이별을 노래하는 곡이다. 예를 들면 다음과 같은 곡이 있다. ① 양주사(涼州詞) - 왕지환(王之渙) 지음. 황하원상백운간(黃河遠上白雲間) 일편고성만잉산(一片孤城万仞山) 강적하수원양류(羌笛何須怨楊柳) 춘광부도옥문관(春光不度玉門關): 황하는 멀리 구름 밖에 흐르고, 성 밖엔 밋밋한 산이 솟았네. 피리는 원한의 양류곡(楊柳曲)이로고, 봄빛도 옥문관을 넘지 못하나 보다. ② 춘야낙성문적(春夜洛城聞笛) - 이백(李白) 지음, 수가옥적암비성(誰家玉笛暗飛聲) 산입동풍만낙성(散入東風滿洛城) 차야곡중문절류(此夜曲中聞折柳) 하인불고고원정(何人不起故園情): 어느 집에선가 은은히 날아드는 옥피리 소리, 봄바람 불어들어 낙양성에 가득 차네. 이 밤 노래 속에 절양류곡 소리 들려오니, 누구인들 고향 그리는 마음 생기지 않으리오.
89 『진주임제혜조선사어록』 권1(『대정장』 권47, p.503, c29-p.504, a2) "侍云. 金屑雖貴落眼成翳. 又作麽生. 師云. 將爲爾是箇俗漢. (왕상시가 이르길, '금가루가 비록 귀하지만 눈에 떨어지면 병이 되는데 어떻게 합니까?' 스님께서 이르길, '장차 그대를 깨달은 속인으로 알겠다.')."『불과원오선사벽암록』 25칙 권3(『대정장』 권48, p.166, a11-12) "古人到此不肯住. 其實金屑雖貴落眼成翳. (옛사람이 시절인연에 머물지 않는 것은 진실로 금가루는 비록 귀하지만 눈에 들어가면 눈병이 된다)."

를 위한 것이다." 어떤 스님이 묻길, "상상근기인이 왔을 때는 어떻게 합니까?" 스님께서 불자를 들었다. 그 스님이 말하길, "이것은 중하근기를 위한 것이라고 했습니다." 스님께서 때렸다.

師上堂.擧拂子曰.遮箇爲中下.僧問.上上人來如何.師擧拂子.僧曰.遮箇爲中下.師打之.

● 어떤 스님이 묻길, "혜충 국사가 시자를 세 번 부른 것은 무슨 뜻입니까?"[90] 스님께서 이에 일어나서 방장실로 갔다.

問國師三喚侍者意如何.師乃起入方丈.

● 스님께서 어떤 스님에게 묻길, "금년 여름에는 어디에 있었는가?" 말하길, "용천(涌泉)에 있었습니다." 스님께서 말하시길, "오랫동안 솟았던가? 잠시만 솟았는가?" 말하길, "스님의 물음은 잘못되었습니다." 스님께서 말하시길, "나의 물음이 잘못되었다고?" 말하길, "그렇습니다." 스님께서 곧바로 때렸다.

師問僧.今夏在什麽處.曰涌泉.師曰.長時涌暫時涌.曰和尙問不著.師曰.我問不著.曰是.師乃打.

● 절의 장원으로 운력을 가다가 길에서 원숭이를 만났는데 스님께서 말하시길, "저 축생 한 마리가 한 면의 본래 거울을 등에 지고 나의 벼를 따는구나!" 어떤 스님이 말하길, "오랜 겁에도 이름이 없었는데 어째서 본래 거울이라고 밝히는 것

---

90 『고존숙어록』 권39(『대정장』 권68, p.255, b22) "問.國師三喚侍者.意旨如何.師云.憐兒不覺醜.(묻길, '남양혜충 국사가 시자를 세 번 부른 뜻은 무엇입니까?' 스님께서 대답하길, '이웃집 아이가 부끄러워 깨어나지 않았다.').", 『무문관』 권1(『대정장』 권48, p.295, a24-25) "國師三喚侍者.侍者三應.國師云.將謂吾辜負汝.元來却是汝辜負吾.(남양혜충 국사가 시자를 세 번 부르자 시자는 세 번 '예!'라고 대답했다. 국사가 말하시길, '내가 그대를 등진 것이 아닌가? 하고 말했는데 원래 그대가 나를 등진 것이 아닌가?')."

입니까?" 스님께서 말하시길, "티가 생겼다." 그 스님이 말하길, "어찌 정색[91]을 하십니까? 실마리도 알지 못하는군요." 스님께서 말하시길, "나의 잘못이다."
普請往寺莊路逢獼猴.師曰.遮畜生一人背一面古鏡摘山僧稻禾.僧曰.曠劫無名爲什麼彰爲古鏡.師曰.瑕生也.僧曰.有什麼死急.話端也不識.師曰.老僧罪過.

● 민 땅의 대원수가 은으로 장식된 상을 시주하니 어떤 스님이 묻길, "스님께서는 대왕의 이와 같은 공양을 받았는데 장차 어떻게 보답하겠습니까?" 스님께서 손으로 땅의 경계선을 넓히고 말하시길, "나를 때린 것이 적다." (어떤 스님이 소산에게 물어 말하길, "설봉 스님이 나를 때린 이는 적다고 말한 것은 무슨 뜻입니까?" 소산이 말하길, "오이를 버무려 머리 위에 꽂고 꼬리를 드리우고 발꿈치가 가지런하게 한다.")
閩帥施銀交床.僧問.和尙受大王如此供養.將何報答.師以手托地曰.少打我(僧問疎山曰.雪峯道少打我意作麼生.疎山云.頭上插瓜蘆垂尾脚跟齊).

● 어떤 스님이 묻길, "비로자나불을 다 삼켰을 때 어떠합니까?" 스님께서 말하시길, "복당이 수복되어 평정이 잘되었는가?"
問吞盡毘盧時如何.師曰福唐歸得平善否.

● 스님께서 대중에게 말하시길, "내가 만약 동쪽이라고 말하고, 서쪽이라고 말하면 그대들은 말을 찾고 구절을 쫓겠지만 내가 만약 영양이 뿔을 걸 듯하면 그

---

91 사급(死急): 화급(火急). 정색을 하고 대드는 것, 정색을 화를 내는 것. 『진주임제혜조선사어록』 권1(『대정장』 권47, p.502, b28-29) "禿屢生.有甚死急.披他師子皮.却作野干鳴.(머리 깎은 어리석은 녀석들아! 심하게 정색하며 사자 가죽을 쓰고 도리어 들여우의 울음소리를 내는가?)." 『운문광진선사광록』 권1(『대정장』 권47, p.548, b21-22) "這箇打野榫漢.有什麼死急行脚去.(이 쏘다니는 녀석이 어떤 급한 것이 있어 행각하는가?)."

대들은 어느 곳을 어루만져 더듬겠는가?" (어떤 스님이 보복 스님에게 묻길, "예를 들어 설봉 스님은 어떤 가르침의 말씀을 주려고 곧바로 영양이 뿔을 걸 때를 말했습니까?" 보복이 말하길, "설봉 스님이 사문[92]이 안 된다고 하지 마라.")

師謂衆曰.我若東道西道.汝則尋言逐句.我若羚羊掛角.汝向什麽處捫摸(僧問保福.只如雪峯有什麽言教.便以羚羊掛角時.保福云.莫是與雪峯作小師不得麽).

● 스님께서 민천에 40여 년 머무르는 동안 수행자들이 겨울, 여름 동안 1,500명이 줄지 않았다. 양의 개평 2년(908) 무진 춘삼월에 병이 나니 민 땅의 대원수가 의원을 보내어 진찰하도록 하니 스님께서 말하시길, "나는 병이 난 것이 아니다." 하고 끝내 약을 복용하지 않았다. 게송을 남기고 법을 부촉하셨다. 여름 5월 2일 아침에 쪽 밭에 갔다가 저녁에 돌아와서 목욕을 하고 한밤중에 입적하니 세수 87세요, 법랍은 59세였다.

師住閩川四十余年.學者冬夏不減千五百人.梁開平二年戊辰春三月示疾.閩帥命醫診視.師曰.吾非疾也.竟不服其藥.遺偈付法.夏五月二日朝遊藍田.暮歸澡身.中夜入滅.壽八十七.臘五十九.

---

92 소사(小師): 구족계(具足戒)를 받아서 아직 십하(十夏)에 미달된 자를 말한다. 제자를 말한다. 사문(沙門)의 겸칭. 『진주임제혜조선사어록』 권1(『대정장』 권47, p.506, c24-25) "住鎭州保壽嗣法小師延沼謹書.(진주 보수사에 거주하는 사법제자 연소가 삼가 쓰다)." 『육조대사법보단경』 권1(『대정장』 권48, p.360, c19-20) "師云.神會小師却得善不善等.毀譽不動.哀樂不生.余者不得.(육조 스님께서 이르길, '신회 사미는 도리어 선과 불선을 같이하고 비난과 칭찬에도 동요하지 않고, 슬픔과 즐거움도 내지 않는다. 다른 사람들은 그렇지 않다.')." 『경덕전등록』 권6 「강서도일장」(『대정장』 권51, p.246, b5-7) "有小師行脚迴.於師前畫箇圓相.就上禮拜了立.師云.汝莫欲作佛否.云某甲不解揑目.師云.吾不如汝.小師不對.(어떤 스님이 행각에서 돌아와서 스님 앞에 동그라미를 그리고 그 위에서 절을 마치고 서 있었는데 스님께서 이르길, '그대는 부처를 이루려고 하지 마라.' 이르길, '저는 눈을 비비지 않았습니다(눈을 튼 수행자라고 스스로 밝힘).' 스님께서 이르길, '나는 그대와 같지 않다.' 그 스님은 대답하지 못했다.)."

『불과원오선사벽암록』권1
佛果圓悟禪師碧巖錄 卷一

● 수시(垂示)

수시하길, "대개 불법을 다스리고 세우려면 반드시 뛰어나고 신령스러운 지혜 작용을 하는 사람이 하나니 사람을 죽이고도 눈을 깜박거리지 않는 방편이어야 바야흐로 당장 부처가 될 수 있다. 그래서 비춤과 작용이 동시(同時)[93]이고 파주 (把住)[94]와 방행(放行)[95]이 함께하고 본질과 작용이 둘이 아니며[96] 방편과 진실이 같이 행해지고 있다. 하나를 놓아 두 번째 문을 건립한다. 즉시 언어와 문자를 절단하면 후학들이 처음에 모여들기 어렵게 된다. 어제의 그러함은 일이 부득이해서이고 오늘은 또 그러한 것은 허물이 하늘에 미치게 된다. 만약 눈 밝은 사람이

---

93 조용동시(照用同時): 조(照)라는 것은 상대방의 나오는 태도를 보는 마음의 작용이고, 용(用)이라는 것은 상대방의 나오는 태도에 대응하는 움직임(활동)이다. 그것을 동시에 기능하게 하다. 『진주임제혜조선사어록』권1(『대정장』권47, p.496, b1-2) "照用同時. 本無前後.(비춤과 작용은 동시여서 본래 앞뒤가 없다)."

94 파주(把住): 꽉 쥐다. 꽉 붙잡다. 『진주임제혜조선사어록』권1(『대정장』권47, p.496, c11-14) "時有僧出問. 如何是無位眞人. 師下禪床把住. 云. 道道. 其僧擬議. 師托開. 云. 無位眞人是什麽乾屎橛. 便歸方丈.(그때 어떤 스님이 나와 묻길, '무엇이 자리가 없은 참 사람입니까?' 스님께서 선상을 내려 꽉 쥐고 이르길, '말하라. 말해.' 그 스님이 뭐라고 하려 하자 스님께서 이르길, '무위진인이 무슨 똥 막대기인가?' 곧바로 방장실로 돌아갔다)."

95 방행(放行): 수행자를 연마하는 수단의 하나로 상대방의 근기에 맡겨 마음대로 하게 내버려두는 것. 『무문관』권1(『대정장』권48, p.299, a8-9) "把定放行各出一隻手. 扶竪宗乘.(불법의 본질을 파악하고 불법을 자유롭게 펼치며 각자 하나의 손을 내어 잡고 선종의 종지를 붙들어 세우며 종풍을 드날리고 있다)."

96 이사불이(理事不二): 절대의 진리(理)와 차별 있는 현상계(事)가 둘이면서 하나, 하나이면서도 둘이라고 하는 관계에 있는 것.

라도 한 점도 그를 속일 수 없나니 혹 그렇지 않다면 호랑이 입속에서 누워 있으니 목숨을 잃게 될 것이다.[97] 시험 삼아 거론해 보자."

垂示云. 大凡扶竪宗敎. 須是英靈底漢. 有殺人不眨眼底手脚. 方可立地成佛. 所以照用同時卷舒齊唱. 理事不二. 權實並行. 放過一著. 建立第二義門. 直下截斷葛藤. 後學初機難爲湊泊. 昨日恁麼. 事不獲已. 今日又恁麼. 罪過彌天. 若是明眼漢. 一點謾他不得. 其或未然. 虎口裏橫身. 不免喪身失命. 試擧看.

● 본칙(本則)

【5】설봉 스님이 대중에게 이르길, (한 사람의 맹인이 많은 맹인을 이끄니 특별한 것이 아니다)[98] "온 대지를 집어 들면 좁쌀 낟알의 크기와 같네. (무슨 방편인가? 산승은 본래부터 사악한 지혜로 희롱하지 않는다) 이것을 눈앞에 내던진다. (단지 어떤 방편이 있기에 던지지 못하는가?) 칠통들이 알지 못한다. (세력을 기대어 사람을 속인다. 스스로 거느리고 나가라. 대중들을 속이지 마라) 북을 쳐서 대중들이 모두 노동하도록 하라. (눈이 멀었다. 북을 치는 것은 군대를 위한 것이다)"

【五】擧雪峯示衆云(一盲引衆盲. 不爲分外)盡大地撮來如粟米粒大(是什麼手段. 山僧從來不弄鬼眼睛)抛向面前(只恐抛不下有什麼伎倆)漆桶不會(倚勢欺人. 自領出去. 莫謾大衆好)打鼓普請看(瞎. 打鼓爲三軍).

---

97 상신실명(喪身失命): 목숨을 잃다. 죽다. 『진주임제혜조선사어록』 권1(『대정장』 권47, p.496, c26) "師乃云. 大衆夫爲法者. 不避喪身失命.(스님께서 이에 이르길, '여러분! 대저 법을 위한다는 것은 목숨을 잃는 것을 피하지 못할 것이다.')."

98 『대반열반경』 권29 「사자후보살품 23」(『대정장』 권12, p.793, b21-23) "若獨不能. 伴亦不能. 如一盲人不能見色. 雖伴衆盲亦不能見. 毘婆舍那亦復如是.(만약 혼자서도 잘 할 수 없으면 도반도 역시 잘 할 수가 없다. 한 사람의 맹인이 사물을 잘 볼 수가 없으면서 많은 맹인들과 함께 있다 한들 역시 사물을 잘 볼 수가 없는 것과 같은 것이 비로자나불도 또한 이와 같다)."

● 평창(評唱)

　장경 스님이 운문 스님에게 묻길, "설봉 스님이 그렇게 말한 것은 얼굴을 내밀지 못하는 곳이 있습니까?" 운문 스님이 이르길, "있다." 장경 스님이 이르길, "어떠한 것입니까?" 운문 스님이 이르길, "모두 들여우 혼령[99]의 견해는 옳지 않다."

　설봉 스님이 이르길, "위로 비교하기는 부족하고 아래로 비교하면 남음이 있다. 나는 다시 그대에게 말해 주겠다."며 주장자를 잡고 이르길, 도리어 설봉 스님은 "친견했는가?" 꾸짖고 임금의 명령이 매우 엄하니 찌르고 뺏는 상거래는 하지 말라 하였다.

　대위철이 이르길, "내가 다시 모든 사람들을 위하여 흙 위에 진흙을 칠하겠다." 주장자를 잡고 이르길, "자세히 보아라. 설봉 스님이 모든 사람들의 얼굴 앞에서 똥을 누고 있다. 퉤! 어찌 똥냄새가 나는 것을 알지 못하고 있는가?"

長慶問雲門.雪峯與麽道.還有出頭不得處麽.門云.有.慶云.作麽生.門云.不可總作野狐精見解.雪峯云.匹上不足.匹下有餘.我更與爾打葛藤.拈拄杖云.還見雪峯麽.咄.王令稍嚴.不許攙奪行市.大潙哲云.我更爲諸人.土上加泥.拈拄杖云.看看.雪峯向諸人面前放屙.咄.爲什麽屎臭也不知.

　설봉 스님이 대중에게 설하시길, "온 대지를 쥐니 한 톨 크기와 같으니 옛사람이 중생을 제도하여 이익케 하는 특출한 곳이 있는데 단지 독하고 은근하다." 설봉 스님이 투자대동 스님을 세 번 찾아 갔고 아홉 번이나 동산의 문하에 갔다. 칠통과 나무 국자를 가지고 이르는 곳마다 공양주를 했는데 역시 단지 이 일을 깨닫기 위해서다. 그리고 동산의 문하에 이르러 공양주를 하는데 하루는 동산

---

99 야호정(野狐精): 여우 혹은 들여우의 혼령이라고 한다. 의심과 주의가 많은 동물로서 분별심과 의심을 떨쳐버리지 못한 것을 비유한다. 철저한 깨달음으로 확신을 얻지 못하여 언제나 의심과 분별심에서 살고 있는 수행자를 비유한 것으로 선문에서는 백장야호(百丈野狐)의 공안이 언급되면서 선어록에서 자주 사용되어 안목 없는 가짜 선승들을 야호정이라고 경멸하고 있다.

스님이 설봉 스님에게 묻길, "무엇 하는가?" 설봉 스님이 이르길, "쌀을 일고 있습니다." 동산 스님이 이르길, "모래를 일고 쌀은 버리는가? 쌀을 일고 모래를 버리는가?" 설봉 스님이 이르길, "모래와 쌀을 한꺼번에 버립니다." 동산 스님이 이르길, "대중은 무엇을 먹는가?" 설봉 스님이 곧바로 쌀 동이를 엎어 버렸다. 동산 스님이 이르길, "그대는 덕산 스님에게 인연이 있으니 덕산을 친견하라." 명령했다.

겨우 덕산에 도착하여 곧바로 묻길, "위로부터 내려오는 선의 극치의 일이 학인에게도 도리어 자격이 있습니까?" 덕산 스님이 몽둥이로 한 대 때리고 이르길, "뭐라고 말하는가?" 이 인연으로 깨달은 바가 있었다.

나중에 오산진에 있을 때 폭설에 막혔을 때 암두 스님에게 일러 이르길, "나는 그때 덕산 스님에게 방망이를 맞았을 때 마치 통 밑이 빠지는 것과 같았다." 암두 스님이 "할" 하고 이르길, "그대는 문으로부터 들어오는 것은 집안의 보배가 아니라는 것을 듣지 못했는가? 반드시 자기 가슴속에서 흘러 나와 천지를 덮어야 바야흐로 적게나마 부처와 상응하는 자격이 있다." 설봉 스님이 홀연히 크게 깨닫고 절을 하고 이르길, "사형! 오늘 비로소 오산진에서 도를 이루었습니다."

雪峯示衆云.盡大地撮來如粟米粒大.古人接物利生.有奇特處.只是不妨辛懃.三上投子.九到洞山.置漆桶木杓.到處作飯頭.也只爲透脫此事.及至洞山作飯頭.一日洞山問雪峯.作什麼.峯云.淘米.山云.淘沙去米.淘米去沙.峯云.沙米一齊去.山云.大衆喫箇什麼.峯便覆盆.山云.子緣在德山.指令見之.纔到便問.從上宗乘中事.學人還有分也無.德山打一棒云.道什麼.因此有省.後在鰲山阻雪.謂嵒頭云.我當時在德山棒下.如桶底脫相似.嵒頭喝云.爾不見道.從門入者.不是家珍.須是自己胸中流出.蓋天蓋地.方有少分相應.雪峯忽然大悟.禮拜云.師兄今日始是鰲山成道.

지금 사람들이 오로지 옛사람이 특별히 꾸며서 뒷사람으로 하여금 법규에 의지한다고 말하고 있다. 만약 그렇다면 바로 옛사람들을 비방하는 것으로 부처님의 몸에서 피를 내는 것[100]을 말한다. 옛사람들은 지금 사람들처럼 소홀하지 않았는데 어찌 극히 짧은 말로써 평생을 맡기겠는가? 만약 선의 극칙을 세우기를 돕고 부처님의 목숨을 잇고자 한다면 그런 까닭에 극히 짧은 말로써 자연히 천하의 모든 사람들의 입을 막아 버릴 것이다. 그대의 생각이나 지적인 생각으로 지은 것, 이치로 건널 수는 없는 곳이다. 설봉 스님이 대중들에게 제시한 것을 보라. 아마도 설봉 스님은 일찍이 깨달은 선지식을 친견한 까닭에 깨달은 선지식의 방편이 있었다. 무릇 나오는 극히 짧은 말을 마음으로 생각하거나 의식으로 사량 분별하거나 귀신 굴에서 살기를 짓는 것은 아니고, 지금 바로 특별히 뛰어난 것이고 예나 지금을 끊어 버리는 것이고 옳고 그름을 의논하는 것을 용납하지 않는다. 설봉 스님이 사용하는 곳은 모두 이와 같다.

---

100 오역죄(五逆罪): 무간지옥(無間地獄)에 떨어지는 가장 무거운 역죄. 오무간업(五無間業)이라고도 한다. 오역과 같다. 『진주임제혜조선사어록』 권1(『대정장』 권47, p.498, a20) "縱有從來習氣五無間業.自爲解脫大海.(가령 지금까지 지어온 과거의 나쁜 습기와 무간지옥에 떨어지는 큰 죄업이 있을지라도 자연히 그곳이 해탈의 큰 바다가 된다)." 『허당화상어록』 권1 「경원부서암개선선사어록」(『대정장』 권47, p.991, b24-26) "師云.古人及盡玄微猶恐走作.今人只管孟八郎道.總是五逆人聞雷.(스님께서 이르길, '옛사람과 모든 깊은 의미의 가르침이 오히려 두려워 달려간다. 지금 사람이 오로지 평범한 사람의 말로서 모두 오역죄를 지은 사람이 천둥소리를 들으면 놀라 달아난다.')." 『허당화상어록』 권8 「허당화상속집」(『대정장』 권47, p.1041, b10-11) "僧云.學人據款結案.和尙何得五逆聞雷.(어떤 스님이 이르길, '학인이 조목을 근거로 형벌을 결정한 안문을 스님께서 어떻게 오역죄를 지은 사람이 천둥소리를 들을 수 있습니까?')." 『선림류취』 권2 「불조문」(『속장경』 권67, p.12, b11-19) "五祖演禪師.僧問如何是臨濟下事.師云五逆聞雷.云如何是雲門下事.師云紅旗閃爍.云如何是潙仰下事.師云斷碑橫古路.如何是曹洞下事.師云馳書不到家.僧作禮.師云何不問法眼下事.云留與和尙.師云巡人犯夜.鼓山珪頌五逆聞雷云.從來五逆怕聞雷.不似大蟲看水磨.孤峯頂上要同行.十字街頭還共坐.徑山杲云.五逆聞雷.曾參顏回.一粒豆子.爆出冷灰.(오조 법연 선사에게 어떤 스님이 묻길, '무엇이 임제의 일입니까?' 스님께서 이르길, '오역죄를 지어 천둥소리를 듣는다.' 이르길, '무엇이 운문의 일입니까?' 스님께서 이르길, '붉은 깃발이 나부끼며 빛난다.' 이르길, '무엇이 위앙의 일입니까?' 스님께서 이르길, '절단된 비석이 옛길에 쓰러져 있다.' 이르길, '무엇이 조동의 일입니까?' 스님께서 이르길, '편지를 전해도 집에 도착하지 않는다.' 그 스님이 예를 하자. 스님께서 이르길, '어찌 법안의 일은 묻지 않는 것인가?' 이르길, '스님께 머무르겠습니다.' 스님께서 이르길, '순찰하는 사람이 밤에 통행금지를 여겼다.' 고산규 스님이 송하여 오역문뢰를 이르길, '지금까지 내려온 이래로 오역죄를 지은 사람이 천둥소리를 들으면 두려워하고 호랑이가 물에 닳아 지는 것과 같지 않다. 홀로 봉우리 정상에서 요컨대 함께 가고 십자로에서 함께 앉았다.' 경산종고 스님이 이르길, '오역죄를 듣고 천둥소리를 들으면 증삼과 안회이다. 한 알의 콩알이 식은 재에서 뛰어 나온다.')."

如今人只管道.古人特地做作.教後人依規矩.若恁麼.正是謗他古人.謂之出佛身血.古人不似如今人苟且..豈以一言半句.以當平生.若扶竪宗敎.續佛壽命.所以吐一言半句.自然坐斷天下人舌頭.無爾著意路作情解.涉道理處.看他此箇示衆.蓋爲他曾見作家來.所以有作家鉗鎚.凡出一言半句.不是心機意識思量鬼窟裏作活計.直是超群拔萃.坐斷古今.不容擬議.他家用處.盡是如此.

하루는 대중에게 보이시길, 남산에 한 마리의 맹독을 가진 뱀[鼈鼻蛇]¹⁰¹이 있는데 그대들 모든 사람들은 절대로 반드시 잘 살펴봐야 한다. 그때에 능도자가 대중 사이에서 나와 이르길, "그렇다면 곧 오늘 승당 안에서 목숨을 잃은 사람이 많이 있을 것이다." 또 이르길, "온 대지가 출가한 사문의 깨달은 눈인데 그대들 모든 사람들은 어떤 곳을 향해 똥을 누는가?" 또 이르길, "망주정에서 그대와 함께 서로 만났다. 오석령에서 그대와 함께 서로 만났다. 승당 앞에서 그대와 함께 서로 만났다." 그때 보복 스님이 아호 스님에게 묻길, "승당 앞은 곧 그만두더라도 무엇이 망주정과 오석령에서 서로 만난 곳인가?" 아호 스님은 뛰어서 방장실로 돌아갔다. 설봉 스님은 항상 이러한 말을 들어 대중들에게 보였다.

一日示衆云.南山有一條鼈鼻蛇.汝等諸人切須好看取.時稜道者出衆云.恁麼則今日堂中大有人喪身失命去在.又云.盡大地是沙門一隻眼.汝等諸人.向什麼處屙.又云.望州亭與汝相見了也.烏石嶺與汝相見了也.僧堂前與汝相見了也.時保福問鵝湖.僧堂前卽且置.如何是望州亭.烏石嶺相見處.鵝湖驟步歸方丈.他常擧這般語.示衆.

예를 들어 온 대지를 손에 쥐니 한 톨의 크기와 같으니 이러한 시절을 관념적인

---

101 별비사(鼈鼻蛇): 뱀의 일종으로 자라 같은 비두(鼻頭)를 한 뱀이라는 뜻. 독사로 물리면 반드시 죽는다고 한다.

생각으로 헤아릴 수 있는지, 자, 말해보라! 반드시 그물과 새장을 깨뜨려야 하고, 얻음과 잃음, 옳음과 그름이 한꺼번에 놔버리고 담백하고 솔직해져 자연스럽게 그의 손아귀에 벗어나게 되어야 바야흐로 그가 지혜를 작용한 곳을 볼 수 있다. 자, 말해보라! 설봉 스님의 마음은 어떤 곳에 있는가? 사람들은 대부분 관념적인 생각으로 말하고 있다. 마음은 만법의 주인이기에 온 대지가 한꺼번에 내 손에 있다고 전혀 기뻐할 것이 없다. 시절인연에서는 반드시 진실한 사람이어야 에오라지[102] 제시하는 것을 듣고 골수에 사무치도록 철저해야 친견할 수 있어서 또 감정이나 생각에 떨어지지 않는다. 만약 본연의 수행자라야 그가 이미 어울리지 않게[103] 사람들을 위하여 그렇게 말했던 것을 볼 수 있다. 저 설두 스님의 게송을 잘 살펴보라.

只如道盡大地撮來如粟米粒大.這箇時節.且道以情識卜度得麽.須是打破羅籠.得失是非一時放下.洒洒落落.自然透得他圈繢.方見他用處.且道.雪峯意在什麽處.人多作情解道.心是万法之主.盡大地一時在我手裏.且喜沒交涉.到這裏.須是箇眞實漢.聊聞擧著.徹骨徹髓見得透.且不落情思意想.若是箇本色行脚衲子.見他恁麽.已是郞當爲人了也.看他雪竇頌云.

● 송(頌)

소의 머리가 없어지니 (번갯불과 서로 같다, 이미 지나갔다)

말의 머리가 돌아오고 (전광석화와 같다),

조계의 거울 속에는 티끌이 없다. (거울을 깨드리고 그대와 함께 서로 보라, 반드시 깨뜨려야 비로소 된다)

북을 쳐서 오는 것을 보아도 그대는 보지 못한다. (그대의 눈동자를 찔러 깨뜨

---

102 료(聊): 에오라지, 부족하지만 그러나.
103 낭당(郞當): ① 피로함 ② (옷이 커서 몸에) 어울리지 않게 맞지 않음.

린다. 가볍고 쉽다고 하지 마라. 칠통아! 어떤 보기 어려운 곳이 있는가!)

　온갖 꽃들이 봄이 되면 누굴 위하여 피는가? (법은 너그러운 곳이 없다. 어수선한 한 장면이다. 언어의 함정에서 나와라)

牛頭沒(閃電相似.蹉過了也)馬頭回(如擊石火)

曹溪鏡裏絶塵埃(打破鏡來.與爾相見.須是打破始得).

打鼓看來君不見(刺破爾眼睛.莫輕易好.漆桶有什麽難見處).

百花春至爲誰開(法不相饒.一場狼籍.葛藤窟裏出頭來).

● 평창(評唱)

　설두 스님은 자연스럽게 옛사람의 공안을 친견했기에 그의 급소를 한 번 찌르기만 하면[104] 그의 게송이 나오는데, "소머리가 없어지니 말 머리가 돌아온다." 무슨 말인지, 자! 말해보라. 꿰뚫어 친견한 사람은 이른 아침에 죽 먹는 것과 같고, 사시(巳時)에 밥 먹는 것과 같아서 단지 일상이다. 설두는 자비심으로 홀연히 쇠망치로 단번에 때려 부숴 한 구를 절단해 버리니 단지 외롭고 준엄하다. 마치 전광석화 같고 번갯불과 같아서 칼끝이 드러나지 않으니 그대가 머무를 곳이 없다. 자, 말해보라! 생각으로 찾을 수가 있겠는가? 이 두 구로 한꺼번에 모두 말해 버렸다.

雪竇自然見他古人.只消去他命脈上一箚.與他頌出.牛頭沒馬頭回.且道說箇什麽.見得透底.如早朝喫粥.齋時喫飯相似.只是尋常.雪竇慈悲.當頭一鎚擊碎.一句截斷.只是不妨孤峻.如擊石火似閃電光.不露鋒鋩無爾湊泊處.且道向意根下摸索得麽.此兩句一時道盡了也.

104　지소(只消): ~하기만 하면, ~만 하면. 『경덕전등록』 권4 「수주도수장」(『대정장』 권51, no. 2076, p. 232, c4-5) "師告衆日.野人作多色伎倆眩惑於人.只消老僧不見不聞.伊伎倆有窮.(스님께 대중들에게 알리려고 말하길, '평민들이 여러 가지 재주로 사람들을 폭 빠지게 하는데 노승이 보지 않고 듣지 않고도 그의 재주를 다 안다.')."

설두 스님의 제3구는 도리어 한 줄기 길로 통해서 풍습상의 규칙을 적게 간략하게 드러냈으니 이미 이해하기 쉽도록 말한 것이다. 제4구는 곧바로 다시 이해하기 쉽게[105] 말한 것이다. 만약 언어 위에 언어를 낳게 하고 글 위에 글을 낳게 하며, 뜻 위에 뜻을 낳게 하여 알음알이로 알려고 하면 오직 노승에게 누를 끼칠 뿐만 아니라 또한 설두를 등지는 것이다. 옛사람의 글귀가 비록 이와 같으나 뜻은 이와 같지 않다. 끝내 도리로 사람들을 결박하지 않았다. "조계의 거울 속에 티끌이 없다." 많은 사람들이 고요한 마음은 곧 조계의 거울이라고 말하는데 전혀 기뻐할 것이 없다. 오로지 도리로 서로 견준다면 언제 마칠 기간이 있겠는가? 여기는 본분사의 이야기여서 산승이 감히 본분을 의지하지 않을 수 없다. 소머리가 없어지자 말 머리가 돌아온다고 설두는 분명하게 말했는데 스스로 사람들이 보지 못하고 있다. 그래서 설두는 이와 같이 어울리지 않게 게송으로 말하길, "북을 쳐서 사람들이 모여도 그대들은 보지 못하고 어리석은 사람들이 볼 수 있겠는가?" 다시 그대들에게 말하길, "온갖 꽃들이 봄이 되면 누구를 위하여 꽃은 피는가?" 방문을 활짝 열고 그대에게 한꺼번에 여덟 글자로 활짝 열어 보여 주었다고 말할 수 있다. 봄이 오면 깊은 골짜기와 들판의 개울가 그리고 사람이 없는 곳에도 온갖 꽃이 다투어 피어난다. 그대는, 자, 말해보라! 다시 누구를 위하여 꽃은 피는가?

雪竇第三句.却通一線道.略露些風規.早是落草.第四句.直下更是落草.若向言上生言.句上生句.意上生意.作解作會.不唯帶累老僧.亦乃辜負雪竇.古人句雖如此.意不如此.終不作道理繫縛人.曹溪鏡裏絶塵埃.多少人道.靜心便是鏡.且喜沒交涉.只管作計較道理.有什麼了期.這箇是本分說話.山僧不敢不依本分.牛頭沒馬頭回.雪

---

105 낙초(落草): 초심자가 이해하기 쉽도록 표현을 부드럽게 하는 것. 낙초담(落草談)이라고 하는데 수행사나 일반사람들을 구하기 위해 정도를 낮추어 제이의문(第二義門)의 법을 설하는 것. 일상의 회화. 세간화(世間話). 출초담(出草談)의 대응어이고 입초담(入草談)과 동일하다.

竇分明說了也.自是人不見.所以雪竇如此郎當頌道.打鼓看來君不見.痴人還見麼.更向爾道.百花春至爲誰開.可謂豁開戶牖.與爾一時八字打開了也.及乎春來.幽谷野澗.乃至無人處.百花競發.爾且道更爲誰開.

『불과원오선사벽암록』 권3
佛果圜悟禪師碧巖錄 卷三

● 수시(垂示)

수시하여 이르길, "큰 세계에는 밖이 없고 가늘기는 지극히 작은[106] 것과 같다. 잡고 놓아주는 것은 그가 아니고, 말고 펴는 것은 나에게 있다. 반드시 번뇌의 끈끈이를 벗어나고 풀려고 한다면, 반드시 자취를 없애고 소리를 감추어야 하고 사람들마다 중요한 길목을 끊어버려야 하나하나가 매우 높이 우뚝 설 수 있다. 자, 말해보라! 어떤 사람의 경계인지 시험 삼아 거론해 보자."

垂示云. 大方無外細若隣虛. 擒縱非他. 卷舒在我. 必欲解粘去縛. 直須削迹吞聲. 人人坐斷要津. 箇箇壁立千仞. 且道是什麼人境界. 試擧看.

● 본칙(本則)

【22】설봉 스님이 대중에게 보이시길, "남산에 맹독의 뱀 한 마리가 있는데, (괴이함을 보고 괴이하다고 하지 않으면 그 괴이함은 스스로 없어진다. 얼마나 큰 괴이한 일인가를 사람들로 하여금 의심하게 한다) 그대들 모든 사람들은 간절하게 잘 살펴봐야 한다." (자! 번뇌가 머무는 장면이다) 장경 스님이 이르길, "오늘 법당 안에 목숨을 잃은 사람이 많이 있을 것이다." (보주 사람들이 도둑을 자

---

106 인허(隣虛): 인허진(隣虛塵)이라고 하는데 신역(新譯)으로는 극미(極微). 색법(色法)의 가장 작은 물질, 허공에 이웃한 색법의 근본, 승론(勝論)외도들은 이 인허진이 3재겁(災劫)의 마지막 때에도 없어지지 않고 허공에 흩어져 상주한다고 하며 불교 소승 유부종(有部宗)에서도 극미를 실유(實有)라 하나 이것도 인연으로 된 것이므로 업력(業力)이 다하면 극미도 없어져서 무상생멸한다고 한다.

기편의 사람으로 보냈다) 어떤 스님이 현사 스님에게 이 이야기를 하자 (같은 구덩이의 흙이 다른 것이 없다. 종이 계집종을 은근히 바라보고 있다. 어려운 처지에 있는 사람끼리 서로 불쌍히 여겨 동정하고 서로 돕는다) 현사 스님이 이르길, "반드시 혜릉 사형이어야 비로소 할 수 있다. 비록 이와 같으나 나는 곧 그렇게 하지 않겠다." (들여우의 견해를 면하지 못했다. 무슨 소식인가? 독기가 사람을 상하게 했다) 어떤 스님이 이르길, "스님은 어떻게 하겠습니까?" (저 노인네를 한 번 푹 찔러 주는 게 좋다) 현사 스님이 이르길, "남산이라고 쓸 필요가 있겠는가?" (낚싯배 위의 사 씨 집안의 세 번째 아들[107]인 현사여! 단지 들여우의 견해뿐인가? 아직 조금 부족하다. 몸을 잃고 목숨을 잃는 것을 알지 못하고 있다) 운문 스님이 주장자를 설봉 스님 앞에 던지고 두려워하는 시늉을 하였다. (그가 무엇을 두려워하는가? 아들만이 아버지를 안다. 모두 귀신에게 홀린 것이다. 모든 사람들은 시험 삼아 판별해 보아라)

【二二】舉雪峯示衆云.南山有一條鼈鼻蛇(見怪不怪.其怪自壞.大小大怪事.不妨令人疑着)汝等諸人.切須好看(囨.一場漏逗)長慶云.今日堂中.大有人喪身失命(普州人送賊.以己方人)僧擧似玄沙(同坑無異土.奴見婢慇懃.同病相憐)玄沙云.須是稜兄始得.雖然如此.我卽不恁麽(不免作野狐精見解.是什麽消息.毒氣傷人)僧云.和尚作麽生(也好拶著這老漢)玄沙云.用南山作什麽(釣魚船上謝三郎.只這野狐精.猶較些子.喪身失命也不知)雲門以拄杖.攛向雪峯面前.作怕勢(怕他作什麽.一子親得.一等是弄精魂.諸人試辨看).

● 평창(評唱)

그대가 만약 평소[放行]에 평상시대로[108] 내버려 두고, 그대가 만약 타파[把住]하

---

107 현사사비(玄沙師備)의 속성은 사(謝) 씨로 아버지는 어부였으며 세 번째의 자식이었다.
108 평전(平展): 평상(平常). 평소의 상태로 제출하여 보이다. 계략이나 조작이 없이 수수하게 나타내다.

면 마음대로 타파하도록 한다. 설봉 스님은 암두 스님, 흠산 스님과 도반이었다. 무릇 세 번이나 투자에 갔고 아홉 번이나 동산에 간 뒤에 덕산 스님을 참배하고 바야흐로 칠통을 깨뜨렸다. 하루는 암두 스님을 따라 흠산을 찾아갔는데 오산에 이르러 여관에서 폭설을 만나 머물게 되었다. 암두 스님은 매일 단지 잠만 자고 설봉 스님은 줄곧 좌선을 하였다.

암두 스님이 "할" 하고 이르길, "잠 좀 자라! 매일 침상에서 좌선만 하니 흡사 산촌의 토지신과 서로 같다. 그대는 뒷날 사람들을 홀릴 것이다." 설봉 스님이 자기의 가슴을 치고 이르길, "저는 이 속이 아직 편안하지 않습니다. 감히 스스로를 속이지 못하겠습니다." 암두 스님이 이르길, "나는 장차 그대가 이후에 고봉 정상에서 초암을 짓고 앉아 큰 가르침을 펼 것이라고 생각했는데 아직도 이러한 말을 하고 있는 것인가?" 설봉 스님이 이르길, "제가 진실로 마음이 편안하지 않습니다."

암두 스님이 이르길, "그대가 만약 진실로 이와 같다면 그대가 깨달은 곳을 의거하면 하나하나 왕래하여 깨달은 곳은 내가 그대에게 증명해 주고 깨닫지 못한 곳은 그대에게 깎아 주겠다." 설봉 스님이 드디어 염관제안 스님이 색공의 뜻을 거론하는 것을 보고 깨달은 것을 거론하니, 암두 스님이 이르길, "이는 30년을 공부해야 하니 절대로 거론하지 마라."

설봉 스님이 또 거론하길, "동산양개 스님의 과수게를 보고 깨달을 수 있었습니다." 암두 스님이 이르길, "만약 그렇다면 자신도 구제하지 못한다."

"뒤에 덕산 스님을 찾아가서 묻길, '위로부터 전래되어온 선의 극칙의 일에 저도 자격이 있습니까?' 덕산 스님이 방망이로 한번 때리고 이르길, '뭐라고 했는가?' 나는 그때 통 밑이 빠지는 것과 같았습니다."

암두 스님이 마침내 "할" 하고 이르길, "'그대는 문에서 들어오는 것은 집안의 보배가 아니다.'라는 말을 듣지 못했는가?" 설봉 스님이 이르길, "머지않아 어떻게 해야 합니까?" 암두 스님이 이르길, "훗날에 만약 큰 가르침을 펼치려 한다면 하나하나 자기 가슴으로부터 흘러 나와야 장래에 나와 함께 천지를 덮을 수 있다." 설봉 스님이 말끝에 크게 깨닫고 곧바로 절을 하고 일어나서 연달아 소리를 지르고 이르길, "오늘 비로소 오산에서 도를 이루었다."

爾若平展一任平展.爾若打破一任打破.雪峯與巖頭欽山同行.凡三到投子九上洞山.後參德山.方打破漆桶.一日率巖頭訪欽山.至鰲山店上阻雪.巖頭每日只是打睡.雪峯一向坐禪.巖頭喝云.噇眠去.每日床上.恰似七村裏土地相似.他時後日.魔魅人家男女去在.峯自点胸云.某甲這裏未穩在.不敢自瞞.頭云.我將謂爾已後.向孤峯頂上.盤結草庵.播揚大教.猶作這箇語話.峯云.某甲實未穩在.頭云.爾若實如此.據爾見處.一一通來.是處我與爾證明.不是處與爾劃却.峯遂舉見鹽官上堂舉色空義.得箇入處.頭云.此去三十年.切忌舉著.峯又舉.見洞山過水頌.得箇入處.頭云.若與麼自救不了.後到德山.問從上宗乘中事.學人還有分也無.山打一棒.道什麼.我當時如桶底脫相似.頭遂喝云.爾不聞道.從門入者.不是家珍.峯云.他後如何即是.頭云.他日若欲播揚大教.一一從自己胸襟流出將來.與我蓋天蓋地去.峯於言下大悟.便禮拜.起來連聲叫云.今日始是鰲山成道.

후에 민중으로 돌아가 상골산에 살다가 스스로 전해주기 위해 게송을 지어 이르길,

인생은 너무 빨라 붙잡을 수 없는 잠깐 사이니
뜬세상 어찌 오래 머물 수 있겠는가?
비원령을 넘어 겨우 32살에 행각길에 올라
민중으로 돌아오니 벌써 40년이 되었네.
타인의 잘못은 자주 거론하지 말고

자기의 허물은 응당 반드시 빠르게 제거하네.
온 조정의 고관대작 귀인들에게 알리노니
염라대왕은 고관[109]들을 두려워하지 않는다.

모두 법상에 올라 설법하면서 대중에게 이르길, "하나하나 천지를 덮는다. 다시 유현하고 미묘함을 말하지 않고 또한 마음과 본 성품을 말하지 않는다. 갑자기 숨김없이 드러내니 마치 큰 불과 같아서 가까이 하면 도리어 얼굴을 태우는 것이 태아검(太阿劍)[110]과 같아서 헤아리면 곧 목숨을 잃어버린다. 만약 또한 우두커니 생각하거나 지혜가 멈추면 곧 영향이 없어지게 된다."

後回閩中住象骨山.自貽作頌云.人生倏忽暫須臾.浮世那能得久居.出嶺纔登三十二.入閩早是四旬余.他非不用頻頻擧.已(己)過應須旋旋除.奉報滿朝朱紫貴.閻王怕佩金魚.凡上堂示衆云.一一蓋天蓋地.更不說玄說妙.亦不說心說性.突然獨露.如大火聚.近之則燎却面門.似太阿劍.擬之則喪身失命.若也佇思停機.則沒干涉.

예를 들어 백장 스님이 황벽 스님에게 묻길, "어디 갔다 오는가?" 황벽 스님이 이르길, "대웅산에서 버섯을 따고 왔습니다." 백장 스님이 이르길, "도리어 호랑이를 보았는가?" 황벽 스님이 곧바로 호랑이 소리를 내니 백장 스님이 곧바로 도끼를 집어 찍는 흉내를 냈다. 그러자 황벽 스님이 드디어 백장 스님을 한 대 쥐어박았다. 백장 스님이 "음음." 하고 웃으며 곧바로 승당으로 돌아가 자리에 앉아 대중들에게 일러 말하길, "대웅산에 한 마리의 호랑이가 있으니 그대들 모든 사람

---

109 금어(金魚): 삼품 이상의 문관이 차던 붕어 모양의 황금빛 주머니를 이르는 말이다. 여기서는 그런 주머니를 차는 고관대작을 뜻한다.
110 태아검(太阿劍): 고대 중국의 의장(儀仗)에 쓰던 칼의 이름. 구야자(歐冶子)와 간장(幹將)이 함께 만든 것으로 용연(龍淵), 공포(工布)와 더불어 명검으로 불린다.

들은 절대로 반드시 잘 살펴봐야 한다. 노승이 오늘 직접 한 번 물렀다."

조주 스님은 무릇 스님을 보면 말하길, "곧바로 일찍이 이곳에 왔었는가?" 대답하길, "일찍이 온 적이 있습니다."라거나 "온 일이 없습니다."라고 말하면 조주 스님은 항상 "차를 마셔라." 하고 말한다. 원주가 이르길, "스님께서는 항상 스님들에게 물어서 일찍이 와 봤든 안 와 봤든 모두 차를 마시라고 말씀하시는데 무슨 뜻입니까?" 조주 스님이 이르길, "원주!" 원주가 "예!" 하고 대답하니 조주 스님이 이르길, "차를 마셔라!"

자호산 산문에 비석 하나를 세웠는데 비석에 쓰여 있길, 자호산에 한 마리의 개가 있는데 위는 사람 머리 모양이고 중간은 사람의 허리 모양이고 아래는 사람의 다리 모양인데 헤아려 머뭇거리면 곧 목숨을 잃어버린다. 혹 새로 이르러 서로 보자마자 스님께서는 곧바로 할을 하고 이르길, "개를 살펴보아라." 그 스님이 겨우 머리를 돌리자마자 스님께서는 곧바로 방장실로 돌아갔다.

只如百丈問黃檗.甚處去來.檗云.大雄山下採菌去來.丈云.還見大蟲麼.檗便作虎聲.丈便拈斧作斫勢.檗遂打百丈一摑.丈吟吟而.笑便歸陞座謂衆云.大雄山有一大蟲.汝等諸人.切須好看.老僧今日.親遭一口趙州凡見僧便問曾到此間麼.云曾到.或云不曾到.州總云喫茶去.院主云.和尙尋常問僧.曾到與不曾到.總道喫茶去.意旨如何.州云.院主.主應諾州云.喫茶去.紫胡門下立一牌.牌上書云.紫胡有一狗.上取人頭.中取人腰.下取人脚.擬議則喪身失命.或新到纔相看.師便喝云.看狗.僧纔回首.師便歸方丈.

바로 설봉 스님이 말한 거와 같이 남산에 맹독의 뱀 한마리가 있는데 그대들 모든 사람들은 절대로 반드시 잘 살펴봐야 한다. 바로 그러할 때 그대는 어떻게 대처하겠는가? 앞의 자취를 밟지 않고 시험 삼아 청하니 말해 보아라! 시절인연에 이르러[111] 또한 반드시 깨달음의 말을 알아야[112] 겨우 할 수 있다. 일체 모든 공안의 말을 거론해야 장차 곧바로 깨달음을 알게 된다. 그가 그렇게 대중에게 보이는 것을 보라! 우선 그대에게 행(行)과 해(解)를 말해 주지 않으니 도리어 관념적인 생각을 가지고 헤아릴 수 있겠는가? 그 집안(설봉)의 후손들은 자연스럽게 말하기에 좋다.[113] 그래서 옛사람들이 말하길, "말을 이어서 반드시 종지를 깨달아야 하지 스스로 규칙을 세우지 마라."[114] 말은 반드시 격외가 있어야 하고 글은 반드시 종요로이 관문을 뚫어야 한다. 만약 말이 구덩이를 벗어나지 못하고 삼독심의 바다에 떨어져 있다. 설봉 스님이 그렇게 대중에게 보인, 군더더기 없는 말이 사람들의 입을 막아 버렸다.

正如雪峯道.南山有一條鼈鼻蛇.汝等諸人切須好看.正當恁麼時.爾作麼生祇對.不躡前蹤.試請道看.到這裏也須是會格外句始得.一切公案語言.擧得將來.便知落處.看他恁麼示衆.且不與爾說行說解.還將情識測度得麼.是他家兒孫.自然道得恰好.所以古人道.承言須會宗.勿自立規矩.言須有格外.句須要透關.若是語不離.窠窟.墮在毒海中也.雪峯恁麼示衆.可謂無味之談.塞斷人口.

---

111 도저리(到這裏):『진주임제혜조선사어록』권1(『대정장』권47, p.501, b8-9) "大德到這裏學人著力處不通風.石火電光卽過了也.(여러분! 시절인연에 이르러 학인들이 힘을 다한다면 번뇌 망념도 통하지 않아서 전광석화같이 깨달음을 체득할 것이다)."

112 격외구(格外句): 보통을 넘어 있는 것. 격(格)은 규격의 뜻. 보통 이상임. 현격하게 떨어진 작용. 월격(越格)과 같음. 상격(常格)을 초월한 향상의 어구(語句). 모든 조사(祖師)의 어구를 말한다.

113 흡호(恰好): 마치 ~하기에 좋다. 마치 ~하기에 안성맞춤이다.『조당집』권11「보복종전장」(『고려대장경』권45, p.302, c6) "有僧問十二中時.如何據驗.師云.恰好據驗.(어떤 스님이 묻길, '하루 종일에 어떤 것에 근거로 시험하시겠습니까?' 스님께서 이르길, '마치 근거로 시험하기에 좋다')."

114 『경덕전등록』권30「남악석두화상참동계」(『대정장』권51, p.459, b18-19) "承言須會宗.勿自立規矩.(말을 이어서 반드시 종지를 깨달아야지 스스로 규칙을 세우지 마라)."『무문관』37칙 권1(『대정장』권48, p.297, c10-11) "言無展事.語不投機.承言者喪.滯句者迷.(말로서는 진실을 설명할 수 없고, 언어로서 지혜작용을 펼치지 못하네. 말로 진실을 받아드리면 주체를 상실하고, 문자를 집착하면 미혹하게 된다)."

장경 스님과 현사[115] 스님은 모두 설봉가의 사람이기에 바야흐로 설봉이 그렇게 말을 한 것을 안 것이다. 예를 들어 설봉 스님이 남산에 맹독의 뱀 한 마리가 있다고 한 말의 요점을 모든 사람들이 알겠는가? 시절인연에 이르러 반드시 사방으로 통하는 안목을 갖추어야 한다. 진정극문(眞淨克文)[116] 스님의 게송이 있는 것을 보지 못했는가? 북을 치고 비파를 뜯으며 두 선지식이 서로 만나고 있다. 운문 스님은 운을 맞추어 시를 짓고 장경 스님은 부정한 일을 저지르고 있다. 옛 곡조에 높고 낮음이 없으니 남산에 맹독의 뱀 한 마리가 있다는 말의 뜻을 어떤 사람이 알겠는가? 확실히 현사 스님이다.

長慶玄沙.皆是他家屋裏人.方會他恁麼說話.只如雪峯道南山有一條鼈鼻蛇.諸人還知落處麼.到這裏須是具通方眼始得.不見眞淨有頌云.打鼓弄琵琶.相逢兩會家.雲門能唱和.長慶解隨邪.古曲無音韻.南山鼈鼻蛇.何人知此意.端的是玄沙.

예를 들어 장경 스님은 그렇게 대답하는 것을 자 말해 보라, 무슨 뜻인가? 시절인연에 이르러 전광석화와 같아야 바야흐로 이룰 수 있다. 만약 털끝만큼이라도 다하지 못함이 있다면 곧바로 그곳을 이루지 못한다. 애석하게도 많은 사람들이 장경 스님의 말에 분별심을 내어 승당 안에서 조금 듣는 곳이 있다고 말하면 곧바로 목숨을 잃는다. 어떤 사람이 있어 말하길, "원래 하나도 별일이 없는데 공연히 이 세상에 이러한 말을 해서 사람들을 의심하게 한다. 사람들이 남산에

---

115 현사(玄沙, 835~908): 복주(福州) 민현(閩縣) 사람. 자는 사비(師備). 속성은 사(謝) 씨. 어려서부터 고기 낚기를 일삼다가, 30세에 부용영훈(芙蓉靈訓)에게 출가하여, 예장의 개원사에서 구족계를 받다. 설봉의존(雪峰義存)을 섬겨 인가를 받고, 뒤에 매계의 보응원과 현사산에 있었다. 양 개평 2년에 74세로 입적하였다.

116 진정극문(眞淨克文, 1025~1102): 임제종 황룡파 소속으로 속성은 정(鄭) 씨이고 호는 운암(雲庵)이며, 그가 주석했던 곳의 지명을 따라 늑담극문(潭眞文) 및 보봉극문(寶峰克文)으로도 불리운다. 호북성 복주(復州)의 북탑사광(北塔思廣)의 설법을 듣고 그를 사사하여 극문(克文)이라는 이름을 받았다. 25세에 득도(得度)하여 처음에 교학을 익혔으나 후에 선법에 뜻을 두고 41세에 대위산에서 좌선수행을 하였다. 어느 승이 운문문언의 법어를 독송하는 소리를 듣고는 깨침을 얻었다.

맹독의 뱀 한 마리가 있다는 그의 말을 듣고 곧바로 의심하게 된다. 만약 그렇게 안다면 우선 전혀 관계가 없다. 단지 그의 말에서 살 방도를 내니 이미 그렇게 알지 못하면 또 어떻게 알겠는가?"

只如長慶恁麼祇對.且道意作麼生.到這裏如擊石火.似閃電光.方可搆得.若有纖毫去不盡.便搆他底不得.可惜許.人多向長慶言下生情解.道堂中纔有聞處.便是喪身失命.有者道.元無一星事.平白地上說這般話疑人.人聞他道南山有一條鼈鼻蛇爾便疑著.若恁麼會.且得沒交涉.只去他言語上作活計.旣不恁麼會.又作麼生會.

나중에 어떤 스님이 있어 현사 스님에게 그 이야기를 하니 현사 스님이 이르길, "반드시 혜릉 사형이어야 비로소 된다. 비록 이와 같더라도 나는 곧 그렇지 않다." 어떤 스님이 이르길, "스님은 또 어떻게 하겠습니까?" 현사 스님이 이르길, "남산을 쓸 필요가 있겠는가?" 다만 현사 스님의 말에 곧바로 해탈하는 곳이 있으니 살펴보라. 곧바로 이르길, "남산을 쓸 필요가 있겠는가?" 만약 현사 스님이 아니었다면 역시 대답하기가 아주 어려웠을 것이다. 예를 들어 그가 그렇게 말한 남산에 맹독의 뱀 한 마리가 있다고 했는데 어느 곳에 있는지 자 말해보라! 시절인연에 이르러 반드시 불법을 체득한 사람이어야 바야흐로 그렇게 말한 것을 알 것이다. 옛사람이 말하길, "낚싯배의 사 씨의 세 번째 아들(현사)[117]은 남산에 있는 맹독의 뱀 한 마리를 좋아하지 않는다."

後來有僧舉似玄沙.玄沙云.須是稜兄始得.雖然如是.我卽不恁麼.僧云.和尙又作麼生.沙云.用南山作什麼.但看玄沙語中便有出身處.便云.用南山作什麼.若不是玄沙.也大難酬對.只如他恁麼道南山有一條鼈鼻蛇.且道在什麼處.到這裏須是向上人方會恁麼說話.古人道.釣魚船上謝三郎.不愛南山鼈鼻蛇.

---

117 현사사비 스님이 출가하기 전 대대로 고기를 잡는 집안에서 태어났기 때문에 사(謝) 씨의 세 번째 아들인 현사사비 스님을 말한다.

도리어 운문에 이르러 주장자를 설봉 스님의 얼굴 앞에 던지고 놀라는 시늉을 하였다. 운문 스님은 뱀을 다루는 방편이 있어서 칼끝을 상하지 않고 밝은 쪽으로 치고 어두운 쪽으로도 친다. 그는 항상 사람들을 위하는 것이 마치 태아검이 춤추는 것과 같다. 어떤 때는 사람의 눈썹과 속눈썹 위를 날아가는 것과 같고, 어떤 때는 삼천 리 밖으로 날아가서 사람의 머리를 취한다. 운문 스님이 주장자를 던져 놀라는 시늉을 한 것은 귀신에게 홀려서 한 것이 아니다. 그가 목숨을 잃어 버린 것이 아닌가? 선지식은 끝내 한마디 말과 한 조각 글에 살 방도를 내지 않는다. 설두 스님은 단지 운문 스님이 설봉 스님의 뜻과 계합한 것을 좋아하고 있다. 그래서 게송을 내길,

却到雲門. 以拄杖攛向雪峯面前作怕勢. 雲門有弄蛇手脚. 不犯鋒鋩. 明頭也打著. 暗頭也打著. 他尋常爲人. 如舞太阿劍相似. 有時飛向人眉毛眼睫上. 有時飛向三千里外取人頭. 雲門攛拄杖作怕勢. 且不是弄精魂. 他莫也是喪身失命麼. 作家宗師. 終不去一言一句上作活計. 雪竇只爲愛雲門契證得雪峯意. 所以頌出.

● 송(頌)

  상골암은 높아서 사람들이 오르지 못하고 (천 사람 만 사람이 이리저리 찾아도 찾지 못한다. 그대의 경계가 아니다)
  오르는 자는 반드시 뱀을 다루는 수완이 있어야 한다. (정령이어야 정령을 알고, 도적이어야 도적을 안다. 무리와 대오를 지어 어떻게 하겠는가? 또한 반드시 동행자이어야 비로소 된다).
  혜릉 스님과 현사 스님도 어찌하지 못하나니, (죄목이 같다. 한 수가 늦었다).
  목숨을 잃은 사람이 얼마나 많은가? (죄의 조목을 거듭하지 마라. 보통 사람들에게 누를 끼친다).

운문[118] 스님이 알고 (아직 부족하지만 저 노인네가 단지 안목을 갖추었군. 노인네의 재주를 부리고 있다.)

거듭 풀을 들추었네. (쓸데없는 놈을 어떤 곳에 쓰겠는가? 과연 어느 곳에 있는가? 곧바로 때렸다).

남북동서 칠 곳이 없다. (있는가? 있는가? 스님의 눈이 멀었다).

홀연히 주장자가 갑자기 튀어 나와 (눈을 높이 뜨고 보라. 곧바로 때렸다).

설봉 스님께 대들고 크게 입을 벌리네. (스스로 짓고 스스로 받는다. 도리어 천 사람 만 사람을 삼켜서 무슨 일을 하겠는가? 천하의 사람들이 찾아도 찾지 못한다).

입을 크게 벌림이여! 번갯불과 같고 (이중 공안이다. 과연 다행히 말후구가 있다).

눈썹을 치켜 올려도 도리어 보이지 않네. (지나가 버렸다. 천지에 이러한 사람을 찾기가 어렵다. 지금 어떤 곳에 있는가?)

지금 유봉 앞에 숨겨 놨으니(어떤 곳으로 갔는가? 그렇게나 훌륭한 설두 스님 또한 이와 같네. 산승이 오늘 또한 한 번 물렀다).

오는 자는 하나하나 솜씨를 보여 봐라. (눈이 멀었다. 발밑을 보지 말고 그대의 발밑을 보아라. 하나의 화살이 명중했다).

스님께서 큰 소리로 할을 하고 이르길, "발 밑을 보라." (도적이 지나간 뒤에 활을 당기네. 두 번째 세 번째 거듭 말을 하니 말을 더듬으면 안 된다).

象骨巖高人不到(千箇万箇摸索不著.非公境界).到者須是弄蛇手(是精識精是賊識賊.成群作隊作什麼.也須是同火始得).稜師備師不柰何(一狀領過.放過一

---

118 소양(韶陽): 운문문언(雲門文偃, ?~949)을 말한다. 옛 지명으로 운주(韶州) 이남에 있었다. 운주는 지금의 광동성(廣東省) 곡강현(曲江縣)에 해당한다. 운문문언은 운문종(雲門宗)의 시조로 고소 가흥(姑蘇嘉興) 사람이다. 처음 목주(睦州)의 도명(道明)을 찾고, 뒤에 설봉의존(雪峰義存)에게 참배하여 크게 깨달았다. 소주(韶州) 운문산 광태원(光泰院)에 있으면서 종요(宗要)를 말했다.

著).喪身失命有多少(罪不重科.帶累平人).韶金魚陽知(猶較些子.這老漢只具一隻眼.老漢不免作伎倆).重撥草(落草漢有什麼用處.果然在什麼處.便打).南北東西無處討(有麼有麼.闍黎眼瞎).忽然突出拄杖頭(看高著眼.便打).拋對雪峯大張口(自作自受.吞却千箇萬箇濟什麼事.天下人摸索不著).大張口兮同閃電(兩重公案.果然.賴有末後句).剔起眉毛還不見(蹉過了也.五湖四海.覓恁麼人也難得.如今在什麼處).如今藏在乳峯前(向什麼處去也.大小雪竇也作這去就.山僧今日.也遭一口).來者一一看方便(瞎.莫向脚跟下看.看取上座脚跟下.著一箭了也).師高聲喝云.看脚下(賊過後張弓.第二頭第三頭.重言不當吃).

● 평창(評唱)

　상골암이 높아서 사람들이 이르지 못하니 이르는 자는 반드시 뱀을 다루는 솜씨가 있어야 한다. 설봉산 아래에 상골암이 있다. 설봉산의 날카로운 칼끝은 높고 험준해서 사람들이 그곳에 도달하는 것은 드물다. 설두 스님은 그 집안의 사람이다. 길짐승과 날짐승이 서로 같아서 같은 소리로 서로 응하니 동기들끼리 서로 구한다.[119] 반드시 정통한 수행자[120]여야 함께 서로 증명할 수 있다. 이러한 맹독의 뱀 또한 다루기가 어려우니 반드시 다루는 솜씨가 있어야만 한다. 만약 다루는 못하면 도리어 뱀에게 상처를 입는다. 오조 선사가 말하길, "이 맹독의 뱀은 반드시 손발을 물리지 않고 잡을 수 있는 지혜가 있어야 한다." 맹독의 뱀의 칠촌을 한번에 눌러 잡아야 곧바로 노승과 손을 잡고 함께 갈 수 있다. 장경 스님과 현사 스님도 이러한 솜씨가 있다. 설두 스님이 말하길, "혜릉 스님과 현사 스님도 어찌하지 못했다." 장경 스님과 현사 스님도 어찌하지 못했다고 많은 사람들이 말했다. 그래서 설두 스님이 오직 운문 스님을 찬미했다고 하는데

---

119 동기상구(同氣相求): 기풍(氣風)과 뜻을 같이하는 사람은 서로 동류를 찾아 모임.
120 통방작자(通方作者): 방편에 정통한 숙달의 선 수행자.

우선 전혀 관계가 없는 말이다. 세 사람이 지혜를 얻음과 잃음을 전혀 알지 못한다. 단지 뱀을 잘 다루고 못 다룸이 있다. 재차 모든 사람들에게 묻노니 어떤 곳이 혜릉 스님과 현사 스님이 어찌하지 못한 곳인가? 얼마나 많은 사람들이 목숨을 잃었는가? 이는 장경의 게송으로 말한 것이니. 오늘 법당에서 많은 사람들이 목숨을 잃었는가? 시절인연에 이르러 반드시 뱀을 다루는 자세한 솜씨가 있어야만 한다.

象骨巖高人不到.到者須是弄蛇手.雪峯山下有象骨巖.雪峯機鋒高峻.罕有人到他處.雪竇是他屋裏人.毛羽相似.同聲相求.同氣相求.也須是通方作者共相證明.只這鼈鼻蛇.也不妨難弄.須是解弄始得.若不解弄反被蛇傷.五祖先師道.此鼈鼻蛇.須是有不傷犯手脚底機.於他七寸上.一捏捏住.便與老僧把手共行.長慶玄沙.有這般手脚.雪竇道.稜師備師不柰何.人多道長慶玄沙不柰何.所以雪竇獨美雲門.且得沒交涉.殊不知三人中.機無得失.只是有親疎.且問諸人.什麼處.是稜師備師不柰何處.喪身失命有多少.此頌長慶道今日堂中.大有人喪身失命.到這裏.須是有弄蛇手.子細始得.

설두 스님은 저 운문에서 나왔다. 그래서 한꺼번에 물리치고 오직 운문 한 사람만 있어 운문은 알고 거듭 풀을 헤쳤다고 말했다. 대개 운문 스님은 저 설봉 스님이 말한 남산에 맹독의 뱀 한 마리가 있다는 요점을 알았다. 그래서 거듭 풀을 헤쳤다. 설두 스님의 게송은 시절인연에 이르러 다시 묘한 곳이 있어 이르길 남북동서에 찾을 곳이 없다고 말했다. 그대들은 어느 곳에 있는지 말해보라. 홀연히 주장자를 돌출시키니 원래 단지 저기에 있었다. 그대가 곧바로 주장자에서 살 방도를 내면 안 된다. 운문 스님이 주장자를 설봉 스님 앞에 던지고 놀라는 시늉을 지으니 운문 스님이 곧바로 주장자로 별비사를 사용한 것이다. 어떤 때 도리어 이르길, "주장자가 용으로 변하여 천지를 삼켜 버렸다. 산하대지를 어떤 곳에서 얻을 것인가?" 단지 한 자루의 주장자가 어느 때 용으로 변하고 어느 때 뱀이 되니 어찌 이와 같은가? 시절인연에 이르러 바야흐로 알 것이다. 옛사람이 말하길, "마음은 여러 가지 경계를 따르고 따르는 곳마다 진실로 그윽하다."[121]

雪竇出他雲門.所以一時撥却.獨存雲門一箇.道韶陽知.重撥草.蓋爲雲門知他雪峯道南山有一條鼈鼻蛇落處.所以重撥草.雪竇頌到這裏.更有妙處云.南北東西無處討.爾道在什麼處.忽然突出挂杖頭.元來只在這裏.爾不可便向挂杖頭上作活計去也.雲門以挂杖攛向雪峯面前作怕勢.雲門便以挂杖作鼈鼻蛇用.有時却云.挂杖子化爲龍.呑却乾坤了也.山河大地甚處得來.只是一條挂杖子.有時作龍.有時作蛇.爲什麼如此.到這裏方知.古人道心隨万境轉.轉處實能幽.

  게송으로 말하길, "설봉 스님에게 입을 크게 벌리고 대답을 던지네, 크게 입을 벌림이 번갯불과 같다." 설두 스님은 남은 재주가 있어 운문 스님의 독사를 집어 들고 이르길, "예를 들어 입을 크게 벌림이여! 번갯불이 번쩍이는 것과 서로 같다. 그대가 만약 머뭇거린다면 곧 목숨을 잃고 눈썹을 치켜들어도 보지 못하니 어느 곳으로 갔는가?" 설두 스님은 게송을 마치고 반드시 사람들을 위해 살 곳을 제시하니 장차 설봉 스님이 스스로 뱀을 집어 들고 가지고 노니 죽이고 살리는 것을 마음대로 한다.

  요컨대 보고자 하는가? 이르길, "지금 유봉 앞에 숨겨 두었으니" 유봉은 곧 설두산의 이름이다. 설두 스님이 어떤 게송이 있어[122] 이르길, "돌 창문으로 사방을 보니 푸른 바다도 좁고, 적막하고 공허하니 흰 구름이 흰 것도 허락하지 않네." 장경 스님, 현사 스님, 운문 스님은 비록 뱀을 다룰지는 알았지만 보지 못했다.

---

121 『조당집』 권2 「제이십이조마라라존자장」(『고려대장경』 권45, p.242, b13) "心隨万境轉.轉處實能幽.隨流認得性.無喜復無憂." 『경덕전등록』 권2:「제이십이조마라라존자장」(『대정장』 권51, p.214, a24-25) "心隨万境轉.轉處實能幽.隨流認得性.無喜復無憂."
122 『조영집』, "送昭敏首座頌"에 나온다고 한다.

도리어 이르길, "지금 유봉 앞에 숨겼으니 오는 자는 하나하나 방편을 보여 봐라." 설두 스님은 오히려 치밀하고 섬세하다. 곧바로 사용하라고 말하지 않고 도리어 큰 소리로 할하고 이르길, "발밑을 잘 보아라." 위로부터 지금에 이르기까지 얼마나 많은 사람들이 가지고 놀았는가? 자 말해보라! 일찍이 사람들을 상하게 했는가? 상하지 않게 했는가? 스님께서 곧바로 때렸다.

頌道.拋對雪峯大張口.大張口兮同閃電.雪竇有余才.拈出雲門毒蛇云.只這大張口兮同於閃電相似.爾若擬議.則喪身失命.剔起眉毛還不見.向什麼處去也.雪竇頌了.須去活處爲人.將雪峯蛇自拈自弄.不妨殺活臨時.

要見麼.云如今藏在乳峯前.乳峯乃雪竇山名也.雪竇有頌云.石總四顧滄溟窄.寥寥不許白雲白.長慶玄沙雲門.雖弄得了不見.却云.如今藏在乳峯前.來者一一看方便.雪竇猶涉廉纖在.不言便用.却高聲喝云.看脚下從上來有多少人拈弄.且道還曾傷著人.不曾傷著人師便打.

『불과원오선사벽암록』 권6
佛果圜悟禪師碧巖錄 卷六

● 수시(垂示)

　수시하길, "겨우 옳고 그름이 있자마자 뒤섞여서 어지러워 본심을 잃어버린다. 수행의 단계를 밟지 않으면 또한 깨달음의 돌파구를 찾을 수 없다. 자, 말해보라! 근기에 맡기는 게 옳은가? 잡아서 머무르게 하는 게 옳은가? 시절인연에 이르러 만약 한 털끝이라도 관념적인 이해가 있다면 오히려 언어에 막힌다. 더욱이 방편수단[123]에 구속된다. 모두 남의 권세에 의지하는 것이다.[124] 가령 곧바로 깨달은 곳에 이르더라도 아직 만 리를 떠나 고향을 바라보는 것이다. 깨달았는가? 만약 아직 깨닫지 못했다면 우선 단지 현성공안[125]을 깨달아야 한다. 시험 삼아 거론

---

123 기경(機境): 수행자를 인도하는 방편, 수단. 『진주임제혜조선사어록』 권1(『대정장』 권47, p.497, c8-9) "祇爲道流一切馳求心不能歇. 上他古人閑機境.(단지 수행자들이 일체 모든 진리를 구하고자 쉬지 못하고, 옛사람의 방편 수단에 끄달리기 때문이다)." 『불과원오선사벽암록』 83칙 평창 권9(『대정장』 권48, p.209, a4-5) "他見地明白. 機境迅速.(운문의 견해가 명백하여 방편수단이 신속하다)."
124 의초부목(依草附木): 남의 권세를 등에 업고 나쁜 짓을 하다. 여러 가지 연줄에 의지하다.
125 이성공안(理成公案): 현성공안(現成公案)과 같다. 실제 그대로가 (판결을 이전에 한) 안건이다. 상대방의 나오는 모양을 범인(犯人)의 출두라고 판단하여 그 과오를 자각시키려고 하는 방편이다. 『고존숙어록』 권39 「지문조선사어록」(『속장경』 권68, p.256, b1-3) "問. 經有方便學人情. 學人上來. 乞師直指. 師云. 見成公案. 進云. 未審學人過在什麼處. 師云. 放你三十棒.(문길, '방편을 지나서 학인의 뜻이 있다면 학인이 오면 스님께서 청컨대 곧바로 지시해 주십시오.' 스님께서 이르길, '현성공안이다.' 나와 이르길, '도대체 학인의 허물이 어디에 있습니까?' 스님께서 이르길, '그대에게 삼십 방망이를 때리겠다.')." 『불과원오선사벽암록』 9칙 착어 권1(『대정장』 권48, p.149, a20-21) "開也. 相罵饒爾接嘴. 相唾饒爾潑水. 見成公案. 還見麼. 便打.(열었다. 서로 욕하든 그대 마음대로 하라. 서로 침 뱉고 그대 마음대로 물을 뿌렸다. 눈앞에 공안이 드러났다. 알겠는가? 곧바로 때렸다)." 『경덕전등록』 권19 「운문문언장」(『대정장』 권51, p.357, b7-8) "睦州和尙才見入門來. 便云. (現成公案). 且放汝三十棒.(목주 화상이 겨우 문으로 들어오는 것을

해 보자."

垂示云.纔有是非.紛然失心.不落階級.又無摸索.且道放行卽是.把住卽是.到這裏.若有一絲毫解路.猶滯言詮.尙拘機境.盡是依草附木.直饒便到獨脫處.未免万里望鄕關.還搆得麽.若未搆得.且只理會箇裏成公案.試擧看.

● 본칙(本則)

【51】설봉 스님이 암자에 계실 때 두 스님이 와서 예배를 하였다. (뭐하는가? 하나의 죄상으로 처벌해야 한다) 설봉 스님이 오는 것을 보고 손으로 암자의 문을 밀치고 몸을 드러내고 이르길, "무엇인가?" (귀신의 눈동자고 구멍 없는 피리이다. 머리를 들고 뿔을 머리에 이었다) 객스님이 또한 이르길, "무엇입니까?" (진흙으로 만든 화살촉이고 모직으로 만든 박자 치는 기구다. 화살촉과 칼끝이 서로 버틴다) 설봉 스님은 머리를 숙이고 암자로 돌아갔다. (진흙을 문지르니 가시가 있고, 마치 다리 없는 용과 같고, 뿔이 있는 뱀과 같다. 중간에서 처리하기가 어렵다) 그 스님이 나중에 암두 스님에게 가니, (또한 반드시 다그쳐 물어야만 한다. 같은 수행자라야 바야흐로 안다) 암두 스님이 묻길, "어디서 왔는가?" (또한 반드시 선지식이어야만 한다. 저 녀석이 항상 패했다. 만약 같은 도반이 아니었다면 그대로 지나칠 뻔 했다) 그 스님이 이르길, "영남에서 왔습니다." (어떤 소식을 전하려 왔는가? 또한 반드시 소식을 통하게 해야 한다. 설봉 스님은 친견했는가?) 암두 스님이 이르길, "일찍이 설봉에 온 적이 있는가?" (여러 번 감파해 버렸다. 오지 않았다고 말해서는 안 된다) 그 스님이 이르길, "일찍이 간 적이 있습니다." (진실한 사람을 만나기 어렵다. 두 개로 나눴다) 암두 스님이 이르길, "어떤 말이 있었는가?" (곧바로 그렇게 되었다) 그 스님이 앞의 이야기를 했다. (곧바

보고 곧바로 묻길, (현성공안) '우선 그대에게 삼십 방망이를 놓아야겠다.')."

로 그렇게 되었다. 거듭 패했군[126]) 암두 스님이 이르길, "설봉 스님이 뭐라고 하던가?" (벌린 입을 곧바로 때렸으면 좋겠다. 본래면목을 잃어 버렸다) 그 스님이 이르길, "설봉 스님은 말없이 고개를 숙이고 암자로 돌아갔습니다." (또 낭패를 보는군. 그대는 우선 그가 뭐라는지 말해 보아라) 암두 스님이 이르길, "아아! 애당초 설봉 스님에게 말후구를 말해 주지 않은 것이 후회스럽다." (큰 파도가 끝없이 넓고 아득하며 큰 물결이 하늘로 솟구친다) "만약 설봉 스님에게 말해줬다면 천하의 사람들이 설봉 스님을 어찌하지 못했을 것이다." (문둥이 아이를 끌어다 짝을 만든다. 필요하지 않다. 수미산도 또한 반드시 가루로 만들어 버린다. 자, 말해보라! 암두 스님의 올가미가 어느 곳에 있는가?) 그 스님이 하안거 끝날 때 다시 앞의 이야기를 거론하여 가르침을 청하니, (자신이 총명하지 않다. 바로 도적이 간 지 오래되었다. 도적이 지나간 후에 활을 당긴다) 암두 스님이 이르길, "어찌 진작 묻지 않았는가?" (선상을 번쩍 들어 넘어뜨려야 한다. 지나갔다) 그 스님이 이르길, "감히 여쭙기가 쉽지 않았습니다." (이 방망이를 본래 저 스님들이 맞아야 한다. 본래면목을 꿰뚫었다. 감옥에 있으니 지혜만 늘어났다. 이미 이중 공안이다) 암두 스님이 이르길, "설봉 스님이 비록 나와 한 가지에서 나왔지만 나와 한 가지에서 죽지 않는다." (온 하늘에 그물이 가득하다) "요컨대 말후구를 알려면 단지 이것이다." (한 배를 탄 사람들을 속이고 있다. 나 역시 믿지 않는다. 하마터면 조목조목 나누어 설명하지 못할 뻔 했다)

【五一】舉. 雪峯住庵時. 有兩僧來禮拜(作什麼. 一狀領過)峯見來. 以手托庵門. 放身出云. 是什麼(鬼眼睛. 無孔笛子. 擎頭戴角)僧亦云. 是什麼(泥彈子甈拍板. 箭鋒相拄)峯低頭歸庵(爛泥裏有刺. 如龍無足. 似蛇有角. 就中難爲措置)僧後到巖頭(也

---

126 패궐(敗闕): 지다, 패하다, 남보다 뒤지다, 남보다 못하다.『진주임제혜조선사어록』권1(『대정장』권47, p.506, a12-13) "師以手指云. 這老漢今日敗闕也.(스님께서 손으로 가리키며 이르길, '이 노인네가 오늘 패했다.')."

須是問過始得.同道方知)頭問.什麼處來(也須是作家始得.這漢往往納敗闕.若不是同參.泊乎放過)僧云.嶺南來(傳得什麼消息來.也須是通箇消息.還見雪峯麼)頭云.曾到雪峯麼(勘破了多時.不可道不到)僧云.曾到(實頭人難得.打作兩橛)頭云.有何言句(便恁麼去也)僧擧前話(便恁麼去也.重重納敗闕)頭云.他道什麼(好劈口便打.失却鼻孔了也)僧云.他無語低頭歸庵(又納敗闕.爾且道他是什麼)頭云.噫我當初悔不向他道末後句(洪波浩渺白浪滔天)若向伊道.天下人不奈雪老何(癩兒牽伴.不必.須彌也須粉碎.且道他圈繢在什麼處)僧至夏末.再擧前話請益(已是不惺惺.正賊去了多時.賊過後張弓)頭云.何不早問(好與掀倒禪床.過也)僧云.未敢容易(這棒本是這僧喫.穿却鼻孔.停囚長智.已是兩重公案)頭云.雪峯雖與我同條生.不與我同條死(漫天網地)要識末句後.只這是(賺殺一船人.我也不信.泊乎分疎不下).

● 평창(評唱)

　대개 불법의 대의를 가르치는데 돕고 세우려면 반드시 응당히 지혜로 판단해서 나가고 물러나고 옳고 그름과 분명하게 죽이고 살리고 잡고 놓을 줄 알아야 한다. 만약 홀연히 안목이 미혹하여 많은 마귀들이 여기저기서 만나 묻고 곧바로 대답하니 본래면목을 다른 사람의 손안에 있음을 전혀 알지 못한다.

　예를 들어 설봉 스님과 암두 스님이 함께 덕산 스님을 참배했다. 이 스님은 설봉 스님을 참배했으나 견해가 단지 그런 곳에 이르렀고 그리고 암두 스님을 친견했으나 또한 일찍이 하나의 일도 이루지 못했다. 저 두 어르신(설봉, 암두)을 쓸데없이 번거롭게 하여 한 번 묻고 한 번 대답하고, 한 번 잡고 한 번 놓아주니 지금까지 이르러 천하의 모든 사람들이 글자의 모서리를 휘어 꺾어[127] 속임수를 만들어

---

127 절각(節角): 글자의 모서리와 휘어 꺾인 부분을 이르는 말.

조목조목 나누어 설명하지 못하게 한다.

자, 말해보라! 난해한 속임수가 어느 곳에 있는가? 설봉 스님이 비록 제방을 편력했으나 끝내는 오산점에서 암두 스님의 격려로 인하여 바야흐로 완전히 깨달았다.[128]

암두 스님은 뒤에 법난을 만나 악저호에서 뱃사공이 되었는데 양쪽 언덕에 하나의 판을 걸어놓고 지나가려는 사람이 판을 한 번 치면 암두 스님이 이르길, "그대는 저 쪽으로 건너가려고 하는가?" 하며 갈대숲 사이에서 춤을 추듯 나왔다. 설봉 스님은 영남으로 돌아와 암자에 살았는데 이 스님들 또한 오랫동안 참선하였던 스님들이었다. 설봉 스님이 오는 것을 보고 손으로 암자 문을 밀치고 몸을 내밀고 이르길, "무엇인가?" 지금 수행하는 패거리들[129]에게 그렇게 묻는다면 곧바로 설봉 스님의 말을 음미하면 이 스님들이 또한 괴이하게 여긴다. 또한 단지 설봉 스님에게 "무엇인가?"라고 말하니 설봉 스님이 고개를 숙이고 암자로 되돌아갔다. 항상 말 없음의 깨달음이라 부르니 이 스님들 또한 찾지 못했다.

어떤 사람이 말하길, 설봉 스님은 이 스님들의 한 질문을 받고 말없이 암자로 돌아갔다고 하니 설봉 스님의 뜻이 해치는 곳이 있음을 전혀 알지 못하고 있다. 설봉 스님이 비록 적응한 조치[130]를 했지만 몸을 숨겼는데 형체가 드러났음을 어찌 하겠는가? 이 스님들이 뒤에 설봉 스님을 하직하고 이 공안을 가지고 암두 스님으로 하여금 판별해 달라고 이미 암두에 이르니 암두 스님께서 묻길, "어디서 오는가?" 그 스님들이 이르길, "영남에서 옵니다." 암두 스님이 이르길, "일찍이 설

---

128 초절(劉絕): 초를 자르는 것. 절단과 같음. 완전히 근절시키는 것. 뿌리 채 뽑는 것. 완전히 잘라내는 것.
129 유저(有底): 어떤 그, 어떤 사람. ~라고 하는 패거리의 준말이다. 『불과원오선사벽암록』 12칙 평창 권2 (『대정장』 권48, p.152, c26-28) "有底道.洞山問東答西.有底道.爾是佛.更去問佛.所以洞山遶路答之.(어떤 사람은 동산 스님이 동문서답을 했다고 하고, 어떤 사람이 말하길, 그대가 부처인데 다시 부처를 물었기에 그래서 동산 스님이 빙 둘러서 대답했다)."
130 편의(便宜): 한때 좋은 것. 이용하는데 편리하고 마땅함. 그때그때 적응한 처치. 특별한 조치.

봉에 갔었는가?" 만약 요컨대 설봉 스님을 친견했다면 단지 이 하나의 질문을 역시 급히 순식간에 파악해야 한다. 그 스님이 이르길, "일찍이 도착했습니다." 암두 스님이 이르길, "어떤 말이 있었는가?" 이 말 역시 헛되이 보내면 안 된다. 이 스님들이 깨닫지 못하고 오로지 설봉 스님의 말을 연달아 쫓고 있다. 암두 스님이 이르길, "설봉 스님이 뭐라 말하던가?" 그 스님들이 이르길, "설봉 스님이 머리를 숙이고 말없이 암자로 돌아갔습니다." 이 스님들이 전혀 알지 못하고 있다. 암두 스님이 신을 신고 그들의 배 속[131]을 몇 번이나 돌아다닌 것을. 암두 스님이 이르길, "아! 내가 그때 설봉 스님에게 말후구를 말하지 않은 것이 후회스럽다. 만약 설봉 스님에게 말후구를 말해줬다면 천하의 사람들이 설봉 노인네를 어찌하지 못했을 것이다." 암두 스님은 또한 강한 것을 도와주고 약한 것을 도와주지 않았다. 이 스님들이 변함없이 아주 캄캄해서[132] 흑백을 구분하지 못하고 뱃속에 의심을 품고 "진실로 그 말을 설봉 스님은 알지 못하였구나?" 말했다.

하안거가 끝날 때쯤 거듭 전에 이야기했던 것을 거론하여 이야기 해줄 것을 청하니 암두 스님이 이르길, "어찌 일찍이 묻지 않았는가?" 이 노인네가 이것저것 생각했구나! 그 스님이 이르길, "감히 쉽지 않았습니다." 암두 스님이 이르길, "설봉 스님이 나와 한 가지에서 생겨났으나 나와 한 가지에서 죽지 않는다." 요컨대 말후구를 알았다면 암두 스님이야말로 매우 눈썹을 아끼지 않았다. 모든 사람들이 끝내 어떻게 알겠는가?

大凡扶竪宗教.須是辨箇當機.知進退是非.明殺活擒縱.若忽眼目迷黎麻羅.到處逢問便問.逢答便答.殊不知鼻孔在別人手裏.只如雪峯巖頭.同參德山.此僧參雪峯.見解只到恁麽處.及乎見巖頭.亦不曾成得一事.虛煩他二老宿.一問一答.一擒

---

131 두피(肚皮): 배, 뱃가죽, 복부.
132 흑만만지(黑漫漫地): 새까맘. 아주 캄캄함, 암흑.『운문광진선사광록』권1(『대정장』권47, p.545, b20-21) "自己心裏黑漫漫地.明朝後日大有事在.(자기 마음속이 아주 캄캄하면 내일이나 뒷날에 큰 일이 있을 것이다)."

一縱.直至如今.天下人成節角諍訛.分疎不下.且道節角諍訛.在什麼處.雪峯雖遍歷諸方.末後於鰲山店.巖頭因而激之.方得勦絕大徹.巖頭後值沙汰.於湖邊作渡子.兩岸各懸一板.有人過敲板一下.頭云.爾過那邊.遂從蘆葦間.舞棹而出.雪峯歸嶺南住庵.這僧亦是久參底人.雪峯見來.以手托庵門.放身出云.是什麼.如今有底.恁麼問著.便去他語下咬嚼.這僧亦怪.也只向他道是什麼.峯低頭歸庵.往往喚作無語會去也.這僧便摸索不著.有底道.雪峯被這僧一問直得.無語歸庵.殊不知雪峯意有毒害處.雪峯雖得便宜.爭奈藏身露影.這僧後辭雪峯.持此公案.令巖頭判.既到彼.巖頭問.什麼處來.僧云.嶺南來.頭云.曾到雪峯麼.若要見雪峯.只此一問.也好急著眼看.僧云.曾到.頭云.有何言句.此語亦不空過.這僧不曉.只管逐他語脈轉.頭云.他道什麼.僧云.他低頭無語歸庵.這僧殊不知.巖頭著草鞋.在他肚皮裏行.幾回了也.巖頭云.噫我當初悔不向他道末後句.若向他道.天下人不奈雪老何.巖頭也是扶強不扶弱.這僧依舊黑漫漫地.不分緇素.懷一肚皮疑.眞箇道.雪峯不會.至夏末.再擧前話.請益巖頭.頭云.何不早問.這老漢.計較生也.僧云.未敢容易.頭云.雪峯雖與我同條生.不與我同條死.要識末後句.只這是巖頭太殺不惜眉毛.諸人畢竟作麼生會.

설봉 스님이 덕산 스님의 회상에 있을 때 공양주를 하였는데 하루는 사시 밥이 늦어 덕산 스님이 발우를 들고 법당에 이르렀는데 설봉 스님이 이르길, "종이 아직 울리지 않고 북을 아직 치지 않았는데 이 노인네가 발우를 받들고 어디에 가시는가?" 덕산 스님이 말이 없이 고개를 숙이고 방장실로 돌아갔다. 설봉 스님이 암두 스님에게 그 이야길 하니 암두 스님이 이르길, "그렇게나 훌륭한 덕산 스님이 말후구를 알지 못하구나!" 덕산 스님이 그 말을 듣고 시자를 불러 암두 스님을 방장실로 부르게 하여 물어 이르길, "그대는 노승을 인정하지 않는가?" 암두 스님이 덕산 스님에게 비밀스럽게 그 말을 해주었다. 덕산 스님이 다음 날 법당에 올랐는데 평상시와 달랐다. 암두 스님이 승당 앞에서 손뼉을 치고 크게 웃고 이르길, "멋지게 덕산 스님이 말후구를 알았으니 이후에 천하의 모든 사람들이 그를 어찌하지 못할 것이다. 비록 이와 같으나 단지 3년뿐이다."

이 공안에 설봉 스님은 덕산 스님이 말없이 되돌아 간 것을 장차 편의 봤다고 말을 하나 도적에게 당한 것을 전혀 알지 못한다. 대개 설봉 스님이 일찍이 도적에게 당한 것을 알았기에 뒤에 또한 도적이 될 수 있었다. 그래서 옛사람이 말하길, "말후구가 비로소 견고한 관문에 이르렀다." 어떤 사람은 말하길, "암두 스님이 설봉 스님을 이겼다."고 하니 곧 잘못된 것이다.

암두 스님은 항상 이러한 지혜를 사용하여 대중에게 가르치길, "눈 밝은 자는 틀에 박힘이 없다.[133] 사물을 물리치면 상근기고, 사물을 쫓으면 하근기이다." 이 말후구는 설사 조사께서 직접 본다고 해도 또한 이해하지 못할 것이다. 덕산 스님이 사시 마지에 늦어 늙은이가 스스로 발우를 받들고 법당으로 갔는데 암두 스님이 말하길, "그렇게나 훌륭한 덕산 스님이 아직 말후구를 알지 못하고 있다."

설두 스님이 평하길, "일찍이 독안룡[134]의 말을 들었는데 원래 단지 하나의 눈을 갖춤이로다.[135] 덕산 스님이 하나의 이빨 없는 호랑이 인줄 전혀 알지 못한다. 만약 암두 스님이 간파하지 못했다면 어찌 어제와 오늘이 다름을 알겠는가? 모든 사람들이 요컨대 말후구를 알고자 안다면 단지 달마를 아는 것을 인정하지만

---

133 과구(窠臼): 과(窠)는 구멍, 새집. 구(臼)는 절구. 변전하여 집착. 견식에 집착하다는 뜻이다. 문형(紋形)을 도려내기 위한 틀, 판에 박은 듯한 방식. 예전 그대로의 낡은 방식. 『불과원오선사벽암록』 51칙 평창 권6(『대정장』 권48, p.186, c4-5) "明眼漢沒窠臼.(눈 밝은 사람은 틀에 박힘이 없다)." 『불과원오선사벽암록』 72칙 평창 권8(『대정장』 권48, p.200, b22-23) "不見道.語不離窠臼.焉能出蓋纏.(들어 보지 못했는가? 말이 틀을 벗어나지 못하면 어찌 번뇌의 얽혀 있는 것을 벗어날 수 있겠는가?)."
134 독안룡(獨眼龍): 독안(獨眼)은 외눈. 용(龍)은 중국에서는 가장 신성한 것으로서 존중된다. 걸출(傑出)한 외눈박이 인물. 당말에 활동한 명초덕겸(明招德謙) 선사를 말하기도 한다.
135 일척안(一隻眼): 정법의 안목을 구족하여 견식이 있는 것. 두 눈 이외에 특별한 눈을 가지고 있는 것. 그러나 일척안은 하나의 눈, 한쪽 눈을 의미하고 있다. 『조당집』 제17권과 『경덕전등록』 제10권 「보화화상장」에는 "只具一隻眼"이라고 기록되어 있는데 단지 한쪽 눈만을 갖춘 인물이라는 평이다.

달마를 깨닫는 것은 인정하지 않겠다."

예부터 지금까지 공안은 천차만별로 가시 숲과 같다. 그대가 만약 깨달았다면 천하의 사람들이 어찌하지 못할 것이다. 삼세의 모든 부처님들이 그대 뒤에 서 있을 것이다. 그대가 만약 깨닫지 못했다면 암두 스님이 말한 "설봉 스님은 비록 나와 한 가지에서 태어났지만 나와 한 가지에서 죽지 않는다." 이 한 구절이야말로 자연히 깨닫는 곳이 있을 것이다.

雪峯在德山會下作飯頭.一日齋晩.德山托鉢下至法堂.峯云.鐘未鳴鼓未響.這老漢.托鉢向什麽處去.山無語低頭歸方丈.雪峯擧似巖頭.頭云.大小德山.不會末後句.山聞令侍者喚至方丈問云.汝不肯老僧那頭密啓其語.山至來日上堂.與尋常不同.頭於僧堂前.撫掌大笑云.且喜老漢會末後句.他後天下人.不奈他何.雖然如是.只得三年.此公案中.如雪峯見德山無語.將謂得便宜.殊不知著賊了也.蓋爲他曾著賊來.後來亦解做賊.所以古人道.末後一句.始到牢關.有者道.巖頭勝雪峯.則錯會了也.巖頭常用此機示衆云.明眼漢沒窠臼.却物爲上.逐物爲下.這末後句.設使親見祖師來.也理會不得.德山齋晩.老子自捧鉢下法堂去.巖頭道.大小德山.未會末後句在.雪竇拈云.曾聞說箇獨眼龍.元來只具一隻眼.殊不知.德山是箇無齒大蟲.若不是巖頭識破.爭知得昨日與今日不同.諸人要會末後句麽.只許老胡知.不許老胡會.自古及今.公案万別千差.如荊棘林相似.爾若透得去.天下人不奈何.三世諸佛.立在下風.爾若透不得.巖頭道.雪峯雖與我同條生.不與我同條死.只這一句自然有出身處.

● 송(頌)

설두 스님이 게송으로 이르길,

말후구를 (이미 말하기 전에 있다. 장차 참이라고 말하나 보면 곧 눈이 먼다)

그대에게 말하니 (혀가 떨어졌다. 말을 하지 못한다. 머리는 있는데 꼬리는 없고 꼬리는 있는데 머리가 없다)

밝음과 어둠이 쌍쌍으로 있는 시절이구나. (말 많은 노인네. 뿔 없는 소와 같고 뿔이 있는 호랑이와 같다. 너와 내가 그렇다).

한 가지에서 태어난 것은 모두 알고 있지만 (어떤 종족인가? 너와 내가 아무 관계가 없다. 그대는 소상으로 가고 나는 진으로 간다).

같은 가지에서 죽지 않는 것은 아는 사람이 전혀 없구나. (주장자가 나의 손에 있다. 어찌 산승을 이상하다고 하겠는가? 그대의 본래면목이 어찌 다른 사람의 손에 있는가)

아는 사람이 전혀 없구나. (요컨대 방망이를 맞고 싶은가? 어떤 찾을 것이 있는가?)

부처와 달마는 반드시 뚜렷하게 나누어야 하나니 (온 대지의 사람들의 입을 다물었다. 나 또한 그러한데 다른 사람들은 그렇지 않다. 단지 달마의 얇은 인정이나 달마의 깨달음은 인정하지 않겠다)

남북동서로 돌아가리라. (마무리한다. 발끝에 아직 오색의 선이 남아 있다. 그대에게 한 줄기의 주장자를 빌려야겠다)

깊은 밤 깊은 산[136]의 눈을 같이 보노라. (오히려 비교하면 반달 정도의 차이가 있다. 그로부터 대지에 눈이 가득한데 도랑을 메우고 계곡을 막아도 아는 사람이 없다. 또한 단지 눈먼 녀석이다. 도리어 말후구를 알겠는가? 곧바로 때렸다)

雪竇頌云.末後句(已在言前.將謂眞箇.覷著則瞎).爲君說(舌頭落也.說不著.有頭無尾有尾無頭).明暗雙雙底時節(葛藤老漢.如牛無角似虎有角.彼此是恁麼).同條生也共相知(是何種族.彼此沒交涉.君向瀟湘我向秦).不同條死還殊絶(拄杖子在

---

136 천암만학(千巖万壑): 많은 바위와 골짜기라는 뜻으로, 깊은 산을 이르는 말.

我手裏.爭怪得山僧.爾鼻孔爲什麽在別人手裏).還殊絕(還要喫棒麽.有什麽摸索處).黃頭碧眼須甄別(盡大地人亡鋒結舌.我也恁麽.他人却不恁麽.只許老胡知.不許老胡會).南北東西歸去來(收.脚跟下.猶帶五色線在.乞爾一條拄杖子).夜深同看千巖雪(猶較半月程.從他大地雪漫漫.塡溝塞壑無人會.也只是箇瞎漢.還識得末後句麽.便打).

"말후구를 그대를 위하여 말하노니"라는 구절은 설두 스님이 이 말후구를 송한 마음은 서로에게 지극히 이해하기 쉽도록 한 것이다. 송하는 모양이 단지 작은 일부분만 송하니 만약 요컨대 말후구를 깨닫고자 한다면 아직이다. 다시 감히 입을 크게 벌리고 곧바로 말하길, "밝음과 어둠 둘이 나오는 시절이네."는 그대에게 한 줄기 길을 열어 주고 또한 그대에게 한 구절 다 읊어 주었다. 끝의 뒤는 다시 그대들에게 주석해 준 것이다.

예를 들어 초경 스님이 하루는 나산 스님에게 이르길, "암두 스님이 말하는 이렇다 이렇다 하는 것과 이렇지 않다 이렇지 않다는 무슨 뜻입니까?" 나산 스님이 초경 스님을 "대사!"라고 부르니 초경 스님이 "예!" 하고 대답했다. 나산 스님이 이르길, "둘이 밝고 또한 둘이 어둡다." 초경 스님이 인사를 하고 물러갔다. 3일 후에 또 묻길, "전날에 화상께 자비로운 가르침을 받았으나 단지 간파하지 못했습니다." 나산 스님이 이르길, "마음을 다해 그대에게 말해 줬다." 초경 스님이 이르길, "화상께서는 불을 잡고 가십니다." 나산 스님이 이르길, "만약 그렇다면 대사께서는 앞으로 의문 나는 곳을 물어 보아라." 초경 스님이 이르길, "무엇이 둘이 밝고 또한 둘이 어두운 것입니까?" 나산 스님이 이르길, "같이 태어나고 또한 같이 죽는다." 초경 스님은 그때 절을 하고 물러났다.

나중에 어떤 스님이 초경 스님에게 묻길, "같이 태어나고 또한 같이 죽을 때는 어떠합니까?" 초경 스님이 이르길, "개 주둥아리 닥쳐라!" 어떤 스님이 이르길,

"대사께서도 입 다물고 밥이나 드십시오." 그 스님이 물러나서 나산 스님에게 물어 이르길, "같이 태어나고 같이 죽을 때는 어떠합니까?" 나산 스님이 이르길, "소가 뿔이 없는 것과 같다." 그 스님이 이르길, "같이 태어나고 또한 같이 죽을 때는 어떠합니까?" 나산 스님이 이르길, "호랑이가 뿔이 있는 것과 같다." 말후구는 바로 이러한 도리이다.

나산 스님의 문하에 어떤 스님이 곧바로 이 뜻을 사용하여 초경 스님에게 물으니 초경 스님이 이르길, "피차 다 알고 있다. 무슨 연고로 내가 만약에 동승신주[137]에서 한마디 하면 서구야니주[138]에서 또한 알고, 천상에서 한마디 하면 인간세계에서도 또한 알아서 마음과 마음이 서로 알아 눈과 눈이 서로 비춘다."

"한 가지에서 태어난다는 것" 역시 곧 오히려 쉽지만 "한 가지에서 같이 죽지 않는다."는 매우 드물다. 석가, 달마도 역시 찾지 못한다. "남북동서로 되돌아간다."는 것은 약간 좋은 경계이다. "깊은 밤에 깊은 산의 눈을 같이 본다."고 하니, 자! 말해보라. 둘이 밝은 것인가? 둘이 어두운 것인가? 한 가지에서 태어난 것인가? 한 가지에서 죽는 것인가? 안목을 갖춘 수행자는 시험 삼아 뚜렷하게 살펴

---

137 동승신주(東勝身洲): 수미산의 동방으로 칠금산과 철위산 사이 바다 가운데 있으며 사람들이 사는 세계이다. 이 땅의 사람들은 몸이 매우 훌륭하므로 승신주(勝身洲)라 한다. 땅 모양은 동쪽은 좁고 서쪽이 넓어서 세로와 넓이가 9천 유순으로 반달 모양이며 수명은 250세이다. 『아비달마구사론』 권11 「3 분별세품」(『대정장』 권29, p.58, a4-6) "東勝身洲東陜西廣.三邊量等.形如半月.東三百五十.三邊各二千.西牛貨洲圓如滿月.徑二千五百.周圍七千牛."

138 구야니주(瞿耶尼洲): 북구로주(北瞿盧洲)라고도 쓰고, 울다라구루(鬱多羅拘搜)·올달라구로(올怛羅句嚧)·욱다라구류(유多羅究瑠)·울단월(鬱單越)이라 음역하고, 북승처(北勝處)·북승생(北勝生)·북고상(北高上)이라 번역한다. 수미(須彌) 4주(洲)의 하나. 수미산의 북방 제칠금산(第七金山)과 대철위산(大鐵圍山) 사이에 큰 바다가 있고, 바다 가운데 있는 인취(人趣) 등이 사는 곳. 모양은 방좌(方座)와 같고, 지반은 다른 3주보다 높으며, 사람의 키는 32주(肘), 목숨은 1,000세로 일찍 죽지 않고 쾌락이 끝이 없어서 4주 중에서 중생·처소·재물·품물들이 모두 수승하다고 한다. 『아비달마구사론』 권11 「3 분별세품」(『대정장』 권29, p.58, a6-9) "北俱盧洲形如方座.四邊量等.面各二千.等言爲明無少增減.隨其洲相人面亦然.復有八中洲.是大洲眷屬.(북구로주는 형태가 방좌와 같으며 사방이 같은 크기이며 각 2천 리이다. 같은 말과 밝기가 조금도 더하거나 덜하지 않는다. 그 주의 모양에 따라 사람의 얼굴도 또한 그러하며 다시 팔 주에 있으니 대주의 권속이다)."

봐라.

末後句爲君說.雪竇頌此末後句.他意極有落草相爲.頌則殺頌.只頌毛彩些子.若要透見也未在.更敢開大口便道.明暗雙雙底時節.與爾開一線路.亦與爾一句打殺了也.末後更與爾注解.只如招慶一日問羅山云.巖頭道.恁麼恁麼不恁麼不恁麼.意旨如何.羅山召云.大師.師應諾.山云.雙明亦雙暗.慶禮謝而去.三日後又問.前日蒙和尙垂慈.只是看不破.山云.盡情向爾道了也.慶云.和尙是把火行.山云.若恁麼據大師疑處問將來.慶云.如何是雙明亦雙暗.山云.同生亦同死.慶當時禮謝而去.後有僧問招慶.同生亦同死時如何.慶云.合取狗口.僧云.大師收取口喫飯.其僧却來問羅山云.同生不同死時如何.山云.如牛無角.僧云.同生亦同死時如何.山云.如虎戴角.末後句.正是這箇道理.羅山會下有僧.便用這箇意.致問招慶.慶云.彼此皆知.何故我若東勝身洲道一句.西瞿耶尼洲也知.天上道一句.人間也知.心心相知.眼眼相照.同條生也則猶易見.不同條死也還殊絶.釋迦達磨也摸索不著.南北東西歸去來.有些子好境界.夜深同看千巖雪.且道是雙明雙暗.是同條生是同條死.具眼衲僧試甄別看.

『연등회요』 권21
聯燈會要 卷二十一

● 복주 설봉의존 선사는 천주 증 씨의 아들이었다. 스님은 고개를 넘어 선원의 제일 수좌인 염관 스님을 뵙기 위해 투자를 세 번 가고 동산을 아홉 번이나 올랐으나 인연을 맺지 못하였다. 그 후 덕산 스님을 참배하고 마침내 묻길, "선종의 근본적인 가르침인 본분사의 일을 저도 자격이 있습니까?" 덕산 스님이 소리로 화답하고 곧바로 방망이로 때렸다. 스님은 곧바로 통 밑이 빠져나가는 것 같았다. 덕산 스님이 다시 말하길, "나의 불법의 대의는 말과 글이 없으며 또한 하나의 법도 사람들에게 줄 것이 없다."

福州雪峰義存禪師(凡四十六)泉州曾氏子.師出嶺.首謁鹽官.自後三到投子.九上洞山.因緣不契.後參德山.遂問.宗乘中事.學人還有分也無.山和聲便棒.師當下如桶底脫相似.山復語之云.我宗無語句.亦無一法與人.

암두 스님이 듣고 말하길, "덕산의 한 줄기 척추 뼈가 철같이 강하다. 비록 그와 같다고 하나 불법의 가르침에는 오히려 조금이나마 비교할 수 있다." 보복이 초경에게 묻길, "예를 들어[139] 암두 스님이 세상에 출현하는 것과 같이 어떤 말이

---

139 지여(只如): 단지 ~와 같이, 예를 들면 ~은. 다시 화제를 제기할 때 사용한다. 예를 들 때 사용하는 말이다. 지여(祇如)로도 쓴다. 『황벽산단제선사전심법요』 권1(『대정장』 권48, p.383, b2) "問祇如目前虛空.可不是境.(묻길, 예를 들면 눈앞의 허공은 경계가 아니다.)" 『조당집』 권10 「경청도부장」(『고려대장경』 권45, p.297, a26) "問.只如從上祖德.豈不是以心傳心.峰云.是.(묻길, '예를 들면 위로부터 덕 높은 조사 스님들이 어찌 마음으로써 마음을 전하지 않았습니까?' 설봉 스님이 이르길, '그렇다.')."

있기에 덕산보다 뛰어나서 곧바로 그렇게 말을 합니까?" 초경이 말하길, "그대는 암두 스님이 마치 사람이 활쏘기를 배우는 것과 같이 오랫동안 하면 바야흐로 적중한다고 말하는 것을 보지 못했는가?" 보복이 말하길, "적중시킨 뒤는 어떠합니까?" 초경이 말하길, "보복 스님은 아픔과 가려움을 알지 못하는 것이 아니다." 보복이 말하길, "스님은 오직 말만 하는 것이 아니군요." 초경이 말하길, "보복 스님의 어떠한 마음작용인가?" 명초[140]가 말하길, "그렇게 훌륭한 초경 스님이 말을 잘못했구나!"[141]

巖頭聞云.德山一條脊梁.硬以鐵.雖然如是.於唱教門中.猶較些子.保福問招慶.只如巖頭出世.有何言句.過於德山.便怎麼道.慶云.汝不見巖頭道.如人學射.久久方中.福云.中後如何.慶云.展闍梨.莫不識痛痒好.福云.和尚非唯舉話.慶云.展闍梨.是甚麼心行.明招云.大小招慶.錯下名言.

● 스님께서 동산에 계실 때 공양주 소임[142]으로 쌀을 일고 있었는데 동산 스님이 물으시길, "모래를 일어 쌀을 골라냈는가? 쌀을 일어 모래를 골라냈는가?" 스님이 말하길, "쌀과 모래를 한꺼번에 골라냈습니다." 동산 스님이 말하길, "대중들은 어떤 것을 먹으라고 하는가?"라고 말을 하자 스님은 쌀 동이를 엎어버렸다. 동산 스님이 말하길, "그대의 인연을 의거해[143] 보니 덕산[144]에 있어야 하겠다."

---

140 명초(明招): 당말의 스님으로 명초산에서 활약한 덕겸(德謙) 선사로 나산도한(羅山道閑)의 법을 이어 받았다. 그는 왼쪽 눈을 실명해서 독안룡(獨眼龍)이라 불리었으나 대중을 교화하는 수단이나 예리한 선기는 대적할 자가 없을 만큼 뛰어났다고 한다. 『경덕전등록』 23권에 그의 전기가 기록되어 있다.
141 위의 내용이 『경덕전등록』 권15 「덕산선감장」(『대정장』 권51, p.318, a2-7)에 그대로 나와 있다.
142 반두(飯頭): 선원에서 주방의 책임자인 전좌(典座) 밑에서 대중들의 식사를 담당하는 스님. 백장의 「선문규식」(『경덕전등록』 제6권)에도 선원의 직책으로 소개하고 있다. 『임제록』에도 이 일단의 내용과 비슷한 대화가 있다.
143 거자인연(據子因緣): 스승과 제자 간의 인연 관계를 나타낸 것.
144 덕산(德山, 780~865): 청원 행사 스님의 제4세로 당대의 스님이다. 속성은 주(周) 씨이며 어릴 때 출가

낭야각[145] 스님이 말하길, "설봉 스님이 그렇게 한 것은 마치 달콤한 복숭아나무를 던져버리는 것과 같아서 산 가장자리에서 신맛 나는 배를 따는 것과 같다."
師在洞山.作飯頭.淘米次.山問.淘沙去米.淘米去沙.師云.沙米一時去.洞云.大衆喫箇甚麼.師覆却米盆.山云.據子.因緣合在德山.瑯琊覺云.雪峯恁麼去.大似抛却甛桃樹.沿山摘醋梨.

● 동산 스님이 스님에게 묻길, "어디서 왔는가?" 스님이 말하길, "천태[146]에서 왔습니다." 동산 스님이 묻길, "지자[147] 스님은 친견하였는가?" 스님이 말하길, "제가 쇠몽둥이 맞을 짓을 했습니다."
洞山問師.甚處來.師云.天台.洞山云.還見智者麼.師云.義存喫鐵棒有分.

● 동산 스님이 스님에게 묻길, "어디서 왔는가?" 스님이 대답하길, "물통을 찍어서 만들고 왔습니다." 동산 스님이 말하길, "몇 번의 도끼질로 만들었는가?" 스님이 말하길, "한 번의 도끼질로 만들었습니다." 동산 스님이 말하길, "오히려 이쪽의 일인데 저쪽의 일은 어떠한가?" 스님이 말하길, "그대로 손 쓸 곳이 없습니다." 동산 스님이 말하길, "오히려 이쪽의 일인데 저쪽의 일은 어떠한가?" 스님께서 그

하여 20세에 비구계를 받았다. 계율을 숭상하고 모든 경전에 밝았는데 그 중에서 특히 『금강경』에 밝아 늘 강설하였으므로 주금강(周金剛)이라고 불렸다. 용담숭신 선사를 찾아가 문답하던 중 활연개오하여 『금강경』 주석서를 불태우고 선종에 귀의하였다. 그 뒤 학인들을 가르칠 때 주장자로 때리는 독특한 가풍을 펼쳐 덕산방이라고도 일컬어졌다. 그 뒤 덕산에 주석하면서 종풍을 크게 드날렸다.
145 낭야각(瑯琊覺): 낭야혜각 스님은 송대의 스님인데 분양선소 스님의 법을 이어 받았다. 낭야산에서 교화를 펼쳤다. 그 당시 운문종의 설두중현 스님과 함께 감로문이라 불릴 정도로 많은 교화를 펼쳤다.
146 여기서 본래인의 자리에서 어디에서 왔느냐는 질문은 자기의 근본이 무엇인가와 진짜로 지명으로 어느 장소에서 왔느냐를 묻는 2가지 내용을 담고 있다.
147 천태지자(天台智者, 538~597): 중국 수나라 때에 학덕이 높았던 고승으로 천태대사 지의를 말한다. 천태종의 3조이지만 실질적으로 천태종의 개창조라고 할 수 있다. 『법화경』을 중심으로 한 천태교학을 조직함으로써 중국불교의 독자적인 발전에 크게 공헌하였다.

만두었다.[148] 분양선소[149] 스님이 대신 말하길, "제가 너무 피곤합니다."
洞山問師.甚處來.師云.斫槽來.洞山云.幾斧斫成.師云.一斧斫成.洞云.猶是這邊事.那邊事作麼生.師云.直得無下手處.洞云.猶是這邊事.那邊事作麼生.師休去.汾陽昭代云.某甲早是困也.

● 스님이 동산 스님을 하직할 때 동산 스님이 묻길, "그대는 어디로 가려고 하는가?" 스님이 말하길, "영중으로 돌아가려고 합니다." 동산 스님이 말하길, "그때는 어느 길로 왔었는가?" 스님이 말하길, "비원령[150]으로 왔습니다." 동산 스님이 말하길, "지금은 어느 길로 돌아가려고 하는가?" 스님이 말하길, "비원령으로 가려고 합니다." 동산 스님이 말하길, "비원령으로 가지 않는 한 사람[151]이 있는데 그대는 알고 있는가?" 스님이 알지 못한다고 말하니 동산 스님이 말하길, "어째서 알지 못하는가?" 스님이 말하길, "그는 얼굴과 눈이 없습니다." 동산 스님이 말하길, "그대는 이미 알지 못한다고 했는데 어찌 얼굴과 눈이 없는 것을 아는가?" 스님이 대답이 없었다. 낭야각 스님이 말하길, "마음이 거친 사람은 잃어버린다."[152]

師辭洞山.山問.子向甚麼處去.師云.歸嶺去.山云.當時從甚路出.師云.飛猿嶺出.山

---

148 『서주동산양개선사어록』 권1(『대정장』 권47, p.521, c7-12), 『불과원오선사벽암록』 권1(『대정장』 권48, p.145, a6-15)에 위의 내용이 그대로 실려 있다.
149 분양선소(汾陽善昭, 947~1024) 스님을 말한다. 출가하여 많은 선지식을 참문하였으나 크게 얻은 바가 없다가 수산성념(首山省念) 선사가 법상에 올라 설법할 때 "코끼리가 가는 곳에 여우의 발자취가 끊어진다."는 말을 듣고 크게 깨쳤다. 후에 태자원에서 크게 교화를 펼쳤다.
150 비원령(飛猿嶺): 강서성과 복건성의 경계에 위치한 고개이다. 강서성 신성현의 동쪽 60리에 있는 고개이다.
151 일인(一人): 본래인을 말하는 것으로 깨우친 사람을 말한다. 『묘법연화경』 권2 「3 비유품」(『대정장』 권9, p.14, c26-28) "今此三界.皆是我有.其中衆生.悉是吾子.而今此處.多諸患難.唯我一人.能爲救護.(지금 이 삼계는 모두 나에게 있으며 그 속의 중생들이 다 나의 자식인데 지금 이곳은 모든 환난이 많은데 오직 나 한 사람이 구제하고 보호할 수 있다)."
152 앞의 내용의 면목(面目)은 본래인(本來人)을 말하는데, 여기서 한 사람이란 번뇌 망념이 없는 본래인을 의미하는데 마음의 번뇌 망념이 있으면 본래인을 잃어버려 중생심이 된다는 의미이다.

云,今從甚路去.師云.飛猿嶺去.山云.有一人.不從飛猿嶺去.子還證麼.師云不識.山云.爲甚麼不識.師云.他無面目.山云.子既不識.爭知無面目.師無對.瑯琊覺云.心麤者失.

● 스님께서 덕산 스님 처소에서 공양주 소임을 보고 있었는데 하루는 밥이 아직 되지 않아서 스님께서 밥통을 덮는 수건[153]을 햇빛에 말리고 있는데 덕산 스님이 발우를 들고[154] 법당 앞에 오신 것을 보고 스님이 말하길, "어르신, 종도 아직 울리지 않았고 북도 울리지 않는데 발우를 들고 어디에 가십니까?" 하자 덕산 스님이 곧바로 방장실로 돌아갔다.[155] 스님께서 그 이야기[156]를 암두 스님에게 말하니 암두 스님이 말하길, "저렇게 훌륭한 덕산 스님이 말후구[157](불법의 궁극적인 한마디)를 알지 못하는구나!"

덕산 스님이 그 말을 듣고 시자로 하여금 암두 스님을 불러오게 하였다. 덕산 스님이 묻길, "그대는 내가 펼친 불법의 궁극적인 한마디를 인정하지 않는구나!"

---

153 반건(飯巾): 밥통을 덮는, 베로 만든 수건을 말한다.
154 탁발(托鉢): 원래 탁발은 걸식을 하기 위해 마을로 내려가는 것을 말한다. 『오등회원』 제7권 「암두장」에는 경발(擎鉢)로 되어 있는데 여기서는 걸식을 위한 것이 아니라 식사를 하기 위해 방장실에서 승당으로 발우를 들고 내려온 것을 말한다.
155 위와 같은 내용은 다음과 같다. 『경덕전등록』 권16 「암두전활장」(『대정장』 권51, p.326, a26-29) "雪峯在德山作飯頭.一日飯遲.德山掌鉢至法堂上.峯曬飯巾次見德山便云這老漢鍾未鳴鼓未響托鉢向什麼處去.德山便歸方丈." 『무문관』 권1 「덕산탁발 13칙」(『대정장』 권48, p.294, b29-c1) "德山一日托鉢下堂.見雪峯問者.老漢鐘未鳴鼓未響.托鉢向甚處去.山便回方丈."
156 거사(擧似): 지난 문답(問答), 상량(商量) 등의 내용과 이야기를 다른 사람에게 그대로 들어서 제시하는 것. 설사(說似), 정사(呈似), 견사(見似)와 같은 말이며, 또한 거향(擧向)이라고도 한다. 似나 向은 모두 동작을 실행하는 방향을 나타내는 전치사 擧와 결합하여 동사가 된 것이다.
157 말후구(末後句): 이 말은 불법의 궁극적인 안목을 체득한 경지에서 나타내는 선승의 마지막 한마디의 말이다. 선승의 구경적인 최후의 심경(心境, 一句)은 일생 동안 수행한 모든 지혜를 응집한 전 생명이며 모든 불법의 정신을 제시한 결정적인 한마디인 것이다. 부처의 형상과 이름, 권위에 속박되지 않고, 불법의 가르침 등의 속박에서 벗어나 일체의 집착을 초월한 깨달음의 경지를 말한다. 불법의 대의를 체득한[自內證] 단적인 일구(一句)이며, 자기 향상(向上)의 일구(一句)이다. 근원적인 본래심의 경지에서 설하는 一聲이며 法音이다.

암두 스님이 비밀스레 그 뜻을 열어 보이니[158] 덕산 스님은 그만두셨다.[159] 다음날 법좌에 오르니 과연 그의 행동은 평상시와 달랐다. 암두 스님이 승당 앞에 이르러 손뼉을 치며 크게 웃으면서 말하길, "정말 다행스럽다.[160] 늙은 주지가 말후구(불법의 궁극적인 한마디)를 알고 계시구나! 그 후 천하의 사람들이 덕산 스님을 어떻게 할 수 없을 것이다."[161] 비록 그와 같으나 역시 단지 3년 동안 그러했고 3년이 지난 후에 과연 천화하였다.[162] 명초 스님이 덕산 스님을 대신하여 말하길, "쯧쯧! 어느 곳에 갔는가? 어느 곳에 갔는가?"

師在德山作飯頭.一日飯遲.師曬飯巾次.見德山托鉢.至法堂前.師云.這老漢.鍾未鳴.皷未響.托鉢向甚麽處去.山便歸方丈.師擧似巖頭.頭云.大小德山不會末後句.山聞令侍者喚巖頭來.山問.汝不肯老僧那.頭密啓其意.山休去.明日陞堂.果與尋常不同.頭至僧堂前.撫掌大笑云.且喜得.堂頭老漢.會末後句.他後天下人.不奈伊何.雖然如是.也只得三年.後三年果遷化.

明招代德山云.咄咄.沒處去沒處去.

설두가 말하길, "일찍이 독안룡(명초덕겸)[163]이 말하는 것을 들었는데 원래부터 단

---

158 밀계(密啓): 가만히 비밀리에 알림. 암두가 덕산 화상에게 비밀리에 말한 것이 문제가 된다. 암두가 자기 뜻을 덕산에게 비밀리에 알린 것. 덕산 화상의 변칙적인 교화로는 너무나 착실하고 여법한 수행을 실천하는 설봉에게는 통하기 어려운 일이니 여법한 상당설법으로 교화방편을 바꾸도록 제시한 것이라고 할 수 있다.
159 휴거(休去): 휴헐(休歇). 몸을 편안하게 함. 일체를 놓아 버림.
160 차희득(且喜得): 축하할 만한 일이다. 경하할 일이다.
161 『무문관』 권1(『대정장』 권48, p.294, b29-c6)에도 나온다.
162 천화(遷化): 다른 세상으로 옮겨가서 변화한다는 뜻. 고승의 죽음을 말하고, 입적, 시적, 열반과 같다.
163 독안룡(獨眼龍): 당말에 활동한 명초덕겸(明招德謙) 선사를 말한다.

지 정법의 안목[164]을 갖추었다. 덕산 스님이야 말로 깨달은 이빨 빠진 호랑이[165]임을 전혀 알지 못하고 있다.[166] 만약에 암두 스님이 그를 알아 간파하지 못했더라면 어찌 어제와 오늘이 같지 않았을 것이다. 모든 사람들이 요컨대 말후구(불법의 궁극적인 한마디)를 알고자 하는가? 단지 달마의 앎을 인정하지만 달마의 깨달음은 인정하지 않는다."[167] 대위철[168] 스님이 말하길, "암두 스님이 아주 높은 낭떠러지에 돌이 떨어져 찢어지는 것과 같이 비록 백 리를 달려온 짐승들이 자취가 없는 것과 같다. 만약 덕산 스님이 너그러운 마음과 깊은 생각이 아주 깊지 밝지 않았다면 어찌 어제와 오늘이 같지 않았음을 체득하지 않았을 것이다."

雪竇云. 曾聞說箇獨眼龍. 元來只具一隻眼. 殊不知德山是箇無齒大蟲. 若不是巖頭識破. 爭得昨日與今日不同. 諸人要會末後句麽. 只許老胡知. 不許老胡會. 大潙哲云. 巖頭大似高崖石裂. 直得百里走獸潛蹤. 若非德山度量深明. 爭得非昨日與今日不同.

● 스님과 암두 스님 그리고 흠산 스님 세 스님이 함께 덕산 스님을 떠나서 예주에 함께 도착했는데 흠산 스님은 먼저 예주에 머물렀고, 스님과 암두 스님이 하루는 오산진의 관사에 갔다가 쌓인 눈으로 길이 막혔다. 스님은 오로지 좌선만 하고 암두 스님은 오직 잠만 잤다. 스님이 말하길, "사형! 사형! 빨리 일어나시오." 암두가 말하길, "무슨 일인가?" 스님이 말하길, "저는 금생에 틀렸나 봅니

---

164 일척안(一隻眼): 정법의 안목을 구족하여 견식이 있는 것. 두 눈 이외에 특별한 눈을 가지고 있는 것. 그러나 일척안은 하나의 눈, 한쪽 눈을 의미하고 있다. 『조당집』 제17권과 『경덕전등록』 제10권 「보화화상장」에는 "只具一隻眼"이라고 기록되어 있는데 단지 한쪽 눈만을 갖춘 인물이라는 평이다.
165 대충(大蟲): 가장 큰 벌레. 즉, 호랑이를 말함.
166 수부지(殊不知): 전혀 모르다. 생각지도 않게. 뜻밖에.
167 『불과원오선사벽암록』 51칙 평창 권6(『대정장』 권48, p.186, c8-11)에 수록되어 있다.
168 대위철(大潙哲, ?~1095): 담주(潭州) 대위산(大潙山)의 진여모철(眞如慕哲) 선사를 말한다. 취암진(翠巖眞)의 법을 이었으며 남악의 11세 법손이다.

다. 흠산문수 녀석과 함께 행각을 할 때에도 가는 곳마다 폐를 끼치더니만 사형이 지금 또 오로지 잠만 자고 있습니다." 암두 스님이 할을 하고 말하길, "잠이나 자둬라! 매일 산골의 토지신과 흡사하다. 훗날에 사람들을 마귀같이 홀릴 것이다." 스님이 가슴을 치며 말하길, "제가 이 속에 해결하지 못한 것이 있습니다. 감히 스스로를 속이지는 못하겠습니다." 암두 스님이 말하길, "내가 장차 말하길, 그대가 훗날에 높은 산봉우리의 정상[169]에 풀로 서리서리 얽어 지은 암자[170]에서 부처를 꾸짖고 조사를 욕하면서 있을 줄 알았는데 오히려 이와 같은 말을 하고 있는가?" 설봉이 말하길, "제가 답답한 것이 있습니다." 암두가 말하길, "만약 진실로 이와 같다면 그대가 본 경계를 하나하나 말해 보아라. 옳은 것은 그대에게 증명해주고 옳지 못한 것은 깎아 없애 주겠다." 스님이 말하길, "제가 처음에 염관제안 스님을 찾아 갔을 때 색과 공의 뜻을 듣고 깨달음을 체득할 곳을 알았습니다." 암두 스님이 말하길, "이로부터 30년 동안 이와 같은 말을 절대로 거론하지 마라." 스님이 말하길, "또 동산 스님의 물을 건너는 깨달음의 노래를 인연하여 깨달은 바가 있었습니다."[171] 암두 스님이 말하길, "만약에 그러한 것으로는 자기 자신도 구제할 수 가 없다." 스님이 말하길, "제가 덕산 스님에게 묻길, '위로부터 전래 내려온 선종의 가르침에 저도 자격이 있습니까?' 덕산 스님께서 방망이

---

169 고봉정상(孤峯頂上): 높고 높은 산의 정상. 수행이 궁극적인 경지에 도달하여 더 이상 나아갈 여지가 없는 깨달음의 정점을 비유한 것. 최고 깨달음의 경지. 백척간두(百尺竿頭)의 정점. 『진주임제혜조선사어록』 권1(『대정장』 권47, p.497, a9-10) "上堂云. 一人在孤峯頂上. 無出身之路. 一人在十字街頭. 亦無向背.(임제 스님이 법상에 올라 설법하시길, 한 사람이 높은 산봉우리의 정상에 있기에 몸이 나아갈 길이 없고, 한 사람이 시내의 네거리에 있는데 역시 앞뒤가 없다.

170 반결초암(盤結草庵): 풀로 서리서리 얽혀서 지은 암자.

171 과수게(過水偈): 『서주동산양개선사어록』 권1(『대정장』 권47, p.520, a20-23) "後因過水睹影. 大悟前旨. 有偈云. 切忌從他覓. 迢迢與我疎. 我今獨自往. 處處得逢渠. 渠今正是我. 我今不是渠. 應須恁麼會. 方得契如如.(그 뒤 물을 건너면서 그림자를 보고 앞의 종지를 크게 깨닫고 게송을 지어 말하길, '절대로 다른 것을 쫓아 찾으려고 하지 마라. 자기와는 점점 더 멀어질 것이다. 내가 지금 홀로 가나니 가는 곳마다 그를 만날 것이다. 그대가 지금 바로 나이고 내가 지금 그대가 아니네. 응당히 반드시 이와 같이 깨달아야 바야흐로 여여하게 계합하게 된다.')."

한 대를 때리고 말하시길, '뭐라고 말했는가?' 나는 곧바로 마치 통 밑이 빠지는 것과 같았습니다." 암두 스님이 위의를 떨치며 할을 하고 말하길, "어찌 듣지 못했는가? '문으로 들어오는 것은 집안의 보배가 아니다.'[172] 라는 말을." 스님이 말하길, "어떻게 해야 옳겠습니까?" 암두 스님이 말하길, "그대가 훗날에 부처님의 가르침을 크게 펼치려고 한다면 반드시 하나하나를 자기 마음속에서 나온 것을 나에게 가져와라. 그러면 하늘을 덮고 땅을 덮을 것이다." 스님께서 말끝에 크게 깨닫고 침상에서 뛰어 내려와 절을 하며 말하길, "사형! 오늘에야 비로소 오산진에서 도를 이루었습니다. 사형! 오늘에야 비로소 오산진에서 도를 이루었습니다." 라고 거듭 소리쳤다.

師同巖頭欽山三人. 辭德山. 同到澧州. 欽山先住. 師與巖頭. 一日到鼇山店. 阻雪. 師一向坐禪. 巖頭唯打睡. 師云. 師兄師兄. 且起來. 頭云. 作甚麼. 師云. 今生不著便. 共文邃箇漢行脚. 到處被他帶累. 師兄如今又只管打睡. 頭喝云. 噇眠去. 每日恰似七村裏土地. 他時後日. 魔魅人家男女去在. 師点胸云. 某甲這裏. 未穩在. 不敢自瞞. 頭云. 我將謂. 儞他後. 向孤峯頂上. 盤結草庵. 呵佛罵祖去在. 猶作這箇語話. 峯云. 某甲實未穩在. 頭云. 若實如此. 據汝見處. 一一通來. 是處與儞證明. 不是處. 與儞剗却. 師云. 某甲初到鹽官. 聞擧色空義. 得箇入處. 頭云. 此去三十年. 切忌擧著. 師云. 又因洞山過水悟道頌. 有箇省處. 頭云. 若恁麼. 自救也不了. 師云. 某甲因問德山. 從上宗乘中事. 學人還有分也無. 山打一棒云. 道甚麼. 我當下. 如桶底脫相似. 被巖頭震威一喝云. 豈不聞道. 從門入者. 不是家珍. 師云. 如何即是. 頭云. 他後若欲播揚大敎. 須一一從自己胸襟. 流出將來. 與我蓋天蓋地去. 師於言下大悟. 跳下床. 作禮

---

172 『오가어록(선록)』 권2(『가흥장』 권23, p.554, b17-18) "古人道從門入者.非寶.(옛사람이 말하길, '문으로 들어오는 것은 보배가 아니다.')." 『무문관』 권1(『대정장』 권48, p.292, b13) "豈不見道.從門入者.不是家珍.(어찌 문으로 들어온 것은 집안의 보배가 아니라는 말을 듣지 못했는가?)." 『경덕전등록』 권15 「동산양개장」(『대정장』 권51, p.322, c5-6) "問如何是從門入者非寶.(묻길, '무엇이 문으로 들어오는 것이 보배가 아닙니까?')."

云.師兄.今日始是鼇山成道.師兄.今日始是鼇山成道.

교충광[173] 스님이 말하길, "단지 암두 스님이 말한 것과 같이 하나하나 자기 마음속에서 나온 것과 같고, 또 말하길 설봉이 앞에서 세 번 깨달았다고 하는데[174] 만약 자기 마음속에서 나왔다고 하는데 또 아직도 숨겨진 것이 있다. 만약 자기 마음속에서 나오지 않았다면 그렇다면 어디서부터 나온 것인가? 나오는 곳이 단절되어 없는 것인가? 만약 나오는 곳이 단절되었다면 오직 설봉이 오산진에서 도를 이루지 못했을 것이다. 온 대지에 마음이 있어 한 가지로 정각을 이루었다. 만약 나오지 못하고 단절되었다면 어떻게 오산진에서 도를 이루었다고 말하겠는가? 가령 달마가 소림사에서 마음을 전했다고 하더라도 또한 아직 꿈속에서 보고 있는 것이다."

教忠光云.只如岩頭道.一一從自己胸襟流出.且道.雪峯前三次悟.若從自己胸襟流出.又道未穩在.若不從自己胸襟流出.又從甚麼處得來.莫有斷得出者麼.若斷得出.不唯雪峰鼇山成道.盡大地有情.齊成正覺.若斷不出.說甚麼鼇山成道.直饒少室傳心.也未夢見在.

● 대중에게 보이시길, "남산에 맹독의 뱀 한 마리가 있으니 그대들 모든 사람들은 반드시 잘 살펴봐야 한다." 그때 장경이 나와 말하길, "오늘 법당 안에 큰 사

---

173 교충광(敎忠光): 대혜보각 스님이 선장원(禪狀元)이라는 별호를 준 스님으로『운와기담』에 "대혜(大慧)가 천남사 교충 광(敎忠光)에게 말하였다. '지금 총림에서는 선법을 거침없이 말하지만, 양기의 정맥을 이어받은 이는 서너 사람뿐이다.' 세상에 나와서 법을 설한다고 모두가 정안종사는 아니다. 금과 모래가 섞여 있는 것은 예나 지금이나 마찬가지일 뿐만 아니라, 진금은 참으로 드물다. 교충이 '양기정맥(楊岐正脈)을 이은 사람은 서너 사람뿐이다.'라는 말을 듣고 분노하였으나, 결국 마음을 돌이켜 대혜에게서 도를 얻어 법을 이었다."고 나와 있다.
174 『가태보등록』 권26 「교충회암광선사장」,(『속장경』 권79, p.457, c21-22) "擧雪峰在鼇山成道.師曰.只如巖頭道.一一從自己胸襟流出.且道雪峰前三次悟." 『선림류취』 권5 「교충광장」,(『속장경』 권67, p.32, b20-21) "教忠光云.只如巖頭道一一從自己胸襟流出.且道雪峰前三次悟."에 의거하여 雲峰을 雪峰으로 고침.

람이 있는데 몸을 잃고 목숨을 잃어 버릴[175] 것이다." 운문이 주장자를 스님의 얼굴 앞에 던지고 두려워하는 모습을 지었다.
示衆云.南山有一條鼈鼻蛇.汝等諸人.切須好看.時長慶出云.今日堂中.大有人.喪身失命.雲門以拄杖.攛向面前.作怕勢.

어떤 스님이 현사 스님에게 그 이야기를 하자 현사 스님이 말하길, "반드시 혜릉 사형이야 말로 비로소 그렇게 했을 것이다. 그러나 비록 그와 같지만 나는 그렇게 하지 않겠다." 그 스님이 말하길, "스님은 어떻게 하겠습니까?" 현사 스님이 말하길, "남산이라고 할 필요가 있겠는가?"
僧舉似玄沙.沙云.須是稜兄始得.然雖如是.我卽不然.僧云.和尙作麼生.沙云.用南山作麼.

진정 스님이 말하길, "훌륭하도다. 선지식이 나오셨으니 아버지도 아니고 그의 아들이 태어나지도 않았다." 갑자기 주장자를 잡고 대중들을 불러 말하길, "남산의 맹독의 뱀도 도리어 여기에 있다." 주장자를 던지고 말하길, "헤아리면 몸을 잃어버리고 목숨을 잃어버릴 것이다."
眞淨云.奇哉.善知出處.非父不生其子.驀拈拄杖.召大衆云.南山鼈鼻蛇.却在這裏.擲下拄杖云.擬卽喪身失命.

---

175 상신실명(喪身失命): 몸을 다치고 목숨을 잃는다는 것. 위의 내용은 『벽암록』 제22칙에 기록되어 있다. 『진주임제혜조선사어록』 권1(『대정장』 권47, p.496, c26) "師乃云.大衆.夫爲法者不避喪身失命.(임제 스님이 이어 이르길, '여러분! 대개 불법을 법을 체득하기 위해서는 몸을 상실하고 목숨을 잃는 어려움을 피하지 않아야 합니다.')." 『불과원오선사벽암록』 권3(『대정장』 권48, p.165, a9-10) "劉鐵磨(尼也)如擊石火.似閃電光.擬議則喪身失命.(유철마 비구니의 공격은 부싯돌이 번쩍이고 번갯불이 번쩍이는 것과 같아서 뭐라고 하려면 몸을 상실하고 목숨을 잃어버린다)."

● 대중에게 보이시길, "망주정에서 그대들과 서로 만났었고, 오석령에서도 그대들과 서로 만났으며, 승당 앞에서도 그대들과 서로 만났었다." 훗날 보복종전 스님이 아호지부[176] 스님에게 묻길, "승당 앞은 그렇다 치더라도 망주정, 오석령에서 어떻게 서로 만났다는 것입니까?" 아호 스님이 빠른 걸음으로 방장실로 돌아가자 보복 스님도 곧바로 승당으로 들어갔다.

示衆云.望州亭.與汝相見了也.烏石嶺.與汝相見了也.僧堂前.與汝相見了也.後保福問鵝湖.僧堂前卽且致.望州亭烏石嶺.甚麼處相見來.鵝湖驟步.歸方丈.保福便入僧堂.

　설두가 말하길, "두 노인이 옳다면 곧 옳다. 단지 설봉의 불법의 경지를 지혜작용으로 펼치는 것만 알았지, 설봉의 불법의 대의를 분명하게 파악하는 것을 알지 못하는구나!"[177] 홀연히 깨달은 수행자가 나와서 "도대체 설두 스님은 어떻게 하겠습니까?"라고 물으니, "어찌 중생을 교화하기에 알맞은[178] 것은 모르고 길흉[179]만 아는 녀석이구나! 망주정과 오석령이 어디에 있는가?" 가만히 있다가 말하길, "자기 생각에 빠진 선승[180]은 마와 같고 조와 같이 많다."[181]

雪竇云.二老是則是.只知雪峯放行.不知雪峰把定.忽有箇衲僧出來.問未審雪竇作

---

176 아호지부(鵝湖智孚): 신주 아호산 지부 선사는 복주사람이니 처음에는 강원에 몸을 담아 장안에서 수업을 하다가 현극한 이치를 사모하여 몇 년 동안 설봉 스님을 모시다가 심법을 깨달은 뒤 아호산에서 법석을 크게 열었다.
177 방행파정(放行把定): 방행(放行)은 불법의 경지를 지혜작용으로 펼치는 것을 말하고, 파정(把住)은 불법의 대의를 분명히 파악하는 것을 말하는 것이다.
178 기의(機宜): 시기(時期)나 형편(形便)에 알맞음. 중생에게 선근이 있어 교화하기에 알맞음.
179 휴구(休咎): 길과 흉, 화와 복을 말함.
180 담판선화(擔板禪和): 널판지를 옆으로 어깨에 짊어진 사나이. 자기 자신이 짊어지고 있는 물건이나 이념에 좌우되어 행동하는 인간을 매도하는 말이다. 즉, 천편일률적으로 틀에 박힌 형태로만 행동하는 교조주의자를 가리킨다. 선화(禪和)는 선종의 스님. 선승을 말한다.
181 여마사속(如麻似粟): 마와 같고 조와 같다는 뜻인데 여마여속(如麻如粟)과 같은 말이다. 어디나 뒹굴고 있다. 지천에 깔려있다는 것이다.

麼生.豈不是別機宜.識休咎底漢.還有望州亭烏石嶺底麼.良久云.擔板禪和.如麻似粟.

● 스님께서 대중에게 보이시길, "온 대지를 손가락으로 움켜잡으면 마치 좁쌀 크기와 같은데 이것을 눈앞에 던졌지만 칠통같이 알지 못하는구나! 북을 쳐서 전 대중이 운력하도록 하라."[182]

示衆云.盡大地攝來.如粟米粒大.抛向面前.漆桶不會.打鼓普請看.

장경혜릉 스님이 운문 스님에게 묻길, "설봉 스님이 이렇게 말했는데 머리를 내밀지 못하는 곳이 있는가?" 운문이 말하길, "있습니다." 장경혜릉이 말하길, "어떠한 것인가?" 운문이 말하길, "모두 들여우의 견해를 내는 것은 안 됩니다." 또 말하길, "이리를 빌리는 것이 적지 않습니다." 운봉열이 말하길, "신분을 올려 주기는 부족하다. 내가 다시 너에게 말해주겠다."[183] 하고 곧바로 주장자를 집어 들고 말하길, "설봉을 보았는가? 쯧쯧! 왕명이 매우 엄하니 시장에서 혼잡하게 빼앗는 것을 허락하지 않는다." 대위철이 말하길, "내가 다시 모든 사람들을 위하여 흙 위에 진흙을 더하겠다." 이에 주장자를 잡고 말하길, "보아라! 보아라! 설봉 노인이 모든 사람들 앞에서 대소변을 보고 있다. 쯧! 쯧! 어떻게 똥 냄새가 나는 것도 알지 못하는가?"

長慶稜問雲門.雪峰與麼道.還有出頭不得處麼.門云有.稜云.作麼生.門云.不可總

---

182 『불과원오선사벽암록』 권1(『대정장』 권48, p.144, c25-28) 제5칙에 위의 내용이 나와 있다.
183 갈등(葛藤): 칡과 등나무의 덩굴처럼 복잡하게 얽힌 것을 말하며 언어문자에 집착하고 문자언구(文字言句)에 떨어져서 정신의 자유를 잃는 것을 말한다. 어록에서는 문자언구 그 자체를 의미하고, 또한 깨달음의 세계에 들어가기 위한 방편으로서의 언구(言句)를 말한다. 공안(公案)을 가리키는 경우도 있다. 『진주임제혜조선사어록』 권1(『대정장』 권47, p.496, b29-c1) "爲爾信不及.所以今日葛藤.(그대들이 확신하지 못하기에 그래서 오늘 갈등하는 것이다)."

作野狐精見解.又云.狼籍不少.雲峰悅云.匹上不足.我更與儞葛藤.驀拈拄杖云.還
見雪峯麼.咄.王令稍嚴.不許攙行奪市.大潙哲云.我更爲諸人.土上加泥.乃拈杖
云.看看.雪峰老人.向諸人面前放屎.咄.爲甚麼.屎臭氣也不知.

설두 스님이 게송으로 말하길,

소머리가 없어지자 말 머리가 돌아오고,
조계의 거울 속에 가는 티끌마저도 끊어졌다.
북치고 오는 것을 그대는 보지 못했는가?
봄이 오면 누구를 위하여 모든 꽃이 피는지.

雪竇頌云.牛頭沒馬頭回.曹溪鏡裏絶纖埃.打鼓看來君不見.百花春到爲誰開.

● 대중에게 보이시길, "나의 이곳에 하나의 얼굴이 본래 거울과 서로 같아서 오랑캐가 오면 오랑캐가 나타내고 한나라 사람이 오면 한나라 사람을 나타낸다." 그때에 어떤 스님이 나와 묻길, "갑자기 밝은 거울을 만날 때는 어떠합니까?" 스님께서 말하시길, "오랑캐와 한나라 사람이 모두 숨는다." 현사 스님이 말하길, "나는 그렇지 않다." 그때에 어떤 스님이 묻길, "갑자기 밝은 거울을 만날 때는 어떠합니까?" 현사 스님이 말하길, "모든 잡스러운 것들이 부서진다." 명초 스님이 말하길, "응당히 그러할 때 오랑캐와 한나라 사람이 모두 숨는다고 말하지 마라." "달리 어떻게 말해야 하는가?" 현사 스님이 말하길, "깨뜨려 버린다." 명초 스님이 말하길, "잃어버렸습니다."

示衆云.我這裏.如一面古鏡相似.胡來胡現.漢來漢現.時有僧出問.忽遇明鏡來時
如何.師云.胡漢俱隱.玄沙云.我卽不然.時有僧問.忽遇明鏡來時如何.沙云.百雜碎
明招云.當與麼時.莫道胡漢俱隱.別作麼生道.沙云破.招云喪也.

● 대중에게 보이시길, "온 대지가 모두[184] 해탈문인데 그대의 손을 끌고 가려해도 들어가려고 하지 않는다." 그때 어떤 스님이 앞으로 나와 말하길, "스님께서는 괴이하게도 저를 인정하지 않습니다." 어떤 한 스님이 말하길, "들어가서 어떻게 하려고 합니까?" 스님께서 곧바로 때렸다. 설두 스님이 말하길, "세 가지 중에 한 가지는 구원 받을 수 있는 곳에 있는데 홀연히 만약 모두 분명하게 판단하지 못하면 평상시에 많은 변수가 있다."

示衆云. 盡大地. 是箇解脫門. 把手拽伊. 不肯入. 時有僧出云. 和尙怪某甲不得. 一僧云. 用入作麼. 師便打. 雪竇云. 三箇中. 有一箇受救在. 忽若總不辨明. 平地有甚數.

● 대중에게 보이시길, "삼세제불이 시골 촌놈이다. 삼승의 경전과 오종의 논서도 나귀를 매는 말뚝이다. 80권『화엄경』도 시골에서 풀밭을 걸어가는 것이고 바꾸어 밥 먹는 말일 뿐이다. 모든 경전도 두꺼비 속의 일이다. 알겠는가? 그래서 말하는데, 지금 많은 사람들 중에 만약 크게 긍정한 한 사람이라도 있어 나를 나귀와 낙타가 되게 한다면 그에게 공양을 올린들 무슨 잘못이 있겠는가?"[185]

示衆云. 三世諸佛. 是草裏漢. 三經五論. 是繫驢橛. 八十卷華嚴. 是村草步頭. 博飯喫底言語. 十二分教. 是蝦蟆口裏事. 還知麼. 所以道. 如今千百人中. 若有一人大肯去. 我作驢駝物. 供養他. 有甚麼罪過.

---

184 시개(是箇): 시사(是事), 시처(是處)와 같은데, 모든 ~은, ~라고 하는 것은 뜻이다. 『방거사어록』 권1(『속장경』 권69, p.132, b12-13) "濟一日問居士. 是箇言語. 今古少人避得脣舌.(대동보제 스님이 어느 날 거사에게 묻길, '말이라는 것은 옛날이나 지금이나 말을 피할 수 있는 사람은 드물다.')."
185 『설봉의존선사어록』(진각선사어록) 권1(『속장경』 권69, p.73, a1-4) "師又云. 三世諸佛是艸裏漢. 十經五論是繫驢橛. 八十卷華嚴經是艸蕚頭搏飯食言語. 十二分教是蝦蟇口裏事. 還知麼. 所以道. 如今千百人中. 若有一人大肯與我做驢駝物. 供養佗有什麼罪過." 이와 같이 나와 있다.

● 대중에게 보이시길, "삼세제불도 여기에서 머리를 내밀 수가 없다. 대장경의 가르침에도 한 글자도 붙일 수 없다. 천하의 노련한 스님은 시절인연의 본분사에서 모든 잡스러운 것들을 부수어 버린다. 알겠는가? 모든 사람들이 만약 진실로 명백하게 체득한다면 사람들의 의혹을 면할 수 있고 설사 말과 글이 있다고 하더라도 또한 다른 사람들이 의심하지 않는다. 자기가 만약 명백하게 체득하지 않았다면 도리어 공을 체득할 수 없어서 헛되이 시간을 보내는 것이다. 오로지 제방의 뛰어난 스승의 얼굴 아래서 한마디의 말이나 반 구절을 기억하여 자기의 마음이라고 하지 마라. 크게 잘못된 것이다. 여러분! 내가 말하는 것은 단지 이 세 치 혀로 사람을 죽일 수 있고 사람을 살릴 수도 있다. 내가 항상 스님들에게 '무엇인가?' 하고 말하면 그대들이 곧바로 입으로 중얼거리지만 이와 같은 무리들은 나귀의 해에도 터득할 수 있겠는가? 그렇다면 그대들 모든 스님들께 묻겠다. 제방의 큰스님들이 스님들에게 설법해준 일이 있던가? 일찍이 스님들에게 지시해준 적이 있는가? 도리어 일찍이 스님들과 함께 선문답을 한 적이 있는가? 대단히 모름지기 몸소 실천하고 진실을 살펴보기 바란다."

示衆云. 三世諸佛. 向這裏. 出頭不得. 一大藏教. 著一字不得. 天下老和尙. 向這裏百雜碎. 還知麼. 諸人. 若實明白得去. 免被人惑. 設有言句. 亦不他疑. 自己若未明白. 却不得掠虛. 枉度時光. 莫只管向諸方老師頷腮下. 記得一言半句. 將謂自己胸襟. 大錯. 兄弟. 我道. 只這三寸. 能殺人能活人. 我尋常向師僧道. 是甚麼. 他便口喃喃地. 如此等輩. 驢年解承當得麼. 且問儞. 諸和尙子. 諸方老宿. 還與闍梨. 說事麼. 還曾指示闍梨麼. 還曾共闍梨. 商量麼. 大須體悉審實看.

● 가만히 계시다가 대중에게 보이며 말하시길, "곧바로 이렇게 터득해야 한다. 마음을 잘 살피고 노력하라. 그래서 말하길, 삼세제불도 말할 수 없고, 모든 경전으로도 설명 할 수 없다. 지금 침과 눈물을 씹고 있는 녀석이 어찌 깨달을 수

있겠는가? 내가 항상 스님들에게 '이것이 무엇인가?' 하고 말하면 다시 가까이 앞에 와서 대답을 찾아 말하나 나귀의 해에도 깨달을 수 있겠는가? 내가 부득이한 일이어서 그대들에게 이렇게 말했다. 이미 그대를 속이기를 끝마쳤다. 또 그대에게 말하길, 아직 문에 들어올 전에 일찍이 그대와 선문답을 마쳤으나 역시 노파심이다. 오로지 좌선수행에 힘쓰는 것[186]을 자기 일로 하지 않고 다만 제자리에서 말과 글을 찾는 것만 알고 있다. 그대에게 말하노니 온 대지가 해탈문인데 모두 들어가지 않고 오로지 어지럽게 달려 나가 사람들을 만나면 곧바로 부처와 조사를 물어보는데 부끄러운 줄 알아야 한다. 기쁘게 스스로를 굴복해야 한다. 만약 진실로 아직 깨닫지 못하였다면 마땅히 등한시하지 마라. 반드시 깨닫지 않으면 안 된다. 시간을 헛되이 보내면 안 되고 정신을 똑바로[187] 차려야 한다. 달마대사가 서쪽에서 오셔서 마음으로써 마음을 전하고 문자를 세우지 않았다.[188] 그렇다면 무엇이 그대들 모든 사람들의 마음인가? 실마리만 어지럽혀 놓

---

186 생력(省力): 경론 등의 문자 어구에 관한 해석이나 이해에 소비하는 낭비를 줄인다는 뜻. 단지, 오로지 좌선수행에 힘쓰는 것. 『신화엄경론』 권6(『대정장』 권36, p.756, a13-14) "豈不省力不枉功耶.(어찌 힘을 쓰지도 않고 공을 헛되지 않는가?)." 『황벽산단제선사전심법요』 권1(『대정장』 권48. p.383, b21-22) "如日輪常在虛空.光明自然不照而照.不是省力底事.(마음은 마치 태양이 항상 허공에 있어서 광명이 자연스럽게 비추지 않으면서도 비추는 것이 이것이 힘을 더는 일이 아닌가?)." 『불과원오선사벽암록』 19칙 평창 권2(『대정장』 권48, p.159, c17) "要會得省力麼.(요컨대 작은 힘이라도 깨달았는가?)."
187 『달마대사혈맥론』 권1(『속장경』 권63, p.2, a24) "三界混起.同歸一心.前佛後佛以心傳心.不立文字.(삼계가 모두 일어나 한마음으로 같이 돌아간다. 앞뒤의 부처님이 마음으로써 마음을 전하고 문자를 세우지 않았다)." 『경덕전등록』 권28 「법안문익장」(『대정장』 권51, p.448, b5-6) "諸上座傍家行脚.也須審諦著些精彩.莫只藉少智慧過却時光.(모든 스님들이여! 옆길에서 여러 곳을 돌아다니며 도를 닦으려고 하려거든 반드시 정신 똑바로 차리고 자세히 살펴야 할 일이지 다만 작은 지혜를 믿고 세월을 보내서는 안 된다)."
188 『선원제전집도서』 권1(『대정장』 권48, p.400, b17-21) "達摩受法天竺躬至中華.見此方學人多未得法.唯以名數爲解事相爲行.欲令知月不在指法是我心.故但以心傳心不立文字.顯宗破執.故有斯言.非離文字說解脫也.(달마대사가 천축에서 법을 받고 몸소 중국에 오시어 이곳의 학인들이 대개 올바른 법을 알지 못하고 오직 개념으로 알음알이를 삼고 보이는 모습으로 수행을 삼고 있는 것을 보게 되었다. 그는 달이 손가락에 있지 않았음을 그들이 알게 하려 '법이 우리의 마음이었기에 단지 마음으로써 마음을 전했을 뿐 문자를 내세우지 않았다.'라는 말이 있게 되었을지언정 문자를 떠나서 해탈을 설하고 있었던 것은

고 곧바로 쉬어서는 안 된다. 자기의 눈이 아직 분명하지 않는데 어디에서 많은 망상을 없애겠는가? 하루 종일[189] 그대의 몸이 편안한 곳이 없어서 곧바로 범부를 보고 성인이다 하고, 남녀, 승속, 높고 낮고, 훌륭하고 못난 것이 있게 된다. 대지 위에 모래를 까느라 떠들어대는 것과 비슷한 것이다. 일찍이 한 생각을 잠시라도 신령스러운 지혜작용으로 돌이키지 않으면 생사에 윤회하여 오랜 세월이 다 하도록 쉬지 못하니 대단히 참으로 부끄럽다. 각자 노력하라."

示衆.良久云.便與麼承當得去.好省心力.所以道.三世諸佛.不能唱.十二分教.不能詮.如今嚼涕唾兒.爭能會得.我尋常向師僧道.是甚麼.更近前來.覓答話.驢年會得麼.我事不獲已.向儞恁麼道.已是平欺儞了也.又向儞道.未入門時.早共儞商量了也.亦是老婆心.省力處.不肯承當.但知踏步向前.覓言覓句.向儞道.盡大地是箇解脫門.總不肯入.只管亂走.逢人便問佛問祖.還識羞麼.甘自受屈.若實未得箇悟入.莫當等閑.直須悟入始得.不可虛度時光.著些精彩好.達磨西來.以心傳心.不立文字.且作麼生是汝諸人心.不可亂統了便休.己眼未明.何處消得許多妄想.時中無儞安身處.便乃見凡是聖.有僧俗男女.高低勝劣.大地面前.吵吵地.鋪沙相似.未曾一念.暫返神光.流浪生死.盡劫不息.大須慚愧.各自努力.

● 스님께서 대중에게 보이시길, "물가에서 목말라 죽는 사람이 셀 수가 없고, 밥소쿠리 옆에서 굶어주는 사람이 항하사같이 많으니 이러한 일은 다만 한 개 반 개도 아니다. 여러분, 만약 그렇다면 육근으로 사량하고 돌아오는 것이 더디다면 도리어 반드시 부지런히 정신 차려야 한다. 단지 이곳에서 겨울을 보내고 저곳에서 여름을 나면서 약간의 눈물과 침을 주워 모아서 곧바로 평생의 본분사의

아니다.)."
189 시중(時中): 십이시중(十二時中)을 줄인 말이다. 하루라는 생활시간의 전체. 『조당집』권12 「화산무은장」(『고려대장경』권45, p.311, b18) "問.學人時中息盡境緣.未審當歸何處.(묻길, '하루 중에 모든 경계의 인연을 쉬었습니다. 도대체 마땅히 어떤 곳으로 돌아갑니까?')."

일을 마쳤다고 해서는 안 된다. 다만 헤아리고 베낀 것을 취하거나 기록한 것을 취하는 것은 모두 지식을 배워 의지해서 통하는 것이니, 이러한 것을 나는 두꺼비 옷을 입은 나그네라고 하고 또한 검정소가 죽은 물속에 드러누워 있는 것과 같다고 부른다. 그대들은 알겠는가?"

示衆云. 臨河渴死人無數. 飯籮邊受餓人. 如恒河沙. 非但一箇半箇. 兄弟. 若也根思遲回. 却須勤著精彩. 莫只這邊經冬. 那邊過夏. 收拾些子涕唾. 便當平生事了. 但擬抄取記取. 盡是識學依通. 這般底. 我喚作蝦蟆衣下客. 亦喚作黑牛臥死水. 汝還會麽.

● 스님께서 대중에게 보이시길, "만약 이 일을 논한다면 마치 한 조각의 밭과 서로 같아서 모든 사람에게 밭을 갈고 씨를 뿌리는 것을 맡기는 것과 같아서 이 은혜를 받지 않는 것이 없다."

현사 스님이 말하길, "우선 어떻게 해야 한 조각의 밭입니까?" 스님께서 말하시길, "잘 살펴봐라!" 현사 스님이 말하길, "옳기는 옳으나 저는 그렇게 하지 않겠습니다." 스님께서 말하시길, "그대는 어떻게 하겠는가?" 현사 스님이 말하길, "단지 각자의 일이라 하겠습니다."

示衆云. 若論此事. 如一片田地相似. 一任諸人耕種. 無有不承此恩力者. 玄沙云. 且作麽生是一片田地. 師云看. 沙云. 是卽是. 某甲不恁麽. 師云. 儞作麽生. 沙云. 只是人人底.

● 스님께서 수시하시길, "이 일은 이렇게 존귀하고 면밀한 것이다." 어떤 스님이 말하길, "제가 이 산에 온 지 몇 년이 지났는데 스님께서 학인들에게 이렇게 무리

에게 지시해주는 것 듣지 못했습니다."¹⁹⁰ 스님께서 말하시길, "내가 이전에는 비록 보여주지 않았는데 지금은 보여주고 있으니 방해하지 마라." 그 스님이 말하길, "별말씀을 다 하십니다. 이것이 스님께서 부득이해서 하신 것뿐입니다."
師垂語云.此事得麽尊尊貴.得與麽綿密.僧云.某甲自到山.經數載.不聞和尙與麽示徒.師云.我已前雖無.如今已有.莫有妨閡也無.僧云.不敢.此是和尙.不得已而已.

● 스님께서 하루는 승당 앞에 앉아 계시다 주장자를 집어 들고 말씀하시길, "이것은 중, 하근기인을 위한 것이다." 그때에 어떤 스님이 묻길, "갑자기 상상근기인을 만날 때는 어떻게 합니까?" 스님께서 주장자를 집어 들었다. 운문이 말하길, "나는 설봉 스님의 어지럽게¹⁹¹ 타파하는 것과 같지 않다." 그 스님이 곧바로 묻길, "도대체 스님께서는 어떻다는 것입니까?" 운문 스님이 곧바로 때렸다.
師一日.於僧堂前坐.拈起拄杖云.這箇爲中下根人.時有僧問.忽遇上上根人來時如何.師拈起拄杖.雲門云.我不似雪峰打破狼籍.僧便問.未審和尙如何.師便打.

● 스님께서 참선할 때 어떤 한 스님이 "몸조심하십시오!"¹⁹² 하고 말하고 곧바로

---

190 본문인 『연등회요』 권21(『속장경』 권79, p.186, a7-8) "僧云.某甲自到山.經數載.可聞和尙與麽示徒."에 可聞으로 나와 있으나 『설봉의존선사어록』(진각선사어록) 권2(『속장경』 권69, p.79, c12) "不聞和尙溜麽示徒."로 나와 있어 이렇게 사용한다.
191 낭자(狼籍): 엉망진창, 형편없음, 뒤죽박죽, 뒤범벅, 마구, 무질서. 『불과원오선사벽암록』 6칙 송 권1(『대정장』 권48 p.146, b16-17) "空生巖畔花狼籍.(수보리가 앉은 바위에 꽃이 어지럽다)." 『인천안목』 권1 「고덕십수」(『대정장』 권48, p.306, b22-23) "甚麽物兮同得失.圓明如晝紅如日.三箇胡孫夜播錢.天明走盡空狼籍.(어떤 물건이기에 얻음과 잃음이 같음이여! 두렷이 밝아 붉은 낮과 같고 태양과 같네. 세 마리의 원숭이가 밤에 돈을 뿌리고 날이 밝으니 다 달아나 빈곳이 어지럽네)."
192 진중(珍重): 당대에 주지가 법당의 법상에서 설법할 때 선승들은 나란히 서서 법문을 들었다. 설법이 길면 오랫동안 서서 법문을 들어야 하기 때문에 피곤할 테니 그만 쉬라는 뜻. 헤어질 때 인사말로 불도(佛道) 대사(大事)를 위해서 자신을 소중히 여기라는 뜻이다. 구두로 진중이라고 하면 '안녕히 계십시오.'의 뜻이며 또한 편지 끝에 붙이는 인사말로 쓰거나 찬미하는 말로도 쓰인다. 『대송승사략』 권상 「예의 연혁(禮儀沿革)」 條에 자세히 언급하고 있다.

나갔다. 스님께서 말하시길, "모두 이 스님과 같은가? 나의 마음을 어느 정도 덜 겠다." 현사 스님이 말하길, "스님께서는 이렇게 사람들을 위하면 민 땅의 성안의 사람들의 눈을 멀게 할 것입니다." 스님께서 말하시길, "그대는 또 어떻게 하겠는 가?" 현사 스님이 말하길, "곧바로 30방망이를 때리겠습니다." 스님께서 말하길, "이후에는 사람들이 그대를 어떻게 하지 못할 것이다."

師參次. 有一僧. 珍重便出. 師云. 總似這箇僧. 省我多少心力. 玄沙云. 和尙恁麼爲人. 瞎却閩中一城人眼去在. 師云. 儞又作麼生. 沙云. 便好與三十棒. 師云. 已後無人奈子何.

● 스님께서 하루는 승당에 올라 대중들이 다 모이자 스님께서 빠르게 나무 공을 굴려 보내니 현사 스님이 공을 잡아서 있던 자리에 가져다 놓았다. 백운수단[193] 스님이 말하길, "이러한 시절에는 많은 사람들이 모두 말하길, '아들과 아버지가 함께 깨달음[194]을 짓는 것이다.'라는 이와 같은 견해는 도리어 아직 꿈속에서

---

193 백운수단(白雲守端, 1025~1072): 송나라 때의 임제종(臨濟宗) 양기파(楊岐派) 승려. 호남(湖南) 형양(衡陽) 사람으로, 속성은 갈(葛) 씨다. 20살 때 다릉인욱(茶陵仁郁)을 따라 득도하고, 나중에 여러 지역을 다니면 참학했다. 양기방회(楊岐方會) 선사에게서 깨달음을 얻어 그 법을 이었다. 그 후 원통거눌(圓通居訥) 선사의 천거로 강서(江西) 승천선원(承天禪院) 주지를 지냈다. 원통숭승선원(圓通崇勝禪院)과 안휘(安徽) 법화산(法華山) 증도선원(證道禪院), 용문산(龍門山) 건명선원(乾明禪院), 흥화선원(興化禪院), 백운산(白雲山) 해회선원(海會禪院) 등에서 머무르면서 불법을 널리 알렸다. 신종(神宗) 희녕(熙寧) 5년 입적했고, 세수 48세였다. 제자 법연(法演)이 편찬한 『백운수단선사어록(白雲守端禪師語錄)』 2권과 『백운단화상광록(白雲端和尙廣錄)』 4권이 있다.
194 일대사(一大事): 생사사대(生死事大)라고 하는데 생사(生死)는 생로병사로서 생사윤회를 말한다. 생사의 문제는 지극히 중대한 일이며 생사윤회를 어떻게 하여 해탈할 것인가가 가장 큰 일이라는 말인데 생사대사(生死事大)라는 말은 『신회어록』에 중천축국(中天竺國) 범승(梵僧)인 가라밀다 삼장의 제자인 강지원(康智圓)이 신회 화상에게 질문한 말 가운데 '生死事大 無常迅速'이라는 말이 최초로 보이고, 『남종돈교최상대승마하반야바라밀경육조혜능대사어소주대범사시법단경』 권1(『대정장』 권48, p.337, b8-10) "五祖曰. 吾向與說. 世人生死事大. 汝等門人終日供養. 只求福田. 不求出離生死苦海. (오조홍인 대사가 말하길, '내가 그대들에게 말했다. 세상 사람들은 나고 죽는 생사의 일이 가장 중대한 일이라고. 그런데 그대들은 하루 종일 부처님께 공양이나 올리고 단지 복전만 구하고 있을 뿐 생사의 고해를 벗어나 사바세계를 해탈하려고 하지 않고 있는 것 같다.')."라고 말하는 것과 같이 구법(求法)의 절실한 의미로

보는 것이다. 내가 오늘 대중들에게 보시하겠다." 하고 말하길, "먹 향을 짙게 갈아 짙은 자색 토끼털 붓을 깊게 적신다."

師一日陞堂.衆集定.師輥出木毬.玄沙遂捉來.安舊處著.白雲端云.此箇時節.衆人皆言.子父共作一大事.如此見解.還夢見也未.白雲今日布施大衆.乃云.濃研香墨.深蘸紫毫.

● 스님께서 만참을 할 때 마당 한가운데에 누워 있었는데 태원부 상좌가 말하길, "다섯 고을 관내에서 단지 저 노스님과 견줄 만한 사람이 적을 것이다." 스님께서 곧바로 일어나서 가셨다.

師晩參次.却向中庭臥.太原孚上座云.五州管內.只有這老和尙.較些子.師便起去.

● 스님께서 하루는 승당 안에서 문을 닫고 불을 지르고 "불이야! 불이야!" 하고 소리쳤다. 현사 스님이 한 조각의 땔나무를 가지고 와서 창 안으로 던져버렸다. 스님께서 곧바로 문을 열었다.

師一日.於僧堂內.閉却門燒火.乃叫云.救火救火.玄沙將一片柴.從牕櫺內抛入.師

지극히 중요시하고 있다. 영가현각이 혜능 스님을 참문했을 때도 『육조대사법보단경』 권1(『대정장』 권48, p.357, c10-11) "覺曰.生死事大.無常迅速.(영가현각이 말하길, '번뇌 망념이 일어나고 죽는 것이 가장 큰 일이어서 항상 없이 빠르다.')."라고 질문하고 있다. 그리고 송대의 『대혜보각선사어록』 권23(『대정장』 권47, p.911, b19-20) "本爲生死事大無常迅速己事未明故.參禮宗師求解生死之縛.(진실로 생사의 문제는 지극히 중대한 일이며 무상은 신속하니 자기의 본분사를 밝히지 못했다면 종사를 참문하여 생사의 속박을 해결하도록 해야 한다)."라고 밝히고 있다. 그리고 『서주동산양개선사어록』 권1(『대정장』 권47, p.525, a12-13) "師問僧.世間何物最苦.僧云.地獄最苦.師云.不然.在此衣線下.不明大事.是名最苦.(스님께서 어떤 스님에게 묻길, '세간에서 어떤 물건이 가장 괴로운 것인가?' 그 스님이 말하길, '지옥이 가장 괴롭습니다.' 스님께서 이르시길, '그렇지 않다. 출가수행자가 가사를 입고서 생사대사를 분명히 밝히지 못한 것이 최고로 괴로운 일이다)."라고 설하고 있는 것과 같이 출가수행자가 생사를 밝히지 못하면 아무 이익이 없다고 할 수 있다. 이렇게 선불교에서는 생사해탈은 심법(心法)의 생사해탈이며 마음에 일어나는 번뇌 망념을 생(生)이라 하고 마음에 일어난 번뇌 망념이 없어지는 것을 사(死) 혹은 멸(滅)이라고 한다.

便開門.

● 스님께서 문도들을 거느리고 남쪽을 유행하였는데 그때 황열반 스님이 미리 알고 대나무 지팡이를 짚고 마중 나가다가 소계에서 우연히 만나게 되었다. 스님께서 묻길, "최근에 어디를 떠나셨습니까?" "벽지암을 떠났습니다." 스님께서 말하길, "벽지암은 주인이 있습니까?" 황열반 스님이 대나무 지팡이로 스님의 가마를 두드리니 스님께서 가마에서 나와서 서로 인사를 하였다. 황열반 스님이 말하길, "옛 낭군님! 안녕하십니까?" 하니 스님께서 갑자기 남자의 절을 하자 황열반 스님 또한 여자 절로 답하였다. 스님께서 말하시길, "여자가 아닌 것인가?"[195] 황열반 스님은 두 번 절을 하고 대나무 지팡이로 땅을 그으며 스님의 가마를 오른쪽으로 세 번 돌았다. 스님께서 말하시길, "저는 삼계 안에 있는 사람이고, 스님은 삼계 밖에 있는 사람이니 스님이 먼저 가십시오. 저는 뒤에 가겠습니다." 황열반 스님이 먼저 돌아갔고 스님이 뒤따라와서 낭산에 가서 며칠 쉬었다. 황열반 스님이 함께 기다렸다가 따라온 문도들에게 하나도 모자람이 없이 대접했다.

師領徒南游. 時黃涅槃. 預知. 揩策出迎. 抵蘇溪邂逅. 師問. 近離甚處. 云辟支巖. 師云. 巖中還有主麽. 槃以竹杖. 敲師篼. 師遂出篼相見. 槃云. 曾郞万福. 師展丈夫禮. 槃作女人拜. 師云. 莫是女人麽. 槃又設兩拜. 遂以竹策劃地. 右繞師篼三匝. 師云. 某甲是三界內人. 儞是三界外人. 宜前去. 某甲後來. 槃卽先回. 師遂至止囊山. 憩數日. 槃供待隨行徒衆. 一無所闕.

---

195 막시 ~ 마(莫是 ~摩): 이 ~되는 것은 없는가? ~인 것인가? 마(摩)는 마(麽)로도 쓴다. 『조당집』 권18 「조주종심장」(『고려대장경』 권45, p.344, c25 - 27) "有人問老婆. 趙州路什摩處去. 婆云. 驀底去. 僧云. 莫是西邊去摩. 婆云. 不是. 僧云. 莫是東邊去麽. 婆云. 也不是.(어떤 사람이 노파에게 묻길, '조주에 가려면 어디로 가야 합니까?' 노파가 이르길, '곧바로 가라.' 스님이 이르길, '서쪽으로 가면 되는가?' 노파가 이르길, '그렇지 않다.' 스님이 이르길, '동쪽으로 가면 되는가?' 노파가 이르길, '또한 옳지 않다.')"

● 스님께서 남제 장로를 배웅할 때 문을 열고 여인의 절을 하니 남제 장로가 손을 모으고 "예!" 하고 대답하니 스님께서 손으로 이마를 때리고 곧바로 방장실로 돌아갔다.

師送南際長老.出門.遂作女人拜.際斂手斫諾.師以手斫額.便歸.

● 스님께서 국청사에 도착해서 발우를 들고 좌주에게 물어 말하길, "그대에게 발우를 줄 수 있다고 말할 수 있다."[196] 좌주가 말하길, "이것은 부처님 쪽에서 교화하는 일입니다." (설두가 달리 말하길, "단지 스님을 바보 취급하기가[197] 두려웠기 때문이다.") 스님께서 말하길, "그대는 좌주를 노예로 만들었지만 또한 아직 그렇지 않다." "제가 깨닫지 못하였습니다." 스님께서 말하길, "그대가 물어보아라. 내가 그대에게 말해 주겠다." 좌주가 바야흐로 인사를 하니 스님이 하나하나 밟아서 넘어뜨렸다.

좌주가 운문에게 앞의 일을 이야기하면서 제가 7년 만에 바야흐로 친견할 수 있었습니다. 운문이 말하길, "그대가 7년 만에 바야흐로 친견했다는 것인가?"

---

196 도득(道得): 있는 그대로 말하다. 사실대로 말하다. 과부족함이 없이 표현하다. 일본의 도원 선사는 도득(道得)이란, 진실한 깨달음은 그 깨달음의 당체가 동시에 말로 정착될 수 있어야 한다고 하고 있다. 『방거사어록』 권1(『속장경』 권69, p.132, a21-22) "靈一日問居士.道得道不得俱未免.汝且道未免箇什麼.(백령 화상이 방거사에게 묻길, '말할 수 있거나 말할 수 없어도 모두 면할 수 없습니다. 면할 수 없는 것이 무엇인지 그대가 말해주시오.')." 『운문광진선사광록』 권1(『대정장』 권47, p.547, c16-17) "上堂良久云.還有人道得麼.道得底出來.衆無語.(법상에 올라 설법하면서 잠시 가만히 있다가 말하길, '어떤 사람이 말할 수 있습니까? 나와서 말해보라! 대중들이 말이 없었다.')."

197 둔치(鈍置): 둔치(鈍致)라고도 함. 우둔(愚鈍)함. 사람을 바보로 취급하고 업신여긴다는 뜻. 대등하게 맞설 수 없게 하다. 머리를 못 들게 하다. 자리에 일어날 수 없게 하다. 바보로 취급하다. 업신여기다. 『무문관』 권1(『대정장』 권48, p.293, b21) "俱胝鈍置老天龍.利刃單提勘小童.巨靈擡手無多子.分破華山千万重.(구지 화상은 천룡 화상를 바보로 만들어 날카로운 칼로 동자의 허물을 점검하였다. 거령신이 무심하게도 양쪽 팔을 들어 올려, 천만겁의 산을 화산과 수양산으로 나누어 버린 것처럼 무심한 경지에서 점검한 것이다. 『운문광진선사광록』 권2(『대정장』 권47, p.563, b19) "上堂良久云.鈍置殺人.便下座.(법상에 올라 설법하면서 잠시 가만히 있다가 말하길, '남을 철저하게 바보 취급하다 하시고 곧바로 내려왔다.')."

좌주가 그렇다고 말했다. 운문이 말하길, "다시 7년이 지나야 비로소 친견할 수 있을 것이다." 설두가 말하길, "도둑[198]이 졌다."

師到國淸.拈鉢盂.問座主云.道得卽與儞鉢盂.主云.此是化佛邊事(雪竇別云.只恐鈍置和尙).師云.儞作座主奴.也未得在.云某甲不會.師云.儞問.我與儞道.主方作禮.師一踏踏倒.主擧似雲門云.某甲得七年方見.門云.儞七年方見那.主云是.門云.更七年始得.雪竇云.草賊敗也.

● 현사 스님이 묻길, "제가 지금 불법의 지혜작용[199]을 펼칠 수 있는데 스님께서는 어떻게 하겠습니까?" 스님께서 세 개의 나무 공을 한꺼번에 굴렸다. 현사 스님이 명패를 쪼개는[200] 모양을 하였다. 스님께서 말하시길, "그대가 영산회상[201]에 친히 있다 와야 바야흐로 그렇게 할 수 있다." 현사 스님이 말하길, "역시 곧 자기 본분사입니다."

玄沙問.某甲如今大用去.和尙作麼生.師將三木毬.一時輥出.沙作斫牌勢.師云.儞親在靈山來.方得如此.沙云.也卽是自家底.

---

198 초적(草賊): 초야의 도적, 반기를 든 적군을 말함. 『진주임제혜조선사어록』 권1(『대정장』 권47, p.496, c17-18) "師云.爾道好喝也無.僧云.草賊大敗.(임제 스님이 말하시길, '그대는 내가 할을 한 것이 좋은 것인지 말해보라!' 그 스님이 말하길, '산적이 크게 패했습니다.')." 『방거사어록』 권1(『속장경』 권69, p.131, b16-17) "峰回首曰.看看.士曰.草賊大敗.草賊大敗.(제봉이 고개를 돌려 말하길, '자세히 보라구! 봐!' 거사가 말하길, '도둑이 크게 졌다. 도적이 크게 졌다.')."
199 대기대용(大機大用): 전인격의 역량이 전면적으로 명백하게 나타나는 것, 전인격의 역량을 전면적으로 뚜렷이 나타내는 것. 『불과원오선사벽암록』 권2(『대정장』 권48. p.151, c9-10) "今日因師擧.得見馬大師大機大用.(오늘 황벽 스님의 이야기로 하여 마조 스님의 불법의 지혜작용을 친견하게 되었습니다.)"
200 작패세(斫牌勢): 중국의 민속놀이로 7월 백중에 씨름대회를 여는데, 전년도 우승자의 명패를 걸어놓으면 도전하는 사람이 작은 도끼로 명패를 쪼개어 도전할 의향을 밝히는 행사를 말한다.
201 영산회상(靈山會上): 석가모니 부처님이 영취산에서 대중들이 모였을 때 꽃을 보여줬는데 오직 가섭존자만이 그 의미를 이해하여 파안미소(破顔微笑)하였다. 그곳에 부처님의 정법안장열반묘심의 법이 전해졌다고 한다.

● 어떤 한 스님이 산 아래 높은 암자에서 여러 해 동안 머리를 깎지 않고 한 자루의 나무 국자를 가지고 개울가에 가서 물을 떠서 마시며 살고 있었다. 어떤 사람이 "무엇이 조사가 서쪽에서 오신 뜻입니까?" 하고 물으니 그 스님이 국 자루를 들고 말하길, "개울이 깊으니 국 자루도 길다." 스님께서 그 말을 듣고 말하길, "역시 매우 기괴하다." 스님께서 하루는 소매에 머리를 깎는 칼을 넣고 시자와 함께 그곳에 방문해서 그를 보자마자 곧바로 묻길, "말을 하면 그대의 머리를 깎지 않겠다." 그 스님이 곧바로 머리를 씻고 스님 앞에 무릎을 꿇으니 스님께서 곧바로 그의 머리를 깎아 주었다.

有一僧.在山下卓庵.多年不剃頭.畜一長柄杓.就溪取水.有問如何是祖師西來意.僧提起杓云.溪深杓柄長.師聞之云.也甚奇怪.一日袖剃刀.同侍者訪之.纔見便問.道得即不剃汝頭.僧便洗頭.跪師前.師便與剃却.

● 하루는 어떤 두 스님이 왔는데 스님께서 손으로 암자 문을 잡고 있다가 몸을 확 움직여[202] 나와 말하시길, "이것이 무엇인가?" 그 스님들 또한 말하길, "이것이 무엇인가?" 스님께서 고개를 숙이고 암자로 돌아갔다.

그 스님들이 나중에 하직 인사를 하니 스님께서 "어디로 가려고 하는가?" 하고 묻자 "호남으로 간다."고 하니 스님께서 말하시길, "나에게 깨달은 도반[203]이 거기에 있는데 암두에서 사니 그대에게 하나의 편지를 붙이겠다." 스님께서 편지에 이르길, "제가 공경하는 사형스님, 한 번 오산에서 도를 이룬 후에 지금에 이르기까지 도반과 저와 공경하는 사형이 배고프지 않습니다."

---

202 방신(放身): 몸을 놓다. 몸을 확 움직이는 것. 『불과원오선사벽암록』 권3(『대정장』 권48, p.165, a19-20) "潙山放身便臥.磨便出去.(위산 스님이 몸을 확 하고 곧바로 누워버렸다. 유철마 스님은 곧바로 법당 밖으로 나갔다.)"

203 동행(同行): 수행도반. 동참(同參)이라고도 한다. 『불과원오선사벽암록』 18칙 평창 권2(『대정장』 권48, p.158, a16) "山南府青鋒山和尚.昔與國師同行.(산남부 청좌산 화상은 옛날에 충 국사와 도반이었다)."

그 스님이 암두에 도착하자 암두 스님이 묻길, "어디서 왔는가?" "영남에서 왔습니다." 암두 스님이 말하길, "일찍이 설봉에 갔었는가?" "최근에 그곳을 떠나왔습니다. 설봉 스님이 스님께 올리는 편지가 있습니다." 암두 스님이 편지를 보기를 마치자 도리어 묻길, "설봉 스님의 어떠한 말이 있었는가?" 그 스님이 앞의 이야기를 하자 암두 스님이 말하길, "그가 무슨 말을 하던가?" 그가 아무 말이 없이 고개를 숙이고 암자로 돌아갔습니다. 암두 스님 말하길, "아아! 내가 처음 그를 만났을 때 그에게 말후구[204](불법의 궁극적인 한마디)를 말하지 않았던 것이 후회스럽다. 만약 그에게 말후구를 이야기했다면 천하의 사람들이 설봉을 어찌하지 못했을 것이다."

그 스님이 하안거 끝에 이르러 법을 청하며 앞의 이야기를 하자 암두 스님이 말하길, "어찌 빨리 묻지 않았는가?" 그 스님이 말하길, "감히 쉽게 여쭙지 못했습니다." 암두 스님이 말하길, "설봉이 비록 나와 같은 줄기에서 태어났지만 나와 같은 줄기에서 죽지 않는다. 요컨대 말후구를 알고자 하는가? 단지 이것이다."

대위철 스님이 말하길, "저렇게나 훌륭한 설봉, 암두 스님이 저 스님에게 감파[205] 당했다."

설두 스님이 게송으로 말하길,

"불법의 궁극적인 한마디를 그대에게 말하노라.
밝음과 어둠이 함께 어울리는 시절에

---

204 말후구(末後句): 궁극적인 불법을 체득하는 한마디로써 일구(一句)라고도 하며, 중생심(의심)을 죽이고 깨달음의 체험을 통한 확신으로 불심의 지혜작용을 살리는 말로 일전어(一轉語)라고도 한다. 자신이 체득한 불법의 진수를 궁극적인 한마디로 설하여 불법을 깨닫도록 하는 말이다. 이 한마디의 궁극적인 말은 수행자를 깨닫도록 하여 중생심을 불심으로 전환하게 하는 법문이다.
205 감파(勘破): 본질을 꿰뚫어 보다. 반드시 상대방의 속임수를 알아챈다고 하는 의미는 아니다. 『경덕전등록』 권10 「조주종심장」(『대정장』 권51, p.277, b7) "師云.待我去勘破遮婆子.(조주 스님이 말하길, '내가 가기를 기다렸다가 저 노파를 감파해 버렸다.')."

같은 가지에서 나온 것은 서로 알고 있지만

같은 가지라도 죽음을 달리한다는 것은 알지 못하는구나.

달리한다는 것은 석가와 달마도 반드시 분별해야 하나니

남북동서로 돌아가라.

한밤중에 천 개의 바위를 덮는 눈을 함께 보노라."

一日有兩僧來.師以手托庵門.放身出云.是甚麼.僧亦云.是甚麼.師低頭歸庵.僧後辭去.師問甚麼處去.云湖南去.師云.我有箇同行.在彼.住巖頭.附汝一信去.師致書云.某甲信上師兄.一自鼇山成道後.迄至于今.飽不休.同參某甲.信上師兄.僧到巖頭.頭問.甚處來.云嶺南來.頭云.曾到雪峰麼.云近離彼中.雪峰有書.上和尙.頭看書了.却問.和尙有何言句.僧擧前話.頭云.他道甚麼.云他無語低頭歸庵.頭云.噫.我當初悔不向伊道末後句.若向伊道.天下人.不奈雪老何.僧至夏末.請益前話.頭云.何不早問.僧云.不敢容易.頭云.雪峰雖與我同條生.不與我同條死.要識末後句.只這是.大潙喆云.大小雪峰巖頭.被這僧勘破.雪竇頌云.末後句.爲君說.明暗雙雙底時節.同條生也共相知.不同條死還殊絶.還殊絶.黃頭碧眼須辨別.南北東西歸去來.夜深同看千巖雪.

● 스님께서 어떤 스님에게 묻길, "듣자니 스님은 천자의 사신으로 이곳에 왔다고 하던데 그렇습니까?" 이르길, "부끄럽습니다." 스님께서 말하시길, "어찌 이렇게 왔습니까?" 말하길, "스님의 도를 우러러 사모하는데 어찌 첩첩산중을 꺼리겠습니까?" 스님께서 말하시길, "그대는 아직 취해 있구나! 나가거라!" 그 스님이 곧바로 나가는데 스님께서 도리어 "스님!" 하고 부르자 그 스님이 고개를 돌렸다. 스님께서 말하시길, "이것이 무엇인가?" 그 스님 또한 말하길, "이것이 무엇인가?" 스님께서 말하시길, "이 칠통아!" 그 스님은 아무 말도 못했다.

스님께서 경청도부(864~937) 스님을 돌아보고 말하시길, "좋은 스님인데 칠통 속에 붙어버렸다." 경청 스님이 말하길, "스님은 어찌 조문의 항목에 의거해서 판결하지 않습니까?" 스님께서 말하시길, "또한 이것은 내가 평소에 쓰는 방편이다." 다시 말하시길, "홀연히 만약 불러 돌아본다면 뭐라고 말하겠는가? 그에게 '이 칠통아!'라는 소리를 들으면 또 어떻게 하겠는가?" 경청 스님이 말하길, "어떤 도리가 이루어졌습니까?" 스님께서 말하시길, "내가 이와 같이 그에게 미치면 그대는 또 조문의 항목에 의거해서 판결했다 말하고, 그가 그와 같이 나에게 미치면 그대는 또 무슨 도리를 이루어졌는가라고 말한다. 보통 그러한 시절에 그 사이에 무슨 까닭으로 되고 안 됨이 있는가?" 경청 스님이 말하길, "제호의 맛이 좋아서 세상에서 진귀하게 여기지만 이러한 사람을 만나면 도리어 변하여 독약이 되는 것을 듣지 못하였습니까?"

설두 스님이 말하길, "아버지와 아들이 서로 의기투합하여 말과 기개가 서로 합치하는 것을 보라. 만약 알고 있는 자는 뼈가 가루가 되고 몸을 부수어도 이 은혜를 갚기 어렵다고 하고, 알지 못하는 자는 높은 쪽을 붙들고 아래쪽을 억눌러서 위험함에 임하여 사람들을 놀라게 한다. 독약과 제호는 천년의 귀감이 된다고 하니 알겠는가? 이 칠통들아!"

師問僧.見說大德.曾爲天使來.是否.云不敢.師云.爭解與麼來.云仰慕道德.豈憚關山.師云.汝猶醉在.出去.僧便出.師却召云.大德.僧回首.師云.是甚麼.僧亦云.是甚麼.師云.這漆桶.僧無語.師回顧鏡淸云.好箇師僧.却向漆桶裏著到.淸云.和尙豈不是據款結案.師云.也是我尋常用底.復云.忽若喚回.道是甚麼.被他道這漆桶.又作麼生.淸云.成何道理.師云.我與麼及伊.汝又道據款結案.他與麼及我.汝又道.成何道理.一等是與麼時節.其間.何故有得.有不得.淸云.不見道.醍醐上味.爲世所珍.遇斯等人.飜成毒藥.雪竇云.看他父子相投.言氣相合.若知者.謂粉骨碎身.此恩難報.不知者.謂扶高抑下.臨危悚人.毒藥醍醐.千載龜鑑.還會麼.這漆桶.

● 스님께서 어떤 스님이 인사를 하니 다섯 방망이를 때렸다. 그 스님이 말하길, "제가 무슨 잘못이 있습니까?" 스님께서 다시 다섯 방망이를 때렸다.

설두 스님이 말하길, "나는 사람들에게 갈등을 주지 않았다. 앞의 다섯 방망이는 하늘에 해가 비치는 것이고, 뒤의 다섯 방망이는 구름이 하늘에 올라 찬 기운을 만나 비를 내리는 것과 같다. 그대가 만약 판별할 수 있다면 또한 다섯 방망이를 때려도 좋을 것이다."

師因僧作禮.師打五棒.僧云.某甲有甚麼過.師又打五棒.雪竇云.我不曾與人葛藤.前五棒.日照天臨.後五棒.雲騰致雨.儞若辨得.也好與五棒.

● 어떤 스님이 스님께 하직 인사를 하니 스님께서 묻길, "어디로 가는가?" "경산에 예배하러 갑니다." 스님께서 말하시길, "경산이 갑자기 그대에게 이곳의 불법이 어떠하냐고 묻는다면 그대는 어떻게 대답하겠는가?" "묻기를 기다렸다가 곧바로 말하겠습니다." 스님께서 곧바로 때렸다.

도리어 경청이 돌아다보고 말하길, "저 스님의 잘못이 어느 곳에 있습니까? 곧바로 방망이를 맞았습니다." 경청 스님이 말하길, "경산 스님에게 질문하니 뼈에 사무칠 정도로 정성을 다해 보살펴 주었습니다."²⁰⁶ 스님께서 말하시길, "경산 스님은 절중에 있는데 어떤 인연으로 질문해서 뼈에 사무칠 정도로 보살핌을 받았는가?" 경청 스님이 말하길, "먼 곳을 묻고 가까운 것을 대답한다는 것을 듣지 못하였습니까?" 스님께서 그만두었다.

---

206 철곤(徹困): 피곤해서 녹초가 되다. 노그라지다. 여기서는 뼈에 사무칠 정도로 정성을 다하여 사람을 보살펴 주는 것, 염려하고 걱정하는 것이다. 『진주임제혜조선사어록』 권1(『대정장』 권47, p.504, c17-19) "大愚云.黃蘗與麼老婆爲汝得徹困.更來這裏問有過無過. 師於言下大悟云.元來黃蘗佛法無多子.(대우 스님이 이르길, '황벽 스님이 그렇게 친절하게 그대를 위해 지도하였거늘 다시 여기 와서 잘못이 있느니 없느니 묻는 것인가?' 임제 스님은 대우 스님의 말을 듣고 크게 깨닫고 말하길, '뭐야! 황벽 스님의 불법이 이렇게 간단명료할 줄이야!')."

有僧禮辭.師問甚處去.云禮拜徑山去.師云.徑山忽問儞此間佛法如何.汝作麼生祇對.云待問卽道.師便打.却回顧鏡淸云.這僧過在甚麼處.便喫棒.淸云.問得徑山.徹困也.師云.徑山在浙中.因甚麼.問得徹困.淸云.不見道.遠問近對.師休去.

● 스님께서 어떤 스님을 부르니 그 스님이 "예!"라고 대답했다. 스님께서 말하시길, "앞으로 가까이 오라." 그 스님이 앞으로 가까이 오자 스님께서 가라고 했다. 운문 스님이 이 이야기를 들어 어떤 스님에게 묻길, "그대는 어떻게 차수구[207]를 말하겠는가? 그대가 만약 차수구를 말한다면 곧 설봉을 친견하리라."[208]
師喚僧.僧應諾.師云.近前來.僧近前.師云去.雲門擧問僧.儞作麼生.道得叉手句.儞若道得叉手句.卽見雪峯.

● 스님께서 어떤 스님에게 물으시길, "어디서 왔는가?" "절중에서 왔습니다." 스님께서 말하시길, "배를 타고 왔는가? 육지로 왔는가?" "두 길을 모두 건너지 않았습니다." 스님께서 말하시길, "어떻게 이곳에 왔는가?" "무슨 막힘과 걸림이 있겠습니까?" 스님께서 그 스님을 때려 쫓아 버렸다.

 그 스님이 10년이 지난 후에 다시 찾아왔는데 스님께서 물으시길, "어디서 왔는가?" "호남에서 왔습니다." 스님께서 말하시길, "호남과 여기는 서로 얼마나 떨어져 있는가?" "멀지 않습니다." 스님께서 불자를 세우고 말하시길, "이만큼 떨어져 있는가?" "만약 떨어져 있다면 이곳에 오지 못했을 겁니다." 스님께서 또 때려 쫓

---

207 차수구(叉手句): 운문 스님은 『선문염송염송설화』 7권, p.223(선문염송, 혜심 편집, 염송설화, 각운 저술, 정천구, 송인영, 김태완 역주, 육일출판사, 2009년)에 다음과 같이 기술하고 있다. "雲門.叉手句者.緘口退後也.(운문 스님이 설하길, '차수구란 입을 다물고 뒤로 물러나는 것이다.')."라고 기술하고 있다.
208 『운문광진선사광록』 권2(『대정장』 권47, p.554, c20-22) "擧雪峯喚僧近前來.僧近前.峯云.師擧了問僧.爾作麼生道得叉手句.爾若道得叉手句.卽見雪峯.(설봉 스님이 어떤 스님을 불러 가까이 오라하니 그 스님이 가까이 오니 설봉 스님이 가라고 했다. 스님께서 그 이야기를 마치고 어떤 스님에게 묻길, '그대는 어떻게 차수구를 말하겠는가? 그대가 만약 차수구를 말할 수 있다면 곧 설봉을 친견하리라.')."

아내 버렸다.

　이 스님이 그 후에 주지를 하게 되었는데 무릇 사람들만 보면 곧바로 스님의 욕을 하였다. 스님의 도반스님이 이 말을 듣고 특별히 그를 방문해서 이에 묻길, "스님이 설봉에 이르러 어떤 잘못된 말이 있었기에 욕을 그치지 않습니까?" 그 스님이 앞의 이야기를 하자 도반스님이 부끄러움을 꾸짖고 이내 납득시키니[209] 그 스님이 슬피 울고 항상 밤새도록 향을 피우고 예를 다해 깊이 잘못을 뉘우쳤다.

師問僧.甚處來.云浙中來.師云.舡來陸來.云二途俱不涉.師云.爭得到這裏.云有甚麼隔碍.師打趂出.僧過十年後.再來.師問.甚處來.云.湖南來.師云.湖南與此間.相去多少.云不隔.師竪起拂子云.還隔這箇麼.若隔卽不到也.師又打趂出.僧住後.凡見人便罵.有同行.聞得.特去相訪.乃問老兄到雪峯.有何言句不是.罵之不已.僧遂擧前話.被同行呵罵.乃與說破.其僧悲泣.常夜間焚香.遙禮悔過.

● 스님께서 어떤 스님에게 묻길, "최근에 어디를 떠나 왔는가?" "복선(覆舡) 스님 휘하에 있었습니다." 스님께서 말하시길, "생사의 윤회의 바다를 아직 건너지 못했는데 어찌하여 배를 뒤엎어 버렸는가?" 그 스님이 대답하지 못했다. 설두 스님이 대신 말하길, "설봉 스님을 오랫동안 만나 뵙길 원했습니다."[210] 저 노인네가 의논하려고 할 때를 기다렸다가 소매를 떨치고 곧바로 나가버렸다. 그 스님이 나중에 복선 스님에게 와서 그 이야기를 하자 복선 스님이 말하길, "어찌하여 그에

---

209 설파(說破): 진리가 될 만한 것을 밝히 듣는 사람의 납득하도록 꿰뚫어 말함. 상대방의 이론을 완전히 깨뜨려 뒤엎음.
210 구향(久響): 벌써부터 한번 만나 뵙고 싶었다. 늘 공경하고 사모하고 있었습니다. 벌써부터 경의를 마음속에 품고 있었던 사람과의 처음 대면할 때 하는 인사말이다. 『방거사어록』 권1(『속장경』 권69, p.133, c13-14) "居士訪仰山禪師.問.久響仰山.到來爲甚麼却覆.山竪起拂子.(방거사가 앙산 선사를 방문해서 묻길, '오랫동안 앙산 스님을 뵙기를 원했습니다. 도착해 보니 어찌 엎드리고 있습니까?' 앙산 스님이 불자를 세웠다)." 『조주화상어록』 권2(『가흥장』 권24, p.365, c23) "問.久響趙州石橋.到來只見掠杓子.(묻길, '옛날부터 조주의 돌다리를 뵙고 싶었는데 도착해서 단지 돌다리만 훔치는 것만 보았습니다.')."

게 생사의 윤회가 없다고 말하지 않았는가?" 그 스님이 거듭 가서 나와 이를 말하니 스님께서 말하시길, "이것은 그대의 말이 아니다." 그 스님이 말하길, "복선 스님의 말입니다." 스님께서 말하시길, "나에게 20방망이가 있는데 복선 스님에게 보내서 때려주고, 나도 20방망이를 맞겠으니 스님이 상관할 일이 아니다." 설두 스님이 착어하길, "구분하고 나눌 수 있고 죽이기도 하고 살리기도[211] 한다. 만약 판별할 수 있다면 천하를 마음대로 다닐 것이다."

師問僧.近離甚處.云覆舡.師云.生死海未渡.爲甚麽覆却舡.僧無對.雪竇代云.久響雪峯.待這老漢擬議.拂袖便行.僧後擧似覆舡.舡云.何不道渠無生死.僧再去.進此語.師云.此不是儞語.云覆舡語.師云.我有二十棒.寄打覆舡.二十棒.老僧自喫.不干闍梨事.雪竇著語云.能區能別.能殺能活.若也辨得.天下橫行.

● 스님께서 어떤 스님에게 물으시길, "어디에 가는가?" 그 스님이 말하길, "알기에 가는 곳을 알고 있습니다." 스님께서 말하시길, "그대는 본분사의 일을 마친 사람인데[212] 어지럽게 어디를 가려고 하는가?" 말하길, "스님, 사람들을 오염시키지 마십시오." 스님께서 말하시길, "나는 그대를 오염시키지 않았다. 옛사람이 실오라기를 입으로 불었던 것을 어떻게 하겠느냐? 나에게 자세하게 설명해 다오."

---

211 활인검(活人劍): 뛰어난 선지식이 수행자를 절차탁마할 때 그 예리함을 칼에 비유함. 『불과원오선사벽암록』 12칙 수시 권2(『대정장』 권48, p.152, c14-15) "垂示云.殺人刀活人劍.乃上古之風規.亦今時之樞要.(수시하길, '살인도 활인검은 곧 예부터 전해오는 풍습이며 지금 또한 가장 중요시하는 것이다.')." 『경덕전등록』 권23 「유광진적장」(『대정장』 권51, p.393, b22-23) "問如何是活人劍.師曰.會麽.曰如何是殺人刀.師叱之.(묻길, '무엇이 활인검입니까?' 스님께서 말하길, '알겠는가?' '무엇이 살인도입니까?' 스님께서 꾸짖었다)."

212 요사인(了事人): 해야 할 일을 빈틈없이 매듭을 지은 사람. 본분사의 일을 모두 마친 사람. 『방거사어록』 권1(『속장경』 권69, p.134, a22-23) "士有偈曰.心如境亦如.無實亦無虛.有亦不管.無亦不拘.不是賢聖.了事凡夫.(방거사가 게송으로 말하길, '마음이 여여하여 경계 또한 여여하다. 실다움도 없고 또한 허망함도 없다. 있음 또한 관계하지 않고 없음 또한 구속되지 않는다. 현자와 성인도 아니고 일을 마친 범부이다.')."

말하길, "남은 국이나 쉰밥을 이미 사람들이 다 먹어버렸습니다." 스님께서 그만 두었다. 운문 스님이 앞의 이야기를 달리 말하길, "곧바로 똥냄새를 쌓아 놓는 것이다." 또 나중에 대신 말하길, "장차 하늘을 뚫는 새매라고 말하나 원래 죽은 물속의 청개구리다." 설두 스님이 나와 설봉을 말하길, "한 번 죽으면 다시 살아나지 않는다."[213]

師問僧. 甚處去. 云識得卽知去處. 師云. 儞是了事人. 亂走作麼. 云和尙莫搽汙人好. 師云. 我卽不搽汙儞. 古人吹布毛. 作麼生. 與我說來看. 云殘羹餿飯. 已有人喫了. 師休去. 雲門別前語云. 築著便作屎臭氣　又代後語云. 將謂是鑽天鷂子. 元來是死水裏蝦蟆. 雪竇出雪峰云. 一死更不再活.

● 스님께서 어떤 스님에게 물으시길, "이름이 무엇인가?" "현기(玄機)라고 합니다." 스님께서 말하시길, "하루에 베를 얼마나 짜느냐?" "한 치의 실오라기도 걸치지 않습니다." 스님께서 말하기길, "법당에서 참선이나 하라." 그 스님이 겨우 서너 걸음을 걷자 스님께서 말하길, "가사가 땅에 떨어졌다." 그 스님이 머리를 돌리자 스님께서 곧바로 때리고 말하시길, "한 치의 실오라기도 걸치지 않은 모습이 매우 좋구나!"

師問僧. 名甚麼. 云玄機. 師云. 日織多少. 云寸絲不挂. 師云. 參堂去. 僧纔行三五步. 師云. 袈裟落地也. 僧回首. 師便打云. 大好寸絲不挂.

● 스님께서 어떤 스님을 보시고 불러 물으시길, "가까이 오라." 그 스님이 가까이 오자 스님께서 "어디에 가는가?" "울력하러 갑니다." 스님께서 가라고 하였다.

---

213 여기서는 대사일번(大死一番)의 뜻으로 종래에 품고 있던 사려분별을 모두를 던져버리고 마음을 공허하게 하고 수행을 계속하는 것. 여기서부터 새로운 진실의 생명이 되살아 나온다. 『불과원오선사벽암록』 41칙 평창 권5(『대정장』 권48, p.179, a10-11) "須是大死一番.却活始得.(반드시 크게 한 번 죽어야 도리어 비로소 살 수 있는 것이다.)"

운문 스님이 말하길, "이것은 말을 따라서 사람을 아는 것이다."
師見僧召云. 近前來. 僧近前. 師云. 甚處去. 云普請去. 師云去. 雲門云. 此是隨語識人.

● 스님께서 어떤 스님에게 물으시길, "어디서 왔는가?" "강서(江西)에서 왔습니다." 스님께서 말하시길, "강서와 이곳은 서로 얼마나 떨어져 있는가?" "멀지 않습니다." 스님께서 불자를 들고 말하시길, "이만큼 떨어져 있는가?" "만약에 이만큼이라면 멉니다." 스님께서 곧바로 때리고 쫓아냈다.
師問僧. 甚處來. 云江西. 師云. 江西與此間. 相去多少. 云不遙. 師竪起拂子云. 還隔這箇麼. 云若隔卽遙也. 師便打出.

● 스님께서 어떤 스님에게 물으시길, "어디서 왔는가?" "혜일(慧日)에서 왔습니다." 스님께서 말하시길, "올 때 해가 떠 있던가?" "만약에 해가 떴으면 도리어 설봉이 녹았을 것입니다." 스님께서 그만두었다.
師問僧. 甚處來. 云慧日. 師云. 來時. 日出也未. 云若日出. 卽融却雪峯. 師休去.

● 스님께서 어떤 스님에게 물으시길, "최근에 어디를 떠나 왔는가?" "위산(潙山)를 떠나 왔습니다." 스님께서 말하시길, "위산은 어떤 말이 있었는가?" "제가 일찍이 묻길, '무엇이 조사가 서쪽에서 오신 뜻입니까?'라고 물으니 위산 스님은 웅크리고 앉아 있었습니다." 스님께서 말하시길, "그대는 그를 긍정하는가?" "긍정하지 않습니다." 스님께서 말하시길, "위산은 본래 부처이니 속히 가서 예배 올리고 참회하라."

어떤 스님이 그 일을 현사 스님에게 말하니 현사 스님이 말하길, "위산 저 노인네가 잘못된 것을 알지 못하고 있구나." 그 스님이 말하길, "도대체 스님의 의견은 어떠합니까?" 현사 스님이 말하길, "저렇게나 훌륭한 위산 스님이 저 스님의 한 번의 물음에 모든 잡스러운 것들을 부수어 버리게 되었다."

師問僧.近離甚處.云潙山.師云.潙山有何言句.云某甲曾問.如何是祖師西來意.山踞坐.師云.汝肯他否.云不肯.師云.潙山古佛子.速去禮拜懺悔.有僧.舉似玄沙.沙云.山頭老漢.蹉過也不知.僧云.未審和尙尊意如何.沙云.大小潙山.被這僧一問.直得百雜碎.

● 어떤 스님이 묻길, "성문인[214]이 본 성품을 친견하는 것은 밤에 달을 보는 것과 같고, 보살인[215]이 본 성품을 친견하는 것은 낮에 해를 보는 것과 같은데 도대체 스님이 본 성품을 친견하는 것은 어떠합니까?" 스님께서 방망이 세 대를 때렸다. 그 스님이 나중에 암두 스님에게 물으니 암두 스님이 세 번 손뼉을 쳤다. 설두 스님이 말하길, "병에 따라서 약을 주는데 우선 세 번을 주라. 만약 역시 법령에 의거해서 행한다면 얼마만큼 때려야 합당하겠는가?"

僧問.聲聞人見性.如夜見月.菩薩人見性.如晝見日.未審和尙見性.如何.師打三棒.其僧後問巖頭.頭打三掌.雪竇云.應病與藥.且與三下.若也據令而行.合打多少.

● 어떤 스님이 묻길, "옛 산골 물이 찬 샘이었을 때는 어떠합니까?" 스님께서 말하시길, "눈을 똑바로 뜨고도 보지 못하는가?" "마실 때는 어떠합니까?" 스님께서 말하시길, "입으로부터 들어오는 것이 아니다."

그 스님이 이 일을 조주 스님에게 이야기하니 조주 스님이 말하길, "이미 입으로부터 들어오는 것이 아닌 것은 콧구멍 속으로 들어오지 않는다." 그 스님이 도

---

214 성문(聲聞): 부처님의 가르침의 소리를 듣고 수행하는 사람. 자신의 깨달음 밖에 생각하지 않는 성자. 자기의 완성에만 힘쓰는 출가승. 대승불교에서는 성문(聲聞)을 독각(獨覺)과 견주어 이것을 이승(二乘). 소승(小乘)으로서 낮추고 있다.
215 보살(菩薩): 스스로 불도를 구하고 타인을 구제하여 깨닫게 하는 자. 위를 향해서는 보리(菩提)를 구하고 아래를 향해서는 중생을 교화하려는 사람을 말한다.

리어 앞의 도리를 물으니 조주 스님이 말하길, "쓰다." 어떤 스님이 뒤에서 나와서 말하니 조주 스님이 말하길, "죽었다."

스님께서 그 말을 듣고 먼 데를 바라보고 예를 올리고 말하시길, "조주는 본래 부처여서 이로부터 말로 답하지 않았다." 설두 스님이 말하길, "대중들이 상의하여 모두 말하길, 설봉 스님이 저 스님의 질문을 벗어나지 못했다. 그래서 조주 스님이 긍정하지 않았다. 이와 같은 깨달은 이야기는 옛사람을 깊이 굴복시킨 것이다. 설두 스님은 그렇지 않았으니 못을 자르고 철을 끊는 본분의 종사가 낮은 데로 나아가고 높은 데를 고르니 선지식 되기가 어렵다." 천의회가 말하길, "이야기로 대답하지 않는 도리를 어떻게 알겠는가? 조주 스님을 찬탄하는 것은 없지 않으나 도리어 조주 스님의 한 조각의 옥에 티가 생겼음을 알고 있는가? 만약 사람들이 점검할 수 있다면 인상여[216]는 진왕을 속이지 않았을 것이다."

僧問.古澗寒泉時如何.師云.瞪目不見底.云飲者如何.師云.不從口入.僧後擧以趙州.州云.旣不從口入.不可從鼻孔裏入.僧却理前問.州云.苦.僧進後語.州云死.師聞.遙望作禮云.趙州古佛.從此不答話.雪竇云.衆中商量.總云.雪峰不出這僧問頭.所以趙州不肯.如斯話會.深屈古人.雪竇卽不然.斬釘截鐵.本分宗師.就下平高.難爲作者.天衣懷云.諸仁者.作麽生會不答話底道理.贊嘆趙州卽不無.還知趙州片玉瑕生麽.若人檢点得出.相如不誑於秦主.

● 어떤 스님이 묻길, "목동이 노래 부르고 춤을 출 때는 어떠합니까?" 스님께서 침대[217]에서 내려와서 춤을 추었다. 현사 스님이 말하길, "저 노인네 발꿈치가 아

---

216 인상여(藺相如): 중국 전국시대 조나라의 명신이다 처음 유현(繆賢)의 사인(舍人)이었다가 그 뒤 혜문왕과 효성왕을 섬겼다. 진나라 소왕이 조나라의 화씨벽을 탐내어 15개의 성과 바꾸기를 청하였을 때 진나라에 사신으로 갔다가 진왕의 속임수임을 간파하여 화씨벽을 온전하게 가지고 돌아왔다.
217 승상(繩床): 와상(臥床). 침대. 줄을 쳐서 만든 것이므로 이렇게 부른다. 줄을 짜서 만든 의자. 이 위에 깔개를 깔고 좌선을 하였다. 원래 인도의 수행자는 오늘날에 이르기까지 이와 같은 의자 혹은 침대위에

직 땅에 닿지도 않았네!" 스님께서 말하시길, "그대는 또 어떻게 하겠는가?" 현사 스님이 이에 손뼉을 세 번 쳤다.

僧問.牧童能歌能舞時如何.師下繩床作舞.玄沙云.這老漢.脚跟未点地在.師云.子又作麼生.玄沙乃撫掌三下.

● 어떤 스님이 묻길, "청컨대 스님께서 가르침을 주십시오." 스님께서 말하시길, "이것이 무엇인가?" 그 스님이 말을 하자마자 크게 깨달았다. 운문 스님이 말하길, "설봉 스님이 그에게 무슨 말을 하셨던가?"

僧問.乞師指示.師云.是甚麼.僧於言下大悟.雲門云.雪峰向伊道甚麼.

● 어떤 스님이 감실을 다 만들어서 스님께 드리려고 크게 말하길, "스님! 감실을 다 만들었습니다." 스님께서 말하시길, "들고 와서 법당 앞에 놓아두라!" 그 스님이 들고 오니 스님께서 보자마자 곧바로 대중들에게 묻길, "불법의 궁극적인 한마디[218]를 할 수 있으면 여기에 놓아두겠다." 이와 같이 거듭 물으시니, 어떤 스님이 나와서 말하길, "제가 스님께 상의드릴 것이 있습니다." 스님께서 곧바로 할을 하고 말하시길, "똥 누는 소리[219] 하지 마라." 곧바로 감실을 태워버렸다.

앉아 있었다.

218 제일구(第一句): 궁극적인 불법을 체득하는 한마디로써 말후구(末後句)라고도 하며, 중생심(의심)을 죽이고 깨달음의 체험을 통한 확신으로 불심의 지혜작용을 살리는 말로 일전어(一轉語)라고도 한다. 자신이 체득한 불법의 진수를 궁극적인 한마디로 설하여 불법을 깨닫도록 하는 말이다. 이 한마디의 궁극적인 말은 수행자를 깨닫도록 하여 중생심을 불심으로 전환하게 하는 법문이다.

219 독비(𡱈沸): 툭툭 김(수중기)이 내뿜는 소리의 의성어, 무기물이 내는 무의미한 소리. 『대혜보각선사어록』 권9(『대정장』 권47, p.849, c23-25) "問僧.國師三喚侍者.意旨如何.僧云.魚行水濁.師云.莫𡱈沸.僧無語.師便打.(대혜 스님께서 어떤 스님에게 묻길, '국사께서 시자를 세 번 부른 것은 무슨 뜻입니까?' 그 스님이 말하길, '물고기가 흐린 물속에서 헤엄치는 것입니다.' 대혜 스님이 말하길, '똥 누는 소리를 말아라.' 그 스님이 말이 없자 스님이 곧바로 때렸다)." 『불과원오선사벽암록』 권8(『대정장』 권48, p.205, c2-3) "僧云.和尙莫𡱈沸碗鳴聲.投子便打.(투자대동 스님에게 어떤 스님이 말하길, '스님 똥 누는 소리나 주발의 물 따르는 소리도 부처님 말씀이 아닙니까?' 투자대동 스님이 곧바로 때렸다)."

僧與師.造龕子了.白云.和尙龕子成也.師云.舁將來.堂前著.僧舁來.師纔見.便問大衆道.得第一句.卽留取.如是再問.有僧出云.某甲咨和尙.師便喝云.莫㞗沸.便將龕子燒却.

『만송노인평창천동각화상송고종용암록』권2
萬松老人評唱天童覺和尚頌古從容庵錄 卷二

제24칙 설봉이 뱀을 살펴보다
第二十四則 雪峯看蛇

대중에게 보이시길, "동해의 잉어, 남산의 별비사, 보화의 당나귀 울음, 자호의 개 짖는 것은 불조의 한결같은 길[220]에 떨어지지 않아서 인간과 다른 종류[221]의 행이 아니다. 자, 말해보라. 어떤 사람이 수행하는 곳인가?"[222]

示衆云.東海鯉魚.南山鼈鼻.普化驢鳴.子湖犬吠.不墮常塗.不行異類.且道.是什麼

---

220 상도(常塗): 옛날부터 불조와 성현이 밟은 한결같은 길.
221 이류(異類): 서로 다른 생류(生類). 인간에서 보면 축생, 아귀, 그 밖의 다른 것. 소질이나 성격을 달리하는 사람들. 같은 내용으로 이류중행(二流中行)이 있는데, 이류 속을 간다는 뜻이다. 이류는 완전히 별개의 것을 말한다. 부처님이 자신의 깨달음의 입장을 고집하지 않고 범부를 구하기 위해 미혹의 세계에 몸을 던지는 것. 선승이 수행자를 지도하기 위해 여러 가지 수단과 방법을 사용하는 것. 이(異: 현실적인 것), 류(類: 이상적인 것)의 일체를 초월하여 절대의 경지에 안주하는 것. 『조당집』권16 「남전보원장」(『고려대장경』권45, p.333, c20) "師云.豈不見道.智不到處.切忌說著.說著則頭角生.喚作如如.早是變.直須向異類中行.(스님께서 이르길, '어찌 도를 보지 못하고 지혜는 미치지 못했다고 딱 잘라 말하지 마라. 딱 잘라서 말하면 있을 수 없는 일이다. 여여라고 부르면 이미 변하는 것이다. 반드시 이류중행이다.')."
222 행리(行履): 행리(行李: 행실, 품행)와 같다. 일상 수행의 본연의 자세. 여행용의 짐을 감싼 것. 또 행각하는 뜻으로 사용한다. 『조당집』권8 「조산본적장」(『고려대장경』권45, p.287, b3) "如何是沙門行李處.云.頭上戴角.身著毛衣.('무엇이 사문의 수행하는 곳입니까?' 이르길, '머리에 뿔을 이고 몸에 털옷을 입었다.')." 『조당집』권9 「구봉도건장」(『고려대장경』권45, p.294, a2) "問.大闡提人作何行李.師云.露刀擎釰.(묻길, '대천제인 사람은 어떤 행실을 합니까?' 스님께서 이르길, '칼을 드러내고 검을 든다.')." 『허당화상어록』권10 「행장」(『대정장』권47, p.1063, c27-28) "禮云.行李在甚麼處.師云.在旦過堂.(예가 이르길, '어떤 곳에서 수행하고 있는가?' 스님께서 이르길, '아침에 당을 지났다.')."

人行履處.

　설봉 스님이 대중에게 보이시길, "남산에 맹독의 뱀 한 마리가 있는데 그대들 모든 사람들은 간절하게 반드시 잘 살펴봐야 한다." (수행도구를 갖추어 언급하고 이르길, 이것은 빌린 것이 아니다) 장경 스님이 이르길, "오늘 승당 안에 많은 사람들이 목숨을 잃었습니다." (소문을 듣고 곧바로 날리다) 어떤 스님이 현사 스님에게 이 이야기를 하니 (성을 세 번 지나가지 않았다) 현사 스님이 이르길, "반드시 나의 장경 사형이어야만 할 수 있다." (여우의 무리와 개의 무리이다) "그러나 비록 이와 같으나 나는 그렇지 않다." (달리 한 줄기의 긴 주장자가 있으니 곧바로 집어내길 청했다) 그 스님이 이르길, "스님께서는 어떻게 하겠습니까?" (독충 머리에 병을 옮겼다) 현사 스님이 이르길, "남산을 사용해서 어떻게 하겠는가?" (단지 이 별비사는 오히려 지나친 행위다) 운문 스님이 주장자를 설봉 스님의 얼굴 앞에 던지고 두려워하는 시늉을 하였다. (어떻게 자기의 목숨을 상하게 하겠는가?)

擧.雪峯示衆云.南山有一條鼈鼻蛇.汝等諸人切須好看(提起坐具云.這箇不是倩來底)長慶云.今日堂中大有人喪身失命(聞風便颺)僧擧似玄沙(壘不過三)沙云.須是我稜兄始得(狐朋狗黨)然雖如是我卽不恁麼(別有一條長便請拈出)僧云.和尙作麼生(毒蟲頭上措痒)沙云.用南山作麼(只者鼈鼻猶爲分外).雲門以拄杖攛向峯面前作怕勢(何得自傷己命).

　스님께서 이르길, "남산의 맹독의 뱀이 비록 죽은 뱀이지만 상골암 앞에서는 놀릴 줄 알면 살아난다." 설봉 스님이 집어 들고 대중에게 보인 것은 본래 요컨대 독으로 독을 제거하려는 것인데 장경 스님이 단지 물 흐름에 따라 배를 띄울 줄 알고 오늘 승당 안에서 많은 사람들이 목숨을 잃었다고 말했다.

師云.南山鼇鼻雖是死蛇.象骨巖前解弄也活.雪峯拈來示衆.本要以毒去毒.長慶只解順水推舡.道今日堂中大有人喪身失命.

　만약 바람을 거슬러 키를 잡을 줄 안다면 설봉 스님은 반드시 열반당에 들어갈 수 있었을 것이다. 현사 스님이 이 이야기를 듣고 이르길, "반드시 나의 장경 사형이어야만 할 수 있다." 여기서는 작은 속임수[223]가 있다. 만약 현사 스님이 장경 스님을 인정했다고 말했다면 어찌하여 도리어 나는 그러지 않겠다고 말했겠는가? 오직 물 흐름에 따라 배를 띄울 줄 알 뿐만 아니라 다시 바람을 거슬러 키를 잡을 줄 안 것이다. 이 스님이 위험을 돌아보지 않고 곧바로 묻길, "화상은 어떻게 하겠습니까?" 현사 스님이 "단지 남산까지 사용해서 어떻게 하겠는가?" 말했는데 여기에서 곧바로 산 독사를 놀리는 솜씨를 본다. 운문 스님이 곧바로 주장자를 던지고 놀라는 시늉을 한 것은 가장 친절한 지혜작용이다.

若解逆風把柁.雪峯須入涅槃堂始得.玄沙聞舉云.須是我稜兄始得.這裏有些子謯訛.若道玄沙許長慶.爲甚麼.却道我卽不恁麼.不唯順水推舡.更解逆風把柁.這僧不顧危亡.便問和尚作麼生.玄沙只道.箇用南山作麼.這裏便見弄活蛇手.雲門便攛拄杖作怕勢.用得最親.

　운암 스님이 마당을 쓰는 말씀하신 게송에서 일찍이 상골산 앞에서 뱀을 놀리

---

223 효와(諭訛): 두루 궁리하여 생각을 짜낸 발상, 표현이기 때문에 때로는 궤변이라 하더라도 잘못 보고 다른 것으로 오인할 정도로 난해한 것. 특히 어렵게 비비꼬아서 장황하게 늘어놓은 말. 오와(聱訛)로도 쓴다. 속임수. 잘못. 뒤섞어서 잘못됨. 보기 어려운 이법(理法). 『불과원오선사벽암록』 62칙 착어 권7(『대정장』 권48, p.193, c25) "雲門大師是卽是不妨諭訛.猶較些子.若子細撿点將來.未免屎臭氣.(운문 대사가 옳긴 옳으나 두루 궁리하여 생각을 짜낸 발상이어서 오히려 조금 비교할 수 있다. 만약 자세하게 점검하려면 가지고 와라)." 『불과원오선사벽암록』 74칙 송 권8(『대정장』 권48, p.202, a24-27) "白雲影裏笑呵呵.兩手持來付與他.若是金毛獅子子.三千里外見諭訛.(흰 구름 속에서 웃고, 양손으로 가지고 와 그에게 건네주네. 만약 황금 털의 사자 아들이라면 삼천 리 밖의 속임수를 볼 것이다)."

던 수단은 어릴 때 하던 것을 늙어서 부끄러워한다. 운문 스님에게 남자 종이 여자 종을 보면 정성스럽게 한다고 말하니 곧바로 도적의 말을 타고 도적을 쫓으니 역시 매서운 솜씨지만 오늘 다시 뱀을 놀리는 게송은 용을 잡는 솜씨를 자랑하였으니 그가 큰 도끼로 찍고 손을 터는 모습을 보게 한 것이다. 송에 이르길, "현사 스님은 너무 강하고, (눈앞의 지혜작용은 아비가 양보하지 않는다) 장경 스님은 용기가 적다. (의리를 보고 행하지 않는다) 남산의 별비사가 죽어서 쓸모가 없다. (한 줄기 새끼의 자투리²²⁴를 매었다) 바람과 구름이 모이자 머리에 뿔이 생겼다. (그때 온 지렁이가 교룡이 되었다) 과연 소양의 뱀 놀리는 솜씨를 보았다. (더 이상 참지 못했다)²²⁵ 솜씨를 펼치니 (솜씨를 펼치지 못하면 곧 두 번 쉬면 세 번 돌아온다) 번갯불이 번쩍이는데 변하여 움직이는 것을 보았다. (눈을 깜박거리는 시간에 몸을 잃고 목숨을 잃었다) 나 또한 보내기도 하고 부르기도 할 수 있다. (자랑하지 마라)²²⁶ 그쪽에서는 잡기도 하고 놓아 줄 수도 있다. (가장 긴요한 곳²²⁷이 손에 있다) 이 일을 지금 누구에게 부촉할까? (만송 노인네!)

---

224 단관삭(斷貫索): 새끼의 끄트머리, 새끼의 자투리, 새끼 동가리. 『대혜보각선사어록』 권4(『대정장』 권47, p.827, b6-8) "若向無巴鼻處會得,便解將一條斷貫索,穿却天下人鼻孔.(만약 자신이 없는 곳을 깨달았다면 곧바로 한 조각의 새끼 동아줄을 풀어서 천하의 사람들의 본래면목을 꿰뚫었을 것이다)."
225 인준불금(忍俊不禁): 팔이 근질근질한 것을 더 이상 참을 수 없다. 『법연선사어록』 권1 「차주태평어록」(『대정장』 권47, p.653, b26) "山僧忍俊不禁,乃問長史高姓.(산승이 참을 수가 없어서 이에 장사 벼슬의 고씨 성에게 물었다)." 『불과원오선사벽암록』 48칙 평창 권5(『대정장』 권48, p.184, b28-c1) "雪竇傍不肯.忍俊不禁.代他出氣.(설두 스님이 곁에서 긍정하지 못하고 더 이상 참을 수 없어서 그를 대신해서 울분을 풀다)." 『무문관』 권1(『대정장』 권48, p.296, c23) "非風非幡" 祖師忍俊不禁一場漏逗. 조사가 참을 수 없어서 한바탕 번뇌를 드러냈다)."
226 소매롱(少賣弄): 자랑하는 것을 그만두십시오, 과시하지 마세요. 『불과원오선사벽암록』 2칙 착어 권1(『대정장』 권48, p.141, b29) "兩頭三面.少賣弄.魚行水濁.鳥飛落毛.(머리가 둘인데 얼굴은 세 개이네. 과시하지 마세요. 물고기가 가면 물이 흐려지고 새가 날면 깃털이 떨어진다)."
227 칠촌상(七寸上): 가장 긴요한 곳. 『불과원오선사벽암록』 22칙 평창 권3(『대정장』 권48, p.163, c20-22) "五祖先師道.此鼇鼻蛇.須是有不傷犯手脚底機.於他七寸上.一捏捏住.便與老僧把手共行.(오조 선사가 말하길, '이 맹독의 뱀은 반드시 손과 발을 다치지 않게 하는 지혜가 있어야 한다. 뱀의 가장 긴요한 곳을 한번 꽉 눌러 잡아야 곧바로 노승과 함께 손을 잡고 갈 수 있다')."

싸늘한 입으로 사람이 상하게 해도 아픔을 알지 못한다. (아야! 아야!)"[228]
雲巖掃地話頌中. 曾擧象骨巖前弄蛇手. 兒時做處老知羞. 爲雲門道奴見婢殷勤. 便騎賊馬趁賊. 也不妨惡手脚. 今日再頌弄蛇話. 誇拏龍手. 看他大斧斫了手摩挲. 頌云. 玄沙大剛(當機不讓父). 長慶少勇(見義不爲). 南山鱉鼻死無用(擔條斷貫索). 風雲際會頭角生(時來蚯蚓作蛟龍). 果見韶陽下手弄(忍俊不禁). 下手弄(弄不出卽休兩迴三度). 激電光中看變動(眨眼喪身失命). 在我也能遣能呼(少賣弄). 於彼也有擒有縱(七寸在手). 底事如今付阿誰(万松老漢). 冷口傷人不知痛(阿耶阿耶).

스님께서 이르길, 현사 스님이 사람을 시켜 설봉 스님께 편지를 보냈는데 설봉 스님이 편지를 열어보니 백지 석 장뿐이었다. 그 스님에게 보이고 이르길, "알겠는가?" 그 스님이 이르길, "알지 못하겠습니다." 설봉 스님이 이르길, "듣지 못했는가? 군자는 천 리에 떨어져 있어도 한 호흡 사이다." 그 스님이 돌아와서 현사 스님에게 이야기하니 현사 스님이 이르길, "산의 어른인 노화상이 빗나간 것을 알지 못하는구나!" 현사 스님은 설봉 스님의 법을 이어 받았으나 평상시에 아비의 양을 훔치는 것[229]을 고발하고 어진 것을 당하면 양보하지 않았다. 남산까지 말할 필요가 있겠는가? 이는 또 과감함과 의연함에 남을 앞세우지 않으니 너무 강함이 심하다 하겠다. 장경 스님이 삿됨을 따라서 곧바로 말하길, "많은 사람들이 목숨을 잃었다. 사자가 돌을 되돌려 던질 줄 모르는 것이니 이는 진실로 의리를 보고 하지 않는 것이니 용기가 없는 것이다. 바람과 구름이 모이자 머리에 뿔이 생기니 과연 소양의 뱀 놀리는 수단을 보았다." 이 게송은 운문 스님의 얼굴을 보

---

228 아야야(阿耶耶): 의아해 하여 내는 소리. 『운문광진선사광록』 권2(『대정장』 권47, p.557, c26-27) "擧生法師云. 敲空作響. 擊木無聲. 師以拄杖空中敲云. 阿耶耶.(축도생 법사가 이르길, '허공을 두드리면 소리가 나는데 나무를 두드리면 소리가 나지 않는다.' 스님께서 주장자로 허공을 두드리고 이르길, '아야야!')."
229 심상중부양양(尋常證父攘羊): 평상시에 아버지가 양을 훔치는 것을 고발한다는 말인데 현사 스님이 지나치게 고지식한 것을 보여 준다.

면서 한 마리의 살아 있는 뱀을 들어 보인 것이 모든 스님들이 활 그림자가 잔에 비치는 것과 다르다는 것을 노래한 것이다. "보내기도 하고 부르기도 한다."고 한 것은 속담230에 이르길, 뱀을 부르는 것은 쉬우나 뱀을 보내는 것은 어렵다고 한 것이다. "사로잡기도 하고 놓아 주기도 한다."는 것은 이미 얼굴 앞에 내던졌다가 다시 두려워하는 시늉을 한 것을 송한 것이다. 이미 사로잡기도 하고 놓아 주기도 한다면 반드시 보내기도 하고 부르기도 할 수 있다는 것이다.

師云. 玄沙專使馳書上雪峯. 峯拆開乃見三張白紙. 示其僧云. 會麼. 僧云. 不會. 峯云. 不見道. 君子千里同風. 僧迴擧似沙. 沙云. 山頭老和尙蹉過也不知. 玄沙承嗣雪峯. 尋常證父攘羊. 當仁不讓. 道要南山作麼. 此又果毅無前. 太剛之甚. 長慶隨邪便道. 大有人喪身失命. 不解師子返擲. 此眞見義不爲. 是無勇也. 風雲際會頭角生. 果見韶陽下手弄. 此頌雲門覿面拈出一條活蛇. 不同諸師弓杯現影. 能遣能呼者. 俚諺有云. 呼蛇卽易. 遣蛇卽難. 有擒有縱者. 此頌旣擲向面前復作怕勢. 已能擒縱必解遣呼.

천동 스님이 말후를 말하길, "이 일은 지금 누구에게 전할까? 싸늘한 입으로 사람을 다치게 해도 아픔을 모르는 자인데 다만 무릇 염송하는 것을 자기에게로 돌려 얼굴 앞에서 집어 들어야 비로소 작가이다." 설두 스님이 또한 이르길, "지금 유봉 앞에 감추었지만 오는 자는 하나하나 방편을 잘 살펴야 한다." 스님께서 큰 소리로 할하고 이르길, "발을 잘 살피라." 만송 스님이 말하길, "설두 스님은 발보기를 탐하다가 해골이 뚫리는 것을 알지 못하고, 천동 스님은 싸늘한 입으로 사람을 다치게 한다고 했으나 눈 밝은 사람은 어두운 일을 못하는 것을 말했다. 내가 당시에 만약 운문이라면 주장자를 설봉 스님의 가슴에 던지는 것

---

230 이언(俚諺): 항간에 퍼져 있는 속담 가운데에서 주로 사물의 형용과 비유에 쓰이는 형상적인 말.

을 의논하지 않고 할 텐데 뒤에 그로 하여금 스스로 짓고 스스로 받은 것을 따라 직접 한입 물게 했을 것이다. 어찌 이러하냐하면 오늘 아침 2월 2일에 잠깐 용을 풀어 고개를 들게 하려는 것이다."

天童末後道.底事如今付阿誰.冷口傷人不知痛.但凡拍頌歸於自己.拈向面前.始是作家.雪竇亦云.如今藏在乳峯前.來者一一看方便.師高聲喝云.看脚下.万松道.雪竇貪觀脚下.不知穿過髑髏.天童冷口傷人.明人不作暗事.我當時若作雲門.以拄杖攛向雪峯懷裏.擬議不來.隨後敎伊自作自受親遭一口.爲什麽如此.今朝二月二.暫放龍擡頭.

『만송노인평창천동각화상송고종용암록』 권3
萬松老人評唱天童覺和尚頌古從容庵錄 卷三

제50칙 설봉의 무엇인가?
第五十則 雪峯甚麽

대중에게 보이시길, "말후(末後) 일구(一句)라야 비로소 굳은 문에 도달한다. 암두 스님은 위로는 스승을 긍정하지 않고 아래로는 사제에 양보하지 않음을 자부하니 또는 억지로 조목을 만든 것인가? 그렇지 않으면 다른 장치가 있는 것인가?"
示衆云. 末後一句. 始到牢關. 巖頭自負. 上不肯於親師. 下不讓於法弟. 爲復是强生節目. 爲復別有機關.

설봉 스님이 암자에 머무를 때 어떤 두 스님이 와서 예배하니 (향기를 찾고 기운을 쫓는다) 설봉 스님이 보고 손으로 암자의 문을 밀치고 몸을 내밀고 이르길, "이것이 무엇인가?" (이것은 오히려 몸을 던지는 시늉을 것인데 몸을 숨겨서 어떻게 하겠는가?) 그 스님 또한 이르길, "무엇입니까?" (과연 알지 못하고 있다) 설봉 스님이 고개를 숙이고 암자로 돌아갔다. (말이 없었다고 말하지 않는 게 좋겠다) 그 스님이 나중에 암두에 이르니 (소식을 전하기도 하고, 소식을 부치기도 한다) 암두 스님이 묻길, "어디서 왔는가?" (뚫지도 않았기에 구멍도 없다) 그 스님이 이르길, "영남(嶺南)에서 왔습니다." (여기가 영북(嶺北)이다) 암두 스님이 이르길, "일찍이 설봉에도 갔다 왔는가?" (익숙한 곳은 잊기가 어렵다) 그 스님이 이르 길, "일찍이 갔었습니다." (다시 꺼지지 않는다) 암두 스님이 이르길, "어떤 말이 있 었던가?" (질투하지 않으니 그치지 않는다) 그 스님이 앞의 이야기를 하자 (한 글 자가 대궐문에 들어가니 여덟 마리 소를 끌고 나가지 못한다) 암두 스님이 이르 길, "그가 뭐라고 말하던가?" (머리를 숙이고 곧바로 가는 게 좋겠다) 그 스님이 이르길, "그는 말이 없이 고개를 숙이고 암자로 돌아갔습니다." (그렇다면 곧 일 찍이 설봉에 이르지 않았다) 암두 스님이 이르길, "아! 그때 그에게 말후구를 말 해주지 않았는데 (그러나 지금 말해주지 못했다) 만약 그에게 말후구를 말해주 었다면 천하의 사람들이 설봉을 어찌하지 못했을 것이다." (어찌 나에게 곧바로 설봉노인이라고 말하지 않았는가?) 그 스님이 하안거 해제에 이르러 앞의 이야기 를 들어 가르침을 청하니 (사람들이 더디게 술에서 깨는 것이 좋다) 암두 스님이 이르길, "어찌 일찍이 묻지 않았는가?" (앉아서 조는 것을 탐낸다) 그 스님이 이르 길, "감히 쉽지 않았습니다." (총림에 익숙하게 된다) 암두 스님이 이르길, "설봉이 비록 나와 한 가지에서 태어났지만 나와 같은 가지에서 죽지 않는다." (달리 찾는 것을 먼저 다했다) "요컨대 말후구를 알려면 단지 이것이다." (빠르게 쪄서 더울 때 판다)

舉.雪峯住庵時.有兩僧來禮拜(尋香逐氣)峯見來以手托庵門.放身出云.是甚麼(此 猶是拋身勢隱身勢作麼生)僧亦云.是甚麼(果然不識)峯低頭歸庵(莫道無語好)僧 後到巖頭(傳消寄息)頭問.甚麼處來(不鑽不穴)僧云.嶺南(這裏是嶺北)頭云.曾到 雪峯麼(熟處難忘).僧云.曾到(更諱不得)頭云.有何言句(不醋不休)僧擧前話(一字 入公門八牛拽不出)頭云.他道甚麼(却好低頭便出)僧云.他無語.低頭歸庵(恁麼則 不曾到雪峯)頭云.噫當時不向他道末後句(而今道了未)若向伊道.天下人不奈雪老 何(何不道我便是雪老)僧至夏末.再擧前話請益(好酒醒人遲)頭云.何不早問(貪 瞌睡)僧云.未敢容易(可曬慣叢林)頭云.雪峯雖與我同條生.不與我同條死(索另

者先窮)要知末後句只這是(旋蒸熱賣).

　　스님께서 이르길, "운암 스님은 도오 스님 옆에서 참문했고, 설봉 스님은 암두 스님에게 곁에서 참문했으니 군자는 아랫사람에게 묻는 것을 부끄러이 여기지 않았다. 지금 운암 스님과 설봉 스님의 도가 크게 행해지는 것도 또한 자기는 물러나서 다른 사람에게 양보한 뒷날의 받은 경사이겠지만[231] 그러나 암두 스님은 타고난 기품이 영민하고 비범하여 덕산 스님의 도를 억누르고 혹은 찬양하며 천하에 행해져도 감히 맞설 사람이 없었다. 대개 깨달은 바가 활짝 트였고 정신을 쌓고 길러 성취했기 때문이다."

師云.雲巖傍參道吾.雪峯傍參巖頭.君子不恥下問.今雲巖雪峯之道大行.亦退己讓人之余慶也.而巖頭天資英邁.抑揚德山之道.天下橫行.無敢當鋒者.蓋見處洞達蘊養成就.故得如是.

　　그 두 스님을 살펴보면 설봉 스님 문하에는 화살과 화살촉이 서로 만난 것과 같고 역시 이 사람은 행각하는 녀석이다. 어째서 하안거가 끝나도록 아직도 말후구를 의심했을까. 단지 안목이 둔하고 머리가 미혹하여 눈앞에서 지나쳤기 때문이다. 암두 스님이 그에게 많은 도리를 말해주었는데 설봉과 나는 한 가지에 태어났지만 나와 한 가지에서 죽지는 않는다고 했으니 하나의 법이 비록 다름이 없지만 세 사람의 견해는 차이가 있다. 이 스님과 설봉 스님이 동시에 "무엇인가?"라고 말했지만 말후구를 말함에 이르러 말해 줘도 또한 알지 못하니 어찌 티끌 하나의 차이가 천 리의 차이가 아니겠는가? 자! 말해보라. 이 스님이 진실로 알지 못해서 요컨대 이 말을 했겠는가?

231　여경(余慶): 남에게 좋은 일을 많이 한 보답(報答)으로 뒷날 그의 자손이 받는 경사(慶事).

看他二僧.雪峯門下.箭鋒相直.也是箇行脚漢.爲甚直至夏末.尙疑末後句.只爲眼鈍頭迷當面蹉過.巖頭與他說出許多道理.雪峯與我同條生.不與我同條死.一法雖無異.三人乃見差.這僧與雪峯.一時道是甚麼.及至論末後句.說與也不知.豈非差之毫釐失之千里也.且道.這僧實不會.要放這話行.

위산철 스님이 이르길, "그렇게나 훌륭한 설봉 스님과 암두 스님이 도리어 이 스님에게 감파를 당했다." 만송이 말하길, "냉정한 눈으로 암두 스님과 설봉 스님을 보면 오히려 용서할 수 있으나 나중에 또 덕산 스님을 점검할 때도 또한 말후구를 알지 못한다고 한 것은 지금 바로 감당하기 어렵다고 말했다." 그러므로 천동이 두 차례 게송을 했으니 게송으로 말하길,

"끊고 연마하고 다듬고 문지르는 것이 (하나의 일로 인연하지 않았다)
변화하는 모양이 속임수이다. (하나의 지혜가 길지 않다)
갈파에서 용으로 변한 지팡이고, (바다를 지나 구름을 뚫은 것을 이미 들었다)
도가에서 틀어박혀 있는 북과 같다. (아직도 담장에 기대고 벽에 붙어서 보았다)
같은 가지에서 태어남은 얼마든지 있지만 (세상에 작용과 가깝다)
같은 가지에서 죽는 것은 많지 않다. (익히는 모습과는 멀다)
말후구는 단지 이것뿐이니 (우선 절반만 믿어라)
바람 맞은 배에 달을 싣고 가을 강에 떠 있다. (절대로 한곳에 안주하지 마라)"[232]

---

[232] 타근(垜根): 타근(踩跟)과 같다. 한곳에 꼼짝하지 않은 채 움직이지 않은 것. 하나의 경지에 자리 잡고 눌러 앉는 것, 혹은 하나의 세계에 안주 정착하는 것을 말한다. 『경덕전등록』 권23 「광덕연장」(『대정장』 권51, p.396, b20-21) "才到洪山便垜根.四平八面不言論.他家自有眠雲志.蘆管橫吹宇宙分.(겨우 홍산에 이르자 곧바로 한곳에 꼼짝하지 않고 앉아서 사방팔방을 논하지 않는다. 남의 집에서 스스로 구름의 뜻이 눈 있어 갈대 피리로 우주를 나누어 자유롭게 부네)." 『오가정종찬』 권1 「설봉진각선사장」(『속장

潙山哲云.大小雪峯巖頭.却被這僧勘破.万松道.冷眼不防.巖頭雪峯.猶可恕也.後來又点德山亦不會末後句.直是難甘.是故天童兩次頌出.頌云.切瑳琢磨(不因一事).變態殼訛(不長一智).葛陂化龍之杖(已聞過海穿雲).陶家居蟄之梭(猶見倚牆貼壁).同條生兮有數(世相近也).同條死兮無多(習相遠也).末後句只這是(且信一半).風舟載月浮秋水(切忌垜根).

스님께서 이르길, "모시 기오(淇奧) 편은 무공의 덕을 기리는 것이다. 문장에 있고 또한 좋은 도리로 간함을 받아들이고 예절로써 스스로를 방어한 까닭에 주(周)의 재상으로 들어간 것을 기리기 위해 이 시를 지었다. 저 기오를 보면 푸른 대나무가 무성하다. 문채 있는 군자여! 끊는 것 같고 연마하는 것 같고, 다듬는 것 같고, 가는 것과 같다."[233]

주(註)에 이르길, 뼈를 바로 잡는 것을 끊는다고 하고, 상아를 연마하는 것을 닦는다고 하고, 옥을 다듬는 것을 쫀다고 하고, 돌을 다듬는 것은 간다고 하였다.[234] 덕산의 설봉 스님이 암두 스님을 만나서 말후구를 밝힌 이후로 지금에 이

경』권78, p.584, b9-11) "鰲山店頭成道.半夜發狂.象骨巖下踔跟.全身放倒.(오산의 여관에서 도를 이루고 한밤중에 미쳐 날뛰니 상골암에서 꼼짝 못하고 앉아 온 몸이 뒤집어졌다)."

[233] "詩云.瞻彼淇澳.菉竹猗猗.有斐君子.如切如磋.如琢如磨.瑟兮僩兮.赫兮喧兮.有斐君子.終不可諠兮.如切如磋者.道學也.如琢如磨者.自修也.瑟兮僩兮者.恂慄也.赫兮喧兮者.威儀也.有斐君子.終不可諠兮者.道盛德至善.民之不能忘也.(시경에 이르길, 저 기수의 물굽이를 보니 푸른 대나무가 아름답게 무성하네. 문채 아름다움이 있는 군자는 잘라낸 듯, 갈아낸 듯, 쪼아낸 듯, 갈아낸 듯 엄숙하고 당당하네. 빛나는 듯 위의가 드러났네. 문채 아름다운 군자여! 끝내 잊지 못하겠네. 자른 듯 다듬는 것은 배움에 정진하는 모습을 말하고 있는 것이다. '쪼는 듯 간 듯'은 자신의 행실을 닦는 모습이다. '장중하고 우아하도다.'는 마음에 송구스러움과 두려움이 있는 모습이다. '빛나고 훤출함이여'는 위의가 넘치는 모습이다. '문채 아름다운 군자여! 종내 잊을 수 없어라!'는 군자의 수신의 경지가 덕이 성하고 지극한 선에 이르러 백성들이 사모하여 잊지 못하는 광경을 기술한 것이다)." 여기서는 『시경』「위풍」〈기오 3장〉 중 제 1장이 나와 있다.

[234] 절차탁마(切磋琢磨): 언변과 재기가 뛰어난 자공이 어느 날 스승인 공자에게 묻기를 "선생님, 가난하더라도 남에게 아첨하지 않으며, 부자가 되더라도 교만하지 않은 사람이 있다면 그건 어떤 사람일까요?" "좋긴 하지만, 가난하면서도 도를 즐기고 부자가 되더라도 예를 좋아하는 사람만은 못하니라." 공자의

르도록 이 화두가 널리 펴진 것은 끊고 갈아서 변화하여 통달한 힘이다.

師云.毛詩淇奧美武公之德也.有文章又能聽其規諫.以禮自防.故能入相於周.美而作是詩也.瞻彼淇奧.綠竹猗猗.有匪君子.如切如瑳如琢如磨.註曰.治骨曰切.象曰瑳.玉曰琢.石曰磨.德山雪峯得巖頭.發明末後句.至今此話大行.切磨通變之力也.

　설봉 스님은 용으로 변한 지팡이 같고 이 스님은 틀어박혀 있는 북과 같다고 암두 스님이 점검해 냈지만 지금까지 알지 못한다. 그래서 같은 가지에서 죽는 이가 많이 없다. 혹 이르길, 암두 스님은 용으로 변한 지팡이 같고, 설봉 스님은 틀어박혀 있는 북과 같다고 하는 자는 청컨대 앞의 화두를 자세히 보아라. 설두 스님과 불과 스님은 쌍으로 밝고 쌍으로 어둡다고 이 게송을 이야기했으니 충분히 참구한 자가 아니면 알지 못한다. 『동한방술전』[235]에 비장방(費長房)[236]은 여남 사람으로 일찍이 시장의 아전이었는데 호공을 만나 푸른 대나무를 끊어 지팡이를 만들고 거짓으로 비장방을 만들어 집에서 목매 죽었다. 마침내 같이 깊은 산에 들어가서 도를 배웠으나 이루지 못하고 돌아가려 말하니 호공이 대나무 지팡

　　대답에 이어 자공은 또 묻기를, "『시경(詩經)』에 선명하고 아름다운 군자는 뼈나 상아를 잘라서 줄로 간 것처럼 또한 옥이나 돌을 쪼아서 모래로 닦은 것처럼 빛나는 것 같다고 나와 있는데 이는 선생님이 말씀하신 수양에 수양을 쌓아야 한다는 것을 말한 것일까요?" 공자는 이렇게 대답했다. "자공아! 이제 너와 함께 『시경(詩經)』을 말할 수 있게 되었구나. 과거의 것을 알려주면 미래의 것을 안다고 했듯이, 너야말로 하나를 듣고 둘을 알 수 있는 인물이로다."

235 『동한방술전(東漢方術傳)』: 중국 동한시대에 도교의 방생술을 기록한 책이다.
236 비장방(費長房): 성도(成都) 출생. 불가에 출가하였으나 574년 후주(後周)의 무제(武帝)가 불교 도교를 폐쇄하자 환속하였다. 수나라 시대에 불교가 재흥하자, 칙명에 따라 역경학사(譯經學士)가 되어 장안(長安)의 대흥선사(大興善寺)에서 경전의 한역(漢譯)에 참여하고, 『역대삼보기(歷代三寶紀)』 등을 편찬하였다. 또 『박물지』에서는 여남 사람으로 조조가 초대한 방사 중의 한 명으로 기록되어 있다. 시연이라는 벼슬을 지내다가 시장에서 약을 파는 호공을 보고 보통 사람이 아닌 것을 알게 되어 그가 앉아 있던 자리를 청소하거나 먹을 것을 공급하면서도 어떠한 요구를 하지 않았다. 호공이 어느 날 저녁이 되어 사람이 없을 때 오도록 하자 그의 말대로 했는데, 호공이 병 속으로 뛰어 들어가자 호공이 가르쳐 준 것에 따라 함께 뛰어들어 병 속으로 들어갔다는 내용이 나온다.

이를 주면서 이것을 타고 집에 이르면 갈파에 던지라고 했다. 비장방이 대나무 지팡이를 갈파에 던지니 용으로 변하여 가버렸다. 또 진나라의 도간(陶侃)[237]이 젊었을 때 뇌택에서 고기를 잡다가 그물에 하나의 북이 걸렸는데 벽에 거니 나중에 천둥번개 소리를 듣고 용으로 변하여 돌아갔다. 설봉 스님은 지팡이와 같고 이 스님은 북과 같은데 암두 스님은 바람 받은 배에 달을 싣고 가는 것과 같다고 했는데 만송은 무엇과 같은가? 공현의 찻병과 같이 말이 많다[238]고 하겠다.

雪峯如化龍之杖.這僧如居蟄之梭.巖頭点出至今不知.所以同條死者無多也.或謂巖頭如化龍之杖.雪峯如居蟄之梭者.請細看前話.雪竇佛果以雙明雙暗.頌此話.非飽參者不知.東漢方術傳.費長房.汝南人.嘗爲市掾.遇壺公.斷靑竹杖.僞爲長房縊死於家.遂同入深山.學道不成.辭歸.公與竹杖.騎此至家.投葛陂.長房投杖於陂.化龍而去.又晉陶侃少時.漁於雷澤.網得一梭.掛壁.後聞雷電.化爲龍而去.雪峯如杖.這僧如梭.巖頭如風舟載月.万松似箇甚麽.鞏縣茶瓶.

---

237 도간(陶侃): 진(晉)나라 도간(陶侃)을 팔주(八州) 도독(都督)이라 말한다.『진서(晉書)』권66「도간열전(陶侃列傳)」에 "진나라 도간이 젊어서 뇌택(雷澤)에서 고기를 잡으며 졸다가 날개 여덟 개가 생겨 천문(天門)까지 날아갔다가 들어가지 않은 꿈을 꾸었다. 관상가 사규(師珪)가 말하기를 '그대는 지위가 상공에 이르러 팔주 도독이 될 것이다.'라고 하였는데, 그 뒤에 팔주 도독이 되었다."라고 하였다.
238 공현다병(鞏縣茶瓶): 공현의 찻병은 주둥이가 두 개 있는 것이 특징인데 그것이 맞닿다 함은 말이 많다는 뜻이다.

『만송노인평창천동각화상송고종용암록』 권4
萬松老人評唱天童覺和尚頌古從容庵錄 卷四

제55칙 설봉의 공양주 소임
第五十五則 雪峯飯頭

대중에게 보이시길, "얼음은 물보다 차갑고 푸름은 쪽에서 나왔다.[239] 깨달음이 스승을 뛰어넘어야 바야흐로 법을 전수 받을 수 있다.[240] 자식을 길러 아비를 미치지 못하면 가문은 한 세대가 쇠퇴한다. 자! 말해보라. 아비의 지혜를 뺏을 수 있는 자는 어떤 사람인가?"

示衆云. 氷寒於水. 靑出於藍. 見過於師. 方堪傳授. 養子不及父. 家門一世衰. 且道. 奪父之機者是甚麼人.

설봉 스님이 덕산회상에서 반두 소임을 보았는데 (작은 노력이 아니다) 하루는 밥이 늦었는데 덕산 스님이 발우를 받치고 법당에 이르니 (노인네가 마음을 쉬지 않았네) 설봉 스님이 이르길, "저 노장이 아직 종도 울리지 않고 북도 아직 울

---

[239] 『순자(荀子)』「권학(勸學)」편에 나오는 말이다. "君子曰.學不可以已.靑取之於藍.而靑於藍.冰水爲之.而寒於水.(군자가 말하길, '배움을 그칠 수 없다. 푸른 물감은 쪽에서 취하지만 쪽보다 더 푸르다. 얼음은 물에서 이뤄지지만 물보다 더 차다.')."

[240] 『불과원오선사벽암록』 11칙 평창 권2(『대정장』 권48, p.151, c11-13) "丈云.如是如是.見與師齊.減師半德.智過於師.方堪傳授.子今見處俱有超師之作.(백장이 이르길, '그렇지, 그렇지, 견처가 스승이 같으면 스승의 덕을 반감할 것이요, 지혜가 스승을 뛰어넘어야 바야흐로 전수 할 수 있으니 그대의 견처는 분명하게 스승을 초월했네.')."

리지 않았는데 발우를 받들고 어디를 가시는가?"(어린아이가 어미에게 욕을 하는 것을 알게 가르쳐 주었다) 덕산 스님이 곧바로 방장실로 돌아갔다. (모두 말에 있지 않다) 설봉 스님이 이 일을 암두 스님에게 이야기하니 (집에 되돌아오니 집이 어지럽다) 암두 스님이 말하길, "그렇게나 훌륭한 덕산 스님이 말후구를 알지 못하는구나!" (설사 그 속에 있더라도 아버지는 자식을 숨기게 된다) 덕산 스님이 그 말을 듣고 시자로 하여금 암두 스님을 불러 오게 하여 암두 스님에게 묻길, "그대는 나를 어찌 긍정하지 않는가?" (기름을 뿌리고 불을 끈다) 암두 스님이 드디어 그 뜻을 밝히니 (인간의 사적인 말은 하늘이 우레와 같이 듣는다) 덕산 스님이 이에 그만두었다. (과연 알지 못하는군) 다음 날이 이르러 당에 오르니 과연 평상시보다 다르니 (바람을 따라서 키가 넘어졌다) 암두 스님이 손뼉을 치고 웃으며 이르길, "저 노장이 말후구를 알아서 우선 기쁘다." (집안의 추함이 밖으로 드러났다) 뒷날에 천하의 사람들이 그를 어찌하지 못할 것이다. (본래면목이 어째서 내 손에 있는 것인가?)

擧.雪峯在德山作飯頭(少不努力).一日飯遲.德山托鉢至法堂(老不歇心).峯云.這老漢鐘未鳴鼓未響.托鉢向甚麼處去(敎得孩兒會罵娘).山便歸方丈(盡在不言中).峯擧似巖頭(家返宅亂).頭云.大小德山不會末後句(父爲子隱直在其中).山聞令侍者喚巖頭問.汝不肯老僧那(潑油救火).巖遂啓其意(人間私語天聞若雷).山乃休去(果然不會).至明日陞堂果與尋常不同(隨風倒柁).巖撫掌笑云.且喜老漢會末後句(家醜外揚).他後天下人不奈伊何(鼻孔爲甚在我手裏).

  스님께서 이르길, "설봉 스님은 고개를 숙이고 암자로 돌아갔고, 덕산 스님은 곧바로 방장실로 돌아갔으니 가장 잘 자세하게 참구해야 한다. 암두 스님이 비밀히 그 뜻을 밝혔으니 그대가 우선 말해보라. 뭐라 말했겠는가?" 덕산 스님이 또 그만두었다. 서로 만나 드러내지 못했다고 말할 수 있으나 뜻을 드니 곧바로 알고 있는 것이다.

師云.雪峯低頭歸庵.德山便歸方丈.最好參詳.巖頭密啓其意.爾且道.道甚麼.德山又休去.可謂.相逢不拈出.擧意便知有.

덕산 스님이 다음 날 법상에 올라 설법하시니 과연 평상시와 다르니 또한 잘못을 가지고 잘못을 드러낸 것이다. 암두 스님이 승당 앞에 이르러 박수를 치며 크게 웃으며 말하길, "저 노장이 말후구를 알아서 다행이다. 뒷날에 천하의 사람들이 그를 어찌하지 못할 것이다. 절대로 후배를 덮어 버리는 것은 말아야 한다. 장래는 비록 이와 같으나 역시 단시 3년뿐이다." 덕산이 과연 3년 만에 천화했다. 천각이 송하길, "종소리 북소리 없는데 발우를 들고 돌아가네. 암두 스님이 한번 던진 말이 우레와 같았네. 과연 단지 3년밖에 살지 못하니 그에게 수기를 받은 것이 아닌가?"

山至來日上堂.果與尋常不同.也是將錯就錯.頭下至僧堂前.拊掌大笑曰.且喜老漢會末後句.他後天下人不奈伊何.切忌.蓋覆將來雖然如是.也只得三年.德山果三年遷逝.天覺頌.鐘鼓聲沈捧鉢迴.巖頭一拶語如雷.果然只得三年活.莫是遭他授記來.

만송이 말하길, "그대의 이불 밑이 뚫어진 줄 아는 것은 일찍이 함께 평상에서 잔 것과 같다." 명초 스님이 덕산 스님을 대신하여 이르길, "놀라는 소리를 하며 어디로 가는가? 어디로 가는가?" 만송이 말하길, "본래면목이 다른 사람 손안에 있다." 설두가 이르길, "일찍이 외눈박이 용이라고 들었는데 원래 단지 본래면목[241]을 갖추었구나! 덕산이 이빨이 없는 호랑이인 줄 전혀 알지 못했다. 만약 암두

---

241 일척안(一隻眼): 한 개의 눈이라는 의미. 보통 사람이 가진 좌우의 양쪽 눈 이외의 한쪽 눈. 진실을 꿰뚫어보는 심안(心眼)을 말한다. 일반적으로 일능일예(一能一芸)에서 견식(見識)을 가진 사람을 가리켜

스님이 알아내지 못했다면 어찌 오늘과 내일이 다름을 알겠는가? 모든 사람들은 요컨대 말후구를 알고자 하는가? 단지 달마가 안 것은 허락하지만 달마가 깨달았다는 것은 허락하지 않겠다. 반은 막고 반은 가려서 새고 있는 것을 역시 알지 못하는구나!"

萬松道.知爾被底穿.曾共同床臥.明招代德山云.咄咄.沒處去.沒處去.万松道.鼻孔在他人手裏.雪竇云.曾聞說箇獨眼龍.元來只具一隻眼.殊不知.德山是箇無齒大蟲.若不是巖頭識破.爭得明日與作日不同.諸人要會末後句麼.只許老胡知不許老胡會.半遮半掩漏逗.也不知.

대위철이 이르길, "암두 스님은 마치 높은 산의 돌이 갈라지는 것과 같아서 백리의 길 짐승들이 자취를 감추는 결과가 되었다. 만약 덕산 스님의 품성이 깊고 밝지 않았더라면 어찌 어제와 오늘이 다름이 있겠는가? 만송은 '이빨 없는 호랑이가 발톱은 아직도 있다.'라고 말했다. 노조(魯祖)는 무릇 스님이 오는 것을 보면 곧바로 벽을 향해 앉았는데 남전 스님이 듣고 이르길, '나는 평소에 그에게 말하길, 공겁 이전에 자기 일로 삼고 부처가 세상에 출현하기 전에 깨달았다면 오히려 반밖에 얻지 못한 것이니 그가 그렇다면 당나귀 해 가더라도 얻겠는가?' 만약 남전 스님을 알면 곧바로 암두 스님을 보고 다시 천동 스님과 어깨동무를 하고 함께 가는 것이다. 송하길,

---

일척안(一隻眼)을 갖추었다고 한다. 정법의 안목을 구족하여 견식이 있는 것. 두 눈 이외에 특별한 눈을 가지고 있는 것. 그러나 일척안은 하나의 눈, 한쪽 눈을 의미하고 있다. 『조당집』 권17 「보화화상장」(『고려대장경』 권45. p.339, c17) "師便下座.兩手托地.便造驢聲.林際無語.師云.林際廝兒.只具一隻眼.(스님께서 곧바로 자리에 앉아 두 손을 땅에 짚고 곧바로 당나귀 소리를 내니 임제 스님이 말이 없었다. 스님께서 이르길, '임제는 아이 중으로 단지 상당한 안목을 갖추었다.')." 『경덕전등록』 권10 「보화화상장」(『대정장』 권51, p.280, b21-22) "師曰.臨濟小廝兒只具一隻眼.(스님께서 말하길, '임제는 풋내기지만 단지 상당한 안목을 갖추었다.')."

말후구를 알고자 하는가? (시절인연을 깨닫지 못했다면 허리를 굽실거리는 것을 알지 못한다)

덕산 부자는 지나치게 모호하다. (밖이 밝아 속이 어두운 것을 알지 못한다)

자리 가운데는 또한 강남의 나그네도 있으니 (진나라 사람이 없다고 말하지 마라)

사람들 앞에서 자고곡을 부르지 마라. (그만두어라)"

大潙哲云.巖頭大似高山石裂.直得百里走獸潛蹤.若非德山度量深明.爭得昨日與今日不同.万松道.無齒大蟲.爪距尙在.魯祖凡見僧來便面壁.南泉聞云.我尋常向他道.空劫已前承當.佛未出世時會取.尙不得箇半箇.他恁麽.驢年去.若識得南泉.便見巖頭.更與天童把臂共行.頌云.末後句會也無(這裏不得會不會打折腰).德山父子太含胡(外明不知裏暗).座中亦有江南客(勿謂秦無人).莫向人前唱鷓鴣(休得也).

스님께서 이르길, "말후구를 이와 같이 밝히기 어려우나 준엄하고 단단하기가 덕산과 같고, 빼어나기가 암두와 같음이 지금까지 설명하기[242] 어렵다. 깨달음은 오히려 쉽지만 깨달음을 말로 표현하기는 어렵다는 것을 듣지 못했는가?[243] 정

---

242 분설(分雪): 명백하게 나누어 표명하다. 설명하는 것을 말한다.
243 『불과원오선사벽암록』 46칙 본칙 권5(『대정장』 권48, p.182, b24) "淸云.出身猶可易.脫體道應難.(경청 스님이 이르길, '깨닫기는 쉬우나 깨달음을 말로 표현하기는 어렵다.')."

곡[244]의 시[245]에 이르길, '꽃피고 달 밝은 누각은 번화가에 가깝고, 맑은 노래 한 곡조가 금 술병을 기울게 한다. 자리에 또한 강남의 나그네가 있으니, 봄바람에 자고곡을 부르지 마라.'" 천동 스님의 뒤의 두 구를 인용하며 "다시 거론하는 것은 수고롭지 않으나 든 뒤는 어떠합니까?" 스님께서 자리에서 내려와 곧바로 방장실로 돌아갔다.

師云. 末後句如此. 難明峻硬若德山. 穎俊如巖頭. 至今分雪不出. 不見道. 出身猶可易. 脫體道應難. 鄭谷詩. 花月樓台近九衢. 清歌一曲倒金壺. 座中亦有江南客. 莫向春風唱鷓鴣. 天童用後兩句. 不勞再擧底意也. 擧著後如何. 師下座便歸方丈.

---

244 정곡(鄭谷): 당나라 원주(袁州) 의춘(宜春, 지금의 江西에 속함) 사람으로, 자는 수우(守愚)다. 희종(僖宗) 광계(光啓) 3년(887) 진사가 되었다. 이후 경조호현위(京兆鄠縣尉)를 제수 받았고, 우습유(右拾遺)와 우보궐(右補闕) 등을 지냈다. 소종(昭宗) 건녕(乾寧) 4년(897) 도관낭중(都官郎中)에 부임했는데, 이로 인해 사람들이 그를 정도관(鄭都官)이라 불렀다. 이후 사직하고 돌아와 의춘앙산(宜春仰山)에 은거하며 북암별서(北岩別墅)에서 세상을 떠났다. 저서에 『운대편(雲台編)』 3권, 『의양집(宜陽集)』 3권, 『의양외집(宜陽外集)』 3권, 『국풍정결(國風正訣)』 1권 등이 있다. 『전당시(全唐詩)』에 시가 4권으로 편집되어 있다. 그리고 일자지사(一字之師)라는 말이 있는데 줄여 일자사라고도 한다. 시문(詩文)에서 글자 한 자를 고쳐 글의 품격을 한 차원 높여준 사람을 대접하여 이르는 말이다. 중국 당나라 때의 승려 제기(齊己)가 '조매(早梅)'라는 시를 지었는데 그 중 한 글자를 고쳐 훌륭한 시로 만들어준 정곡(鄭谷)에게 존경의 뜻으로 절을 했다는 고사에서 생긴 말이다.

245 정곡(鄭谷)의 시 '석상이가자(席上貽歌者)'로 잔치자리에 노래하는 이에게 주는 시이다.

『오등회원』권7
五灯會元 卷七

● 복주 설봉의존 선사는 천주 남안 사람이고 증 씨의 아들이었다. 집안 대대로 불교를 신봉했으며 스님은 태어나면서부터 파와 같이 냄새나는 채소를 싫어하였고, 포대기 속에서도 범종소리를 듣거나 혹은 번이나 꽃으로 장식한 불상이 설치된 곳을 보면 반드시 얼굴을 움직였다. 나이 12세에 그의 아버지를 따라 포전 옥간사에 갔다가 경현 율사를 보자 예배하고 말하길, "나의 스승입니다." 마침내 머물면서 시봉을 하였다. 17세에 머리를 깎고 부용산의 상조 대사를 뵈니 상조 대사가 어루만지면서 그릇으로 여겼다. 나중에 유주 보찰사에 가서 구족계를 받고 오랫동안 선원을 돌아다니다가 덕산 스님과 인연을 맺었다. 당나라 함통(860)에 민중으로 돌아와서 상골산에 올라 설봉에 선원을 창건하였는데 도속들이 모여들었다. 의종(882)이 진각대사라 시호를 내려주었고 이어 자색가사를 하사하였다.

福州雪峰義存禪師泉州南安曾氏子.家世奉佛.師生惡葷茹.於襁褓中聞鐘梵之聲.或見幡花像設.必爲之動容.年十二.從其父遊莆田玉澗寺.見慶玄律師.遽拜曰.我師也.遂留侍焉.十七落髮.謁芙蓉常照大師.照撫而器之.後往幽州寶刹寺受戒.久歷禪會.緣契德山.唐咸通中回通中雪峰創院.徒侶翕然.懿宗錫號眞覺禪師.仍賜紫袈裟.

● 처음에 암두 스님과 예주의 오산진에 갔다가 눈으로 인해 길이 막혔다. 암두

스님은 오직 잠만 자고 스님은 한결같이 좌선을 하였다. 하루는 스님이 말하길, "사형! 사형! 빨리 일어나셔요." 암두 스님이 말하길, "무슨 일이 일어났는가?" 스님이 말하길, "저는 금생에 틀렸나 봅니다. 흠산문수[246] 녀석과 함께 행각을 할 때에도 가는 곳마다 폐를 끼치더니만 오늘 이곳에 도착해서 사형은 오로지 잠만 자고 있습니다." 암두 스님이 할을 하고 말하길, "잠이나 자둬라! 매일 평상 위에서 앉아 있는 꼴이 산골의 토지신과 흡사하다. 다른 때 훗날에 마귀같이 사람들을 홀릴 때가 있을 것이다." 스님이 자기 가슴을 치며 말하길, "저는 여기가 아직 편안하지 못해서 감히 스스로를 속이지는 못하겠습니다." 암두 스님이 말하길, "나는 장차 그대가 다른 날 고봉 정상에서 초암을 짓고 앉아 불교의 가르침을 크게 펼칠 것이라고 말했는데 아직도 그러한 말을 하고 있는 것인가?" 스님께서 말하길, "저는 진실로 편안하지 못합니다." 암두 스님이 말하길, "네가 만약 진실로 이와 같다면 그대가 깨달은 것을 하나하나 말해 보아라. 옳은 것은 그대에게 증명해주고 옳지 못한 것은 깎아 없애 주겠다." 스님이 말하길, "제가 처음에 염관제안[247] 스님을 찾아 갔을 때 색과 공의 뜻을 들어 상당법문하는 것을 듣고 깨달아 체득할 곳을 알았습니다." 암두 스님이 말하길, "이로부터 30년 동안 이와 같은 말을 절대로 거론하지 마라." "또 동산 스님의 과수게 '절대로 다른 것

---

246 흠산문수 화상은 동산양개 화상의 법을 이었으며, 풍주 흠산에서 교화를 펼친 선승인데, 그에 대해선 자세히 알 수가 없지만, 설봉의존과 암두전활, 세 사람이 도반이 되어 제방의 선지식을 참문하다 오산에서 설봉이 깨닫고 성도한 이야기는 유명하다. 『경덕전등록』 권17 「흠산화상장」과 『벽암록』 56칙에 기록이 보인다.

247 염관제안(鹽官齊安, ?~842): 당나라 시대 마조도일의 제자. 해문군(海門郡) 사람으로 속성은 이(李) 씨이다. 해문군의 운종(雲琮)에 의지해 출가하고 남악지엄(南岳智嚴)에게 구족계를 받았고, 강서(江西)의 마조(馬祖)에 참예하여 법을 이었다. 원화(元和) 말년경 절강성 월주소산(越州蕭山) 법락사(法樂寺)에 머물렀다. 후에 항주(杭州) 염관진국(鹽官鎭國) 해창원(海昌院)에 머물다가, 회창(會昌) 2년 12월 열반에 들었다. 선종(宣宗)이 오공대사(悟空大師), 서심지탑(棲心之塔)의 이름을 추시(追諡)하고 추도시를 지었다. 후에 노간구(盧簡求)가 항주염관현「海昌院禪門大師塔銘(해창원선문대사탑명)」을 지었다. 『전당문(全唐文)』 권733 탑명, 『문원영화(文苑英華)』 권866, 『조당집』 권15, 『송고승전』 권11, 『경덕전등록』 권7에 그의 기록이 보인다.

을 쫓아 찾지 마라, 나와는 점점 멀어질 뿐이다. 그대가 지금 나이고, 내가 지금 그대가 아니다.'를 보았습니다."[248] 암두 스님이 말하길, "만약 이렇다면 자기 자신도 철저하게 구제할 수 가 없다." 스님이 또 말하길, "훗날 덕산 스님에게 묻길 '위로부터 불교의 가르침의 일에 저도 자격이 있습니까?' 덕산 스님께서 방망이 한 대를 때리고 말하시길, '뭐라고 말했는가?' 나는 그때에 마치 통 밑이 빠지는 것과 같았습니다." 암두 스님이 할을 하고 말하길, "그대는 '문으로 들어오는 것은 집안의 보배가 아니다.'[249] 라는 말을 듣지 못했는가?" 스님이 말하길, "조만간에[250] 어떻게 해야 옳겠습니까?" 암두 스님이 말하길, "조만간에 부처님의 가르침을 크게 펼치려고 한다면 반드시 하나하나 자기 마음속에서 나온 것을 나에게 가져와라 하늘을 덮고 땅을 덮게 해 주겠다." 스님께서 말끝에 크게 깨닫고 곧바로 절을 하고 울부짖으며 말하길, "사형! 오늘에야 비로소 오산진에서 도를 이루었습니다."

---

248 동산양개(洞山良价, 807~869)는 9세기 중국 당나라의 승려이다. 21세 때 숭산의 소림사에서 구족계를 받아 출가했으며, 선가오종 최초로 조동종을 만들었다. 63세, 법랍 42세인 869년 3월, 방장실에서 조용히 열반했다. 저서로 『보경삼매』, 『오위현결』이 있다. 조동종(曹洞宗)의 개조로서 임제의현(臨濟義玄, ?~867)과 더불어 당말 최고의 선장으로 꼽힌다. 그의 법은 조산본적(曹山本寂, 840~901)과 운거도응(雲居道膺, ?~902)을 거쳐 오늘날까지 이어지고 있다. 그의 사상은 우리나라에도 인연이 깊어 『삼국유사』 저자인 일연(一然, 1206~1289)과 조선초 생육신 설잠 김시습(雪岑, 1435~1493)도 조동선법을 계승했다고 한다. *과수게(過水偈): 『서주동산양개선사어록』 권1(『대정장』 권47, p.520, a20-23) "後因過水睹影.大悟前旨.有偈云.切忌從他覓.迢迢與我疎.我今獨自往.處處得逢渠.渠今正是我.我今不是渠.應須恁麼會.方得契如如.(그 뒤 물을 건너면서 그림자를 보고 앞의 종지를 크게 깨닫고 게송을 지어 말하길, '절대로 다른 것을 쫓아 찾으려고 하지 마라. 자기와는 점점 더 멀어질 것이다. 내가 지금 홀로 가나니 가는 곳마다 그를 만날 것이다. 그대가 지금 바로 나이고 내가 지금 그대가 아니네. 응당히 반드시 이와 같이 깨달아야 바야흐로 여여하게 계합하게 된다.')."
249 『오가어록』(선록) 권2『가흥장』 권23, p.554, b17-18) "古人道從門入者, 非寶. (옛사람이 말하길, '문으로 들어오는 것은 보배가 아니다.')." 『무문관』 권1(『대정장』 권48, p.292, b13) "豈不見道.從門入者.不是家珍.(어찌 '문으로 들어온 것은 집안의 보배가 아니다.'라는 말을 듣지 못했는가?)." 『경덕전등록』 권15 「동산양개장」(『대정장』 권51, p.322, c5-6) "問如何是從門入者非寶.(묻길, '무엇이 문으로 들어오는 것이 보배가 아닙니까?')."
250 타후(他後): 근간, 머지않아, 얼마 안 있어, 언젠가는, 조만간에.

初與巖頭至澧州鼇山鎭阻雪.頭每日祇是打睡.師一向坐禪.一日喚曰.師兄.師兄.且起來.頭曰.作甚麼.師曰.今生不著便.共文邃箇漢行脚.到處被他帶累.今日到此.又祇管打睡.頭喝曰.瞳.眠去.每日牀上坐.恰似七村裏土地.他時後日魔魅人家男女去在.師自点胸曰.我這裏未穩在.不敢自謾.頭曰.我將謂你他日向孤峰頂上盤結草庵.播揚大教.猶作這箇語話.師曰.我實未穩在.頭曰.你若實如此.據你見處一一通來.是處與你證明.不是處與你劃却.師曰.我初到鹽官.見上堂擧色空義.得箇入處.頭曰.此去三十年.切忌擧著.又見洞山過水偈曰.切忌從他覓.迢迢與我疎.渠今正是我.我今不是渠.頭曰.若與麼.自救也未徹在.師又曰.後問德山.從上宗乘中事.學人還有分也無.德山打一棒曰.道甚麼.我當時如桶底脫相似.頭喝曰.你不聞道.從門入者不是家珍.師曰.他後如何即是.頭曰.他後若欲播揚大教.一一從自己胸襟流出.將來與我蓋天蓋地去.師於言下大悟.便作禮起.連聲叫曰.師兄.今日始是鼇山成道.

● 스님께서 동산에 계실 때 공양주 소임으로 쌀을 일고 있었는데 동산 스님이 물으시길, "모래를 일어 쌀을 골라냈는가? 쌀을 일어 모래를 골라냈는가?" 스님이 말하길, "쌀과 모래를 한꺼번에 골라냈습니다." 동산 스님이 말하길, "대중들은 무엇을 먹으라는 것인가?"라고 하자 스님이 쌀 동이를 엎어버리자 동산 스님이 말하길, "그대의 인연을 의거해 보니 덕산에 있어야 하겠다." 동산 스님이 하루는 스님에게 묻길, "무엇하고 왔는가?" 스님이 대답하길, "물통을 찍어서 만들고 왔습니다." 동산 스님이 말하길, "몇 번의 도끼질로 만들었는가?" 스님이 말하길, "한 번의 도끼질로 만들었습니다." 동산 스님이 말하길, "오히려 이쪽의 일인데 저쪽의 일은 어떠한가?" 스님이 말하길, "손 쓸 곳이 없게 되었습니다." 동산 스님이 말하길, "오히려 이쪽의 일인데 저쪽의 일은 어떠한가?" 스님이 그만두었다. (분양

선소[251] 스님이 대신 말하길, "제가 너무 피곤합니다.")

師在洞山作飯頭.淘米次.山問.淘沙去米.淘米去沙.師曰.沙米一時去.山曰.大衆喫箇甚麼.師遂覆却米盆.山曰.據子因緣.合在德山.洞山一日問師.作甚麼來.師曰.斫槽來.山曰.幾斧斫成.師曰.一斧斫成.山曰.猶是這邊事.那邊事作麼生.師曰.直得無下手處.山曰.猶是這邊事.那邊事作麼生.師休去(汾陽代云.某甲早困也).

● 스님이 동산 스님을 하직할 때 동산 스님이 말하길, "그대는 어디로 가려고 하는가?" 스님이 말하길, "영중으로 돌아가려고 합니다." 동산 스님이 말하길, "그때는 어느 길로 왔었는가?" 스님이 말하길, "비원령으로 왔습니다." 동산 스님이 말하길, "지금은 어느 길로 돌아가려고 하는가?" 스님이 말하길, "비원령으로 가려고 합니다." 동산 스님이 말하길, "비원령으로 가지 않는 사람이 있는데 그대는 알고 있는가?" 스님이 알지 못한다고 말하니 동산 스님이 말하길, "어째서 알지 못하는가?" 스님이 말하길, "그는 얼굴과 눈이 없습니다." 동산 스님이 말하길, "그대는 이미 알지 못한다고 했는데 어찌 얼굴과 눈이 없는 것을 아는가?" 스님이 대답이 없었다.

師辭洞山.山曰.子甚處去.師曰.歸嶺中去.山曰.當時從甚麼路出.師曰.從飛猿嶺出.山曰.今回向甚麼路去.師曰.從飛猿嶺去.山曰.有一人不從飛猿嶺去.子還識麼.師曰.不識.山曰.爲甚麼不識.師曰.他無面目.山曰.子旣不識.爭知無面目.師無對.

---

251 분양선소(汾陽善昭:947~1024): 오대(五代)와 송(宋)의 승려. 산서성(山西省) 태원(太原) 출신 속성은 유(兪) 씨며 14세에 출가하여 사방을 돌아다니며 선지식) 71명을 만나 불법에 대해 자문을 구했는데 최후에 하남성(河南省) 수산(首山)의 성념(省念, 926~993)에게 사사(師事)하여 그의 법을 이어받고, 스승이 입적한 후 산서성 분양(汾陽) 태자사(太子寺)에 머물렀다. 시호(諡號)는 무덕선사(無德禪師)이고, 『분양무덕선사어록(汾陽無德禪師語錄)』이 있다.

● 나중에 주지를 살고 있었는데 어떤 스님이 묻길, "스님께서는 덕산 스님을 친견해서 어떤 깨달음을 체득하였기에 곧바로 쉬었습니까?" 스님께서 말하시길, "나는 빈손으로 갔다 빈손으로 돌아왔다." 묻길, "조사의 뜻과 가르침의 뜻은 같습니까, 다릅니까?" 스님께서 말하길, "천둥소리가 땅을 흔들어도 방 안에는 들리지 않는다." 또 말하시길, "스님께서 무슨 일로 행각합니까?" 묻길, "나의 눈은 본래 바른데 스님을 인연하여 삿되었을 때 어떻게 합니까?" 스님께서 말하시길, "얼떨결에 달마를 만났다." 말하길, "저의 눈은 어디에 있습니까?" 스님께서 말하길, "스승을 따라 체득하려 하지 마라." 묻길, "머리 깎고 먹물 옷을 입고 부처를 의지해서 은덕을 입었는데 어떻게 부처를 인정하지 말라 하십니까?" 스님께서 말하길, "좋은 일은 없는 것만 못하다."[252]

住後. 僧問. 和尙見德山. 得箇甚麼. 便休去. 師曰. 我空手去. 空手歸. 問. 祖意敎意. 是同是別. 師曰. 雷聲震地. 室內不聞. 又曰. 闍黎行脚. 爲甚麼事. 問. 我眼本正. 因師故邪時如何. 師曰. 迷逢達磨. 曰. 我眼何在. 師曰. 得不從師. 問. 剃髮染衣. 受佛依蔭. 爲甚麼不許認佛. 師曰. 好事不如無.

● 스님께서 어떤 좌주에게 묻길, "여시(如是)라는 두 글자는 모두 과목의 글인데 무엇이 본문입니까?" 좌주가 대답이 없었다. (오운[253]화상이 대신 말하길, "다시 세 단으로 나누었구나!")

師問座主. 如是兩字盡是科文. 作麼生是本文. 主無對(五雲代云. 更分三段著).

● 어떤 스님이 묻길, "무엇이 부처입니까?" 스님께서 대답하길, "잠꼬대를 해서

---

252 『불과원오선사벽암록』 69칙 송 권7(『대정장』 권48, p.199, a13-15) "復云. 曹溪路坦平. 爲什麼休登陟. 好事不如無.(설두가 다시 말하길, '조계에 가는 길은 평탄한데 어떻게 올라가는 것을 그만두겠는가? 좋은 일은 없는 것만 못하다.')."
253 오운(五雲) 화상은 『경덕전등록』 30권에 좌선잠(坐禪箴)이 전해진다.

무엇 하겠는가?" 묻길, "무엇이 본래면목을 보는 일입니까?" 스님께서 말하시길, "천 리가 멀지 않다." 묻길, "무엇이 성인의 모습입니까?" 스님께서 말하시길, "우러러 보면 분명하다." 묻길, "문수와 유마는 무슨 일로 대담을 했습니까?" 스님께서 말하시길, "뜻에 떨어졌다."

問. 如何是佛. 師曰. 寐語作甚麼. 問. 如何是覿面事. 師曰. 千里未是遠. 問. 如何是大人相. 師曰. 瞻仰卽有分. 問. 文殊與維摩對談何事. 師曰. 義墮也.

● 어떤 스님이 묻길, "번뇌망념이 없는 적연한 상태에 의지할 것이 없을 때는 어떠합니까?" 스님께서 말하시길, "오히려 병이 된다." 묻길, "바뀐 뒤에는 어떠합니까?" 스님께서 말하시길, "배가 양주로 내려갔다."

問. 寂然無依時如何. 師曰. 猶是病. 曰. 轉後如何. 師曰. 船子下揚州.

● 묻길, "옛사람의 말을 이어 받아…."라고 말을 하자 스님께서 곧바로 누워 잠시 가만히 계시다가 일어나 말하시길, "무엇을 물었는가?" 그 스님이 다시 그 이야기를 하자 스님께서 말하시길, "부질없이 태어나서 죽을 놈이구나!"

問. 承古有言. 師便作臥勢. 良久起曰. 問甚麼. 僧再擧. 師曰. 虛生浪死漢.

● 묻길, "화살이 드러나자 칼날을 던질 때는 어떠합니까?" 스님께서 말하시길, "좋은 솜씨는 적중시키려고 하지 않는다." 어떤 스님이 말하길, "다 눈이어서 표적이 없을 때는 어떠합니까?" 스님께서 말하시길, "훌륭한 솜씨는 시절인연을 따르는 것을 방해하지 않는다."

問. 箭頭露鋒時如何. 師曰. 好手不中的. 曰. 盡眼沒標的時如何. 師曰. 不妨隨分好手.

● 문길, "옛사람이 말하길, '길에서 도를 통달한 사람을 만나면 말과 침묵으로 대답하지 마라.'²⁵⁴ 했는데 도대체 무엇으로 대답해야 합니까?" 스님께서 말하시길, "차나 마셔라."
問.古人道.路逢達道人.不將語默對.未審將甚麼對.師曰.喫茶去.

● 스님께서 어떤 스님에게 묻길, "어디서 왔는가?" 대답하길, "신광(神光)에서 왔습니다." 스님께서 말하시길, "낮에는 햇빛이라고 하고 밤에는 불빛이라고 하는데 무엇이 신광인가"? 그 스님이 대답이 없자 스님께서 스스로 대신 말하길, "햇빛과 불빛이다."
問僧.甚處來.曰.神光來.師曰.晝喚作日光.夜喚作火光.作麼生是神光.僧無對.師自代曰.日光火光.

● 스님께서 서 전좌에게 묻길, "옛사람이 말하길, '불향상사를 알고 있어야 바야흐로 이야기할 수 있다.'고 했는데 무슨 이야기인가?" 스님께서 멱살을 잡고 말하시길, "말하라, 말해." 서 전좌가 말이 없자 스님께서 밟고 넘어뜨리니 서 전좌가 바삐 그 자리에서 땀을 흘렸다.
栖典座問.古人有言.知有佛向上事.方有語話分.如何是語話.師把住曰.道.道.栖無對.師遂踢倒.栖當下汗流.

---

254 『진주임제혜조선사어록』 권1(『대정장』 권47, p.499, c6-7) "古人云.路逢達道人.第一莫向道.(옛사람이 말하길, '길에서 불법에 통달한 사람을 만나면 첫 번째로 도를 말해선 안 된다.')." 『무문관』 권1(『대정장』 권48,p.297, b26-27) "五祖曰.路逢達道人.不將語默對.且道將甚麼對.(오조법연 선사가 말하길, '길에서 불법에 통달한 사람을 만나면 말과 침묵으로 대답해선 안 된다.' 또 말하길, '장차 어떻게 대답해야 합니까?')." 『경덕전등록』 권12 「청화전부선사장」(『대정장』 권51, p.297, b18-19) "問路逢達道人不將語默對.未審將什麼對.(문길, '길에서 불법에 통달한 사람을 만나면 말하거나 침묵으로 대답해서는 안 된다고 했는데 도대체 어떻게 대답해야 합니까?')."

● 스님께서 어떤 스님에게 묻길, "어디서 왔는가?" 그 스님이 대답하길, 최근에 "절중을 떠났습니다." 스님께서 말하시길, "배로 왔는가? 육지로 왔는가?" 말하길, "두 길 모두 건너지 않았습니다." 스님께서 말하시길, "어떻게 여기에 도착했는가?" 말하길, "어떤 막힘이 있습니까?" 스님께서 곧바로 때렸다.
問僧.甚處來.曰.近離浙中.師曰.船來陸來.曰.二途俱不涉.師曰.爭得到這裏.曰.有甚麼隔碍.師便打.

● 묻길, "옛사람이 말씀하신 본래면목을 서로 드러낼 때는 어떠합니까?" 스님께서 말하시길, "옳다." 말하길, "무엇이 본래면목을 드러낸 것입니까?" 스님께서 말하길, "아이고! 아이고!"
問.古人道.覿面相呈時如何.師曰.是.曰.如何是覿面相呈.師曰.蒼天.蒼天.

● 스님께서 대중스님들에게 말하시길, "이 물소[水牯牛]의 나이가 몇인가?" 대중들 모두 대답이 없자. 스님께서 스스로 대신 말하시길, "칠십구(79)이다." 어떤 스님이 말하길, "스님께서 무엇 때문에 물소가 되셨습니까?" 스님께서 말하시길, "무슨 잘못이 있는가?"
師謂衆曰.此箇水牯牛年多少.衆皆無對.師自代曰.七十九也.僧曰.和尙爲甚麼作水牯牛去.師曰.有甚麼罪過.

● 어떤 스님에게 스님께서 물으시길, "어디로 가는가?" 말하길, "경산 화상께 예배하러 갑니다." 스님께서 말하길, "경산 스님이 만약 그대에게 이곳의 불법이 어떠하냐고 묻는다면 그대는 어떻게 대답하겠는가?" 말하길, "묻기를 기다렸다 말하겠습니다." 스님께서 곧바로 때렸다.

나중에 그 일을 경청 스님(경청도부순덕 대사)에게 묻길, "저 스님에게 무슨 잘못이 있습니까?" 경청 스님이 말하길, "경산 스님의 질문에 녹초가 되었습니다." 스님께서 말하시길, "경산은 절중(절강성)에 있는데 어떤 질문으로 녹초가 되었다고 하는가?" 경청 스님이 말하길, "먼 곳을 물었는데 가깝게 대답하는 것을 보지 못했습니다." 스님께서 말하시길, "그렇지! 그렇지!"
問僧.甚處去.曰.禮拜徑山和尙去.師曰.徑山若問汝.此間佛法如何.汝作麼生祇對.曰待問卽道.師便打.後擧問鏡淸.這僧過在甚麼處.淸曰.問得徑山徹困.師曰.徑山在浙中因甚麼問得徹困.淸曰.不見道遠問近對.師曰.如是.如是.

● 스님께서 하루는 장경혜릉 스님에게 말하길, "내가 위산 스님이 앙산 스님에게 '위로부터 모든 성인들은 어디로 갔습니까?'라는 물음에 '혹은 하늘에 있고 혹은 인간 세상에 있다.'라고 앙산 스님이 말하는 것을 보았는데 그대는 앙산 스님의 뜻이 어떻다고 말하겠는가?" 혜릉 스님이 대답하길, "만약 모든 성인들이 들고 나는 곳을 묻는다면 그렇게 말하면 안 됩니다." 스님께서 말하길, "그대가 전혀 긍정하지 않으니 홀연히 어떤 사람이 묻는다면 그대는 어떻게 말하겠는가?" 혜릉 스님이 대답하길, "다만 틀렸다고 말하겠습니다." 스님께서 말하시길, "그대는 틀리지 않았다." 혜릉 스님이 말하길, "어찌 틀린 것과 다르겠습니까?"
一日謂長慶曰.吾見潙山問仰山.從上諸聖向甚麼處去.他道或在天上.或在人間.汝道仰山意作麼生.慶曰.若問諸聖出沒處.恁麼道卽不可.師曰.汝渾不肯.忽有人問.汝作麼生道.慶曰.但道錯.師曰.是汝不錯.慶曰.何異於錯.

● 스님께서 어떤 스님에게 묻길, "어디서 왔는가?" 대답하길, "강서(江西)에서 왔습니다." 스님께서 말하길, "강서와 여기는 얼마나 떨어져 있는가?" 대답하길, "멀지 않습니다." 스님께서 불자를 세우고 말하시길, "이것으로 막을 수 있겠는가?" 대답하길, "만약 그것으로 막을 수 있다면 먼 것입니다." 스님께서 곧바로 때렸다.

問僧.甚處來.曰江西.師曰.與此間相去多少.曰.不遙.師竪起拂子曰.還隔這箇
少.曰.若隔這箇.即遙去也.師便打出.

● 어떤 학인이 묻길, "제가 별안간 총림에 들어왔으니 청컨대 스님께서 깨달음의 길을 지시해 주십시오." 스님께서 말하시길, "차라리 내 몸이 가루가 되도록 부술지언정 끝내 감히 한 스님의 눈을 멀게 하지 않겠다."
問.學人乍入叢林.乞師指箇入路.師曰.寧自碎身如微塵.終不敢瞎却一僧眼.

● 묻길, "49년의 후의 일은 묻지 않겠습니다. 49년의 전의 일은 어떠합니까?" 스님께서 불자로 입을 막고 때렸다.
問.四十九年後事即不問.四十九年前事如何.師以拂子驀口打.

● 어떤 스님이 스님을 하직하고 영운 스님을 참배하고 묻길, "부처가 세상에 출현하기 전은 어떠합니까?" 영운 스님이 불자를 드니 또 묻길, "부처가 세상에 출현하신 뒤의 일은 어떠합니까?" 영운 스님이 또 불자를 들었다.
 그 스님이 돌아오니 스님께서 물으시길, "아주 빨리 돌아왔구나!" 그 스님이 말하길, "제가 그곳에 가서 불법을 물어보니 서로 계합하지 않아서 이에 돌아왔습니다." 스님께서 말하시길, "그대는 무슨 일을 물었는가!" 그 스님이 앞의 일을 이야기하니 스님께서 말하시길, "그대는 물어보아라. 내가 그대를 위하여 말해 주겠다." 그 스님이 곧바로 묻길, "부처가 세상에 출현하기 전에는 어떠합니까?" 스님께서 불자를 들었다. 또 묻길, "부처가 세상에 출현한 이후는 어떠합니까?" 스님께서 불자를 내려 놓으셨다. 그 스님이 절을 하자 스님께서 곧바로 때렸다.
 (나중에 그 스님이 현사 스님에게 그 일을 이야기하자 현사 스님이 말하길, "그대는 깨닫고자 하는가? 내가 그대에게 비유로 말해 주겠다. 마치 어떤 사람이

동산의 한 조각을 파는데 동서남북 한꺼번에 계약하기를 모두 마쳤는데 마음속에 있는 나무는 오히려 나에게 속해 있다고 했다." 숭수조가 말하길, "그가 알음알이 하는 곳을 때려야 하는가?[255] 다른 도리가 있는 것인가?")

스님께서 육조 스님의 이야기를 들어 말하길, "바람이 움직이는 것도 아니요 깃발이 움직이는 것도 아니요, 그대의 마음이 움직이는 것이다."라고 하고 이에 말하시길, "저렇게나 훌륭한 조사가 용두사미니 20주장자를 맞아야겠구나!" 이때 태원부 상좌가 모시고 서 있다가 자기도 모르게 이를 부딪치니 스님께서 말하시길, "내가 아까 그렇게 말한 것도 20주장자를 맞아야 좋을 것이다."

僧辭去.參靈雲.問.佛未出世時如何.雲擧拂子.曰.出世後如何.雲亦擧拂子.其僧却回.師曰.返太速乎.曰.某甲到彼.問佛法不契乃回.師曰.汝問甚麼事.僧擧前話.師曰.汝問.我爲汝道.僧便問.佛未出世時如何.師擧起拂子.曰.出世後如何.師放下拂子.僧禮拜.師便打(後僧擧問玄沙.沙云.汝欲會麼.我與汝說箇喩.如人賣一片園.東西南北一時結契了也.中心樹子猶屬我在.崇壽稠云.爲當打伊解處.別有道理).師擧.六祖道.不是風動.不是幡動.仁者心動.乃曰.大小祖師.龍頭蛇尾.好與二十拄杖.時太原孚上座侍立.不覺齩齒.師曰.我適來恁麼道.也好喫二十拄杖.復 부

● 스님께서 행각을 할 때 오석영관 스님을 참문하고자 문을 두드리자 오석 스님이 질문하길, "누구인가?" 스님께서 말하시길, "봉황의 새끼입니다." 오석영관 스님이 말하길, "뭐하려 왔는가?" 스님께서 말하시길, "늙은 영관 스님을 잡아먹

---

255 위당(爲當): 또는 그렇지 않으면, 두 자로 ~인 것인가? 또는 ~인 것인가? 라고 하는 양자택일을 묻는 의문사이다. 爲當~, 爲當? 이라고 겹쳐서 사용하는 경우도 많다. 또 위복(爲復)이라고 하는 경우도 있다. 『경덕전등록』 권6 「마조도일장」(『대정장』 권51, p.246, b1-3) "師問百丈.汝以何法示人.百丈竪起拂子.師云.只遮箇爲當別有.百丈抛下拂子.(마조 스님이 백장 스님에게 묻길, '그대가 무슨 법을 사람들에게 보이는가?' 백장 스님이 불자를 세우자 마조 스님이 말하길, '단지 그것뿐인가? 다른 것은 없는가?' 백장 스님이 불자를 던져버렸다)."

으러 왔습니다." 오석영관 스님이 곧바로 문을 열고 스님의 멱살을 잡고 말하길, "말하라, 말해!" 스님께서 뭐라고 하려 하자 오석영관 스님이 스님을 탁 밀어 문을 열고 문을 도로 닫아 버렸다. 스님께서 그후 주지를 되어 대중에게 보이며 말하시길, "내가 당시에 오석 스님의 문안으로 들어가 보았다면 그대들 한 무리들 술 지게미[256]를 먹는 놈들이 어디에서 도를 찾아보았겠는가?"

師行脚時參烏石觀和尙.纔敲門.石問.誰.師曰.鳳凰兒.石曰.來作麽.師曰.來唅老觀.石便開門搊住曰.道.道.師擬議.石拓開.閉却門.師住後示衆曰.我當時若入得老觀門.你這一隊噇酒糟漢向甚麽處摸索.

● 스님께서 혜전에게 물으시길, "그대는 체득했다면 어떻게 하겠는가?" 혜전이 말하길, "스님과 함께 상의하기를 마쳤습니다." 스님께서 말하시길, "어디서 상의하였는가?" 대답하길, "어느 곳을 가고 온다고 하십니까?" 스님께서 말하시길, "그대가 체득했다고 하면 또 어떻게 하겠는가?" 혜전이 전혀 대답이 없자, 스님께서 곧바로 때렸다. 전탄이 묻길, "평탄하고 넓은 얕은 풀밭에서 고라니와 사슴이 무리를 이루는데 어떻게 고라니 속의 왕을 쏘아 잡을 수 있겠습니까?" 스님께서 전탄을 부르니 전탄이 "예!"라고 대답하니 스님께서 말하시길, "차나 마셔라!"

---

256 당주조한(噇酒糟漢): 이 말은 월주 지방의 사람들이 술 지게미를 좋아해 잘 먹었기 때문에 월주 사람들을 욕하는 말로 사용했었는데 뒤에 유행되어 사람을 욕하는 말로 사용하고 있다. 진짜 술을 마시지도 않고 술 지게미나 조금 먹은 주제에 술에 취한 행세를 하는 사람을 욕하는 말이다. 선에서는 특히 언어문자에 집착하여 불법의 대의를 파악하지 못하는 어리석은 선승을 매도하는 말로 사용하며 선의 어록에 '옛사람의 술 지게미나 빨아먹는 놈'이라는 말도 같은 의미이다. 선 수행을 하면서 제대로 불법의 대의를 철저하게 체득하지 못한 선승이 선승들의 어록을 몇 마디 이해한 분별심으로 진짜 대단한 선승처럼 행세하는 사이비 선승들을 매도하는 말이다. 『불과원오선사벽암록』 권2(『대정장』 권48, p.151, b12-15) "擧黃檗示衆云.汝等諸人.盡是噇酒糟漢.恁麽行脚.何處有今日.還知大唐國裏無禪師麽.(황벽 스님이 대중에게 보이며 이르시길, '그대들 모든 사람들은 모두가 술 지게미를 먹고서 진짜 술을 마시고 취한 듯이 흉내 내는 놈들이다. 이렇게 수행하는 사람이 언제 불법을 체득할 수 있겠는가? 큰 당나라에 선사가 없다는 사실을 아는가?')."

師問慧全.汝得入處作麼生.全曰.共和尙商量了.師曰.甚麼處商量.曰.甚麼處去來.師曰.汝得入處又作麼生.全無對.師便打.全坦問.平田淺草.麈鹿成羣.如何射得麈中主.師喚全坦.坦應諾.師曰.喫茶去.

● 스님께서 어떤 스님에게 묻길, "어디서 왔는가?" 그 스님이 말하길, "위산에서 왔습니다." 스님께서 말하시길, "위산 스님이 무슨 말이 있었는가?" 말하길, "제가 일찍이 '무엇이 조사가 서쪽에서 오신 뜻입니까?'라고 묻자, 위산 스님이 자리에 걸터앉았습니다." 스님께서 말하시길, "그대는 그를 긍정하는가?" 그 스님이 말하길, "저는 그를 긍정하지 않습니다." 스님께서 말하시길, "위산은 본래 부처이다. 빨리 가서 참회하라." 현사가 말하길, "산속의 늙은이가 위산을 잘못 알고 있구나."

問僧.甚處來.曰.潙山來.師曰.潙山有何言句.曰.某甲曾問如何是祖師西來意.潙山據坐.師曰.汝肯他否.曰.某甲不肯他.師曰.潙山古佛.汝速去懺悔(玄沙云.山頭老漢蹉過潙山也).

● 민왕이 스님에게 말하길, "한 곳의 불전의 지붕을 하려고 하는데 어떻습니까?" 스님께서 말하시길, "대왕께서는 어찌 한 곳의 공왕전의 지붕을 해주지 않습니까?" 대왕이 말하길, "청컨대 스님께서 모양을 보여주십시오." 하자 스님께서 두 손을 펴보였다. (운문 스님이 말하길, "한꺼번에 49개를 보여주는구나")

閩王問曰.擬欲蓋一所佛殿去時如何.師曰.大王何不蓋取一所空王殿.曰.請師樣子.師展兩手(雲門云.一擧四十九).

● 어떤 스님이 스님께 묻길, "학인이 말하지 못한 곳을 청컨대 스님께서 말해 주십시오." 스님께서 말하시길, "나는 법을 아끼는 사람이다." (나는 법을 위하여

사람을 아낀다) 스님께서 불자를 들어 한 스님에게 보이자 그 스님이 곧바로 나가 버렸다. (장경혜릉이 천주의 왕연빈 대부에게 그 이야기를 끝내고 이어 말하길, "이 스님을 불러 20방망이를 때려 깨닫도록 하는 게 합당하겠다." 왕연빈이 말하길, "스님께서는 무슨 생각을 하십니까?" 장경혜릉이 말하길, "몇 번이나 지나쳤는가?")

僧問.學人道不得處.請師道.師曰.我爲法惜人.師擧拂子示一僧.其僧便出去(長慶擧似王延彬大傳了.乃曰.此僧合喚轉與一頓棒.王曰.和尙是甚麼心行.曰.幾放過).

● 스님께서 장경혜릉에게 묻길, "옛사람이 앞도 삼삼, 뒷도 삼삼[257]이라 했는데 무슨 뜻인가?" 장경혜릉이 곧바로 나가버렸다. (아호대의가 달리 말하길, "예!")

師問長慶.古人道前三三.後三三.意作麼生.慶便出去(鵝湖別云.喏).

● 스님께서 어떤 스님에게 물으시길, "어디서 왔는가?" 대답하길, "남전(藍田, 쪽밭)

---

257 전삼삼 후삼삼(前三三, 後三三): 원래 뜻은 불법의 지혜는 중생의 사량분별로는 헤아릴 수 없다는 의미로 차별적인 견해를 초월한 입장을 말하는 것이다. 『조당집』권12 「용회화상장」(南唐: 釋 靜·筠 編撰, 오복조, 고지천 点校, 중국: 악록서사, 1996, p.281, 하) "問.古人道前三三後三三.意作麼生.師云.西山日出.東山月沒.(어떤 스님이 묻길, '옛사람이 前三三 後三三이라 했는데 무슨 뜻입니까?' 용회 화상이 이르길, '서산에 해가 뜨고 동산에는 달이 진다.').")『경덕전등록』권13 「자복여보장」(『대정장』권51, p.302, a12-13) "問古人道前三三後三三意義如何.師曰.汝名什麼.曰某甲.師曰.喫茶去.(어떤 스님이 묻길, '옛사람이 말하길, 전삼삼, 후삼삼이라고 했는데 무슨 뜻입니까?' 자복 선사가 이르길, '그대 이름이 무엇인가?' 그 스님이 아무개입니다 대답하자. 자복 선사가 말하길, '차나 마셔라.')."『불과원오선사벽암록』권4(『대정장』권48, p.173, b29-c8) "擧.文殊問無著.近離什麼處.無著云.南方.殊云.南方佛法.如何住持.著云.末法比丘.少奉戒律.殊云.多少衆.著云.或三百或五百.無著問文殊.此間如何住持.殊云.凡聖同居龍蛇混雜.著云.多少衆.殊云.前三三後三三.(문수가 무착에게 묻길, '최근 어디를 떠나 왔는가?' 무착이 이르길, '남방에서 왔습니다.' 문수가 이르길, '남방의 불법은 어떻게 실천하는가?' 무착이 이르길, '말법시대의 비구가 계율을 실천하는 수행자가 적습니다.' 문수가 이르길, '대중은 얼마나 있는가?' 무착이 이르길, '300명에서 500명 정도 됩니다.' 무착이 문수보살에게 묻길, '여기에서는 불법을 어떻게 실천합니까?' 문수가 이르길, '범부와 성인이 함께 있고 용과 뱀이 뒤섞여 있다.' 무착이 묻길, '대중이 많습니까?' 문수가 이르길, '앞도 삼삼, 뒤도 삼삼이다.')."

에서 왔습니다." 스님께서 말하시길, "어찌 풀 속에 들어가지 않는가?" (장경혜릉이 말하길, "험하다.")
問僧.甚處來.曰.藍田來.師曰.何不入草(長慶云.險).

● 법상에 올라 설법하시길, "남산에 한 마리의 맹독을 가진 뱀이 있으니 그대들 모든 사람들은 절대로 잘 보아라." 장경혜릉 스님이 나와 말하길, "오늘 법당 안에 크게 몸을 잃고 목숨을 잃는[258] 사람이 있다." 운문 스님이 주장자를 스님 앞으로 던져 버리고 두려워하는 자세를 취했다. 어떤 스님이 그 일을 현사 스님에게 말하니 현사 스님이 말하길, "모름지기 혜릉 사형이 아니면 안 된다. 그러나 비록 그러하나 나는 그렇지 않다." 묻길, "스님께서는 어떠합니까?" 현사 스님이 말하길, "남산이라고 말할 필요가 있었는가?"
上堂.南山有一條鼈鼻蛇.汝等諸人切須好看.長慶出曰.今日堂中大有人喪身失命.雲門以拄杖攛向師前.作怕勢.有僧擧似玄沙.沙曰.須是稜兄始得.然雖如是.我卽不然.曰.和尙作麽生.沙曰.用南山作麽.

● 하루는 어떤 두 명의 스님이 오는 것을 보고 설봉 스님께서 암자 문을 열고 밖으로 뛰쳐나오면서 말하길, "이것이 무엇인가?" 하니 스님들 또한 "이것이 무엇입니까?"라고 하니 스님께서 머리를 숙이고 암자로 돌아가셨다.

어떤 스님이 하직인사를 하자. 스님께서 묻길, "어디로 가는가?" "호남으로 가

---

258 상신실명(喪身失命): 몸을 다치고 목숨을 잃는다는 것. 위의 내용은 『벽암록』 제22칙에 기록되어 있다. 『진주임제혜조선사어록』 권1(『대정장』 권47, p.496, c26) "師乃云.大衆.夫爲法者不避喪身失命.(임제 스님이 이어 이르길, '여러분! 대개 불법을 법으로 체득하기 위해서는 몸을 상실하고 목숨을 잃는 어려움을 피하지 않아야 합니다.')." 『불과원오선사벽암록』 권3(『대정장』 권48, p.165, a9-10) "劉鐵磨(尼也)如擊石火.似閃電光.擬議則喪身失命.(유철마 비구니의 공격은 부싯돌이 번쩍이고 번갯불이 번쩍이는 것과 같아서 뭐라고 하려하면 몸을 상실하고 목숨을 잃어버린다)."

려 합니다." 스님께서 말하시길, "나의 도반이 암두에 살고 있는데 그대에게 편지 한 통을 줄 것이니 전해 다오." 편지에 이르길, "제가 사형스님께 글을 씁니다. 저는 오산진에서 도를 체득한 이후 지금까지 배가 불러 배고픈 줄 모릅니다. 함께 참선 수행하는[259] 설봉 올림."

그 스님이 암두에 이르자 암두 스님이 묻길, "어디에서 왔는가?" 스님이 말하길, "설봉산에서 화상께 편지를 가지고 왔습니다." 암두 스님이 편지를 받아 놓고 곧바로 그 스님께 묻길, "다른 말씀이 있었는가?" 스님이 앞의 두 스님과 문답했던 이야기를 하자, 암두 스님이 말하길, "그가 무슨 말을 하던가?" 스님이 말하길, "다른 말이 없이 머리를 숙이고 암자로 돌아가셨습니다." 암두 스님이 말하길, "아! 내가 애초에 설봉 스님에게 말후구[260]를 말해주지 않은 것이 애석하구나! 만약 말후구를 말해주었다면 천하 사람들이 설봉 스님을 어찌할 수 없었을 것을." 그 스님이 하안거가 마치기 전에 전날의 이야기를 대해 법문을 청하였는데, 암두 스님이 말하길, "어찌하여 진작 묻지 않았는가?" 그 스님이 말하길, "감히 묻기가 어려웠습니다." 암두 스님이 말하길, "설봉 스님은 비록 나와 한 줄기에서 태어났지만 나와 똑같이 죽지는 않을 것이다. 요컨대 말후구를 알고 싶은가? 단지 이것이다."

一日. 有兩僧來. 師以手拓庵門. 放身出曰. 是甚麼. 僧亦曰. 是甚麼. 師低頭歸庵. 僧辭去. 師問. 甚麼處去. 曰. 湖南. 師曰. 我有箇同行住巖頭. 附汝一書去. 書曰. 某書上師兄. 某一自鼇山成道後. 迄至于今. 飽不飢. 同參某書上. 僧到巖頭問. 甚麼處來. 曰. 雪

---

259 동참(同參): 같은 스승 밑에서 참선하는 동학의 벗. 승려와 신도가 한 법회에 참석하여 정업(淨業)을 닦는 일. 모임에 함께 참례함.
260 말후구(末後句): 궁극적인 불법을 체득하는 한마디로써 일구(一句)라고도 하며, 중생심(의심)을 죽이고 깨달음의 체험을 통한 확신으로 불심의 지혜작용을 살리는 말로 일전어(一轉語)라고도 한다. 자신이 체득한 불법의 진수를 궁극적 한마디로 설하여 불법을 깨닫도록 하는 말이다. 이 한마디의 궁극적인 말은 수행자를 깨닫도록 하여 중생심을 불심으로 전환하게 하는 법문이다.

峰來.有書達和尙.頭接了.乃問僧.別有何言句.僧遂擧前話.頭日.他道甚麼.曰.他無語低頭歸庵.頭日.噫.我當初悔不向伊道末後句.若向伊道.天下人不奈雪老何.僧至夏末.請益前話.頭日.何不早問.曰.未敢容易.頭日.雪峰雖與我同條生.不與我同條死.要識末後句.祗這是.

● 스님께서 법상에 올라 설법하시길, "온 대지를 움켜잡고 좁쌀 알갱이처럼 만들어서 그대들의 얼굴에 던지겠다. 칠통들아 알지 못하겠거든 북을 쳐서 운력이나 하라!"(장경혜릉 스님이 운문 스님에게 묻길, "설봉 스님이 이렇게 말했는데 머리를 내밀지 못하는 곳이 있습니까?" 운문이 말하길, "있다." 장경혜릉이 말하길, "어떠한 것입니까?" 운문이 말하길, "모두 들여우의 견해를 내는 것은 옳지 않다." 문익이 말하길, "이리를 빌리는 것이 많다.")
上堂.盡大地撮來如粟米粒大.抛向面前.漆桶不會打鼓.普請看(長慶問雲門日.雪峰與麼道.還有出頭不得處麼.門日.有.日.作麼生.門日.不可總作野狐精見解.文日.狼籍不少).

● 스님께서 어떤 스님에게 물으시길, "어디에 가는가?" "알기에 가는 곳을 알고 있습니다." 스님께서 말하시길, "그대는 본분사의 일을 마친 사람인데²⁶¹ 어지럽게 어디를 가려고 하는가?" "스님, 사람들에게 더러운 진흙을 바르지 마십시오." 스님께서 말하시길, "나는 그대에게 더러운 진흙을 바르지 않았다. 옛사람이 실오라기를 입으로 불었던 것을 어떻게 하겠느냐? 나에게 자세하게 설명해다오." "남

---

261 요사인(了事人): 해야 할 일을 빈틈없이 매듭을 지은 사람. 본분사의 일을 모두 마친 사람. 『방거사어록』 권1(『속장경』 권69, p.134, a22-23) "士有偈日.心如境亦如.無實亦無虛.有亦不管.無亦不拘.不是賢聖.了事凡夫.(방거사가 게송으로 말하길, '마음이 여여하여 경계 또한 여여하다. 실다움도 없고 또한 허망함도 없다. 있음 또한 관계하지 않고 없음 또한 구속되지 않는다. 현자와 성인도 아니고 일을 마친 범부이다.')."

은 국이나 쉰밥을 이미 사람들이 다 먹어버렸습니다." 스님께서 그만두었다.
問僧.甚麼處去.曰.識得卽知去處.師曰.你是了事人.亂走作麼.曰.和尙莫塗汚人好.師曰.我卽不塗汙你.古人吹布毛作麼生.與我說來看.曰.殘羹餿飯已有人喫了.師休去.

● 어떤 한 스님이 산 아래에 암자에서 여러 해 동안 머리를 깎지 않고 한 자루의 나무 국자를 가지고 개울가에 가서 물을 떠서 마시며 살고 있었다. 그때 어떤 스님이 묻길, "무엇이 조사가 서쪽에서 오신 뜻입니까?"라고 물으니 그 스님이 말하길, "개울이 깊으니 국 자루도 길다." 스님께서 그 말을 듣고 말하길, "역시 매우 기괴하다." 스님께서 하루는 소매에 머리를 깎는 칼을 넣고 시자와 함께 그곳에 방문해서 그를 보자마자 곧바로 앞의 이야기를 하면서 물으시길, "이것이 암주의 말인가?" 암주가 말하길, "그렇습니다." 스님께서 말하시길, "만약에 그렇게 말을 했다면 그대의 머리를 깎지 않겠다." 암주가 곧바로 머리를 씻고 스님 앞에 호궤하고 있으니 스님께서 머리를 깎아 주었다.
有一僧在山下卓庵多年.不剃頭.畜一長柄杓.溪邊舀水.時有僧問.如何是祖師西來意.主曰.溪深杓柄長.師聞得.乃曰.也甚奇怪.一日.將剃刀同侍者去訪.纔相見便擧前話.問.是庵主語否.主曰.是.師曰.若道得.卽不剃你頭.主便洗頭.胡跪師前.師卽與剃却.

● 스님께서 문도를 거느리고 남방을 행각할 때 그때 황열반 스님이 스님께서 오는 것을 미리 알고 지팡이로 앞길을 막고 있었는데 소계에서 맞닥뜨려 서로 만나게 되었다. 스님께서 황열반 스님에게 묻길, "최근 어디서 떠났습니까?" 황열반 스님이 이르길, "벽지암을 떠났습니다." 스님께서 말하시길, "벽지암엔 주인이 있습니까?" 황열반 스님이 대나무 지팡이로 스님의 가마를 두드리니 스님께서 이에

가마에서 나와 서로 인사를 했다. 황열반 스님이 말하길, "옛 낭군님! 안녕하십니까?" 하니 스님께서 갑자기 남자의 절을 하자 황열반 스님 또한 여자 절로 답하였다. 스님께서 말하시길, "이제 보니 여자가 아닌가?"[262] 황열반 스님은 두 번 절을 하고 대나무 지팡이로 땅을 짚으며 스님의 가마를 오른쪽으로 세 번 돌았다. 스님께서 말하시길, "저는 삼계 안에 있는 사람이고, 스님은 삼계 밖에 있는 사람이니 스님이 먼저 가십시오. 저는 뒤에 가겠습니다." 황열반 스님이 먼저 돌아갔고 스님이 뒤따라와서 낭산에 가서 며칠 쉬었다. 황열반 스님과 따라온 문도들이 함께 일을 함에 하나도 모자람이 없었다.

師領徒南遊.時黃涅槃預知師至.撝策前迎.抵蘇溪邂逅.師問.近離何處.槃曰.辟支巖.師曰.巖中還有主麼.槃以竹策敲師轎.師乃出轎相見.槃曰.曾郎萬福.師遽展丈夫拜.槃作女人拜.師曰.莫是女人麼.槃又設兩拜.遂以竹策畫地.右繞師轎三匝.師曰.某甲三界內人.你三界外人.你前去.某甲後來.槃回.師隨至.止囊山憩數日.槃供事隨行徒衆.一無所欠.

● 스님께서 법상에 올라 설법하시길, "이 일은 마치 한 조각의 밭과 서로 같아서 모든 사람에게 밭을 갈고 씨를 뿌리는 것을 맡기는 것과 같아서 이 은혜를 받지 않는 것이 없다." 현사 스님이 말하길, "그렇다면 무엇이 밭입니까?" 스님께서 말하시길, "잘 살펴봐라!" 현사 스님이 말하길, "옳기는 옳으나 저는 그렇지 않습니다." 스님께서 말하시길, "그대는 어떠한가?" 현사 스님이 말하길, "단지 각자의 일입니다."

上堂.此事如一片田地相似.一任諸人耕種.無有不承此恩力者.玄沙曰.且作麼生是

---

262 막시(莫是): ~은 있지 않을까? 시(是)를 생략하는 경우도 있다. 원대 이후는 막불시(莫不是)라고 한다. 『진주임제혜조선사어록』 권1(『대정장』 권47, p.504, a11-12) "衆僧云.這僧莫是和尙親故.不禮拜又不喫棒.(대중스님들이 말하길, '저 스님은 임제 스님의 친구이기 때문에 예배를 하지 않았어도 또 방망이를 맞지 않았네.')."

這田地.師曰.看.沙曰.是卽是.某甲不與麼.師曰.你作麼生.沙曰.祇是人人底.

● 삼성혜연[263] 스님이 스님께 묻길, "그물을 뚫고 나온 황금 비늘의 물고기[264]는 어떤 미끼로 잡아야 합니까?" 스님께서 말하시길, "그대가 그물을 뚫고 나온 뒤에 말해주겠다." 삼성혜연 스님이 말하길, "1,500명을 지도하는 선지식이 말귀도 못 알아듣는군요." 스님께서 말하시길, "노승은 주지로서 하는 일이 바쁘다."
三聖問.透網金鱗.以何爲食.師曰.待汝出網來向汝道.聖曰.一千五百人善知識.話頭也不識.師曰.老僧住持事繁.

● 법상에 올라 설법하시길, "온 대지가 모두[265] 해탈문인데 그대의 손을 잡고 끌고 가려 해도 들어가려고 하지 않는다." 그때 한 스님이 앞으로 나와 말하길, "스님께서는 괴이하게도 저를 인정하지 않습니다." 또 한 스님이 말하길, "들어가서 어떻게 하려고 합니까?" 스님께서 곧바로 때렸다.
上堂.盡大地是箇解脫門.把手拽伊不肯入.時一僧出曰.和尙怪某甲不得.又一僧曰.用入作甚麼.師便打.

● 현사 스님이 스님께 묻길, "제가 지금 불법의 지혜작용을 펼칠 수 있는데 스님

---

263 삼성혜연(三聖慧然): 삼성혜연 스님은 『임제록』을 편집한 스님으로 임제 선사를 17년간이나 시봉했다고 한다. 그의 전기는 『전등록』 제12권, 『연등회요』 제10권에 전하고 있는데 앙산혜적과 덕산선감, 설봉의존 등 당대의 선지식을 두루 참문하고 선문답을 나눈 대화를 전하고 있다.

264 금린(金鱗): 황금 비늘의 물고기로 뛰어난 선기와 안목을 갖춘 훌륭한 선승을 비유한 것이다. 그물을 뚫고 나온 황금빛 물고기는 불법이나 계율, 규칙, 깨달음의 틀까지 완전히 초월한 자유자재한 선승을 비유한 것이며, 일체의 차별경계를 초월한 사람을 비유한 말이다.

265 시개(是箇): 시사(是事), 시처(是處)와 같은데, 모든 ~은, ~라고 하는 것은 뜻이다. 『방거사어록』 권1(『속장경』 권69, p.132, b12-13) "濟一日問居士.是箇言語.今古少人避得唇舌.(대동보제 스님이 어느 날 거사에게 묻길, '모든 말이라는 것은 옛날이나 지금이나 말(입술과 혀)을 피할 수 있는 사람은 드물다.')."

께서는 어떻게 하겠습니까?" 스님께서 세 개의 나무 공을 한꺼번에 굴렸다. 현사 스님이 명패를 쪼개는²⁶⁶ 모양을 하였다. 스님께서 말하시길, "그대가 영산회상에 친히 있다 와야 바야흐로 그렇게 할 수 있다." 현사 스님이 말하길, "그렇다면 이것은 자기 본분사의 일입니다."
玄沙謂師曰.某甲如今大用去.和尙作麼生.師將三箇木毬一時拋出.沙作斫牌勢.師曰.你親在靈山方得如此.沙曰.也是自家事.

● 하루는 스님께서 자리에 올라 대중들이 다 모이자 스님께서 나무 공을 빠르게 굴려 보내니 현사 스님이 공을 잡아서 있던 자리에 가져다놓았다.
一日陞座.衆集定.師輥出木毬.玄沙遂捉來安舊處.

● 스님께서 하루는 승당에 불을 지르고 앞뒤의 문을 닫아 버리고 "불이야! 불이야!" 소리 지르고 문을 열어 주지 않았다. 현사사비 스님이 장작 하나를 창문으로 던져 버리자 스님께서 문을 열어 주었다.
師一日在僧堂內燒火.閉却前後門.乃叫曰.救火.救火.玄沙將一片柴從牕櫺中拋入.師便開門.

● 어떤 스님이 묻길, "옛 산골의 찬 샘이었을 때는 어떠합니까?" 스님께서 말하시길, "눈을 똑바로 뜨고도 보지 못하는가?" "마실 때는 어떠합니까?" 스님께서 말하시길, "입으로부터 들어오는 것이 아니다." 그 스님이 이 일을 조주 스님에게 이야기하니 조주 스님이 말하길, "이미 입으로부터 들어오는 것이 아닌 것은 콧구멍 속으로 들어오지 않는다." 그 스님이 도리어 "옛 산골의 찬 샘이었을 때는

---

266 작패세(斫牌勢): 중국의 민속놀이로 7월 백중에 씨름대회를 여는데, 전년도 우승자의 명패를 걸어놓으면 도전하는 사람이 작은 도끼로 명패를 쪼개어 도전할 의향을 밝히는 행사를 말한다.

어떠합니까?"라고 물으니 조주 스님이 말하길, "쓰다." "마실 때는 어떠합니까?" 조주 스님이 말하길, "죽었다." 스님께서 그 말을 듣고 이에 말하시길, "조주는 본래 부처이다." 먼 데를 바라보고 예를 올리고 이로부터 말로 답하지 않았다.

問.古澗寒泉時如何.師曰.瞪目不見底.曰.飲者如何.師曰.不從口入.僧擧似趙州.州曰.不從口入.不可從鼻孔裏入.僧却問.古澗寒泉時如何.州曰.苦.曰.飲者如何.州曰.死.師聞得.乃曰.趙州古佛.遙望作禮.自此不答話.

● 스님에게 민왕이 유자와 귤을 각각 1개씩 봉하여 사람을 시켜 보내고 편지를 써서 묻길, "이 유자와 귤은 이미 한 가지 빛깔인데 어째서[267] 이름이 다릅니까?" 스님께서 받아 보시고 다시 봉해서 돌려보냈다. 민왕이 다시 현사 스님에게 보내어 물어보니 현사 스님은 한 장의 큰 종이로 뚜껑을 덮어 버렸다.

師因閩王封柑橘各一顆.遣使送至.束問.旣是一般顔色.爲甚名字不同.師遂依舊封回.王復馳問玄沙.沙將一張紙蓋却.

● 스님께서 어떤 스님에게 묻길, "최근에 어디를 떠나 왔는가?" "복선 스님 휘하에 있었습니다." 스님께서 말하시길, "생사의 윤회의 바다를 건너지 못했는데 어찌하여 배를 뒤엎어 버렸는가?" 그 스님이 대답을 못하고 이에 복선 스님에게 돌아와서 그 이야기를 하였다. 복선 스님이 말하길, "어찌하여 그에게 생사의 윤회가 없다고 말해주지 않았는가?" 그 스님이 다시 설봉 스님에게 와서 복선 스님의 이야기를 하니 스님께서 말하시길, "이것은 그대의 말이 아니다." 그 스님이 말하길, "복선 스님이 이렇게 말했습니다." 스님께서 말하시길, "나에게 20방망이가 있는데 복선 스님에게 부쳐 주고, 내 스스로 20방망이를 맞겠으니 스님은 일에 상

---

267 위심(爲甚): 위심마(爲什麼)와 같다. 어떠한 이유로, 왜, 어째서의 뜻이다. 『황용혜남선사어록』 권1(『대정장』 권47, p.632, c2-3) "汝等諸人.爲甚不見.(그대들 모든 사람들은 어째서 보지 못하는가?)."

관하지[268] 마시오."

問僧.近離甚處.曰.覆船.師曰.生死海未渡.爲甚麼覆却船.僧無語.乃回擧似覆船.船曰.何不道渠無生死.僧再至.進此語.師曰.此不是汝語.曰.是覆船恁麼道.師曰.我有二十棒寄與覆船.二十棒老僧自喫.不干闍黎事.

● 묻길, "생사대사(生事大事)는 무엇입니까?" 스님께서 그 스님의 손을 잡고 말하시길, "스님은 장차 이 질문을 누구에게 했습니까?"

問.大事作麼生.師執僧手曰.上座將此問誰.

● 어떤 스님이 절을 하니 스님께서 다섯 방망이를 때렸다. 그 스님이 말하길, "어느 곳에 잘못이 있습니까?" 스님께서 또 다섯 방망이를 때리고 할을 하고 나갔다.

有僧禮拜.師打五棒.僧曰.過在甚麼處.師又打五棒.喝出.

● 스님께서 어떤 스님에게 묻길, "어디서 오는가?" "영외(嶺外, 고개 밖)에서 옵니다." 스님께서 말하시길, "달마대사를 만났는가?" "구름 한 점 없는 맑은 날씨입니다." 스님께서 말하시길, "자기의 본분사는 어떻게 하겠는가?" "다시 어떻게 하겠습니까?" 스님께서 곧바로 때렸다.

問僧.甚處來.曰.嶺外來.師曰.還逢達磨也無.曰.靑天白日.師曰.自己作麼生.曰.更作麼生.師便打.

● 스님께서 어떤 스님을 전송하면서 서너 발자국을 걸어가다가 "스님!" 하고 부

---

268 불간(不干): 상관이 없다, 서로 관계가 없다, 연루되지 않다.

르셨다. 그 스님이 고개를 돌리자 스님께서 말하시길, "길 조심하시오."
師送僧出.行三五步.召曰.上座.僧回首.師曰.途中善爲.

● 어떤 스님이 묻길, "망치를 들고, 불자를 세우는 것은 선종의 가르침과 맞지 않는데 도대체 스님께서는 어떻게 하겠습니까?" 스님께서 불자를 세웠다. 그 스님이 이에 머리를 감싸 쥐고 나가버렸다. 스님께서는 이에 돌아보지 않았다. (법안 스님이 대신 말하길, "대중들은 싸움터의 장군 한 명을 보라!")
問.拈槌竪拂.不當宗乘.未審和尙如何.師竪起拂子.僧乃抱頭出去.師不顧(法眼代云.大衆看此一員戰將).

● 어떤 스님이 묻길, "삼승 12분교는 범부를 위하여 설하신 것입니까? 범부를 설하신 것이 아닙니까?" 스님께서 말하시길, "양류 한 곡269도 쓸 필요가 없다."
問.三乘十二分敎.爲凡夫開演.不爲凡夫開演.師曰.不消一曲楊柳枝.

● 스님께서 경청 스님에게 일러 말하시길, "옛날에 어떤 노숙이 관리를 데리고 법당을 돌다가 말하길, '이곳의 대중들 모두가 불법승을 배웁니다.' 관리가 말하길, '금가루가 비록 귀하지만 눈 속에 들어가면 어떻게 합니까?' 노숙이 대답이 없었다." 경청 스님이 대신 말하길, "요즘은 벽돌을 던져서 옥을 끌어 옵니다." (법안

---

269 이별을 노래하는 곡이다. 예를 들면 다음과 같은 곡이 있다. ① 양주사(涼州祠) - 왕지환(王之渙) 지음. 황하원상백운간(黃河遠上白雲間) 일편고성만잉산(一片孤城万仍山) 강적하수원양류(羌笛何須怨楊柳) 춘광부도옥문관(春光不度玉門關): 황하는 멀리 구름 밖에 흐르고, 성 밖엔 밋밋한 산이 솟았네. 피리는 원한의 양류곡(楊柳曲)이로고, 봄빛도 옥문관을 넘지 못하나 보다. ② 춘야낙성문적(春夜洛城聞笛) - 이백(李白) 지음, 수가옥적암비성(誰家玉笛暗飛聲) 산입동풍만낙성(散入東風滿洛城) 차야곡중문절류(此夜曲中聞折柳) 하인불기고원정(何人不起故園情): 어느 집에선가 은은히 날아드는 옥피리 소리, 봄바람 불어들어 낙양성에 가득 차네. 이 밤 노래 속에 절양류곡 소리 들려오니, 누구인들 고향 그리는 마음 생기지 않으리오.

스님이 달리 말하길, "관리는 어찌 귀만 귀하게 여기고 눈은 천하게 여기는가?")
師謂鏡淸曰.古來有老宿.引官人巡堂曰.此一衆盡是學佛法僧.官人曰.金屑雖貴.又作麼生.老宿無對.淸代曰.比來抛甎引玉(法眼別云.官人何得貴耳賤目).

● 스님께서 법상에 올라 설법하실 때 불자를 들고 말하시길, "이것은 중, 하근기를 위한 것이다." 어떤 스님이 묻길, "상상근기인이 왔을 때는 어떻게 합니까?" 스님께서 불자를 들었다. 그 스님이 말하길, "이것은 중하근기를 위한 것이라고 했습니다." 스님께서 곧바로 때렸다.
上堂.擧拂子曰.這箇爲中下.僧問.上上人來時如何.師擧拂子.僧曰.這箇爲中下.師便打.

● 묻길, "혜충 국사가 시자를 세 번 부른 것은 무슨 뜻입니까?"[270] 스님께서 이에 일어나서 방장실로 갔다.
問.國師三喚侍者意如何.師乃起入方丈.

● 스님께서 어떤 스님에게 묻길, "금년 하안거는 어디에 있었는가?" 말하길, "용천(涌泉)에 있었습니다." 스님께서 말하시길, "오랫동안 솟았던가? 잠시만 솟는가?" 말하길, "스님의 물음은 잘못되었습니다." 스님께서 말하시길, "나의 물음이 잘못되었다고?" 그 스님이 말하길, "그렇습니다." 스님께서 곧바로 때렸다.
問僧.今夏在甚麼處.曰.涌泉.師曰.長時涌.暫時涌.曰.和尙問不著.師曰.我問不

---

270 『고존숙어록』권39(『대정장』권68, p.255, b22) "問.國師三喚侍者.意旨如何.師云.憐兒不覺醜.(묻길, '남양혜충 국사가 시자를 세 번 부른 뜻은 무엇입니까?' 스님께서 대답하길, '이웃집 아이가 부끄러워 깨어나지 않았다.')." 『무문관』권1(『대정장』권48, p.295, a24-25) "國師三喚侍者.侍者三應.國師云.將謂吾辜負汝.元來却是汝辜負吾.(남양혜충 국사가 시자를 세 번 부르자 시자는 세 번 '예!'라고 대답했다. 국사가 말하시길, '내가 그대를 등진 것이 아닌가? 하고 말했는데 원래 그대가 나를 등진 것이 아닌가?')."

著.僧曰.是.師乃打.

● 운력을 가다가 길에서 한 마리의 원숭이를 만났다. 스님께서 말하시길, "사람마다 한 조각의 옛 거울[271]이 있는데 이 원숭이도 또한 한 조각의 옛 거울이 있다." 삼성혜연 스님이 말하길, "오랜 겁에도 이름이 없었는데 어째서 밝은 옛 거울이라 하십니까?" 스님께서 말하시길, "흠이 생겨구나!" 삼성혜연 스님이 말하길, "저 노인네가 어찌 화급한가? 화두 또한 알지 못하는구나!" 스님께서 말하길, "노승은 주지 일이 바쁘다."

普請次.路逢一獼猴.師曰.人人有一面古鏡.這箇獼猴亦有一面古鏡.三聖曰.曠劫無名.何以彰爲古鏡.師曰.瑕生也.聖曰.這老漢著甚麼死急.話頭也不識.師曰.老僧住持事繁.

● 민 땅의 대원수가 은으로 장식된 상을 시주하니 어떤 스님이 묻길, "스님께서는 대왕의 이와 같은 공양을 받았는데 어떻게 보답하겠습니까?" 스님께서 손으로 땅의 경계선을 넓히고 말하시길, "나를 책망하지 마라. 나를 책망하지 마라." (어떤 스님이 소산 스님에게 묻길, "설봉 스님이 '나를 책망하지 말라' 말한 것은 무슨 뜻입니까?" 소산 스님이 말하길, "오이를 버무려 머리 위에 꽂고 꼬리를 드리우고 발꿈치가 가지런하게 한다.")

閩帥施銀交牀.僧問.和尙受大王如此供養.將何報答.師以手拓地曰.輕打我.輕打我(僧問疎山云.雪峰道輕打我.意作麼生.山云.頭上插瓜虀.垂尾脚跟齊). (이동)

---

271 고경(古鏡): 본래 구족하고 있는 본지(本智)의 비유이다. 『불과원오선사벽암록』 28칙 평창 권3(『대정장』 권48, p.169, a4-5) "爾等諸人.各有一面古鏡.森羅万象.長短方圓.一一於中顯現.(그대들 모든 사람들은 각각 한 면의 본래 거울이 있어서 삼라만상과 길고 짧고 모나고 둥근 것 등 하나하나를 거울 속에 나타낸다)."

● 어떤 스님이 묻길, "모든 비로자나불[272]을 삼켰을 때는 어떠합니까?" 스님께서 말하시길, "복당이 수복되어 평정이 잘 되었다."
問. 吞盡毗盧時如何. 師曰. 福唐歸來還平善否.

● 스님께서 법상에 올라 설법하시길, "내가 만약 동쪽이라고 말하고, 서쪽이라고 말하면 그대들은 말을 찾고 구절을 찾겠지만 내가 만약 영양이 뿔을 걸 듯 하면 그대들은 어느 곳을 어루만져 더듬겠는가?" (어떤 스님이 보복 스님에게 묻길, "예를 들어 설봉 스님이 어떤 가르침의 말씀이 있었기에 곧바로 영양이 뿔을 걸 때와 같다고 했습니까?" 보복 스님이 말하길, "나는 설봉 스님의 제자가 되지 못했기에 그렇게 하지 않는다.") 스님의 법의 자리에는 항상 1,500의 대중이 줄지 않았다. 양나라 개평(908) 무진 춘삼월에 병이 나니 민 땅의 대원수가 의원을 보냈으나 스님께서 말하시길, "나는 병이 아니다." 끝내 약을 복용하지 않으시고 게송을 남기고 법을 부촉하고 5월 2일에 아침에 남전에 갔다가 저녁에 돌아와서 목욕을 하고 한밤중에 입적하셨다.
上堂. 我若東道西道. 汝則尋言逐句. 我若羚羊挂角. 汝向甚麼處捫摸(僧問保福. 祗如雪峰有甚麼言敎. 便似羚羊挂角時. 福云. 我不可作雪峯弟子不得). 師之法席. 常不減千五百衆. 梁開平戊辰三月示疾. 閩帥命醫. 師曰. 吾非疾也. 竟不服藥. 遺偈付法. 五月二日. 朝遊藍田. 暮歸澡身. 中夜入滅.

---

272 비로자나불(Vairocana, 毘盧遮那佛): 비로사나불(毘盧舍那佛), 노자나불, 자나불이라고도 한다. 산스크리트로 태양이라는 뜻인데, 불지(佛智)의 광대무변함을 상징하는 화엄종(華嚴宗)의 본존불(本尊佛)이다. 무량겁해(無量劫海)에 공덕을 쌓아 정각(正覺)을 성취하고, 연화장(蓮華藏)세계에 살면서 대광명을 발하여 법계(法界)를 두루 비춘다고 한다. 법상종(法相宗)에서는 노사나불(盧那佛), 석가불(釋迦佛), 수용신(受用身), 변화신(變化身)으로 쓰고, 비로자나불은 자성신(自性身)이라 하여 구별하고 있다. 또 천태종(天台宗)에서는 비로자나불, 노사나불, 석가불을 법신(法身)·보신(報身)·응신(應身)에 배치하여 설명하고 있고, 밀교(密敎)에서는 『대일경(大日經)』의 설을 계승하여 대일여래(大日如來)와 동체라고 한다.

설봉
어록

초판 1쇄 발행 2019년 1월 15일

편역자 청두종인
펴낸이 오세룡
기획·편집 정선경 이연희 박성화 손미숙
취재·기획 최은영 권미리
디자인 장혜정 고혜정 김효선
홍보·마케팅 이주하

펴낸곳 담앤북스
　　　　서울특별시 종로구 새문안로3길 23 경희궁의아침 4단지 805호
　　　　대표전화 02)765-1251　　전송 02)764-1251　　전자우편 damnbooks@hanmail.net
　　　　출판등록 제300-2011-115호
ISBN 979-11-6201-139-3 (03220)

이 책은 저작권 법에 따라 보호받는 저작물이므로 무단전재와 복제를 금합니다.
이 책 내용의 전부 또는 일부를 이용하려면 반드시 저작권자와 담앤북스의 서면 동의를 받아야 합니다.
이 도서의 국립중앙도서관 출판예정도서목록(CIP)은 서지정보유통지원시스템 홈페이지(http://seoji.nl.go.kr)와
국가자료공동목록시스템(http://www.nl.go.kr/kolisnet)에서 이용하실 수 있습니다. (CIP제어번호: CIP2019000032)

정가 30,000원